지은이 ¦ 질베르 뒤랑Gilbert Durand

1921~2012. 철학, 인류학, 사회학, 종교학을 비롯해 문학과 예술비평까지 아우르며 상상력의 사회학, 신新인류학을 정립한 프랑스의 철학자이자 사회학자.

1921년 프랑스의 샹베리에서 태어났고, 2차대전 때 자유프랑스군에 들어가 레지스탕스로 활동했다. 1947년 철학교수자격을 취득하고, 1959년 문학 박사학위를 받았으며, 이후 그르노블대학에서 문화인류학, 사회학 전공 교수를 지냈다. 1966년 레옹 셀리에, 폴 데샹과 함께 상상계연구센터CRI를 설립했다. 이후 CRI는 프랑스 전역의 각 대학과 세계 50여 개 국가에 그 지부를 두는 국제적인 조직으로 발전했다.

신화적 상징 연구의 권위자인 뒤랑은 가스통 바슐라르의 뒤를 이어 상상력 이론을 확립했으며, 신화비평의 이론적 기틀을 마련한 것으로 평가받는다. 상상력을 폄하해온 서구 합리주의 역사는 왜곡된 인간 이해의 역사라고 주장하면서 상상력에 입각한 새롭고 보편적인 인류학을 정립했는데, 이 책 『상상계의 인류학적 구조들*Les Structures anthropologiques de l'imaginaire*』(1960)은 그 결실이자 결정적인 출발점이었다.

그 밖에 주요 저서로는 『상징적 상상력*L'Imagination symbolique*』(1964), 『인간의 과학과 전통: 신인류학정신*Sciences de l'homme et tradition. Le nouvel esprit anthropologique*』(1975), 『신화의 형상들과 작품의 얼굴들*Figures mythiques et visages de l'œuvre*』(1979), 『알록달록한 영혼*L'Âme tigrée*』(1980), 『미술과 원형*Beaux-arts et archétypes*』(1989), 『상상계: 이미지의 과학과 철학에 관한 시론 *L'Imaginaire. Essai sur les sciences et la philosophie de l'image*』(1994), 『신화방법론 서설*Introduction à la mythodologie*』(1996) 등이 있다.

옮긴이 ¦ 진형준

서울대학교 불어불문학과를 졸업하고 같은 대학원에서 박사학위를 받았다. 문학평론가이자 불문학자로, 홍익대학교 불어불문학과 교수, 한국문학번역원 원장을 지냈고, 세계상상력센터 한국 지회장, 한국상상학회 회장을 맡고 있다. 지은 책으로 『깊이의 시학』『상상적인 것의 인간학: 질베르 뒤랑의 신화방법론 연구』『성상 파괴주의와 성상 옹호주의』『상상력 혁명』『공자님의 상상력』 등이 있고, 옮긴 책으로 『상징적 상상력』『상상력의 과학과 철학』 등이 있으며, '생각하는 힘: 진형준 교수의 세계문학컬렉션' 시리즈를 펴내고 있다.

상상계의 인류학적 구조들

문학동네
인문 라이브러리
22

상상계의 인류학적 구조들

질베르 뒤랑 ¦ 지음
진형준 ¦ 옮김

문학동네

일러두기

1 이 책은 Gilbert Durand, *Les Structures Anthropologiques de L'Imaginaire* (Dunod, 제11판, 1992)를 번역한 것이다. 원서 초판은 1960년 P.U.F.판이다. 서문은 10판에 뒤랑이 새로 쓴 글을 옮긴 것이다.
2 원서의 주는 책 뒤에 미주로 실었고, 본문 하단의 각주는 역주이다.
3 단행본과 잡지, 신문은 『 』로, 논문은 「 」로, 예술작품은 〈 〉로 표시했다.

서문

제10판(1984년)

어떤 저자든 자신의 저작물이 10판—외국어로 번역된 5개 판본은 제외하고—에까지 이르는 것을 보면 참으로 흡족한 기분에 젖게 되는 것이 당연하다. 하지만 나의 그 흡족함 속에는 자부심 같은 것이 숨어 있는 것도 사실이다. 그 자부심은 무엇보다 우리가 내세웠던 가정들이 지난 사반세기 이래 여러 분야에서 진행되고 있는 새로운 인식론들과 세계관들에 의해 실증적으로 검증되었다는 사실과 관련이 있다. 수만 명의 지적인 독자들에게 무엇인가 만족을 주었다는 것은 이 한 권의 책에서 보여준 이론들이 20세기 말에 지배권을 가진 인식론들과 철학들에 깊이—피상적 유행이 아니라—파고들었음을 의미한다.

분명히, 당시(즉 1950년대) 우리에게 유익하게 생각되었던 방법들, 즉 반사학反射學, 정신분석학, 심층심리학 그리고 바슐라르G. Bachelard의 시학들에 기대어 우리가 주장했던 내용들은 여러 분야의 과학적 발견들과 흐름들에 의해 더 세련되고 정교해질 수 있었다.

또한 우리는 우리의 주장을 경험적으로 확인해주는 수많은 업적들을 만날 수 있었다. 우리 앞으로는 현대 생태학(스피츠Spitz, 카일라Kayla, 로렌츠Lorenz, 포르트만Portmann)이 있었고 우리의 뒤를 이어서는 일반 심리학과 경험적 사회심리학(이브 뒤랑Yyes Durand, 뒤보르젤B. Duborgel, 로차피타D. Rocha-Pitta 등), 문학의 과학(비에른S. Vierne, 페랭J. Perrin, 로뱅Ch. Robin, 상소네티P. G. Sansonnetti, 부르주아R. Bourgeois, 작스V. Sachs, 보제티G. Bosetti, 프라송마랭A. Frasson-Marin, 캉브론P. Cambronne, 토마J. Thomas 등)뿐만 아니라, 신실증주의의 무기력에서 조금씩 조금씩 빠져나온 프랑스의 사회학(발랑디에G. Balandier, 세르비에Servier, 토마L. V. Thomas, 마페졸리M. Maffesoli, 타퀴셀P. Tacussel, 펠르티에F. Pelletier, 마퇴디J. F. Matteudi, 시로노J. P. Sironneau, 페생A. Pessin 등)이 있었고, 또한 20세기 말의 세계관들이 보여주는 온갖 전제를 통합하는 정말 새로운 철학들이 있었다.(뷔넨뷔르제J. J. Wunenburger, 보나르델F. Bonardel 등)

한편 이슬람의 창조적 상상력의 철학을 우리에게 보여준 앙리 코르뱅Henry Corbin의 업적들, 특히 이븐 아라비Ibn Arabî와 아비센Avicenne, 몰라 사드라 쉬라치Molla Sadra Shirazi, 소라와르디Sorhawardi에 관한 업적들은 당시로서는 우리가 20년간 탐사해온 상상계의 은하수[1]가 20세기 말의 어두운 여명기에 떠오르는 인식론과 철학의 새로운 하늘임을 우리에게 확신시켜주었다.

하지만 우리의 이러한 은하수를 확고하게 해준 것은 무엇보다도 첨단의 이른바 '정확한 과학'들이었으니 첨단의 이론물리학과 응용물리학, 생물학, 수학 들이 놀랍게도 우리의 은하수에 합류한 것이다.

우리조차도 그 중요성을 제대로 모르는 채 20년 동안 진전시켜온 우리의 일반적인 명제들은 최근의 인식론과 창조적 과학에서의 온갖 흐름에 의해 광범위하게 입증되기에 이르렀다. 그 흐름들은, 설명적 단계에 충실한 인류학, 특히 한창 유행하던 정신분석학과 구조주의의 뒤안에는 절대적으로 이질적이며 환원 불가능한 상수들, 시대 혹은 역사적이고 실존적인 온갖 '차이들' 너머에서 끊임없이 반복해 나타나는 그런 상수들이 존재한다는 것을 입증해주었던 것이다. 즉 호모사피엔스에게는 최소한 하나의 본성nature이 존재하며 그것은 비어 있는 형식으로 이루어져 있는 것이 아니라 한정되어 있긴 하되 하나가 아니라 여럿인 욕망들의 구멍으로 되어 있다는 것, 그 욕망들은 객관적 필요성, 시간과 죽음의 엔트로피와의 대화 속에서 '자신의 할말'을 갖고 있다는 것이다.

현대 학문들이 겪고 있는 이러한 '거대한 변화'[2]의 내부에서 우리는 우리에게 아주 친근하게 여겨지는 철학적이고 인식론적인 풍경들, 아주 유익한 풍경들을 발견하게 되며, 또한 아주 흥미롭게도 이 책의 내용과 화음을 이루고 있는 것들을 점찍어낼 수 있다.

우선 하버드대학의 물리학자인 제럴드 홀턴Gerald Holton이 제시한 테마타themata(혹은 다원적 테마)의 개념. 그는 그 개념을 통해 역사의 순간순간마다, 혹은 과학자 개인마다 그에 고유한 상상력의 풍토가 존재함을 보여주었는데, 그 개념은 우리가 사반세기 전에 입증한 '상상적인, 혹은 동사적인 구도schème'와 아주 흡사한 것이다. 사실 우리가 그 당시 예감했던 것은—사회학자인 피트림 소로킨Pitrim Sorokin이 확인해준 것이기도 하다—구도/테마타는 홀턴이 발견한 것보다는 훨씬 광범위하게 시공 내에서의 지식과 감수성의 지대를 적시고 있다는 것이었다. 그리고 우리가 '신화분석mythanalyse'이라는 지금의 개념을 세웠던 것도 그러한 직관에 의거한 것이었다.[3]

절대적으로 상상계에 의해 결정되는 이러한 거대한 시/공을 우리는 수줍게 '체제' '상형적 구조'라고 불렀던 것인데, 우리는 이러한 이미지의 힘들이 '성좌' 혹은 '무리'를 이루며 운집되는 것에 주목했었다. 지금 만일 이 책이 온전히 다시 쓰일 수 있다면 우리로서는 그것을 '의미의 물줄기'라고 부르고 싶기도 하다. 그 개념은 최첨단의 생물학자이며 유전학자인 워딩턴C. H. Waddington

과 셸드레이크A. R. Sheldrake가 크레오드chréode(필연적 도정)라는 개념을 통해 말하고자 한 것과 동일하며,[4] 수학자 르네 통René Thom이 '형태발생의 장'이라는 개념을 통해 보여준 것과 동일하다.[5] 그리고 수학자가 제시한 이런 '형태발생의 장'이라는 개념이 현대 프랑스의 위대한 역사학자인 브로델F. Braudel의 저술에서는 다른 개념으로 다시 등장하고 있다는 것을 지나는 길에 지적하기로 하자. 때로는 지나치게 고전적인 결정론을 전제로 하고 있기는 하지만 그는 아주 유익한 '긴 지속'이라는 시간의 개념과 '경제/세계'라는 공간적 개념[6]을 내놓았는데, 그 개념들은 바로 우리의 '의미의 물줄기' 개념과 매우 흡사한 것이다.

한편 데이비드 봄David Bohm의 양자물리학이 '원소로 이루어진 세계'라는 세계관을 뒤집고 '전체 내에서의 양자의 상호관계가 근본적인 실재이다'라고 주장하게 됨으로써 현대의 인식론은 한 걸음을 더 내딛게 된다. 그로부터 첨단의 물리학은 설명explication에 입각한 선조적이고 원소적인 개념을 연루implication라는 개념으로 대체하게 되었다. 그 개념에서 우리는 연금술이라는 커다란 이미지, 셸링의 자연철학Naturphilosophie의 이미지를 다시 발견하게 되고, 하나의 세계Unus Mundus라는 개념,[7] 융의 개성화라는 개념[8]으로부터 나온 모든 기氣 철학의 주된 이미지를 다시 만나게 된다. 우리가 '전반적인 원형학', 다시 말해 이른바 객관성과 이성의 움직임까지 포함해서 모든 사고를 감싸는 하나의 '상상계라는 세계'를 기술하려는 야심찬 의도하에 이 책을 쓰면서 품고 있는 개념도 그와 동일한 것이다.

결국 현대 인식론적 흐름을 이끄는 이러한 전반적인 '크레오드'는—이 책이 우리를 자리잡게 하는 곳도 그곳인데—인과성의 개념과는 완전히 단절하게 만드는 결과를 낳는다. 즉 적어도 칸트 이래 설립된 선험적 형태로서의 시간과 공간 개념은 그 효력을 상실하게 되는 것이다. 데스파냐d'Espagnat 같은 물리학자가 지적하고 있듯이[9] 현실은 최소한 베일에 싸여 있다. 또한 천체물리학자인 리브스H. Reeves는 현대 물리학이 상상하고 있는 테마는 더이상 물체의 상상계가 아니라 움직임의 상상계—거리를 두고 있다 할지라도—라고 우리에게 말한다.[10]

물리학자가 지적하는 이런 '베일에 싸인 현실'이라는 개념으로부터, 그리고 물체의 이미지와 연관된 궤도라는 개념이(대표적인 예가 데카르트의 저 유명한 당구공) 삭제되면서 파인먼R. Feynman이 강조하고 있는 '역설', 저 당혹스러운 역설의 개념이 도출된다. 양자역학 전체는 바로 그 역설을 중심으로 움직이며 물리학의 모든 논쟁은 거기에 초점이 맞춰져 있다. 그리고 '패러다임'의 반열에서 행해지던 논의가 아인슈타인/포돌스키/로젠의 '역설'로 이행하게 된 것도 그 개념에 의해서이다.(그러한 이행에는 코스타 드 보르가르Costa de Beauregard가 증명한 오르세Orsay의 시험이 큰 역할을 했다.) 우리가 여기서 파인먼의 '구멍들'이라는 개념이 무엇을 예시하는지 그 결과를 자세히 살펴볼 수는 없다.[11] 단지 철학자로서 인과성이라는 낡은 개념—그리고 그 지주인 시간과 공간의 개념—은, 데스파냐의 '비분리성의 개념'이 보여주는 것과 같은 첨단의 연구들에 의해 극복되고 심지어 뒤집히기에 이르렀다는 것만 말하기로 하자. 그리고 셸드레이크의 '형태발생원인'이라는 개념과 우리의 '인류학적 도정'이라는 개념도 그와 매우 비슷한 것으로서 모두 고전적 인과성을 해체하고 있다. 즉 체계적인systémyque* 전체의 그 어떤 끝에서 출발하더라도 똑같이 신뢰할 수 있는 그런 분석 원칙이 있다는 것이다.

무슨 말인가? 시간과 공간이 더이상 뉴턴 역학의 틀이 아닌 곳에서는, 극단적인 경우에, 옛 물리학에서는 결과이던 것이 (그 여건과 형태에 의해) 당혹스럽게도 원인이 될 수 있다는 것이다.

* systématique라는 단어를 변형한 뒤랑의 신조어. 시간과 역동성이 가미된 체계를 뜻한다.

결과가 성숙되거나 반복되면서 하나의 사역적 기능(원인)이 될 수 있다는 것, 그것이 그 개념들이 보여주고 있는 것이며 특히 우리와 같은 상징론자들에게는 더욱 그러하다.

이러한 혁명은 아주 근본적이다. 우리는 지난 20년 동안 스위스에서 열린 에라노스Eranos 기금 회합에서 그러한 움직임들이 태동되어 준비되는 것을 경험한 바 있다.[12] 그 회합에서는 반세기에 걸친 슈뢰딩거, 융, 엘리아데, 포르트만, 코르뱅 같은 이들의 사상이 한데 수렴해서 깊은 '의미의 물줄기'를 파놓았고 오늘날에는 온갖 자연과학과 인문과학에서 진정으로 살아 있는 흐름들이 그곳에 합류한 것이다.

이러한 수렴이 이루어짐으로써 '시학'과 '과학' 사이의 개념적 경계가 지워지고, 총체적이고 그노시스적인 인식에 대한 새로운 접근의 흐름이 형성되었다는 것을 강조할 필요가 있을까? 레몽 뤼예Raymont Ruyer는 그런 흐름을 예감하고 정리한 바 있으며,[13] 닐스 보어Niels Bohr 혹은 카프라F. Capra[14]의 상보相補, complémentarité 개념이 나온 것도 뤼파스코S. Lupasco의 양립 가능한 모순contradictorialité 개념을 나와 바이그베더F. Beigbeder, 파이스P. Faÿsse, 뷔넨뷔르제 같은 사상가들이 받아들이게 된 것도 같은 흐름에 의해서이다.

그러니 우리는 역설적이게도 가스통 바슐라르의 신과학 정신과 상상계의 현상학 덕분에 바슐라르 이후의 국면에 들어오게 되었다.[15] 우리의 이 책은 사반세기 전에 그러한 커다란 변화를 의식하지도 못하면서 그 변화를 명확히 해놓은 셈이다. 그러니 결국 '결과'가—이 경우 그것은 경험적인 연구였고 거의 철저하게 상상계의 조율에 입각한 것이었다—학문의 온갖 지평에서 나타난 이론들이 크게 합류하게 될 것을 예비한 셈이니 여러 지평에서 나온 이론들은 나름대로의 공식, 때로는 자신만의 수학적 공식을 가지고 융, 엘리아데, 바슐라르, 그리고 나 자신의 경험적 탐구의 '원인' 역할을 했던 셈이다.

우리로서는 우리가 경험하고 있는 이런 합류 현상이 CNRS

(프랑스 국립과학연구원)에 의해 공식으로 인정된 것이 기쁘다. 1981년 CNRS는 우리가 17년 전에 창설한 CRI(상상계 연구센터)를 확대하여 조직적인 연구를 할 수 있는 책임을 우리에게 부여했다. 여러 학문 분야가 광범위하게 참여해 있는 프랑스와 외국의 19개 연구소가 협조하여 '신화의 변화, 변화의 신화'에 대하여 조직적인 연구를 할 수 있게 됨으로써 지금 바로 우리의 눈앞에서 서구의 철학과 지성의 운명을 수정하고 있는 중인 거대한 사상의 흐름을 밝힐 수 있게 될 것이다.

우리는 이 책을 재발간하면서 전과 마찬가지로 초판본 그대로 내보낸다. 앞에서 썼듯이 우리가 사용했던 인식론적 언어들이 지난 20년 동안 낡은 것이 되었음을 물론 우리는 알고 있다. 우리로서는 이 서문이 필요한 개념들과 연결시켜주기를 바란다. 우리는 이 책에서 보여주는 성찰들의 전체 모습이, 인식론과 철학에서의 몇몇 반짝이는 불빛들이 열어놓은 지평선 안으로 단호하게 들어서길 원하는 인문과학 연구자들에게 여전히 소용이 되리라는 희망을 가질 뿐이다.

차례

서론

"가장 넓은 의미에서의 인류학, 다시 말해서 다양한 방법론과 다양한 학문 분야를 연계하는 인간에 대한 학문, 초대되지 않았으나 항상 우리의 논의에 참여하고 있는 손님인 '인간 정신'의 비밀스러운 원동력을 언젠가는 우리에게 드러내 보여줄 학문……."

—레비스트로스, 『구조 인류학』, 91쪽

"자료라는 것이 곧잘 역사에서 벗어나긴 하지만, 분류에서 벗어날 수는 없다."

—르루아구랑, 『인간과 물질』, 18쪽

"서푼짜리" 이미지

서구의 사상, 특히 프랑스 철학은 존재론적으로는 이미지image를, 심리론적으로는 상상 기능을 '오류와 허위의 주범'이라고 평가절하하는 오랜 전통을 지니고 있다. 이미 옳게 지적된 것처럼,[1] 소크라테스로부터 아우구스티누스의 교부철학, 스콜라학파, 데카르트와 계몽주의 철학을 거쳐 브룅슈비크L. Brunschvicg, 레비브륄Lévy-Bruhl, 라뇨G. Lagneau, 알랭E. Alain, 발레리P. Valéry 등의 성찰로 이어지는 광대한 사상의 흐름은 이성이 결여되어 있다고 여겨지는 모든 것을 '격리 처분'해왔다. 브룅슈비크에게 모든 상상imagination은—플라톤적 상상이라 해도!—"정신에 대한 죄악"[2]이다. 그보다 관용적인 알랭만 하더라도 "신화란 태동 상태의 관념"이며 상상계l'imaginaire는 의식의 유아기라고 생각한다.[3]

일반 심리학이라면 이른바 "공상空想, folle du logis"에 대해 보다 관대하리라는 희망을 품을 수도 있겠지만, 실상은 그렇지 않다. 사르트르가 밝혔듯이[4] 고전 심리학자들은 이미지와 지각의 기억 모상記憶 摸相, doublet mnésique을 혼동하고서, 정신이란 객관적 사물의 심적 복제에 지나지 않는 "축소도縮小圖들"로 채워져 있는 것이라고 생각한다. 결국 상상은 이른바 잔류 이미지 혹은 결과 이미지라는 감각의 모호한 한계 영역에 속하는 것으로 축소·이해된다. 이렇듯 상상계라는 개념 자체가 평가절하된 토양에서 연합론associationnisme[5]*이 개화한다. 연합론이 상상의 내적 연관성을 설명하기 위한 뛰어난 노력인 것은 분명하지만, 상상을 평이하고 정적인 퍼즐 정도로 생각하고, 이미지를 확고한 감각과 순수한 관념† 중간쯤에 위치하는 아주 모호한 혼합물로 국한시키는 잘못을 범하고 있다. 베르그송[6]은 의식이라는 연속체에서 새로운 차원을 드러냄으로써 연합론에 최초의 결정타를 가한다. 그렇지만 그가 고전 심리학이 부과한 그 하찮은 역할로부터 이미지를 완전히 해방시킨 것은 아니다. 왜냐하면 그에게서 상상력은 무심한 꿈속에서는 잘 작동되지 않지만, 지각이 주의를 기울이는 삶 속에서는 스스로 조정되는 일종의 존재 계측기 같은 기억력으로 귀착되기

* 사르트르는 그의 저서 『상상력』에서 인식의 여러 양태들, 특히 사유와 상상 혹은 인식의 단위인 개념과 이미지 사이에 단절이 없다고 생각하는 라이프니츠 이후의 이론을 가리켜 연합론이라고 명명했다.

† 데카르트 이후로 인식의 하위 능력인 감성은 뇌하수체에서 분비되는 물질에 의해 대뇌 속에 고정되는 감각에 의한 것이고, 인식의 상위 능력인 이성은 이러한 물질성을 초월한다는 생각을 가리킨다.

때문이다. 그러나 사르트르의 지적처럼 상상된 것과 기억된 것을 혼동해서는 안 된다. 비록 상상력이 '결과적으로' 기억의 잔류물들을 통해 꾸며진다 하더라도, 연대기나 회상록 작가의 사유와 시인의 사유를 구분지어주는 상상계 고유의 본질이 존재한다는 것은 엄연한 사실이다. '가능 영역에 관한 정신 기능faculté du possible'*은 항상 퇴행의 의혹이 느껴지는 베르그송의 내관內觀, introspection†과는 다른 방법으로 연구되어야 한다. 사르트르[7]는 모형模型 이미지라는 고전 이론과 기억 이미지라는 베르그송의 학설에 대하여, 두 입장 모두 이미지를 "사물화"함으로써 존재가 아니라 인식을 주 기능으로 하는 의식의 역동성을 해제해버렸다고 비판한다. "그들이 텐Taine의 무거운 돌덩이들을 살아서 끊임없이 변화하는 가벼운 안개로 바꾸어놓은 것인지도 모른다. 하지만 그렇다고 해서 이 안개가 사물이 아닌 것은 아니다……."[8] 사르트르의 견실한 비판을 새삼 강조할 필요는 없을 것이다. 이제 우리가 할 일은 사르트르가 『상상력*L'Imagination*』에서 제시한 비판적 전망이 『상상계*L'Imaginaire*』에서도 견지되고 있는가를 알아보는 것이다.

이미지의 "사물화"를 피하기 위해 사르트르는 현상학적 방법을 주창한다. 그 방법은 상상 현상에서 모든 내재적 환상‡을 제거한 순수 지향성만을 드러내 보여주는 이점을 지니고 있다.[9] 현상학적 묘사가 밝히는 이미지의 첫번째 성격은 이미지는 의식의 하나이므로 모든 의식처럼 일단은 초월적이라는 것이다.[10] 상상

* 가능 영역이란 의식 대상의 존재 양태의 네 범주(필연·우연·가능·불가능) 가운데 하나로, 비록 실재하지는 않는다 할지라도 의식이 스스로 상정하여 인지할 수 있는 대상 영역을 말한다.

† 심리학 용어로는 의식의 내용을 그 요소와 속성에 따라 기술하는 것이라 정의하지만, 사르트르는 이를 경험적 사실을 포착해내려는 사유의 특수 양태라 정의한다.

‡ 우리가 어떤 대상을 인지한다는 것은 우리의 인식 가운데 이미 그 대상의 모습이 내재적으로 들어 있기 때문이라고 생각하는 고전적 인식론자들의 환상.

을 의식의 다른 양태들과 구분짓는 이미지의 두번째 성격은 지각에 의한 지식이 연속적 개산概算과 점근漸近을 통해 서서히 형성되는 것인 반면, 상상된 대상은 있는 그대로 즉각 주어진다는 것이다. 오직 상상된 육면체만이 단번에 여섯 면을 갖는 법이다. 따라서 상상력을 통한 대상의 관찰은 아무것도 가르쳐주는 것이 없고, 결국 그것은 "준관찰準觀察"[11]에 지나지 않는 것이 된다. 여기서 이미지의 세번째 성격이 바로 드러난다.[12] 즉 이미지화 의식conscience imageante은 "대상을 무無로 상정한다"는 것이다. 그래서 "존재하지 않음"이 이미지의 범주가 되는 셈이고, 이로써 이미지의 궁극적 성격인 자발성自發性[13]이 밝혀진다. 지각되는 현실의 힘겨운 불투명성이라는 장애를 상상력이 흡수해버리면, 의식의 완전한 공백 상태가 이루어지고, 그것은 완전한 자발성에 해당한다는 것이다. 따라서 상상계의 분석은 일종의 지적 "열반nirvâna"에 이르게 되며, 상상은 하나의 각성된 인식으로서 "본질 결핍"* 상태에 지나지 않는 것이 된다.

사르트르가 이어지는 장章들에서 "이미지의 계보famille de l'image"[14]를 전반적으로 검토·구성해보기는 하지만, 이미지는 여전히 정신적 혈연관계가 빈약한 것으로 간주될 수밖에 없는데다가 현상학적 방법을 스스로 포기하는 이 책의 후반부[15]에서는 이미지가 지식의 "타락dégradation"을 표상한다는 생각이 주조를 이룬다. 심리학자 사르트르는 이미지를 격하시키는 수식과 명칭을 끊임없이 반복한다.[16] 이미지는 "대상의 그림자"라든가, "비실재의

* 사르트르에 의하면 지각 대상으로서의 사물은 그 자체로서가 아니라, 그 사물이 다른 무수한 사물들과 맺고 있는 "무한대의 관계", 그 자체의 무수한 특징들 사이의 "무한대의 관계"로서 우리의 인식에 드러나는 것이고, 바로 이와 같은 무한대의 관계가 사물의 본질이 된다. 그러나 상상력의 대상으로서의 이미지는 이처럼 다른 존재와의 관계 속에서가 아니라 그 자체가 직접적이고 자발적으로 우리의 인식에 나타나기 때문에 사르트르는 "이미지는 본질을 결핍하고 있다"고 말한다.

세계조차도 아니다"라든가, 이미지는 "결과가 나타나지 않는" "유령 같은 대상"에 지나지 않는다는 식이다. 또 상상의 모든 특성은 "무無"일 뿐이며, 상상의 대상들이란 "의심스러운" 것들이고, "사람들 대부분이 어쩔 수 없이 겪는 허위적·고착적·지연적·추상적 삶의 부분으로서, 정신분열증 환자나 바라는 그런 것이다……"[17]라고 말한다. 결국 이미지를 구성하는 "본질적 결핍"은 특히 꿈속에서 잘 나타나는 것으로 "스피노자 철학에서의 오류라는 것과 무척이나 유사하다"[18]고 함으로써, 고전적 형이상학자들처럼 이미지를 "오류의 주범"으로 취급하기에 이른다. 게다가 정신적 삶에서 이미지의 역할을 거의 악마의 홀림과 같은 것으로 격하하는데, 그것은 사유에 집요하게 부과되는 이미지의 "독재적이고 유아적인"[19] 성격으로 인해 그 무無의 상태가 일종의 "마법적" 밀도를 지니기 때문이라고 한다. 요컨대 아주 역설적이게도 사르트르는 결론부에서 이제껏 230여 쪽에 걸쳐 공들여 확립하고자 애썼던 상상력의 자발성과 진정한 인식력 사이의 이원론을 갑자기 부정하면서, 일종의 코기토 유일론monisme du cogito으로 되돌아가고 있다. 이미지를 구성하는 부정성négativité에서 논리적 귀결을 이끌어내기는커녕 총괄적 무화無化과정에서 지각이나 개념에 의한 세계 확인과 상상을 통한 비실재화 환상* 모두를 무력화하고 있을 따름이다. 바로 총괄적 무화 과정을 통해서 실재의식과 비실재의식이 화해하는 것이다. 그리하여 이 책은 다음과 같은

* 사르트르에 의하면 모든 의식은 대상을 설정하는 데 상이한 방식을 동원한다. 예를 들어 지각에 의한 의식은 대상이 실재로서 존재한다고 설정하고, 개념 혹은 지식에 의한 의식은 대상이 수많은 관계로 이루어진 보편 개념적 본성이 실재로 존재한다고 설정하지만, 이미지에 의한 의식으로서의 상상력이 대상을 설정하는 네 가지 방식은 부정적이다. 상상력은 대상을 1) 존재하지 않는 것으로, 2) 존재하지만 지금 없는 것으로, 3) 다른 곳에 존재하는 것으로 설정하거나, 4) 아예 대상이 실재로 존재하지 않는 경우를 설정하기도 한다. 그런 까닭에 상상력에 의한 의식을 사르트르는 비실재적非實在的이라고 강조한다.

진부한 결론에 이르게 된다. “매 순간 현실을 뛰어넘는…… 이 자유로운 의식이란 사실 그저 단순히 코기토 속에 스스로를 드러내는 그런 의식이 아닌가?”[20] 이 같은 단정은 미학적 성찰을 담은 후기로 이어지는데, 그 역시 이론의 여지가 많은 것으로 거기서 사르트르는 예술의 비실재성에 관한 주장과 시에 대한 원망怨望의 주제를 재론하고 있다. 결국 『상상계』의 저자는 보들레르와 카뮈, 그리고 포크너에 대하여 자신이 비방한 적이 있음을 상기하고 있는 것이다.[21]

상상력 특유의 기능 방식을 묘사하고, 그 움직임을—적어도 이 책의 처음 200여 쪽에 걸쳐서는—지각이나 기억의 양상과 구분지으려고 노력한 사르트르의 공헌은 이론의 여지가 없다. 그러나 장章을 더해감에 따라 이미지와 상상력의 역할은 증발해버리고, 급기야는 상상계의 완전한 평가절하에 이르는 듯하다. 그 평가절하는 심리적·문화적 동기부여가 이루어지는 분야에서 이미지가 수행하는 실질적 역할과 전혀 부합되지 않는 것이다. 결국 사르트르가 『상상력』에서 “이미지를 파괴”하고 “이미지 없는 상상력의 이론을 만든다”고 고전적 입장에 가했던 비판은 『상상계』의 저자에게로 되돌아오고 있는 셈이다. 사실상 “이미지는 분명한 정신적 실재이다”라고 단정하면서도, 그것이 구체적으로 경험된 사실들의 “귀납”[22]에 의해서가 아니라 이른바 심리학적 현상학이 그 비밀을 내포하는 “특권적 경험”에 의해서만 포착될 수 있다고 얘기하는 것은 모순이라고 여겨진다. 그렇다면 무슨 이유로 상상에 관한 그 두 권의 책에서 사르트르가 이미지를 이해하는데 실패했는지 자문해볼 수 있다.

우선 보들레르에 관한 시론의 저자로서는 예술작품과 그것의 바탕을 이루는 상상의 전반적 역할을 파악할 능력이 없었기 때문인 것으로 보인다. 사르트르 자신의 예술부터가 거리극의 교묘하고 무의미한 유희와 현실의 완전한 복원이라는 무거운 시도—

예를 들면 부르제식의 철학이 가미된 졸라풍의 초자연주의적 묘사—사이에서 흔들리고 있는 것이다.[23] 그는 결코 예술을 심리사회적 기능의 독창적 표명이라고 생각해본 적이 없으며, 이미지나 예술작품의 충만한 의미를 받아들인 적이 없고, 단지 그것들을 비실재성의 전언으로만 여겼다. 사르트르의 소설과 연극작품의 비진실성은 바로 여기서 비롯된다. 그의 작품은 때로 소시민극 혹은 미국 소설의 빼어난 모방이며, 때로는 서투르게 미학적 테두리를 벗어나 유식한 현상학적 묘사의 끝없는 해안으로 이어진다. 결국 사르트르의 미학 역시 하나의 "준미학"[24]이므로, 시학에 대하여 그토록 닫혀 있는 작가가 이미지의 본질을 그렇게 놓쳤다고 해서 놀랄 필요가 없는 것이다.

그렇지만 무엇보다 사르트르가 상상력을 놓친 것은 심리학적 유아주의唯我主義로 옹색해진 현상학적 방법을 제한적으로만 적용하는 데 만족했기 때문인 것 같다. 시와 다양한 종교적 형상들로 이루어진 인류의 상상적 유산은 참조할 생각도 않은 채 상상 현상을 연구하려 한 것은 실로 역설적인 일이다. 『상상계』라는 사르트르의 저작은 "장폴 사르트르의 이미지 의식"이라고 이름을 붙여도 좋을 것이다. 편협하고 편파적이기도 한 심리학 만능주의로 인해 사르트르는 현상학에 대해서도 죄를 범한 셈이다. 왜냐하면 상상계의 현상학이라면 기꺼이 이미지에 빠져들어야 할 것이고, "시인의 이미지들을 끝까지 쫓아가면서 시적 비약의 현상 그 자체인 그 극단주의를 결코 환원하지 않아야"[25] 할 것이기 때문이다. 사르트르는 현상학적 환원을 협소하고 소심한 소여所與 상황에 참여함으로써 야기되는 심리학적 제약과 혼동하여, 바슐라르가 현상학자의 필수 요건이라고 말한 무조건적 겸손[26]을 결여하고 있는 것 같다. "이미지들을 직접 체험하기" 위해서는 상상력이 아주 겸허하여 이미지들을 가득 받아들일 수 있어야 한다. 그와 같은 근본적 겸허, 즉 이미지들의 현상에 대한 근원적 신종信從을 균이 거부한다면, 현상학적 과정 전반에 걸쳐 기폭제 구실을 하는 "울림retentissement"이라는 것은—유도 요인의 결핍으로 인해—결코 성립될 수 없다.[27] 사르트르의 과정을 보면, 인류의 상상적 유산을 "의식의 시험"에 부쳐보려는 의지가 담긴 그의 현상학은 일종의 내관 심리학psychologie introspective 속으로 곧 사라져버린다는 것을 알 수 있다. 동어반복적 "반향résonance"*에 지나지 않는 의식은 곧바로 쇠진되고, 이 책의 76쪽에서부터 벌써 사르트르[28]는 의도적으로 현상학을 버리고서 가설적인 설명 구조의 구축에 골몰한다. 사실상 처음 30쪽에 걸쳐서만 현상학적 묘사를 이용하고 있을 뿐, 나머지 46쪽은 "이미지의 계보"라는 동일한 묘사 주제에 대한 변주로 이루어져 있다.

상상력의 심리학적 모델을 묘사하는 데 실패한 사르트르의 경우는 현상학적 공리들로부터 비롯해 미리 설정된 형이상학적 전망 속에 어색하게 자리잡은 모호한 심리학의 전반적 추론과정에 대한 극단적인 예에 지나지 않을 것이다. 사르트르의 주장보다도 앞서 나온 사유심리학Denkpsychologie의 입장에 대한 비판을 미루어온 것은 바로 그 때문이다. 이제 사유심리학의 입장을 살펴보면 좀더 미묘한 사례를 더욱 가까이서 관찰할 수 있으므로, 사르트르가 상상계에 가했던 근본적 평가절하의 깊은 이유가 분명히 밝혀질 수 있을 듯하다. 물론 사유심리학과 사르트르 심리학의 차이는 크다. 실제로 사르트르는 상상계를 인간의식의 본질적 공허 상태에 대한 예로서만 묘사하고 있는 반면, 형이상학의 강박관념이 그보다 덜한 사유심리학자들은 상상력을 극소화하는 데는 같은 태도를 보이지만, 이미지들의 오염으로부터 정화되어 스

* 저자는 바슐라르가 병리심리학자인 민코프스키에게서 빌려온 두 개념인 "영혼의 울림"과 "감각적 반향"의 대비를 통해 사르트르의 현상학적 방법이 표피적임을 비판하고 있다. 이 두 개념에 대해서는 곽광수·김현, 『바슐라르 연구』, 민음사, 1981, 23~24쪽 참조.

스로 유효한 것이 되고자 하는 사유를 하기 위한 의도가 내포되어 있다는 차이가 있다.[29] 이와 같은 관점은 사르트르가 비난한 바 있는 이미지의 사물화로 다시 이어진다. 사르트르와 그에 앞선 연합론자들과 베르그송주의자들은 근본적으로 상상계를 모든 사유의 상징으로 간주한다. 연합론자들은 그것을 기계론적 연상의 모형으로, 베르그송은 의식의 기억 전체의 모형으로, 사르트르는 무화 과정의 표본적 모형으로 생각한다. 그러나 사유심리학자들은 오로지 사유의 형태적 요소들을 대조적으로 두드러지게 하기 위하여 상상력을 극소화하는 것이다. 연합론자들이나 베르그송 또는 사르트르의 입장은 서로 다른 방향이지만 결국에는 심리학적 의식의 유일론을 지향하고 있으며, 상상계는 그것의 해설 자료에 불과하다. 그것이 기계론적 유일론이든 비유적 유일론이든 무화적 유일론이든 별 상관없다. 약화된 지각으로 환원된 이상, 기억의 회상 혹은 반대로 일반적인 "무엇에 대한 의식"으로 환원되었든 간에 상상력은—사르트르의 모색에도 불구하고—의식 현상들의 균일한 흐름과 구별되지 않는다.

이와 반대로 사유심리학은 데카르트 철학의 연장선상에서 단호하게 이원론을 내세운다. 그러나 그것은 역설적이게도 윌리엄 제임스William James* 이원론의—그리고 때때로 베르그송이 입증한 바 있는 이원론의—영향을 받은 것으로,[30] 그에 따르면 "의식의 흐름", 즉 스스로 유효한 의식은 이미지들이라는 표층적 군생체와 구분된다. 역설적이라고 말하는 까닭은 사유심리학이 즐겨 쓰는 "이미지 없는 사유"란 형태론적으로 의식의 흐름의 막연한 풍부함보다는 연합론의 "관념 이미지images-idées"라는 형태적 결합과 더 흡사한 것으로 보이기 때문이다. 어쨌든 제임스와 거의 같

* 제임스(1842~1910)는 심리학을 실증적인 자연과학으로 성립시키고자 한 미국의 철학자·심리학자이다. 저서로는 『종교적 경험 모음집』(1902), 『실증주의』(1907)가 있다.

은 시기에 브래들리F. H. Bradley*는 언어와 사유의 타동적 요소들이 실체적·정태적 요소들보다 우위에 있다는 사실을 밝혔으며,[31] 분트W. M. Wundt† 또한 이미지를 낳는 지각과 지적 "의미sense"의 인지력을 구분해낸 바 있다.[32] 하지만 정신 작용이 상상적·감각적 "내용물"과 철저하게 대치되는 것은 브렌타노F. Brentano‡와 후설E. Husserl에 이르러서다.[33] 그들은 "지향성intention" 혹은 정신의 지적 현동現動, 다시 말해서 의식의 상태들이나 그 상태들의 집합을 조직하는 의미는 그 상태들 자체를 초월하는 것으로 단정짓는다. 앞서 보았듯이 사르트르 역시 의식을 구성하는 초월성에 관한 가르침을 이어받고 있는 것이다. 차후 사유심리학자들도 사르트르와 마찬가지로 형식으로서의 의식과 사유의 심리적·"물질적" 잔유물 사이의 이분법, 곧 고전 심리학자들이 즐겨 쓰던 형이상학적 이분법을 받아들이게 된다. 결론적으로 논리활동과 심리 영역은 또다시 분리된 셈인데, 이와 병행하여 뷔르츠부르크Würtzbourg 학파의 심리학자들은 "실험적 내관內觀의 바탕 위에서 후설§의 반심리주의를"[34] 검증함으로써 "규범의식" "의식의 긴

* 브래들리(1846~1924)는 헤겔 철학에 영향을 받아 절대의 인식 철학을 발전시킨 영국의 철학자로서 앵글로색슨 관념론의 대표자이다.

† 분트(1832~1920)는 시청각적 지각에 대한 반응 시간 연구를 통해 정신적 종합과 논리적 사고의 토대인 능동적 인지력과 전적으로 수동적인 연상 작용을 구별해냈으며, 언어와 신화, 종교, 법률 등을 대상으로 한 집단심리학으로 자신의 연구를 확대해나갔다. 『생리심리학의 요소』(1874), 『논리학』(1880~1883), 『민중의 심리학』(1900~1920) 등의 저서가 있다.

‡ 브렌타노(1838~1917)는 독일 철학자이자 심리학자로, 의식을 "지향성"에 의해 정의한다. "모든 의식은 무엇에 대한 의식"이라는 말은 그에게서 나온 것이다. 현상학적 방법의 선구자로서 특히 후설에게 영향을 준 그의 저서로는 『경험적 시각의 심리학』(1873), 『심리 현상의 분류에 대하여』(1911)가 있다.

§ 후설은 모든 형태의 심리주의적 태도를 그의 저서 『논리학 탐구』 제1권에서 비판한다. 사유를 "의식의 내용물"로 재구성하려는 심리주의에 맞서 그는 의미 작용이 일어나는 초월적 영역으로서의 의식을 새로이 제시한다. 후설의 현상학은 바로 이 반심리주의에서 출발한다.

장” “의식의 태도”, 이미지 없이 개념을 구성하는 사유 등과 같이 “의도”의 개념과 아주 유사한 심리학적 개념들을 이끌어낸다. 이미지란 관념 작용의 “장애”일 뿐이며, 개념이란 이미지와 말로써 단순히 환기될 수는 있지만 이미 그들 이전에 존재하는 하나의 “의미”라는 것이다.

이와 같은 주지주의적 이론들에서 놀라운 것은 우선 이미지에 대한 생각의 모호함이다. 그들은 이미지를 경험론적으로 편협하게 이해하며, 순수한 논리적 사유를 분리해내기 위하여 이미지를 폄하하려 들기 때문에 더욱더 경험론으로 치우치고 있다. 그다음으로 눈에 띄는 것은 “이미지 없는 사유라는 표현을 문자 그대로 받아들임으로써” 사용하게 된 공식과 개념들의 모호함이다. 프라딘M. Pradines[35]*의 말처럼 그 표현은 마땅히 “이미지들로 이루어지지 않은 사유만을” 가리키는 것인데, “그들은 이미지들이 사유에 뒤이어 나오는 것조차 거부함으로써…… 실행될 수 없는 사유를 찾기에 이르렀던” 것이다. 뷔르츠부르크 학파나 사유 심리학이 이미지 없는 사유를 공리로 내세우는 까닭은 단지 이미지가 감각의 잔류 모상으로 다시 환원되어 추상적 개념들의 의미에 아무것도 덧붙일 수 없는 것이 되기 때문이다.

하지만 지금까지 검토된 이론들에 대하여 할 수 있는 일반적 비판은 무엇보다도 그 이론들 모두가 상상력을 극소화하고 있다는 사실이다. 상상의 대상을 왜곡하여 그것을 기억의 잔류물로 귀결시키는 베르그송의 경우가 그렇고, 이미지를 평범한 감각 모상 정도로 폄하함으로써 상상계를 심리학적 허무주의로 이끄는 사르트르의 경우도 그렇다. 아무리 조심스럽게 현상학적 태도를 취하더라도 일반 심리학은 그저 단순히 상상 현상을 거부하거나

* 프랑스의 철학자·심리학자인 프라딘(1874~1958)은 베르그송 철학의 영향을 받아 인식 수단으로서의 행동 이론을 정리했으며, 특히 심리학에서는 우등한 기능들이 암암리에 열등한 기능들 속에 포함되어 있다는 이론을 전개한 바 있다.

아니면 그것을 어설픈 개념적 묘사로 축사縮寫함으로써 그 풍요로움을 메마르게 한다. 바슐라르가 그랬듯이 아주 공정하게 "재현représentation에 대한 체계적 연구"[36]를 할 수 있는 철학자의 권리를 요구하는 것은 바로 그와 같은 사정 때문이다. 바꿔 말하자면 그 어원이 헤겔에서 비롯되었는데도,* 심리학적 현상학은 기의적 실체noumène signifié와 기표 현상phénomène signifiant을 항상 나누어 놓고서, 정신적 이미지의 역할과 소쉬르[37] 학파가 정의하는 언어 기호들을 곧잘 혼동해왔다. 후설의 계승자들과 베르그송의 계승자들도 그렇지만 상상의 심리학자들의 가장 큰 오해는 연합론자들이 제대로 다듬어놓지 못한 어휘를 통하여 이미지와 말을 혼동했다는 것이다. 사르트르[38]의 경우† "부역장실"이라는 문자 기호와 피에르의 "초상"을 공들여 대조해놓긴 했지만, 애매모호한 제목이 붙은 여러 장章에 걸쳐서 점차로 이미지를 기호학적 계보와 잘못 연계시켜나가고 있다. 궁극적으로 사르트르는 후설[39]처럼 이미지를 자의적 기호의 필연적 "충족remplissement"‡ 요소라고도 생각하지 않으며, 그저 타락한 기호에 불과하다고 여긴다. "이미지의 계보"라는 것도 미심쩍은 퇴화의 역사일 뿐이다. 따라서 고

* 헤겔의 현상학은 절대적인 앎에 도달하기 위해 필수적인 의식의 여정을 제시한다. 이 여정에는 언제나 진실과 객관이 대립되어 있는데, 이 대립이 극복되지 못하는 한 정신의 현상(어원적인 의미로서의 '드러남')에만 이를 뿐이다. 그러나 여기서 현상은 본질과 분리되지 않는다. 진실의 변천은 진실에 있어 본질적인 것이고, 주체와 객체의 대립은 현상적 앎의 내부에만 있는 것이다. 이런 점에서 헤겔의 현상학은 본고에서 언급되고 있는 '현상학적 태도'와 다르다고 할 수 있다.

† 여기서 사르트르는 사진으로 찍힌 초상에서 유발하는 이미지와 문패에 쓰인 기호를 구분하고 있다.

‡ 후설의 "충족"은 의미 작용의 지향성과 "상관된" 개념이다. 의미는 "비어 있는" 상태로 직관이 없어도 지향될 수 있지만, "명증"의 실현은 "충족"이 있어야만 가능하다. "충족"은 경험적 객체나 본질에 의하든지 어느 경우에나 직관의 보편적인 기능으로서 지향점이 없다면 발휘될 수 없는 것이다.

유 의미에 반대되는 비유적 의미는 잡스러운 의미가 될 수밖에 없는 것이다.* 하지만 언어에서는 기호가 자의적인 것이라서 기호의 선택이 무의미하다고 하더라도, 상상의 영역에서는 사정이 전혀 다르다는 점을 반드시 인식해야 한다. 상상의 영역에서 이미지는—아무리 타락한 것으로 생각된다 하더라도—상상적 의미 작용의 테두리 밖에서는 찾아낼 수 없는 의미를 자체적으로 내포하고 있다. 결국 비유적 의미만이 의미가 있으며, 이른바 고유 의미는 거대한 의미 체계의 흐름에 속하는 소소하고 개별적인 문제에 지나지 않는다. 그래서 사르트르의 유사 현상학을 뛰어넘어 오랜 학문적 무상無想의 태도가 마련한 순수한 현상학으로 되돌아갈 필요가 있다.[40]† 이미지가 구성하는 유사물analogon‡은 결코 자의적으로 선택된 기호가 아니라 언제나 내재적으로 동기부여된 것으로, 다시 말해 언제나 상징이다. 앞서 언급된 이론들이 상상계의 효용성을 놓쳐버린 것은 결국 이미지를 상징으로 규정해내지 못했기 때문이다.[41] 사르트르의 경우 "비정립적이며non positionnel" "대상을 제시하지 않는"[42] 관용적 기호와 이미지 사이에 차이점이 있다는 것을 잘 알고는 있었지만, 부당하게도 이미지 속에서 지식의 타락이나 준대상準對象의 제시만을 보고는 이미지를 무의미한 것으로 치부해버렸던 것이다.[43]

다행스럽게도 몇몇 심리학자들은 이미지에 관한 중요한 사실을 인지하고 있었다. 즉 이미지의 본질을 이루는 상징 속에는 역동적 구성력dynamisme organisateur을 바탕으로 하는 기표와 기의 사이

* "비유적 의미le sens figuré"는 어원적으로 '형상화된' 혹은 '상상된', 즉 '이미지화된' 의미를 가리킨다.

† 바슐라르의 무상적 태도는 이미지의 즉각적인 역동성에 복종하기를 거부하는 학문상의 신중함과 대치된다. 이런 무상적 태도에서 나온 그의 현상학은 개개인의 의식 속에서 "이미지로부터의 출발"을 고려하며, 그는 이 현상학의 도움으로 이미지의 "통주체성transsubjectivité"을 복원하고자 한다.

‡ 사르트르가 사용한 용어로서 "실제의 대상과 유사한 대리물"을 뜻한다.

의 동질성이 있어서 이미지는 자의적인 기호와 전적으로 다르다는 사실이다. 제한적으로나마 프라딘은 사유의 내용은 이미지의 범주 이외에 다른 것일 수 없다는 사실을 이미 지적한 바 있다. 가령 자유가 끊어진 사슬로 귀착될 수는 없지만, 끊어진 사슬은 자유를 나타내므로 자유의 상징, 다시 말해 의미의 호르몬과 같은 상징이 되는 것이다.[44] 정신분석학에 뒤이어 융C. G. Jung[45] 역시 모든 사유가 일반적인 이미지들 혹은 원형들archétypes, 즉 "무의식적으로 사유를 형성하는" "기능적 잠재력 혹은 구도들schémas"에 근거하고 있음을 파악한다. 피아제J. Piaget[46]의 경우 그의 긴 연구서 제3부를 온통 할애하여 구체적 관찰을 토대로 상징적 사유와 개념적 의미의 "기능적 결합"을 증명해 보이면서, 모든 형태의 재현이 통일성과 연대성을 지닌다고 단언한다. 그는 이미지가 기표의 역할을 수행하며, 그 분화 정도는 "지각된 대상으로부터 떨어져나온 지표indice보다는 크지만, 대상의 모방으로 남아 있기 때문에 (자의적인 언어 기호와는 달리) 여전히 동기부여된 상태인 기호보다는 작은" 것이라고 밝히고 있다. 논리학자들까지도[47] 기표와 의미 사이의 이분법에 대한 비판을 더한층 밀고 나감으로써 공리적 연결 표상과 직관적 사유 내용을 분리할 수 없다는 것을 인정한 바 있다. 마지막으로 바슐라르[48]는 상상적 상징체계에 대한 전반적 이해를 위하여 다음과 같은 두 가지 직관적 사실을 근거로 삼고 있다. 우리가 채택할 두 가지는 상상력은 역동적 구성력이며, 역동적 구성력은 재현에서 동질성의 요인이라는 것이다. 인식론자 바슐라르에 따르면 상상력은 이미지들을 "형성하는" 능력이 아니라 지각이 제공하는 실제적 복제물들을 "변형하는" 역동적 힘이고, 감각을 혁신하는 이 역동성은 정신적 삶 전체의 기초가 된다. 그것은 재현이란 어느 차원에서나 은유적이므로 "재현의 법칙은 동질적"이며, 모든 것이 은유적이므로 "재현의 차원에서 모든 은유는 동등화"하기 때문이다. 물론 의미와 상징 사이의 이 같은 "결합"이 혼동을 뜻하지는 않는다. 그것은 하나의 변증법 속에서 확인될 수 있는 결합이기 때문이다. 사유와 그 상징적 표현들의 화합은 마치 지속적인 교정과정 혹은 영속적인 정제과정처럼 보인다. 그러나 정제된 사유, 즉 "수천만원짜리" 사유도 "서푼짜리"[49] 이미지들 없이는 이루어질 수 없으며, 역으로 가장 혼동스럽고 착란이 일 듯한 경우에도 이미지들의 찬란한 분출은 하나의 논리를 따라—그 논리가 아무리 빈약한 "서푼짜리"라 하더라도—이어진다. 상징은 기호학의 분야가 아니라 특수한 의미론의 영역에 속하며, 이를테면 인위적으로 주어진 하나의 의미 이상의 것을 소유하는 것으로서 울림의 본질적·자발적 힘을 보유하고 있다고 할 수 있다.[50]

이 같은 상징의 정의에서 비롯되는 첫번째 중요한 결과는 상징체계가 모든 시청각적 기호 작용보다 시간적으로나 존재론적으로나 선행한다는 사실이다. 그것은 문법학자에 의해서도 밝혀진 사실로서, "사행성事行性, factivité"의 정의가 이에 해당한다.[51]* "사행성"이란 자기를 표현하는 모든 방식, 다시 말해서 "말하는 주체의 정신이 현상의 중심이며, 그 현상이 다른 존재의 정신에 반응을 일으켜야 한다고 진술하는" 모든 방식에 공통된 성격이다. 그래서 가령 "외침은 사행적 가치를 지니게 되었을 때 언어가 되었다"는 것이다. 표현의 원초적 구도는 발화자와 수신자를 잇는 정서적인 재현적 관계로 이루어지며, 상상적 상징은 그 구도의 심리학적 표면을 형성한다. 어린아이의 언어는—발생론적 심리학이 밝혀놓은 것처럼—문법학자들이 "발화자의 차원plan locutoire"

* 다무레트의 용어인 "사행성"은 "사실을 진술하는" 서술부의 의미론적 특성이다. 이 경우 서술부의 주어나 목적어는 종속절이 되고 종속절의 내용은 참(진眞)으로 가정된다. 사행성을 지닌 서술부는 어떤 주장이나 질문, 기원, 명령의 행위를 보이는 것으로, 그 예는 '알다' '실현하다' '잇다' '말하다' 등등이다.

혹은 영탄적 차원이라고도 부르는 이 구도에 속한다. “탈발화자의 차원plan délocutoire”*으로의 진화, 즉 지각과 사물들에 집중되는 표현으로의 진화는 훨씬 뒤에 이루어진다. 특정 언어에 속하는 모든 의도들이 일정한 보편성을 띠도록 보장해주고, 모든 사유가 그 뿌리에서부터 상징적으로 구조화하도록 자리를 잡아주는 것은 바로 그 발화자의 차원, 즉 상징의 차원이다. 민코프스키H. Minkowski[52]의 병리심리학은 한 걸음 더 나아가 이미지가 사유를 빈약하게 만든다는 사르트르와 고전주의자들의 도식을 뒤집어놓음으로써, 독일 낭만주의의 대작가들[53] 및 현대 초현실주의자들[54]의 생각과 합류한다.(논의를 진행해가는 동안 우리도 그들의 생각을 채택하게 될 것이다.) 그는 어린아이나 원시인의 정신적 삶이 “성인 중심주의”[55]로 이행하는 것을 은유들의 의미가 점진적으로 억압 혹은 ‘수축’되는 과정으로 간주한다. 이 은유들의 “의미”, 상상계의 이 거대한 의미 체계가 바로 모든 합리적 사유와 그 기호학적 부류가 전개되어 나올 기원적 모태이다. 따라서 인간 상상력의 근본적 원형들을 연구하기 위해서 우리는 단호히 상징적 전망 속에 자리잡고자 하는 것이다.

상징과 동기부여

그러나 이미지들의 의미 연구는 또다른 결과를 초래한다. 사실 그와 같은 입장을 채택한다는 것은 모든 사유의 서술적 전개 방식을 상상력에 적용하거나 논리적으로 정련된 사유의 관점을 통해서 상상력을 연구하는 고전 심리학의 통상적 관례를 뒤집는 일이

* 발화자가 사라지는 차원, 즉 지각한 사실을 서술하거나 사물과 정황을 묘사하는 3인칭의 객관적인 차원을 말한다.

다. 그런데 상상계의 연구를 위해서 기호의 자의성이라는 소쉬르의 첫째 원리를 거부해야 한다면, "기표의 선형성線形性, linéarité"[56]이라는 둘째 원리도 거부할 수밖에 없다. 상징은 더이상 언어학적 속성을 지닌 것이 아니므로 단일한 차원에서 전개되지 않는다. 따라서 상징들을 결정하는 동기부여motivation*는 더이상 연쇄적인 근거들의 긴 사슬을 형성하지 않을뿐더러 그 어떠한 "연쇄"도 형성하지 않는다.[57] 논리적 추론이나 내성적 설화와 같은 선형적 설명으로는 상징적 동기부여를 제대로 밝힐 수 없다. 그와 같은 사실은 사르트르의 방법에서도 잘 드러난다. 상상계의 다양한 양태에 대한 그의 분류[58]는 상상적 동기부여의 논리적인 특성과 피상적이고 서술적인 특성에만 집착함으로써 "부재의" 의도라든가 "격리", "비존재"의 의도와 같이 빈약하게 명명된 공허한 의도들만을 담아내고 있을 뿐이다. 사르트르는 이를테면 또다시 기호학적 환상에 빠져 지각 경험 혹은 논리적 선입관의 등급에 따라 상상적 동기부여의 등급을 나누고 있는 것이다. 이는 자연과학적 설명에 이용되는 인과론적 결정론을 대신할 동기부여의 포괄적 이해 방법을 찾아내려 한 것일 뿐이다. 르낭E. Renan[59]은 동기부여가 "필연적" 연관들의 정합성을 지닌 것도, 우연적 직관들의 자의성만을 지닌 것도 아니라는 사실을 이미 지적한 바 있다. 동기부여는 이를테면 한정限定†이라는 집단적 범주를 형성한다. 그것은 소쉬르[60]가 언어 기호들과 대립되는 것이라고 밝힌 "신호들", 이미 "여러 차원에 걸쳐 동시적으로 복잡한 양상"을 드러내는 "신호

* 'motivation'은 주로 내재적 의미로 사용되므로 '동인動因' 혹은 '동기화動機化'로 옮기는 것이 더 적절할 수도 있겠지만, 문맥에 어울리지 않는 경우가 많을 뿐 아니라 전반적으로 상징의 의미론적 생성 '과정'에 대한 글이므로 이 책에서는 혼동을 피하기 위하여 '동기부여'라는 말로 통일하였음을 밝혀둔다.

† 원래는 언어학의 용어로서, 한 언어 요소가 담론으로 현동화하는 방식을 뜻한다. 그것은 적어도 선형적으로 이루어지는 것은 아니다.

들signaux"과 같다. 우리는 이 책의 결론부에서 다차원적이며 따라서 "공간적인" 상징세계의 특성이 본질적인 것이라는 사실을 이해하게 될 것이다. 지금으로서는 방법에만 몰두하여 선형적 설명의 불모성에서 벗어나면서 동시에 상상력의 직관적 비약에도 빠져들지 않을 수 있는—최상의!—방법이 무엇인가를 자문해보아야 할 것이다.

상상력의 주요 상징들을 변별적 동기부여 범주로 분류하는 일은 이미지들의 의미 체계와 비선형성으로 인하여 커다란 난점을 드러낸다. 고전적인 "꿈의 열쇠"[61]가 그랬듯이 도구주의적 논리의 틀 속에 한정된 대상들에서 출발한다면, 동기부여의 집단성으로 인하여 곧 헤어날 수 없는 혼동 속으로 빠져들게 된다. 그보다는 하나의 사유를 이루는 중요한 중심 주제들에 따라 상징을 분류하는 것이 좀더 진지한 방법이라 생각된다. 사유는 물론 지각적인 것이지만, 대상에 대하여 동화적同化的 태도를 계속 유지하고 있으므로 그로 인해 지각 현상들은 상상적 몽상의 빌미가 된다. 이러한 것이 종교적 상징체계나 문학적 상상력의 동기부여를 분석하는 사람들이 취하고 있는 가장 깊이 있는 분류법이다. 때로 그들은 천체의 우주론적 동기부여 범주를 분류의 규범으로 삼아 계절과 대기 현상과 별들의 반복 운행이 작화적作話的 상상력을 유발하는 것으로 파악하며, 때로는 단순한 원시 물리학의 기본 요소들을 택하여 그 감각적 특성에 따라 상상계라는 동질적 연속체를 힘의 장場들로 분극화한다. 또 때로는 미소微小 집단에서 언어 집단으로 넘어가기 직전 상태에 있는 집단들의 사회학적 여건이 상징의 근원적 배경을 구성하는 것으로 추정해보기도 한다. 그래서 언어와 사회적 기능에 의해 엄밀하게 동기부여된 상상력이 사회학적 모형母型에 따라 형성된 것으로 보기도 하고, 종족의 유전자들이 신비스럽게 개입하여 상징 집합들을 구조화함으로써 상상적 기질과 종교적 의식들이 여러 가지로 나뉘는 것으로 생각하기도 하며, 다소 진화론적인 시각에서 주요 상징 형식들의 위계를 확립하여 『도덕과 종교의 두 원천』에서 베르그송이 제시한 이원론을 다시 단일화하려 하기도 하고, 정신분석학의 입장에서 한창 발달하는 리비도의 충동과 가족이라는 미소 집단의 억압적 힘 사이의 동기부여적 종합을 시도해보기도 한다. 우리는 확고한 방법을 정립하기에 앞서, 상징의 동기부여에 관한 여러 가지 분류들을 비판하고 넘어갈 생각이다.

상징의 동기부여를 분석한 종교 역사학자들은 대부분 상징들을 주요 우주론적 현현顯現들과의 관계에서 드러나는 유사성에 따라 분류하는 데 집착했다. 그런 식으로 크라프A. H. Krappe[62]는 신화와 상징을 천상의 상징과 지상의 상징이라는 두 부류로 구분한다. 그의 『신화의 기원*Genèse des mythes*』을 보면 처음 다섯 장章은 하늘, 태양, 달, "두 개의 커다란 천체"와 별들에 할애되어 있고, 뒤의 여섯 장章은 대기, 화산, 물, 지하세계, 천재지변 등과 관련된 신화들, 그리고 인류의 역사 및 그 상징체계를 다루고 있다. 엘리아데M. Eliade[63]의 뛰어난 저서 『종교사론』도 신성 발현의 구분에서는 거의 같은 구도를 따르고 있지만, 저자는 보다 깊이 있게 천재지변, 화산, 대기 등과 관련된 신화와 상징들을 좀더 일반적인 범주 속에 통합해냄으로써 우라노스 의례와 상징, 태양, 달과 "달에 대한 신비 신앙", 그리고 물과 권능 발현 및 대지 등에 관하여 광범위하게 설명하고 있다. 그러나 제7장[64]에서부터 신화학자의 사유는 신성 발현의 기능적 특성에 갑자기 관심을 기울이는 듯 보인다. 그래서 농경 상징의 연구는 다산성의 기능, 재생의 의례 및 풍요의 제식 등에 집중되며, 그것은 은연중에 마지막 장章들의 '위대한 시간Grand Temps'과 영겁 회귀의 신화들에 관한 성찰로 이어지게 된다.[65] 이렇듯 대지와 기상 및 항성을 포함하는 객관세계에 대한 적응adaptation 규범에 따르고자 하는 분류들은 어쩔 수 없이 보다 덜 객관적인 성찰로 기울어지고 있다. 마지막 장들에서 엘리아데가 은연중에 동기부여의 문제를 이미지들의 동화 차원으로 옮겨놓고 내면적 지속의 드라마로 귀결시킴으로써 첫 장들의 객관적 실증주의에서 분리시키고 있는 반면, 크라프[66]는 매우 "다양한" 우주발생론과 "기원 신화"에 관한 성찰로 책을 끝맺음으로써 그 역시 시간에 대한 아주 주관적인 이해를 통하여 암암리에 이미지들의 심리학적 동기부여로 귀착하고 있다.

바슐라르[67]는 상징과 동기부여의 연관에서 주관적 동화assimilation가 중대한 역할을 한다는 사실을 단번에 알아차려서 문제에 좀더 근접하고 있는 듯 보인다. 그는 대상의 세계와 꿈의 세계 사이에서 매개체 구실을 하는 것이 우리의 감성이라고 전제하면서, 아리스토텔레스식의 초보적 정성定性 물리학의 분류 방식에 몰두한다. 더 정확히 말해서 그는 그 같은 물리학이 내포할지도 모르는 객관적인 사실만을 염두에 두고서, 온溫·냉冷·건乾·습濕의 상상에 관한 특수 논문을 쓰는 대신 4원소론의 연구에 매달린다. 그 인식론자의 무척이나 섬세한 시 연구에서 분류의 공리로 기능하는 것은 바로 그 네 가지 원소이다. 왜냐하면 그 "네 가지 원소는 상상력의 호르몬"[68]이기 때문이다. 그렇지만 바슐라르는 상징의 동기부여에 관한 분류가 바로 그 대칭성 때문에 지나치게 이성적이고 객관적이며 합리적이라서 공상의 온갖 변화를 정확히 모사해낼 수 없을 것이라는 사실을 알아차리고, 아주 확실한 심리적 본능에 따라 대지 원소의 상반된 양상에 관한 내용을 담은 두 권의 책을 포함하여 모두 다섯 권의 책을 씀으로써 4원적 대칭을 파기한다. 그는 대지의 물질이 흙덩이는 물렁하고 바위는 단단하듯 "내향성도 부추기고 외향성도 부추기기"[69] 때문에 모호하다는 것을 깨닫는다. 부언이 되겠지만, 바로 그 모호함을 통해서 바슐라르는 상징의 동기부여에 관한 근본 법칙에 접근한다. 즉 모든 원소는 양가적이며, 정복적 적응에의 초대인 동시에 내향적 동화를 야기하는 거부이기도 하다는 사실이다. 마찬가지로 『물과 꿈*L'Eau* *et les rêves*』[70]에서도 맑은 물은 복합적인 물이나 깊은 물과 같은 뜻을 지니는 것이 전혀 아니며 평온한 물의 의미는 난폭한 물과 반대되므로, 물 원소는 그 속성과 달리 나누어진다. 그러니까 원소 분류라는 것이 양의성을 해소할 궁극적 동기들을 드러내지는 못하는 셈이다. "가장 아름다운 이미지는 대개 양면성의 발원지이다"[71]라고 분명히 밝히는 것은 결국 그와 같은 분류의 실패를 고백하는 것이 아닐까? 원소에 의한 분류는 이처럼 부적절할 뿐 아니라, 우리가 다른 글[72]에서 입증해 보인 것처럼 불충분한 것이기도 하다. 인간이 지각하는 원소의 색조는 아리스토텔레스의 물리학이 생각한 것보다 훨씬 더 풍부하고 미세한 것이기 때문이다. 감각중추가 느끼기에는 얼음과 눈은 물로 용해되는 것이 아니고, 불은 아무래도 빛과 별개의 것이며, 진흙은 바위나 수정이 아닌 것이다. 상징의 궤도 출발점이 되는 객체의 요청intimations objectives을 내버려두고 그 궤도 자체의 움직임만을 연구하는 코페르니쿠스적 혁명을 바슐라르가 예감한 것은 오직 그의 가장 중요한 저서인 『공기와 꿈*L'air et les songes*』에서일 뿐이다. 어쨌든 바슐라르가 4원소에 관하여 쓴 아주 아름다운 책들은 분류를 위해 채택된 원칙 자체로 인하여 상징의 동기부여 분석에서는 어느 정도의 동요와 굴곡을 보여주고 있다. 인식론자이자 비데카르트 철학의 이론가인 그가 역설적이게도 동기부여의 복합성을 통찰해보려고 하지 않고, 아리스토텔레스의 전前과학적 사고를 보루로 삼아 느슨한 시학 쪽으로 물러섰기 때문일 것이다.

상징의 범주에 관한 지각적 혹은 우주적 참조 기준을 찾는 대신에 사회학적·문헌학적 동기부여를 밝혀볼 수도 있다. 뒤메질G. Dumézil[73]과 피가니올A. Piganiol[74]*이 암암리에 시도한 작업이 그

* 피가니올(1883~1968)은 프랑스의 사학자로서 로마사를 전공했으며 사회학의 영향 아래 경제적인 것에서 종교적인 것에 이르는 문명사적 사실들의 의미를 재발견하는 데 전념했다.

런 것으로, 뒤메질은 의례와 신화 및 집단 언어를 구성하는 동기부여의 기능적·사회적 특성을 부각시키고 있으며, 피가니올은 점령자와 피점령자의 역사적·정치적 지위에서 비롯되는 의식 구조 및 상징체계의 차이에 중점을 두고 있다. 뒤메질 학설의 요지는 인도 유럽 어족의 사회에서 신화적 재현 체계와 그것을 나타내는 언어적 표현은 기능적 삼분법에 근거하고 있다는 것이다. 인도 유럽 어족들에서 모든 재현 체계의 핵심을 이루며 종교적·세속적 상징체계의 동기를 구성하는 것은 바로 성직자, 전사, 생산자라는 세 가지 세습계급 혹은 등급의 구분이라는 것이다. 그러나 뒤메질이 다른 책[75]에서 시인했듯이 그 삼분법이 그야말로 확고부동한 것은 아니라서, 가령 마법, 종교적 절대권과 전사적戰士的 왕권 사이의 혼동이 있을 수도 있다는 것이다. 그뿐만 아니라 세습계급 자체가 셋으로 나뉜 심층적 근거에 대한 문헌학적 설명은 찾아볼 수도 없다. 뒤메질의 삼분법 및 관련 기능들은 앞서 비판한 자연주의적 투사投射, 즉 천상과 지상의 대상 혹은 요소에 의거한 분류 방법과 마찬가지로 상징의 동기부여에서는 부차적인 것이다. 예컨대 뒤메질은 인도 유럽 어족 세계의 신화와 전설에 외눈과 외팔이에 관한 이야기가 집중적으로 나타나는 아주 기이한 현상을 잘 지적하고 있기는 하지만, 순전히 사회학적인 관점으로는 그와 같은 불구의 상징체계와 세 가지 근본적 사회 기능의 관계가 무엇인지 잘 납득되지 않는다.[76]

한편 피가니올은 역사적 동기부여의 고찰을 통해 사회학적 방법을 보완한다. 그는 지중해 세계의 신화와 관습 및 상징들이 아주 쉽사리 두 개의 사회학적 항목으로 정돈된다는 사실에 주목한다. 즉 어떤 목축 토민 집단이나 종족 계층은 제단을 세우고 남성적 불, 태양, 새 또는 하늘을 숭배하는 반면,[77] 어떤 집단이나 계층은 제단 대신 피를 문질러 바른 돌을 가지고 대지의 여신들에게 구원을 빈다는 것이다. 이러한 근본적 의식 구조의 분리 현상은 인도 유럽 어족에게 침략 정복당한 "고古아시아"* 토착민들의 존속에 기인하는 것이라고 피가니올은 생각한다. 그러나 피가니올의 훌륭한 연구도 뒤메질과 마찬가지로 두 개의 상이한 상징체계 양식으로 감응하는 의식의 근원을 설명해내지 못하며, 특히 두 의식 구조 사이에 이루어졌을 법한 수많은 접합 현상을 밝혀내지 못하고 있다.

프르질루스키J. Przyluski는 『위대한 여신*La Grande Déesse*』[78]에서 이 두 계열의 설화 체계를 피가니올의 학설에 함축된 것과 매우 유사한 인간의식의 진화론으로 설명하고 있다. 종교적 상상력의 상징체계는 보통 '모태genitrix'와 다산성의 숭배를 중심으로 이루어지는 동기부여에서 부신父神에 대한 조망에 이르는 좀더 고상한 동기부여로 진화한다는 것이다. 이를테면 인간은 정신적·사회적으로 3단계의 진보를 거쳐 이미지의 무성함이 어느 정도 제거된 일신론적 개념 체계에 도달했다고 한다. 프르질루스키의 저서에는 베르그송이 『도덕과 종교의 두 원천』에서 옹호하는 것과 아주 흡사한 가치관이 담겨 있다. 즉 하나의 상징 집단을 다른 상징 집단과 비교하여 평가절하한다. 가령 베르그송이 설화적·신화적이고 폐쇄적인 종교를 기독교인들의 세련된 개방적 신비주의보다 낮게 평가하는 것처럼, 프르질루스키는 여성 중심주의적 상상력을 남성 중심주의적 상상력보다 낮은 것으로 평가한다. 그러나 베르그송이 단지 도덕 가치론적 이유로 폐쇄적인 것을 개방적인 것 아래 종속시킨 반면, 프르질루스키는 상징적 의식 구조를 진화론적 단면으로만 파악하여 그것이 "모신母神"의 태동에서 "부신父神"의 완성으로 이행해가는 것이라고 단정한다. 이와 같은 위계화는 앞에서 우리가 비판한 바 있는, 상상계를 평가절하

* 중동과 근동 아시아를 포함하는 서아시아의 고대 민족들 또는 고대 소아시아의 비인도 유럽 어족 언어들을 가리킬 때 쓰는 용어이다.

하는 합리주의에 침윤되어 있는 것으로 보이며, 하나의 상징체계에 '선험적으로' 가치를 부여하고 다른 것을 격하하는 태도는 과학적인 사실 연구에 어긋나는 호교론적 배려에서 비롯된 것으로, 우리로서는 받아들일 수 없는 것이다. 그리고 무엇보다도 상징체계들의 상호관련성을 설명하기 위한 진화론적이고 특히 진보론적인 모든 가설은 동어반복적으로 기능하는 것 같다. 뒤에서 밝혀질 사실이지만, 진보론적인 구도들 그 자체가 상징의 동기부여를 받아들이는 것이기 때문이다.

이 모든 분류 방법들은 상징의 동기를 오로지 상상하는 의식 외부의 여건에 의거해서 밝히려는 객관적 실증주의로 인해 오류를 범하고 있는 것 같다. 결국 그들 모두가 상상계의 의미론을 실용주의적으로 설명하려는 생각에 사로잡혀 있는 것이다. 천체와 기상 현상, 개략적인 초보 물리학의 "원소", 사회적 기능, 여러 가지 민족 체제, 역사적 변이와 역사의 억압 등 이 모든 설명 방법이 궁극적으로 이런저런 행동, 지각, 기술의 적응 양상을 드러낼 수 있을지는 모르지만, 자연의 모순 현상들, 화합할 수 없는 원소들, 사회적 분할 및 역사의 단계적 분리 현상들 저 너머에서 스스로 결속되는 상징들의 근본적인 힘을 밝혀내지는 못한다. 따라서 상징의 동기부여 범주를 인간 심리 현상의 기본적 양태들 속에서 찾아봐야 할 것 같다. 그 양태를 직접 보어적 대상과 기호학적 활동에 맞춰보는 것은 그런 연후에야 할 일이다.

정신분석학은 고전 심리학과 현상학적 심리학의 지나치게 합리적이고 선형적인 설명을 단호히 거부하고서 바로 이 같은 동기부여의 탐구에 매달렸던 것 같다. 프로이트 심리학의 가설은 아주 잘 알려져 있는 만큼 간략하게 언급하자면, 상징의 동기를 이루는 것은 "쾌락원칙 Lustprinzip"이며, 발생학적으로 볼 때 그것은 소화축의 위에서 아래로 등급화된 부위를 따라 전개되고, 비뇨기 층위를 거쳐 결국 생식기 층위에 고착된다는 것이다.[79] 프로이트가 구강, 항문, 생식기 고착을 통한 리비도의 동기부여에 부여했던 중요성은 우리의 작업과정에서 재확인하게 될 것이다. 그렇지만 고착의 메커니즘, 즉 어느 정도 심적 충격을 주는 억압과정에 대해서만은 피아제의 비판을 수용해야 할 것이다. 왜냐하면 상징체계는 그 풍요함으로 인해 억압의 좁은 영역을 훨씬 넘어서며, 검열에 의해 금기가 된 대상들에 국한되지 않는 것이 분명하기 때문이다.[80] 유발된 꿈의 체험에서 확인할 수 있듯이 억압과는 무관한 상징체계가 온전히 존재하는 만큼 정신분석학은 억압에 대한 강박관념을 떨쳐버려야 할 것이다.

아들러A. Adler[81]는 쾌락원칙에 의해 동기부여된 상징들의 개화에 덧붙여 권력 원칙을 강조한다. 그것은 유년기에 경험한 열등감을 점차적으로 지워나가는 보상 심리 구조가 형성하는 하나의 방대한 상징 영역에 대한 동기부여를 설명하는 방식이다. 이 새로운 방안이 스스로 제국주의적 성향을 드러내는 일만 없다면, 유년기의 어리석음을 보상하려는 여타 동기부여과정들과 부분적으로 일치할 수 있다는 사실을 우리는 알게 될 것이다. 마지막으로 융[82]은 예로부터 전래된 동기부여들의 영향 아래 리비도가 복합적으로 변형되는 과정을 밝히고 있다. 모든 상징적 사유는 전승된 주요 상징들에 대한 자각이고, 일종의 심리적 "생식 세포"이며, "고심리학古心理學"의 대상이라는 것이다. 융이 그야말로 이미 확립되어 있는 심적 유전 학설을 차용했다는 점은 우선 분명히 비판의 소지가 있다. 그러나 비판은 무엇보다 제국적 단일주의에 입각하여 동기부여를 극도로 단순화하는 정신분석학의 전반적 경향에 대해 가해져야 할 것이다. 프로이트는 상징들을 인간의 양성적兩性的 도식에 따라 아주 쉽게 분류하고 있으며, 아들러는 공격성의 도식에 따라 단순 분류하고 있다. 여기에는 피아제가 지적한 것처럼,[83] 상상의 내용을 언제나 검열 기만적인 부끄러운 시도로 풀이하는 성향, 즉 억압을 절대적인 것으로 생각하는 일종의 제국주의적 사고가 담겨 있다. 다시 말해서 정신분석학자들은 상상력을 성적 충동과 사회적 억압 사이의 갈등의 결과라고 생각한다. 그렇지만 상상력의 비약적 실체는 대개의 경우 그와 반대로 욕망들과 사회적·자연적 주변 대상들 사이의 화합에서 빚어지는 것으로 보인다. 상상력이 억압의 산물이기는커녕 억압 제거의 원천이라는 사실은 우리의 연구가 진행되는 동안 거듭 확인될 것이다. 이미지는 그 속에 숨어 있는 리비도적 뿌리에 의해서가 아니라 그로부터 피어나는 시적·신화적 꽃에 의해서 가치를 드러낸다. 바슐라르가 매우 적절히 말해놓은 것처럼 "정신분석학자들은 언제나 시적 이미지가 맥락을 지닌 것으로 생각한다. 그들은 시적 이미지를 해석하면서 그것을 시적 로고스가 아닌 다른 언어로 번역해버린다. '번역은 반역'이라는 말이 이처럼 잘 들어맞는 경우도 없을 것이다."[84]

요컨대 상징체계의 구조와 발생을 설명하기 위해 설정된 사회학적·정신분석학적 동기부여 방법들은 모두 은밀하게 형이상학적 편협함이라는 결점을 내포한다고 할 수 있다. 한편에서는 동기부여의 과정을 충동이 배제된 의식 외적 요소들의 체계로 환원하려 들고, 다른 한편에서는 오로지 충동에만, 심지어 검열의 환원적 메커니즘과 그 산물인 억압에만 집착하는 것이다. 이는 은연중에 인도 유럽 어족의 서사시나 리비도의 변형을 묘사 서술하는 선형적 설명의 도식으로 되돌아감을 의미하며, 우리가 지적해온 일반 심리학의 근본적 폐해, 즉 본질적으로 기호학의 규범에서 벗어나는 현상을 설명으로 완전히 드러낼 수 있다는 믿음으로 다시 빠져드는 격이다.

상상의 상징체계를 "구체적으로" 연구하자면 온전한 현행적 의미의 인류학, 다시 말해서 호모사피엔스를 연구하는 학문들의 집합으로서의 인류학[85]이 제시하는 길로 결연히 들어서야 할 것으로 생각된다. 이를 위해서는 위장된 유심론에 지나지 않는 심리학적 존재론이든, 일반적으로 사회학주의적 태도를 감추고 있는 것에 불과한 문화주의적 존재론이든 간에, 결국에는 모두 기호학적 주지주의로 귀착되는 입장들이므로, 어느 한쪽을 채택하지도 말고, 그렇다고 선험적으로 배제하지도 말아야 한다. 상징의 동기부여를 연구하고 구조적 분류를 제시하기 위해서 우리는 현상학주의적 심리학자들이 중시하는 기투企投와 사회학자 및 정신분석학자들이 즐겨 쓰는 억압이나 사회 원심적[86] 요청 같은 개념들을 동시에 거부할 것이다. 특히 문화주의자들과 심리학자들 사이에 주기적으로 일어나는 분쟁에서 벗어날 것이며, "인간에 관한 것이라면 그 무엇도 낯설지 않다"는 인류학적 관점에 입각해서 존재론적 문제에 대한 신경과민으로 유발되는 해로운 논쟁을 가라앉히도록 노력할 것이다.[87] 그 논쟁으로 훼손되는 두 방법론적 관점은 서로 방법론적인 관례를 지키는 한 다 같이 유익하고 정당한 것이기 때문이다. 그러기 위해서 우리는 이를테면 '인류학적 도정trajet anthropologique' 속에 단호히 자리잡을 것이다. 인류학적 도정이란 상상계의 차원에서 주관적·동화적 충동들과 우주적·사회적 환경에서 비롯되는 객관적 요청들 사이에 존재하는 끊임없는 교류과정을 일컫는다. 이와 같은 입장에 따라 존재론적 선행성의 문제는 논외로 할 것이다. 충동적 몸짓과 물질적·사회적 주변 환경 사이에는 이쪽에서 저쪽으로, 혹은 그 반대로 오가는 '상호발생genèse réciproque'[88]이 분명히 있다고 가정할 것이기 때문이다. 인류학적 탐사는 바로 그 가운데, 그 가역적 노정 속에 위치해야 한다. 결국 상상계란 대상의 재현이 주체의 충동적 명령에 의해 동화 조형되고, 역으로 피아제[89]가 탁월하게 보여준 것처럼, 주관적 재현은 객관적 환경에 맞춰 "주체가 사전에 조절되는 것"에 의해 설명되는 그러한 도정과 다름없다. 연구를 진행해나가면서 우리는 이 뛰어난 심리학자의 주장이 얼마나 타당한 것인가를 확인하게 될 것이다. 상징적 사고는 무질서한 동화가 아니라 어떻게든 조절의 태도를 기억하고 있는 동화로서, 비록 "현행의 조절에서 벗어나서" "자아에 대한 인식과 동화의 메커니즘에 대한 자각"[90]을 거부한다 하더라도 그 나름대로 의미 내용을 제공해주는 조절의 요청[91]을 잊어버리지 않는 그런 것이기 때문이다. 르윈K. Lewin[92]의 등식을 부연하자면, 상징이란 언제나 환경이 요청한 생체심리학적 요구의 산물이라고 말할 수도 있다. 바로 그 산물을 우리는 인류학적 도정이라고 이름붙인 것이다. 항목들의 가역성이 그 산물의 속성이자 도정의 속성이기 때문이다.[93]

인류학적 도정의 이론은 바슐라르의 저서 『공기와 꿈』,[94] 사회학과 정신분석학의 관계에 대한 바스티드R. Bastide[95]의 성찰 속에 이미 함축적으로 내포되어 있다. 바슐라르에게 있어서 상상이 근본적으로 의도하는 동선動線은 인간 동물의 주요 몸짓들이 주변 환경으로 향하는 도정이며, 그 환경은 자연 환경에서 '호모 파베르homo faber'의 기술적·사회적 원시 제도로 바로 이어진다. 그러나 이 도정은 가역적인 것이기도 하다. 기본적인 환경은 견고성, 유동성, 화열성 앞에서 인간이 취하는 태도를 드러내는 것이기 때문이다. 모든 몸짓은 물질이 필요하고 도구를 구하며, 우주 환경에서 추출된, 즉 추상화된 물질은 그 어떤 용구나 도구든 모두 옛 몸짓의 유물이라고 할 수 있다. 움직임의 상상력은 물질의 상상력을 필요로 한다고 바슐라르는 말한다. "움직임에 대한 순수 운동학적 묘사에는…… 움직임이 빚어내는 물질에 대한 역학적 고찰이 항상 덧붙여져야 한다."[96] 미국의 사회심리학도 상징을 중심으로 이루어지는 몸짓과 환경 사이의 상호발생을 강조한 바 있다. 카디너A. Kardiner[97]는 기본 인성人性을 이편저편으로 가르는 기준인 "일차성"과 "이차성"의 개념을 통해서 개인과 개인적 충동은 주위 환경의 규범적 영향을 잘 받아들이는 것이지만, 역으로 그 "이차적" 효과로서 물질적 환경과 제도에 상당한 변형을 전하는 것이기도 하다는 사실을 명시하고 있다. 바스티드[98] 또한 리비도와 사회 환경의 관계에 대한 세심한 연구의 결론부에서 사회가 리비도의 길잡이 역할을 한다는 사실을 밝히고 있다. 개인의 충동은 항상 사회적 "지층"을 지니고 있어서 그 속으로 쉽사리 흘러들기도 하고 반대로 방해물을 딛고 거슬러 오르기도 하는 것이므로, "리비도의 투사 체계는 순수한 개인의 창조물 혹은 개인적 신화가 아니라는" 것이다. 바로 이렇게 해서 정신분석학적 콤플렉스를 대신할 "문화 콤플렉스"[99]가 형성되는 셈이다. 이처럼 인류학적 도정은 문화에서 출발할 수도 있고 심리적 본성에서 출발할 수도 있다. 재현과 상징의 본질은 그 가역적인 양극단 사이에 내포되어 있는 것이다.

따라서 우리는 상징체계의 사회 구심적 혹은 사회 원심적 동기부여들 가운데 그 어떤 것도 소홀히 하지 않으면서 정신분석학, 제의 제도, 종교적 상징체계, 시, 신화, 성상학, 또는 병리심리학 등을 한꺼번에 지향하는 인류학적 입장에 따라 하나의 방법론을 다듬어볼 것이다.

수렴적 방법과 방법적 심리주의

상징들이 구성하는 그와 같은 인류학적 도정의 중심축을 한정하기 위해서는 아주 실용론적이고 상대론적인[100] 수렴 방법을 사용해야 할 것이다. 그로써 수렴적인 상징들의 어떤 동형성同形性, isomorphisme을 통해서 구조화하는 듯 보이며 거의 변함이 없는 성좌, 이미지들의 거대한 성좌를 관측해낼 수 있어야 한다. 형이상학적 선입견에 빠지지 않으려면 실용론적 탐색에서 출발해야 한다. 그것을 유추론적 방법과 혼동해서는 안 된다. 유추는 항목이 서로 다른 관계들 사이의 유사성을 인지하는 것으로 이루어진다. 반면 수렴convergence은 상이한 사유 분야에서 항목별로 유사한 이미지 성좌들을 찾아내는 방법이다. 수렴은 유추라기보다 상동相同, homologie이다.[101] 유추는 A와 B의 관계는 C와 D의 관계라는 식이지만, 수렴은 차라리 A와 B의 관계는 A′와 B′의 관계라는 식이다. 여기서도 재확인할 수 있는 것은 모든 상징의 근저에 있는 의미론적 특성이다. 그 때문에 수렴은 단순한 통사법보다는 유사 요소들의 물성物性을 더 많이 이용한다. 상동은 기능적 등식이라기보다 형태론적 혹은 구조적 등식이다. 그 차이를 이해하기 위한 비유가 필요하다면, 유추는 푸가의 음악적 기법에 비교될 수 있고, 수렴은 테마 변주 기법에 비교된다고 말할 수 있다. 앞으로 보겠지만 상징들이 성좌를 이루는 것은 그들이 동일한 원형적 테마의 전개, 즉 하나의 원형에 대한 변주이기 때문이다. 바로 이 방법을 베르그송[102]은 『사유와 유동*La Pensée et le mouvant*』의 한 논문에서 암시한 바 있다. 그는 철학자 작가에게 "가능한 한 가장 잡다한" 이미지들을 선택하여, 기호에 집착하지 말고 "기호가 기호를 쫓아" 의미 작용에 이르도록 함으로써 비유가 "정신적으로 축적되어 실재의 직관만이 허용되도록" 하라고 권장했던 것이다. 그렇지만 이 기호론적 부조화를 통해 베르그송은 의미론적 동형성을 보존해야 함을 깨닫고서, 이미지들이 "외양적으로 차이가 있음에도 한꺼번에 우리의 정신에게 동일한 유형의 주의 집중을, 또 이를테면 동일한 강도의 긴장을 요청하도록……" 만들라고 권고했다. 그는 이런 식으로 진정한 상징적 집합을 규정한 셈이다. 인류학적 원형학이 상상력의 모든 인간적 발현을 가로질러 밝혀내도록 애써야 할 것은 바로 그 집합들, 구성적 중심을 향해 이미지들이 수렴되는 그 성좌들이다. 그 같은 수렴은 실험을 통해서도 분명히 알려져 있다. 드조유R. Desoille[103]는 깨어 있는 꿈에 관한 실험에서, 몽상 속에서 합쳐져 성좌를 구성하는 성향이 있는 몇몇 이미지들의 "심리적 응집력"을 지적한다. 가령 상승의 구도들schèmes에서는 항상 후광이나 눈目과 같은 빛의 상징들이 나타난다. 그 심리학자는 상승 혹은 하강의 구도들과 관련된 이미지들의 엄정성과 보편성에 놀라며, 비교를 통하여 단테의 작품에 나타나는 그와 같은 상징적 수렴들을 찾아낸 바 있다. 마찬가지로 피가니올[104]은 의식儀式의 측면에서 "목축" 성좌들을 "농경" 성좌들과 대립시킨다. "유목민들은 일신교를 지향한다. 그들은 창공을 찬미하며, 그들의 족장 체제는 부신父神 숭배를 시사한다. ……반대로 농민들은 여신을 숭배하고, 제물을 바치는 의식을 행하며, 그들의 숭배는 곧 범람하는 우상들에게 잠식당한다……." 하지만 보두앵C. Baudouin[105]이 이미지들의 "동형성" 혹은 "편극성polarisation" 이라고 부르는 것에 관한 정량적이고 거의 통계학적인[106] 연구를 가능하게 하는 것은 특히 문학적 정신분석이다. 가령 빅토르 위고의 시에는 수렴을 통해 상상력의 구조를 결정하고 있는 듯 보이는 일곱 가지 이미지 범주들의 한결같은 편극화 현상이 나타난다. 낮, 광명, 창공, 광선, 통견洞見, vision, 위대함, 순수함 등은 동형적이며, 한정된 변형의 주제이다. 예를 들면 낮은 "빛" 혹은 "비추다"로 이어져 광명과 합치될 수 있고, 광명은 "섬광" "횃불" "램프" 등으로 변조될 수 있으며, 창공은 "흰빛" "새벽빛" "금빛"을 제시한다. 그리고 광선은 "태양" "천체" "별"을 지시하고, 통견은 "눈"을 불러들이고, 위대함은 "높이" "천정天頂" "앞으로" "오르다" "일으키다" "무한한" "꼭대기" "하늘" "이마" "신神" 등 아주 풍부한 어휘로 변화할 수 있으며, 순수함은 "천사"로 변형된다. 보두앵은 더 나아가 이미지들의 통계표를 개략적으로 보여주고 다양한 편극화 현상들을 강조함으로써 기로P. Guiraud의 훌륭한 작업[107]과 합류한다. 예를 들어 736개의 이미지들 가운데 238개는 빛과 어둠의 변증법과 관계가 있고, 72개는 수직의 두 방향과 관계가 있으며, 그중에서도 27개는 "대소大小"의 크기와 관계가 있으므로, 통틀어 736개 가운데 거의 절반에 해당하는 337개의 이미지들이 "편극화"되어 있다고 보두앵은 말한다. 물론 지금 우리의 작업에서는 연구 자료의 인류학적 분산 때문에 엄격한 통계학을 이용하는 것은 생각할 수 없었다.[108] 이를테면 미세 비교적이라고[109] 비난받을 수도 있는 방법을 통하여 이미지들의 조합 혹은 집합들을 드러내 보여줄 단순한 접근법을 취하는 것으로 만족했으며, 우리는 그 같은 수렴 현상들이 비교 방법의 두 가지 국면을 명백하게 드러낸다는 사실을 곧 알아냈다. 즉 정태적 국면[110]과 운동학적 국면으로, 요컨대 성좌들은 행위적 이미지들, 타동적 구도들을 중심으로 조직되는 동시에 상징적 응결점, 즉 상징들을 응축, 결정하는 특정 대상들 주위로 조직된다는 사실이다.

바로 이 지점에서 인류학적 탐색의 여러 난점들 가운데 하나가 나타난다. 결과를 설명하고 성좌들을 묘사하자면 필연적으로 담론을 이용해야 한다. 그런데 담론이란 하나의 맥락, 즉 최초의 직관적 지각에 추가되는 벡터*를 지니고 있다. 그러니까 앞서 존재론적으로 배제하려 애썼던 것들을 방법론적으로 재도입할 수밖에 없게 된 셈이다. 이를테면 묘사의 점진적 지각, 즉 심리학적 도식 혹은 문화적 대상 속에서 출발점을 잡아야 하는 지각을 다시 받아들여야 한다는 얘기다. 하지만 다음과 같은 점에 주의해야 한다. 즉 방법론적으로는 처음부터 시작할 수밖에 없다 하더라도, 방법론적이고 논리적인 시작이 존재론적으로 처음의 것이라는 의미는 절대 아니라는 사실이다. 따라서 우리는 "객관적 정신분석"[111]의 굳은 의지를 그대로 간직한 채, 우리의 담론 혹은 묘사의 맥락을 상징들의 개체 발생 및 계통 발생의 맥락과 혼동하지 않을 것이다. 우리가 고의로 "심리주의적인" 방법론적 출발점을 선택한다 하더라도, 그것이 존재론적 심리주의를 따른다는 의미는 아니다. 단지 문화적인 것에까지 내려가 닿기 위해서 심리적

* '벡터vecteur'란 심리학적 용어로 '개체 내부의 긴장으로 생긴 추진력'을 가리킨다.

인 것에서 출발하는 것이 더 간편하게 보였을 뿐이다. 그 간편함은 데카르트가 권장한 "단순성"의 원리*에 따른 것일 뿐이다. 우선 그 단순한 간편성이란 문법적일 터이다. 주체로부터—그것이 사유 주체라 하더라도!—직접목적어, 그리고 간접목적어로 나아가는 것이 더 용이하니까. 코기토cogito도 문법적 상식의 전형이므로 그저 단순히 표본적인 방법론적 효력을 포함하고 있을 뿐이다. 코기토는—그것이 내포하는 관념론 혹은 심리주의까지도 그렇지만—실재의 구성적 전형이 아니라 정신적 행위의 방법으로 간주될 때 비로소 실재적 가치를 지닌다. 데카르트를 적절하게 완성하는 것은 헤겔이 아니라 칸트이다. 경험적 다원론,[112] 다시 말해 콤플렉스에서 출발하는 문화주의는 심리주의보다 방법으로서는 항상 더 어려운 것이다. 심리주의는—프리드먼 자신에 따르면 정신분석은[113]—늘 보다 단순한 출발점, 보다 "자폐선적自閉線的인" 전개를 제시한다. 그래서 문화주의자의 입장에서는 볼 수 없는 방법론적 편의를 제공한다. 여기서 생물심리학적 요구가 사회적 요청보다 우위에 있음을 확증하는 것은 그 방법론이 간편하기 때문일 뿐이다. 심리주의적 출발점은 더 간편할 뿐 아니라 일반적이기도 하다. 인류학자 레비스트로스는 바로 그 점을 간파하고서,[114] 유아의 심리가 "각각의 개별 사회가 지닌 것보다 훨씬 더 풍요로운 보편적 토대"를 이룬다고 기록하고 있다. 각각의 아이는 "어렴풋이 윤곽이 있는 정신 구조를 통해서, 인류가 영원토록 세상과의 관계를 정의하기 위해 사용하는 수단들 전부를 품고 태어난다……." 그러니까 문화적 환경은 하나의 복합화 과정complication일 뿐 아니라, 유아기의 몇몇 심리적 윤곽들을 특정화하는 과정이다. 레비스트로스는 이 점에서 유아를 "사회적 다형

* 데카르트가 『방법 서설』에서 합리적 사유를 위해 정한 네 가지 원칙, 즉 명증성, 분할, 간단한 것에서 복잡한 것으로 점진적 진행 및 열거, 재검토의 원칙 중 세번째 것을 가리킨다.

아多形皃, social polymorphe"라는 수식으로 적절히 표현한다. 그 다형성 속에서 문화적 적성과 검열은 이런저런 유형의 삶에 적합한 사고와 행위 형태를 선정해나간다. 따라서 방법론적인 관점에서는 자연적 요구impératifs naturels가 있다고 얘기할 수 있고, 반면 사회적인 것을 특징짓기 위해서는 "요청intimation"이라는 말로 충분할 것이다. 다른 곳에서도 주로 그렇지만, 필연성은 여기서 시간 논리적인 것이지 존재 논리적인 것이 아니다.

그러므로 심리학적인 분야에서 만족할 만한 분류의 중심축을 발견해내야 한다. 만족할 만하다는 것은 중도에서 만날 모든 성좌들을 통합할 수 있어야 한다는 의미이다. 문제는 심리학의 어느 영역에서 "공리적 비유들"[115]을 찾아내야 하는가이다. 바슐라르는 그 비유들이 움직임을 나타내는 것이라는 사실을 직감했다. 그래서 그는 이미지에 관해 쓴 자기 작품들의 단순한 실체론적 분류를 파기하고 넘어서는 그 이론으로 거듭 되돌아오곤 했다. 『물과 꿈』 가운데 포Edgar Allan Poe에 관한 글에서, 『대지와 휴식의 몽상*La Terre et les rêveries du repos*』에서 그는 "상징들은 형태적 관점이 아니라…… 힘의 관점에서 평가되어야 한다"고 명시하고 있다. 그리고 문학 이미지에 극단적인 가치를 부여하면서, 그것은 형태를 초월하며 "물질 없는 움직임"이므로 "그 어떤 그림보다 생생하다"고 결론짓는다.[116] 이처럼 상징들의 분류 도식을 운동학적으로 재고하는 방식은 수많은 심리학자들이 확증한 것이다. 그중 몇몇은[117] "원형들의 항구성"이 상상 공간에서 한 점이 갖는 성격이 아니라 "방향"의 항구성이라고 지적하면서, 그 "역동적 실재"는 "사유의 범주"라고 밝히고 있다. 그러나 "원동 이미지들images motrices"을 시각적·언어적 재현 방식에 가장 명료하게 연결시키는 것은 바로 드조유이다.[118] 그는 운동 상상력의 심적 행위와 심적 휴식의 신진대사 차이는 15퍼센트 내지 20퍼센트 정도이므로, 상징의 운동학이 역학적으로 측정될 수 있는 것이라고까지 밝히고 있다. 따라서 상징의 분류를 위한 심리학적 출발점으로 우리가 취할 수 있는 것은 바로 이 "원동 이미지들"이다. 문제는 재현의 "기본이 되는 비유들", 그 중요한 "근원적 범주들"[119]을 어떤 운동 기능 분야에서 찾아내야 하는가이다.

우리는 베흐테레프V. Bechterev*의 반사학réflexologie[120]에서 분류의 원칙과 "지배 몸짓gestes dominants"의 개념[121]을 차용하려 한다. 오직 반사학만이 신생아의 신경 기관, 특히 "오랜 세월에 걸쳐 한정된 목적에 적응되어온 도구"[122]인 뇌라는 "기능 조직"을 제시하는 것 같다. 신생아에 대한 반사학적 연구는 삶의 체험, 생리적·심리적 외상, 그리고 환경에 대한 긍정적 혹은 부정적 적응 등이 각각 동기를 표출함으로써 유년기의 충동적·사회적 "다형성"이 특징적으로 구성되는 과정을 뚜렷한 방법론적 틀을 통해서 보여주고 있다. 베덴스키A. Vedenski의 뒤를 이어 베흐테레프와 그의 학파[123]가 체계적으로 연구한 "지배 반사dominante réflexe"라는 개체발생에서 최초의 "조절accommodation" 체계를 형성하는 가장 기본적인 원동감각체로서, 피아제[124]의 이론에 따르면 상징체계를 구성하는 동화 과정에서 이완 상태에 있는 모든 재현활동의 근거가 되는 것이기도 하다. 우크톰스키A. A. Ouktomsky의 작업과 용어들을 이어받아 근원적 반사작용을 연구한 베흐테레프[125]는 신생아에게서 두 가지 "지배소"를 발견한다.

첫번째 지배소는 예를 들어 우리가 어린아이의 몸을 곧추세울 때, 여타의 모든 반사를 조정하거나 억제하는 "자세position" 지배소이다. 베흐테레프는 그것이 세반고리관에 위치하는 것으로

* 베흐테레프(1857~1927)는 소련의 신경학자로서, 신경심리학에 관심을 갖고 조건반사의 방법을 이용하여 "반사학"이라는 용어를 창안하였으며, 자극에 대한 반응을 연구함으로써 객관적 심리학의 발전에 기여하였다. 그가 창도한 반사학은 운동 신경계의 조건반사인 운동 연합 반사를 기초로 고등한 정신 활동을 설명하는 데 그 목적이 있다.

알려진 평형감각과 관계가 있다고 한다. 그후에 자세 반사는 추체외로계*와 관련된 초분절적超分節的 운동이라는 것이 밝혀지기도 했지만,[126] 결국 몇몇 직립 반사는 대뇌피질의 시각 부위 전체와 연관된 시각 반사이기도 한 것이다. 물론 이러한 생리적 지배소를 그대로 상징적 재현의 지배소로 받아들이고자 하는 것은 아니다. 피아제의 주장[127]대로 신생아나 유아가 기본적 자세들에서 "어떤 보편화된 직감을 얻는 것은 결코 아니다." 다만 발생심리학자인 피아제도 인정하듯이 아주 어릴 때부터 수직 상태와 수평 상태를 "특권적으로" 지각한다는 것은 사실이다. 지각하는 것이 수학적 수직이라는 명료한 관념이라기보다 오히려 "육체적"이고 직관적인 수직이라는 사실은 중요한 것이 아니다. 문제는 수직의 위상학이지 그 기하학적 특성들이 아니기 때문이다. 이러한 지배 반사에서는 이미지의 운동감각적 유사물과 감정적 유사물이 병존한다고 할 수 있다.[128]

두번째 지배소는 보다 분명하게 드러나는 것으로서, 신생아들이 입술로 빨아들이려는 반사와 젖이 있는 방향으로 고개를 돌리려는 반사를 통해 나타내는 섭취 지배소dominante de nutrition이다. 이와 같은 반사는 외부의 자극에 의해 일어나기도 하고, 허기 때문에 야기되기도 한다. 우크톰스키[129]는 이미 개를 관찰해서 소화 지배소를 고찰한 바 있다. 그것은 특히 삼키는 행위와 배설 행위

* 포유동물의 중추신경 안에서 정교하고 숙련이 필요한 수의운동隨意運動을 관장하는 신경전도로를 "추체로錐體路"라 한다. 추체로는 피질척수로皮質脊髓路와 피질핵로皮質核路 두 계통으로 되어 있다. "추체외로錐體外路"는 추체로계系 이외의 운동성 전도로傳導路의 총칭이다. 추체외로계는 추체로계의 운동에 따른 근육의 긴장·이완 등의 운동을 반사적이고 무의식적으로 조절한다. 따라서 추체로계가 발달되어 있는 포유동물 이외의 척추동물에서는 추체외로계가 중요한 운동성 전도로이다. 추체외로계 운동은 정상적인 상태에서는 추체로계의 운동과 협동적으로 작용하기 때문에 표면상으로는 나타나지 않으나, 추체외로계에 장애가 생기면 이상한 운동이 나타난다.

속에 나타나는 것으로, "먼 곳에서 비롯되는 자극들을 집중시키고, 다른 중추들이 직접적인 자극들에 반응하는 것을 억제하는" 효과를 지닌 지배소이다. 앞서 말한 첫번째 경우와 마찬가지로, 지배 반사와 무관한 모든 반응들은 지연되거나 억제되는 것이다. 이 두 가지 지배소에 베흐테레프가 고찰한 시청각적 반응들을 덧붙일 수도 있다. 그럴 경우 이 감각 기관들 역시 조절을 통해서 지배소가 될 수 있겠지만, 그렇더라도 코스틸레프N. Kostyleff[130]의 지적처럼 섭취와 자세가 "우성적 본유 반응"이라는 사실에는 변함이 없다. 지배소는 언제나 어느 정도 전제적으로 작용하고 있으며, 그것만으로도 이미 하나의 구성 원리로, 하나의 원동감각 구조로 간주될 수 있다.

세번째 자연적 지배소는 우플란트J. M. Oufland[131]가 「교접 반사에서 나타나는 개구리 수컷의 자연적 지배소」라는 논문에서 밝힌 것으로, 사실 성장한 동물 수컷에게서만 확인된 것이다. 이 지배소는 앞다리의 포옹력을 강화시키는 쪽으로 자극이 집중되는 현상을 통해서 드러난다. 우플란트는 이 지배소가 내부에 기인하는 것으로서 호르몬의 분배로 촉발되며 발정기 동안에만 나타나는 것이라고 가정한다. 베흐테레프[132] 역시 좀더 막연하게나마 "성욕 반사réflexe sexuel"를 하나의 지배소라고 단정한다. 인간에 관한 한 이 분야의 참고 자료가 부족하긴 하지만, 우플란트의 결론에서 주기적이며 내적으로 동기부여된 교접 지배소dominante copulative의 특성만은 받아들일 수 있다. 다른 한편으로 우리는 정신분석학의 영향으로 성적 충동이 동물의 행동을 전적으로 지배한다는 생각에 익숙해져 있다. 모건C. Lloyd Morgan[133]*은 교접 행위의 우성적·주기적 자연성에 대하여 몇 가지 상세한 설명을 덧붙이고 있다. "교접의 원동적 구도들schèmes moteurs은 체험에 의해

* 모건(1852~1936)은 객관적인 동물심리학의 토대를 마련한 영국의 심리학자이다.

형성되는 것이 아니라…… 유기체의 생득 구조 속에 잠재되어 있던 신경 기관의 성숙에 따라 이루어지는 것이며…… 교접의 행위는 여러 동물들에게서 온전히 구비된 형태로 나타나고 있다." 뒤이어 모건은 "교접의 원동적 구도들이 선천적으로 구성되어 있다는 사실을 인정해야" 하며, 그 구성을 움직이는 것은 신경 조직들의 국소局所 집중이 아니라 "신경 계통의 성적 동기화érotisation"라고 결론짓는다.[134]

그러나 특히 주목할 만한 것은 호르몬에 의한 교접의 동기부여가 일정한 주기를 따라 이루어진다는 사실과, 고등 척추동물들의 경우 성행위 자체가 율동적 움직임을 동반하며 몇몇 종들에서는 진정한 짝짓기의 춤이 성행위에 선행한다는 사실이다. 그러니까 성행위는 리듬의 영향 아래 전개되는 셈이다. 모건[135]은 성적 활동 속에 겹쳐져 있는 세 가지 주기를 구분해내기도 한다. 사실상 각 개체의 성기능 곡선이라고 할 수 있는 생체 주기, 특정한 종種의 암컷이나 수컷에게만 혹은 양쪽 모두에게 관계되는 계절 주기, 그리고 포유류의 암컷에게서만 볼 수 있는 발정 주기 등이다. 그뿐만 아니라 모건은 이러한 순환과정들, 특히 발정은 행태에도 깊은 영향을 미친다고 강조한다. 가령 침팬지의 경우, 발정 주기는 암컷과 수컷 사이의 사회적 위계가 "전도"되는 시기이며, 발정의 원인이 되는 내분비선의 동기화는 "단순한 성적 행태의 영역을 넘어서 사회적 행태까지 변화시킨다." 전적으로 생리학적인 한시限時 현상을 사회학적으로 외삽해나가는 이 유익한 방법*

* 본디 수학 용어로 보간법을 응용하여 변역 밖의 변수 값에 대하여 함숫값을 구하는 셈법, 즉 외삽법外揷法, extrapolation을 의미한다. 넓게는 단편적이거나 주변적인 사실들을 조금씩 확대 적용하여 보편적이고 일반적인 차원으로 나아가는 방식을 의미한다. 20세기 들어 특히 아날 학파가 중세사회의 연구에 섬세하게 적용한 이후로 인문 사회과학의 영역에서도 유력한 연구 방법 중 하나로 확립되었다.

은 기억해둘 만하다. 어쨌든 "성욕 지배소"는 그 어떤 위상에서도 다원 결정된[136] 율동적 특성들을 내보인다고 할 수 있다. 다른 한편으로 그루스C. Groos[137]의 사전 연습설을 받아들일 경우, 유아기의 숱한 놀이와 운동들이 보여주는 반향 언어* 혹은 반복 동작의 율동성은 이를테면 성본능의 실행을 예시하는 춤에 불과하다고 할 수 있다. 그런 의미에서 융[138]이 완전한 성본능의 직접적인 사전 연습이라고 해석하는 어린아이의 수음은 흥미로운 연구 대상이 될 수 있다. 게다가 리비도의 발생론적 전위轉位에 관한 프로이트의 분석을 받아들일 경우, 성적인 율동성이 근원적으로 젖을 빠는 행위의 율동성과 관련되어 있으며, 유아기의 잠재적 성욕 지배 반사와 젖 빨기의 소화 리듬들 사이의 기관 접합이 다분히 있을 수 있다는 사실[139]을 확인하게 된다. 젖을 빨아대는 행위 역시 성교의 사전 연습인 셈이다. 우리는 이러한 초보적인 원동감각적 현상들 사이의 발생론적 관계가 주요 상징들의 차원에서도 나타난다는 사실을 알게 될 것이다. 가령 삼킴의 상징들은 빈번히 성적인 상징들로 이어진다는 것이다.

일차적이며 또한 무의식적인 것으로 보이는 이러한 운동 기능과 재현의 연관성 문제는 현대 심리학에서는 더이상 난제가 아니다. 1922년 이래로 델마스F. A. Delmas와 볼M. Boll[140]은 섭취, 생식, 운동 능력 등과 같은 원초적인 생물학적 주요 특질들이 심리 현상의 내용 전체를 총괄하는 규범성을 지니고 있다는 점을 지적한 바 있으며, 피에롱H. Piéron†도 『심리학 신론*Nouveau traité de Psychologie*』[141]에서 "몸 전체가 이미지의 구성에 참여한다"고 명시하고

* 반향 언어écholalie란 타인의 말을 무의식적으로 반복하는 것이다.

† 피에롱(1881~1964)은 의식에서 주관적 국면들을 제거하여 심리적 사실들을 생리적 메커니즘으로 귀착시킴으로써 객관적·실험적 심리학을 확립시킨 프랑스의 철학자·심리학자이다. 『뇌와 사고』(1923), 『실험심리학』(1925), 『응용심리학 개설』(1959) 등의 저서가 있다.

있다. 특히 피에롱이 재현 구조의 근저에 있다고 밝힌 "구성력들forces constituantes"은 "지배 반사들"과 아주 유사한 것으로 보인다. 피아제[142]는 "'동화와 원동감각적 조절로부터…… 재현의 발단이 되는 동화와 심리적 조절로의 이행을 연속적인 방식으로 이해해낼 수 있다"는 사실을 강조한다. 재현은—특히 상징은—내면화된 모방일 뿐이며, 모방 현상은 출생 직후부터가 아니라면 적어도 생후 6개월부터, 즉 몸동작을 스스로 흉내내는 것이 확실한 규칙으로 자리잡으면서부터 체계적으로 나타난다는 것이다. 끝으로 막스L. W. Max[143]는 언어 및 사고가 근육 운동 기능과 연관되어 있다는 점을 강조했으며, 빅조이코프스카A. Wyczoikowska[144]와 야콥슨E. Jacobson[145] 또한 역학적 혹은 전기적 방법을 통해서 무수한 근육 조직에 퍼져 있는 말초 운동 기능이 재현과 밀접한 관계를 맺고 있음을 입증했다. 우리는 상징화 구조를 오로지 중추적인 것으로 파악하는 이론가들 혹은 널리 주변적인 것으로 포착하는 이론가들 사이에서 어느 한쪽만을 선택하지는 않을 것이다. 다만 신체의 몸짓들과 신경 중추들, 그리고 상징적 재현들은 서로 긴밀하게 병존한다는 것을 연구의 가설로 채택할 것이다.

요컨대 우리는 "단순 반사와 연합 반사를 잇는 사슬 고리"인 세 가지 지배 반사를 원동감각적 모태母胎로 간주하며, 그 속에서 재현들이 자연스럽게 통합되는 것이라고 가정할 것이다. 만약 몇몇 지각 도식들이 원초적 운동 도식들에 부합하고 동화된다면, 자세·삼킴·리듬의 세 지배 반사가 몇몇 지각 경험들의 여건과 일치한다면, 재현들의 통합적 모태의 의미는 좀더 분명할 것이다. 주요 상징들은 바로 이 층위에서, 다원 결정이라는 특유의 절대적 양상을 제시하는 이중의 동기부여를 통해서 형성된다.

인류학적 요청, 구도와 용어

우리는 지배 반사와 그것의 문화적 확장 혹은 확정 사이의 조율점을 인간의 기술 환경에서 찾으려 한다. 파블로프Pavlov식으로 말하자면 인간의 주변 환경은 원동감각 지배소들을 결정짓는 첫째 조건이고, 피아제의 용어로 표현하자면 인간의 환경은 모방 구도들이 투사되는 배경이다. 자연의 범주로서 보편성과 자발성에 근거하는 것과 특수성·상대성·강제성의 영역인 문화에 속하는 것이 레비스트로스[146]가 생각하는 것처럼 구분되어 있다 하더라도, 자연과 문화 사이의 조화는 반드시 이루어져야 한다. 그렇지 않다면 문화적 실체는 결코 '체험'되지 못할 터이다. 따라서 유효한 문화, 즉 인간의 성찰과 몽상에 동기를 부여하는 문화는 본능적 지주와 같은 지배 반사에 의해 발생되는 자연적 투사를 일종의 목적성을 통해서 다원 결정하는 문화이다. 물론 인간의 반사작용은 큰 원숭이와 마찬가지로 대부분의 포유동물에서 나타나는 "명확성과 정확성"을 상실함으로써 아주 폭넓고 다양하게 문화적으로 조정될 수 있다. 그래도 여전히 문화적 조정은 대략적으로라도 지배 반사의 목적성 그 자체에 따라 이루어져야 한다. 그렇지 않다면 그것은 부적응으로 인한 신경증의 유발 요인이 될 것이다. 그러니까 지배 반사와 문화 환경은 최소한의 일치가 필요하다. 이미지에 동기를 부여하고 상징에 활기를 주는 것은 검열과 억압이 아니라, 반대로 주체의 반사 충동과 환경 사이의 조화인 듯하다. 그 조화를 통해서 주요 이미지들은 재현 체계 속에 깊숙이 뿌리박고서 투사된 행복감을 가득 담은 채 영속될 것이다.

이러한 문화 환경의 탐색에서 기술 문화학자인 르루아구랑[147]의 훌륭한 작업은 많은 도움이 될 것이다. 그것은 우리의 연구가 주요 기술 분류법을 재고할 뿐만 아니라, 그의 연구가 신중하게도 비역사적인 성격을 띠고 있기 때문이다. 상징적 재현의 역사는 도구의 역사와 마찬가지로 몹시 단편적이어서 어느 정도 무모함 없이는 사용될 수 없다. 그러나 "자료라는 것이 곧잘 역사에서 벗어나긴 하지만, 분류로부터 벗어날 수는 없는"[148] 것이다. 다른 한편 르루아구랑이 기술 재료들을 "힘"의 개념으로 보완했듯이, 우리도 상징의 대상들을 앞서 정의한 지배 운동들의 은밀한 동기부여로 보완할 것이다. 그렇지만 기술 이론의 필연적 귀결, 즉 힘보다 물질이 우선한다는 생각만은 결코 받아들이지 않을 것이다.[149] 왜냐하면 상상된 물질보다 더 유연한 것은 없으며, 그 반면에 반사작용의 힘과 충동의 향성은 거의 늘 변함이 없기 때문이다. 사실 르루아구랑은 앞서 비판한 바슐라르의 분류와 아주 유사한 물질 분류 방법에서 출발한다. 원소 분류적 특성마저 띠고 있는 그의 기술 분류법에 따르면, 첫번째 범주는 충격의 재료로서 "부수기·자르기·빚기" 등과 같은 행위의 대상인 흙이고, 두번째는 데우기·익히기·녹이기·변형하기 등의 행위를 야기하는 불의 범주이며, 세번째는 용해·주조·세척 등의 기술을 내포하는 물의 범주이고, 마지막 네번째는 건조·정화·활성화시키는 공기의 범주이다.[150] 그러나 르루아구랑[151]은 곧바로 이 같은 원소 분류법에 담긴 경직된 물질주의를 수정하는 중대한 법칙을 밝힌다. "물질이 완강하게 기술을 결정한다 하더라도, 서로 다른 물체에서 떨어져 나왔지만 물리적 일반 속성이 같은 두 재료는 어쩔 수 없이 똑같은 제조 방법을 따르게 되어 있다." 이는 아리스토텔레스의 분류법이 밝힌 개념적 특성에 따라 물질이 움직이고 있음을 인정하는 것이며, 몸짓의 중요성을 시인한다는 의미이다. 가령 구리와 나무껍질의 공통적인 제조 도구가 주형과 마치이고, 대마실·등나무실·철실 등이 동일한 방식으로 다루어지는 까닭은 기술을 주도하는 것이 몸짓이기 때문일 것이다. 몸짓은 외양적 유사성에 근거하는 완전히 지적인 물질주의적 범주를 무시하는 것이다. 르루아구랑[152]이 지적하듯 대상 물질이란 결국 성향들의 복합체이자 몸짓들의 그물망일 따름이다. 가령 꽃병은 액체를 담으려는 일반적인 성향의 물질적 유형화일 뿐이다. 점토의 주조라든가 나무나 나무껍질의 재단 등은 그 같은 성향에 부가되는 이차적 성향들이다. "이런 식으로 이차적 성향들은 일반적인 성향들을 특수화함으로써 수많은 대상들을 덮는 그물망 같은 것을 형성한다." 예를 들어 나무껍질의 취급 기술에 의해 특수화된 "담기" "띄우기" "덮기" 등의 성향은 꽃병, 배 혹은 지붕을 만들어낸다. 만일 그 나무껍질로 된 꽃병이 엮어 꿰맞춘 것이라면, 그것은 성향들의 또 다른 세분화가 가능하다는 것을 의미한다. 즉 담기 위해 꿰맞추면 꽃병이 되지만, 입기 위해 꿰맞추면 가죽옷이 되고, 주거를 위해 꿰맞추면 판잣집이 되는 것이다.[153] 구체적 대상들이 제시하는 이러한 "이중의 접근"은 용구들에 대한 기술학적 해석을 아주 자유롭게 해준다. 이 같은 해석의 다의성은 상상적 전이 속에서 더욱 두드러진다. 상징의 대상들은 용구들 이상으로 결코 단순하지 않으며 여러 지배소들이 겹쳐지는 그물망을 형성하는 것이기 때문이다. 가령 나무는 뒤에서 보게 되겠지만 계절 주기의 상징인 동시에 수직 상승의 상징이고, 뱀은 삼킴, '우로보로스Ouroboros'* 와 갱생·재생이라는 부활의 주제들에 의해 다원 결정되며, 금은 천상의 색채이자 태양의 빛이면서 또한 감춰져 있는 정수 혹은 내면성의 보물이다. 게다가 상징의 대상은 종종 의미의 전복을 겪거나, 적어도 이중부정의 과정으로 이어지는 의미의 중복을 겪게 되어 있다.† 삼키면서 삼켜지는 자, 거꾸로 선 나무, 떠오르면서 가두는 상자배, 매듭을 끊음으로써 매듭의 명수가 되는 자 등

* 자신의 꼬리를 물고 있는 형상의 뱀.

† 이중부정의 과정은 부정하는 행위를 통해 처음의 부정적 의미를 약화시켜 긍정적인 면을 부각시키는 가치 전환적 방법으로서 일종의 변증법적 역행에 해당한다. 예를 들어 수직으로 뻗어오르는 나무는 거꾸로 선 모습 속에서 그 수직성이 약화되고 순환의 의미가 더해져 우주 창조나 시간적 초월성에 이르기도 한다.

이 그 예이다. 바로 이러한 근본적 복합성, 상징적 대상의 복합화 때문에 주요 반사 몸짓에서 출발하여 지각 환경 대상들에 대한 심적 고착과 투사가 형성하는 그물망과 매듭들을 풀어나가는 방법을 택해야 한다.[154]

반사학이 제시하는 세 가지 주요 몸짓은 지나치게 합리적인 4원소 혹은 5원소 분류법과는 별 상관이 없는 특정 물질들 쪽으로 상징적 재현을 전개·유도해나간다. '힘+물질=도구'라는 르루아구랑의 등식[155]에 따라 각각의 몸짓은 동시에 하나의 물질과 하나의 기술, 즉 상상의 재료와 도구 혹은 용구를 불러들인다고 말할 수 있다. 따라서 첫번째 몸짓인 자세 지배소는 시각적 발광 물질과 분리·정화의 기술이 필요하며, 그 기술의 상징은 대개 무기·화살·칼 등이다. 소화의 하강성과 관련된 두번째 몸짓은 물 혹은 동굴과 같은 깊이의 물질을 부르고, 용기·잔·상자 등을 만들어내며, 음료나 음식과 관계있는 기술에 대한 몽상으로 기울어진다. 마지막으로 성본능을 완전한 자연적 표본으로 삼고 있는 리듬의 몸짓은 계절의 순환과 그에 따른 별들의 운행에 투사되면서, 바퀴나 물레, 우유 젓는 통이나 부싯돌 등과 같이 순환 현상과 관계된 기술 대체물들을 모두 끌어들이고, 결국에는 모든 마찰 기술을 성적 리듬 체계로 다원 결정하게 된다. 그러므로 우리의 삼분법은 타격의 도구들과 굴착의 용기들, 그리고 바퀴라는 소중한 도구의 훌륭한 기술적 확장이라고 할 수 있는 운송 수단들이나 직조 혹은 불의 기법들을 각각 구분하는 기술 분류 방식과 무엇보다도 일치하는 셈이다.

피아제[156]가 말한 "감정 구도들", 다름 아닌 정신분석학자들이 중시하는 개인과 최초의 인간 환경 사이의 관계들 역시 이 같은 직접적 기술 환경 속에 통합될 수 있다. 사실 어린아이의 세계에서는 아버지와 어머니가 일종의 도구로 나타난다. 부모는 심리생리적 기능에 따른 고유의 감정 색조를 지닌 도구일 뿐 아니라, 그 자체가 일련의 이차적 용구들로 둘러싸인 도구와 같다. 어느 문화에서든 어린아이는 어머니의 젖가슴으로부터 이유기에 젖가슴의 대체물로 사용되는 용기들로 자연스럽게 이행한다. 마찬가지로 아버지가 어머니라는 양육 도구를 독점하는 방해물로 나타나긴 해도, 그는 동시에 무기와 사냥, 낚시 기구 등으로 대변되는 힘의 발현으로서 선망과 존경의 대상이다. 따라서 가족 환경의 동기부여를 기술적 동기부여에 통합하는 것이 경제적이라 생각된다. 피아제는 이러한 "감정 구도들"이 이미 단순한 개인적 구도의 한계를 넘어 여러 종류의 인식 범주를 이룬다고 강조한 바 있다. 그는 "감정 무의식, 즉 동화 구도 작용의 감정적 측면은 무의식의 관점에서 보면 전혀 특권적인 것이 아니며, 단지 개인의 내면을 감싸고 있는 신비적인 후광 때문에 심리학자들이 이 점에 대해 잘못 생각하게 된 것이 분명하다"고 밝히고 있다.[157] 이처럼 정신분석학과 그 인격주의적 동기부여에 대해 반대 입장을 취할 것까지는 없지만, 부모 역할을 하는 인물들이 특히 자세 반사와 소화 반사로 정의되는 처음 두 가지 상징 부류에 소속되고 분류된다는 사실만은 받아들여야 한다. 직립 혹은 균형 잡힌 자세는 대개 아버지의 상징체계와 그 속에 내포된 모든 오이디푸스적·아들러적 조율체계를 동반하며, 반면에 여성과 어머니는 소화의 상징체계와 그에 따른 쾌락주의적 조율 체계에 병합된다. 어쨌든 우리가 제시하는 분류법은 기술 분류 외에도 정신분석학자들의 주된 상징 분류 방식인 부모와 성에 따른 분류를 통합할 수 있다는 이점이 있다.

반사학이 규정한 세 가지 상징 범주는 피가니올과 뒤메질이 검토한 기능적 이분법 및 삼분법과도 뚜렷하게 일치한다. 이 두 저자가 인도 유럽 어족들 혹은 로마인들에게만 적용한 사회학적 결론을 우리가 한껏 확대 적용한다는 비난이 있을지도 모르겠다. 그러나 뒤메질의 세 가지 기능이나 피가니올이 말하는 고대 로마의 두 가지 기능적 계층이 다른 문화에서는 분명하게 나타나지 않는 것은 단지 사회학적 발굴이 제대로 이루어지지 않았기 때문일 뿐이다. 사실 뒤메질[158]은 인도 유럽 어족의 문명이 기능적 삼분법을 식별하고 강화했기 때문에 패권을 장악하고 유례없는 사회적 균형을 구가했던 것이라고 분명히 인정하고 있지 않은가? 인도 유럽 어족의 문명, 특히 서양의 일시적 성공은 무엇보다도 역사적으로 중요한 시기에 걸쳐 사회적 기능들과 생체심리적 요구들 사이의 조화로운 합치를 구현했기 때문이라고 생각할 수는 없을까? 기능들의 분화 및 기능 내적 분화, 가령 왕권 기능 내의 행정·입법·사법권 분리와 같이 명확한 권력 분리는 생체심리적 갈망과 사회적 요청이 최적의 조화를 이루었다는 표징이 아닐까? 우리가 뒤메질의 삼분법을 확대 적용해보고자 하는 것은 그것이 앞서 작업의 토대로 채택했던 심리 기술학적 분할과 여러 면에서 일치하기 때문이다. 그 두 방법의 일치를 통해서 우리는 서로 다른 기능들의 의식儀式과 상징 사이의 관계들, 뒤메질[159]이 설명하지 못한 어떤 신비로운 관계들을 밝혀볼 수 있을 것이다.

그렇지만 반사학적 삼분법이 뒤메질의 삼분법과 항목별로 일치하는 것은 아니다. 뒤에서 보겠지만 첫번째 자세 지배소 부류는 두 가지 형태로 나타나는 왕권과 전사 기능이라는 처음 두 가지 사회학적 기능을 포섭하며, 뒤메질이 설정한 세번째 기능인 양육 기능은 두번째 반사학적 지배소에 해당한다. 반대로 피가니올의 사회학적·상징적 이분법은 종교 역사학자들의 관례적 이분법과 아주 유사한 것으로, 첫번째 "천상" 부분은 첫번째 지배 반사의 성좌들과 일치하고, 두번째 "지하-달" 부분은 나머지 두 지배 반사에 의해 편극화된 성좌들과 일치한다. 뒤메질[160]이 밝히고 있듯이 이분법은 삼분법과 결코 대치되지 않으며, "기능적 해석을 방해하는 것도 아니다." 마찬가지로 구조적 분석을 방해하는 일도 없을 것이다.

다른 한편 피가니올[161]의 이분법에 따라 로마의 풍습과 관습에서 확인된 천상과 지하의 간극을 인도 유럽 어족의 상징체계 외부 영역으로 확대하는 것도 의당 가능한 일이다. "거의 모든 민족의 역사책이 목자인 아벨과 경작인인 카인의 대결로 시작되기"[162] 때문이다. 그래서 피가니올[163]도 그 원칙을 셈족뿐 아니라 중국인들, 아프리카 흑인들에게 적용해보고자 했던 것이다. 뒤메질과 피가니올의 다양한 작업들은 항상 이와 같은 근본적 양극성을 드러낸다. 한편 앞서 지적했듯이 프르질루스키는 한 항목에서 다른 항목으로의 발전적 이행을 찾아내는 데 주력하며, 카인에 대한 아벨의 우위도 그런 방식으로 설명하고 있다. 마지막으로 뒤에서 살펴보겠지만, 이분법과 삼분법은 수스텔이 고대 멕시코인들에게서 밝혀낸 신성 공간의 분할과도 일치한다.[164] 북신北神과 남신南神들의 호전적이고 전투적인 양상, 떠오르는 태양처럼 당당한 동東의 양상, 신비롭고 내선적內旋的인 서西의 양상, 그리고 공간 중심의 매개적이고 종합적인 역할 등 그 분할의 양상들은 각각의 지배 반사가 내포하는 의미들을 포함하고 있다. 즉 호전성과 상향성은 자세 지배소에 속하고, 서西의 내선과 어둠은 소화 지배소에 속하며, 마지막으로 중심은 상반되는 것들의 균형을 위한 변증법적·운율적 열쇠를 제공하는 것 같다.

이제 반사학과 기술 이론 및 사회학이 뚜렷이 수렴된다는 사실을 염두에 두고서, 상징체계를 '낮의 체제'와 '밤의 체제'로 광범위하게 나누는 이분법과 반사학적 삼분법을 토대로 작업 구도의 원칙을 설정해볼 수 있을 것이다. 우리가 원형들의 수렴 현상을 경험론적으로 분류하는 이분법을 채택한 데에는 두 가지 이유가 있다. 첫번째 이유는 방금 지적한 대로 이분법적이자 삼분법적인 이 이중 구도가 모순된 것이 아닐뿐더러 뒤메질, 르루아구랑, 피가니올, 엘리아데, 크라프, 반사학자들과 정신분석학자들 등과 같이 상이한 분야의 연구가들이 밝혀낸 다양한 인류학적 동기부여들을 완전히 포괄하기 때문이다. 두번째 이유는 고전적 정신분석학은 지배 반사의 삼분법을 기능상 이분법으로 환원하고 있기 때문이다. 실제로 생성적 발달과정에 있는 리비도는 가치부여를 통하여 계기적이면서도 지속적인 방식으로 소화 충동과 성적 충동을 정의적情意的으로 연결해간다. 따라서 적어도 방법론적으로는 소화 지배소와 성욕 지배소 사이에 계열적 관계 내지는 연합적 관계가 존재한다는 사실을 받아들일 수가 있다. 그런데 서구에서는 전통적으로―그 전통이 원형학의 자료들 자체에 근거하고 있다는 사실은 나중에 밝혀지겠지만―"복부의 쾌락"에 어둠 혹은 밤의 색조를 부여한다. 그래서 이와 같은 "밤의 상징 체제"를 자세 지배소에 의해 구조화된 "낮의 체제"와 대립시키고자 하는 것이다. 자세 지배소가 손 혹은 시각과 관련되어 나타나는 양상들, 그리고 아마도 아들러적 공격성과 관련되어 드러나는 양상들 모두를 내포하는 "낮의 체제"는 따라서 자세 지배소 외에도 무기 제조술, 마법사이자 전사인 군주의 사회학적 위상 및 거양擧揚*과 정화의 의식들 등과 연계되어 있으며, "밤의 체제"는 소화 및 순환 지배소를 포괄하는 것으로서 한편으로는 소화 지배소가 포섭하는 용기와 주거에 관한 기술, 음식과 소화의 의미상, 모권 혹은 유모의 사회학적 위상 등과 연관되어 있고, 다른 한편으로는 순환 지배소가 결집하는 순환 주기 기술들, 농경 역법이나 직조술 등 순환 주기와 관련된 기술들, 회귀를 나타내는 자연적 인공적 상징들, 그리고 천체생물학적 신화 및 극화劇話들과 연결되어 있다.

이 두 가지 체제에 대한 분석은 수렴적 방법에 따라 상징들의 주요 성좌들을 분류하는 방식으로 진행될 것이며, 본 작업의 1부와 2부를 각각 구성하게 될 것이다. 뒤이어 3부에서 우리는 상징 체계의 일반적 동기부여를 철학적으로 드러내보고자 했다. 1부와 2부에서 심리주의나 문화주의의 모든 존재론적 전제를 의도

* 위로 높이 들어올리는 상향성의 동작으로서 사제가 미사중에 성체를 들어올리는 가톨릭 의식에서 그 실례를 볼 수 있다.

적으로 배격한 만큼 3부에서는 그 연구 결과를 토대로 이미지들 속에 담긴 복합적 의미 체계들이 규정하는 궁극적 수렴점이 어떤 것인지 살펴보려고 했다. 결론적으로 밝히자면 본 연구의 전개는 상상에 대한 상징론적 개념, 즉 이미지는 기호가 아니라 이를테면 물질적으로 의미를 내포하는 것이라는 이미지의 의미론을 전제로 하는 개념에서 출발했기 때문에 가능했다고 할 수 있다. 그런 관점에서 이미지들을 실질적으로 분류함으로써 복합적 의미들을 집약할 것이고, 그것을 통해서 3부에서는 상징 기능의 궁극적 의미에 대한 고찰과 상상력의 형이상학에 관한 논의를 시도해 볼 것이다. 작업에 들어가기에 앞서, 지금까지의 논의를 바탕으로 우리가 사용하게 될 어휘에 관하여 약간의 설명을 덧붙일 필요가 있다.

상상계에 관한 전문용어들이 지나치게 많아 극심한 혼란을 일으키고 있다는 사실은 이미 여러 사람들이 지적한 바 있다. 실제로 상상계 연구가들은 기호signes, 이미지images, 상징symboles, 우의allégories, 상징도emblèmes, 원형archétypes, 도식schémas, 구도schèmes, 예해例解, illustrations, 도식적 재현représentations schématiques, 도해圖解, diagrammes, 요도要圖, synepsies 등의 용어들을 별 구별 없이 사용하고 있다. 그래서 사르트르도 뒤마A. Dumas나 융과 마찬가지로 지면을 할애하여 사용할 어휘를 명시하는 것이다. 앞서 설정된 분류법과 방법론을 기초로 하여 우리가 이제 시도할 일이 바로 그것이다. 다만 우리는 분석 작업을 명확히 한정하기에 적합한 최소한의 용어들만을 취할 것이다.

우선 순수 기호학에만 관련된 용어들은 논외로 할 것이다. 그래서 가령 "기호"라는 말을 쓸 때에도 아주 일반적인 의미로만 사용할 뿐 자의적 계산식이라든가 기의의 우연적 신호와 같은 한정된 의미를 부여하지 않을 것이다. 마찬가지로 결국 하나의 기호에 불과한 "상징도"라는 용어도 취하지 않을 것이다. 뒤마[165]는 상징도도 상징의 생명력에 이를 수 있다고 말하지만, 우리의 견해는 그와 다르다. 가령 그리스도의 상징도가 십자가 상징으로 변형되는 것이 아니라, 실제로는 그 반대 현상이 일어난다는 사실을 우리는 밝힐 것이다. 또한 헤겔[166]이 "차갑게 식은 상징"이라고 말한 "우의"도 의미가 메말라 기호화된 것으로서 판에 박은 관습적 기호로서의 가치를 지니고 있을 뿐이므로 제외할 것이다.

반대로 칸트[167]의 용어에서 비롯되었으며 사르트르, 뷔를루, 르보 달론Revault d'Allonnes 등이 사용한 바 있는 "구도"라는 총칭적 용어는 받아들일 것이다. 구도란 이미지를 역동적·정의적情意的으로 일반화하는 것으로서 상상계의 사행성事行性과 일반적 비실사성非實辭性을 구성한다. 구도는 실베레Silberer에 이어 피아제[168]가 "기능 상징"이라고 부른 것과 유사하며, 바슐라르[169]가 말하는 "원동 상징"과도 흡사하다. 구도가 접합하는 것은 칸트가 말했던 것처럼 이미지와 개념이 아니라, 무의식적 몸짓과 원동감각 기능, 또는 지배 반사와 재현 활동이다. 상상의 역동적 틀 혹은 기능적 바탕을 이루는 것이 바로 이 같은 구도들이다. 구도들이 앞서 살펴본 반사학적 몸짓들과 다른 점은 단순히 이론적인 기억 흔적(엔그램engrammes)에 그치는 것이 아니라 구체적·한정적 재현 활동 속에서 육화되는 도정이라는 사실이다. 그래서 자세 반사 몸짓에 대응하는 것은 상향적 수직 구도 및 시각과 손에 의한 분할 구도 두 가지이며, 소화 반사 몸짓에 해당하는 것은 하강의 구도와 내향적 웅크림의 구도이다. 사르트르[170]의 말처럼 구도는 몸짓과 무의식적 충동들의 "제시자提示子"인 것으로 보인다.

구도들로 분화된 몸짓들은 자연적·사회적 환경과의 접촉에서 융[171]이 규정한 바 있는 주요 원형들을 결정한다. 원형이란 구도를 실체화하는 것이다. 이 같은 개념을 융은 야코프 부르크하르트Jakob Burckhardt에게서 차용하여 "본원 이미지" "기억 흔적" "근원 이미지" "본형prototype"[172] 등과 동의어로 쓰고 있다. 융은 원형들이 지니고 있는 인류학적 도정의 특성을 다음과 같이 분명히 밝히고 있다. "본원 이미지는 항상 활발하게 끊임없이 되풀이되는 자연의 몇몇 변화 과정과 관련되어 있는 것이 명백하지만, 다른 한편으로 정신생활 및 일반적 삶의 몇 가지 내적 조건들과도 관계가 있다는 사실 또한 의심의 여지가 없다." 이처럼 주관적 구도들과 지각 환경이 제공하는 이미지들을 매개하는 원형은 "칸트의 어법을 빌리자면 직관이 포착하는 이미지의 본체"[173]라는 것이다. 물론 융이 특히 강조하는 것은 본원 이미지들의 집단적·본유적 성격이다. 그러나 기원에 관한 형이상학적 논의와 계통발생 과정에서 축적된 "기억 침전물"에 대한 논지에 동참하지 않더라도, 원형이라는 상징적 실체를 "관념의 전초적 단계 혹은 모태적 지대"[174]로 파악하는 정신분석학자 융의 핵심 견해는 받아들일 수 있다. 관념이란 이미지를 능가하는 것이기보다는 상상계의 원형이 실제적으로 일정한 역사적 인식론적 문맥 속으로 들어온 것에 불과하다는 이야기이다. 그러니까 "관념은 그 합리적 본성으로 인해 시간과 상황에 크게 좌우되는 합리적 구상의 변형을 훨씬 더 많이 겪게 되며, 그때그때의 사고에 적합한 표현들을 제공하게 된다."[175] 따라서 "사물 이전"*에 관념 속에 주어지는 것은 바로 관념의 정서 재현적 틀, 즉 원형적 동기가 될 것이다. 그런 연유로 해서 과학의 합리주의적 논리와 실용주의적 추론은 상상계의 후광에서 결코 완전히 벗어나지 못하며, 모든 합리주의와 이성 체계에는 고유의 환상이 내재한다. 융[176]의 말처럼 "과학 이론의 근거가 되는 이미지들은 (설화나 전설을 계시하는 이미지들과) 똑같은 한계 지역에 자리잡고 있다". 우리 역시 상상계와 합리적 과정 사이의 접합점을 이루는 원형의 본질적 중요성을 강조할 것이다. 보두앵[177]은 이미지와 사유 사이에 두 가지 결합관계가 있을 수 있

* "사물 이전ante rem"이란 보편이 사물보다 논리적으로(시간적으로가 아니라) 앞서 존재한다고 주장하는 중세의 극단적 실재론자들의 말이다.

다는 사실을 밝힘으로써 그와 같은 연관성을 역설한 바 있다. 그 하나는 수평적인 관계로서 여러 이미지를 하나의 관념으로 묶는 것이고, 다른 하나는 수직적인 관계로서 하나의 이미지가 여러 관념을 불러일으킨다는 것이다. 보두앵은 개념이 일종의 원형적 추론을 통해서 설정되었다고 생각한다.[178] 그렇지만 그의 용어 사용은 일정하지 않으며, 곧잘 원형을 구도 혹은 단순 상징과 혼동하고 있다. 게다가 그의 주장과는 달리 원형들은 부동적이고 영속적인 것이다. 가령 상승의 구도들에는 언제나 변함없이 정상·우두머리·광명 등의 원형들이 대응하며, 분할의 구도들은 검·세례식 등과 같은 원형적 항수恒數들로 실체화되고, 하강의 구도는 동굴·밤·"걸리버"* 등의 원형을 산출하며, 웅크림의 구도는 품·내심과 관련된 모든 원형들을 유발한다. 원형이 단순 상징과 분명히 다른 점은 일반적으로 양면성이 없고 항시적 보편성을 띠며 구도와 합치된다는 것이다. 예를 들어 바퀴는 순환 구도의 주요 원형으로서 다른 상상적 의미가 없지만, 뱀은 순환의 상징으로서 나중에 보겠지만 무수히 많은 의미를 지니고 있다.

실제로 원형들은 제반 문화에 의해 매우 분화된 이미지들과 결부되고, 이미지들은 또한 다수의 조합적 구도들을 맞아들이게 되어 있다. 엄밀한 의미에서의 상징, 다양한 의미를 지닌 상징들의 중요성이 부각되는 것은 그래서이다. 사르트르[179]가 말했듯이 상징은 구도의 개별적 형태이므로 보다 하위적인 형태이다. 그 개별성은 대개 원형이나 구도를 구체적으로 "예해"하는 하나의 "감각적 대상"의 개별성으로 귀착된다.[180] 원형이 관념과 실체화의 도상에 있다면, 상징은 단순히 실사, 명사, 때로 심지어 고유명사

* 조너선 스위프트의 소설 『걸리버 여행기』를 구성하는 소인국과 거인국의 환상적 이야기는 상상계의 인류학적 도정이라는 견지에서는 "낮의 체제"의 거인증·확대증과 대비되는 "밤의 체제"의 소인증·축소증을 드러내는 것이라고 볼 수 있다.

가 되는 과정에 있다. 가령 그리스인에게 미의 상징은 폴리클레이토스의 도리포로스Doryphore('창을 든 남자')*이다. 이렇듯 상징은 구체적 상황에서 기호에 접근하면서 극도의 불안정성을 띠게 된다. 상승의 구도와 하늘이라는 원형은 불변의 것인 반면, 그 둘을 표절하는 상징은 사닥다리에서 날아가는 화살, 초음속 비행기 혹은 도움닫기 선수 등으로 변화한다.[181] 상징은 다의성을 잃고 헐벗은 상태로 단순 기호가 되어 의미론에서 기호론으로 옮아가려는 성향이 있다고까지 말할 수 있다. 바퀴의 원형은 십자가의 상징체계를 낳지만, 그 상징체계는 덧셈이나 곱셈에 쓰이는 그런 단순 십자 기호가 되어, 알파벳의 자의적 기호들 속에 유실된 단순 약호 혹은 산술 기호에 지나지 않게 된다.

구도와 원형, 그리고 단순 상징의 연장선상에 신화가 있다. 민속학자들은 신화를 재현된 의식儀式 행위의 이면으로 생각하지만,[182] 우리는 그 용어를 그런 제한적 의미로 취급하지 않을 것이다. 우리에게 신화란 일정한 구도의 충동에 따라 하나의 이야기로 구성되어가는 상징·원형·구도들의 역동적 체계를 의미한다. 신화는 담화의 맥락을 이용하는 것이므로 그 자체로 이미 합리화의 초안인 셈이며, 그 속에서 상징들은 말로, 원형들은 관념으로 귀착된다. 신화는 하나의 구도 혹은 일군의 구도를 명시한다. 원형이 관념을 유발하고 상징이 명사를 산출하는 것처럼, 신화는 종교적 교리나 철학 체계 혹은 브레이에E. Bréhier[183]가 간파한 대로 역사적·전설적 설화를 유발한다고 할 수 있다. 그 같은 사실은 플라톤의 저작에서 명백하게 드러나는 것으로서, 그의 작품을 보면 합리적 사유는 끊임없이 신화적 꿈에서 깨어나고 있으며 때로 그

* 폴리클레이토스는 기원전 5세기경의 그리스 조각가로, 해부학적 세부 묘사를 통하여 인체의 조화로운 균형을 추구했다. 그의 작품 〈도리포로스〉는 인간미에 대한 고전적 구현으로 알려져 있으며, 그 때문에 그 작품명은 일반명사에서 하나의 고유명사로 전이된 듯하다.

꿈을 그리워하는 듯하다. 아울러 신화의 역동적 조직은 앞서 "이미지 성좌"라고 명명했던 정태적 조직과 대개 일치한다는 사실도 확인하게 될 것이다. 수렴적 방법은 이미지 성좌와 신화 속에 담긴 똑같은 동형성을 드러낸다.

결국 신화 체계 혹은 정태적 성좌 내부에 있는 구도·원형·상징들의 동형성을 통해서 우리는 상상적 재현의 몇 가지 규범적 모형이 존재한다는 사실을 확인할 수 있다. 근원적 구도들을 중심으로 결집되어 있고 한정적이며 비교적 안정된 그 모형들을 우리는 구조라고 부를 것이다. 물론 프랑스어에서 구조라는 말은 아주 애매하고 모호한 것이 사실이다.[184] 그렇지만 우리도 레비스트로스처럼 이 용어를 명확히 규정해두기만 하면, 본원적인 경험의 잔류물 혹은 귀납적 추론과정에서 유래하는 고정적 기호학적 사상捨象, abstraction으로 인식되는[185] "형태forme"의 개념을 증보할 수 있을 것이라고 생각한다. 형태는 정지성·고착성·정태성 등으로 정의된다.[186] 반대로 구조는 변환적 역동성을 내포한다. 우리가 부득이 비유적으로 사용하게 될 구조라는 실사는 "형태"라는 단어의 어원에서 따온 접미사가 붙은 형용사들이 부가될 경우,* 간략히 다음과 같은 두 가지 사실을 의미할 것이다. 첫째 그 "형태들"은 역동적이라는 사실, 즉 형태를 이루는 항목들 가운데 하나가 수정되면 변형을 일으킨다는 사실을 의미한다. 역동적 형태들은 계통적·교육적 "표본modèles"이 되어 분류를 용이하게 해주며, 변형될 수 있는 것이므로 상상계의 영역을 수정하는 데 도움이 된다. 두번째 의미는 그 "표본들"이 정량적이 아니라 징후적

* 본 저서를 통해 뒤랑은 '형태'를 뜻하는 'morphe'라는 접미사가 붙은 형용사들을 상상계의 인류학적 구조들을 분류하는 데 사용했다. 예를 들면 뒤랑은 상상계의 낮의 체제를 분열 형태적 구조structures schizomorphes로 칭하면서, 동물 상징symboles thériomorphes, 밤의 상징symboles nyctomorphes, 추락의 상징symboles catamorphes 등에 대하여 분석하고 있다.

이라는 것이다. 이 점에서 우리는 레비스트로스보다 래드클리프브라운A. Radcliffe-Brown과 더 가까워지는 셈인데,[187] 구조들은 병의 징후처럼 진단은 물론 치료도 가능하게 하는 표본들이라는 뜻이다. 구조들의 수학적 양상은 증후군적 집합 양상에 비하면 부차적이며, 따라서 구조들은 대수학적 공식으로 표현되기보다 병원학적病原學的 표본으로 묘사된다. 이러한 인접 구조들의 집합이 우리가 상상계의 '체제régime'라고 부르는 것의 정의이다. 의미론적 구조의 정성적定性的 우위에 대해서는 차후에 재론할 것이다. 지금으로서는 구조란 변환 가능한 형태로서 이미지들의 집결을 위한 동기부여적 모형의 역할을 수행하며, 스스로도 '체제'라는 좀더 일반적인 구조로 집결될 수 있다는 것만 밝혀두자.

마지막으로 상상계의 체제들이란 불변의 형태들이 모여 굳어진 것이 아니므로, 그 체제들 또한 개인의 성격학적·유형학적 특성들의 집합에 의해 동기부여되는 것은 아닌지, 그리고 체제들의 변형이 역사적·사회적 억압과 어떤 관계가 있는지 질문해볼 것이다. 체제들의 상대적 독자성이 일단 확인되고 나면—상대적이라는 것은 제반 인문과학의 복합 영역 속에서는 모든 것이 상대적 한계를 지니기 때문이다—체제들과 구조들의 원형적 실재성에 입각해서 그 이질적 체제들을 통합하는 일반 형태와 그 상상력의 형태와 상상력이 포섭하는 구조 및 체제들 전체의 기능적 의미에 대하여 탐문하는 상상계의 철학을 소묘해볼 수 있을 것이다.

제1권
이미지의 낮의 체제

의미론적으로는 어둠이 없는 빛이란 없다고 말할 수 있지만, 그 역은 참이 아니다. 왜냐하면 밤은 자율적인 상징적 실존을 갖기 때문이다. 그래서 이미지의 '낮의 체제'는 일반적으로 안티테제의 체제로서 정의된다. 낮의 이미지들에 대한 이 선악 이원론은 빛의 시인들에 대한 심화 연구들이 도달한 것에서 조금도 벗어나지 못했다. 우리는 이미 보두앵[1]과 함께, 빛과 어둠이라는 안티테제를 중심으로 이루어진 위고 이미지들의 이중의 양극화 작용을 주목했었다. 마찬가지로 루즈몽Denis de Rougemont[2]은 음유시인들, 수피교의 신비주의 시인들, 『트리스탄과 이졸데』로 대표되는 브르타뉴의 소설, 그리고 십자가의 성 요한St-Jean de la Croix의 신비주의 시들 속에서 밤과 낮 은유의 이원론을 찾아내기 위해 애쓰고 있다. 루즈몽에 의하면 이 카타르파*식 영감inspiration의 이원론은 회복 불가능할 정도로 플라톤적인 서구 문학 전체의 구조를 이루고 있다. 또한 기로[3]는 발레리의 작품에 가장 빈번히 등장하는 두 주제어의 중요성을 뛰어나게 드러내고 있다. 그 주제어는 "시적 장식의 지주"를 구성하는 "순수pur"와 "어둠ombre"이다. "의미론적"으로 이 두 용어는 "서로 대립되고, 발레리 시세계의 두 극을

* 중세 기독교의 이단 일파.

이룬다. 즉 존재와 비존재, 부재와 현존…… 질서와 무질서이다." 그리고 기로는 이 공리적인 이미지들이 가지고 있는 극성화의 힘에 주목한다. "순수"라는 용어 주변으로는 "하늘" "황금" "낮" "태양" "빛" "커다란" "막대한" "신성한" "단단한" "장식이 된" 등의 용어들이 끌려들고 있고, 반면에 "어두움"의 옆에는 "사랑" "비밀" "슬픈" "창백한" "무거운" "느린" 등이 달라붙는다. 음성학자는 "u" 또는 "i"가 모음들 중에서 가장 날카로운 반면에 "on"이 가장 낮은 음성이라는 사실을 들어 이 두 용어의 울림을 대비시키기도 한다. 시인의 음성학적 본능은 자신의 기호에 따라 이 두 가지 소리를 찾아내고,[4] 이미지들의 소명을 검증한다. 그러므로 매우 자연스럽게 이미지의 '낮의 체제'에 할애된 장章들은 서로 대립되는 두 개의 큰 부분으로 나뉠 것이다. 그 제목의 의미가 의미론적 수렴 그 자체에 의해 주어질 첫번째 부분은 그 위에서 빛의 의기양양한 섬광이 뚜렷이 드러나는 어두움들의 바탕에 바쳐질 것이고, 두번째 부분은 첫번째 부분의 부정적인 가치부여에 대한 대조적이고 방법론적인 재정복을 보여줄 것이다.

제1부　시간의 얼굴들

“가장 넓은 의미에서의 줄의 입술들을 한 시간이여, 연속적인 얼굴들로, 너는 날이 서고, 너는 열병에 걸리는구나…….”

—르네 샤르, 「경련이 난 청명함에게」

제1장

동물의 모습을 한 상징들

첫눈에 보기에 동물 상징은 극히 모호한 것처럼 보인다. 왜냐하면 지나치게 널리 퍼져 있기 때문이다. 파충류들이나 쥐, 야행성 새들에 대해서는 부정적인 가치들을, 비둘기나 양, 그리고 일반적으로 가축들에게는 긍정적인 상징을 부여할 수 있는 것처럼 보인다. 그러나 이러한 어려움에도 불구하고 모든 원형학은 동물에 대해 열려야 하고, 동물의 보편성과 일반성에 대한 심사숙고에서 시작해야 한다.

사실 모든 이미지들 중에서 가장 자주 등장하고 가장 보편적인 것은 동물에 대한 이미지이다. 우리는 어렸을 적부터 동물들을 흉내내는 것보다 더 친숙한 것은 없다고 말할 수 있다. 심지어 서양 도시 아이들의 집에서도 테디 베어라든가 장화 신은 고양이, 미키마우스, 바바르* 등이 이상하게도 동물의 모습을 한 메시지들을 전하고 있다. 아동 도서 제목들의 절반이 동물을 차용하고 있다.[1] 피아제가 보고한 바에 따르면 어린아이들의 꿈 가운데[2] 다소간 명확한 30여 개를 관찰하면 9개의 경우가 동물에 대한 꿈이다. 게다가 어린아이들이 꿈을 꾸는 동물들 대부분이나 그들이 가지고 노는 이미지들의 모델을 결코 본 적이 없다는 사실은 주목할 만하다. 게다가 동물들의 습성에 대해 우리가 실제로 관찰

* '바바르Babar'는 코끼리가 주인공인 만화의 캐릭터이다.

한 바와는 정반대인 터무니없는 신화가 존재한다는 것을 확인할 수 있다. 우리의 상상력 속에서는 불도마뱀은 여전히 불과 연관되어 있고, 여우는 꾀가 많으며, 뱀은 생물학자들의 반박에도 불구하고 여전히 "갑자기 달려들어 물어대고", 펠리컨은 심장을 파내며,* 매미는 우리를 감동시키고, 자비심 많은 쥐는 우리를 역겹게 한다. 이것은 우리의 상상 속에서 동물과 관련된 가치들이 얼마나 깊은 기층을 형성하고 있는지, 또 실험에 의한 반론에 굴복하지 않는 상상계에 대해 경험 또한 별로 반박할 것이 없다는 것을 말해준다. 우리는 심지어 상상력은 자신에게 소용없는 것을 모두 감춰버린다고 생각할 수도 있다. 파브르 우화의 서정성을 의미 있게 만드는 것은 모르고 있던 사실들의 발견이 아니라 동물들에 대한 전설을 긍정적으로 확인한 것이다. 어떤 원시인들,[3] 예를 들어 오스트레일리아의 쿠르나이족은 상상계의 원형과 사냥술의 대상이 되는 동물들을 매우 명확하게 구분할 줄 안다. 그들은 사냥의 대상이 되는 동물들은 '지아크jiak'라 부르고 이야기와 전설들 속에 등장하는 "특별한 동물들"은 '무크 지아크muk-jiak'라는 이름으로 부른다. 이와 같은 사고방식에서는 동물은 자발적인 추상체, 즉 상징적 동화의 대상으로서 나타난다. 또한 그것은 문명화된 의식 속에서뿐만 아니라 원시적 정신세계 속에서 보편성과 복수성複數性을 가지고 있음을 보여준다. 민속학은 토템 숭배나 그것의 동물에 관한 종교적 흔적들 속에 나타나는 동물과 관련된 상징들의 고대성과 보편성을 증명해냈다. 비교언어학[4]도 오래전부터 실사實辭들의 분포가 원초적으로 동물과 관련된 것인가 아닌가의 범주에 따라 이루어졌다는 것을 보여준다. 나와틀어語와 알곤킨어語, 그리고 드라비다 언어들, 슬라브계 언어들에서 실사들은 원초적인 카테고리에 의해서 남성과 여성으로 구분된다. 브레

* 펠리컨은 새끼들에게 줄 먹이를 구하지 못하면 자기의 심장을 부리로 파내어 새끼들에게 먹인다는 전설이 있다.

알M. -J. Bréal[5]에 의하면 인도 유럽어 언어들의 중성도 마찬가지로 무생물과 동물의 종의 원초적인 구분에 들어맞는다. 남성, 여성에 의한 성의 구분은 훨씬 후의 일이다. 이와 같이 우화 속 동물들은 개인적인 몽상뿐만 아니라 집단적 정신세계인 언어 속에 견고하게 자리잡고 있는 것처럼 보인다. 이제는 어떠한 일반적 도식으로 동물과 관련된 원형과 그것들의 상징적 변화형들이 동화시키는 투사projection가 되는지를 자문해보는 것이 문제이다.

그전에 우리는 다음과 같은 문제를 명확히 해야 한다. 즉 원형적이고 일반적인 의미 이외에도, 동물은 동물성에 직접 종속되어 있지 않은 특징들에 의하여 다원적으로 결정되어 있는 것 같다는 점이다. 예를 들어 우리가 뒷부분에서[6] 주요한 특질들을 다루게 될 뱀과 새들은 말하자면 이차적 의미의 동물들에 지나지 않는다. 그들에게서 가장 두드러지는 것은 순수하게 동물적이지는 않은 속성들이다. 뱀은 매장과 허물벗기라는 속성을 곡식의 종자와 공유하고, 새는 상승과 비행이라는 속성을 화살과 공유한다. 이 예는 우리에게 원형학의 본질적인 어려움을 접하도록 해준다. 그 어려움은 상징적 대상의 차원에서 언제나 의미론적 다가성多價性을 불러일으키는 복잡하게 얽힌 동기들이다. 보크너R. Bochner와 할페른F. Halpern[7]은 로르샤흐 테스트*의 해석에서 선택된 동물의 유

* 로르샤흐 테스트는 스위스의 정신의학자 H. 로르샤흐가 발표한 인격 진단 검사이며, 대표적인 투영법投影法이다. 10장의 원도판原圖版 잉크블롯ink blot(얼룩)을 사용한다. 좌우대칭인 것을 한 장씩 피검자에게 보여주고 그것이 어떻게 보이는가를 묻는다. 그 대답이 얼룩 전체에 대한 상상인가 아니면 부분적인 대답인가, 또는 그 상상의 주체가 얼룩의 형태인가, 색채인가, 얼룩이 움직여 보이는가 등을 다각도로 분석한다. 색채에 대한 반응은 개인의 정동情動 특성을, 농담濃淡에 대한 반응은 불안을, 운동에 대한 반응은 공상이나 타인과의 공감성共感性을, 형체에 대한 반응은 지적 특성을 추측할 수 있다. 본래 이 검사는 정신병이나 병적 성격의 진단 기법으로 개발된 것이며, 현재는 보통 사람을 대상으로 하여 성격심리학·임상심리학·문화인류학 등의 분야에서 널리 응용되고 있다.

형이 일반적인 주제로서 선택한 동물성만큼이나 의미가 있다는 것을 정확하게 밝히고 있다. "잔인무도한 성격이나 공격성이 강한 감정들"을 반영하는 공격적인 동물들을 선택할 때와 정반대로 온순한 동물들을 선택할 때의 해석들은 서로 달랐다. 따라서 동물에 관한 상징들을 다룰 이 장에서는 우선 일반적인 동물적 원형들을 재현하는 자발적 추상의 의미를 찾는 것이 문제이지, 이런저런 특정한 논리적 결과를 숙지하는 것이 목표가 아니다.

우선 일반적으로 동물숭배나 동물에 관한 상상력의 모티프로서 주어져 있는 경험적 설명들에서 벗어나야 한다. 이러한 설명들은 인간이 동물의 역할을 수행하는 의식으로부터 동물숭배나 동물에 관한 상상력을 비껴가게 만들기를 원한다. 크라프[8]가 지적하고 있듯이, 그것은 본말을 전도하는 것이다. 애니미즘은 자연스럽게 동물에 관한 상징, 다시 말해 동물을 향하게 되어 있다. 인간은 이와 같이 자신의 사고에서 동물화되는 경향이 있고, 이러한 동물화 작용에 의해 인간적 감정들과 동물의 활력 사이에 항구적인 교환이 일어난다. 그러나 크라프의 설명은 동물 언어의 어원을 다루는 것에 만족하며 매우 모호한 상태에 머물러 있다.

융[9]이 『리비도의 변형과 상징들』에서 전개시킨 정신분석학적 설명은 훨씬 정교하게 이루어져 있다. 동물의 상징은 성적 리비도의 형상이다. "고대인들에게 새, 물고기, 뱀은 남근 상징들이다"라고 융은 불분명하게 쓰고 있다. 그는 이러한 열거에 황소, 숫염소, 숫양, 멧돼지, 노새, 말 등 가축들의 거의 완전한 내용을 추가한다. 숫염소들과 수간하는 노예들, "창조주의 남근 속성"인 「욥기」의 리바이어던Léviathan*이나 베헤모스Béhémoth† 들은 동물과 관련된 성적 의미부여의 증거이다.[10] 스핑크스는 "무서운 동물, 어머니로부터 발원되고"[11] 오이디푸스의 근친상간과 연

* 『구약성서』「욥기」에 나오는 바다의 괴물. 그 형태는 악어의 모습에 가깝다.
† 『구약성서』「욥기」에 나오는 육지의 괴물. 그 형태는 하마의 모습에 가깝다.

결되어 있는 이 모든 성적 상징들의 요약판을 구성하고 있다. 융은 뱀의 형상을 하고 있고 우주의 어머니인 게Gê의 딸인 에키드나Echidna*의 아들인 괴물의 계보를 생생하게 서술하고 있다. 일반적인 의미의 동물과 특별한 의미의 스핑크스는 "근친상간적 리비도의 덩어리"[12]일 것이다.

이 주제는 우리가 보기에 자료의 생성 면에서는 지나치게 모호하고, 동시에 그것의 해석에서는 지나치게 세밀하고 제한적인 듯하다. 지나치게 모호하다는 것은 융이 거대한 문화의 잡다한 자료들을 어떤 순서나 동형적·기능적 분석 없이, 새의 상징성과 뱀의 상징성의 분리와도 같은 중요한 기능적 분기점들을 고려하지 않고 현실의 동물들과 혼합적인 괴물들을 뒤섞으면서 수집해 놓았기 때문이다. 그러나 동시에 이러한 혼동과 더불어 이 해석은 팬-섹슈얼리즘(범성주의汎性主義)에 의하여 지나치게 제한되어 있다. 팬-섹슈얼리즘은 오로지 현대 유럽인들의 인성에만 자리잡고 있는 임상적 관찰들을 더욱 제한적인 것으로 여기게 만든다. 우리는 공간에서처럼 시간에서 근친상간적 리비도를 확대 적용할 권리가 없다. 공간에서의 확대 적용은 부당하다. 왜냐하면 콤플렉스는 "사회적 교육이고, 다양한 문명들, 또 동일한 문명 내부에서도 다양한 사회적 환경들에 따라 상대적인 것"[13]이기 때문이다. 콤플렉스는 주어진 문명의 한복판에서만 설명 공식을 합법적으로 적용해야 하는 문화 현상이다. 시간에서의 확대 적용도 마찬가지로 부당하다. 왜냐하면 근친상간적 리비도는 상대적으로 뒤늦은 경험에 불과하기 때문이다. 프로이트 자신도 이 리비

* 그리스 신화에 나오는 반인반수의 괴물이며, 그리스어로 뱀'을 뜻한다. 상반신은 아름다운 여인, 하반신은 뱀의 모습이다. 출생에 관해서는 여러 가지 설이 있는데, 바다의 신들인 포르키스와 케토 사이에서 태어났다고도 하고 메두사의 아들인 크리사오르와 칼리에, 타르타로스와 가이아, 페이라스와 스틱스 사이에서 태어났다고도 한다.

도가 쾌락원칙의 수많은 소화와 관련된 변형들 이후에야 고착된다는 것을 보여주었다. 그러므로 동물과 관련된 상상력을 오이디푸스보다 훨씬 원초적인 개체발생학적 지층에, 그리고 무엇보다도 더욱 보편화가 가능한 동기에 연결해야 한다. 동물에 관한 상상력은 공간뿐만 아니라 개체발생에서 오이디푸스적 위기의 시대나 황금시대의 빈Wien 부르주아의 지역을 훨씬 초월한다. 기존의 동물 모습을 한 (이미지의) 성좌들 속에 끼어들어온 오이디푸스는 분명히 이 이미지들을 강화하고 악의 섞인 의미들 쪽으로 유도할 수 있다. 우리는 '시간의 얼굴들'에 할당된 마지막 장에서 동물과 관련된 상징주의의 옆에서 타락과 죄악의 상징들을 한데 묶는 성좌가 감추고 있는 음란하고 성적인 연관성들을 강조할 것이다. 동물과 관련된 이미지의 최초의 의미가 리비도에 대한 프로이트식의 편협한 분류보다 훨씬 더 원초적이고 보편적이다. 융과는 반대로, 그런 형태들의 역동적인 명령들을 밝혀내면서 해독해내야 하는 것은 바로 이 원초적 의미이다.

*

동물에 관련된 상상은 파생이나 이차적 특수화의 과정 없이 무의식적이며 추상적으로 나타나는데, 이것은 일종의 구도, 즉 '동물화'의 구도에 의해 형성되는 것이라 할 수 있다. 어린아이가 예측할 수 없는 재빠른 움직임에 대해 불안감을 느끼듯 동물들도 그러한데, 새, 물고기, 곤충 등의 야생동물들은 형태나 물질성이 아니라 대상이 가지는 운동성에 훨씬 예민하다. 낚시꾼들은 엄청나게 급작스러운 동작만이 송어를 제압할 수 있다는 사실을 매우 잘 알고 있을 것이다. 로르샤흐 테스트[14]는 동물과 동물의 움직임 간의 유사성이 인간의 정신세계에 존재함을 확인해주는 검사법이다. 일반적으로 이 검사 결과는 동물에 관련한 반응, 그리고 운동감각에 관련한 반응의 두 가지 상이한 답변이 반비례적으로 상쇄되어 나타나는데, 동물의 형태로 대답하는 경우는 활동적인 움직임에 대한 경계이거나 정체된 잔재물을 의미한다고 할 수 있다. 동물에 관한 답변의 비율이 높을수록 환자의 정신 상태는 정적이고 경직되어 있으며 보수적이고 우울증에 빠져 있는 것으로 볼 수 있다. 동물에 관해 답변하는 비율이 지나치게 높은 것은 심리적 불안에 의해 일어나는 부정적 신호인 것이다. 그런데 만약 동물적 반응과 더불어 운동감각에 관련한 반응이 함께 나타난다면 이것은 심리상태에 보다 근원적 욕망이 침투해 있음을 말해주는 신호이다. 이것이 어린아이들의 경우에는 정상적인 상황일지 몰라도 성인의 경우라면 아주 원초적인 충동에 대한 부적응과 퇴행을 의미하는 것이 된다. 다시 말해, 의식 속에 나타나는 동물성은 심리적 불안감의 흐름을 보여주는 우울증의 증세인 것이다. 이제 우리에게는 동물화의 구도가 갖는 다양하고도 역동적인 특징들을 구별하는 일이 남아 있다.

동물화animalisation의 가장 원초적인 보기들 중 하나는 "덧없이 사라지지만 원초적인 이미지"[15]인 '우글거림fourmillement'이다. 우리는 이 말의 프랑스어 어원이나 이 이미지들을 땅을 파고 들어가는 뱀의 이미지에 근접시키는 개미들의 작업에 구애받지 말도록 하자.* 이 우글거림이라는 말에서 동요와 득실거림의 구도만 간직하도록 하자. 살바도르 달리Salvador Dali[16]는 많은 작품들 속에서 개미들의 우글거림을 애벌레들의 우글거림으로 직접 연결지었다. 상상력에게 단번에 동물성을 드러내고, 동요하는 다양성을 경멸적인 아우라aura로 둘러싸는 것은 바로 이 무질서한 운동이다. '우글거리다'라는 동사의 실사實辭인 애벌레가 연결되어 있는 것은 바로 이 경멸적인 구도이다.[17] 보통의 의식들에게는 모든

* 'fourmillement'은 개미들의 우글거림이라는 뜻에서 온 명사. 프랑스어에서 fourmi는 개미를 뜻한다.

곤충과 벌레가 애벌레이다. 슐레겔A. W. Schlegel*은 우글거리고 위험한 모임을 갖는 메뚜기를 보았을 때 위고를 만나게 된다.[18] 그것은 위고가 「묵시록」에서 차용한 주제였을 뿐이다. 「묵시록」에서는 메뚜기떼와 개구리떼가—이집트의 오래된 재앙들!—악을 상징하기 위해 서로 릴레이를 하고, 심연의 천사이자 "파괴자"인 아바돈Abaddon†의 지휘를 따른다.[19] 게다가 벌레는 공포스러운 이미지이고, 위고의 작품에 매우 자주 등장한다. 보두앵은 위고의 작품에서 거미라는 여성의 형태를 한 괴물의 부차적인 남성적 괴물의 모습을 보고자 했다. 뱀 또한 꿈틀거리는 움직임, 즉 사라지는 역동성으로서만 여겨질 때, 집쥐나 들쥐 같은 작고 재빠른 포유류들과 합류하는 혐오스러운 "추론적 내용"을 내포한다.[20]

재빠른 움직임에 대한 이러한 원초적인 혐오감은 혼돈의 원형이 구성하는 동물화 구도의 변형들에서 설명할 수 있다. 바슐라르가 지적하듯이 "문학 안에서는 움직이지 않는 유일한 혼돈이란 없다……. 그리고 17세기에는 혼돈chaos이 동요cahot라는 철자로 표기됐었다."[21] 시스티나 성당의 벽화나 히에로니무스 보스의 지옥의 묘사들, 브뤼헐의 〈둘러 흐릿Dulle Griet〉이 입증하고 있듯이, 지옥은 언제나 그림icono-graphie에 의해 혼돈스럽고 동요가 있는 장소로 상상되었다. 게다가 보스에게서 동요는 동물로의 변신과 짝을 이룬다. 우글거리고, 득실거리거나 혼돈스러운 동요를 나타내는 가속된 활기의 구도는 변화를 앞에 둔 고뇌를 동화시키는 투사인 것처럼 보인다. 그것은 회피의 과정에서 급작스러운 변화를 또 다른 급작스러운 변화로 보상할 뿐인 동물적 적응이다. 말하자면

* 슐레겔(1767~1845)은 독일의 평론가·번역가·동양어학자로, 독일 전기前期 낭만파 운동의 중심인물이다. 낭만주의의 세계관 및 예술론의 기초를 닦았다. 본 대학교 미술사·문학사 교수를 지냈으며, 훌륭한 셰익스피어 번역으로 큰 업적을 남기기도 했다.

† '아바돈'은 성서에서 무저갱의 사자 이름이다. 죽음의 권세를 잡은 자로, 지상에 대환난을 일으킨다.

그것이 유발하는 변화나 적응 또는 동화는 시간의 첫 경험이다. 유년기의 고통스러운 원초적 경험들은 변화의 경험이다. 그것이 출생이든지 조산사나 어머니 그리고 나중에는 젖떼기 단계의 거칠게 다루기이든 말이다. 이러한 변화들은 젖먹이가 혐오스러운 엔그램engramme*을 형성하도록 집중된다. 우리는 이 변화가 경멸적 의미에서 "랑크Rank 콤플렉스"와 이유기의 외상 충격에 의해 다원적으로 결정된다고 말할 수 있다. 랑크 콤플렉스와 외상 충격은 두려움에 대한 최초의 표현들을 확증한다. 이 두려움은 베흐테레프와 마리아 몬테소리가 거칠게 다루어지는 신생아의 반사작용에서 입증한 바 있다.[22] 부정적이고 급작스러운 이 운동의 가치부여 작용에 빅토르 위고의 악의 주제를 접근시켜야 한다. 빅토르 위고의 악의 주제는 보두앵이 "즈왕Zwang"이라고 아주 적절하게 명명했던 것인데, 그것은 재빠른 탈출이나 치명적인 추격, 추방당한 카인이나 패배한 나폴레옹 또는 영원한 도망자인 장 발장의 맹목적인 유랑에서 나타나는 과격함이다.[23] 위고에게 이 이미지는 편집증적인 특징을 이룬다. 이 정신분석학자에 따르면[24] 이와 같은 판타즘에는 오이디푸스적 뿌리가 존재하며, 그것은 「의식La Conscience」이나 「갈리스의 작은 왕Le Petit roi de Galice」「투구 독수리L'Aigle du casque」 같은 유명한 시에서 모습을 드러내고 있다. 분명히 오이디푸스적 교육은 언제나처럼 그와 같은 구도들을 강화하고 있지만, 분명한 것은 이 운명에서 도피하는 구도는 아버지에 대한 두려움보다 더욱더 고대적인 뿌리들을 가지고 있다는 사실이다. 보두앵이 유랑하는 유대인이나 저주받은 이의 유랑 같은 주제를 자신이 "마제파 콤플렉스complexe de Mazeppa"라고 부른 것의 핵심을 이루고 있는 말馬의 상징과 결부시킨 것은 옳은 일이다.[25] 도덕적으로 도피의 구조를 만들고, 바이런이나 괴테에게서

* 엔그램은 과거의 개인적인 경험이 심리 속에 남겨놓은 흔적을 말한다.

와 마찬가지로 위고에게서 발견할 수 있는 재앙적인 분위기를 거기에 부여하는 것은 바로 이 장례식이나 지옥으로 가는 기마행렬이다. 말은 어둠이나 지옥과 이종동형어이다. "그것은 어둠의 마차를 끄는 검은 말들이다."[26]

*

시인들은 지옥의 말이라는 거대한 상징을 때로는 물속의 성좌들, 천둥, 태양의 신화들에 의해 분류되기 이전의 지옥들과 함께 연관지으면서, 그것이 수많은 신화와 전설[27]에 나타나는 모양 그대로 되찾도록 하는 것뿐이다. 그러나 이 네 가지 성좌는 그것이 태양과 관련된 것일지라도 동일한 감정적 주제에 연대되어 있다. 그것은 변화와 소음이 상징으로 만든 시간으로부터의 도피 앞에서 느끼는 두려움이라는 주제이다.

우선 지옥의 말들이 갖는 그토록 중요한 의미에 대해서 검토해보기로 하자. 하데스와 포세이돈의 말 타기가 있다. 후자는 종마의 형태로서, 대지의 어머니인 가이아에 근접해간다. 가이아는 데메테르 에리니스Déméter Erinnys이며 죽음의 악마인 두 마리 조랑말 에리니에스Errinyes를 낳는다. 또다른 전설에 의하면 말의 형태를 한 두 악마는 시간의 신인 크로노스가 자른 우라노스의 성기에서 태어났다.[28] 우리는 지옥의 종마들 뒤로 성적이면서 동시에 공포스러운 의미가 윤곽을 드러내는 것을 본다. 상징은 전설 속에서 기꺼이 스스로를 부풀려가는 것 같다. 즉 아드라스트의 말인 에리옹이 사라진 것은 에리니에스가 살고 있는 깊은 구렁 속이었다. 게다가 페라이의 죽음의 여신인 브리모는 말을 탄 모습으로 동전에 새겨져 있다.[29] 다른 문화들도 더욱 구체적인 방법으로 말과 악 그리고 죽음을 연결짓고 있다. 「묵시록」에서는 죽음이 창백한 말에 올라타 있다.[30] 아리만Ahriman은 아일랜드의 악마들과 마찬가지로 말 위에서 제물을 탈취한다. 아이스킬로스의 작품에서와 같이 고대 그리스 문학에서도 죽음은 검은색 준마를 탄다.[31] 독일과 앵글로색슨족의 민속과 대중적 전통은 불길하고도 죽음을 연상시키는 말의 의미를 보존해왔다. 예를 들어 말에 대한 꿈을 꾸는 것은 머지않아 닥쳐올 죽음의 징표이다.[32]

말의 형태를 한 독일의 악마인 '마르트mahrt'에 대해서 좀더 자세히 살펴보아야 한다. 이것의 어원에 대해서 크라프는 마녀를 뜻하는 옛 슬라브어 '모라', 유령을 뜻하는 옛 러시아어 '모라', 악몽을 뜻하는 폴란드어 '모라'와 체코어 '무라mura' 등과 비교하고 있다.[33] 또한 동일한 어원에서 '모르스mors'는, 라틴어로는 '모르티스mortis', 죽음이나 전염병을 뜻하는 옛 아일랜드어의 '마라marah'나 페스트를 뜻하는 리투아니아어의 '마라스maras'에 근접할 수 있다. 크라프는[34] 더 나아가 매력적인 "마라의 딸들"과 재앙이나 악에 대한 인디언들의 의인화들 간의 어원적 근접성을 완곡하게 설명하기까지 한다. 그러나 "악몽"과 밤의 음몽 마녀*들의 말 형태의 특징을 주장한 사람은 바로 융이다.[35] 그는 악몽의 어원을 라틴어 '칼카레calcare'와 옛 북독일어의 '마라mahra'에서 찾는다. 프랑스어로 '칼카르calcare'는 "암탉과 교미하다"라는 뜻을 갖는데 교미와 발로 짓밟기를 동시에 한다는 뜻이다. '마라'는 종마를 의미하고, 죽는다는 뜻인 아리아어 마르mar의 어근에서 죽음의 이미지와 혼동된다. 융은 프랑스어의 어머니라는 말인 '메르mère'가 지금 문제가 되고 있는 어근과 매우 유사하고,[36] 아이가 처음으로 올라타는 최초의 도구가 어머니라는 점을 주목하면서, 마찬가지로 어머니와 어머니에 대한 집착이 그 어떤 무서운 양상을 띨 수 있다는 점에 주목하고 있다. 우리는 다시 한번 말 타기의 정신분석학적·성적 의미가 말의 형태를 한 성좌에 잘 나타난다는 점을 덧붙일 것이다. 그러나 그것은 단순히 난폭한 탈것의 의미

* 잠자는 남자와 성교한다는 여자 악령.

나 보폭이 인간의 가능성을 뛰어넘는 준마의 의미, 그리고 장 콕토가 매우 확실한 본능으로 영화 〈오르페우스〉에서 운명의 메신저인 모터사이클들로 변형하여 현대화한 것 같은 가장 일반적인 의미를 다원적으로 결정하는 것이다.

한편 크라프는 지금 우리가 고려하는 이 어원에서 모든 말 타기가 암시하는 상징적 의미를 압축해서 보여줄 수 있는 또다른 의미를 지적한다.[37] 독일어권 스위스에서 '뫼레möre'는 암퇘지를 뜻하는 모욕의 말이고, 집시어로 '무라mura'는 프랑스어에서 의미심장하게 "죽은 자의 머리 스핑크스"라고 부르는 나방이다. 그러므로 변화를 앞두고 불안감이 배가된 동물화의 매우 일반적인 구도에서 모든 경우에 문제가 되는 것은 분명히 돌아옴이 없는 출발이나 죽음이다. 이 의미들은 지옥의 망령을 인도하고 지키는 신성성인 헤카테Hécate로 집중된다. 헤카테는 검은 달과 어두움의 여신이고 명백하게 말의 형상을 하고 있으며, 음몽마녀이고 악몽이다. 헤시오도스Hésiode는 그녀를 기사들의 여주인, 광기와 몽유병, 꿈 그리고 특히 밤의 근심의 유령인 엠퍼스Empuse의 정부로 묘사했다. 훗날 헤카테는 그리스 신들의 세계에서는 "개들의 여신"인 아르테미스와 뒤섞인다. 바로 그런 불길한 극성極性의 영역에 융은 마음을 도려내는 여자이며 반인반마인 발키리Walkyries를 추가한다. 장례식의 들것은 중세에는 "생 미셸 말"이라 불렸고, 페르시아에서는 관을 "나무 말"이라 부른다. 그리고 피카르 이후로 슐Schuhl[38]은 고전적 골동품 가운데 말 기념비에 대해서 매우 흥미로운 지적들을 한다. 「묵시록」에서 죽음의 말은 사자나 용의 아가리와 뛰어난 동형을 보여준다는 것을 주목하자. 사실 죽음의 천사들의 말은 "사자의 머리와도 같은" 머리를 하고 있고, 그들의 힘은 "그들의 입과 꼬리에 있다. 그 꼬리는 뱀과 닮았는데 머리가 달려 있고, 그 머리로 모든 악함을 행한다."[39] 우리는 곧 연구할 식인귀라는 원형이 동물의 구도하에서 어떻게 그 밑그림을 드러내는지 볼 것이다. 그전에 잠시 말의 형상이라는 상징의 주위에 모여드는 상징적 성좌들을 더 살펴보도록 하자.

그 겉모습에도 불구하고 태양의 말은 지옥의 말과 손쉽게 동일시된다. 황도대의 사자궁에서 그것을 확인할 테지만, 태양은 언제나 그 의미가 안정되어 있는 원형이 아니다. 태양은 어떤 기후 조건에서 생활하느냐에 따라 경멸적인 의미를 부여받을 수도 있다. 적도 근방의 나라들에서 태양 및 그로 인해 생기는 흉작과 가뭄은 불길한 것이다. 파괴자로서의 태양인 베다의 수리아Surya는 준마로 표현된다.[40] 유럽 전통의 다양한 태양의 말들은 이 가공할 만한 베다의 수리아의 특징을 다소간 완화해서 간직하고 있다. 레우키포스Leucippe는 옛 태양의 신인 백마이고, 로드인들은 헬리오스에게 말들을 제물로 바쳤다.[41] 스칸디나비아의 태양신인 프레이Freyr는 말들을 제물로 받았고, 기독교에서 그의 대치자인 성 에티엔도 이 말들의 보호자였다. 요시아는 태양에게 말을 바치는 유대 왕들의 전통을 없앴다.[42] 그러나 이 말 형상의 상징과 연결된 태양은 천상의 빛으로서의 태양이 아니라 무서운 일시적 움직임으로서의 태양이다. 태양이나 달과 말이 서로 연관되어 있음을 설명할 수 있게 해주는 것은 바로 이 여정에 의한 움직임이다. 그리스나 스칸디나비아, 페르시아의 여신들은 말이 끄는 수레를 타고 여행을 한다. 그러므로 말은 시간의 상징인데, 그들은 자연이라는 거대한 시계에 연결되어 있기 때문이다. 이 사실은 '브리하드 아란야카Brihad-Aranyaka' 우파니샤드[43]가 멋지게 그려내고 있는데, 그 안에서 말은 시간 그 자체의 이미지이다. 한 해年는 말의 몸통이고, 하늘은 말의 등이고, 여명은 머리이다. 그러나 이미 이러한 황도의 말 형상에는 긍정적 가치부여의 가능성이 개입되는데, 그것의 가장 큰 이유는 온대 지방의 나라에서는 말이 포이보스(아폴론)와 연결되고 말을 활성화하는 어둡고 부정적인 가치들을 차츰 잃어가기 때문이다. 말이 이러한 식으로 완곡해지는 모습은 상징들의 일생, 문화적 압박으로 그 의미가 변하여 다른 의미를 띠는 상징들의 일생을 전형적으로 보여준다. 태양의 매개자로 인해 우리는 말이 지옥과 장례의 상징에서 하늘의 순수한 상징으로 진화해가고, 지옥 뱀과의 싸움에서 새의 분신이 되는 것까지 볼 수 있다.[44] 그러나 우리가 보기에는 이러한 반어법에 이를 정도의 완곡한 진화는 역사적 호출들과 일반적으로 동일한 지방에서 연속적으로 번성한 두 민족의 경쟁의식에 기인한 것뿐이다. 침략자와 적의 신앙은 언제나 원주민에 의해 의심을 받는 경향이 있기 때문이다. 이러한 상징적 전도는 앞으로 볼 테지만 아주 널리 퍼져 있고, 말의 경우에는 태양의 단순한 상징에 속해 있는 원초적 속성들을 차츰 자신에게 유리하게 전환시키는 우라노스-태양[45]의 원형적 제국주의에서 오는 것 같다. 우리는 시간으로부터의 도피에서 적도의 해로운 태양으로, 그리고 태양의 주행에서 온화한 태양의 일종의 아폴론적 승리로 넘어가는데, 그 승리에는 계속 말이 참여하고 있다.[46] 그렇지만 원초적으로 말은 시간으로부터의 도피의 상징으로 남아 있고, 우리가 사자의 상징주의에서 알게 되듯이 검은 태양과 연결되어 있다. 그러므로 우리는 일반적으로 태양의 말의 의미를 지옥의 말의 의미와 동일화할 수 있다. 아폴론의 준마는 길들여진 어두움일 뿐이다.

물의 말도 마찬가지로 지옥의 말로 환원되는 듯 보인다. 단지 솟구치는 파도와 빠른 준마들이라는 식으로 동일한 운동의 구도가 흐르는 물에 의해 제시되었기 때문이 아니라, 또 "거대한 백색 암말"[47]의 민속학적 이미지가 부여되기 때문이 아니라, 말이 해저 심연의 공포스럽고도 지옥을 연상시키는 특성 때문에 물과 연관되어 있기 때문이다. 물에서의 환상적인 말타기의 주제는 프랑스, 독일,[48] 또는 앵글로색슨의 민속에서 흔히 나타난다. 비슷한 전설들을 슬라브, 리보니아, 그리고 페르시아 민족에게서 발견할 수 있다. 페르시아의 민담에 의하면 서양에서 동고트족의 테오도리크 왕이 그랬던 것처럼 사사니드 예츠데가드 1세는 호수에서 나온 정체불명의 말에게 죽임을 당한다.[49] 아이슬란드에서는 말의 모양을 한 악마인 "네니르"가 강에서 살고 있다. 네니르는 페로에섬의 "니쿠르", 노르웨이의 "노크", 스코틀랜드의 "켈피", 그리고 센의 샘의 악마들과 형제이다. 최종적으로 포세이돈이 말에 대한 모든 그리스 상징체계를 인도한다. 그는 말이라는 동물의 형상을 하고 있을 뿐만 아니라 아테네인들에게 말에 대해 알려준 신이었다.[50] 포세이돈은 크로노스의 아들이고, 원래는 괴물의 이빨로 만든 삼지창을 가지고 있다는 것을 잊지 말자.(우리는 곧 동물화의 구도와 이빨이 달린 괴물 입 원형 간의 동형성을 강조할 것이다.) 그는 "야만적이고, 불만에 가득차고, 신의 없는"[51] 신이다. 그는 또한 지진의 신인데, 그것은 그에게 지옥의 양상을 부여한다. 그리스어 포세이돈에 대한 켈트어 상관어는 "네크탄" 인데, 그것은 샘에 사는 악마라는 뜻이고, 라틴어 넵튠과 어원적으로 친족이다.[52]*

마침내 마지막 아바타로서 말은 천둥이라는 기상 현상과 연결된다. 물의 악마인 포세이돈의 아들인 페가수스는 주피터의 번개를 나른다. 아마도 이 동형체에서는 재빠른 동물화의 구도 속에서 번갯불의 번개와 혼동이 있었는지를 살펴야 할지도 모르겠다. 그것이 융이 재빠른 바람의, 또 한 프로이트주의자가 덧붙이는 것처럼 "여자 꽁무니를 쫓아다니는 미친 바람"[53]의 신인 반인반마에 대해서 암시하는 것이다. 다른 한편으로 살로몬 레이나크Salomon Reinach[54]는 신화 속의 왕 틴다로스Tyndare는 과거에 말의 신이었으며 그의 이름은 천둥의 의성어인 '툰데레tundere'와 혼동된다는 사실을 밝혔다. 그러므로 신화에서와 마찬가지로 민담에서 상상하는 천둥은 불타면서도 어두운 말의 형상이다. 널리 퍼

* 원주 52에 나오는 대로, 포세이돈은 페가수스와 아레이온의 아버지이며, 페가수스와 아레이온은 둘 다 말이다.

져 있는 민간의 믿음, 즉 천둥이 칠 때는 "악마가 말의 편자를 박는 것"[55]이 의미하는 바는 바로 그것이다. 우리는 동물의 울음소리에 대해서 살펴보면서 이 동물 형상의 불타는 모습에 대해 다시 다룰 것이다. 말의 질주는 솟과科 동물들의 질주가 그러하듯이 사자의 울부짖음이나 바다의 포효와 동의어이다.

인도 유럽어권의 솟과 동물의 분신으로 넘어가기 전에 말의 형상에 대한 의미들이 어떻게 수렴하는지 요약해보자. 동탕빌Dontenville의 『프랑스 신화학』에 대한 멋진 연구에서 우리의 분석과 주목할 만한 일치를 발견한다.[56] 그는 말의 형상이라는 상징이 갖는 보충적 의미들을 매우 잘 정리해놓았다. 그것은 우선 고르곤 자매Gorgone의 잘린 목에서 솟구쳐 나오는, 셀리농트Selinonte의 건물 간벽에 그려진 말처럼 공포스러운 괴물 양상이다. 다음으로 일련의 모든 부정적 의미 작용들이 뒤따른다. 오늘날 남작센 지방에 해당하는 게르만족의 신성한 말인 "백마"는 바다의 재앙의 상징인 "시멜 라이터Schimmel Reiter"와 혼동된다. 그것은 홍수와 둑의 무너짐으로 나타나는데, 파드칼레Pas-de-Calais 지역의 해로운 "백색 암말", 셀쉬르플렌Celle-sur-Plaine 지역의 "백마", 방데 지역의 "사악한 말", 또는 쥐라 지역에서 무리에서 뒤떨어진 여행객들을 루강에 빠뜨려 죽이는 "고뱅의 말"[57] 등과 근친이다. 세번째로 동탕빌은 동쪽에서 서쪽으로 엄청난 도약으로 이동하는 "거대한 암말" 또는 민담에 나오는 "수레"의 천체적 양상을 구분한다. 그것은 성 마틴이나 성 길다스의 말이라는 형태로 기독교화된 태양 신화인데, 그것의 족적은 프랑스 전역에 새겨져 있다. 이 족적들에서 샘들이 생성되며 천체와 물이 의미적 동형체로서 연결된다. 즉 말은 태양의 질주인 동시에 강의 흐름이다. 마침내 이 점이 우리 연구에서 볼 때 가장 흥미로운 일치점인데, 동탕빌은 우리가 조사한 태양의 말의 완곡화 과정과 유사하게 수레 역할의 변증법적 전도를 관찰한다.[58] 일종의 감성적 반어법에 의해 강을 무사히 건너기 위해서 수레로서의 말—그 사악한 악마—에게 기도를 하는 것이다. 동탕빌은 이러한 현상에 대해 역사적·문화적 설명을 하고 있다.[59] 즉 기마민족이고 유목민족인 게르만의 침략자들이 말에 대한 숭배를 가져왔고, 반면에 패배자인 켈트족은 승리자의 말을 결과적으로 비슷한 의미 작용인 사악한 악마나 죽음의 사신으로 여겼을 것이다. 이러한 역사적 사건들의 역할을 전적으로 반박할 필요는 없다. 하지만 우리는 역사적 사건들이 뒤에 상징적 가치들을 역전시키는 데 동탕빌이 생각했던 역할과는 반대의 역할을 하기도 한다는 것을 확인할 것이다. 그러한 의미 전도의 동기를 찾기 위해서는 이토록 모순되는 가치론적이고 의미론적인 태도를 낳는 심리적 영역을 조사해야만 한다. 우리는 '묶는 자로서의 헬리오스'와 '끊는 자로서의 헬리오스'를 살펴보면서 동일한 의미 변화의 과정을 곧 다시 확인할 수 있을 것이다.[60] 이제 그 의미 변화의 과정 문제는 뒤로 제쳐둔 채, 중세 소설 『몽토방의 여우』에 나오는 '용에게서 태어난', '요정-말'이 괴물의 죄수이면서, 영웅 모지스Maugis가 치르는 치열한 전투에 의해서만 정복된다는 사실만 주목하기로 하자.[61] 모지스는 그 전투를 위해 처음에는 마법의 수단들을, 다음에는 특이한 전투 방식을 사용한다. 승리를 거두고 나서 모지스는 '수레의 사슬들을 끊어버린다'. 그리고 이 사슬들이 끊어지면서 모지스의 충실한 말로 변하고, 7인의 기사들이나 '애몽의 네 아들'을 구하러 날아가는 데 유용한 수단이 된다. 이러한 말의 형상에 대한 가치의 변환은—그것은 동탕빌의 역사적 이론과는 상반되게 긍정적인 의미로의 전환이다—수레 색깔의 변화로 상징화된다. 수레는 처음에는 백색이었다가 이야기의 필요성에 의해 밤색을 띠게 된다. 그러므로 우리가 태양의 말에서 강조했었고, 우리 연구의 전 과정에서 보게 될 완곡화의 과정이 '애몽의 네 아들' 전설에서 드러나는 것을 본다. 해롭고 음침한 말이 의기양양한 영웅의 수레에 매인 길들여지고 온순한 탈것으로 변형된 것이다. 그것은 시간 앞에서와 마찬가지로 정복자 앞에서 오직 하나의 태도만이 가능한 것이 아니기 때문이다. 분명히 인간은 침략자, 그리고 시간이 패배자인 자신에게 겪도록 했던 위험과 악행들에 저항하거나 그것들을 영웅적으로 과장할 수 있다. 그리고 협력도 할 수 있다. 역사는 절대적 필연성이 아니라, 그 앞에서 선택과 자유가 언제나 가능한 조건일 뿐이다.

이제는 이 프랑스 신화 역사가의 연구가 놀라우리만큼 우리의 인류학적 연구로 수렴된다는 사실을 증명할 만큼의 예를 보여주었다는 데 만족하기로 하자. 이로써 우리는 앞서 언급했던 것처럼[62] 보다 "엄밀한 의미"로서의 상징, 의미론의 차원에서 순수 기호론적 차원으로 넘어갈 준비가 되어 있는 상징의 차원에서는 대립된 의미들이 극도로 복잡 다양하게 얽혀 있다는 점을 알게 되었다. 이제 숫과 동물들과 다른 가축들의 파생적인 상징체계들을 검토하면서 말의 상징체계에 대한 고찰을 완결하기로 하자.

숫과 동물들에 대한 상징들은 아리안족의 말에 대한 이미지와 쌍을 이룬다.[63] 황소는 말과 동일한 상상적 역할을 수행한다. 산스크리트어 "제ge"는 약어로 동물과 소리의 동형체를 나타낸다. 왜냐하면 그것은 소리뿐만 아니라 황소와 땅을 의미하기 때문이다.[64] 무엇보다도 먼저 만약 황소가 말과 마찬가지로 지옥의 동물이라면 하늘의 상징도 된다. 하지만 말보다 소에게서 태양과 달이 더 긴밀히 맺어져 있다. 오시리스Osiris나 메소포타미아의 위대한 신인 신Sin처럼 잘 특성화된 황소의 형상에서 달의 신들이 나타날 뿐만 아니라, 소의 머리를 한 달의 여신들은 그들의 뿔 사이에 태양의 이미지를 가지고 있다.[65] 숫과 동물들의 뿔은 초승달 "뿔"의 직접적인 상징이며, 절단의 도구인 시간의 신 크로노스의 낫 혹은 반달낫과의 동형에 의해 강화되는 의미론적 형태론이고, 달의 "현"인 초승달은 달의 절단의 상징이다. 사자와 마찬가지로 난딘Nandin[66]의 황소는 시바Shiva나 칼리 두르가Kali Durga의 괴물,

즉 파괴자인 시간의 모습이다. 신이 동물의 모습을 한 상징에서 천체—태양이나 달—는 그러므로 시간의 상징으로서만 받아들여진다. 스칸디나비아의 위대한 신인 프레이가 그렇듯이 아쉬르 지방의 황소의 신이 태양의 아들인 것처럼 검은 태양인 베다의 수리아 또한 "황소"로 불린다.[67] 물과 관련된 황소의 의미들도 말과 동일하다. 물의 황소는 스코틀랜드, 독일, 발트 지역 국가들 등지에 존재한다. 강의 신인 아켈라오스Achélaos는 황소의 형상을 하고 있다.[68] 포세이돈은 과장된 황소의 모습을 띠고 있으며, 에우리피데스나 라신의 비극 『페드르』에서 등장하는 것도 바로 이런 모습으로서였다.[69] 수많은 하천들의 뿔 모양으로 돌출된 돌기의 특성도 이런 식으로 설명해야 한다. 에리단강이나 그리스의 오케아노스강처럼 베르길리우스의 티베르강은 황소의 머리에 속한다. 분노한 물의 괴물로서의 황소는 아마도 오늘날의 타라스크*와 동일한 어원을 가질 것이다. 타라스콩 지방은 실제로 스트라봉 지역의 타루스코프나 프톨레마이오스 왕의 토루스코스의 어원을 제공했다. "황소는 아마도 어원적으로 타라스콩 지역의(인도 유럽어 언어에서 바위를 뜻하는) 타르tar(라는 말)에 속할 것이다. 그 외에도 브르타뉴, 헤이그, 뤼니공 지방 등에서 괴물이란 바위에서 나온 완전히 검은색의 황소를 뜻한다." 그리고 동탕빌은 여기에서 황소 상징의 지옥과 물의 동형성을 강조한다.[70] 천둥의 황소는[71] 가장 보편적인 상징인데, 오늘날의 오스트레일리아에서 페니키아나 베다의 골동품에 이르기까지 우리는 언제나 황소가 기상의 폭발과 연결되어 있음을 알 수 있다. 그것은 오스트레일리아인들의 "포효하는 황소"인데, 그 울음소리는 분노한 폭풍우의 소리이다. 선사 드라비다인들과 드라비다인들은 천둥의 황소를 숭배하고, 인드라는—베다 경전에서는 "지상의 황소"라 불린다—자신의 호위신인 마루트Marut들과 함께 천둥을 뜻하는 바이라Vayra의

* 용 모양의 괴수상.

소유자이다. 모든 고대 오리엔트 문화들은 파괴적인 기상 현상의 힘을 황소로 상징화했다. 엔릴Enlil*의 별명은 "바람과 폭풍우의 신" "폭풍우의 주인" "뿔의 주인" 등을 의미하는데, 그의 보좌신은 "커다란 암소"인 닌갈라Ningalla이다. 이집트의 아몬의 원형인 민Min 신은 황소의 칭호를 가지고 있고 부속물로서 천둥을 가지고 있다. 그의 보좌신은 암소 하토르Hator이고, 마침내 천둥의 신 제우스가 유럽을 매혹시키고, 안티오페와 결합하고, 혈기 넘치는 황소의 형상을 한 채 데메테르를 겁탈하려 한다.[72]

그러므로 우리는 황소에 관한 상징과 기마에 관한 상징의 긴밀한 인척관계를 확인할 수 있다. 그것은 언제나 서로에게 동기를 부여하는 불안이다. 그것은 특히 모든 변화를 앞둔 불안이고, 기상학적으로 "나쁜 날씨"를 앞두고 있는 것처럼 시간의 사라짐을 앞두고 있는 불안이다. 이 불안은 죽음, 전쟁, 홍수, 행성이나 낮의 사라짐, 천둥이나 폭풍우의 으르렁 소리 등 모든 사고의 위험들에 의해 다원적으로 결정된다. 그것의 본질적 벡터는 분명히 동물화 작용의 구도이다. 말과 황소는 문화적으로 두드러진 상징에 지나지 않는다. 그 상징들은 일반적인 동물들 앞의 인간이라는 동물의 위험성과 도주로 되돌려진다. 그 상징들이 쉽게 서로 교환이 가능하고, 문화적으로 혹은 지리적으로 다른 대체 동물들로 바뀔 수도 있는 것은 그 때문이다. 크라프는 천체가—우리는 천체의 일시적인 흐름이라 부를 것이다—개, 염소, 멧돼지 등 수많은 동물들의 형태를 취하고 있다는 것을 지적한다.[73] 반면에 엘리아데는 이란의 인드라Indra인 베레트라그나Verethragna가 조로아스터교에서는 종마나 황소, 숫염소, 멧돼지의 형태로 혼란스럽게 나타난다는 것을 주목한다.[74] 마지막 분석에서 우리는 랑톤[75]과 함께 악의 힘에 대한 보편적인 믿음은 동물에 대한 상징의 부정적 가치 부여와 연결되어 있다는 것을 확인할 수 있다. 악마학의 전문가

* 수메르의 신. 하늘, 바람, 폭풍우 등을 지배한다.

는 수많은 악마들이 동물들, 특히 인간에게 두려움을 주는 동물들에서 구현된 악령들이고, 잡종의 괴물들은 실제 동물들 부분의 혼합이라는 것을 확인해준다. 우리는 『구약성서』에서 이러한 동물과 관련된 악마학의 여러 흔적들을 찾을 수 있다.[76] 셈족의 악마학은 우리에게 동물과 관련된 것들의 모든 변화형들을 보여준다. 우선 세이림Se'irim 혹은 털투성이의 악마가 있다. 이것은 바빌로니아, 아랍, 헤브라이의 믿음들에 공통적인데, 그것들은—우리는 다시 한번 동탕빌이 지적한 양가성을 발견한다[77]—아시리아인과 페니키아인, 그리고 심지어 헤브라이인들에게까지도 숭배의 대상이었다. 랑톤에 따르면 사이르sa'ir (복수형은 세이림se'irim이다)라는 말의 현재의 의미는 보브bove이고 어원적으로 "털투성이"라는 뜻이다. 헤브라이 밀교 전통의 거대한 숫양은 세이림의 우두머리였다.[78] 폰트Font는 이 털북숭이 악마들에다 사막에 깃들어 있는 "울부짖는 자, 소리지르는 자"인 시임Ciyyim과 아시리아의 말인 아우Ahoû나 올빼미와 닮은 "외치는 자" 오크힘Ochim을 덧붙인다. 우리는 타조와 자칼, 그리고 늑대들이 셈족의 사악한 악령들의 또다른 구현이라는 것을 볼 것이다. 그러나 이 동물들은 우리에게 동물과 관련된 상징들의 또다른 관련을 연구하게 인도할 것인데, 그 상징들은 더욱더 부정적 방향에서 무서운 동물화와 그것들의 상징의 구도를 가치부여할 것이고, 완곡화의 길을 막아설 것이다.

*

바슐라르가 썼던 것처럼[79] 우리는 연금술사들의 용어를 차용해서 동물의 형태에 관련된 구도에서 "물어뜯는" 상징체계로 옮아가게 된다. 무질서한 우글거림은 공격성으로, 또 이齒에 의한 사디즘으로 변형된다. 동물들의 이미지와 동물들의 싸움에 관한 전설을 아이들에게 아주 친숙하게 만들면서 그런 과정에서 자신들의 열등감을 점진적으로 보상하게 만드는 것은 바로 동물들이 지닌 아들러적인 특성일 것이다.[80] 사실 아주 종종 어린아이들의 꿈이나 몽상 속에서는 포식 동물이 심판자로 변신한다. 그러나 대부분의 경우에 동물성은 처음에는 주저함과 변화의 상징이었다가, 더욱 단순하게 공격성과 야만성의 모습을 띤다. 오늘날 자연과학으로서의 화학도 연금술의 초창기 시절부터 내려온 "공격하다"라는 말을 간직하고 있다. 바슐라르는 연금술적 동물들에 대해 매우 설득력 있는 글을 썼는데,[81] 그 글에서 어떻게 늑대들과 포식성의 사자들이 우글거리는 공격성의 화학이 친화력과 "마법의 결합"의 화학으로서 부드러운 화학과 공존하는지를 보여준다.

그러므로 그러한 전이轉移에 의해서 모든 동물성을 상징화하고, 우리가 살펴볼 상징들의 '뜯어먹는 원형'이 되는 것은 아가리이다. 이 상징의 본질적 특성 하나를 주목해보자. 지금 다루고자 하는 것은 오직 날카로운 이빨들로 무장되어 있고, 씹고 물어뜯을 준비가 되어 있는 아가리이지, 삼키고 빠는 단순한 입이 아니다. 그런 입은—앞으로 보게 되겠지만—지금의 원형과 정확히 정반대이다. 동물화의 경멸적인 구도는 이가 날 때의 심리적 충격에 의해 강화되는 것처럼 보인다. 이때의 충격은 어린아이들의 보상하는 몽상과 일치한다. 그러므로 동물성의 이차 부대 현상을 형성하는 것은 무섭고 가학적이고 유린하는 아가리이다. 한 영감을 받은 시인이 글자 그대로 "시간의 물어뜯음"이라고 새겨진 표현을 보았을 때, 괴물 크로노스의 원형을 자연스럽게 발견했다. 그는 다음과 같이 적었다.[82] "줄의 입술들을 한 시간이여, 연속적인 얼굴들로, 너는 날이 서고, 너는 열병에 걸리는구나."

무장된 아가리가 다원적으로 결정할 동물의 울음소리는 동물화와 가학 취미의 탐식 사이의 전이 역할을 할 수 있을 것이다. 정신분석학자들은—물론 우리는 그들의 지나치게 편협한 오이디푸스적인 결론들을 거부한다—토템을 숭배하는 조상이 동물의 울부짖음을 모방하는 것이 "콘서트"의 소리와 매우 근접해 있다면서 거기서 원시 음악의 기원을 보고자 할 것이다.[83] 바스티드는 마르시아스Marsyas, 오르페우스, 디오니소스, 오시리스 등 모든 음악가 영웅들이 흔히 야수의 이빨에 찢겨 죽었다는 점에 주목한다. 미트라교의 입문의식 중에는 울부짖음의 의식이 있다. 이 입문의식은 희생물을 기리기 위한 것이다.[84] 바슐라르는 인간이 내는 것 같지 않은 소리가 어떻게 동굴의 "입"에, 대지의 "어둠의 입"에, 이중 모음을 발음할 수 없는 "동굴의" 목소리에 연결되는지 보여준다.[85] 마침내 꿈의 실험적인 탐색 안에서 우리는 진흙탕의 늪에 빠져 울부짖는 반동물 존재들의 울음소리에 두려움에 떠는 주제들을 만나게 된다.[86] 그러므로 마음의 동요, 공격적인 잡아먹기, 으르렁거리는 소리, 음산한 울부짖음 등 동물성의 모든 무서운 판타지들이 집중되는 것은 동물의 아가리이다. 그러므로 상상력의 축사畜舍에서 공격성이 두드러진 특정한 동물들이 다른 동물들보다 더 빈번히 환기된다고 해서 놀랄 필요는 없다. 예를 들어 우리가 바로 앞에서 간략히 묘사했던 셈족 악마들의 리스트는 대식가의 딸들을 의미하는 베노스 야나Benoth Ya'anah에게까지 연장된다. 이 베노스 야나는 아랍인들에게는 다름 아닌 위胃가 튼튼하기로 서구에까지 명성이 나 있는 타조이다. 70번째 순서에는 좀더 고전적으로 "세이렌"들이 등장한다.[87] 그다음으로는 늑대들을 뜻하는 임Iyym이 등장하는데, 랑톤에 의하면[88]이 말은 "울부짖다"라는 어원에서 나온 말이고 여기에 아주 자연스럽게 자칼을 뜻하는 타님Tannim이 결합된다.

서구적 상상력에서 가장 사나운 짐승은 늑대이다. 고대와 중세 전 시기를 통틀어 두려움의 대상이었던 늑대는 근대에 들어서 주기적으로 제보당Gévaudan의 어떤 가축 형태로나 다시 구현되고, 우리의 일기의 열列 안에서는 여름 바다의 뱀들에 필적하는 겨울의 신화적인 두려움을 구성한다. 20세기에 들어서도 늑대는 여전히 공포스러운 두려움, 위협, 처벌의 유아적 상징이다. "커다란 못된 늑대"는 무서운 이센그린Ysengrin으로 연결된다. 좀더 전개된 생각에서는 늑대는 죽음의 신, 그리고 지옥의 악령들과 동화된다. 바로 그것이 그리스인들의 모르몰리케Mormôliké인데,[89] 늑대의 가죽으로 된 하데스의 옷이 그 잔재이다.[90] 그것은 다른 곳에서는 악마 테메스Temès나, 카이사르가 로마의 디스 파테르Dis Pater[91]와 동일시한 갈리아인의 지옥의 신이 입는 늑대의 가죽과 같다. 고대 에트루리아인에게 죽음의 신은 늑대의 귀를 가지고 있었다. 우리가 지금 검토하고 있는 동형체들이 매우 의미심장한 것은 마르스 그라디누스Mars Gradinus나, 운행중인 "동요하는" 화성에게, 아니면 루드라Rudra의 동료들인 마루트들의 폭력과 근접해 있는 파괴적인 폭력인 아레스Arès에게 바쳐진 늑대의 로마식 봉헌이라는 사실이다.[92] 북유럽의 전통에서 늑대들은 우주의 죽음을 상징한다. 늑대들은 천체를 뜯어먹는다. 『에다Eddas』에 의하면 그것은 여자 거인의 아들인 두 마리 늑대 스쾰과 할리이고, 태양과 달을 추격하는 것은 늑대 펜리르Fenrir다. 세상의 종말에 펜리르는 태양을 뜯어먹고, 또다른 늑대인 마나감르는 달을 먹을 것이다. 이러한 믿음은 북아시아에서 그대로 다시 나타나는데, 야쿠트족Yakoute은 달의 차고 기욺을 곰이나 먹성 좋은 늑대가 뜯어먹어서 그렇다고 설명한다. 프랑스 시골에서는 다른 식으로 개가 "달을 보고 짖는다" 또는 "죽음을 보고 짖는다"라고 표현한다. 사실 늑대가 어느 정도 가축화된 복사물이 개인데, 개 역시 죽음의 상징이다. 개의 얼굴을 한 형상들로 가득차 있는 이집트의 판테온이 그것을 말해주고 있다.[93] 망령을 인도하는 위대한 신인 아누비스Anubis는 임푸Impou라고 불리는데 "야생 개의 모습을 한 자"라는 뜻이다. 또한 아누비스는 키노폴리스에서는 지옥의 신으로 숭배된다. 리코폴리스에서 이 역할을 맡고 있는 것은 자칼인 우푸아우트Ou-pouahout이다. 반면에 켄타멘티우Kenthamenthiou 역시 야생

개의 모습을 하고 있다. 아누비스는 우리를 그리스-인도 신화의 케르베로스Cerbère에게 되돌려보낸다. 개는 또한 헤카테Hécate를 상징하는데,[94] 그것은 검은 달, "뜯어 먹힌" 달, 또 가끔은 케르베로스처럼 머리가 셋 달린 개의 형상으로 재현되는 달이다. 마침내 엄격한 심리학의 관점에서 자신을 분석한 마리 보나파르트[95]는 죽음과—이 경우는 죽은 어머니이다—지옥의 개, 지진과 궁극적으로는 아누비스와 연관이 있는 지옥의 개 사이에 존재하는 긴밀한 관계를 명쾌하게 보여주었다. 거대한 못된 늑대에 대한 두려움보다 훨씬 명확한 이 "아누비스 공포증"은 분석과정 도중에 주목할 만한 동형에 의해 바다나 피 속에 떨어지는 구도와 연결되면서, 이 정신분석학자의 어린 시절을 공포에 떨게 만들었다. 그러므로 갯과科 동물의 물어뜯기와 파괴자로서의 시간에 대한 두려움 사이에는 매우 명확한 근사성이 있다. 크로노스는 여기서 아누비스의 얼굴을 하고, 인간의 시간을 잡아먹거나 시간의 측정 도구인 천체 자체를 공격하는 괴물의 얼굴을 하고 나타난다.

가끔은 호랑이나 재규어가 그러한데, 사자는 열대나 적도 문명에서 늑대와 거의 동일한 역할을 수행한다.[96] 우리는 레오leo의 어원을 "찢다"의 뜻인 슬레이slei에서 찾을 수 있고, 옛 독일어의 "쪼개다"의 뜻인 슬리잠slizam에서 다시 발견할 수 있다.[97] 황도대黃道帶에서 불타는 태양과 죽음에 연결되어 있는 사자는 작은 것들을 잡아먹는 것으로 널리 알려져 있고, 두르가Durga가 타고 다니는 짐승이다. 그것은 유명한 스핑크스의 이미지 구성에도 들어간다. 그러나 이 백수의 왕이 비슈누Vishnou의 공포스러운 전능한 힘과 동일화되는 것은 느리시나Nrisinha-푸르바pûrva-타파니야tâpanîya 우파니샤드Upanishad와 느리시나-우타라uttara-타파니야 우파니샤드 또는 "사자인간의 우파니샤드"(sinha는 사자를 뜻한다)에서이다. "공포자, 전능자, 거대한 자인 비슈누는 모든 방향으로 불타오른다. 끔찍한 사자인간에게 영광 있으라."[98] 비슈누 신은 아바타들의 신이어서 황도대는 "비슈누의 원판"[99]이라 불리기도 했다. 즉 태양이 시간의 측정자라는 뜻이다. 그 외에도 시나sinha라는 말은 뛰어난 시계이자 달력인 달을 의미하는 신sin이라는 단어와 연관짓지 않고는 생각할 수 없다. 그러므로 사자 또한 천상의 크로노스와 유사한 두려움을 주는 동물이다. 크라프는 혼스족Hons이나 보시만족Boschimans에게 있는 수많은 전설들을 우리에게 소개하고 있는데, 그중에는 어느 정도 사자의 형태를 한 태양이 달을 잡아먹는 이야기가 있다.[100] 예전에는 이 사냥감을 처리하는 것은 천둥의 신성성이었다. 크로아티아 기독교 지역에서는 이 달을 먹어치우는 자의 역할을 하는 것은 성 엘리Elie이다. 일식은 거의 보편적으로 태양이나 달의 천체를 물어뜯어 이루어지는 파괴로 여겨지고 있다. 콜럼버스가 도착하기 이전의 멕시코인들은 토나티우 쿠알로tonatiuh qualo나 메츠틀리 쿠알로metztli qualo 같은 표현을 사용했는데, 그것은 태양과 달의 "뜯어먹기"라는 뜻이다. 카리브해나 고대 모리타니아 지역에서도 동일한 믿음이 발견된다. 투피Tupi 인디언들에게는 이 뜯어먹는 동물이 재규어이다. 반면에 중국인들에게는 전혀 다르게 개, 두꺼비, 혹은 용이다. 아삼 지역의 나가스족Nagas에게는 호랑이이고, 페르시아인들에게는 이 죽음의 향연에 악마가 직접 나선다. 우리는 벌써 먹는 자와 먹히는 자의 구조를 가지고 있는 천체의 양가성이 사자나 뜯어먹는 동물의 동물적 공격 안에서 구체화되는 것을 볼 수 있다. 태양은 사자이면서 동시에 사자에게 뜯어먹히는 것이다. 그것이 "검은" 태양을 평가하는 『리그베다』의 수수께끼 같은 표현[101]이 의미하는 것이다. 즉 태양의 신인 사비트리Savitri는 동시에 어둠의 신성성인 것이다. 중국에서는 동일한 검은 태양의 개념인 호Ho가 발견되는데, 이것은 어둠, 여성, 축축함, 그리고 역설적으로 달과 관련된 원칙인 음에 속해 있다.[102] 우리는 잠시 후에 이 재앙의 색을 다시 만날 것이다. 지금으로서는 이 검은 태양의 "어두운 밝음"이 사자인 비슈누와 동일시되든 사비트리와 동일시되든, 파사비타-니베사나pasâvita-niveçanah, 즉 "들어가고 나오게 하는 자"로, 다시 말해 거대한 변화인 시간으로 불린다는 것만을 주목하도록 하자.[103]

이 뜯어먹는 자로서의 태양, 암흑을 뜯어먹는 자인 태양은 그리스의 크로노스와 가까운 인척관계를 가지고 있는 듯이 보인다. 크로노스는 파괴자로서의 시간의 불안정성을 상징하고, 유럽 민속학의 모든 괴물들의 원형이다. 마크로비우스Macrobe는 크로노스*가 사자머리를 한 신Deus leontocephalus이라고 말한다.[104] 아메리카 인디언들이나 고대 펠리시테에서처럼 켈트족 국가에서는 지옥의 태양이 신인 풍습으로 통한다.[105] 동탕빌은 악마의 민속학적 복제품들인 서구 괴물의 특징들을 분석했다. 코르시카의 오르코Orco나 세벤 지방의 우르공Ourgon, "범선의 돛대만큼이나 키가 크고, 입은 바위로 된 턱으로 무장되어 있는……",[106] 그림 형제의 오케를로Okkerlo, 모르비한 지방의 오르콘Orcon, 타라스콩 지역을 마주하는 옛 보케르 지방의 우즈르농Ougernon 등 모든 아바타들은 그 유명한 괴물 원형의 다양한 형태들이다. 그 괴물은 민속학자에 따라 지옥의 오르쿠스Orcus로 보기도 하고 해를 삼키는 서쪽 지방으로 보기도 한다.[107] 우리가 지금까지 베다의 살비트리나 중국의 호, 가르강Gargan-가르강튀아Gargantua, 켈트족의 태양들에서 지적했던 바와 같이 이 괴물은 "검다"라는 부정적 가치를 지닌다. 그것은 삼키다와 먹다의 능동적인 의미일 것이고, 서부 고르가드Gorgade 지역에 있는 모든 고르곤Gorgone의 아버지일 것이다.[108] 포식의 원형과 어둠의 주제 사이에 존재하는 동형성을 강조하면서 동탕빌은 다음과 같이 뛰어나게 묘사하고 있다. "우리는 오르쿠스나 괴물에게서 밤을, 대지와 무덤의 밤을 가지고 있

* 시간의 신인 크로노스는 사자의 머리에 뱀의 꼬리를 하고 있다. 아이온Aion이라 불리기도 한다.

다."[109] 칼리 여신은 종종 이러한 괴물스러운 모습으로 묘사된다. 그녀는 제물의 창자를 게걸스럽게 삼키거나 사람을 잡아먹기도 하고 심지어 두개골 속의 피를 마시기도 한다.[110] 그녀의 이빨은 흉측한 갈고리이다. 유럽, 특히 중세시대의 아이콘들 중에는 지옥에 떨어진 자들을 삼키는 이러한 "지옥의 아가리"를 표현하는 것들이 무척이나 많다. 이것은 엘 그레코의 그림 〈펠리페 2세의 꿈〉에서 붉은 기운으로 묘사된다. 시인들 중 많은 수가 야만적인 악마주의에 민감하다. 그것을 확인해보기 위해서는 로트레아몽에 대한 바슐라르의 훌륭한 연구서를 한번 읽어보기만 하면 될 것이다.[111] 위고 역시 이 끈덕진 잡아먹는 악의 이미지에서 벗어나지 못한다. 보두앵은 위고의 작품에서 야만적인 모티프들, 토르케마다Torque-mada라는 인물이 구현한 모티프들을 수집하는 것을 즐긴다.[112] 분석가들은 위고가 절단 콤플렉스를 심연, 아가리, 하수도 등의 주제들과 연결하고 있음을 강조한다. 지옥의 환영에 사로잡혀 있는 토르케마다는 하수구를 찢어발기는 아가리로 묘사한다. "수없이 많은 이빨이 나 있는, 심연의 벌린 입……" 그리고 이 종교 재판관의 가학 취미는 이 지옥의 지상에서의 구현체인 '화형장quemadero'이 될 것이다.[113]

변화와 뜯어먹는 죽음 앞에 놓인 공포, 이것이 동물의 상징이 고취하는 가장 큰 부정적 두 주제로 우리에게 나타난다. 이 두 가지 동물의 형상에 관한 주제는 특히 콩에르 실뱅S. Comhaire-Sylvain이 분석하고,[114] 인간과 초자연적 존재의 불길한 결혼을 주제로 하는 아메리카, 아메리카 인디언, 유럽 그리고 아프리카의 250개가 넘는 민담과 신화 속에 분명히 드러나는 것 같다. 수백 가지의 경우에서 해로운 초자연적 존재는 동물이거나 괴물이었다. 13개의 경우에서 새가 축복을 알리는 메신저였던 반면에 오직 5개의 경우에서 해로운 동물이 새였다. 21개의 경우 악마는 코브라, 피톤 뱀, 쿠레브르 뱀, 보아 뱀 같은 파충류이다. 그리고 28개가 오그르ogre, 늑대인간, 무덤을 파헤치는 귀신, 마녀나 물고기 꼬리를 한 여자 등 오그르 유의 괴물이었다. 다른 45개의 경우에서 악마는 일반적으로 사자나 암사자, 하이에나, 황소 등 야수의 외형이다. 반면에 말은 17개의 경우에서 수레로서의 말의 역할을 함으로써 균형을 잡고 있다. 이 모든 동물의 형상에 관한 것들은 추락과 안녕이 각별히 분명한 민담과 신화 안에 녹아들어 있다. 동물의 형상을 한 괴물이 승리하든, 그들의 흉계가 좌절되든 간에 이 모든 이야기들 저변에는 죽음과 위험한 시간 여행의 모험에 대한 주제가 깔려 있고, 그 안에는 동물의 형상에 대한 상징이 분명히 드러난다. 그 동물은 명백히 우글거리는 것, 달아나지만 다시 붙잡을 수 없는 것, 또 잡아먹는 것, 포효하는 것이다. 그것이 기사 뒤러Dürer le Cavalier에게는 죽음과 연결되고, 고야에게 식당의 벽에 자식들을 잡아먹는 잔인한 사투르누스Saturne[115]를 그리게 한 동형체이다. 고야에게서 "즈왕Zwang"과 잡아먹는 잔혹함의 모든 주제들을 드러내는 일은 매우 유익할 것이다. 〈전쟁의 참상〉 연작에서 이 에스파냐 화가는 그 누구도 뛰어넘을 수 없는 그림으로 잔인성을 분석했다. 그 잔인성은 타나토스에 대한 것처럼 크로노스의 영원한 상징이다. 우리는 지금까지 연구된 성좌들 안에서 태양의 어두움과 그것의 파괴에 대한 암시가 예감하게 하는 어두운 마스크가 시간의 첫번째 동물 얼굴에 중첩되는 것을 볼 것이다.

제2장

밤의 형태를 한 상징들

독일 시인 티크Tieck는 우리에게 동물이나 어두움, 소음에 대한 상징들의 부정적 동형체들의 좋은 예를 제공해주고 있다. "나는 내 방이 나와 함께 거대하고, 검고, 두려움을 주는 공간 속으로 빨려 들어가는 인상을 받았고, 나의 모든 생각은 서로 충돌했다. …… 높은 장벽이 큰 소리를 내면서 무너졌다. 그러자 내 앞에는 끝없이 펼쳐진 건조한 평원이 놓여 있었다. 고삐가 손에서 미끄러져 나갔고, 말들이 미친 듯한 속도로 마차를 끌고 나갔다. 나는 말들이 내 머리 위로 솟아오르는 것을 느꼈고, 소리를 지르면서 내 방으로 도망쳤다."[1] 우리의 극히 중요한 원형이 공포스러운 양가성을 촉발한 듯이 보이는 악몽의 좋은 표본이다. 그 원형은 인간에게 매우 부정적 가치로 부여되어 있고 어둠을 구성하는, 자발적으로 발생하는 추상적인 것이다.

로르샤흐 테스트를 이용하는 심리 진단학자들은 4번 그림을 제시했을 때 촉발되는 "검은 충격"을 잘 알고 있다. 그것은 일반적인 불쾌한 인상을 만들어내는 "이성적 과정의 갑작스러운 동요"[2]이다. 피검사자는 그림의 검은색에 의해 "짓눌린" 느낌을 받고, "어두움은 나의 지배적인 인상이고…… 일종의 슬픔이다"[3]라고 되풀이할 뿐이다. 이러한 낙담의 감정에는 침울한 해석이 이어진다. 로르샤흐는 이러한 "검은 충격"의 대답들을 침울하고 나태하고 스테레오타입이 된 유형으로 분류했다.[4] 인슐린드Insulinde의 원시인들이 느꼈던 이 검은 충격과 그것의 집요함의 보편성을 연구했던 오베르홀저Oberholzer는 그것에게 "번뇌 중의 번뇌"라는 극히 일반화된 병리 현상적 가치를 부여했다.[5] 여기에서 번뇌 현상의 순수한 본질에 대해 잠시 지적하고 넘어가야 할 것이다.

봄Bohm은 검은색에 대한 충격은 실험적으로 "미니어처에 대한 번민"을 유발한다고 덧붙인다.[6] 이 번뇌는 심리학적으로 검은색에 대한 유아기적 공포에 기반을 두고 있을 것이다. 검은색은 회한과 죄의식을 동반한, 자연적 위험에 대한 근원적인 두려움의 상징이다. 모르Mohr에 따르면 검은색에 부여된 부정적 가치는 죄악, 번민, 반항, 심판 등을 상징한다.[7] 백일몽의 경험에서 보아도 밤의 풍경들이 의기소침한 상태의 특징들이라는 것을 주목할 수 있다. 검은색에 대한 충격이 드조유의 실험들에서도 똑같이 나타난다는 것은 주목할 만하다.[8] 상승하는 몽상의 차분함 속에서 "더욱 어두운 이미지" "검은 옷을 입은 인물" "검은 점"들이 은밀하게 떠오른다. 그것들은 진정한 어두운 대척점을 형성하고 신경증적 위기에까지 이를 수 있는 감정적 충격을 유발한다.[9] 이러한 다양한 실험들은 "검은 생각들을 만들다(우울해하다)"라는 대중적 표현의 정당성을 확인시켜준다. 어두운 것에 대한 비전은 언제나 의기소침한 반응을 낳는다. 바슐라르가 매우 잘 언급했듯이 "내면적으로 복합적인 단 하나의 검은 점도, 그것이 자신의 깊이에서 꿈꾸어졌다면, 우리를 어둠의 상태로 만들기에 충분하다."[10] 예를 들어 황혼의 시간이 다가오는 것은 언제나 인간의 영혼을 이러한 정신 상태에 빠지게 만든다. 밤이 다가올 때 우리의 선조들이 얼마나 공포를 느꼈는지 묘사한 루크레티우스의 유명한 시구들이나, 아담과 이브가 "두려움에 질려 밤이 지평선을 덮고, 죽음의 공포가 떨고 있는 영혼들을 습격하는 것을"[11] 보고 있는 모습을 그리고 있는 탈무드의 유대인 전통에서 우리는 그러한 것을 얼마나 잘 확인할 수 있는가. 게다가 밤이 다가올 때 느끼는 이런 의기소침은 문명인이나 야만인, 심지어 동물에게까지 공통된 것이다.[12] 민속학에서 해질 무렵의 시간은 다른 말로는 불길한 시간으로, 두려움을 주는 수많은 흔적들을 남긴다.[13] 그때는 해로운 동물들과 지옥의 괴물들이 육체와 영혼을 습격하는 시간이다. 이 불길한 어둠에 대한 상상력은 빛과 낮의 상상력을 배가시키는 최초의 자료인 것처럼 보인다. 밤의 어두움은 시간의 최초의 상징을 구성한다. 인도 유럽어인이나 셈족들은 "시간을 낮의 수가 아니라 밤의 수로 셈한다."[14] 성 요한 축제나 크리스마스, 부활절 같은 우리의 야간 축제들은 원초적인 야간 축제들의 잔존물일 것이다.[15] 그러므로 어두운 밤은 시간의 실체 그 자체처럼 보였을 것이다. 인도에서는 시간을 칼라Kala라 부른다. 칼리와 어원적으로 매우 가까운데, 둘 다 "검음, 어두움"을 의미한다. 그리고 지난 100여 년간의 우리 시대는 현재 칼리-유가Yuga, "어두움의 시대"라 불린다. 엘리아데는 "시간은 비합리적이고 잔혹하기에 검은색이다"[16]라는 사실을 확인시켜준다. 이것은 또한 어째서 시간을 신성화하는지에 대한 이유이다. 어둠의 준마들이 끄는 수레에 실려 끌려가는 고대 그리스의 닉스Nyx[17]와 스칸디나비아의 노트Nôtt는 공허한 알레고리들이 아니라 끔찍한 신화적 현실들이다.

지금까지 연구해온 상징들과 그들의 동형을 확인시켜주는 것은 이러한 어둠의 시간에 대한 상징들이다. 밤은 자신의 불길한 실체 속에 앞서 말한 모든 부정적 가치들을 모으러 온다. 어둠은 언제나 혼돈이고, 이 가는 소리이고, "(로르샤흐의) 검은 얼룩에서 읽히는 주제이고…… 악령들의 무질서한 동요이다."[18] 성 베르나르[19]는 혼돈을 지옥의 어두움에 비유하고 있고, 시인 조에 부스케Joë Bousquet는 밤을 "살아 있고 게걸스러운" 것으로 단정한다. 세간에 잘 알려져 있는 의미로 해질 무렵을 "개와 늑대 사이"*라고

* 프랑스어에서 '개와 늑대 사이'는 '해질 무렵'이라는 뜻의 관용 표현이다.

하지 않는가? 우리는 이미 동요, 불순함, 소음 등이 어떻게 어두운 것과 연결되어 있는지를 보여주었다.[20] 울부짖음, 비명소리, "어둠의 입" 등의 주제는 어두움과 동형이고, 바슐라르는 로런스Lawrence를 인용하면서 "귀는 눈이 보는 것보다 훨씬 깊게 들을 수 있다"고 말한다.[21] 그러므로 귀는 밤의 의미이다. 세 페이지에 걸쳐서 바슐라르는 어두움은 소리를 증폭시키고, 그것의 결과가 반향이라는 것을 보여준다.[22] 동굴의 어두움은 그 자체로 곰의 그르렁거림과 괴물들의 숨소리를 담고 있다. 게다가 어둠은 모든 발작적 힘과 동요가 벌어지는 공간 자체이다. 어두움은 "활동" 그 자체이다. 운동의 무한성이 어두움의 무제한성에 의해 작동되고 그 안에서 정신은 "검은색은 검은색보다 더 검은 검은색이다nigrum, nigrius, nigro"[23]라는 명제를 맹목적으로 추구한다.

이러한 동형관계의 견고성은 어두움이 항상 부정적인 가치를 갖는 결과를 초래한다. 악마는 거의 언제나 검은색이거나 어떤 검은 것을 숨기고 있다. 이렇듯 반유대주의의 원천은 아마도 민속학적으로 검은 유형들에 대한 자연스러운 적대감과 다르지 않을 것이다. "마치 우리들에게 있어서 치간느Tziganes나 집시들이 악이나 모든 불길함의 원인을 짊어지고 있는 것처럼, 미국의 흑인들 역시 주류 민족들의 공격성을 고착시키는 역할을 맡고 있다"고 오토 페니헬Otto Fenichel은 말한다.[24] 히틀러가 유대인과 "검은 피부를 한" 민족들을 자신의 증오와 경멸에 뒤섞어 넣었다는 사실을 이러한 지적들과 결합시켜야 한다. 유럽에서는 과거 무어인에 대한 증오를 이와 같이 설명하고 오늘날에는 그것이 프랑스에 거주하고 있는 북아프리카인들을 드러내놓고 차별하는 것으로 나타나고 있다는 사실을 덧붙이자.[25] 동탕빌은 기독교 여론이 이교도와 신앙심 없는 자들을 지속적으로 "사라센"들과 동화시켜왔고, 그것이 예언자의 연대기가 한 번도 떠돌아다니지 않은 지역에서 일어났음을 잘 지적했다.[26] 전체가 사라센인들로 이루어진 겍스Gex와 두 사부아Savoie 지방이 그것을 입증하고 있다. 무어인은 일종의 악마나 요괴가 되어서 에스파냐의 교회들을 장식하는 기괴한 조각상에서 나타나기도 하고, 앙주Anjou 지방에서는 "거인 모리Maury*는 멘Maine으로 가는 선단을 통째로 삼켜버리기 위해 앙제Angers 근처의 바위 속에 숨어서 지켜보고 있었다."[27] 우리는 여기에서 모리가 오그르 괴물과 크게 다르지 않다는 것을 알 수 있다. 흔히 검은 털이 나 있고 짙은 수염이 있는 악마인 오그르 말이다.[28] 이 악의 "검음"이 미개인들에게 검은 피부로 받아들여졌다는 것을 확인한다는 것은 특히 주목할 만하다. 우리는 다음에 밤바라Bambara의 착한 신인 파로Faro는 "하얀 여자의 머리"를 가지고 있고, 반면에 악의 신인 무소-코로니Mousso Koroni는 "어두움, 밤, 마법 등 빛에 반대되는 모든 것을 상징한다"[29]는 사실을 다시 다룰 것이다. 우리는 바로 이 신에게서 버림받은 악마들의 리스트에 로젠베르크가 악의 정신이 기독교에 구현된 것이라고 말한 "예수회 교도들jésuites"을 추가할 수 있다.[30] 대중적인 반교권주의 역시 프랑스에서 "까마귀"나 "반계몽주의"에 대한 증오를 불러일으킨다. 서양의 연극에서는 타르튀프, 바실리오, 바르톨로, 메피스토펠레스, 알케스티스처럼 신에게 버림받거나 주인공과 상반되는 인물은 언제나 검은 옷을 입는다. 오셀로의 야수성은 바실리오의 배신과 연결된다. 악과 흑인들에 대한 승리자이며, 거인이고 금발인 백색의 지크프리트가 말한 인종차별적 변명에 대한 비상식적 성공을 대부분 설명하는 것은 바로 우리의 기억 속에 흔적으로 남아 있는 요소들이다.

마침내 어두움이 실명失明으로 이끌어가면서, 우리는 이 동형의 선상에서 절단의 상징들이 다소간 강화한, 맹인에 대한 불안한 형상을 발견하게 된다. 기독교적 상징체계는 맹목적인 유대교도

* 무어인은 프랑스어로 'Maure'이다.

들과 마주친 교회의 변증법적 상징체계를 우리에게 전해주었다. 이때의 맹목적 유대교도들은 파리 노트르담 사원의 전면 부조나 프라도 박물관에 있는 루벤스의 〈교회의 승리〉에서처럼 언제나 두 눈을 붕대로 감고 있는 것으로 묘사된다. 빅토르 위고가 묘사한 칼자국이나 절단의 이미지들을 분류한 바 있는 위게E. Huguet는 그에게서 눈의 절단 또는 눈멀음이 얼마나 많이 나오는지를 지적하고 있다.[31] 다음이 위고의 시 「신」에서 찾아볼 수 있는 주목할 만한 예들이다. "눈도 없이, 발도 없이, 목소리도 없이, 물어뜯고 찢긴……." 『바다의 일꾼들』에서는 재판소인 자크레사르드Jacressarde를 묘사하면서 "애꾸눈의"라는 형용사가 "옴 붙은, 주름살투성이의"와 같은 형용사와 결합된다. 게다가 우리는 수많은 부정적 가치들이 대중적 의식에 의해 "애꾸눈의" "맹인의" 등의 형용사에 자발적으로 덧붙여졌음을 확인할 수 있다. 심리적인 의미는 고유한 의미를 의미론적으로 증폭시킨다. 바로 이러한 이유로 인해서 상상력의 몽상에서처럼 전설에서는 무의식은 항상 어둡고, 사팔눈을 가졌거나, 눈이 먼 양상으로 재현된다.[32] 우리의 현대적 리비도의 선구자인 눈을 가린 에로스-큐피드 이후로, 그 유명하고도 끔찍한 오이디푸스를 거치며 모든 나라의 민담들에 등장하는 "늙은 왕"에 이르기까지 의식의 깊은 부분은 전설 속의 눈먼 인물들 안에서 모습을 드러낸다. 레이아Leïa는 기타Gîtâ라는 인물의 심리학적 삼등분 상태를 정당하게 강조했다.[33] 마부와 전사 옆에는 유명한 "늙은 왕"인 드리타라슈트라Dhritarâshtra가 있다. 그는 명석하고 통찰력 있는 이야기꾼인 동시에 명확하고 기민한 의식이 아르주나Arjuna의 전투를 상기시키는 무의식의 상징이다. 힌두 시대에 삭제된 이 인물은 '숲속의 암사슴, 고수머리 리케, 신데렐라, 푸른 새'[34] 등과 같은 우리 이야기들의 기억 속에 잠들어 있는 검소하고 평범한 모든 "늙은 왕들"과 비교해보아야 한다. 여전히 위엄과 권력에 매우 근접해 있다는, 늙은 왕이라는 생기 없는 인물을 덮는 양가성을 감추지 않더라도, 여기서 지배적인 것은 노쇠함, 앞을 못 봄, 무의미함, 경우에 따라서는 광기이다. 그리고 그것은 이미지의 '낮의 체제'에서 보면, 무의식을 퇴색된 뉘앙스로 채색하고 실패한 의식과 동화시킨다. 이성을 잃었기에 권력을 잃어버린 리어 왕처럼 실패한 것이다. 노쇠해져서 앞을 못 보게 되는 것은 지성의 불구를 의미한다. 그리고 우리가 그들의 상상력의 해석에 대해 비난하는 합리주의 사색가들을 무의식적으로 사로잡고 있는 것은 바로 이 눈먼 왕의 원형이다.

"사팔눈의" "미친" "쇠락한" "불쌍한" "유령의" 등과 같은 사르트르의 용어들은 언제나 명료한 시력에 대비되어 실명으로 채색되어 있는 이 경멸적 어조를 사용하여 전달한다. 그러나 우리의 동화 속에는 엄격한 합리주의자들이 보는 것보다 훨씬 더 양가성이 있다. 늙은 왕은 한결같이 빛의 젊은 영웅과 결합될 준비가 되어 있다. 그 영웅은 왕실 늙은이의 딸과 결혼하는 매력적인 왕자이다. 노쇠함과 눈이 멀었다는 특징이 대부분의 경우에 부정적 가치를 부여한다지만, 우리는 그것이 이미지들의 자애로운 반전과 함께 완화되고 다시 나타나는 것을 보게 될 것이다. 전능한 권력을 가지고 있을 때의 오딘Odhin은 애꾸눈이었다. 흐릿하고도 끔찍한, 절대 권력을 위한 예비과정의 신비한 과거를 예감하도록 하는 것처럼 말이다. 시인들은 전설에 대한 정신분석을 다시 한번 확인하기 위해 달려든다. 이러한 밤의 양상에서는 모든 것이 감각적이었다. 밤이란 영혼의 무의식적인 이중화가 덮고 있는 보이지 않음과 불안함이다. 어둠의 절친한 친구이자 어두운 충고자인 메피스토펠레스는 우리가 "마치 형제처럼" 닮아 있는 이 "검은 옷을 입은 이방인들"의 무성한 혈통이다.

우리는 페터 슐레밀Peter Schlemihl의 잃어버린 어둠에서부터 르네 샤르나 미쇼가[35] 언급했던 왕이나 황제에 이르기까지 모든 것이 인간의 내적이고 어두운 그리고 가끔은 악마적인 측면, 즉 "맹목적인 반투명성”에 민감하다. 이 맹목적인 반투명성은 프시케의 도구인 ‘거울’을 상징하고, 오비디우스에서 와일드나 콕토에 이르기까지의 문학적 전통처럼 얀 반 에이크[36]에서 피카소에 이르기까지의 회화적 전통에 이어져오고 있다. 멕시코의 어둠의 신 테스카틀리포카Tezcatlipoca의 전설이 우리에게 이 절단과 거울의 동형체의 좋은 예를 제공해준다.[37] 왕의 이름은 연기를 내는popoca 거울tezcatl을 뜻한다. 즉 화산의 흑요석으로 만들어진 거울, 세상의 운명을 비추는 거울인 것이다. 그는 다리가 하나뿐이고 발도 하나뿐이다. 다른 쪽은 대지에 의해 잡아먹혔다.(이 신은 “꼬리”가 일 년의 일정 기간 동안 지평선 밑으로 사라지는 큰곰과 닮아 있다.) 그러나 이 거울의 상징은 새로운 밤의 형태를 한 변화형을 소개하기 위해 눈먼 늙은 왕의 상징을 조용히 우리에게서 떼어놓는다. 음료수로서의 물이 최초의 잠자고 있는 어두운 거울이었다.

*

우리가 순수하게 객관적인 참조들을 찾고자 하는 상징적 분류들의 취약성은 으레 적대적인 물, 어두운 물의 상징에 대한 것에서 가장 잘 포착할 수 있다. 바슐라르도 자신의 뛰어난 분석에서 좀 더 주관적인 분류의 공리들을 강조하기 위해 분류의 기본 원칙—그것은 핑계에 지나지 않았었다—을 포기했다. 그는 물의 웃음, 샘의 맑고 즐거운 물 옆에 물의 근심스러운 “스팀팔로스 호수로 만들기stymphalisation”*를 놓아둘 줄 알았다.[38] 이 콤플렉스는 죽음의 보트와의 만남에서 형성된 것일까, 아니면 물에 대한 두려움으로 우리 최초의 조상들이 늪의 진탕을 숲의 불길한 그늘과 연결시

* 그리스 신화에 나오는 헤라클레스의 12가지 과업 중 하나인 스팀팔로스호에 있는 새 잡기 이야기에서 나온 조어. 바슐라르는『물과 꿈』에서 ‘스팀팔로스화하기stymphaliser’라는 동사를 만들어 쓰고 있다.

켰던 시절부터 내려온, 이미 결정되어 있는 인류학적 기원을 가지고 있기 때문일까? “물 없이 지낼 수 없었던 인간은 그것에 대해 즉각적으로 반발했다. 무척이나 해로운 홍수는 여전히 위험스러웠다. 그러나 진창과 늪지는 여전했고, 커져만 가고 있었다.”[39] 지금으로서는 이 질문들에 답을 하지 않고, 이 가정들을 받아들이지 않은 채, 물의 어두운 양상을 분석하는 데 만족하기로 하자. 바슐라르는 마리 보나파르트의 멋진 연구를 인용하면서 「어둠의 늪」이 자신의 절망한 시인을 에드거 포에게서 발견했음을 기막히게 보여주고 있다.[40] 이 시인에게 “잉크”의 색은 밤의 공포에 완전히 젖어 있고, 지금까지 우리가 연구한 모든 두려움의 민담 한가운데 있는 죽음의 물에 연결되어 있다. 바슐라르가 말한 것처럼 포에게 물은 “극도로 죽음과 관련이 있다.” 그것은 어두움의 실체적 복사물이고, “죽음의 상징적 실체이다.”[41] 물은 심지어 “오필리아화하는” 공감을 얻으면 죽음의 직접적인 초대가 되기도 한다. 우리는 이 죽음의 거대한 공현公現의 또다른 환상적인 공명을 잠시 다루게 될 것이다.

어두운 물의 최초의 특질은 헤라클레이토스적 성격이다.[42] 어두운 물은 “물의 미래”이다. 흐르는 물은 돌아올 수 없는 여행을 향한 쓰디쓴 초대이다. 사람은 결코 동일한 강에서 두 번 목욕하지 않는 법이고, 강들은 결코 그들의 원천으로 거슬러 흐르지 않는다. 흐르는 물은 불가역성의 형상이다. 바슐라르는 이 미국 시인에게서 이러한 물의 “치명적인” 성격을 주장했다.[43] 물은 시간의 불행의 공현이고, 결정적인 물시계이다. 이러한 미래는 두려움을 담고 있다. 그것은 두려움 자체에 대한 표현이다.[44] 또한 화가 달리는 유명한 그림을 통해[45] “물렁물렁하고” 물처럼 흐르는 시계추들을 표현하면서 시간을 액체화하는 본능을 발견했다. 그러므로 밤의 물은 말이나 황소와 동형적 유사성을 예감할 수 있듯이 시간이다. 물은 가장 손쉽게 활기를 띠는 광물 원소이다. 바로 거기에서 물은 보편적인 원형을 구성하는데, 그것은 동물의 형상을 하면서 동시에 물의 성격을 가진 것, 바로 용이다.[46]

시인의 본능은 이 보편적인 괴물과 끔찍한 「어셔가의 몰락」에 나오는 죽음을 연결할 줄 알았다.[47] 용은 우리가 지금까지 고려해온 이미지의 밤의 체제가 띠는 모든 양상들을 상징적으로 요약하는 것처럼 보인다. 그것은 태고의 괴물이고, 천둥의 동물이며, 물의 분노, 죽음을 씨 뿌리는 자, 분명히 동탕빌이 "공포의 창조물"[48]이라 이름붙인 것과 같은 것이다. 이 민속학자는 이 괴물이 켈트의 지명에 나타나는 것을 세심하게 연구했다. 용은 여러 민족에게 공통된 속성의 이름을 가지고 있다. 도피네와 캉탈 지역에서는 드락Dracs이고, 게르만 지역에서는 드라체Drache와 드라케Drake, 프랑스어의 "구더기Ver"나 "벌레Vermine"의 우글거림을 연상하게 하는 웜Wurm 또는 암Warm이다. 그 옛날의 게리옹Géryon과 고르곤, 물에 사는 황소인 타라스크Tarasque, 리옹이나 퐁텐드보클뤼즈 지역 깊이 숨어 있는 클로브르에서 전해져 내려오는 기요티에르강의 소용돌이에 살고 있는 마슈크루트Mâchecroûte—이 이름은 완전히 조합에 의한 것이다!*—같은 것들은 고려하지도 않았다.[49] 물갈퀴가 있고 때로는 날개가 달려 있는 거대한 도마뱀의 모습인 괴물의 형태는 남부 뒤랑스 지역의 노브Nove에서 그림으로 처음 나타난 이후로 아주 예외적인 항구성으로 그 모습을 간직해왔다. 켈트족의 용에 대한 추억은 아주 대중화되어 있고 끈질기다. 타라스콩, 프로뱅, 트로이, 푸아티에, 랭스, 메스, 몽스, 콩스탕스, 리옹, 그리고 파리 같은 도시들은 용을 물리친 영웅과 그것을 기념하는 행진을 한다. 이무기 형상을 한 성당의 물받이들은 수생의 포식 괴물 이미지를 영원히 전하고 있다. 도마뱀의 원형

* 프랑스어에서 mâche는 '이빨로 부수다', croûte는 '상처의 껍질'이라는 뜻을 가지고 있다. 그러므로 Mâchecroûte라는 이름은 상처의 껍질을 부숴먹는 괴물이라는 뜻이 된다.

과 흡혈귀나 포식 괴물의 상징들 간의 관계만큼 보편적인 것은 없다. 모든 전설적 관계들은 용이 먹이를 요구하는 것을 두려움과 함께 묘사하고 있다.[50] 보르도에서는 괴물이 하루에 처녀 한 명씩을 잡아먹는데, 그것은 타라스콩이나 푸아티에에서도 마찬가지다. 물과 관련되고, 포식성을 가지고 있는 야수성은 모든 중세의 동물 우화집 속에서 우화적인 "코카트릭스coquatrix"와 우리 시골에서 전해오는 수많은 "코카드릴cocadrilles"이나 "코코드릴cocodrilles"의 형태로 대중화된다. 이 용은 전통적 전설에 나오는 대로 반은 뱀이고 반은 물갈퀴가 달린 새, 그리고 여자인 에키드나[51]가 아닌가? 모든 괴물스러운 공포의 어머니인 에키드나 말이다. 그녀의 자식들은 키메라, 스핑크스, 고르곤, 스킬라Scylla, 케르베로스, 네메아의 사자 등이다. 융은 그것들 안에서 "근친상간적 리비도의 덩어리"를 구현하고—왜냐하면 그녀는 자신의 아들 게리온의 개와 관계하여 스핑크스를 낳았다—그것으로 심지어 「묵시록」에 나오는 거대한 창녀의 프로토타입을 만들고 싶어했다. 왜냐하면 「묵시록」에서 용은 죄를 지은 여자와 연결되어 있고, 『구약성서』의 라합Rahab, 리바이어던, 베헤모스, 그리고 물에 사는 다양한 괴물들을 연상시키기 때문이다.[52] 용은 무엇보다도 "바닷속에 있는 괴물"이고, "재빠르게 도망치는 짐승"이고, "바다에서 올라오는 짐승"이다.[53] 우리는 죽음의 물의 괴물에 대한 정신분석학적 여성화에 대해서 미리 언급하지 말고, 수렴의 방법론이 도출한 증거를 강조하는 데 만족하기로 하자. 심리학적으로 말해서 용은 짐승과 밤과 결합된 물의 구도와 원형들에 의해 만들어진 것으로서 존재하는 것 같다. 그것은 벌레들의 우글거리는 동물성과 사나운 탐식성, 물과 천둥의 굉음이 수렴되고 뒤섞이는 매듭이고, "두터운 물"의 미끈거리는 비늘이 있고 어두운 양상 같은 것이다. 상상력은 단편적인 공포들과 혐오감, 두려움, 경험을 통해서 안 것 같은 본능적인 반감 등에서 용이나 스핑크스의 원형을 만들어내는 것 같다. 그리고 최종적으로는 그것을 끔찍하게 어둠과 물이 지닌 모든 공포들의 상상적 기원인 강 자체보다도 더욱 현실적으로 만드는 것이다. 원형은 모든 이차적 상징들의 단편적 의미론들을 요약하고 밝히게 된다.

우리는 또한 어둠의 물의 이차적이면서 하부적 동기화의 역할을 수행하는 양상, 즉 눈물에서 잠시 멈출 것이다. 『햄릿』에 나오는 라에르트Laerte의 경구가 잘 지적하고 있는, 익사의 주제에 간접적으로 들어갈 수 있는 눈물 말이다. "불쌍한 오필리아, 너는 물이 너무 많구나. 나 또한 눈물이 흐르는 것을 참고 있단다."[54] 물은 어떤 내밀한 특징에 의해 눈물과 연결될 것이다. 그것들은 서로가 "절망의 물질"[55]일 것이다. 강과 지옥의 연못이 상상하는 것은 이 슬픔의 문맥에서이고, 거기에서 눈물은 생리학적 징표이다. 어두운 스틱스강이나 아케론강은 슬픔이 머무는 곳이고, 물에 빠져 죽은 자의 형태를 만드는 그림자들이 머무는 곳이다. 오필리아처럼 되기와 물에 빠져 죽는 것은 악몽에 자주 나오는 주제이다. 보두앵은 물에 빠져 죽는 것과 관련 있는 소녀들의 두 꿈을 분석하면서 그것들이 절단의 이미지들에 의해 나타나는 비충족감을 동반한다는 것을 주목했다.[56] "오필리아 콤플렉스"는 "오시리스 콤플렉스"나 "오르페우스 콤플렉스"에 의해 증폭되는 것이다. 작은 소녀의 꿈속의 상상력에서 암탉은 악몽의 물속으로 던져지기 전에 뼈가 부러지고 사지가 절단되었다. 그리고 작은 소녀는 "물에 빠져 죽을 땐 어떻게 되나요? 온전한 채로 있게 되나요?"라고 물어볼 때, 잡아먹는 용의 동형체를 알아보게 된다. 우리가 알고 있듯이 케르베로스는 코키토스Cocyte와 스틱스의 직접적인 이웃이다. 그리고 "눈물의 장場"은 죽음의 강과 연속되어 있다. 그것은 위고의 작품에서 수도 없이 많이 나타나는 것이며, 그에게 바다는 수많은 영웅들이 급작스러운 익사로 생을 마감하는 곳인데—『바다의 일꾼들』과 『웃는 사나이』의 주인공들이 그러하다—그 바다의 내부는 특히 심연과 뒤섞인다. "히드라의 벌통" "밤과 유사한 것" "검은 바다oceano nox"에는 삶의 태동과 애벌레들이 "어둠의 완강한 점령지에서 쉬고 있다."[57]

검은 물의 수렴에서 자주 나오고, 훨씬 더 중요한 또다른 이미지는 머리카락이다. 이 머리카락은 느끼지 못하는 사이에 우리가 연구했던 부정적 상징들을 잠재적인 여성화 쪽으로 기울게 하는데, 그 여성화는 무엇보다도 여성적이고 사악한 물, 즉 월경이 결정적으로 강화한다. 바슐라르는 바로 "오필리아 콤플렉스"에 대해서 물의 이미지를 조금씩 조금씩 오염시키는 것은 물에 떠 있는 머리칼이라 주장한다.[58] 포세이돈의 갈기 머리는 오필리아의 머리칼과 그리 무관하지 않다. 바슐라르는 힘들이지 않고 발자크나 단눈치오, 그리고 "애니의 땋아 늘인 머리의 욕조"[59]에 빠져 죽는 것을 꿈꾸는 포에게서와 같이 17세기 작가들에게서 찾을 수 있는 물결치는 상징의 생생함을 우리에게 보여주고 있다. 우리는 멜리장드Mélisande의 땋아 늘인 머리나 '리넨 같은 머리칼을 가진 소녀의 땋은 머리', 또 「바다」라는 성가聖歌 작품에 가득한 다양한 '물의 반영들'이 동일한 작곡가에게 영감을 불어넣는다는 것을 덧붙일 수 있다. 바슐라르는 역동적인 전망에서 흐르는 물의 이미지를 불러일으키는 것은 머리카락의 형태가 아니라 그것의 움직임이라는 것을 강조한다. 그것이 진동을 하자마자 머리카락은 물과 관련된 이미지를 이끌게 되고, 그 반대도 마찬가지이다. 그러므로 이 동형체 안에는 어떤 상호성이 있고, 그 안에서 "진동하다"라는 동사는 연결점을 형성한다. 물결은 물의 내밀한 활기이다. 또한 가장 오래된 이집트 새김조각의 형태는 신석기시대의 토기에서도 찾을 수 있다.[60] 그 밖에도 지나치게 무게를 두지는 말고 다음과 같은 사실을 잠깐 지적해두기로 하자. 물리학에서 그 신호가 정현곡선의 형태로 이루어진 파동의 개념은 주파수의 차이에 기반하고 있는데, 실험실의 파동을 좌우하는 것은 역시 시간이라는 사실을 우리에게 상기시켜준다. 물리학자의 파동은 삼각법적 은유에 지나지 않는다. 심지어 시에서도 머리칼의 파동은 과거라는 돌이킬 수 없는 시간에 연결되어 있다.[61] 서양에는 머리털의 고리로 기억의 부적을 만드는 수많은 민간신앙이 있지 않은가? 이러한 머리털로 시간 묶기는 쉽게 이해할 수 있는 반면에, 밤바라족Bambara 조상들의 모습에서처럼 동식물의 털과 머리털이 시간성과 피할 수 없는 죽음의 표지를 구성하든지,[62] 아니면 반대로 보편적 교훈담의 서양 판본인 라퐁텐의 우화[63]가 입증하듯이 시간이 머리카락을 몽땅 잡아 뽑는 자로서 나타나든지 간에, 머리털의 여성화 작업을 직접적인 방법으로 설명하는 것은 훨씬 어렵다. 왜냐하면 오직 서양에서만 머리털이 여성성의 특성으로 나타나기 때문이다.[64]

그러나 우리로서는 진정한 설명의 길에 들어서기 전에, 다시 말해 월경으로 파동뿐 아니라 한편으로는 그것의 머리털의 상징을, 다른 한편으로는 여성성을 연결하는 동형체를 설명하기 전에 물결과 머리털이 다원적으로 결정하는 이차적 의미 수렴에 대해서도 언급해야 할 것이다. 거기서 우리는 거울을 발견하게 된다.[65] 왜냐하면 거울은 자신의 이미지를 복사하는 방식이고 그 사실로부터 의식의 어두운 복사물의 상징이 될 뿐 아니라, 멋 부림과 연결되어 있기 때문이다. 물은 최초의 거울이었던 것 같다. 바슐라르가 요아킴 가스케Joachim Gasquet나 쥘 라포르그Jules Laforgue에게서 밝혀내는 이미지 안에 있는 달의 상징[66]만큼이나 우리를 놀라게 하는 것은 물속의 반영이 오필리아 콤플렉스를 동반한다는 사실이다. 자신을 비춰본다는 것은 이미 약간은 오필리아가 되는 것이고, 어둠의 삶에 참여하는 것이다. 민족지학民族誌學이 다시 한 번 시를 확인해준다. 밤바라족에게서 이중적 인간의 육체인 디아dya는 "지상의 그림자 또는 물속의 이미지"이다. 자신의 그림자가 불길하게 날아가는 것을 막기 위하여 밤바라족은 물의 거울에게 도움을 청한다. "그들은 호리병 속의 물에 자신을 비춰보고, 그 이미지가 깨끗하면 우묵한 그릇을 흔들면서 그 물을 뒤섞는다. 그렇게 해야 디아가 (자애로운 신인) 파로의 보호 아래 들어가는 것이다."[67] 달리 말하자면 머리칼은 여신들이나 평범한 여자들의 "화장실"의 모든 도상들 안에 있는 거울과 연결되어 있다. 거울은 많은 화가들에게 투명하면서도 근심스러운 요소이다. 바로 그 점으로부터 서양에서 자주 등장하는 "쉬잔과 늙은이들"의 주제가 나오는데, 여기서는 산발이 된 머리칼이 물의 청록색의 반영과 결합된다. 이 모티프를 네 번이나 다시 다룬 렘브란트도 그러했고, 여성의 몸치장과 육체와 고급스러운 머리칼과 거울과 물결을 결합시킨 틴토레토도 그러했다. 이 주제는 우리에게 두 가지 정통 고대 신화를 돌아보게 하므로 그것들을 잠시 살펴볼 것이다. 왜냐하면 그것들은 구도와 원형들의 수렴에 의해 태어난 신화적 이미지들의 힘을 놀랄 만큼 잘 보여주기 때문이다. 첫번째 신화는 덜 명확하다. 그것은 나이아드Naïade의 형제이고, 다이아나의 여자친구인 에코Echo가 따라다니던 나르시스의 신화이다. 여기서는 여성의 신성성이 거울의 치명적인 변형을 받아들이게 한다. 그러나 밤과 관련된 끔찍한 여성성의 흩어져 있는 구도들과 상징들을 결정화하는 것은 무엇보다도 악타이온Actéon의 신화이다. 악타이온은 머리를 풀어헤치고 목욕을 하면서 동굴의 깊은 물에 자신을 비춰보는 여신의 화장하는 곳을 불시에 침입한다. 님프들이 외치는 소리에 놀라서 달의 여신인 아르테미스는 악타이온을 동물인 사슴으로 만들어버리고, 개들의 여주인이었기에 사냥개들에게 사냥감에 달려들게 했다. 악타이온은 조각이 나서 갈기갈기 찢어졌고, 묘지도 없이 흩뿌려진 그의 시신에서 숲을 떠나지 않는 비통한 그림자들이 태어났다. 이 신화는 지금 우리가 연구중인 모든 상징적 요소들을 한데 수렴해서 요약하고 있다. 여기에는 무엇 하나 빠진 것이 없다. 덧없이 사라지는 형태와 물어뜯는 형태의 동물의 형상, 깊은 물, 머리칼, 여자의 화장, 비명소리, 부정적인 이야기 전개, 이 모든 것이 공포와 재난의 분위기 속에 싸여 있다. 이제 우리에게는 어둠의 여자와 사악한 물의 요정이 수행하는 것을 보아온 해로운 역할을 깊이 있게 살펴볼 일이 남아 있다. 그 물의 요정은 로렐라이의 모습에서 보듯 자신의 매혹적인 여성성으로 지금까지 유혹하는 동물에게 부여된 힘과 교대하게 될 것이다.

*

물에 여성성이라는 성격이 부여될 수밖에 없는 것은 월경의 액체로서의 유동적인 성질 때문이다. 즉 물이라는 원소가 가지는 불길한 성격의 원형은 바로 '월경혈'이라고 할 수 있을 것이다. 처음에는 다소 생소한 느낌이 들지는 몰라도 빈번하게 나타나는 물과 달의 관계에서 이것을 확인해볼 수 있다. 엘리아데는 이 변함없는 동형체가 한편으로는 물이 월경에 종속되어 있기 때문이고, 다른 한편으로는 발아력이 있는 물이 달이라는 거대한 농지의 상징과 접합되기 때문이라고 설명한다.[68] 우리는 첫번째 단정만을 취할 것이다. 물은 그 원형이 월경과 관련 있기 때문에 달과 연결되어 있다. 달과 같은 물의 번식력의 역할은 이 원초적인 동기를 설명하는 부차적 효과에 지나지 않는다. 신화학은 대부분 물과 달을 동일한 신성성 속에 섞는다. 이로쿼이족이나 멕시코인들, 바빌로니아인 또는 이란의 아르드비수라 샘Ardvisûra과 아나히타 여신Anâhita의 경우가 그렇다.[69] 마오리족과 에스키모들은 옛 켈트족처럼 달과 조류의 움직임 간에 존재하는 관계들을 알고 있다. 『리그베다』는 달과 물 사이의 이러한 연대성을 확인시켜준다.[70] 그러나 우리는 종교사가들이 이 동형체에서 현재 통용되고 있는 우주론적 설명만을 찾는 잘못을 하고 있다고 생각될 뿐이다. 왜냐하면 우리는 달의 상징 아래 두 개의 주제가 수렴되는 것을 볼 것이기 때문인데, 그 주제들은 서로 다원적으로 결정되고 이 상징 전체를 그것이 언제나 보존하고 있지 않은 불길한 양상 쪽으로 기울어지게 한다. 달은 분리할 수 없을 정도로 죽음과 여성성에 결합되어 있고, 그것은 달을 물과 관련된 상징과 접합시키는 여성성 때문이다.

사실 우리는 달이 시간의 드라마틱한 거대한 출현으로서 나타난다는 이 주제[71]에 대해 오랫동안 다시 다룰 기회가 있을 것이다. 아주 드물게 일어나는 일식 때를 제외하고는 태양은 변하지 않고, 아주 짧은 시간 동안만 인간의 풍경에서 자리를 비우는 반면에, 달은 차고 기울고 사라지는 천체, 즉 시간성과 죽음에 복속되어 있는 듯한 변덕스러운 천체이다. 엘리아데가 강조하듯이, 우리가 시간을 측정할 수 있는 것은 달과 태음월 덕이다. 밤의 천체와 관련 있는, 인도 아리안어의 가장 오래된 어근인 메me는 산스크리트어에서 마스mas가 되었고, 아베스타어에서는 마mah, 고트어에서 메나menâ, 그리스어의 메네mene, 그리고 라틴어의 멘시스mensis가 되었는데 모두가 '측량하다'라는 뜻이다. "검은 달"이 대부분의 시대에 최초의 죽음으로 여겨지는 것은 이러한 운명에 대한 동화 때문이다. 달은 사흘 밤 동안 일그러지고 하늘에서 사라진다. 그러면 민간에서는 달이 괴물에게 먹혔다고 생각한다.[72] 이런 동일한 이유로 수많은 달의 신성성은 지옥과 죽음에 연관된다. 페르세포네, 헤르메스, 디오니소스의 경우가 그러하다. 아나톨리아에서는 달의 신인 멘Men은 동시에 죽음의 신인데, 러시아 민담에 나오는 불사신이며 못된 영靈인 전설적인 코츠체이Kotschei도 그러하다. 폴리네시아의 토칼라프족Tokalav이나 이란인들, 또는 그리스인들에게 그렇거나, 단테 시대의 서양의 여론에서 그렇듯이 달은 흔히 죽음의 나라로 여겨진다.[73] 동형의 수렴이라는 관점에서 더욱더 주목할 만한 것은 코트뒤노르Côte-du-Nord 지방 민중의 믿음인데, 그들은 달의 보이지 않는 면이 땅에 쏟아진 모든 피를 빨아들이는 데 쓰이는 거대한 아가리를 숨기고 있다고 믿는다. 이러한 식인을 상징하는 달은 유럽의 민담에서 드물지 않다.[74] 현대의 농부들에게 열대지방을 삼키는 해보다 더 뜨거운 "붉은 달"이나 "갈색 달"보다 더 두려운 것은 없다. 그러므로 죽음의 장소와 시간의 징표인 달, 특히 검은 달에 사악한 힘이 부여되는 것을 보는 것은 자연스러운 일이다. 이런 간악한 영향은 힌두 지방, 그리스, 아르메니아의 민담과 브라질의 인디언들에게서 조사된다. 「마태복음」은 악마적인 소유를 암시하고자 할 때는 "달처럼 되기"라는 뜻인 sâséléniazesthaï라는 동사를 사용하고 있다.[75] 사모예드족Samoyèdes과 다약족Dayak에게 달은 악과 흑사병의 근원이고, 인도에서는 달을 "니르티Nirtti", 즉 폐허라고 부른다. 거의 언제나 달의 재앙은 홍수와 연관이 있다.[76] 아주 종종 홍수의 물을 토해내는 것은 달의 동물—예를 들어 개구리—이고, 그것은 달의 죽음의 주제가 여성성과 밀접하게 결합하기 때문이다.

왜냐하면 달과 물의 동형화는 동시에 여성화이기 때문이다. 연결고리가 되는 것은 월경 주기이다. 달은 월경과 연결되어 있고, 그것은 일반적인 민담에 나타나 있다.[77] 프랑스에서는 월경을 "달의 순간"이라 부르고, 마오리족에게 월경은 "달의 병"이다. 다이아나, 아르테미스, 헤카테, 아나이티스Anaïtis, 프레이야Freyja 같은 달의 여신들은 흔히 임산부와 관련된 권한을 갖는다. 북아메리카의 인디언들은 달이 기우는 것을 달이 "월경을 한다"고 말한다. "원시인들에게는 여성의 한 달 간격의 리듬과 달의 주기가 일치하는 것은 그들 사이에 신비한 연결관계가 존재한다는 명백한 증거처럼 보였을 것임에 틀림없다"고 하딩은 지적하고 있다.[78] 이러한 달과 월경의 동형은 달이나 달의 동물을 모든 여자들의 최초의 남편으로 만드는 수많은 전설들 속에서 나타난다. 에스키모족의 젊은 처녀들은 임신이 될까 두려워서 결코 달을 쳐다보지 않는다. 브르타뉴에서도 처녀들이 "초승달 모양이 될까봐" 달을 보지 않는다.[79] 뱀은 달의 동물로서 가끔 여자들과 관계를 맺는 것으로 알려져 있다. 이 전설은 아브루치Abruzzes 지역에서는 여전히 그렇게 믿고 있고, 플루타르코스나 파우사니아스Pausanias 그리고 디온 카시우스Dion Cassius의 말을 믿는다면, 고대인들 사이에 널리 퍼져 있던 것이다. 이 전설은 보편적인 것이다.[80] 왜냐하면 이러한 전설들이 약간씩 변형된 형태로 히브리, 힌두, 페르시아, 호텐토트Hottentots, 아비시니아Abyssinie, 그리고 일본에서 발견되기 때문이다.[81] 다른 전설에서는 달의 성이 뒤바뀐다. 달은 아름다운 젊은 여자, 즉 뛰어난 유혹녀로 변한다.[82] 그녀는 무시무시한 처녀 사냥꾼으로 변해서 자신의 연인들을 찢어 죽이는데, 그중에서 마음에 드는 자는 엔디미온Endymion의 전설에서처럼 시간의 손이 닿지 않도록 영원한 잠에 빠지게 한다. 이러한 월경의 달에서는 벌써 "아픈 아이면서 수없이 불순한" 존재의 양가성이 드러난다. 우리는 후에 달의 완화된 출현[83]에 대한 완전한 연구를 계획하고 있다. 지금으로서는 악타이온을 살해한 것처럼 레토Léto의 딸들을 살해한 여자 사냥꾼의 피비린내 나는 잔인성만을 다루기로 하자. 이 여자 사냥꾼은 피가 낭자하고 부정적 가치가 부여된 여성성의 프로토타입이고, 팜파탈의 원형이다.

바로 이 동형체에 어떤 상징을 묶어야 하는데, 그 상징은 정신분석학자들이 성적 금지를 강화시키는 괴물로서의 "무서운 어머니"의 이미지를 오이디푸스의 격분에 연결시키는 상징이다. 왜냐하면 상상력의 여성 혐오는 이러한 시간과, 달과 관련 있는 죽음에 의해 형성된 월경과 성적 매력의 위험성을 재현하는 중에 나타나기 때문이다. 이 "무서운 어머니"는 모든 마녀와 흉측스럽고 애꾸눈인 노파, 그리고 민담과 도상들을 가득 채우는 흉악한 심술쟁이 노파의 무의식적인 모델이다. 전체적으로 볼 때 여성 혐오적인 고야의 작품은 늙어빠지고 위협적인 노파들의 캐리커처와, 유행에 뒤떨어지고 우스꽝스러운 멋내기 좋아하는 여자들, 그리고 거대한 숫염소인 "거장 레오나르"를 숭상하면서 구역질나는 음식을 준비하는 마녀들로 가득차 있다. 〈변덕들〉[84] 연작의 82점 그림 중 40점이 희화화된 늙은 여자들과 마녀들을 표현하고 있고, "귀머거리의 집"에서는 흉측스러운 파르카이가 괴물 사투르누스와 짝을 이루고 있다. 레옹 셀리에 Léon Cellier는 라마르틴에게서 라크미 Lakmi라는 인물은 치명적인 "흡혈귀"의 낭만적 프로토타입이고, 매혹적인 외모에 근본적인 잔혹함과 엄청난 타락을 결합하고 있다고 적절히 지적하고 있다.[85] 위고의 작품도 마찬가지로 "무서운 어머니"의 모습이 곳곳에 나타나고 있다. 우리의 정신분석학자[86]가 코르시카의 계모와 동화시키는 인물은 "구닥다리 노인 Burgrave"에 나오는 귀앙위아르마 Guanhuarma이다. 그 계모는 어렸을 때에 맡겨진 시인을 키웠는데, 우리는 그녀를 거대한 집단 원형, 운명의 상징으로 본다. 보두앵은 그녀를 아주 적절하게 『사탄의 종말』에 나오는 릴리트 Lilith-이시스 Isis와 비교한다. 그녀는 분명히 "숙명 Ananké, 그것은 바로 나다"라고 선언하는 여자다. 그녀는 피를 빨아먹는 여자 마귀이고, 세상의 어두운 영혼, 세상과 죽음의 영혼이다. "위고의 철학 안에서는 숙명이 악과 물질 matière과 일치한다."[87] 그리고 보두앵은 "mater-matrice-materia"의 어원 시스템을 강조한다. 월경을 의미하는 이 "어머니의 물"로 되돌아오기 이전에, 우리는 여자 마귀와 팜파탈의 동물 모습을 한 발현을 살펴보아야 한다.

무엇보다도 먼저 우리는 언어학자들의 연구에서,[88] 몇몇 원시 언어에 존재하듯이 살아 있는 것과 죽은 것의 성으로 분류되어 있던 실사들의 분포가 다른 언어에서는 남성과 남성이 아닌 것의 분류로 대체되었다는 것을 확인할 수 있다. 이 남성이 아닌 것에는 생명이 없는 사물, 양성 동물, 그리고 여자가 포함되어 있다. 그러므로 여성성은 카리브해 지역과 이로쿼이족에게는 동물성의 옆자리로 배척되었다. 여성성은 의미론적으로 동물과 동일한 성질이다.[89] 더욱이 신화는 스핑크스나 세이렌 같은 동물의 형상을 한 괴물들을 여성화한다. 오디세우스가 세이렌의 치명적인 유혹과, 카리브디스Charybde, 뱀 스킬라의 삼중 이빨로 무장된 턱을 피하기 위해서 자기 배의 돛대에 자신을 묶은 것을 주목하는 것은 의미 있는 일이다. 이 상징들은 키르케Circé나 칼립소Calypso, 또는 나우시카Nausicaa 등에서 다른 방식으로 의인화되어 드러난, 다소간 걱정스럽게 여겨졌던 숙명이 극단적으로 부정적으로 표현된 것들이다. 세이렌들과 매혹적인 나우시카의 중간쯤에 있는 여자 마법사 키르케. 노래와 늑대와 사자들의 여주인인 아름다운 머리칼의 키르케. 그녀는 오디세우스를 지옥으로 인도하고 그에게 죽은 어머니 안티클레이아Anticlée를 곰곰이 생각하도록 하지 않았던가? 『오디세이아』 전체는 여성성으로서의 파동의 위험성에 대한 승리의 서사시이다.[90] 빅토르 위고에게는 어둠 속에 숨어 있고, 사납고, 기민하고, 죽음의 끈으로 자신의 먹이를 묶기 때문에 부정적으로 다원 결정된 동물이 있다. 그것이 그에게서 여자 마귀의 역할을 하는데, 바로 거미이다. 이 동물은 빅토르 위고를 끈덕지게 사로잡아서, 위고는 그것을 그림으로 그리기까지 했다.[91] 분명히 음성학적 요소가 이 상징의 선택에 역할을 한다. 거미araignée,* 아라크네arachné는 숙명ananké과 유사한 소리가 난다. 그러나 이 주제는 시인의 상상력 속에서 일관되게 되풀이되는 것으로, 단순한 말장난 이상의 것을 그 안에서 보아야 한다. 『타이탄』 『에비라드누스*Eviradnus*』 그리고 클로드 프롤로가 운명에 대항하는 인간의 투쟁을 거미줄에 걸린 파리의 투쟁으로 비유했던 『파리의 노트르담』, 파리의 대조법만이 두드러지는 『사탄의 종말』에서 시인은 모든 사악한 힘을 수렴하는 위협적인 작은 동물을 우리에게 상기시킨다. 거미는 심지어 거미를 본뜬 인간 형체의 괴물을 낳는 원형이 되기도 한다. 『레 미제라블』에서는 거미로서의 경찰 역

* 거미의 불어 발음은 '아레녜'이다.

할을 수행하는 것은 어떨 때는 자베르이고, 어떨 때는 테나르디에 부부의 싸구려 식당이다. 그것은 "코제트가 잡혀 있고 두려움에 떨던 거미줄"[92]이다. 여기서 계모 테나르디에는 상징적 열쇠가 된다. 거미는 『마스페레*Masferrer*』 『사형수의 마지막 날들』 그리고 『웃는 사나이』에서 다시 등장한다. 『웃는 사나이』의 경우 그윈플렌이 "거미줄의 한복판에서 대단한 것, 벌거벗은 여자"[93]를 발견했을 때, 그 이미지는 정신분석학적 문맥에서도 그 의미가 분명해진다. 하지만 우리는 이 상징에 정신분석학자가 부여하는 나르시스적 해석을 부여하지는 않을 것이다. 그는 "거미줄의 복판에 있는 위협적인 거미는 그 외에도 내향성과 나르시시즘의 뛰어난 상징이다. 자신의 중심에 의한 이 존재의 흡수는……"이라고 말한다.[94] 우리는 거미는 "아이를 자신의 그물코 안에 가둬놓는 데 성공한 까다로운 어머니의 상징을 표현한다"는 고전적 해석[95]에 만족할 것이다. 이 정신분석학자는 현명하게도 여성 기관의 끔찍한 암시인 "차가운 배"와 "털북숭이 발"이 지배적인 이 이미지를 그것의 남성적 보충물인 벌레와 비교하는데,[96] 벌레 역시 언제나 육체의 타락과 연결되어 있다.

이것은 여성 혐오의 상징이 어떻게 발생적으로 다원 결정되는지를 보여주는 좋은 예이다. 그것은 좀더 광범위한 계통발생의 뿌리들을 갖고 있는데 우리가 보여주고 싶은 것이 바로 그것이기도 하다. 보두앵은 또한 아버지에게서 도주하는 오이디푸스적 공포와 어머니에 대한 근친상간의 유혹이 거미의 상징 속에서 "동일한 숙명의 이중적 양태"[97]로 수렴되어 있는 것에 주목하고 있다. 벌레에 속하기도 하는 거미는 '일종의 빛나는 벌레'이며 여성적 요소의 대표적 동형체인 바다의 히드라와 연결된다. 불길하고 여성적인 전능의 힘이 집약되어 모습을 드러내는 것은 『바다의 일꾼들』에 나오는 거대한 히드라, 즉 대양의 숙명에 대한 직접적 상징인 문어에 의해서이다.[98] 문어와의 전투 장면은 이 소설의 중심 에피소드이다. 쥘 베른은 이 원형적 이미지를 『해저 이만 리』에서 섬세하게 다시 다루었고, 쥘 베른의 작품을 영화로 옮기는 과정에서 월트 디즈니가 상상한 인상적인 장면이 증명하듯이, 이 이미지는 여전히 유효하다. 문어는 그 촉수들로 인해 지극히 탄력 있는 동물이다. 우리는 스킬라, 세이렌, 거미 또는 문어의 상징들을 통해 동일한 동형체가 퍼져 있음을 본다.[99] 그리고 머리칼의 상징체계가 숙명적인, 동물 형상을 한 여성성의 이미지를 강화하는 것으로 보인다. 머리칼은 그것이 여성이라서 물과 연결되는 것이 아니라, 물의 흐름hyéroglyphe이 이를 여성화시키는 것이며, 그 물의 심리적 지주는 월경혈이다. 하지만 우리가 뒤에서 확인할 수 있듯이 '연결이라는 원형성'이 은밀하게 머리칼에 다른 의미부여 작용이 끼어들게 만든다. 왜냐하면 머리칼은 파동의 소우주적 상징이면서 동시에 기술적으로 최초의 끈들을 꼬는 데 쓰이는 자연적 실이기 때문이다.

우리는 뒤에서[100] 물레와 토리개의 완화된 이미지들을 다시 살펴볼 것이다. 민담에서 실 잣는 여자와 여성을 상징하는 토리개는 언제나 성적으로 가치부여되고 그와 연결된다. 옛 노래인 페르네트Pernette나 도피네 지방의 노래 포르슈론Porcheronne, 그리고 18세기의 론도는 그것을 입증한다. "칼을 꽉 잡아라, 나는 내 토리개를 잡으마. 우리는 풀밭에서 대결을 할 것이다……." 그러나 지금으로서는 제사製絲의 결과물인 실만 다루도록 하자. 실은 최초의 인공적 줄이다. 이미 『오디세이아』에서 실은 인간 운명의 상징이다.[101] 미케네 문명의 문맥에서 엘리아데는 아주 정당하게 실을 난관과 죽음의 위험에 대한 생각을 담고 있는 형이상학적 의식儀式의 총체인 미로에 연결하고 있다. 줄은 시간에 대한 "집착", 즉 시간의 의식과 죽음의 저주에 연결되어 있는 인간 조건의 직접적 이미지이다. 깨어 있는 꿈의 실제에서 상승이나 고양에 대한 거부는 "환자를 뒤쪽에서 아래로 묶는 검은 줄들"[102]이라는 주목할 만한 현상으로 표현된다. 이 줄들은 동물의 얽힘으로, 당연히 거미로 대체할 수 있다. 우리는 엘리아데에게서처럼 뒤메질에서도 매우 중요한 이 문제, 즉 "묶는 자"와 "끈을 자르는 자"[103]로부터 가치부여된 대조법적인 사용의 문제를 다음에 다시 다룰 것이다. 지금으로서는 줄과 묶는 여신의 근본적인 부정적 의미만을 다루기로 하자. 엘리아데는 베다교의 두 죽음의 신인 야마Yama와 니르티Nirrti에게서 이 "묶는 자의 속성은 단지 중요하기만 할 뿐만 아니라 수렴적"인 반면에, 바루나Varuna는 우연히 묶는 신일 뿐이라고 결론 내린다. 게다가 악마인 우르트라Urtra는 인간들을 원소들처럼 묶는 자이다. "구두끈, 줄, 매듭 등은 죽음의 신들을 특징짓는다."[104] 이러한 묶기의 구도는 전 세계적이다. 이란인들에게는 아리만이 사악한 묶는 자이고, 오스트레일리아 사람들이나 중국인들에게는 과거로 돌아가서 악마 아란다Aranda나 악마 포이Pauhi가 이 역할을 맡고 있다. 죽음에 처하는 의식 시스템이 교수형인 독일인들에게는 장례의 여신들이 줄을 들고서 죽은 자들을 소리쳐 부른다.[105] 마침내 성서는 "죽음의 줄"[106]에 대한 다양한 암시로 가득차 있다. 그 밖에도 엘리아데는 "묶다"와 "마법에 걸리게 하다"라는 말들의 중요한 어원적 관계를 정립했다. 터키계 타타르어에서 바그bag와 보그bog는 줄과 마법을 의미한다. 마찬가지로 라틴어에서 주문呪文을 뜻하는 파시눔fascinum은 줄을 뜻하는 파시아fascia와 가까운 인척관계이다. 산스크리트어에서 '수레에 달다'를 뜻하는 유클리yukli 또한 "마술적 힘"을 뜻하고, 거기에서부터 구체적으로 "요가Yoga"가 파생되었다. 우리는 다음에 유익한 힘들이 줄과 마술의 과정을 취하고 첨부할 수 있고, 그렇게 해서 특정한 모호성의 줄이라는 상징을 갖출 수 있다는 것을 볼 것이다. 완곡화의 도상途上에서 이 양가성은 더욱 각별하게 달과 관련이 있다. 달의 신들은 징계하는 자일 뿐만 아니라 동시에 죽음의 주인이자 중개자이다.[107] 그것이 하딩이 인용한 이슈타르Ishtar에 대한 아름다운 찬가의 의미이다. 이 여신은 재난의 주인이다. 그녀는 악의 실, 운명의 실을 묶거나 푼다. 그러나 이 순환적인 양가성, 이 상징적 줄이 상상계의 "제곱으로 증폭된" 힘으로 상승하는 것은 우리로 하여금 무서운 상징이 완곡화되는 과정을 너무 앞질러 살펴보게 한다. 현재로서는 줄의 최초의 양상과 탄원의 상징에 만족하기로 하자. 이 상징은 순수하게 부정적이다. 줄은 거미와 문어, 그리고 마법을 부리는 치명적인 여자의 사악한 마법의 힘이다.[108] 이제 우리에게는 무서운 "여성성"의 주제를 다시 다루면서 어떻게 해로운 물의 매개체, 즉 월경혈을 매개로 하여 밤의 형태를 한 상징들에서 추락과 육체의 잠재적인 상징들로 탁월하게 넘어가는지를 검토해야 할 일이 남아 있다.

우리가 이미 언급했듯이 달의 죽음과 연결되어 있는 월경혈은 검은 물의 완벽한 상징이다. 대부분의 민족들에게 월경혈 그리고 어떤 피든 금기이다. 「레위기」는 우리에게 월경의 피가 불순한 것이라고 가르치고, 월경 기간 동안에 따라야 할 처신을 자세하게 규정하고 있다. 밤바라족에게 월경혈은 원초적인 마녀-어머니인 무소-코로니Mousso Koroni의 순결하지 못함과 여자들의 일시적인 불임을 입증하는 것이다. 그것은 "초자연적이고 창조적이며 삶을 보호하는 힘들의 원칙적인 금지이다."[109] 그것은 악의 원리인 완조wanzo가 괴물 무소-코로니의 이빨에 의해 생긴 원초적 할례에 의해 인간의 피 속에 침투해 들어온 것이다. 바로 거기에서 자신 속에 있는 완조의 아이를 없애기 위하여 절제든 할례든, 피를 흘리는 희생이라는 상호적 필요성이 나오는 것이다.[110] 이 지배적 경향의 금기는 성적이라기보다는 부인과학적婦人科學的 특징에 가깝다는 사실을 주목해야 한다. 대부분의 민족에게는 생리중의 여성과 성관계를 맺는 것뿐만 아니라 그 주위에 머무르는 것조차 금기시되어 있다는 점이 이를 보여준다. 생리 기간 동안 여성들은 오두막에 격리되었고, 생리하는 여자는 심지어 자신이 섭취하는 음식물에 손을 대서도 안 되었다. 오늘날에도 유럽의 농부들은 음식물을 소비하는 데 적절치 못하게 될까봐 "월경"중인 여자가 버터나 우유, 포도주, 고기 등에 손대는 것을 허락하지 않는다. 성서나 『마누 법전』, 『탈무드』에서도 유사한 금기들이 발견된다.[111] 이 금기는 본질적인 것인데, 하딩은 폴리네시아 말 금기tabu 또는 타푸tapu가 "월경"을 의미하는 타파tapa와 인척관계라는 것을 지적한다. 다코타Dakota의 유명한 와칸Wakan은 마찬가지로 "월경중인 여자"를 의미하고, 바빌로니아의 안식일sabbat은 마찬가지로 월경과 관련된 기원을 가지고 있는 듯하다. "안식일"은 달의 여신 이슈타르의 생리 기간 동안 지켜졌는데, "안식일은 처음에는 한 달에 한 번만, 그리고 달의 순환의 각 부분에 따라 지켜졌다." 그리고 사바투sabattu라는 말은 "이슈타르의 안 좋은 날들"이라는 뜻이다. 이 모든 실제적인 예에서 추락의 구도에 의해서만 주어질 수 있는 의미인 성적 "결함"보다는 산부인과적 결말이 강조된다. 월경혈은 단순히 불길한 물이고, 모든 방법을 동원해서 피하거나 쫓아내야 하는 근심스러운 여성성이다. 심지어 에드거 포에게조차 어머니, 그리고 죽음과 관련된 물은 다름 아닌 피다. 포 자신이 다음과 같이 쓰지 않았던가. "그리고 언제나 신비와 고통과 두려움에 가득차 있는 이 피라는 말, 지고하다는 말, 왕이라는 말…… 이 모호하고, 짓누르고 얼어붙은 어절."[112] 피의 시학, 드라마와 저주받은 어둠의 시학을 결정하는 것은 지배적인 여성적 요소에 대한 끔찍한 동형이다. 왜냐하면 바슐라르가 지적하듯이 "피는 결코 행복하지 않기 때문이다."[113] 그리고 "갈색의 달"이 그토록 불길하다면,[114] 그것은 달이 "생리를 하기" 때문이고, 그것이 만들어내는 서리가 "하늘의 피"이기 때문이다. 만일 우리가 제임스가 보고한 유명한 일화를 믿는다면,[115] 이 같은 피에 대한 몹시 부정적인 가치부여는 심지어 감정의 신체적 맥락 속에 계통발생학적으로 등록되어 있는 집단적 원형이 될 것이며, 모든 명쾌한 의식의 포착

이전에 자발적으로 모습을 드러낼 것이다. 이러한 피에 대한 두려움이 어디서 오는가에 대해 의사-반사적인 속단은 접어두고, 어두운 물로서의 피를 여성성과 "월경"의 시간에 연결하는 밀접한 동형체가 존재한다는 것만을 결론으로 삼는 데 만족하기로 하자.

이렇게 연결된 성좌들이 이러한 상상력을 핏'자국'과 얼룩의 개념과 연결하고 그에 의해 결국 부지불식간에 죄악이라는 윤리적 뉘앙스를 향해 나아갈 것이며, 그 죄악은 우리가 다음에 살펴볼 추락의 원형과 이어지게 된다. 프르질루스키는 죽음의 신인 칼리Kali 또는 칼라Kala와, 한편으로는 "시간, 운명"을 의미하는 칼라Kâla, 다른 한편으로는 칼라로부터 파생되었고 정신적·물리적으로 "얼룩진, 더럽혀진"을 뜻하는 칼라카kâlaka 사이에 존재할 수 있는 언어학적 연관관계를 훌륭하게 정립했다.[116] 그 외에도 동일한 산스크리트어족에서는 칼카kalka가 더러움, 잘못, 죄악의 뜻이고, 칼루사kalusa는 더러운, 불순한, 혼동스러운이라는 뜻이다. 게다가 칼리kali는 "불운", 점이 찍혀 있지 않은 주사위의 면을 의미한다. 이와 같이 해서 '검은' '어두운'을 뜻하는 아리아어 이전의 어근 칼kal은 철학적으로 자신의 밤의 형태를 한 화합물을 향해 풀려나간다. 다시 한번 기호학과 의미론은 우리가 좀 전에 언급했던 것과 같이 어둠을 피에 결합시키는 성좌를 간략하게 다시 그리면서 일치한다. 여신 칼리는 붉은 옷을 입고, 입술에는 피가 가득 찬 두개골을 달고, 핏빛의 바다를 항해하는 배에 서 있는 것으로 재현된다. 그녀는 "피의 신이고 그녀의 사원은 오늘날 도살장을 닮았다."[117] 마리 보나파르트의 "이 악몽 때문에 내가 얼마나 많이 신음을 했던가. 그 악몽에서는 어머니의 상징인 바다가 나로 하여금 자신에게 삼켜지고, 자신과 합체하라고 유혹했고, 입을 가득 채우는 물의 더러운 맛은 아마도 내가 각혈을 할 때 자칫하면 나의 생명을 앗아갈 뻔했던 무의식 속의 지울 수 없는 피의 기억이었을 것이다"[118]라는 글에 정신분석학자는 종교적 의미론으로 응답을 했다. 마침내 사악한 여자가 구현하는 어두운 원형과 상징들의 동형체의 또다른 예를 밤바라족의 칼리에서 찾을 수 있다. 그것은 "작고 늙은 여자"인 무소-코로니이다. "그녀는 어두움, 밤, 마법 등 빛과 맞서는 모든 것을 상징한다. 그녀는 또한 반역, 무질서, 불순함의 이미지이다"라고 제르멘 디테를렌은 적고 있다.[119] 우리는 그녀에게서 얼룩과 자국이 추락과 과오로 변질되어가는 것을 볼 수 있고, 그렇게 우리가 곧 연구할 추락의 모습을 한 추락형의catamorphe 상징들과 합류할 것을 확인할 수 있다. 무질서하고 동요된 삶의 여자인 그녀는 펨바Pemba에게서 받은 순결함을 간직할 수 없었고, 그녀에게 "하얀 머리"를 주었다. 그녀는 조물주 펨바를 배신하는 불순함과 불성실함이다. 그리고 "창조의 작품에 협력하기를 그치고, 그것을 괴롭히기 시작한다."[120] 창조주로부터 쫓겨나자 그녀는 분노했고, 그녀 행동의 피비린내 나는 폭력성은 그녀에게 최초의 월경이 나타나는 원인이 된다. 밤바라족은 월경과 이빨의 가학성, 사악한 광기를 하나의 충격적인 공식으로 모은다. "무소-코로니가 손톱과 이빨로 할례를 하는 순간 그녀에게서 피가 나왔다."[121] 그때부터 그녀는 자신이 손대는 모든 것을 오염시켰고, 우주에 악, 즉 고통과 죽음이 들어오게 했다. 사람들은 그녀를 미친 마녀, 발에 짝짝이 샌들을 신고 "들판을 울리며 미친 척하는" 누더기를 걸친 늙은 여자로 묘사한다.

그러므로 밤의 형상을 한 상징들은 그들의 가장 깊은 곳에서부터 사라지는 물 또는 검은 물빛 때문에 우리가 그 깊이를 알 수 없는 물, 그림자가 몸을 크게 보이게 하듯이 이미지를 크게 하는 반영 등의 헤라클레이토스적 구도에 의해 활기를 띤다. 이 검은 물은 결국 피, 혈관으로부터 사라지거나 부상[122]에 의해 생명과 함께 사라지는 피의 신비와 다름없다. 여기서 월경의 양상은 여전히 시간에 대한 가치부여를 다원 결정한다. 피는 그것이 삶과 죽음의 주인이기 때문일 뿐만 아니라 그것의 여성성에서 최초의 인간 시계(시간), 즉 달의 운행에 연관이 있는 인간의 최초 신호이기 때문에 두려운 것이다. 우리는 이제 추락이라는 거대한 구도가 이루는 피와 밤의 시간성의 새로운 다원 결정을 살펴볼 것이다. 추락은 여성과 출산에 관련된 피를 성적인 피로, 좀더 구체적으로는 성에 관련된 것과 소화에 관련된 것이라는 두 가지의 가능한 부정적인 가치부여와 함께 육체로 변화시킨다.

제3장
추락의 형태를 한 상징들

시간성 앞에 있는 인간 고뇌의 세번째 거대한 상상적 발현은 우리에게 '추락'의 역동적인 이미지들을 제공하는 듯이 보인다. 추락은 심지어 어둠의 모든 역동성이 체험한 진수처럼 나타나고, 바슐라르가 이 추락의 형태를 띤 구도 안에서 현실적으로 공리적인 은유를 본 것은 옳았다.[1] 그 외에도 우리는 이 은유가 어둠과 동요의 상징들과 연대되어 있다는 것을 확인할 것이다. 우리가 모든 경험에 앞서 존재하는 상상적 엔그램의 현실을 확인하더라도, 우리는 베흐테레프 또는 마리아 몬테소리Maria Montessori와 함께 신생아는 단번에 추락에 대해 예민해져 있다는 것을 확인해야 한다. 일어서는 방향과 마찬가지로, 추락하는 방향으로 급격하게 위치가 변화하면 일련의 주된 반사작용, 즉 이차적 반사작용을 억제하는 반사작용을 불러일으킨다. 산파가 신생아에게 각인시키는 지나치게 급격한 이동, 출생에 따르는 급격한 위치 변화와 거칠게 다루기 등은 최초의 추락의 경험, "두려움에 대한 최초의 경험"[2]일 것이다. 추락의 상상력뿐만 아니라 일시적이고 실존과 관련된 경험, 바슐라르로 하여금 "우리는 높은 곳을 향한 도약을 꿈꾸고, 낮은 곳을 향한 추락을 알고 있다"[3]고 쓰게 한 무엇인가가 있을 것이다. 이와 같이 추락은 체험된 시간 옆에 위치한다. 현기증의 엔그램을 촉발하고 강화하는 것은 바로 기복이 있고 급격한 최초의 변화들이다. 아마도 출산 때 의식儀式 행위로 신생아를 땅에 떨어뜨려야 하는 몇몇 미개 원주민들에게는 어린아이의 상상력 속에 랑크Rank의 정신적 외상, 즉 출생은 당연히 추락과 연관이 있다는 정신적 외상이 강화되어 형성될 것이다.[4] 깨어 있는 꿈 역시 인간 무의식 속에 있는 추락의 구도가 지닌 시원성始原性과 항구성을 명백히 밝히고 있다. 정신적 퇴행은 아주 빈번하게 추락의 거친 이미지들을 동반한다. 그 추락은 흔히 지옥의 장면에까지 도달하는 악몽으로서 부정적 가치가 부여되는 추락이다. 상승에 대한 거부는 무거움이나 검은 중량의 외관을 취한다. 드조유의 환자는 다음과 같이 말했다. “나는 발에 커다란 검은 슬리퍼를 걸치고 있었고, 그것이 내 몸을 무겁게 했다.”[5] 추락의 엔그램은 사실 최초의 유아기 때부터 유아가 고통스럽게 걸음마를 배울 때 경험하는 ‘무게’의 체험에 의해 강화된다. 걸음마는 직립 자세의 지지대로서 정확하게 사용되는 추락과 다름없다. 실패하면 현실에서 추락과 충격, 그리고 지배적인 반사작용의 비뚤어진 성격을 악화시키는 가벼운 부상들에 의해 처벌을 받는다. 두 발 달린 직립 동물들, 바로 우리들에게 추락과 무게의 의미는 우리들 모두 스스로 움직이고자 하는 최초의 시도, 원동력의 시도를 동반한다. 그 외에도 추락은 바슐라르가 지적하고 있듯이,[6] 운동의 빠르기, 어둠 같은 것에 대한 가속과 연결되어 있다. 추락은 근본적인 고통스러운 경험이고, 의식에 대해 운동과 시간성의 모든 재현의 역동적인 구성 요소를 만들어내는 것일 수도 있다. 추락은 시간의 끔찍한 양상들을 요약하고 응축시킨다. “그것은 우리에게 무서운 시간을 알게 만든다.”[7] 발자크나 알렉상드르 뒤마가 자신을 분석했던 것처럼 자신이 “단테 콤플렉스”라고 이름 붙인, 견고하고 땅 위에 있는 지지점으로부터 멀어지는 것이 만들어내는 불편한 현기증이 정의한 콤플렉스를 자신에게서 분석하면서, 바슐라르는 현기증 현상에 대한 드조유의 관찰들을 확인해준다. 두 사람 모두[8] 높은 건물에서의 진부한 상승의 이미지가 만든 충격을 받아들이기 위해 무의식은 미리, 그리고 기능적으로 예민해져 있는 것 같다. 두 사람 모두에게 현기증은 상승을 억제하는 이미지이고, 정신적·생리적으로 과격한 현상들이 표현하는 정신적·윤리적 차단이다. 현기증은 우리 인간성의 급작스러운 호출이고, 지상에서의 조건을 나타내준다.

많은 신화와 전설들이 추락과 현기증, 무게 또는 으스러짐의 끔찍한 양상을 강조하고 있다. 이카루스는 태양에 지나치게 가까이 가려고 하다가 태양에 의해 무력화되어 떨어져서 바다에 빠진다. 이것은 중단된 비행이나 "끈적끈적한 물"[9]로 추락하는 악몽들이 자발적으로 발견하는 신화이다. 탄탈로스Tantale는 자기 아들 펠로프스Pélops의 살을 올림포스의 신들에게 감히 먹이려고 한 후에 타르타로스Tartare에게 삼켜졌다. 태양의 아들인 파이톤은 아버지의 특권을 사칭하고 난 후 제우스의 벼락을 맞아 굳은 땅 위로 던져졌다. 익시온Ixion이나 벨레로폰Bellérophon, 그리고 많은 다른 인물들이 추락에 의한 재난으로 생을 마감했다. 어떤 의미에서는 수직성에 대항해 싸우는 영웅은 지구라는 짐에 의해 짓눌려 있는 아틀라스다. 고대 멕시코 신화학에서 우리는 추락의 형태를 한 동형체의 좋은 예를 찾을 수 있다. 미크틀란테쿠틀리Mictlantécutli는 자신의 친숙한 동물인 올빼미와 거미를 데리고 다닌다. 그는 일주일 중 "개"의 날의 주인이고, "죽음"의 날의 주인이기도 하다. 지옥의 자리이고 "떨어진" 태양이 머무는 곳인 북쪽은 또한 추위와 겨울의 검은 나라이다.[10] 이 추락의 주제는 처벌의 표지로서 나타나고, 동일한 문화 속에서 여러 가지 형태로 나타난다. 그것이 우리가 그리스 전통에서 막 확인한 것이고, 유대교의 전통에서도 보여줄 수 있는 것이다. 즉 아담의 추락은 악한 천사들의 추락 속에서 반복되는 것이다. 「에녹서」는 어떻게 "인간의 딸들의 유혹을 받은" 천사들이 땅 위로 추락하여 그들의 유혹녀들과 결합하고,

거대한 거인들을 낳게 되는지를 우리에게 말해준다.[11] 반항을 한 이 천사들은 아자젤Azazel과 세미아자스Sémiazas의 조종을 받는다. 라파엘은 하느님의 명령에 따라 이 변절자들을 처벌하는데, 무거운 바위로 그들을 짓이긴 뒤에 시간의 끝에서 불의 심연 속으로 집어 던진다. 랑톤에 따르면 「묵시록」에 나오는 처벌에 대한 반복되는 주제인 심연은 『분데헤시*Bundehesh*』의 에피소드가 그 원형이다.[12] 그 이야기에서 아리만은 하늘을 습격하려 했던 죄로 땅 위로 던져졌는데, 그의 추락은 훗날 어둠의 왕자가 살게 될 깊은 구덩이를 파이게 했다. 민속학자들이 특별히 강조하고 있듯이, 이 추락의 구도는 처벌의 형태로 교훈화된, 불길하고도 죽음과 관련된 시간의 주제와 다름없다.[13] 추락의 물리적 문맥 안으로 추락의 교훈화, 심지어 추락의 정신병리학이 들어오게 된다. 즉 몇몇 묵시록 속의 추락의 묵시는 악에 의한 "소유"와 혼동된다. 그때 추락은 간음, 질투, 분노, 우상 숭배, 살인 등의 죄의 상징emblème이다.[14] 그러나 이 교훈화는 시간의 기반 위에서 펼쳐진다. 과일의 완성이 추락을 결정할 에덴동산의 두번째 나무는 최근의 교훈들이 주장하듯 지식의 나무가 아니라 죽음의 나무다. 달의 동물인 뱀과 인간의 경쟁은 많은 전설들 속에서 죽지 않고, 재생되고, 새로운 피부를 만들 수 있는 요소와 자신의 본원적인 불사不死로부터 실추된 인간의 경쟁관계로 환원되는 것 같다. 비교 방법론은 우리에게 길가메시Gilgamesh의 바빌론 시대 또는 편집자 엘리앵Elien이 보고한 프로메테우스의 전설 같은 파생 전설에서 여전히 뱀이 불사를 훔치는 자의 역할을 유지하고 있음을 보여준다.[15] 수많은 신화에서 최초의 인간을 속이고, 죄악과 추락을 최초의 인간의 불사성과 맞바꾸는 것은 달이거나 달의 동물인 뱀이다. 성서 에서와 마찬가지로 카리브해의 사람들에게는 죽음은 추락의 직접적 결과이다.[16]

많은 전통들 가운데 이 추락의 형태를 한 최초의 결과에 또다른 결과가 덧붙여지는데, 그것은 불길한 달과 인간의 호흡 간의 적대적인 성격을 확인하고, 추락을 순전히 성적인 해석으로 침몰하게 만들(이것은 유대-그리스도 절충교의 문맥에서 만들어진 것처럼 보인다) 위험하기 짝이 없는 결과이다. 사실 월경은 추락의 이차적인 과정으로 여겨진다. 우리는 이렇게 검은 물과 피의 성좌를 정화시키는 여성 혐오와 함께 집중되는 원죄의 여성화에 귀착하게 된다. 여성은 월경혈 때문에 순결하지 못했으므로 원죄의 책임을 짊어지게 된 것이다. 성서 에서 뱀은 비록 월경을 직접적으로 촉발하지는 않지만, 그의 개입이 산과적 결과와 전혀 무관한 것은 아니다. "나는 너의 임신의 고통을 배가할지니, 너는 고통 속에서 아이를 낳을 것이다."[17] 다른 전통들[18]은 더욱 명백하다. 인도인들처럼 알곤킨 지역 사람들은 여자들이 생리를 하는 것은 속죄하기 위해서라고 생각한다. 이 정신적 추락의 여성화는 아메리칸 인디언, 페르시아, 에스키모, 로디지아, 멜라네시아 등의 전통에서 나타나고, 그리스의 판도라 신화의 원천이 되기도 한다. 그러나 이러한 추락의 여성화라는 결과를 야기하는 것을 입증하는 성적인 반대 의미에 대해 분명히 주장할 필요가 있다. 베일P. Bayle과 프레이저J. G. Frazer 이후로 크라프는 이 성적 의미부여를 교훈적 신학자가 주장하는 뒤처진 교훈으로 치부할 뿐이다. 사실 우리가 달과 월경의 여성화에서 주목했던 것처럼, 추락의 여성으로 상징화한 것은 원초적으로 오직 산과적 생리학의 이유 때문에 선택되었던 것이지, 성적인 이유 때문은 아니었다. 우리는 죽음의 인식과 근원적인 재난인 시간에 관한 번민이라는 의식을, 조금씩 거칠게 성적인 문제가 되어가는 "선과 악의 인식"이라는 덜 심각한 문제로 대체해서 포착한 것이다. 이러한 성적 특질을 향한 변경은 비관적 금욕주의 흐름의 영향으로 인해 상대적으로 최근의 시대에 도입되었다. 이 금욕주의는 인도에서 와서 서구에 도달하기 이전에 근동 지역 대부분에서 널리 퍼진 것같이 보인다. 밀레토스 학파의 글쓰기는 오르페우스 밀교와 최종적으로 플라톤의 사상에서 모습을 드러낸다. 교회는 성 아우구스티누스에 의해 그노시스파와 마니교가 추구한 성에 대한 애호를 물려받았을 뿐이다.[19] 이러한 본래적 추락 구도가 정신적·육체적 주제로 변형한 것은—그것은 세속화인데—"부차적" 의식인 동시에 거대한 철학적 개념들의 은유적 밑그림인 "초"의식의 지시자인, 많은 정신분석학적 주제들의 이중적 유발성誘發性을 잘 보여주고 있다. 예를 들어 우리가 그의 시대를 통해 풍부한 의미들을 연구할 것이고, 순환적 상징에 의해 달과 월경에 연결되어 있는 뱀의 우주론적 상징은 그의 길쭉한 형태 때문에 쉽게 남근적이고 순수하게 성적인 주제에 동화된다. 최초의 겁탈 같은 월경의 기계론적 설명은 여전히 이 상징의 성적 내포들을 강화하게 되고, 추락의 엔그램은 육체적이고 유별나며 그때부터 인간의 죽음과 관련된 운명을 다루는 원초적이고 원형적인 의미에서 멀어지는 삽화로 세속화되고 제한된다. 아마도 이 과정에서 죽음의 완화 작용을 보아야 할 것이다. 그 완화 작용은 집단적인 융의 원형에서 순전히 개인적이고 프로이트적인 심리 충격을 주는 삽화로 전이하는 것이다. 추락의 여성화는 동시에 그것의 완화 작용일 것이다. 깊은 구렁의 억제할 수 없는 공포는 성교나 질膣 같은 용서받을 수 있는 두려움으로 축소된다.

우리가 상상력에 의해 구성된 것으로 보는[20] 완화 작용은 모든 인류학자들[21]이 주목했던 방법이다. 그것의 극단적인 경우는 자신과 반대되는 것의 이름이나 속성을 괴상하게 씀으로써 재현이 약화되는 반어법이다. 프랑스어에서처럼 독일어에서는 창녀가 "소녀"나 "처녀"라는 말로 완화된다. 그리스 신화에서 에리니에스는 에우메니데스Euménides로 대체된다. 죽을병이나 중병들도 보편적으로 완화되는데, 뇌전증, 나병, 천연두 등은 "높은 병" "아름다운 병" "축복"이 된다. "죽음"이라는 말 자체도 풍부한 완곡어법으로 대체되고, 언제나 죽음이라는 말과는 거리를 둔다. 죽음을 부르신 신들은 아름답고 매혹적인 젊은 여자로 변신한다. 매혹적이고 댄서인 마라의 딸들이나 율리시스 전설의 아름다운 칼립소, 북유럽 전설들의 요정들, 『라마야나*Râmâyana*』의 멋진 라바나Râvana 등이 그러하다.[22] 결국 죽음의 시간에 대한 완곡어법인 이 반어법의 소묘는 추락의 세속화를 다원 결정하는 요소들 가운데 하나, 추락에 성적 의미를 부여하는 동기화가 아닐까? 이 점에서 루즈몽이 트리스탄의 전설에 대해 연구했던 역방향의 움직임이 있다.[23] 순수한 사랑의 원칙인 아마밤 아마레amabam amare는 운명적 사랑amor fati, 심지어 "죽음의 사랑"에 기반을 두고 있다. 그러나 이 점에서 상호적 감염에 의하여 우리를 지금까지 살펴본 것과는 전혀 다른 상상적 재현의 영역으로 이끌어가는 죽음의 완곡어법이 묘사되고 있다. 에로티시즘에 의하여 운명의 완곡어법은 이미 최소한 언어에서만이라도 시간과 죽음의 위험들을 제압하고자 하는 시도이고, 그때 이미 이미지의 가치들은 근본적 전도의 과정에 있게 된다. 기독교적 전통이 심오하게 강조하듯이, 이 세상에 악을 들여온 것이 여성이라면, 그것은 여자가 악에 대해 영향력을 가지고 있고 뱀을 짓누를 수 있기 때문이다. 우리는 잠시 후에 이 가치의 전도에 대해 깊이 있게 다룰 것이다. 현재로서는 추락의 구도에서 넓게 자리잡고 있는 이미지의 체계들이 항상 완곡화의 과정에 있다는 것을 강조하는 데 만족하기로 하자. 그노시스파에게서든 오리게네스Origène에게서든, 신플라톤주의자에게서든 의사 클레멘스주의자들pseudoclémentins에게서든, 악은 추락과 자신의 정신적 배음倍音에 의하여 밤이 긍정적인 역할을 수행하도록—헤겔적 유형과는 반대 방향으로—엄격한 이원론인 '낮의 체제'를 완화시키면서 항상 어떤 의미에서 선의 보조자가 된다.[24] 이제 우리에게는 '시간의 얼굴들'에 할애된 제1부를 결론짓기 전에, 주목할 만한 프로이트적 지속성 안에서 성적 육체와 식욕의 육체를 구성하는, 구덩이와 추락으로부터 묘사된 이 완곡어법을 검토하는 일이 남아 있다.

*

프로이트 이후로 우리는 탐식이 성과 연결되어 있고, 구강은 성적인 것의 퇴행된 상징이라는 것을 명백히 알고 있다.[25] 우리는 사과를 씹어 먹는 이브의 이야기에서 삼키는 동물의 상징들로 돌아가는 이미지들을 밝혀낸다. 그러나 또한 우리는 이 이야기를 성적인 배와 소화를 시키는 배 사이의 프로이트적 관계를 고려하면서 해석한다. 금욕주의는 순결할 뿐만 아니라 절제된 채식주의이다. 동물의 살을 먹는 행위는 언제나 죄악 또는 최소한 금지라는 생각과 연결되어 있다. 「레위기」에서 월경혈에 대한 상대적인 금지는 몇 절 뒤에서 피를 먹는 것에 대한 상대적인 금지로 이어진다. "왜냐하면 육체의 영혼은 피 속에 있기 때문이다."[26] 성서 에 나오는 두번째 재난인 홍수를 야기하는 것은 이 금지의 단절이다.[27] 『분데헤시』에서는 성과, 살을 먹는 행위가 이상한 신화로 묶여 있다.[28] 악의 상징인 아리만은 조하크Zohak 왕의 요리사인데, 최초의 인간 부부에게 고기를 먹임으로써 그들을 유혹한다. 바로 거기에서 사냥의 풍습이 생기고, 동시에 의복의 사용이 생겨났다. 왜냐하면 최초의 남자와 여자는 죽인 짐승의 가죽으로 그들의 알몸을 가렸기 때문이다. 채식주의는 순결과 연결되어 있다. 인간 스스로 벌거벗었다는 사실을 알게 한 것은 동물의 학살이었다. 그러므로 추락은 살에 의해 상징화된다. 그것이 인간이 먹는 살이든 성적인 살이든, 거대한 피의 금기는 이 두 가지를 서로 결합시킨다. 그때부터 시간에 관한 것과 살에 관한 것은 동의어가 된다. 사변적인 것에서 정신적인 것으로의 매끄러운 전이가 있다. 추락은 정신적 심연, 유혹하는 현기증의 부름으로 변형된다. 바슐라르가 지적하듯이,[29] 심연이라는 말은 대상의 이름이 아니라

"심리적 형용사"이다. 우리는 그것이 심지어 정신적 동사라는 것을 덧붙여야겠다. 심연은 엠페도클레스적 배음을 구성할 위험성이 있고, 바데르Baader의 경우에서처럼 유혹으로, "심연의 부름으로"[30] 변할 위험성이 있다. 바데르에게 추락은 운명일 뿐만 아니라 스스로 외면화되고, 육체적인 것이 된다. 배는 분명히 심연의 완화된 소우주이다.

바슐라르는 다른 곳[31]에서 빅토르 위고의 작품에 나오는 셰익스피어의 한 구절을 인용하고 있는데, 거기에서 일반적인 배는 "악덕의 부대 자루"로 여겨진다. 이 시인에 대한 정신분석은 위고의 작품에서 배나 하수도 같은 움푹한 곳이 수행하는 부정적 역할을 확인하고 있다.[32] 소설『레 미제라블』에 나오는 도시의 배인 유명한 하수도는 혐오감[33]과 심한 공포의 이미지들이 명확해지는 곳이다. "어둡고 구불구불한 용종茸腫…… 그곳에서 페스트들이 풍겨나온다…… 인간들에게 지옥을 뿜어내는 용의 아가리……."[34]『파리의 노트르담』에 나오는 기적의 궁전은 도시의 하수구이고,『바다의 일꾼들』에서는 악취를 풍기고 우글거리는 자크레사르드의 궁전이 그러하다. 위고의 모든 작품에서 정신적 최하층계급은 하수구의 상징, 쓰레기의 상징, 소화와 항문에 관련된 이미지들을 불러온다. 미로는 부정적 이미지들의 동물 형상을 한 동형체들을 따르면서 용이나 "길이가 열다섯 발 되는 지네"가 되어 활성화되는 경향이 있다. 살아 있는 하수도인 창자는 '리바이어던의 창자'라 이름붙여진『레 미제라블』의 한 장에서 신비하고 게걸스러운 용의 이미지와 결합되는데, 이 '리바이어던의 창자'는 죄악의 장소, 악의 가죽 부대, "바빌론의 소화 기관"이다.『웃는 사나이』는 심연의 항문적 동형을 다시 다루고 있다. 여기에서 하수도는 "구불구불한 창자"이고, 자신을 이끌어가는 상상적 주제들을 명확하게 의식하고 있는 소설가는 "모든 창자들은 구불구불하다"라고 지적한다. 마침내 우리가 소설에서 시로[35] 넘어간다면, 검고 불길한 물의 두번째 상징이고 "영원한 쓰레기들이 비처럼 내리는 스틱스강이라는 하수도에" 동화된 지옥의 강을 보게 된다.

체감(전신감각)과 짝을 이루는 후각은 창자–심연의 이미지들의 불길한 성격을 강화한다. "장독臟毒이라는 말은 하수구의 소리 없는 의성어이다"[36]라고 바슐라르는 적고 있다. 육체적 장애들은 이미 죄악이 내재된 대가代價처럼 살 속에 들어 있다. 그러할 때 상상력에는 "숨 막히는" "악취를 풍기는" "구역질나게 하는" 등의 불쾌한 냄새를 풍기는 모든 수식어들이 찾아온다. 이 하수도의 동형체 안에는 해석학적 문학이 벨제불Beelzéboul에게 부여하는 수치심과 구역질의 모든 어감들이 있다. 벨제불은 『불가타 성서*La Vulgate*』가 벨제붑Beelzéboub으로 변형시킨 것인데, 랑톤에 의하면[37] 원래는 "악취의 왕자"를 뜻하는 히브리어 제벨zebel에서 온 것이다. 그러므로 소화와 성이라는 이중 양상을 띠는 배는 심연의 소우주이고, 미니어처가 된 추락의 상징이고, 절제와 순결의 모럴이라는 이중 모럴과 이중 하수구의 지시체이다.

프로이트적 전망에서 볼 때, 우리는 구강 고착 단계에서 두 가지 국면을 구별할 수 있을 것 같다. 첫번째 것은 빨기와 입술로 삼키기에 일치하고, 두번째 것은 깨물기를 시작하는 치아기와 일치한다. 우리는 여기에서 소화의 배와 먹는 행위에 대한 부정적 가치부여가 씹어 먹기라는 가장 진화된 단계에 연결되어 있다는 사실을 주장할 것이다. 우리는 이미 괴물의 원형에 대해 언급할 때, 피할 수 없는 고통스러운 충격이고 젖떼기보다 더 과격하며, 이가 돋아날 때의 정신적 충격이 씹어 먹기의 부정성을 강화한다는 것을 암시했다. 다른 한편으로 살의 부정적 가치부여가 신화에서 느릿한 현상으로, 정신적 합리화의 밑그림이 기초를 이루는 것으로 나타나기 때문에 씹어 먹기가 소화의 배를 선호하는 현상과 융합하는 것은 자연스러운 일이다. 바슐라르는 융을 다시 다루면서 "삼키는 행위는 진정한 불행이 아니라"[38] 하나의 부정적 양상을 가지고 있을 뿐이라고 말함으로써 이러한 관점을 확인해준다. 그러므로 우리는 이 경멸적인 성좌들 중에서 해로운 삼킴과 다소간 가학적인 씹어 먹기만을 취할 뿐이다. 이 삼키기와 씹어 먹기는 괴물의 이빨이 돋아 있는 아가리가 심연의 두려움을 강화시키는데, 훨씬 후에는 긍정적 가치가 부여된 이미지들을 가지게 된다.[39] 해로운 배는 위협적인 아가리로 무장되어 있을 뿐만 아니라, 그것 자체가 험난한 식도라는 미로이다. 빨기나 단순한 삼키기와 차별화되는 것은 바로 이 고통스러운 배음倍音에 의해서이다. 그것이 윌리엄 블레이크가 상상한 연인들의 지옥, 꾸불꾸불한 창자로 만들어진 "소용돌이"이다.[40] 바슐라르는 마침내 동물화, 추락, 미로에 대한 공포, 검은 물, 피 사이의 동형성을 자신의 시적 본능 안에서 요약하고 있는 미셸 레리스의 뛰어난 텍스트를 인용하고 있다.[41] 하강의 구도를 가지고 있는 악몽에서 시인은 "시뻘건 피를 흘리며 창자는 부드러운 양탄자의 씨줄을 만들어내는 부상당한 동물들…… 내 혈관 안에는, 선조 때부터, 사냥에서 쫓기는 이 모든 동물들의 떼를 자극하는 붉은 강이 흐르고 있다"는 생각을 억압하는 듯이 보인다. 피투성이이고 내면화된 배는 또한 소화의 배이다. 왜냐하면 이 고기는 "정육점의 고기"이고, "설익은 야채들이 흐르는 안심filets de boeuf의 긴 강"이라는 내용을 우리에게 전해주는 창자의 이미지를 부르기 때문이다. 여기에서 우리는 시인에게서 벗어나지 못하는, 소화관 위에 축을 잡고 있는 살의 완벽한 상징을 발견한다. "네가 자랑스러워하는 너의 입과 연결되어 있는 것은 너의 소화관이다. 그리고 네가 부끄러워하는 너의 항문은 너의 몸을 가로질러가며 꾸불꾸불하고 미끌미끌한 긴 구덩이를 판다." 엄격하게, 그리고 전적으로 부차적으로 우리는 이 이미지들에게서 바슐라르가 그러했듯이[42] 내밀성과 집의 상징을 읽을 수도 있다. 그러나 우리가 보기에는 그 살과 관련된 완곡어법과 육체적 내밀성에도 불구하고, 이 내적 모험의 "부드러운" 측면을 제압하는 것은 무엇보다도 두려움이라는 거대한 원형의 어두운 색조인 것 같다. 만일 소화관이 사실상 쾌락원칙의 전개축이라면, 그것은 또한 우리에게 어둠의 타르타로스와 지옥의 꾸불꾸불함의 소우주적 환원이고, 완곡하게 표현되고 구체화된 심연이다. 이빨이 난 입, 항문, 여성의 성기는 세 가지 변화형들 속에서 개체발생의 과정을 통하여 가학증[43]을 다양화하는 외상 흔적에 따른 사악한 의미를 담고 있는데, 이것들은 분명히 어둡고 피가 낭자한 육체의 내면성이 만들어내는 축소된 지옥 미로의 문들이다.

*

방금 끝낸 장들의 요약 겸 결론으로서, 우리는 지속적인 동형체가 첫눈에 보기에는 서로 관련이 없는 모든 이미지들을 묶어준다고 말할 수 있다. 그러나 그것의 성좌는 시간 앞에서 보이는 불안감에 대한 다양한 형태의 체계들을 끌어내도록 해준다. 우리는 시간이 동물 모습을 한 얼굴과 괴물의 공격성을 갈아입는 것을 본 동시에 돌이킬 수 없는 덧없는 양태나 운명과 죽음의 채워지지 않는 부정성으로 보내는 동물성의 상징인 무서운 동물 형상이나 공포스러운 포식 괴물로 나타나는 것을 연속적으로 보았다. 미래에 대한 근심은 이어서 밤의 형태를 한 이미지들의 투사체로서 우리에게 나타난다. 그것은 눈먼 늙은이가 검은 물과 결합되고, 결국에는 어둠이 피 속에 비치는 상징들의 행렬이다. 그 피는 여자에게 월경의 흐름을 통해 달의 한 달 주기와 일치하는 것으로 드러나는 죽음과 관련 있는 삶의 근원이다. 이런 차원에서 우리는 불길한 상징의 여성화가 완곡어법이 전적으로 작동하는 밑그림을 그리고, 추락의 구도인 세번째 공포스러운 구도가 축소체로 추락하고, 성과 소화라는 이중의 형태 아래 내적이고 체감적인 추락의 소우주로 환원되는 것을 확인했다. 그것은 죽음과 시간 앞에 있는 인간의 근심스러운 태도가 성, 심지어 소화의 육체 앞에서 느끼는 정신적 근심에 의하여 배가되는 전이이다. 우리의 내부에서 살고 있는 육체라는 동물은 언제나 시간에 대한 명상으로 이끌린다. 그리고 죽음과 시간이 영원을 향한 공격적인 욕망의 이름으로 거부되거나 반박될 때면, 모든 형태의 육체, 특히 여성성이라는 월경의 육체는 시간성과 죽음의 비밀스러운 연합군으로서 의심을 받고 배척당한다. 그러나 육체에 의한 고뇌의 축소화가 우리에게 짐작케 하는 것처럼 우리는 뒤에서 완곡화된 여성화가 이미 밤의 이미지들의 구원의 길에 있다는 것을 볼 것이다.[44] 그러나 엄격한 낮의 체제는 여성의 유혹을 믿지 않으며, 여성의 미소가 밝히는 시간의 얼굴에서 등을 돌린다. 그것은 낮의 상상력이 채택하는 영웅적 태도로서, 반어법과 가치의 전도에 이끌리기는커녕 자신의 상징적 반대명제들을 더욱더 굳건하게 만들기 위해, 밤의 위협에 대항하여 자신이 사용하는 무기들을 세심하고 효과적으로 닦기 위해 크로노스 얼굴의 어둡고 괴물스럽고 사악한 양상을 과장되게 키운다. 이제 우리가 연구하고자 하는 것은 운명에 맞서는 전투에서 사용하는, 저 의기양양한 의식意識의 '낮의 체제'를 이루고 있는 무기들이다.

제2부 홀笏과 검

"전사와 영웅의 씩씩함을, 오 파르타여, 잃지 마라!
그것은 너답지 않은 짓이다. 비겁함을 떨쳐버려라!
일어나라, 오 파란타파여!"

—『바가바드 기타』, I, 3

앞의 '시간의 얼굴들'에서 부정적으로 나타났던 구도, 원형, 상징들 각각을 '시간 앞에서의 도피', 그리고 '죽음이라는 운명에 맞서는 승리'의 상징체계로 하나하나 대비시킬 수도 있다. '시간'과 '죽음'의 형상화는 이 부정적인 가치들과 맞서 싸울 의지를 자극하여 이들의 퇴치를 위해 궁극적으로는 또다른 상상적인 이미지들을 불러일으키는 상징체계나 다름없기 때문이다. 바로 여기에서 상상력을 구성하는 하나의 원리가 명확하게 드러나는데, 이를 해명하는 것이 이 책의 의도이기도 하다. 이 원리는 바로 '악'을 상정하고 '위험'을 상기시켜 '불안감'을 상징화하며, '코기토'에 의해 제어된다. 이 위험한 상황들이 현상적으로 나타나는 경우 이것은 코기토의 작용을 최소화하기 마련인데, 상징적 현현의 경우는 더더욱 그럴 것이다. '시간의 얼굴들'의 어두운 면을 상상한다는 것, 그것은 동시에 '빛'에 의해 그 어두운 면의 퇴치가 가능함을 전제하고 있다. 상상력은 시간을 결투장으로 끌어내는데, 거기에서 시간은 매우 서서히 상상력에 굴복한다. 그리고 상상력은 죽음의 괴물들을 어마어마하게 과장하여 투영하는 동안, 용을 쓰러뜨릴 무기를 은밀하게 가다듬는다. '부정적 과장법은 대조법의 구실이 될 뿐이다.' 이는 데카르트와 빅토르 위고의 사상 속에 드러나 있는 것이기도 하다.[1]

이 세 가지의 테마는 우리가 상상력이 구성되는 방식을 연구하면서 이미 익숙해지기도 한 상상계들 간의 '상호관계'의 차원에서, '시간의 얼굴들'에 대응되는 상징체계를 구성할 뿐만 아니라, '정신적'이거나 '도덕적'인 태도의 실마리가 되는 인간 의식의 심층구조를 이끌어내기도 한다. 상승의 구도와 우라노스적인 빛의 원형 그리고 분리의 구도는 분명히 추락, 어둠, 동물적인 것이나 육욕적인 것에 정확히 대척점을 이룬다. 이 주제들은 자세 반사를 구성하는 중요한 몸짓들, 즉 상반신의 수직화와 가슴을 펴려는 노력, 다른 한편으로 시각, 끝으로 몸의 자세에서 손이 해방되어 가능해진 손재간 촉각에 상응한다. 이 몸짓들은 기본적이고 자연적인 반사 반응인데, 우리가 교육상의 이유 때문에 먼저 탐구한 부정적인 상징들은 이러한 반사 반응의 정서情緖적인 상대물, 촉매 작용을 하는 보완물일 뿐이다. 게다가 이 주제들은 이전의 주제들보다 성격이 더 분명하게 규정될 수 있다. 정확히 시간의 혼란과 대조를 이루고, 세 가지 모두 분리 또는 격리의 노력에 따라 정돈되기 때문이다. 시각 지배基調—가장 지적인 감각중추의 지배—가 운동 지배와 갈수록 더 긴밀하게 연결되므로, 이러한 전前 합리적인 노력은 이미 일반적인 진행의 길로 들어섰다고 말할 수 있다. 어린이의 경우에는 두 달이 지나면서 시각적 반응이 완전히 지배적 성격을 띠며, 이 점에서 시각의 반응은 자세 지배와 연결된 최초의 반사들 가운데 하나이다.[2] 또다른 관점에서 백일몽[3]은 상승의 구도와 빛이라는 시각의 원형이 서로 보완적이라는 것을 보여주는데, 이는 "우리를 빛과 높은 곳으로 이르게 하는 것은 인간 정신의 동일한 작용이다"[4]라고 말할 때 바슐라르가 단언하는 바로 그것이다. 따라서 우리가 곧바로 탐구할 상징들의 동형적인 수렴 현상은 아주 상이한 지평들에서 사상가들이 분명히 확립한 듯하며, 상상 작용과 재현의 한 가지 일반적인 구조, 분리의 정신 기제가 지배하는 "시각적인 것, 정의, 합리화의 세계"[5]

에 대한 이해를 결정하는데, 블로일러의 "분열Spaltung"은 이러한 세계관의 변질된 형태이다.

우리가 제2부의 세 가지 주제를 포괄하기 위한 전반적인 제목으로 두 가지 상징, 즉 각각 상승과 분리의 구도를 가리키는 "'홀'과 '검'"만을 선택한 것은 우리 자신의 상징 분류가 카드놀이, 특히 타로[6] 카드놀이의 4진 분류와 일치한다는 사실을 강조하고 싶었기 때문이다. 우리가 곧 이어질 연구를 통해 지적할 가장 중요한 원형들에 포함되는 네 가지 상징을 이 카드놀이가 기호로 활용한다는 것은 실제로 주목할 만하다. 즉 '홀–지팡이·검·잔, 바퀴–은화는 원형학 공간의 방위 기점을 구성한다.' 우리는 3장으로 이루어진 '시간의 얼굴'과 대칭을 이루도록 우리가 선택한 두 가지 타로 상징에 "횃불–등화"를 덧붙일 수도 있었다. 그러나 빛과 곧추선 "정의의 칼"이라는 지고한 수직화의 주제들은 아주 동형적이어서, 엄밀하게 대칭이 되는 것을 제쳐놓는다는 위험을 무릅쓰고 제목에서 이것들 중 하나를 포기해도 무리는 없을 듯했다. 우리에게 빛은 금색과 번쩍거림의 상징적 형태 때문에 실제로 홀과 검의 단순하고 당연한 속성인 것으로 보였다. 우리는 이 모든 상징이 지배력의 개념을 중심으로 성좌를 이루고[7] 홀의 수직성과 검의 효과적인 공격성이 이로운 전능全能을 보증하는 원형이라는 것을 곧 알아차릴 것이다. 홀과 검은 가장 원초적인 영혼이 지배력과 남성의 운명을 병합하고, 음험한 여성성을 떨쳐내며, 자신을 위해 크로노스의 거세를 되풀이하고 나서는 운명을 거세하고, 일시적이고 덧없을뿐더러 패배하고 우스꽝스러운 허물을 버림으로써 신기하게도 힘을 자기 것으로 하는 이중적인 활동의 문화적 상징이다. 이것은 아마 크로노스가 우라노스에게서 가로챈 강력한 전리품을 크로노스의 육체에서 제거함으로써 지배력의 정화를 통해 우라노스의 패권을 재확립하는 제우스 신화에 깃든 깊은 의미일 것이다.

제1장

상승의 상징들

'상승'의 구도와 '수직'의 상징들은 대표적인 '공리적 은유'라 할 수 있다. 여기서 공리적 은유라고 한 것은, 바슐라르가 언급했듯이, 다른 은유들에 비해 인간의 정신현상 전반에 걸쳐 관여되어 있기 때문이다. "모든 가치부여는 수직화 작용에 해당하는 것이 아닐까?"[1] 원소의 철학자[2]는 수직 벡터의 공리적인 중요성을 확증하기 위해 낭만주의 작가 셸링과 "신중한" 발롱Wallon의 사유를 기꺼이 수렴시킨다. 전자는 상승의 수직성을 "활기차고 영적인" 의미가 있는 유일한 방향으로서 찬양하고, 후자는 우리가 여기에서 전개하는 가설, 즉 "사물의 안정된 축으로서의 수직성 개념은 아마 인간이 습득하는 데 그토록 대가를 치러야 하는 곧추선 자세와 관련될 것"이라는 가설을 표명한다. 드조유가 낭만파 시인 장 파울이 자신의 시론 『꿈 세계의 일별』에서 예감했던 것과 아주 유사한 방법, 도덕적이지는 않지만 심리적인 상승 치료법을 온전히 확립한 것은 바로 인간을 나타내는 이 기본적인 축, 상상적인 수평선의 기본적인 양분兩分을 토대로 해서이다.[3] 이러한 치료법을 통해 우리는 도덕적이고 정신적인 태도와 자연스럽게 암시되는 상상력 사이의 직접적인 관련을 파악할 수 있다. 드조유가 상승의 상징이 도덕적 이상과 정신적 완전성에서 분리되는 것을 용인하지 않는 것은 올바른 일이다. 이것은 '카타르파주의'이자, '진실' 혹은 '수직'의 가치의 개념들, 의식 속에 이 작용들을 이끄는 실질적 움직임이 '상승'의 역동적 이미지들에 의해 이루어진다는 것을 효과적으로 보여주는 동시에 치료법으로 사용되는 '돈키호테주의'이다.[4] 코프카는[5] 반사학자들이나 정신분석학자들의 방법과 전혀 다른 방법을 이용하면서도, 우발적인 상황으로 인해 몸의 균형이 무너질 때 곧바로 자세를 바로잡는 인간에게 시각적인 전망에서 수직의 구도가—수평의 위상에서도 마찬가지이지만—우위를 차지한다는 것을 밝혀낸다. 즉 가파른 산악 철로를 달리는 기차의 창문을 통해 바라볼 때 느끼는 "기울어진" 지각 인상은 출입문 밖으로 머리를 내밀면 즉각적으로 해소된다. 그러므로 인간에게는 순수한 시각에 질서를 부여하는 직각의 상수가 존재한다. 이것은 갓난아기의 "지배적인" 반응으로 설명될 수 있다. 갓난아기는 모든 자연발생적인 동작을 억제함으로써 수직에서 수평으로나, 수평에서 수직으로의 갑작스러운 변화에 대처한다. 수직 지배라는 이 문제는 깁슨J. Gibson과 모러O. H. Maurer가 체계적으로 탐구하였다.[6] 이 저자들은 그러한 "중력의 반사"를 귓속의 반고리관을 기점으로 하는 흥분뿐만 아니라 발바닥, 엉덩이, 팔꿈치에서 촉각으로 느낄 수 있는 압력의 대칭적인 변이, 아마 "내부와 내장의" 압력에도 결부시킨다. 바로 이러한 운동감각과 체감의 바탕천 위에 두번째 부류의 요소들과 마치 조절에 의해서인 듯이 시각 요소들이 수를 놓게 되는 것이다. 수직화는 시각이 종속되는 지배이므로, 이 두 가지 동인의 위계는 "머리가 기울어질 때 비스듬한 망막선이 놀라우리만치 곧바른 것으로 지각되는 선을 산출할 수 있다"[7]는 사실로 증명된다. 끝으로 발생심리학은 자세 공간을 구조화하는 "반사 집합들", 즉 동작의 해석에 필요한 일종의 선험적 여건을 어린이에게서 간파해내면서, 수직성의 공리적이고 지배적인 특징을 확증해준다.

따라서 수직화의 공리적인 구도들에 힘입어 상승에서 비상에 이르는 모든 수직성의 표현이 확실히 관심을 끌고 더 높은 가치를 부여받는 것은 당연하다. 이것은 상승의 실천을 보여주는 신화와 의례가 매우 많다는 사실로 설명할 수 있다.[8] 가령 인도의 베다 경전에 나타나는 '두로하나', 즉 힘겨운 언덕길, 미트라 숭배의 입문 등급인 '절정', 트라키아 지방의 의식용 계단, 고대 이집트의 『사자의 서』가 우리에게 "신들을 볼 수 있게 해준다"고 말하는 사다리, 시베리아 샤먼의 자작나무 사다리를 예로 들 수 있다. 이 모든 전례典禮 상징들은 하늘에 닿기 위한 수단이다. 엘리아데가 말하듯이[9] 샤먼은 기둥의 단들을 기어오르면서 "새가 날개를 펴듯이 두 손을 펼치고"—이는 우리가 여기에서 곧바로 탐구할 상승과 날개 사이의 광범위한 동형 체계를 드러내는 것이다—꼭대기에 이르러 "나는 하늘에 닿았다, 나는 불멸이다"라고 외치며, 이런 방법으로 시간과 죽음에 대항하여 세워진 모든 사다리에 앞서 수직화의 상징화에 대한 근본적인 관심을 표한다. 인도네시아, 타타르, 아메리카의 샤머니즘에서 공통적으로 상승으로 표현되는 불멸성의 전통은 우리에게 친숙한 야곱의 사다리라는 이미지에서 재발견된다.[10] 야곱이 유명한 꿈을 상상할 때 '베텔'이라는 높은 장소에서 잠들어 있었다는 것은 특기할 만하다. 이것은 무함마드가 의인義人들의 영혼이 올라가는 것을 본 것, "수직화에 가장 어울리는 시인"[11]인 단테의 『신곡』 중 천국을 노래한 부분과 십자가의 성 요한의 신비로운 승천, 『라 수비다 델 몬테 카르멜로』에서도 찾아볼 수 있는 동일한 사다리이다. 게다가 기독교의 신비주의 신앙에서는 이 주제가 매우 흔하다. 가령 그것은 기욤 드 생티에리가 말하는 일곱 계단의 '아나바트몽'이고, 힐데가르트 폰 빙겐, 호노리우스 아우구스토두넨시스 이후에 아당 드 생빅토르는 그리스도의 십자가를 "죄인들의 사다리" 또는 "신의 사다리"로 명명하며, 성 베르나르는 「아가서」의 행들에서 비상의 기법을 읽어낸다.[12] 그것들은 바울과 신플라톤학파의 문헌이 강화한 기독교도들의 전통이다. 왜냐하면 모든 이원론은 육신의 평범함이나 추락에 대해 심령의 수직성을 대립시켜왔기 때문이다.[13] 시인들은 이러한 "야곱 콤플렉스"를 물려받는다. 보두앵이 언급하듯이,[14] 위고의 경우에 이 주제는 초자아와 직접적인 관련이 있고, 독수리와 황제 그리고 이 정신분석학자가 "스펙터클 콤플렉스"라고 부르는 것의 상징체계와 함께 주목할 만한 성좌를 이룬다. 「성주들」은 「어둠의 입이 말하는 것」의 사다리꼴 배열, 즉 꼭대기에 신을 올려놓는 도덕적 가치의 상징들에 접근시킬 만한 한 가지 독특한 야곱의 사다리를 드러낸다.[15] 물론 위대한 낭만파 시인인 마니교도에게서 상승은 추락의 부정적인 대척점에 그 기초를 두고 있다. 아가리, 심연, 검은 태양, 무덤, 수렁, 미궁은 심리와 도덕의 측면에서 상승의 영웅 정신을 명백히 돋보이게 하는 것들이다. 이 모든 사다리의 특징은 천공天空, 그것도 고유한 의미의 천공, 다시 말해서 천체와 관계가 있다는 점으로서, 일곱 또는 아홉 개의 가로대는 천체들에 상응하고 금빛으로 반짝이는 마지막 가로대는 태양의 몫이다. 엘리아데가 명백하게 알아차렸듯이,[16] "계단과 사다리는 하나의 존재 방식에서 또다른 존재 방식으로 이행할 수 있게 하는 층위 단절을 조형적으로 형상화한다." 그러므로 상승은 분명히 순수한 수직성, 하늘 높은 곳으로 탈주하려는 욕망의 타고난 향수鄕愁로 인해 꿈꾸게 되는 "자기 안으로의 여행" "모든 여행 중에서 가장 실제적인 상상 여행"[17]을 구성하며, 그런 만큼 드조유가 상승의 상징들에 대해 상상적인 명상을 토대로 하여 침울한 상태를 치료하려고 한 것은 우연이 아니다.

우리는 곧 신성한 '산' 또는 적어도 신성한 작은 언덕이나 신석神石의 상징체계에서 동일한 구도를 재발견할 것이다. "자연 속에서 몽상을 품는 사람에게는 아무리 낮은 언덕도 계시의 장소인데"[18] 이는 아마 인간에게 카바나 '지구라트' 또는 보르부드르 신전 같은 인공 언덕을 쌓도록 부추긴 요인일 것이다. 피라미드처럼 북유럽 문명의 장례 '봉분', 즉 사제-왕의 무덤도 하늘 숭배, 오딘 숭배의 산물이다.[19] 물론 돌의 위현威顯, kratophanie에 대한 연구로 미묘한 의미 차이를 끌어들이고, 예컨대 높은 제단들, 즉 밝혀진 등불이나 등대를 떠받치고 우라노스 계열의 신들을 위해 세워진 작은 언덕, 구릉, 적석총, 오벨리스크, 대지의 신들을 위한 피바른 평평한 돌을 세심하게 구별할 수 있다.[20] 기독교 상징해석학에서는 다듬지 않은 남녀 양성의 돌 또는 네모난 여성적인 돌을 원추형의 돌 또는 남성적인 선돌과 구별할 수 있다. 이 선돌은 교회의 "첨탑"과 종루, 새벽의 새인 수탉이 위에 위치한 아주 교과서적인 기독교 오벨리스크에서 발견된다. 생티에리에 의하면 신석, 선돌, 종루의 첨탑은 "거룩한 결합에 대한 날카로운 관심과 기대"[21]를 의미한다. 그러나 이 미묘한 의미 차이의 도입은 단지 역동적인 몸짓을 구현하는 재료에 대한 역동적인 몸짓의 우위를 다시 한번 강조할 뿐이다. 모든 돌은 올려질 경우에만 우라노스 및 남근 숭배의 매개물이 된다.[22] 이는 중국 회화에서 산의 의도적인 수직화를 통해 명백하게 드러난다. 중국 문화에서 깊은 철학적 의미를 지니고 우주론적 성찰에 물질적인 매체의 구실을 하는 회화는 '산수',[23] 다시 말해서 "뫼와 물"로 정의된다. 이 두 가지 상징은 각각 우주를 구성하는 두 가지 성적 원리, 즉 음과 양을 가리킨다. 중국 화가의 수직적이고 좁은 화판이나 일본의 가케모노(두루마리 그림)에서 산은 아래에서 위로 올라가는 양인데, 양에는 일조日照와 기류('풍')의 관념이 달라붙는다. 동탕빌은 신석과 산꼭대기를 중심으로 맴도는 태양, 남성, 하늘의 동형성을 켈트족 전통에서 발견하는데,[24] 거기에서 산과 바위는 켈트족의 아폴론, 벨레누스 신을 기리기 위한 것이다. 높은 장소를 뜻하는 "발란"이나 "발론" 또는 "발라온"은 원래 "발라두눔", 다시 말해 벨레누스의 작은 언덕이었다. 프랑스의 지명 전체, 가령 베야르, 비야르, 바야르라는 이름의 모든 산, 프랑스의 모든 벨가르드는 이 견해를 보강한다. 그러나 태양신의 이름은 돌과 봉우리의 이름과 훨씬 더 긴밀하게 결합한다. 프랑스 민속에서 신격화되고 태양처럼 받들어지는 거인의 이름 "가르강 또는 가르강튀아"는 사실 목구멍을 의미하는 어근 이미지 '가르그'에서가 아니라, 도자에 의하면 전前 인도 유럽 어족에 속하는 더 원시적인 어근, 즉 돌을 의미하는 '카르' 또는 '칼',[25] '가르' 또는 '갈'에서 파생한다. 동탕빌은 바라보는 사람을 돌로 변하게 하는 괴물의 이름 고르곤 또는 가르강튀아의 기독교식 대체 이름 성 고르공에서조차 이 어근을 간파해낸다. 브르타뉴어로 바위는 여전히 '카렉'으로 불리고, 이 어근은 영국의 자연 지리에서 코멀린산과 코모린산의 경우뿐만 아니라, 비티니아의 카르말리 다그, 유명한 제벨 카르멜, 미케네의 칼카니산, 그리고 끝으로 민속에 따르면 사람 좋은 거인인 가르강튀아의 "잔해"나 배설물 또는 "신발에서 떨어진 진흙"인 돌 또는 바위가 이채를 띠는 태양 숭배의 높은 장소인 코르메유, 샤르메유, 코르벨, 코르베유, 코르바유, 망통 위의 카라멜, 토랑 고원의 샤라멜 등 많은 언덕과 산의 명칭에서 재출현한다.[26] 여기에서 우리에게 특히 흥미로운 것은 동탕빌이 높은 장소들의 켈트어 지명이 드러내는 동형성에서 탐지한 이중의 극성極性이다. 기독교는 사실 높은 장소들을 성 미카엘에게 바치면서 그 명칭을 바꾸었는데, 켈트어 어근의 변화형 '코르'는 양면성을 지니고서 신석을 가리키거나 까마귀라는 새를 가리킨다. 바다에 사는 위험한 악마의 정복자, 용을 단칼에 베어버린 위대한 인물 성 미카엘은 가르강튀아의 날개 달린 계승자이다.[27] 그는 프랑스의 유명한 반도,* 타랑테즈, 사부아 지방의 여러 봉우리, 또한 몽테산 안겔로라고도 명명되는 푸글리아의 유명한 몽테 가르가노에서 발견된다. 기독교의 이 대천사는 바로 그리스의 "칼카스"이자 전前 그리스 및 전前 켈트의 아폴론일 것이다.[28] 또한 돌을 의미하는 어근 '크르'

* 몽생미셸을 지칭한다.

와 이것의 변화형 '코르'는 태양신 벨과 동시에 태양조 까마귀를 가리킨다.[29] 코르벨, 코르베유, 코르블랭은 "로크 발랑처럼 태양석일 개연성이 농후하고, 이러한 관점에서 코르베유와 코르벨은 코르보라는 형태를 띠면서도 새를 의미하지 않을 수 있다."[30] 이와는 반대로 우리는 켈트족과 게르만족에게서 까마귀가 태양 숭배와 관련된다는 것을 알고 있기에 까마귀는 태양 궤도와의 관련성과, 태양 숭배의 돌에 결부시키는 이름의 의성어에 의해 다원 결정되므로 두 가지 극화가 의미론적으로 겹친다고 덧붙일 것이다. 이것은 음성적 특징이 역할을 하고 우리에게 새라는 그토록 중요한 상징을 참조케 하는 동형성의 좋은 사례이다.

*

상승의 전형적인 도구는 분명히 날개인데, 샤먼의 사다리나 지구라트의 계단은 날개의 조잡한 대용물일 뿐이다. 자세 수직화의 자연스러운 확대 적용은 기술적으로 날 수 없는 꿈이 순결주의를 지향하는 욕망에 의해 쉽게 받아들여지고 특권을 부여받는 데 동인으로 작용하는 깊은 원인이 된다. 수직성과 수직성의 마지막 결말을 갈망하는 것은 정당화와 합리화의 극단적인 용이함과 동시에 그러한 욕망의 실현에 대한 믿음을 유발한다. 상상력은 육체의 자세 기동력을 따라간다. 바슐라르는[31] 비의적인 샤먼들을 본받아, 날개가 이미 합리적 정화의 상징적 수단이라는 것을 매우 깊이 꿰뚫어보았다. 이로부터 역설적이게도 새는 거의 동물이 아니라 날개의 단순한 부속물로 이해된다는 결과가 유래한다. "날개가 있기 때문에 나는 것이 아니라, 날기 때문에 자신에게 날개가 있다고 믿는다."[32] 바로 이러한 이유 때문에 날개의 해부학적 위치는 신화학적으로 결코 조류학에 들어맞지 않는다. 즉 상상의 날개는 서양의 메르쿠리우스에게서처럼, 키츠나 셸리 또는 발자크나 릴케 같은 사람의 상상력에서처럼 티베트 신비주의자들에게도 발뒤꿈치에 달려 있다.[33] 새는 기능을 위해 동물의 범주에서 벗어난다. 다시 한번 우리는 상징의 근거를 실사가 아니라 동사에서 발견한다. 날개는 새나 곤충의 속사가 아니라 '난다'의 속사이다. 로르샤흐를 이용하는 심리학자들은 새와 나비의 해석이 아마 단순히 어둠의 산물인 야금夜禽과 박쥐의 경우를 제외하고는 다른 포유동물형의 상징과 전혀 다른 집합을 형성한다고 가르친다.[34] 조류학적 이미지들은 모두 상승, 승화의 역동적인 욕망에 그 준거가 있다. 전형적으로 비물질적인 새는 종달새(매우 높이 빠르게 날기 때문에 눈으로 보기 어려운 새), 쥘 르나르Jules Renard가 말하듯이 "하늘에서 사는"[35] 전형적인 우라노스의 새라는 것을 바슐라르는 미슐레, 아이헨도르프, 쥘 르나르를 좇아 지적할 줄 알았다. "공기와 상승의 은유들의 중심으로서 구실하는" 종달새는 "오직 공기의 상상력에서만 생명력을 갖는 순수한 영적 이미지"[36]이다. 우리는 이 순수한 새가 지닌 전혀 동물적이지 않은 이미지에서 잠시 후 검토할 순수성 자체 및 화살과의 동형성이 명확해지는 것을 본다. 바슐라르는 날개, 비상, 화살, 순수성, 빛이 모이는 일종의 "날개심리학"을 개괄적으로 그려낸다.[37]

독수리, 까마귀, 수탉, 매, 비둘기 등 다른 새들도 비록 더 낮은 정도이긴 하지만 동물의 범주에서 벗어난다.[38] 이 새들이 쉽게 표징과 알레고리가 되고 문장紋章학에서 이용되는 이유는 그렇게 쉽게 동물의 범주에서 벗어나기 때문이다. 예컨대 인도 유럽 기원의 점술과 밀접한 관련이 있는 독수리는 로마에서 귀족과 특권층 전용의 새이고, 뒤이어 중세의 귀족과 황제를 나타내며, 지중해 평민의 지옥 숭배와 관계가 있는 딱따구리처럼 순전히 성적인 성격을 갖는 새들과 연루되어서는 안 된다.[39] 로마의 독수리는 게르만 켈트족의 까마귀처럼 본질적으로 신의 의지를 전달하는 심부름꾼이다. 시적 직관은 바로 이러한 관점에서 독수리를 해석한다. 위고의 경우에는 강한 "독수리 콤플렉스"가 존재하는데, 이것은 우리가 나중에 다시 다룰 “이마 콤플렉스”에 의해 강화되기에 이른다. 보두앵이 말하듯이 “투구의 독수리는 이상적인 아버지의 부패하지 않는 미덕을 간직한다.”[40] 『사탄의 종말』에서는 새가 천사로 변하기도 한다. 즉 루시퍼의 죄는 바로 하얗게 남아 있는 단 하나의 깃털에 의해서 씻기게 된다. 이 깃털은 “늙은 괴물 운명”을 이겨낸 천사로 변모한다. “날개 심리학”의 관점에서 날개와 깃털의 목적인은 순결주의이다. 비너스의 새인 비둘기로 말하자면, 흔히 성적인 맥락에 연루되고 심지어 지옥과 관련이 있는 듯해도[41] 성령의 새, “천상의 어머니 소피아의 말”[42]이다. 기독교 신화학에서 비둘기가 성적인 역할을 한다 해도 그 역할은 분명히 승화된 것이고, 이 새가 때때로 나타내는 남근 숭배는 지배력, 수직화, 승화이며, 비상에 관능이 수반된다 해도 그 관능은 바슐라르가 지적하듯이[43] 정화된 것이다. “관능은 날 때 아름답다……. 정통적인 정신분석학의 모든 교훈에 반하여 꿈속의 비상은 순수한 사람의 관능이다.” 바로 이러한 이유 때문에 비둘기와 새 일반은 승화된 에로스의 순수한 상징인데, 이는 『페드르』의 유명한 구절 또는 머리와 발에 날개가 여럿 달린 성령의 비둘기가 비상의 순결주의에 의해 다원 결정되어 있는 『호르투스 델리키아룸』의 미세화에서 드러난다.[44]

바로 이러한 동기들로 인해 우리는 창공의 새이든 불의 새이든 새에 그토록 많은 도덕적 품성을 부여하고, 비상력을 위해 동물성을 무시한다. 신화학이 간직하는 것은 매나 풍뎅이의 날개인데, 신화학은 이것을 지배력의 이미지, 즉 지품천사나 천사 또는 대천사 미카엘에 연결한다. 투스넬A. Toussenel에 의하면[45] 실제로 날개는 “거의 모든 존재에서 완전성의 이상적인 표지이다.” 그리고 이렇게 확증된 사실은 비행기나 연의 인공 날개에도 적용된다. 집단의식의 관점에서 비행사 메르모스J. Mermoz나 긴메르J. Guynemer는 시베리아의 샤먼들만큼 초자연적인 힘을 부여받은

"대천사"이다. 산업사회에서 전개되는 항공술의 신화학에 관해 흥미로운 연구가 시도될 수도 있을 것이다. 즉 활공, 축소 모형들, 낙하산 강하 기술은 분명히 지배력과 순수성의 오랜 꿈을 만족시키는 듯하다. 공학자들은[46] 태평양의 모든 문화에서 상상적 비상의 중요성이 연을 날리거나 기를 펄럭이게 하는 기법의 마술적이거나 순수하게 미학적인 실현과 어깨를 나란히 한다는 것을 확인한다. 날개나 비상의 몽상은 대기의 물질, 공기—또는 에테르!—전형적인 천상의 실체를 상상적으로 경험하는 것이다.

조류학적 재현들은 그토록 풍부한 연금술의 판화에 힘입어 날개와 비상을 초월성의 의지와 분명히 관련지을 수 있다. 〈알케미아 레코그니타 Alchemia recognita〉를 보면[47] 가운데에는 백조, 불사조, 펠리컨, 아래에는 까마귀 등 다양한 새들의 그림이 나열되어 있다. 물론 연금술적인 소우주의 복잡한 맥락에는 다른 의도의 상징들, 가령 백조, 펠리컨 등의 색깔, 문화상의 전설이 개입한다. 그래도 역시 뱀은 작업의 기초이고 다른 동물들은 중심인 데 비해 새 일반은 완성이다. 신화적이고 지극히 숭고한 새 불사조 피닉스는 대大작업의 초월적인 결말이다. 화학적인 이미지는 도덕적인 교훈이다. 즉 바슐라르가 언급하듯이 새는 순수와 핵심에 매우 가깝다. 다시 한번 강조하지만 본의는 죽은 의미이고, 본의의 근거가 되면서 역사적으로도 본의보다 앞서는 것은 비유적인 의미이다. 바슐라르에 의하면[48] 순수성, 휘발성, "미묘성"에 대한 정신의 갈망 때문에 새는 연금술의 증류기에서 모습을 보임에도 불구하고, 근대 화학의 어휘는 이 상징을—죽임으로써—그저 탈신비화하기만 했다. 날개와 순수성의 이러한 동형성은 『볼 것을 주기』의 시인에게서 명백하게 나타나는데,[49] 그는 순수성의 젊은이다운 경험을 우리에게 이야기하면서 "그것은 내 영원의 하늘에서 날개가 퍼덕이는 소리였을 뿐이다"라고 말한다. 힌두교에서는 팔과 눈이 여럿인 것이 지배력의 징후라면, 셈-기독교 전통은 날개가 여럿인 것이 순수성의 상징이라는 것을 우리에게 보여주며, 이사야의 환상 속에서 모습을 보이는 여섯 날개의 천사들이 일러주듯이,[50] 날개는 천사 군단의 계급장이다. 그러므로 도덕적 오점이 추락의 특징이었듯이, 천상의 순수성은 비상의 도덕적 특징이며, 드조유는 이 원리에 치료의 가역성이 있다고 믿는다. 즉 비상 이미지가 정신에 재현되는 모든 현상은 도덕적 미덕과 동시에 영적 상승을 유도한다. 그래서 날기에 대한 몽상의 깊은 원형은 동물로서의 새가 아니라 천사이고, 모든 상승은 본질적으로 천사에 고유한 것이므로 정화와 동형이라고 말할 수 있다.

나중에 우리는 어떤 일관성 있는 근거들 때문에 모든 천사가 약간 전투적인가를 살펴볼 것이니만큼,[51] 지금으로서는 어떤 동기들 때문에 모든 천사가 흔히 사수좌射手座에 속하는가를 검토하는 것으로 만족하자. 공학에서 '화살'의 이미지는 날개라는 자연적인 상징을 수차례 대체한다. 실제로 고지高地는 상승뿐만 아니라 도약을 야기하는데, 사다리에서 날개를 거쳐 화살로 갈수록 도약력은 증대한다. 그러나 이러한 도약은 가역적이고, 화살에는 '광선'이 대응하며, 광선은 내리비칠 때 "속도와 똑바름"[52]을 간직할 수 있으므로 전도된 화살이다. 인도 유럽 어족의 어원학에 의하면 화살을 의미하는 옛 독일어 '스트랄라', 러시아어 '스트렐라'와 광선을 의미하는 근대 독일어 '스트랄렌' 사이에는 명백히 동일한 발상이 놓여 있다.[53] 게다가 화살은 특히 광선과 동일시되기 때문에 순수성의 상징들을 빛의 상징들에 연결한다. 곧음과 갑작스러움은 언제나 계시와 짝을 이루었다. 당분간은 이러한 배음들을 무시하고 지배에만 집중하며 우파니샤드의 기록들에서 탄도학과 초월성의 상관관계를 확인하자. 『케나』는 초월적인 목표를 향해 "돌진하는" 정신으로 시작되고, 『문다카』는 훨씬 더 명료하다.[54] "우파니샤드의 활을 들어라, 이 강력한 무기에 경배로 날카로워진 화살을 끼워라, 정신을 통일하여 시위를 당겨라, 과

녁으로 화살을 날리듯이 신에게로 뚫고 들어가라…… 옴은 활이고 영혼은 화살이며 신은 과녁이다." 샤머니즘의 사다리에서처럼 여기에서도 활쏘기는 자기초월의 상징적 수단이 된다. 노련한 사수인 영웅은 새 인간을 대체하는데, 가령 윌리엄 텔은 이카로스나 긴메르의 자리를 차지한다.[55] 따라서 신비주의 경향의 사유 한가운데에서 온전한 변증법, 더 정확히 말해서 매개하는 화살과 은총인 광선 사이의 교환이 확립된다. 우파니샤드가 특히 강조하는 것은 재빠름과 전격적인 직관이다.[56] 화살 '사기타sagitta'는 "재빨리 지각하다"를 의미하는 '사기레sagire' 동사와 동일한 어근을 갖는데, 여기에서도 고유한 의미는 어원으로 볼 때 비유적인 의미를 구체화한 것이 아닌가? 겨냥을 내포하는 화살은 신속한 앎의 상징일 것이고, 따라서 화살의 쌍형어는 순간적인 광선인 번개이다. 신비학자들은 "사수좌"라는 황도대의 성좌에 언제나 초월의 의미를 부여한다. 즉 "동물로부터 인간이 출현하는 현상"을 나타내는 사수좌 켄타우로스의 이중적인 성격에 의해서뿐만 아니라 화살에 의해서도 동물적 본성의 승화가 표현된다. 그리고 히브리 신비철학자들은 사수좌를 히브리어 문자 '바우vau'와 동일시하는데, 파브르 돌리베에 의하면[57] 이 문자는 "빛, 섬광, 명징"과 연관이 있다. 끝으로 사수의 병기에서 찾아볼 수 있는 이러한 상징체계의 극단에서, 초월의 상징들이 구성, 혼합, 내재성의 상징들 쪽으로 굴절하는 지점에서 유대인들에게는 언약의 기호인 무지개, 즉 초월성 쪽으로 놓인 다리의 상징을, 호메로스와, 스칸디나비아의 민간전승, 인도와 중국의 민속에서 탐지되는 상징을 찾아낼 수 있다.[58]

상승의 상징체계가 내보이는 이러한 공학적이거나 조류학적인 변모를 가로질러, 상징들과 심지어 기호들을 조직하는 것은 바로 움직임의 구도라는 사실이 다시 한번 확인된다. 그러므로 상징들뿐만 아니라 의미 내용이 과도하게 실려 있는 기호와 개념들의 고유한 의미를 해독하는 데 무엇보다도 중요한 것은 바로 이미지들의 역동성, 비유적인 "의미"이다.

*

사수의 목적은 날려는 의도와 마찬가지로 언제나 상승이다. 그래서 전형적으로 이로운 최초의 가치는 대부분의 신화학에서 "가장 높은 곳"으로 이해된다. 엘리아데가 말하듯이,[59] "높은 곳은 그 자체로서 인간이 접근할 수 없는 범주인데, 이 범주는 당연히 초인적인 존재들에 속한다." 이것은 종교에서 나타나는 신의 '거대화' 과정을 설명해준다. 이 거대주의는 우리의 민족신 가르강뿐만 아니라 정치적으로 "위대한" 인물들에게도 적용되는데, 그들의 이미지는 비잔틴의 성상에서 찾아볼 수 있는 그리스도의 이미지나 금과 상아로 만들어진 아테나의 이미지가 그랬듯이 거대화된다. 우리의 민속에서 거인들은 끈질기게 잔존한다. 가령 프랑스의 여러 지방에는 가르강튀아와 관련이 있다고 하는 소재지들, 솥단지들, 사발들이 흩어져 있으며, 『대연대기』의 주인공은 북유럽의 여러 지방에서 이야기되는 가이안트들과 레우제들에게서 잔존할 뿐만 아니라, 오베르뉴와 페이 드 젝스에서 성 상송이라는 주보성인으로 기독교화가 이루어지고, 끝으로 태양 행로의 보호자였다가 물에 의해 위협받는 육로의 보호자인 거인 성 크리스토프가 된다.[60] 이러한 민족학적 거대화는 정신분열증으로 인한 현실감의 상실을 수반하는 심리과정, 즉 이미지들의 확대과정을 생각나게 하는 측면이 있다. 환각을 불러일으키는 정신분열증은 흔히 희화화된 초월의 상상력과 유사하다. 정신분열증 환자들은 지각 영역의 대상이 과도하게 커지는 느낌에 사로잡힌다. 그들은 물체나 인물 또는 장소 같은 "어떤 것이 확대되는" 의식에 휩싸인다.[61] 그들에게는 이미지들의 과도한 과장, 급격한 불안을 유발하는 확대의 강박관념이 있다. 이러한 병적인 거대화가 매우 정확히 빛의 이미지들 및 비정상적으로 예리한 형태들과 함께 성좌를 형성한다. 정신분열증 환자는 자신의 모든 지각을 변형시키는 이 거대한 힘에 의해 소외된다고 느끼기 때문에 매우 불안해한다.

상승과 지배력은 실제로 동의어이다. 이는 엘리아데와 함께[62] 아메리칸 인디언 방언들에서 확인할 수 있다. 이로쿼이어에서 '오키'는 강력하다와 동시에 높다는 것을 의미하고, 최고의 힘을 뜻하는 수어 명사 '와칸'은 "높이, 하늘로"를 의미하는 다코타어 '와칸'과 연관될 수 있다. 마오리족, 악포소족 흑인, 오스트레일리아 남서부의 원주민, 쿨린족, 안다만족, 푸에기엔족에게서 최고의 권력자는 매우 높은 자, 높이 오른 자를 의미하는 명사로 불린다. 종교사학자들은 하늘과 신의 숭배가 갖는 두드러진 일신교적 성격을 강조한다.[63] 하늘만이 신과 같고, 올림포스의 다신교는 바로 고독한 우라노스의 뒤를 잇는다. 인도 유럽 민족의 위대한 고대 신들인 디아우스, 제우스, 티르, 유피테르, 바루나, 우라노스, 아후라 마즈다는 빛나는 하늘의 전능한 지배자이다. 이와 마찬가지로 야훼와 셈족의 아누도 하늘의 신일 것이다.[64] 이집트인들과 인도인, 중국인들에게서 하늘이 여성화되는 것은 문법상의 파란일 뿐이다. 중국인들의 경우에 하늘 천天은 분명히 전능의 남성적인 성좌 전체와 연관되며, 비록 그라네가 천에서 초월적 존재를 보려고 들지 않을지라도,[65] 하늘은 아주 특수한 구조를 갖는다. 즉 중국인들에게 수직성과 상승의 관념은 순수성, 분리의 관념과 깊은 관계가 있다. 끝으로 우파니샤드에서 브라만이 하늘로 불리듯이 알타이어족에게서도 동일한 말이 하늘을 의미하고 신을 의미한다.[66] 피가니올[67]은 라틴 민족의 천신들을 심리학적으로 분석하면서 다음과 같이 말했다. "우라노스 같은 신들, 확고한 의지의 신들은 '테라페이아thérapeia'의 대상이고, 그들을 공경하는 것은 은혜에 대한 기대 때문이다." 올림포스 신들 같은 북쪽의 요소는 빛, 하늘, 정화하는 불의 숭배와 함께 성좌를 이루고, 우리가 상승의 의미를 분석해낸 높은 장소들, 가령 인도의 메루산, 우랄알타이 민족의 수무르산, 유대인들과 기독교도들의 타보르산, 게리짐산, 골고다 언덕에서 숭배의 대상이 된다.

높은 장소의 빈번한 방문, 모든 고도와 상승이 고취하는 거대화나 신격화 과정은 바슐라르가 한편으로는 최고 지배의 빛-시각적 원형, 다른 한편으로는 심리사회학적 원형과 긴밀하게 관련된 "군주다운 응시"[68]의 태도로 적절하게 명명하는 것을 설명한다. "산꼭대기에서의 응시는 우주에 대한 갑작스러운 지배의 감각을 가져다준다."[69] 최고권最高權의 감정은 당연히 상승의 행위와 자세를 수반한다. 이것은 왜 하늘의 신이 역사나 전설상의 군주와 동일시되는가를 부분적으로 설명해준다. 핀-우그리아 민족에 속하는 코리악족은 하늘을 "하늘의 지배자" 또는 "감시자"로, 벨티르족은 "자비로운 칸"으로, 아이누족은 "신격화된 우두머리"로 부른다.[70] 이것은 어떻게 상승의 상상적인 태도가 본래 심리생리학적인 것으로 정신의 정화, 천사나 일신교의 고립 쪽으로 기울 뿐만 아니라 최고권의 사회학적 기능과 합류하는가를 보여준다. 홀笏은 상승과정의 사회학적 구현이다. 게다가 이 홀 또한 남근이다.[71] 실제로 군주제의 앙양에는 오이디푸스 단계와 결부된 아버지 신, 위대한 남성 신의 개념을 덧붙여야 할 듯하다. 물론 오이디푸스 콤플렉스를 보편화하는 게 무모하다는 것을 알지만, 생물학적으로 말해 트로브리안드인들의 경우에도[72] 가장의 역할은 언제나 생식력이 있는 남성에게 맡겨진다. 가족 집단의 보호자 역할은 아버지이자 지배자인 군주의 원형으로 다소간 강하게 승화되거나 합리화된다. 그리고 정통적인 정신분석의 견해는 본래 인과적이지 않은 만큼, 중요한 반사학적 기본 몸짓들의 목적성에 대한 사회적이고 성적인 다원 결정으로서 도중에 끼어들 뿐이다.

하늘과 군주의 이러한 동일시에서는 언제나 "하늘의 아들"과 태양의 영웅적 계통이 파생할 것이다. 엘리아데는[73] 핀-우그리아 문화에서 천상의 칸, 지상의 칸과 부성적인 속성 사이에 존재하는 긴밀한 관계를 분명히 보여준다. 실제로 지상의 칸은 중국의 황제들처럼 "하늘의 아들"이다. 하늘과 부성 사이의 이러한 관계는 핀-우그리아인들, 중국인들, 빅토리아 호수의 중소 부족들, 매사추세츠의 인디언들에게서뿐만 아니라 셈족과 이집트의 전통에서도 드러난다.[74] 이러한 상징성은 천상의 남편, 어머니 여신을 수태시키는 배우자의 상징성으로 변형되며, 부성의 속성은 최고권 및 남성성의 속성과 점차로 뒤섞이게 된다. 이러한 현상은 서양에서 홀의 경우에서 일어나는데, 권위적이고 수직적인 홀의 윗부분은 명백히 남근적인 상징, 즉 "정의의 손"이나 "백합꽃"으로 장식된다.[75] 법적이고 사회적인 부성에서 생리학적 부성 및 상승과 발기 사이의 혼동으로 점진적인 변화가 있는 듯하다. 보두앵[76]은 위고의 경우에서 상징들에 명백한 성적 의미를 부여하지 않으면서도 "이마 콤플렉스", 야심어린 비상의 상징, 상승과 산악의 이미지들, 끝으로 아버지의 사회적 재현들을 오이디푸스라는 인물 속에서 놀랍도록 동형적으로 결합하고 있다는 것을 보여주었다. 이 시인은 황제의 상징성과 관련해 오이디푸스의 양면성을 온전히 실현한다. 시작품의 도입부에 나타나는 욕설은 이후로 줄곧 펼쳐질 숭상을 감춘다. 이러한 양면성은 두 나폴레옹의 대조로 설명할 수 있는데, 진정한 황제의 군주제적 수직화에는 새, 독수리의 이미지, "아버지, 남성성, 지배력의 집단적인 기본 상징"[77]이 개입한다. 맹렬한 독수리나 위풍당당한 독수리 또는 알프스산맥의 자유로운 독수리의 이미지로 다양화되기도 하는 이미지. 이 모든 사례에서 군주제와 부성의 긴밀한 성좌는 특히 가부장제 구조를 갖는 문명들에서 오이디푸스에 의해 강화될 때 명백히 드러나지만, 인도 유럽 민족에게서 나타나는 사회 지배력의 삼등분에 관한 유명한 결론을 통해 지배력의 군주제적 남성화를 가장 명백히 보여주는 인물은 뒤메질이다.[78]

지배력은 우선 왕에게 속하는 것으로 보인다. 그것의 상징은 유피테르와 동시에 마르스의 보호를 받고 점복관의 지팡이이자 홀인 '리투우스'를 지니는 라티움의 로물루스, 사비나의 풍요로운 여성성과 정반대되는 로물루스이다. '디 에트 비르투스'는 '오페스'와 대립한다. 게다가 사비나인들은 라틴족의 '이노피아'를 경멸한다. 그러므로 한편으로는 로물루스 왕의 페르소나 안에 결합되어 있는 유피테르와 마르스, 다른 한편으로는 사비나인들의 신 퀴리누스가 상징화한 세번째 기능 사이에는 기능상의 대립이 뚜렷이 확립된다. 로물루스는 유피테르 스타토르를 내세우는데, 유피테르 스타토르에는 농업과 달의 신들을 숭배하는 사비나인들의 황금에 반대되는 마법적인 지배력과 호전적인 지배력이 미분화 상태로 뒤섞여 있다. 이와 동일한 상징적 대립은 게르만족의 바니르 신족과 아스 신족 사이에서도, 갈리아에서 카르누테스 사람들이 숭배하는 삼분법에서도 발견된다. 에수스, 타라니스, 테우타테스는 뚜렷이 대조되는 두 계열로 분리된다. 즉 앞의 둘은 왕과 전사의 신으로서(에수스는 "지배자"를 의미하는 라틴어 '에루스', "마법사 신"이라는 의미의 산스크리트어 '아수라', "최고신"을 뜻하는 이란어 '아후라'와 비교될 수 있다)[79] 민중, 사회 전체의 신, 밤과 여성의 신인 테우타테스와 대립한다. 이러한 분리의 구도는 이를테면 기능 신학의 주요한 신에게도 적용된다. 왜냐하면 하느님은 미묘한 차이가 있는 두 모습으로 나타나는데, 이것들은 재빨리 대조되기 때문이다. 하느님은 너그러운 성직자 군주, 명확하고 올바른 추론의 지배자인 미트라일 뿐만 아니라 무시무시하고 폭력적인 전사이자 신들린 영웅인 바루나이기도 하다. 그는 법률가, 원로원 의원, 피데스 신봉자 '플라멘 디알리스'가 호위하는 백발의 왕인 누마이고 동시에 '켈레레스'가 수행하고 사비나 여자들을 유괴하러 달려가며 전투의 마법사 유피테르 스타토르를 내세우는 폭력적인 로물루스이다. 뒤메질은[80] 기능상의 삼분법을 엄밀하게 존중하면서도 라틴 민족이나 게르만족의 군주에게서 전사로 기우는 경향을 알아볼 수밖에 없었다. 가령 로물루스의 전언 자체는 전사의 가치인 '비르투스'이므로, 홀과 검 사이에는 큰 심리적 거리가 결코 없다. 집행권의 근본적인 심리사회적 양면성이 존재한다. 유피테르와 그의 지배력을 상징하는 벼락은 전투를 후원하는 '스타토르'이고 동시에 영위靈威의 사제 겸 예언가인 '라티아리스, 아르카누스, 안크수루스'이다.[81] 전형적인 전사 마르스는 "회합의 지배자", 법률가 군주를 의미하는 '틴크수스'라는 어휘로 불린다. 실제로 전쟁의 검은 또한 정의의 검이다. 사법권은 체계화되고 제어되는 공격적인 집행력일 뿐이다. 그래서 비록 게르만족의 신격화된 위대한 왕 오딘이 검 이외의 다른 무기로 싸운다 할지라도, 뒤메질의 치밀한 논증에도 불구하고[82] 오딘과 무기, 칼이나 창 사이의 군사적 공모를 인정할 필요가 있다. 요컨대 모든 최고의 지배력은 삼중의 지배력이다. 즉 한편으로는 사제의 마법적 지배력이고, 다른 한편으로는 사법적 지배력이며, 끝으로 군사적 지배력이다.

고대 인도, 로마 제국, 게르마니아 또는 스칸디나비아만큼 관계가 먼 사회 구조들을 가로질러, 뒤메질은[83] 군주가 한편으로는 '플라멘-브라만'으로, 다른 한편으로는 '렉스-라이'로 이분되는 현상을 아주 잘 보여주었다. '플라멘'은 '렉스'와 동일한 구도를 지니고, '라이'와 '브라만'이라는 두 가지 카스트는 분리할 수 없는데, 이 철학자는 박학한 언어학적 연구를 통해 최고권의 기능적 이원성을 입증하고 있다. 이러한 이원성은 마법사 오딘과 법률가 티르의 게르만적 이분화에서 재발견된다. 그것은 또한 사제로서의 바루나와 법률가 미트라의 이분화이다. 오딘, 바루나, 우라노스는 사제 왕, 마법사 왕, 샤먼 왕이다. 그리고 이 어휘 배후에서 우리는 엘리아데가 어느 중요한 책에서 다룬 상승 기법들을 재발견한다. 게다가 오딘은 속세적인 군주의 본형인 듯하고, "우두머리의 신"이라 불리며, 인도의 브라만에 비교할 수 있는 어떤 드문 사회학적 계층들만이 숭배하는 귀족의 신이다. 그러므로 군주는 상승의 특권을 갖는 신들린 마술사이자 법률가 왕이고 동시에 군주제적 집단의 조직자인데다가, 집행과 전쟁의 속성은 이 두 가지 기능에서 분리될 수 없다. 로물루스–누마, 바루나–미트라 쌍들, 오딘–울린–티르 삼중신은 군주와 최고 지배력의 확고한 기능적 삼중성을 은폐하는데, 공통의 의식에서 집행권을 사법권에서 분리하는 것은 사실상 어렵다. 나중에 우리는 어떻게 검이 새로운 상징적 특권을 획득하면서도 변함없이 군주제의 원형들에 종속하고 홀과 관련되며 홀의 공격적인 활성화일 뿐인가를 살펴볼 것이다.

*

해부학적 의미의 '머리'에 대한 연구로, 최고 군주, 정치적 우두머리의 원형에 대한 연구를 뒷받침하는 것은 말장난이 아닐까 의문을 가질 수도 있을 것이다. 그렇지만 심리학자에게 말장난은 근거가 전혀 없지 않다. 수직화 구도들이 자연의 대우주에서는 하늘과 산꼭대기에 더 높은 가치를 부여하는 것으로 귀착하듯이 사회의 대우주라는 차원에서는 군주제적 원형들에 이른다면, 우리가 곧 확인하겠지만 인간이나 동물의 육체에서 수직화는 여러 가지 고정된 상징을 유발하는데, 머리는 결코 하찮은 상징이 아니다. 승천을 믿는 신비주의자들은 당연하게도 머리를 천구天球와 동일시하는데, 이 경우에 눈은 별에 해당하며,[84] 베다와 불교의 전통에서는 척추를 세계의 축인 메루산과 동일시한다.[85] 바슐라르가 언급하듯이 수직화에서 곧바른 척추로 점진적인 변화가 일어난다.[86] 민속학은 마침내 두개골 숭배가 공간과 시간에서 차지하는 중요성을 강조했다. 인간과 동물의 두개골, 특히 사슴의 뿔은 바이마르나 스타인하임 또는 카스티요의 유럽인에게서처럼 베이징 원인에게서도 주요한 역할을 맡는다.[87] 두개골의 잔해는 선결되어야 할 부패, 후두부 구멍의 확장, 의례를 위한 채색과 방향 결정에 의해, 요컨대 오늘날 인도네시아 셀레베스섬의 원주민이 실행하는 것과 매우 유사한 방식으로 세심하게 준비되고 보존된 듯하다. 베르네르트가 언급하듯이[88] 원시인에게 머리는 생명, 체력과 정신력의 중심이자 원리이고, 정신의 그릇이다. 따라서 두개골 숭배는 인간의 정신 구조가 종교적으로 표면화된 최초의 현상일 것이다. 이렇게 머리에 우위의 가치를 부여하는 것은 오늘날 오세아니아나 필리핀의 "머리 사냥꾼들"과 베냉, 알래스카, 보르네오의 두개골 숭배에서 재발견될 뿐만 아니라, 18세기에 북아메리카에서 프랑인들과 영국인들, 더 나아가 20세기에 부헨발트 '라거'의 독일 간수들이 그랬듯이[89] "문명인"은 머리 가죽 벗기기와 머리 사냥의 실천으로 쉽게 퇴행한다. 사실을 말하자면 민속학자들은 머리가 친족의 것이냐 적의 것이냐에 따라 두 가지 의례를 구별하지만, 가령 바구니에 친족의 두개골을 경건하게 보존하는 안다만 제도인들, 파푸아인들, 볼리비아 인디오들의 경우이든, 적의 머리를 잘라내 보존하는 에콰도르의 지바로인들, 보르네오의 다약인들, 브라질의 문두루쿠인들의 경우이든[90] 어느 경우에나 머리 상징이 숭배되기는 마찬가지이다. 물론 육체의 "머리"처럼 전체적으로 숭상되는 두개골이라는 대상은 예컨대 그토록 빈번히 찾아볼 수 있는 두개골 술잔처럼 부차적이고 거추장스러운 의미를 획득할 수 있지만, 여기에서 우리는 두개골의 모든 요소, 즉 아래턱, 후두골, 눈두덩, 동물의 뿔을 포함하는 보통의 상징적 의미만을 취할 생각이다. 이러한 일반적인 의미는 밤바라인들의 우주론에서 명확히 드러나는데, 거기에서 머리는 사람의 기호, 추상적인 축도이고, 개인을 나이와 지혜의 측면에서 성장하게 하는 싹이다.[91] 이러한 일반적인 의미는 위대하고 세련된 시인 위고의 작품에 반영되어 있는데, 위고의 작품에서 이마의 이미지는 오만한 비상, 대중을 뛰어넘어 신을 마주하는 개체화의 상징으로서 아주 빈번히 나타나기 때문에 그에게서 진정한 "이마 콤플렉스"[92]를 읽어낼 수 있다.

상상력은 일단 "소우주화"의 길로 접어들면 도중에 멈추지 않고, 우리가 나중에 살펴볼[93] "걸리버화" 과정을 통해 해부학적으로 두개골 머리의 대용물들을 찾게 된다. 상징체계는 소우주의 지배력이 쳐든 머리 또는 발기한 남근을 통해 표현된다는 것을 보여주었듯이, 때로는 정의의 손에 대해 우리가 말한 바처럼 손에 의해 표현되기도 한다. 실제로 사냥 기념품에서 피숑E. Pichon 박사가 남근이라는 은어적인 의미를 강조하는[94] '꼬리'는 몇몇 경우에서 머리를 대신할 수 있을 뿐만 아니라, 마리 보나파르트는 머리 전리품과 생식기 전리품이 서로 양립할 수 없다는 중요한 언급을 한다. 따라서 발기한 남근과 머리 사이에는 정상적인 전이와 상징적인 상호성이 있다. 그러므로 마그레브의 이슬람교도들과 아비시니아의 기독교도들이 실행한 호전적인 거세는 아메리칸 인디언 문화와 오세아니아 문화의 머리 사냥과 머리 가죽 벗기기나 마찬가지이다.

동물의 해부학에서 '뿔'은 썩지 않고 그 갸름한 형태 자체가 암시적인데다가 수컷에게만 있기 때문에 그만큼 더 남성의 지배력을 뛰어나게 상징한다. 마리 보나파르트는 히브리어로 '쿠에렌'이 뿔과 동시에 지배력, 힘을 의미하고 산스크리트어 '스른가'와 라틴어 '코르누' 역시 마찬가지라는 점에 주목한다.[95] 뿔은 형태 때문에 지배력을 암시할 뿐만 아니라 본래의 기능 때문에 강력한 무기의 이미지이다. 바로 이러한 점에서 전능이 공격성과 결합하기에 이른다. 가령 아그니는 불멸의 뿔, 브라만 자신이 날카롭게 간 예리한 무기를 소유한다.[96] 그리고 모든 뿔은 마침내 선과 악의 공격적인 지배력을 의미한다. 가령 야마도 그의 적수 만주스리 보살처럼, 바알 또는 라마안도 모세처럼, 그리스의 강과 라틴 민족의 바쿠스, 다코타인들 및 호피인들의 신, 이로쿼이 인디언의 추장도 알렉산드로스 대왕처럼, 시베리아 샤먼도 마르스 살리이처럼 뿔을 지니고 있다.[97] 이와 같이 동물의 뿔과 정치 또는 종교 지도자의 결합에서 우리는 상징적 물건을 주술적으로 전유함으로써 지배력을 장악하는 과정을 발견한다. 뿔, 숫과나 사슴과의 뿔은 전승 기념물, 다시 말해서 힘의 앙양과 전유이다. 용감한 로마 병사는 자기 투구에 '코르니쿨룸corni-culum'을 덧붙이는데, 바로 이러한 상징적인 오염의 맥락에서 부적이나 신물의 기능을 이해할 수 있다. "자연 무기를 갖춘 동물들이나 이러한 동물들의 고립된 특정 부위를 그려놓은 물건은 흔히 악마의 영향에 대한 방어 수단 역할을 한다……." 마리 보나파르트는 아프리카, 유럽, 아시아, 아메리카, 오스트레일리아에서 뿔 달린 부적들을 수집했는데, 여기에는 에지스인들과 레이몬덴인들의 조각된 귀고리를 포함시킬 수 있다.[98] 적의 전승 기념물이나 머리 가죽, 남근이나 손 또는 머리의 소유가 전사에게 여분의 지배력을 부여하는 것과 마찬가지로, 이 부적들은 동물성으로부터 이로운 지배력을 분리하여 가로챈다.

전승 기념물의 추구 및 두개골이나 해부학적 호신부護身符 숭배를 프랑스의 '기마 수렵' 및 중앙 유럽의 '피르셴'과 맞춰 비교할 수 있는데, 후자는 특히 발정기에 실행된다.[99] 파스칼은 사냥의 형이상학적 의미에 관해 이미 깊이 있게 언급했지만, 사냥에서 중요한 것은 몰리는 산토끼 자체가 아니라 수훈과 업적에 있다는 것을 파스칼의 언급에 덧붙일 필요가 있다. 에스파냐 문화의 '코리다' 의례를 프랑스의 사냥 의례와 비교할 수 있는데, 전자에서 빛의 영웅이 어둠의 동물과 맞붙고 승리한 투우사에게 귀가 수여되므로, 동형성은 훨씬 더 명백하게 눈에 띈다.[100]

그렇지만 우리가 보기에 마리 보나파르트가[101] 사냥의 전리품을 아버지 살해라는 프로이트적인 도식으로 축소시키는 것은 잘못인 듯하다. 이러한 해석은 실제로 오이디푸스 콤플렉스의 범주를 잘못 전환하여 적용된 예이다. 수렵이나 전쟁의 관행에서 우리는 오히려 지배력과 지배력의 상징들이 절도나 유괴 또는 추출이나 훼손을 통해 무시무시한 여성성으로부터 격렬하게 분리되는 과정을 확인한다. 우리가 앞에서 제시했듯이, 실제로 금기가 토템에 달려 있는 것이 아니라 토템이 금기에 달려 있다고 간주해야 한다. 즉 기본적인 불안을 드러내는 것은 금기이다. 토템이나 표징이 되는 전리품은 단지 금기의 지배력을 가로채는 언제나 위험한 활동의 결과일 뿐이다. 이러한 활동은 금기가 갖는 지배력의 탈여성화, 탈동물화를 의미하는데, 이는 이러한 활동과 결부되어 있는 세례 실행의식에서 확인할 수 있다.[102] 세례는 흔히 할례로 이루어지는데, 바로 그 때문에 지배력을 부당하게 침탈한 타락에 의해 기능들이 흐트러진 세계의 재질서화를 의미한다. 제우스는 여성적인 찬탈자, 식인귀 크로노스에게서 남성성을 되찾는다. 토템, 특히 두개골 토템과 호신부의 숭배, 다시 말해서 힘의 발현을 전유하려는 노력에는 근본적인 "탈시간화"의 의도가 있다. 그래서 우리가 채택하는 것은 프로이트의 관점이라기보다는 오히려 융의 관점이다. 즉 여기에서 남성성의 상징들을 재정복당해 내쫓기는 것은 무시무시한 여성성, 우리가 이미 출현의 양태를 탐구한 파괴적인 리비도이다.[103] 전쟁의 공훈이나 수렵의 업적이 문제되자마자 사유는 영웅적이고 남성적인 방식을 띤다. 따라서 토템과 호신부는 추상적이고 특권적이며 시간의 맥락에서 분리된 상징이라고 말할 수 있다. 바로 이러한 점에서 인간의 정신구조가 갖는 상징적 기능은 악의 힘을 약화시키고, 적의와 동물성이 상징하는 자연적인 필연성을 몰아내고 무력화함으로써 이미 분리적인 행위에 의해 지배력을 전유한다. 본질적으로 대용적인, 다시 말해서 전체의 가치를 갖는 부분을 선택함으로써 결정되는 호신부나 토템의 상징성은 우리가 간단히 검토한 반어법적인 방식보다 시간의 필연성을 훨씬 더 효과적으로 이겨내는 방식이다.[104] 호신부나 토템의 활용에는 지배력의 남성화, 자연력의 전유가 있는데, 이는 과시와 남성적인 공격성의 단계에서 주술적인 말과 합리적인 말을 사용하는 데 이르는 궤도를 가로질러 탐지될 수 있다. 대용 마법의 오랜 과정은 주술적인 말로, 뒤이어 세속 언어로 귀착하는데, 머리 전리품이나 호신부를 의례로서 취하는 것은 이 과정의 원시적인 표면화이다. 전리품의 강제 탈취는 추상적인 사유가 최초로 표면화되는 문화 현상이다. 액운을 막아주는 자연물에서 관념적인 기호로 이르는 궤도에서 몸짓 호신부로 삼는 것을 중간 항으로 놓을 수 있을지 모르는데, 뿔이나 손은 우리에게 이 실천의 수많은 사례, 가령 나쁜 운을 몰아내거나 주문을 거는 데 이용되는 이탈리아인들의 '마노 코르누타',[105] 활짝 편 손의 형태를 띠는 이슬람 부적, 또는 유대-기독교에서 축복을 내리는 몸짓과 마귀를 쫓는 의식, 요가의 탄트라 금욕주의와 일본이나 중국의 연극에서 수없이 찾아볼 수 있는 몸의 자세나 단순히 손의 움직임[106]을 구체적으로 제공해준다. 상징이 우선 기호로, 뒤이어 말로 변하고 기호학을 위해 의미성을 상실하는 것은 바로 대용과정을 통해서다.

결론적으로 우리에게 상승의 상징들은 모두 잃어버린 지배력, 추락 때문에 박탈된 활력을 재정복하고자 하는 관심의 표지이다. 이러한 재정복은 양면적이고 매개하는 여러 상징들이 서로 긴밀하게 연결한 세 가지 방식으로 표면화된다. 즉 이러한 재정복은 시간의 저편으로나 사다리와 신석 또는 성스러운 산의 수직성이 가장 일반적인 상징인 형이상학적 공간으로의 상승 또는 발기일 수 있다. 이 단계에서는 위엄 있는 형이상학적 안전의 정복이 있다고 말할 수 있다. 다른 한편으로 이러한 재정복은 날개와 화살의 상징이 뒷받침하는 더 강렬한 이미지들로 표면화될 수 있는데, 이 경우에 상상력은 재빠른 비상의 구도를 육신 승화의 본형과 순수성에 대한 성찰의 기본 요소로 만드는 금욕주의적인 색조로 물든다. 천사는 성性의 극단적인 완곡어법, 거의 반어법이다. 끝으로 재정복된 지배력은 더 남성적인 이미지들, 가령 법률가 왕의 하늘나라 또는 지상 왕국, 성직자 또는 전사, 남근을 암시하는 머리와 뿔, 남성적인 최고권의 이차 상징들, 주술적인 역할로 기호와 말의 형성과정을 드러내는 상징들을 유도한다. 그러나 엘리아데가 분명히 제시했듯이, 이러한 절정의 상상력은 온갖 조명illumination의 보완적인 이미지들을 긴급하게 불러들인다.

제2장

빛나는 상징들

상승의 구도가 상징적인 전개과정에서 추락의 구도와 일대일로 대립하는 것과 마찬가지로, 어둠의 상징들에는 빛의 상징들과 특히 태양의 상징이 대립한다. 주목할 만한 동형성에 의해 보편적으로 상승은 빛과 연결되는데, 이로 인해 바슐라르는[1] "우리를 빛과 높은 곳으로 향하게 하는 것은 바로 인간 정신의 동일한 활동"이라고 말한다. 심리학자는 이러한 동형성을 상상적인 비상의 실천에서 빛나는 지평, "눈부시고" "푸르며 금빛인"[2] 지평을 무의식적으로 묘사하는 정상적인 주체들에게서나, 상상적인 거대화 과정이 언제나 "무자비한…… 번쩍이는…… 눈멀게 하는…… 강렬한 빛"[3]을 수반하는 정신병 환자에게서 감지한다. 세셰에A. Séchehaye에게 치료를 받는 여자 정신분열증 환자는 다음과 같이 이야기한다.[4] "한번은 보호 시설에 있었는데, 갑자기 거실이 거대해지면서 끔찍한 전깃불로 환해진 듯했고, 정말로 온 천지에 추호의 어둠도 없었다……." 이 비정상적인 증례는 물건, 생물, 요소의 표지와 연관된 빛, 광채, 윤기에 매우 불안해하는 강박관념인 듯하다. 이 환자는 이렇게 토로한다. "조명은 비현실의 지각이다." 비현실이 드러나는 장소인 정신병원은 "식견을 갖춘 사람들의 집"[5]이 되고, 더 나아가 "그곳을 나는 반짝이고 눈부시며 차가운 별빛 때문에, 그리고 나 자신을 포함하여 모든 것이 처해 있는 극도의 긴장 상태 때문에 조명의 나라라고 불렀다."[6]

대부분의 종교 역시 하늘과 빛의 이러한 동형성을 인정한다. 가령 성 아우구스티누스나 성 베르나르, 『성배의 탐색』을 쓴 익명의 신비주의자는[7] 심리학자가 분석한 환자들만큼 분명하게 동형성을 강조한다. "천국의 가장 높은 곳에는 경이로운 사원이 우뚝 솟아 있다……. 너무나 찬란해서 태양의 황금색 광선으로 이루어진 것으로 보이는 그 높은 탑들에는 아무도 살고 있지 않다." 산스크리트어로 반짝이다와 낮을 의미하는 어근 '디브'에서 '디아우스, 디오스, 데이보스' 또는 라틴어 '디부스'가 생겨나는 것과 마찬가지로, 메소포타미아어로 밝고 반짝인다는 의미를 갖는 낱말 '딘기르' 또한 천신의 이름이다.[8] 화살과 신속한 상승의 이미지가 풍부한 우파니샤드는 실제로 빛나는 상징으로 가득한데, 거기에서 신은 "빛나는 자"나 "섬광 겸 모든 빛의 빛"으로 불리며, "반짝이는 것은 그의 광채에 비하면 그림자일 뿐이다……."[9] 끝으로 흑인종에 속하는 밤바라인들의 경우에 자비로운 최고신 파로는 "백인종에 속하는 것"으로 간주되고,[10] 그의 몸은 흰둥이와 빛나는 금속 구리로 구성되어 있으며, 그의 상징색은 흰색일뿐더러 할례를 받은 사람들의 정화 모자도 흰색이다. 다른 한편으로 파로 신화는 우리가 탐구하고 있는 상징들의 동형성을 완벽하게 설명해준다. 즉 해로운 무소-코로니에 의해 오염된 창조물을 근본적으로 변화시키는 파로는 우선 동쪽, "백색의 장소"로 나아가고, 이 빛나는 백색을 나이 많은 사람의 백발과 비교함으로써, 바로 이러한 이유만으로 그에게 "노인"이라는 이름을 부여하며, 그러고 나서 태양의 운행을 따라 서쪽, "떨어진 태양의 사람들 나라"로 간다.[11] 이와 같이 빛에서 발상을 얻는 우주생성론에서 파로는 하늘을 샤먼들이나 단테의 전통이 상상한 하늘의 위계와 유사한 중첩된 일곱 위계로 나누는 일에 몰두하는데, 일곱번째 하늘은 파로의 장엄한 소재지, 세례를 위한 정화수가 흐르고 태양이 숨어드는 곳인 반면에, 가장 낮은 하늘은 무소-코로니의 흔적으로 여전히 더럽혀져 있는 가장 불순한 곳이다. 물론 파로는 지리적 필연성 때문에 "물의 신"이지만,[12] 그에게 부여되는 긍정적인 가치는 빛, 태양, 순수성, 흰색, 왕, 수직성, 요컨대 우라노스적인 신의 속성과 품성이 합류하는 상징의 성좌를 결정한다.

주목할 만한 것은 전술한 모든 경우에서 하늘의 빛이 '무색'이거나 '그다지 다채롭지 않다'는 점이다. 실제의 백일몽에서 빈번히 시계視界는 흐릿하고 빛난다. 주체가 꿈속에서 올라가고 이로 인해 "그래서 나는 강렬한 순수성을 체험한다"[13]고 말함으로써 색깔은 사라진다. 이러한 순수성은 푸른 하늘과 빛나는 천체의 순수성인데, 색깔의 영롱한 광채가 없는 푸른 하늘은 "현상 없는 현상성", 시인들이 영기, "아주 순수한" 공기나, 괴테와 함께 '원현상Urphänomen' 또는 클로델과 함께 "가장 순수한 여자"의 의복과 동일시하는 일종의 시각적인 열반[14]이라는 것을 바슐라르는[15] 분명히 밝혔다. 게다가 오늘날의 심리학은 창공, 연한 청색의 특권적인 성격을 확증한다. 로르샤흐에서 푸른색은 검은색과 심지어 붉은색 및 노란색과는 반대로, 감정의 충격을 가장 덜 유발하는 색깔이다.[16] 골트슈타인과 로젠탈이 밝혔듯이[17] 파란색을 포함한 차가운 색깔들은 "흥분으로부터 멀어지는" 방향으로 작용하므로 파란색은 휴식과 특히 은둔을 위한 최적의 상황을 실현한다.

우라노스적인 빛의 이러한 쪽빛 색조에 '금빛의' 색조를 덧붙여야 한다.[18] 그렇지만 금빛의 상징성은 상상력을 내면의 실체에 대한 연금술적인 꿈 쪽으로 접어들게 할 위험이 있다는 것에 유의해야 한다. 여기에서 우리가 다루는 것은 다만 디엘이 영화靈化를 나타낸다고 공언하는,[19] 그리고 두드러진 태양의 특성을 갖는 현상으로서의 금, 이를테면 시각적인 금일 따름이다. 실제로 상상력은 금이 광택이냐 연금鍊金에 의해 산출된 물질이냐에 따라[20] 두 가지 대립된 의미를 색깔로서의 금에 부여하지만, 이 의미들은 서로 뒤섞이고 흔히는 매우 모호한 상징들을 낳는다. 여기서 우리는 광택으로서의 금만을 고려하도록 하자. 그러면 우리는 금이 빛 그리고 높은 곳과 성좌를 이루고 태양의 상징을 다원적으로 결정한다는 것을 알게 된다. 『롤랑의 노래』에 무수히 많고 코앵의 『중세의 위대한 빛』이라는 책의 제목에 영감을 준 수많은 금빛 이미지는 바로 이러한 관점에서 해석해야 한다. 태양과 파로의 속성들을 생각하게 하는 머리털 및 흰 수염의 주목할 만한 동형성 외에도 햇살의 광채, 금발의 아가씨, 빛나는 기사, "가시나무 꽃처럼 하얀" 의복과 수염이 끊임없이 언급된다.[21] 그러므로 금빛은 흰색의 동의어이다. 이러한 동의성은 「묵시록」에서 훨씬 더 명백하게 드러나는데, 거기에서 예언가로서의 사도의 상상력은 사람의 아들과 관련하여 눈처럼, 양털처럼 흰 머리털, 불타는 듯한 눈과 반짝이는 발, "태양처럼 빛나는" 얼굴과 금빛의 영관榮冠, 검과 왕관을 하나의 놀라운 성좌로 합쳐놓는다.[22] 부리야트인들과 알타이인들, 우파니샤드와 미트라 숭배의 우라노스적인 신들은 금빛 속성을 지니고 있다.[23] 제우스는 용을 물리치는 자 페르세우스를 낳기 위해 금빛 비의 모습을 띠지 않는가? 헤스페리데스의 금빛 사과를 쟁취하는 것은 태양의 영웅이 실현하는 태양의 위업이고, "황금 투구"의 여신, 씩씩한 아테나는 제우스의 이마에서 태어난 딸이다.[24] 끝으로 연금술의 상징체계에서 금은 번쩍이기 때문에 "태양의 팽창된 효력"을 지니고, 이런 방식으로 태양은 당연히 금의 연금술적인 기호가 되는 만큼 금이라는 물질을 성찰하면서 금은 변함없이 광채로 이행된다.[25] 금은 금빛 덕분에 정말로 "빛의 방울"[26]이다.

그러므로 태양, 특히 '떠오르는 태양'은 상승과 빛, 광선과 금빛의 많은 다원 결정 때문에 우라노스적인 지배력의 전형적인 실체이다. 아폴론은 "북방 낙토의" 신, 인도 유럽 침략자들의 신, 불과 하늘에 대한 숭배와 동시에 할슈타트 시대에 융성한 태양 숭배일 것이다.[27] 아폴론(아펠론)이라는 이름 아래에서 동탕빌은 켈트족의 신 벨의 음성적 특징이 아니라면 관념을 탐지한다.[28] 브르타뉴어로 금작화를 가리키는 '발랑'을 낳는 벨이나 벨렌 또는 벨리누스는 "반짝이는, 빛나는"을 의미할 것이다. '솔sol'이라는 어근은 모호하여 앵글로색슨족의 '데아 술리스'는 여성적인 신인 반면에(또한 독일어 '디 조네' 참조), 옛 낱말 벨레누스는 명확히 태양을 가리킬 것이다. 달('셀레네')과 태양의 섬광('셀라스') 사이에는 어근 '슬sl'을 매개로 하는 동일시가 있었을 것이다.[29] 이러한 망설임과 동일시는 우리가 시간의 측정에 관한 장들에서 부각시킬 이미지들의 가능한 전염 현상을 명확히 보여준다. 중세의 전통에서 그리스도는 줄곧 태양에 비유되고, "솔 살루티스"나 "솔 인빅투스" 또는 분명히 여호수아에게서 암시를 받은 "솔 옥카숨 네스키엔스"로 불리며, 알렉산드리아의 성 에우세비오스에 의하면 기독교도들은 5세기까지 떠오르는 태양을 숭배했다.[30] 게다가 상승하는 태양은 매우 흔히 새에 비유된다. 이집트에서 아툼 신은 "헬리오폴리스에 사는 커다란 불사조"로 불리고, "머리에 깃털관을 둘렀음"을 자랑한다. 위대한 태양신 라는 매의 머리를 하고 있으며, 힌두교도들에게 태양은 독수리이고 때로는 백조이다.[31] 조로아스터교는 태양을 동틈을 알리는 수탉과 동일시하며, 기독교 종탑도 역시 성령의 도래, 위대한 새벽의 탄생을 기다리는 영혼의 주의력을 상징하는 이 새가 꼭대기를 장식한다.[32] 그러므로 여기에서 찬양받는 것은 뜨는 해, 밤에 대해 승리한 태양의 이로운 지배력이다. 왜냐하면 천체는 그 자체로 불길하고 게걸스러운 모습을 지닐 수 있고,[33] 이 경우에는 "검은 태양"일 수 있기 때문이다. 태양에 긍정적인 가치를 부여하는 것은 빛나는 상승이다. '오리앙Orient'은 진주의 광채를 명사로 지칭하는 보석상의 언어에서, 그리고 기독교와 프리메이슨단의 용어에서 유익한 의미로 가득한 용어이다. 이집트인들, 페르시아인들, 기독교도들은 기도할 때 동쪽을 향한다. 왜냐하면 성 아우구스티누스가 말하듯이 "정신은 가장 탁월한 것 쪽으로 움직이고 돌아서기" 때문이다. 지상 낙원이 위치하는 곳은 동쪽이고, 「시편」 작자가 그리스도의 승천을, 성 마태가 그리스도의 재림을 위치시키는 곳도 동쪽이다.[34] 다비가 기독교 신전의 "아드 오리엔템ad orientem" 방향을 해설하면서 말하듯이 동쪽은 새벽을 가리키고, 기원이나 깨어남의 의미를 지니며, "신비주의 수도회에서 동쪽은 계시를 의미한다."[35]

고대 멕시코의 전통은 이러한 지중해의 전통과 일치한다. 해 뜨는 쪽은 태양과 비너스의 탄생지, 부활과 젊음의 나라이다. 희생된 후에 부활한 나나우아친 신과 위대한 케찰코아틀 신이 하나는 태양으로, 다른 하나는 금성으로 재출현하는 것은 바로 거기, "빛의 방향"('틀랍코파')에서이다. 지상 낙원('틀랄로칸')이 자리하는 곳도 거기이다. 멕시코의 동쪽을 근거로 원형과 국지적 사건에 기인하는 단순한 상징성 사이에 존재하는 분할을 분명히 밝힐 수 있다. 즉 동쪽의 원형적 색깔은 멕시코에서나 다른 곳에서나 장밋빛 또는 새벽의 노란색이지만, 지리상의 이유 때문에, 즉 멕시코 동부에 있는 만의 상황과 비가 많이 내리는 산악 때문에 동쪽은 "초록의 나라"로도 불리며, 따라서 수스텔이 말하듯이[36] "태양의 이미지와 수생식물의 이미지는…… 태양이 붉게 떠오르는 고장임과 동시에 푸르고 파란 물의 고장인 이 만의 지방을 완전히 뒤덮는 만큼 일치하기에 이르렀다……." 천정점에 다다른 태양은 아즈텍 우이칠로포크틀리 사람들의 위대한 전사 신의 이름을 취하는데, 이 신은 어둠의 여신 코이올크사우쿠이와 별들을 소멸시킨다.[37] 이 신 자신은 대지 여신과 벌새로 변해 희생당한 어느 전사의 영혼에서 출생했다.[38] 이처럼 태양, 동쪽과 천정점, 새벽의 색깔, 새, 그리고 밤의 지배력에 대항하여 일어선 전사 영웅은 강렬한 동형성으로 서로 연결된다.

태양의 상징성은 결국 미트라-헬리오스의 속성, 즉 태양의

‘영관榮冠’, 빛의 영관과 연결되는데, 이것은 카이사르가 “코메스 솔리스 인벡티”라는 칭호를 채택하고부터 로마 화폐에 모습을 보이고 우리 “태양왕”[39]의 도상에서 절정을 이룬다. 물론 영관과 배광背光의 이미지는 매우 많은 전통에서 원과 ‘만다라’[40]의 상징적 성좌에 합쳐진다. 그러나 원래 영관은 기독교나 불교의 배광처럼 분명히 태양인 듯하다. 이와 마찬가지로 가운데를 동그랗게 깎은 성직자의 삭발머리, 태양의 이집트 사제들에게서 이미 나타나는 모양의 삭발머리와 처녀의 화관은 태양의 의미를 갖는다.[41] 바슐라르는 배광의 진정한 역동적 의미를 드러내는데, 그에 의하면 배광은 “점차로 자신의 빛을 자각하는 정신의 획득물” 이외에 다른 어떤 것도 아니며 “……상승에 대한 저항을 이겨낸 성공의 형태들 가운데 하나를 구현한다.”[42] 결론적으로 빛과 상승의 동형성은 배광과 영관의 상징성으로 압축될 것이고, 종교의 상징체계와 정치의 상징체계에서 배광과 영관은 초월성의 명백한 암호일 것이다.

*

백일몽을 경험하는 동안에는 배광의 이미지들이 매우 자주 나타난다. 상상된 인물들은 상승할 때, 얼굴이 “강한 빛의 후광”으로 변형되며, 이와 동시에 수동자에게 끊임없이 느껴지는 인상은 ‘시선’의 인상이다. 드조유에 의하면[43] 바로 프로이트가 “초자아”라고 명명하는 심리의 초월성을 나타내는 시선, 다시 말해서 도덕의식의 캐묻는 시선, 빛에서, 빛나는 후광에서 시선으로의 이러한 변화는 우리에게 매우 당연한 것으로 보인다. 왜냐하면 시각 기관인 눈이 시각 대상, 다시 말해서 빛과 일체를 이루는 것은 정상이기 때문이다. 드조유처럼 눈의 이미지를 시선의 상징성으로부터 분리하는 것은 우리에게 유익하지 않은 듯하다. 이 저자에 의하면[44] 시선은 도덕적 판단, “초자아”의 검열을 상징할 것이고, 반면에 눈은 하찮은 감시를 의미하는 약화된 상징에 지나지 않을 것이다. 그러나 우리가 보기에 시선은 설령 감은 눈일지라도 어느 정도는 눈의 형태로 언제나 상상되는 듯하다. 하여튼 눈이나 시선은 언제나 초월성과 깊은 관계가 있는데, 이는 정신분석학뿐만 아니라 보편적인 신화학에서 확인되는 바이다. 알키에 같은 철학자는 시각의 기반이 되는 초월성의 이러한 본질을 분명히 파악한다. "모든 것은 시각이고, 시각은 거리를 두고서만 가능하다는 것을 누가 이해하지 못할까? 인간의 시선이 갖는 본질 자체는 시각적 인식 속으로 어떤 분리를 끌어들인다……."[45] 그리고 보두앵은 자신이 "스펙터클 콤플렉스"라고 부르는 것을 분석하면서, 초자아에 강한 가치를 부여하는 과정, 바슐라르에게 소중한 "군주다운 응시"를 환기시키는 과정에서 이 콤플렉스가 '보다'와 '알다'를 일체화한다는 것을 보여준다.[46] 초자아는 정신분석학이 아버지, 정치적 권위, 도덕적 명령 사이에 확립하는 깊은 관련으로 인해 우선 아버지의 눈이고, 다음으로 왕의 눈, 하느님의 눈이다. 따라서 위고의 상상력은 모성적이고 범신론적인 강력한 편극偏極에도 불구하고, 죄를 범한 카인을 추적하는 유명한 눈이 상징하는 "증인"과 응시자 그리고 재판관으로서의 아버지 하느님에 대한 신학적 이해로 끊임없이 귀착한다. 역으로 거짓말쟁이, 악인, 배반자는 「투구 독수리」나 「징벌」의 유명한 시행들이 증언하듯이 눈이 멀어 있거나 멀게 된다.[47] 그러나 우리는 눈과 시각을 비상의 구도 및 초월성의 관념들에 결합하기 위해 굳이 오이디푸스의 무기고를 뒤질 필요가 없다는 것을 알고 있으며, 온전히 생리학적으로 중력 반사와 수직성의 감각이 운동감각과 체감의 요인들을 시각의 요인들과 결합시킨다는 것을 기억한다.[48] 중력에 대해 일단 방향이 확립되면, 시각 기호들은 조건부 대상성代償性에 의해 공간에서의 위치뿐 아니라 정상적인 균형을 결정하는 데 필요할 수 있다. 다른 많은 점에서처럼 이 점에서도 오이디푸스의 동인들은 심리생리학적 엔그램과 더불어 성좌를 이루게 된다.

신화학 또한 눈이나 시각과 신성한 초월성의 동형성을 확증한다. 우라노스 계열의 신인 바루나는 '사하스라카'라고 불리는데, 이 말은 "수많은 눈을 지니고 있다"는 의미이며, 위고의 신처럼 바루나도 "모든 것을 보는" 자이자 "눈먼" 자이다.[49] 이와 마찬가지로 선견지명이 있고 왜 그런지는 조금 후에 설명하겠지만 애꾸눈인 오딘은 "밀정" 신이다.[50] 「시편」의 야훼는 누구나 어떤 것도 숨길 수 없는 자이다. "내가 하늘로 올라가면, 당신은 거기에 계시고, 내가 저승에 누우면, 당신은 또한 거기에 계십니다……."[51] 티에라 델 피에고 사람들, 부시맨들, 사모에드인들, 그리고 매우 많은 미개한 원주민 부족은 태양을 신의 눈으로 간주한다. 태양 수리아는 미트라와 바루나의 눈이고, 페르시아인들에게 태양은 아후라 마즈다의 눈이며, 그리스인들의 경우에 헬리오스는 제우스의 눈일뿐더러 태양은 라의 눈, 알라의 눈이다.[52] 크라프는[53] 매우 정당하게도 "죄를 보는 눈"에서 죄에 대해 복수하는 눈으로 넘어가는 것이 쉽다는 점을 지적하는데, 이와 마찬가지로 매우 높은 곳의 고도에서 군주의 사회적 기능으로 이행된 바 있으며, 선견지명이 있는 자의 이미지에서 재판관과 어쩌면 점성가의 기능으로 넘어가는 것도 일반적인 현상이다. 아이스킬로스의 프로메테우스는 "모든 것을 보는" 태양 원반에 호소하는데, 크라프는 눈으로서의 태양이 동시에 심판자인 수많은 경우를 찾아낸다. 바빌론에서 샤마슈는 위대한 재판관이고, 코리악인들과 일본인들의 경우에 태양은 위대한 "감시자"이거나 가장 비밀스러운 죄의 증인이다.[54] 그러므로 우라노스적인 태양과 시각의 동형성은 언제나 도덕적인 것은 아니며 지적인 의도를 일깨운다. 즉 시각은 통찰력, 특히 도덕적 엄정성을 유도한다. 광학에서 빛나는 광선은 모든 의미에서 직접적이고 곧바르다. 빛의 명료함, 갑작스러움, 곧음은 최고의 도덕적 공정함으로 간주된다. 시적 직관이 이러한 동형성을 재발견한다는 것은 시인 발레리가 "공정한

자 정오"를 내세우면서 다음과 같이 분명하게 말할 때 여실히 드러난다. "……가차 없는 무기를 갖춘, 빛의 찬탄할 만한 정의!"[55]

동형성은 전능한 신이 '애꾸'인 수많은 인도 유럽 전설의 특이성을 우리에게 부분적으로 설명해준다. 이미 우리는 실명의 경멸적인 유의성誘意性을 강조한 바 있다.[56] 그러나 여기에서 이러한 신체장애에 대한 완곡한 표현과정에서 강한 인상을 주는 것은 애꾸 인물이 혼자가 아니고 다른 신체적 자질은 아무런 흠이 없다는 사실이다. 애꾸눈 오딘은 외팔이 티르를 동반하고, 한 눈으로 무서운 시선을 던지는 외눈 거인 마법사 호라티우스 코클레스는 한 손이 잘린 무키우스 스카이볼라와 항상 붙어다닌다. 뒤메질[57]은 오딘이 참된 앎, 위대한 마법, 비가시적인 것에 대한 통찰력을 획득하기 위해 한쪽 눈의 상실을 받아들였다고 주장한다. 오딘은 자신에게 능숙한 솜씨를 갖게 해주는 샘물을 날마다 마시도록 허용하는 마법사 미미르에게 자신의 눈을 건네주었다. 드리타라슈트라와 유디슈티카 또는 사비트리와 바가의 전설들에서 재발견되는 눈의 희생은 '시각을 강화하고' 마술적인 투시력을 얻는 수단이다. 우리가 여기에서 확인할 수 있듯이 신체 기관이 승화되고 플라톤적인 의미에서 원형적인 제2의 시각이 일반적인 시각을 대체하기 때문에, 시각 기관에 지적이고 도덕적인 가치가 극단적으로 부여되면 시각 기관의 봉헌이 초래된다. 「복음서」에서도[58] 발견되는 눈의 헌신적인 희생은 투시력 있는 시각의 다원 결정이다. 나중에 우리는 희생에 의한 가치의 전도과정, 곡언법曲言法이라 명명되는 완곡한 표현 방식과 매우 유사한 과정을 상세히 재론할 것이다.[59] 순수한 의미만을 간직하기 위해 은유의 물질적 매체를 희생하는 이러한 승화과정에서 우리는 플라톤 이전의 플라톤주의 같은 것을 파악하는데, 시각의 상징적 어휘를 이어받은 말과 언어가 이를테면 투시력, 시각, 최고 '인투이투스intuitus(직관)', 최고 효력의 시각을 대체하는 것은 바로 이러한 이상주의적 관점에서이다. 환하게 빛나는 응시와 담론에 실질적인 힘을 부여하는 것도 동일한 이상주의적 성향이다. 가령 플라톤의 경우에 신화적인 시각은 언어적 변증법과 함께 대위법의 선율을 형성하며, 논증한다는 것은 보여준다는 것의 동의어이다.[60]

성 요한의 플라톤주의적인 복음서의 처음 다섯 절에서[61] '말씀'은 "어둠 속에서 반짝이는" 빛과 명백히 결합되어 있지만, 말과 빛의 동형성은 요한의 플라톤주의보다 훨씬 더 근원적이고 보편적이다. 우파니샤드의 텍스트들은 줄곧 빛, 때로는 불과 말을 결합하며, 이집트의 전설에서도 고대 유대인에게서처럼 말은 우주의 창조를 주재한다. 아툼과 야훼의 첫마디는 "피아트 룩스fiat lux"이다.[62] 융은 인도 유럽 어족에서 "빛나는 것"의 어원이 "말하다"를 의미하는 용어의 어원과 동일하다는 것을 보여주는데, 이러한 유사성은 이집트어에서도 발견될 것이다. 융은 어근 '스벤'과 울리다를 의미하는 산스크리트어 '스반'을 비교하면서, 태양조 백조('슈반')의 노래는 빛과 말의 어원적 동형성이 신비주의적인 형태로 드러난 것일 뿐이라고 결론짓는 데까지 나아간다.[63] 말도 빛처럼 전능의 상징적 범주 전환이다. 오딘, 게르만족의 애꾸눈이 바루나가 룬 문자의 마법을 통해 활동하는 것처럼, 『칼레발라*Kalévala*』*에서 룬 문자를 지님으로써 지배력을 보유하는 것

* 칼레발라는 이교 시대부터 기독교 시대에 걸쳐 핀란드 각지에 전승되는 전설·구비口碑·가요 등을 집대성, 이를 선별하여 한 편의 서사시로 만든 것이다. 칼레발라란 칼레바의 나라라는 의미인데 소재所在는 분명치 않다. 의학에 종사했던 편자 엘리아스 뢴로트는 청년 시절부터 전승문학에 흥미를 가지고 그것들을 수집하여 한 편의 서사시로서 이를 재창조하였다. 주인공으로서 가장 많은 활동을 하는 것은 음유시인 바이나모이넨, 대장장이 일마리넨, 연애하는 청년 레민케이넨인데, 이 세 명이 사는 칼레발라에 대응하는 것이 포욜라의 땅이며, 이 양자의 대립이 시편의 큰 줄기를 이룬다. 여기에 더하여 이교·기독교의 혼합인 갖가지 전설적 인물이 등장하나 농부와 포수, 어부 등 고대 일반인의 일상생활을 구체적으로, 서정적으로 읊은 점이 다른 유럽의 고대 서사시와 다른 점이다.

은 바로 영원한 음유시인 바이나모이넨이다.[64] 바루나라는 이름 자체는 기원이 룬 어휘 wr–u–nâ와 동일한데, 핀란드어로 '루노'는 "서사시가"를 의미하고, 레트어로 '루나트'는 "말하다"를 뜻하며, 아일랜드어로 '룬'은 '비밀'을 의미한다.[65] 룬 문자는 인도 유럽의 위대한 신이 샤머니즘 유형의 입문의식, 다시 말해 상승과 희생의 실천을 포함하는 입문의식에 뒤이어 획득했을 기호이자 경구警句이다.[66] 오딘은 때때로 "잘 말하기의 신"이라는 별명으로 불리며, 뒤메질의 주장에 소중한 '렉스'의 양분兩分은 왕권의 절반이 잘 말하고 사물들을 정확하게 부르는 능력으로 특수화되도록 한다. 라틴어 '플라멘'과 이것에 대응하는 산스크리트어 '브라만'은 '렉스'의 쌍형어로서 "존엄한 경구"를 의미한다.[67] 신의 전능과 말의 사용 사이의 동형성은 힌두 문화와 밤바라 문화만큼 서로 관계가 먼 문화들에서 명백하게 드러난다. 우파니샤드 전통에서 브라만은 우선 신성한 명사인 것으로 보이는데, 이 영원한 말은 우주의 실질적인 원인 '스포타sphota'일 것이다. 슈아지에 의하면[68] 인도의 로고스인 스포타는 딱 하는 소리를 내다, 터져 나오다를 의미하는 '스푸트sphout'에서 생겨나는데, 이것은 알에서 깨어난, 꽃핀, 명백해진 등을 의미하는 형용사 '스폰타sphonta'의 친족어이며, 요컨대 스포타의 의미는 "외침처럼 갑자기 터져 나오다"일 것이다. 그러므로 스포타는 브라만의 화신으로서 나다Nada–브라만, 브라만–말의 형태를 띨 것이다. 또한 슈아지에 의하면[69] 인도의 로고스는 자체의 가장 중요한 삽다Çabda로 귀착될 수 있는데, 삽다는 브라만 자신이다. 삽다는 산출될 때 벌써 생기生氣 '프라나'와 깊은 관계가 있고, 요가가 가르치는 '프라나'의 제어는 동시에 삽다의 제어이다. 여기에서 우리는 공기 및 기체의 이미지들과 지배력의 속성들 사이의 동형성, 융과 바슐라르가 탐구한[70] 동형성을 재발견한다. 이로부터 숨결과 말의 제어를 통해 우주를 길들이는 '만트라', 역동적인 말, 주술적인 경구를 낭송하는 아주 중요한 기법이 유래한다. 이러한 낭송은 또한 투시력 현상들로 이르고, 이런 방식으로 상상력은 공기-말-시각의 동형성을 되찾는다.[71] 이러한 동형성은 탄트라 경전을 신봉하는 힌두교 일파에서 훨씬 더 두드러지는데, 이 일파의 주장에 의하면 명상은 신의 도상에 대한 응시나 '만트라' 낭송에 의해 똑같이 뒷받침될 수 있다. 이 '만트라'는 극단적으로 라마교에서 기도문을 써넣은 깃발과 회전 원통을 사용하는 경우처럼 부적의 규모로 축소된 순수한 주술적 문구일 수 있다.[72] 이 경우에도 주지주의적인 의도가 보이는 이분법이 확인된다. '만트라'와 '다라니'는 감춰진 이차적 의미가 있고, 어떤 조건들 아래에서만 비밀을 내비치기 때문이다. 게다가 엘리아데는[73] 이러한 이중 의미를 샤먼들의 "비밀" 언어, 심지어 모든 시, 「복음서」의 우화, 베를렌에게 소중한 의미 "오해"의 형이상학적 과정과 비교한다. 각각의 신은 '비가-만트라', 자신의 본질이고 누구나 '만트라'를 낭송함으로써 자기 것으로 할 수 있는 언어적 매체를 소유한다. 엘리아데가 강조하듯이[74] '만트라'는 시원적인 의미의 상징이다. 즉 그것은 상징되는 현실이자 상징하는 기호이다. 그것은 이를테면 의미론적이고 존재론적인 요약이다. 많은 문화에서, 특히 고대 이집트에서 발견되는 말장난의 활용으로까지 나아가는 이름, 어휘의 전능은 여기에서 유래한다.[75] 다른 한편으로 이 상징은 일률적으로 시각적이거나 음성적일 수 있다. 즉 "'만트라야나'와 도상학 사이에는 완벽한 상응이 있다."[76] 여기에서 우리는 시각과 말의 동형성을 재발견한다. 도상학적인 매체에서 '만트라'가 구성하는 청각적 "전달 수단"으로부터 출발하여 의미 내용에 들어 있는 존재론적 정수를 흡수할 수 있다.

우리는 인도와 티베트의 '만트라'가 이슬람교의 '디크르dhikr'와 동류라는 사실을 넘어, 도곤족과 밤바라족의 아프리카 문화에서도 시각적인 것과 말하거나 노래하는 소리 사이의 동형성에 대한 가치부여를 재발견한다.[77] 밤바라족의 경우에 명구銘句는 족장이 말할 때 실제적인 힘을 갖는다. "입에서 나오는" 공기는…… 좋은 '니아마nyama'(힘)로 변형되고, '니아마'는 "동공과 귀를 통해" 신의 몸으로 스며든다. 명구와 이것의 발음은 '테레tere'(육체와 관계가 있는 힘)를 '니아마'로 변화시킨다. 그리오griot들은 불길한 말로 죽음을 초래할 수 있는 반면에, 정확하게 말하는 좋은 문구는 질병을 치유한다. 또한 디테를렌이 매우 분명히 말하듯이[78] "명구의 제도는 존재들의 육체적이고 사회적인 상태를 확증하는 효과를 갖는다." 상징의 존속은 사물들의 존속을 확고히 한다. 주어지는 말은 충실성이라는 도덕적 어의를 띠기 이전에 동일성이라는 더 일반적인 논리적 어의를 갖는다. 그리고 밤바라족의 표징 체계라는 소박한 층위에서도 말은 빛이 원형인 올바름의 질서에 따라 어떤 존재를 구성한다는 것을 분명히 확인할 수 있다. 말과 글은 항구성과 동일성의 동형적인 본형이므로 말은 지나가고 글은 남는다고 확언한다면, 이는 속단하는 것이다. 실제로 말과 시각적인 기호 사이에는 완전한 상호성이 있다. 밤바라족에게는 일종의 산술적 전前 알파벳이 존재하는데, 첫번째 숫자, "주인과 말의 숫자"는 우두머리, 머리, 의식, 위대한 신 파로와 동일시된다.[79] 이것은 기호학을 그 유래에 해당하는 의미론과 떼어놓기 어렵다는 것을 확인시켜준다.

따라서 지배력의 대응물인 말은 많은 문화에서 빛, 그리고 하늘의 최고권과 동형이다. 이러한 동형성은 말의 두 가지 가능한 표면화, 즉 한편으로는 문자나 적어도 그림문자 표징, 다른 한편으로는 음성 조직에 의해 물질적으로 해석된다. 그러므로 상징의 지적 분석과 의미론적인 것이 기호학적인 것으로 느리게 변하는 과정은 인간의 공간에서 시각적이고 청각적인 두 가지 감각 지도에 특권을 부여하는 진화론적인 계통발생의 길을 따른다.[80] 그렇지만 말을 지적으로 분석하는 동형성 곁에서, 우리는 언어와 성의 가능한 접합을 특히 주목해야 한다. 실제로 말은 흔히 아들의 상징성과 동일시되거나, 불의 성적인 상징성을 매개로 불의 신 자신이나 아시리아의 기빌 또는 단순히 아테나처럼 남성화된 여신과 동일시된다. 이것은 레비스트로스가[81] 족외혼이 보편적으로 이루어지면서 부부의 성이 규제되는 현상과 언어 사이에 관계가 있음을 밝힌 것이 옳았음을 증명해준다. 비록 이 인류학자가 두 가지 사회적 소통 수단의 형식적이고 통사론적인 양상만을 고찰하고자 했을지라도, 우리가 보기에는 다시 한번 더 형식과 의미 내용이 통사론의 이해에 도움을 줄 수 있는 듯하다. 뉴칼레도니아에서 "나쁜 말"이 또한 간통이라면, 많은 부족이 언어의 오용을 성범죄와 함께 분류한다면, "언어와 족외혼이 동일한 근본적 상황에 두 가지 해결책을 제시한다면", 심리병리학, 종교사는 말이 그저 성적 지배력과 동일시되고 말이 "씨"와 동일시되는 수많은 경우를 우리에게 보여주는 만큼[82] 이러한 동형성의 의미론적 동인을 파악할 수도 있지 않을까? 그렇지만 성적 교제에 의한 언어 교환의 오염은 우리에게 부차적인 것으로 보일 뿐 아니라, 성적 지배력을 비롯하여 우리가 조금 전에 탐구한 스펙터클의 성좌가 포함하는 지배력의 이상들로부터 파생한 것으로 보인다.

이 장의 결론으로서 우리는 상승의 수직성과 연결된 빛나는 상징들의 성좌에서 커다란 동질성을 확인했다고 말할 수 있다. 동일한 의미론적 동형성은 빛의 상징들과 빛의 기관들, 다시 말해서 계통발생에 의해 세계에 대해 거리를 둔 인식 쪽으로 방향이 결정되는 감각의 지도들을 통합한다. 그러나 시각과 청각 대상들이 세계의 대리적이고 마술적인 쌍형어라 할지라도, 우리는 그것들 자체가 스스로 전달하는 추상화의 잠재력에 의해 재빨리 이중화된다는 것을 확인했다. 그림문자 또는 표음문자는 감각 대상의 추상적인 승화이다. 바로 이러한 이분화 과정을 우리는 뒤메질이 이해하는 최고권의 상징들에 관한 작품에서 이미 살펴보았고[83] 언어 현상 전체와 '만트라' 및 룬 문자의 대용 마법의 경우에서 조금 전에 확인했는데, 이제 검토해야 하는 것은 바로 이 과정이다. 상상계의 영역에서도 빛에는 구별하는 방식들이 수반된다.[84] 검은 홀을 이중화하고, '분리의 구도는 수직성의 구도를 보강하게 된다.' 모든 초월적 존재는 '판별력'과 '정화력'을 가진다. 이것은 벌써 우리에게 날개에 의한 상승의 정화하는 금욕과 새가 천사로 변하는 성향을 언뜻 보게 하고, 분리 또는 분류하고 서열을 매기는 "논리적 변별" 방식들에 대한 연구를 통해 확인될 것인데, 이러한 방식들의 도식은 정화 의례와 문법적이고 논리적인 분류의 기초가 된다.

제3장

분리의 상징들

초월성의 구도와 원형은 변증법적인 절차를 요구한다. 즉 이것들을 인도하는 속셈은 반대의 것들과 대립시키려는 논쟁적인 속셈이다. 상승은 추락에 '반하여' 상상되고, 빛은 어둠에 '반하여' 상상된다. 바슐라르는 이러한 "아틀라스 콤플렉스",[1] 논쟁적인 콤플렉스, 수직화의 노력과 비상의 구도를 적절하게 분석했는데, 이 콤플렉스는 군주다운 응시의 감정을 수반하고, 거대함과 상승에 대한 몽상의 야망을 더 잘 앙양하기 위해 세계를 축소한다. 그러한 이미지들의 역동성은 호전적인 독단주의를 표방하는 재현을 쉽게 입증한다. 빛은 벼락이나 검이 되는 경향을 띠며, 상승은 정복당한 적을 짓밟는 경향이 있다. 어둠이나 심연에 완강히 대항하는 투사의 영웅적인 얼굴이 상승이나 빛의 상징들 아래에서 벌써 암암리에 나타난다. 이러한 논쟁적인 이분법은 불안해하는 수동자受動者가 "나는 빛 속에 있으나, 내 가슴은 온통 컴컴하다"[2]고 공언하는 백일몽의 경험에서 자주 드러난다. 이와 마찬가지로 위대한 우라노스적인 신들은 언제나 위협받으며 변함없이 경계한다. 정상頂上보다 더 불안정한 것은 없다. 그러므로 이 신들은 논쟁적인데, 피가니올은[3] 그들의 적의를 지중해 연안에서 전해지는 지하의 암컷 괴물에 맞선 날개 달린 기사의 승리, 크로노스에 대한 제우스의 승리 이야기의 역사적 기원으로 간주하기도 한다. 태양의 영웅은 언제나 난폭한 전사이고, 이 점에서 우리가 살펴보겠지만 체념한 사람인 달의 영웅과 대립한다.[4] 태양의 영웅에게는 공훈이 운명의 질서에 대한 순응보다 더 중요하다. 프로메테우스의 반항은 자유로운 정신의 신화적 원형이다. 태양의 영웅은 기꺼이 거역하고 맹세를 깨뜨리며 헤라클레스나 셈족의 삼손처럼 대담함에 한계가 없다. 초월성은 이러한 근본적인 불만족, 행위의 대담함이나 기획의 무모함으로 표출되는 기질의 활동을 요구한다. '그러므로 초월성은 언제나 무장하고 있는데', 이미 우리는 화살이라는 전형적으로 초월적인 무기에 마주쳤고, 정의의 홀이 벼락의 전격적인 성격과 검이나 도끼의 집행적인 성격을 불러들인다는 것을 인정했었다.

상상력의 낮의 체제의 원형들과 연결되어 나타나는 최초의 무기는 자르는 무기들이다. 드조유가[5] 분석한 매우 주목할 만한 사례에서 상승을 유도하는 이미지들과 빛이 유도하는 이미지들에 뒤이어, 빛나는 후광에 둘러싸이고 "정의"라는 말이 새겨져 있는 "황금 검"의 원형이 실험 대상인 몽상가의 의식 속에 나타난다. 그러자 환자는 이 검에 대한 신비주의적 응시로 잠겨든다. 이 심리학자가 매우 정당하게 강조하듯이 정신분석학에 소중한 무기의 남근적인 의미는 부차적일 뿐이지만, 정의 개념, 선과 악 사이의 단호한 분리 구도는 우위를 차지하고 몽상가의 의식 전체를 감정적으로 물들인다. 그렇지만 우리가 보기에 분리의 상징체계는 성적 암시를 배제하기는커녕 오히려 강화하는 듯하다. 실제로 남자의 성은 "열두 배 불순하지" 않고, 반대로 지배감의 상징이며, 어린아이에게 질병으로 여겨지지도 않고 그 무언가 부재해 있다는 수치심을 유발하지 않는다. 날카롭거나 뾰족한 무기와 경작의 도구가 일종의 성적 기술로 합류하는 것은 바로 이러한 관점에서이다. 양쪽 다 밭고랑이나 여성화된 상처와 정반대되는 분리의 의미를 갖는다. 피렌체 박물관의 항아리[6]와 어원 자체가 보여주듯이 고대 그리스인들의 쟁기는 오스트레일리아 사람들의 굴착 막대기처럼 남근적인 도구이다. 오스트로아시아 언어들에서는 동일한 말이 남근과 삽을 의미하며, 프르질루스키는[7] 이 어휘 자체가 자루나 가래 또는 꼬리를 의미하는 산스크리트어 '란굴라lângûla'와 남근을 상징하는 '링가linga'의 기원을 이룬다고 암시했다. 엘리아데는 심지어 아시리아의 문서들과 더불어 "자연의 경작자로 명명되는 음경"이라는 라블레의 표현을 인용하기까지 하며, 속어와 프랑스 지방의 사투리는 경작 도구와 남성적인 성의 상호동일시를 확증한다. 남근, 화살, 보습의 동형성을 잘 보여주는 오스트레일리아 의례는 훨씬 더 흥미롭다. 오스트레일리아 사람들은 화살로 무장하고 화살을 남근의 방식으로 흔들어대면서 여성 성기의 상징인 웅덩이를 중심으로 춤을 추고, 마지막에 이르러 땅에 막대기를 박는다.[8] 뒤메질[9]이 마르스-퀴리누스에 관해 강조하는 "전투력과 다산성" 사이의 빈번한 문화적 간섭은 바로 무기와 비옥하게 하는 경작 도구의 이러한 동형성 덕분이지 않을까? 이에 관해 뒤메질은 이론의 여지 없이 호전적인 군사활동의 방식과 이 활동을 여러 곳에 적용하는 것 사이에 뚜렷이 구분점을 두어야 한다고 현명하게 조언한다. 달리 말하자면, 이러저러한 역사상징적 맥락에 동사적 구도가 구체적으로 어떻게 개입되어 있는가를 보기보다는 차라리 구도 자체로 설명하는 것이 나은 것이다. 수확은 전투에서 일어난 적용 지점일 뿐이므로 이른바 농업의 마르스는 본래 수확의 관리인으로 간주될 수 있다. 그래도 역시 마르스와 인드라의 경우에 무기는 성적 상징성 때문에 애매함을 초래하는 것이 사실이고, 이것은 칼과 쟁기의 동일시를 불러일으킬 수 있다.[10] 칼에는 이른바 "킨키나투스 콤플렉스"가 내재해 있는 것이다. 우리가 보기에 쳐들거나 우뚝 세운 무기의 상징성에서 지금 명백히 드러나는 것은 수직성을 초월성과 남성성에 연결하는 동일한 동형성이지만, 이번에는 이 동형성이 그 상징 자체에 의해 매우 두드러지는 논쟁적이고 공격적인 의미로 물든다.

그러므로 영웅이 갖추고 있는 무기는 지배력과 동시에 순수성의 상징이다. 전투는 신화학적으로 지적이거나 영적인 성격을 띤다. 왜냐하면 "무기는 영화靈化와 승화의 힘을 상징하기"[11] 때문이다. 어느 정도 태양다운 모든 영웅의 본형은 피톤 뱀을 화살로 꿰뚫는 아폴론인 듯하다. 미네르바 또한 무장한 여신이다. 지적 활동을 중심으로 칼, 아버지, 지배력, 황제가 합류하는 위고의 주목할 만한 성좌에서[12] 정신분석학이 부각시키는 것은 바로 전투의 영성靈性이다. 자신의 육체적 결함을 칼의 쌍형어인 지성으로 보완하는 위고는 다음과 같이 명백하게 고백한다. "나는 샤토브리앙처럼 정신에 의해 강력해진다는 것, 이 찬탄할 만한 대용물을 발견하지 않았더라면 내 아버지와 나폴레옹처럼 칼에 의해 강력해질 욕구를 느꼈을 것이다." 그러므로 신화학에서 칼이 언제나 아폴론적인 의미를 띠는 것은 놀라운 일이 아니다. 페르세우스의 무기는 아크리시오스 왕을 죽이고 안드로메다의 결박을 풀어주며 메두사의 머리를 자르는 태양 원반인데, 이 마지막 공훈에서 무기 자체가 이를테면 양분됨으로써 크리사오르, 영화의 상징인 "황금의 칼을 지닌 남자"가 태어난다.[13] 괴물들을 정복하는 위대한 전문가 테세우스는 마법의 칼로 스키론, 프로크루스테스, 페리페테스를 죽인다. 그리고 헤라클레스가 흔히 몽둥이를 사용한다면, 테세우스는 스팀팔리아 호수의 음험한 새를 쓰러뜨리고 이런 방식으로 태양을 해방시키기 위해 활을 사용하며, 히드라를 쳐부수기 위해서는 검과 정화의 횃불을 동원하는 반면에, 네소스와 교전할 때 이용하는 것 또한 화살이다. 게르만족과 인도 유럽의 전통에서 괴물을 단칼에 베어버리는 영웅들은 무수히 많다. 그들의 우두머리는 베다 시대의 인드라와 그의 게르만족 사촌, 거인 흐룽니르를 무찌른 토르인 듯하다. 인드라가 브리트라한을 죽이듯이, 토르는 신들의 진수성찬을 먹으려고 시도하는 삼두三頭의 괴물, "지상의 거인"을 죽인다.[14] 뒤메질이 강조했고[15] 이란의 아지 다하카와 그리스의 게리온 또는 심장이 세 마리 뱀으로 형성된 아일랜드의 메크에게서 재발견되는 흐룽니르와 트리키라의 삼위일체는 우리가 이 책의 제2권에서 탐구할 달의 시간의 중요한 상징이기도 하다.[16] 우리의 가장 친숙한 마르스와 그의 창들—'하스타이 마르티스'—과 합류하는 이 전투적인 신들은 또한 인간의 무기와 우주의 벼락을 무차별적으로 사용한다. 게르만족의 민속은 토르의 수많은 쌍들, 즉 마루트와 인드라의 호전적인 동반자들을 상기시키는 바르코나 브자르키와 그의 보호를 받는 회트르를 비롯하여 괴물, 곰, 용, 살해자들로 가득하다.[17] 기독교세계도 물론 전투적인 영웅이라는 이 원형을 이어받는다. 훌륭한 전투의 두 가지 기독교적 본형은 대천사와 전설적인 왕, 성 미카엘과 성 게오르기우스인데, 중세의 기사들은 그들의 이름으로 무기를 들었다. 기독교세계의 진정한 아폴론인 전자는 용을 무찌르고 통브산 부근의 가르가노에 군림하며,[18] 후자는 페르세우스처럼 용이 집어삼키려는 아가씨를 구출하고 창으로 용을 꿰뚫는다. 이 본형들은 여러 지역의 아류들로 주조되는데, 그것들은 모두 용과 어둠에 대항하도록 요청받고 동원된다. 가령 드라기냥에는 성 아르망테르, 아비뇽에는 성 아그리콜, 코맹주에는 성 베르트랑, 보르도에는 성 마르샬, 시스트롱에는 성 도나, 파리에는 성 마르셀, 푸아티에에는 성 일레르가 있다. 각 본당이 아니라면 각 주교구는 용을 죽인 거룩한 후견인을 요청하고, 이중에서 특히 두드러지는 성 일레르는 헤라클레스와 동일시되고 프랑스에서 용에 승리하는 전문가가 되는데,[19] 그만큼 원형은 위세와 정신적인 활기를 띤다. 전투적인 영웅의 주제는 끝으로 주술을 빗나가게 하고 실패하게 하며, 풀어주고, 발견하며, 일깨우는 "매력적인 왕자"가 완화된 형태로 민간 설화에서 재발견된다. 매혹적인 왕자는 북구의 시구르와 브룬힐데 전설, 타타르의 어떤 동화, 우리의 「잠자는 숲속의 미녀」에서도 발견되는데, 이것들은 모두 "아르고호의 그리스 영웅들만큼 오래된" 이 주제를 예시한다.[20]

전투적인 신의 위세는 가톨릭 성인전을 물들였을 뿐만 아니라 모든 기사 제도, 모든 "남자들의 단체" 또는 전사들의 단체를 고취한 듯하다. 우두머리가 대장장이이고 표징들이 여자들의 눈에 보여서는 안 되는 밤바라족의 '코모' 또는 '크보레'이든, 게르만족의 '베르세르키르'나 라틴 민족의 '루케레스'이든, 또는 기독교 기사단들이든, 모든 것은 원시의 전투적 영웅들이 실행하는 전설적인 행동을 모범으로 삼는 듯하다.[21] 뒤메질은 『게르만족의 신들』이라는 책의 어느 장에서 이 "남자들의 단체"의 구성에 관해 길게 상술했는데, 북유럽 문화의 "곰 남자" 또는 "늑대 남자"에서나, 중앙아프리카의 "표범 남자"에서나 그들의 무기는 포유동물의 발톱과 송곳니가 갖는 힘의 승화와 대용적인 분리이다.[22] 이 단체들의 모든 구성원은 무엇보다도 전사이고, 확대된 성적 권리를 소유하며, 아마 원초적 영웅들이 이룩했던 공훈과 짝패를 이루는, 가혹한 통과제의의 신고식을 치른다. 서양에서 '베르세르키르'는 인간화되어 '바이킹'으로 변모하는데, 바이킹은 일종의 기사도를 지향하여 군대의 원형들이 지닌 이런 정화에 대한 압력을 받아 성적인 것은 엄격히 규제를 받는다. 중세의 중요한 기사단들, 그리고 특히 군사적 금욕주의와 동시에 동성애로 유명한 성당 기사단은 우리가 보기에 원시 "남자들의 단체"에서 유래한 듯할 뿐만 아니라, 비스마르크 시대에 호전적인 의례가 행해진 독일 대학생 동아리들과 오늘날 모든 닫힌 남성 집단에서 실행되는 신고식들은 우리에게 '베르세르키르'의 아득한 풍속을 이어받는 것으로 보인다. 한편 이러한 태양의 영웅 계보를 더 멀리까지 밀고 나간다면, 귀스도르프가 그랬듯이 "현대 민담에서 가장 특이한 양상들 가운데 하나를 이루고 있는 추리소설은, 더 옛날에는 기사도소설에 영감을 주었을 무협소설의 발상을 탐정과 범인 사이에서 벌어지는 결투의 외양 아래 물려받은 것"[23]이라고 단언할 수 있다. 돈키호테는 유행에 뒤지지 않고 영원한 정신에 의해 여러 시대를 거쳐 계속 이어져 내려온다. 이런 식으로 셜록 홈스는 성 게오르기우스의 직접적인 계승자가 되고, 메그레는 성 일레르의 유산을 상속받는다.

이제 우리는 영웅의 무기들이 띠는 성격, 겉보기에는 자르는 데 쓰이지 않고 날카롭지 않은 무기들의 성격 문제를 조사해볼 필요가 있다. 디엘은 예리한 무기와 둔중한 무기의 상징을 매우 뚜렷하게 구별하는데, 전자는 상서롭고 괴물을 효과적으로 무찌르는 데 소용되는 반면에, 후자는 불순하여 해방시키려는 계획을 좌초하게 만들 위험이 있다. 가령 여마법사 메데아에게서 얻은 마법의 약을 사용한 이아손은 괴물의 머리를 자르기를 거부하며 영웅으로서의 임무를 저버린다. 디엘에 의하면 둔기만큼 마법의 약도 동물성의 상징일 것이고, 가죽 몽둥이로 죽임을 당한 미노타우로스에 대한 테세우스의 승리는 "역효과를 초래하는 공훈", 영웅적인 임무의 배반일 뿐이다. 이로 인해 테세우스는 비참하게도 지옥의 바위에 못으로 꼼짝없이 고정되는 결말을 맞는다. 그렇지만 이 섬세한 구별은 좀처럼 우리를 설득시키지 못하고, 우리에게는 도덕적 신조에 필요한 상징체계의 순수한 배열, 둔중한 무기가 자르는 무기보다 앞선 것이기를 바라는 진화론적인 전제에서 생각해낸 구별인 것으로 보인다. 거기서는 기껏해야 이러한 구별의 방향으로 나아갈 주변의 문화 현상을 특기할 수 있을 뿐이다. 즉 철기 시대의 문화에는 금속의 기원이 하늘에 있다는 믿음이 지속한다.[24] 이러한 믿음은 최초로 취급된 광석이 실제로 유성에 기원을 두고 있다는 것에 기인했을 것이고, 나무 몽둥이 또는 돌망치의 기법들에 더 많은 가치를 부여했을지 모른다. 그러나 공학적으로 말해서 이 두 종류의 무기는 손에 쥔 칼이나 검의 충격이든 던진 도끼나 몽둥이의 충격이든 '충격을 주는 도구'의 범주에 쉽게 포함된다.[25] 게다가 최초의 규석 무기를 만드는 데 필요한 것은 바로 최초의 충격 도구들이다. 그리고 모든 무기는 자르기에 사용되든, 치기 또는 찌르기에 사용되든, 르루아구랑에 의하면[26] 동일한 충격의 항목으로 분류되기 때문에 우리는 잔혹하게 나누기, 한 대상을 형체 없는 은폐물로부터 분리하기, 찔러 꿰뚫기를 동일한 정신의 구도에 주저 없이 배치한다. 더군다나 충격 기법들과 충격의 변이형들에 대한 발상을 불러일으키는 것도 어쩌면 동일한 정신의 구도일지 모른다. 몸짓이 불규칙하고 단속적이며 매우 틀에 박힌 어린아이들의 경우에 치기가 최초의 객관적인 방식과 긴밀하게 관련되어 있다는 것은 아주 명백하다. 충격이라는 매우 원시적인 몸짓에는 힘에 대한 직관, 여기에서 생겨나는 만족감, 어느 정도 적대적인 것으로 간주된 대상의 첫번째 분리가 긴밀하게 결합되어 있다. 그러므로 둔기나 창 또는 검을 사용하는 데 확립해야 할 어떠한 정신의 구별도 없다. 무기의 양태들이 다양해지고 서로 다른 방식으로 가치를 부여받은 것은 문화의 압력과 역사의 우발적인 사태로 인해서 더 나중에 이루어진다. 검은 "정복하는 민족들의 무기", 여전히 "우두머리들의 무기"가 되고, "북방 민족들의 칼은 끝으로 찌르는 것이 아니라 날로 베게 되어 있으므로"[27] 날에 내포되어 있는 분리의 성격에 의해 다원 결정된다. 그러므로 칼은 모든 무기의 깊은 의미가 향해가는 듯한 원형이고, 이 보기에서 어떻게 심리적 동인과 기술적 영향이 다원 결정으로 굳게 맺어지는가를 알아차릴 수 있다.

영웅의 무기들이 갖는 성격을 연구할 때에는 뒤메질과 엘리아데가 훌륭하게 구성한 자료, 신다운 무기들의 변증법 및 묶기의 신화학적 문제와 관련된 자료를 들춰보아야 한다.[28] 뒤메질은 매우 많은 증거 자료를 축적하여 묶는 자-마법사의 기능을 전사-끊는 자의 기능으로 돌릴 수 없다는 것을 밝히려고 애쓴다. 묶는 자 바루나는 검을 다루는 자 인드라와 정반대되는 존재이다. 그러나 우리가 보기에 엘리아데는 묶기와 끊기가 최고의 묶는 자의 주요한 활동에 종속된다고 생각함으로써, 이러한 변증법을 적절하게 해소한다. 실제로 묶는 자들의 상징은 우리가 지적한 바 있듯이 원래 음산하고 해로운 신들의 전유물이다.[29] 그런데 바루나의 위격에는 관계의 마력에 대한 두려움과 치명적인 묶기에 대처하는 최고의 방책에 대한 희망 사이의 심리적 결탁이 있었던 듯하다. 역설적이게도 바루나는 지고의 묶는 자, 다시 말해서 악마들을 묶기 위해 온전한 능력을 발휘할 수 있는 자가 된다. 그러나 바루나가 묶는 자로서의 기능을 차지하고 이 기능에 오염되는 듯하다 할지라도, 그는 기본적으로 우라노스적인 분리자, 심판자의 역할을 유지한다.[30] 엘리아데 자신은 "연결하다"를 의미하는 '유그Yug'에서 유래하는 요가라는 말의 어원에 관해 어원학적 동인을 상징적 반어법으로 뒤집으면서 역설적으로 "어원적으로 유그가 묶다는 의미라면, 정신을 세계에 통합하는 관계의 단절이 이러한 행동이 이르게 마련인 관계의 사전 조건으로 전제되어 있다는 것은 명백하다"[31]고 덧붙일 때, 이러한 양면성을 인정한다. 종교사가의 이러한 성찰은 우리를 위해 다시 한번 완곡어법과정과 특히 상상력이 펼쳐질 때 실행되는 반어법의 중요성을 강조한다. 우리는 변증법이 분리하는 첫 단계부터 반어법이 성립되는 것을 알아차릴 수 있는데, 요가의 개념을 위한 경우에 거기에 기인하는 양면성은 무엇보다 먼저 실존적인 것과 시간적인 것을 부정하는 인간 사유의 은밀한 성향을 나타낸다. 통일하다, "속박 아래에 놓다"는 우선 분리, 세속적인 영역의 정화를 전제로 한다. 또한 묶기의 이러한 양면성은 초월성과 우라노스적인 비타협성의 신화와 이미지에서 시간성이 완곡어법과 반어법에 굴복하여 동화되는 일원론적인 신화와 상징 쪽으로 넘어가는 과정의 실마리인데, 후자의 경우를 우리는 나중에 탐구할 것이다.[32] 전형적인 전사인 인드라 자신은 관계를 이용하는 것에 마음이 내키기는 하지만 그것 역시 묶는 자들을 묶기 위해서인데, 베르게뉴Bergaigne는[33] 인드라가 "악마의 술책을 악마에게로 돌린다"고, 그가 마야를 통해 마인Mâyin을 이겨낸다고 말할 때 이러한 이중화를 인정한다. 엘리아데는 많은 사례를 찾아내는데, 그것들에서 인드라는 묶는 자이지만 "오염"에 의해, "승리하는 종교적 형태로 하여금 온갖 종류의 다른 신다운 속성을 자기 것으로 만들도록 부추기는 신화 제국주의"에 의해 묶는 자이다.[34] 그러니까 뒤메질 자신은 묶는 자와 검을 다루는 자 사이의 양립 불가능성이 스스로 단언한 만큼 절대적이지 않다는 것, 마법사 겸 묶는 자인 신에서 둔중한 무기와 예리한 무기를 다루는 자로의 점진적 추이가 있다는 것, '렉스Rex'에서 '둑스Dux'로 변형이 있다는 것을 시인한다.[35] 더군다나 원시의 입법의회는 우선 전쟁과 관계가 있고 마르스 틴크수스가 주재한다. 로마와 게르만족에게서 분명히 나타나듯이 군사사회는 시민사회의 기초가 된다.[36] 이와 마찬가지로 외팔이 티르의 전설에서 잘려나간 손은 변증법적으로 묶기와 밀접하게 관련되어 있다. 즉 티르가 늑대의 아가리에 자신의 팔을 담보로 제공하는 것은 잔혹한 늑대 펜리르를 묶었기 때문이다.[37]

프랑스와 기독교의 신화에서도 동일한 타협이 관찰된다. 기독교의 영웅은 괴물을 쳐부수기 위해 언제나 검이라는 신속한 수단을 이용하는 것은 아니다. 가령 성 마르트는 자신의 허리띠로 타라스크를 "얽어매고", 이와 마찬가지로 성 삼손 드 돌은 자신의 허리띠로 뱀의 목을 묶으며, 성 베랑은 보클뤼즈 샘의 "쿨로브르"를 쇠사슬로 묶을뿐더러, 동탕빌에 의하면[38] 바티칸 박물관의 용 살해자 아폴론은 파충류를 죽이지 않고 "길들인다." 이 신화학자는 이러한 묶기의 방식을 통해 근본적인 악을 대하는 영웅적 태도의 매우 중요한 기로, 그가 기독교적인 것이 아니라고 명명하는 기로, 즉 악의 완곡어법화를 우리에게 보여준다. 괴물은 "개선할 수 있는" 것으로 나타나고, 따라서 반어법으로, 상상적 가치들의 전도로 이르는 길을 여는데, 신관들의 숫양 머리를 지닌(어느 정도는 아메리칸 인디언들의 깃털 달린 뱀을 우리에게 환기시키는)

뱀은 바로 이러한 전도의 상징일 것이다. “숫양 머리는 보호하는 성질을 지니고 있다……. 그것은 틀림없이 뱀을 관리하는 데, 뱀을 지혜롭게, 다시 말해서 인간에게 이로운 방향으로 관리하는 데 소용될 것이다.”[39] 우리가 보기에 묵시록적인 문학도 동일한 굴절을 제시하는 듯한데, 이 경우에 악마들의 결정적인 파괴는 악마들의 포획과 세심하게 차별화되어 있다. 게다가 끈이나 쇠사슬로 악마들을 포획하는 것은 일시적인 징벌일 뿐이고, 랑톤이 말하듯이 “갖가지 텍스트에 따라 다른 기간 동안 사탄을 사슬로 묶는 것은 그 시대의 유대인들 사이에서 성행한 악마학적 견해의 특징이었다.”[40] 조로아스터교의 견해에서도 동일한 구분이 재발견된다. 그 속박 시대의 말에 사탄은 “쇠사슬에서 벗어나” 신의 정의에 보조자 구실을 하고, 악이 결정적으로 소멸하는 일반적인 사례로 소용된다.[41] 괴물 같은 세라핀에 올라탄 야훼가 타협의 상징인 것처럼, 융은 영웅이 타는 짐승, 가령 아그니가 타는 숫양, 보탄이 타는 슬라이프니르, 디오니소스가 타는 나귀, 미트라가 타는 말, 프레이가 타는 멧돼지, 그리스도가 타는 당나귀를 굴복한 본능의 상징으로 보는데, 이 또한 종속에 의한 타협의 관점에서이다. 그러나 이 모든 타협, 초벌 상태의 반어법, 적의 무기를 차용함으로써 영웅주의를 왜곡하는 영웅들은 인간의 상상력과 사유의 비밀스러운 성향을 드러낸다 할지라도, 환상의 ‘밤의 체제’를 벌써 예고한다 할지라도 여전히 분리된 영웅주의에 인접해 있다.

순수한 영웅, 모범적인 영웅은 여전히 용을 단칼에 베어버리는 사람이다. 검과 끈의 이러한 타협에도 불구하고, 후자는 설령 사법적 은유로 약화된다 해도 본질적으로 죽음과 시간의 신들, 실 잣는 여신들, 야마와 니르티 같은 악마들의 도구이다. 천상의 지배자에 호소하는 바는 오직 끈을 풀어달라는 것이고, 인간에게 모든 세례나 계시는 속박을 “풀고” 비현실의 장막을 “찢는” 데 있으며,[42] 엘리아데가 말하듯이[43] 속세의 상황과 인간의 비참은 “묶기, 속박, 집착의 관념을 내포하는 핵심어들로 표현된다." 그러므로 묶기 콤플렉스는 세계 내에 존재하는 인간의 고유한 상황에 관한 원형일 뿐이다. 따라서 우리는 이원론적이고 대립적인 '낮의 체제'의 관점에서 최고권이 끈의 속성보다는 오히려 풀기의 속성을 띤다고 단언할 수 있는데, 영웅이 시간의 술책과 악의 계략을 차용하는 것은 오직 다른 의도들 쪽으로 넘어감을 통해서일 뿐이다. 아테나, 무장한 여신, 그다지 여성적이지 않고 완강하게 순결하며 헤파이스토스의 도끼와 제우스의 이마에서 솟아난 반짝이는 눈의 여신, 무기의 여지배자, 정신의 여지배자, 또한 직조의 여지배자는 바로 이러한 영웅적 맥락에서 우리에게 나타난다.[44] 아테나와 아라크네 사이의 경쟁관계는 뒤메질이 제기한 문제를 해결하지 않는가? 지혜의 여신은 오직 정복하려는 제국주의적 충동 때문에만 실 잣는 운명의 여신, 파르카이에게 도전하고자 할 뿐이다. 그러나 파르시팔이 칼을 선호하듯이 아테나가 선호하는 무기는 창이다. 검과 기사 서임의식을 지배력과 도덕적 올바름을 계승하는 상징으로 만든 중세의 전통 전체가 강조하는 칼이나 창의 기품.

공격 무기의 영역에서 엄밀한 의미의 영웅적인 태도로 귀착하는 것과 상상계의 제국주의가 침해하는 것을 제법 쉽게 제한할 수 있다 해도, 이러한 구별은 영웅을 '보호하는 무기'가 문제일 때 더 미묘하다.[45] 물론 우두머리, 승리한 정복자의 무기인 칼은 언제나 '로리카lorica', 황금 나뭇잎 모양의 방패 또는 아테나의 방패를 수반한다.[46] 그러나 성벽, 갑옷, 담장 등 보호하는 싸개의 양면성은 원형적 원천들의 혼동을 초래한다. 즉 이것들은 말할 것도 없이 외부와의 "분리"일 뿐만 아니라, 우리가 나중에 껍질에 관해 살펴보겠지만 전혀 다른 계열의 원형들에 속하는 내밀성의 몽상으로 기우는 경향이 있다. 성벽과 요새를 세우는 "반대세계univers contre"[47]의 상징들에서 휴식, 섬나라에 깃든 조용한 평화의 상징들을 떼어내기 위한 실질적인 노력을 해야 한다. 바슐라르는 도시로부터 보호받는 내면의 평정에서 요새의 논쟁적이고 방어적인 양상을 판별하는 데 결코 완전히는 성공하지 못한다. 게다가 그는 몹시 지상적인 존재물인 집의 원형에 이미지의 낮의 체제의 천상적인 부름이 기록된다고 인정하면서, "중요한 원형들에 활력을 부여하는 반대되는 것들의 부름"을 명목으로 하여 이러한 분석을 받아들이지 않는다. "적절하게 뿌리를 내린 집은 바람에 민감한 가지, 나뭇잎들이 살랑거리는 다락방을 갖추고자 한다."[48] 막아주는 집은 언제나 방어하고 보호하며 수동성에서 방어적인 능동성으로 연속해서 넘어가는 안식처라는 점을 덧붙이자. 그렇지만 바슐라르는[49] 르네 게농René Guénon처럼 두 가지 대립하는 상징적 의도를 구별하기 위해 울타리의 갖가지 구조를 원용한다. 가령 원형, "온전히 둥근 형체"는 어느 정도 배와 동일시하는 반면에, 네모꼴 건축물은 더 방어적인 피난처를 암시한다. 르네 게농은[50] 에덴동산이 원형인 반면에 "이상적인 나라", 천상의 예루살렘은 도면이 네모꼴이라는 것을 우리에게 일러준다. "처음에는 식물적인 상징성을 갖는 동산이 있었지만 이제는 광물적인 상징성을 갖는 도시가 있다." 이와 같은 미묘함에도 불구하고 성벽이나 도시의 상상적인 맥락에서 방어의 의도와 내밀성의 의도를 가려보는 것은 매우 어렵다. 무기들의 이러한 동형성에서 우리는 성채, 외호外濠, 성벽의 방어적인 성격만을 고려할 것이다. 왜냐하면 이러한 장치들에는 무시할 수는 없지만 군사적 맥락에서만 검이나 총안銃眼에 의해 명확해지는 분리의 의지가 있기 때문이다. '갑옷' '강화된 울타리'는 분리, 불연속 증진의 의도를 나타내며, 칸막이하는 이미지들을 내밀성의 상징성과 겹치지 않게끔 보존할 수 있는 것은 오직 이러한 이유 때문이다.

*

칼이나 갑옷 또는 성벽 같은 호전적인 분리 수단들과 나란히 의례에 통합되는 마법의 방식들이 있다. 우리가 이미 지적했듯이 상승과 빛을 중심으로 도는 모든 상징은 언제나 정화의 의도를 수반한다. 초월성은 빛처럼 언제나 구별의 노력을 요구하는 듯하다. 게다가 우리가 암시한 모든 상승은 샤먼이나 심리치료사의 경우에 해당하는 것일지라도 초월의 기법인 동시에 정화의 실천이다. 긍정적인 것으로 간주되는 유토피아적인 가치를 실존의 부정성에 대립시키는 것을 특징으로 갖는 구도들에서 바슐라르와 함께 모든 가치가 "순수성에 의해"[51] 상징될 수 있을 것이라고 말할 수 있다. 특권을 부여한다는 사실, 다시 말해서 평가한다는 사실은 이미 정화하는 것이다. 특권을 부여받는 대상들의 뚜렷하고 분명한 유일성은 순수성을 보증한다는 것이다. 왜냐하면 "무의식의 시선에는 불순성이 언제나 다양하고 풍부하게 보이기"[52] 때문이다. 순수성은 아주 뚜렷하고 명료한 분리에 인접한다. 모든 가치론적 노력은 우선 카타르시스이다.

따라서 우리가 최초의 정화 기법들을 발견하는 것은 당연히 '단절', 분리의 의례들에서인데, 이 의례들에서는 검이 칼로 과소평가되고 주목을 끌지는 않지만 여전히 역할을 한다. 우선 제모除毛, 삭발, 발치拔齒와 같은 실천들이 우리에게 그러한 것으로 보인다. 예컨대 바고보족이 발치를 하는 것은 명백히 "짐승의 이빨과 같은 이를 갖지 않기 위해서"[53]이다. 명백히 모든 절제切除의 실천은 반드시 희생의 절제가 아니라 해도, 동물성을 떨쳐버리려는 의지를 의미한다. 이것은 또한 기독교의 사제나 수도승, 요가를 수행하는 성인, 불교 또는 자이나교의 승려에게서 찾아볼 수 있는 삭발례의 의미이기도 한데, 불교나 자이나교에서는 승려들이 몸 전체의 제모, 바로 극단적인 삭발례인 제모를 실천한다.[54] 삭발례와 여기에서 파생한 의례들은 육욕에 대한 체념의 기호이고, "이러한 실천은 현혹, 윤회하는 마야의 치솟는 생식력에 대한 도전, 경멸을 의미한다." 그리고 지머는 중국의 나한 같은 인물에 관해 다음과 같은 의미심장한 언급을 덧붙인다. "이것은 세계의 속박을 끊고 삶의 끝없는 노예 상태를 넘어선 사람…… 분별하는 인식의 날카로운 칼을 휘둘러, 인간을 식물 및 동물세계의 격정과 욕구에 옭아매는 모든 사슬에서 해방된 사람의 초상이다……."[55] 그러므로 이 종교사가의 직관은 정화하는 검과 세속적인 속박의 절단이 동형이라는 것을 재발견한다. 우리에게는 음핵 절제 및 할례의식도 유사한 상징적 맥락에서 해석해야 할 것으로 보인다. 예컨대 밤바라족의 경우에[56] 이러한 활동의 목적은 온전히 어린이를 무소-코로니의 불순한 영역에서 파로의 유익한 힘으로 넘어가게 하는 것이다. 물론 그들의 의례는 하천-농경문화 때문에 과도하게 부차적인 의미를 띠지만, 지금으로서는 우리가 탐구하고 있는 원형들의 동형적인 전체에서 아주 의미심장한 세 가지 요소를 강조하자. 그것들은 우선 '완조wanzo'를 분리하는 칼날의 정화를 의미하고, 다음으로 "머리 덮개"로서의 모자가 갖는 보호하는 역할이며, 끝으로 말의 전능을 받아들이는 귀의 대상성이다. 칼은 "할례의 머리-어머니"로 불리고, 칼을 뽑는 행위는 자신의 포피를 포기하는 정화된 자를 상징한다. 수술이 불의 성적 상징성에 결부되어 있다 할지라도, 수술 행위 이전에 칼과 음경을 세척에 의해, 그것도 도끼의 쇠 부분을 담근 물로 정화하는 것은 변함이 없다.[57] 칼의 쇠 부분은 '완조'를 "공격하고" "정화하기" 위한 것이고, 불순한 '완조'와 거기에 묻은 피가 대지 무소-코로니로 돌아가는 것은 날에 새 타투구-코로니의 이미지가 새겨 있는 칼 덕분이다. 오염된 곳으로 간주되는 의식의 장소에 접근하는 것은 금지된다. 즉 거기에서는 '완조' 축소의 위험이 있다. 아무리 사소한 불순성이라도 떨쳐버렸다는 확신을 얻기 위해 정화는 6일 동안 은둔, 강에서 세척, 잉걸불 위로 세 차례 도약으로 완결된다.[58] 그러므로 할례의 행위 자체에서는 칼날과 불 그리고 물이 주목할 만한 정화하는 상징성으로 합류한다. 그러나 수동자受動者의 머리 또한 특별한 배려의 대상이다. 즉 음핵이 절제된 여자는 "파로의 색깔인"[59] 하얀 터번을 머리에 두르고, 할례를 받은 남자는 의례를 완결하기 위해 은둔하는 동안 자신을 보호해주는 하얀 털실의 할례 모자를 쓰고서 "파로의 보호하고 정화하는 빛 속에"[60] 안주한다. 왜냐하면 머리는 개인의 "중대한" 부위이고 특별한 배려를 받아야 하기 때문이다. 끝으로 이러한 상징적 콤플렉스에는 귀, 즉 말을 받아들이는 용기가 관련되어 있는데, 귀의 장신구는 "나쁜 말의 전달자에게 제약을 가하기 위해" 제작되며, 할례를 받은 자들의 시신에서는 "할례의 표시로" 포피 대신에 귀가 잘린다.[61] 그러므로 할례의식은 온전히 카타르시스적인 분리 의례, 위태로워지고 혼란스러운 세계의 질서를 검에 의해 재확립하는 활동이고, 할례나 음핵 절제를 통해 각 성별은 포피와 음핵이 상징하는 상대방의 성교가 갖는 불순한 요소들로부터 정화된다. 정통 정신분석학자들과는 반대로[62] 우리는 할례를 거세의 유명한 대속代贖이라고 보거나 할례 의례를 젊은 남자들의 거세에 대한 늙은이들의 희미해진 무의식적 기억이라고 하는 『토템과 금기』의 기이한 주장[63]과 달리 더 긴급한 행위로 본다. 인류학 연구가 입증하듯이, 할례는 이미 성적 양면성을 띠는 모든 외양을 제거하는 정화 의례의 철학이다. 즉 할례는 남성을 여성으로부터 분리하는 것을 임무로 하고, 남성적인 순수성과 여성적이고 부패한 '완조' 사이를 갈라놓는 것처럼 양성을 문자 그대로 잘라서 떼어놓는다. 따라서 할례는 나쁜 피, 부패와 혼란의 요소를 격렬하게 떼어내는 세례이다.

정화의 의도가 응축되는 두번째 원형은 '맑은 정화수'이다. 바슐라르는[64] 더러운 물에 대한 자연스러운 혐오감과 "순수한 물에 부여되는 무의식적 가치"를 특기한다. 몇 가지 물이 정화하는 역할을 하는 것은 원소에 입각한 바슐라르의 해석과는 반대로 물질로서가 아니라, 대구를 이루는 투명성 때문이다. 실제로 물이라는 원소 자체는 양면적이다. 바슐라르가 물의 "마니교"를 고발할 때 정직하게 인정하는 양면성.[65] 이러한 정화수는 단번에 도덕적인 가치를 갖는다. 즉 정화수는 양적인 세척에 의해 작용하지 않고 순수성이라는 물질 자체이며, 세계를 정화하는 데에는 몇 방울의 물로 충분하다. 바슐라르에 의하면[66] 뿌리기는 기본적인 정화활동, 심리의 중요한 원형적 이미지인데, 세척은 이것의 조잡하고 공개적인 부본副本에 지나지 않는다. 여기에서 우리는 물질에서 "방사상의" 힘으로 넘어가는 현상을 목격한다. 왜냐하면 물은 순수성을 내포할 뿐만 아니라 "순수성을 발산하기" 때문이다.[67] 순수성의 본질은 광선, 섬광, 자연발생적인 찬란함이 아닐까? 정화수의 투명성을 감각적으로 배가하고 정화수의 순수성을 강화하는 두번째 특징은 '신선함'이다. 이 신선함은 일상적인 미지근함과 대립적으로 작용한다. 불로 태우는 것도 정화의 속성을 갖는다. 왜냐하면 정화에 대해서는 누구나 육체의 미지근함 및 정신적 혼란의 희미함과 단절을 요구하기 때문이다. 다른 곳에서[68] 우리는 눈이라는 전형적인 정화수가 흰 빛과 냉기에 의해 정화한다는 것을 보여주었다. 바슐라르 역시 무엇보다 먼저 청춘의 물이 유기체를 "되살아나게" 한다고 지적한다.[69] 정화수는 죄, 육신, 필사의 조건을 넘어 살도록 하는 물이다. 다시 한번 종교사는 심리학적 분석을 보충한다. 즉 "생기 있는 물" 또는 "천상의 물"은 성서 나 켈트족과 로마의 전통에서뿐만 아니라 우파니샤드에서도 재발견된다.[70]

정화 의례에서 가장 일반적으로 사용되는 다른 요소는 '불'인데, 불은 기독교에서 발견되는 어떤 전통에 의하면 전형적인 세례이다.[71] 모든 정화의 어근인 '순수한'이라는 말 자체는 산스크리트어로 불을 의미한다. 그렇지만 우리는 아마 공학이 설명해줄 터이듯이,[72] 불의 상징이 얼마나 다가多價적인지에 세심하게 유의

해야 한다. 즉 불의 산출은 인간의 몸짓 및 서로 매우 다른 도구들과 깊은 관계가 있다. 불을 얻는 데에는 본질적으로 명백히 대조적인 두 가지 방식, 즉 충격과 마찰이 있다. 그런데 여기에서는 전자의 방식만이 우리의 관심을 끈다. 왜냐하면 정화하는 불은 심리학적으로 불화살, 번개라는 하늘의 불타오르는 타격과 유사하다. 다양한 부싯돌, 심지어 인도네시아 사람들이 사용하는 기묘한 피스톤 부싯돌[73]은 벼락이 칠 때 돌연하게 번득이는 번개의 축소판 도구이다. 반면에 마찰에 의한 방식은 전혀 다른 심리의 성좌에 결부되는데, 바슐라르가 『불의 정신분석』에서 매우 적절하게 탐구한 이 성좌에 관해서는 때가 되면 재론할 생각이다.[74] 지금 우리가 다루고 있는 불은 오직 인도-유럽의 화장火葬에 사용되는 불, 우리가 조금 전에 탐구한 우라노스와 태양의 성좌와 관련된 천상의 불, 빛의 연장선상에 위치하는 불이다. 피가니올에 의하면[75] 화장은 본질의 초월성, 영혼의 불멸성에 대한 믿음과 상응할 것이다. 즉 "죽은 자는 화장하는 사람들의 세계로부터 유배되며", 초월성과 관련이 있는 이러한 염려는 매장의 실천, 육체의 전부 또는 일부를 땅속에 보존하는 관습과 대립할 것이다. 피가니올은 약간 경솔하게도 "우라노스적인 신" 불카누스(화재를 의미하는 산스크리트어 '울카ulkà'에서 유래하므로 불을 뜻하는 '볼카volca'에서 생성된 이름)를 지하의 사투르누스와 대립시키면서 정화의 불을 태양, 즉 비상의 불, 자체의 열기에 노출되는 모든 것을 기화시키는 불과 동일시한다.[76] 화장, 화장에 의한 희생, 지하의 지리를 무시하는 유심론적 관심은 농경 종교들의 유혈 희생을 대체했을 것이다. 로마에서는 태양다운 영웅 헤라클레스가 이러한 개혁을 신화적으로 실현했을 것이다.[77] 그러므로 성적인 불과 분리된 "영적인 불"이 분명히 존재하는데, 바슐라르 자신도[78] 성애의 암시와 나란히 정화와 빛의 의도를 내포하고 전달하는 불의 양면성을 인정한다. 불은 정화하는 것이거나 반대로 성적인 가치를 더 많이 부여받은 것일 수 있는데, 종교사는 원소들에 대한 이 정신분석학자의 확인을 확증한다. 즉 아그니는 어떤 때는 정화하는 자 바유Vâyû의 단순한 동류이고, 어떤 때는 뷔르누프가 밝혀주었듯이[79] 농업적 다산성 의례의 잔재이다. 이와 마찬가지로 베스타 숭배에서 매우 강조되고 농경의 오랜 배경 위에 놓인 정화 의례는 여신이 많은 점에서 역설적이게도 아나히타 사라스바티와 아르마티 같은 다산성의 신들과 혼동되게 한다.[80] 불은 정화의 불꽃일 뿐만 아니라 가부장제 가정에서 생식의 중심이기도 하다. 바슐라르가 프레이저의 연구를 이어받아 계속하는 것처럼[81] 굽는 요리에서 불의 정화하는 의미를 찾으려 해서는 안 되는데, 불이 진정한 정화의 미덕을 형성하는 것은 "바로 불과 빛의 변증법을 따라서"이며, 바슐라르는[82] 불의 카타르시스적인 본질에 대한 직관을 표현하는 노발리스의 찬탄할 만한 말을 인용한다. "빛은 불 현상의 정수이다." 게다가 프로메테우스 신화에서 불은 빛-정신의 단순한 상징적 대용물일 뿐이지 않을까? 불은 "상징화로 하여금 한편으로는 (빛에 의한) 영화靈化를, 다른 한편으로는 (열에 의한) 승화를 형상화할 수 있게 해주기 때문에, 지성을 나타내기에 적합하다……"고 어떤 신화학자는 말할지 모른다.[83]

인류학적 고찰은 불의 지적인 상징성을 확증하는데, 실제로 불의 사용은 우주가 "영적으로 되는 가장 중요한 단계"를 나타내며, "인간을 동물의 조건에서 점점 더 멀어지게 한다." 바로 이러한 유심론적 이유 때문에 불은 거의 언제나 "신의 현전"이고 언제나 "액막이의" 힘을 부여받는다.[84] 우라노스적인 신성이 성신 강림 축일의 사도들인 보나벤투라와 단테에게 드러나는 것은 바로 불의 모습으로이다. 불은 아시아의 아리아족 종교들에서는 아그니, 아타르라는 이름을, 기독교도들의 경우에는 그리스도라는 이름을 지닌 "살아 있고 사유하는 신"일 것이다.[85] 기독교 의례에서도 불은 중요한 역할을 한다. 즉 부활절의 촛불은 일 년 내내 켜져 있고, 십자가에 새겨진 문자들은 "이그네 나투라 레노바투르 인테그라"[86]를 나타낼 것이다. 그렇지만 다른 곳에서처럼 기독교에서도 불의 상징은 양면적인 의미로 가득하다. 불은 이미지가 전혀 다른 체제에 의해 해석될 경우에, 마찰 부싯돌을 사용하는 원주민 부족들에게서 찾아볼 수 있는 나무 기원설 때문이든, 많은 연금술사의 열처리에서 불이 맡는 역할 때문이든 부활의 신화와 밀접하게 관련된다는 것을 우리는 뒤에서 살펴볼 것이다.[87] 지금으로서는 불의 재현에서 정화하는 상징성만을 보존하면서도, 분명히 한정된 성좌에 자연적으로나 공학적으로 접합된 이미지가 이차적인 특성 덕분에 은밀하게 이동할 수 있다는 것을 잊지 말자. 물의 의미 내용과 관련하여 물이 자체의 실체적인 특성들보다는 오히려 자체의 우발적인 속성들, 즉 맑음, 흐림, 깊이 등에 달려 있는 것으로 보였듯이, 지금 우리의 관심을 끄는 경우에서 우리는 자체의 빛나는 특성 때문에 우라노스적인 동형성에 첨가된 충격 기원의 불을 본다. 다시 한번 우리는 원소들의 물리학에 의해서가 아니라 언어적이라고 부를 수 있을 생리학에 의해, 그리고 구도들과 몸짓들을 표현하는 말들의 형용사적이고 수동적인 잔재에 의해 상상력이 조직된다는 것을 확인한다. 문법학자들이 단언하는 바와는 반대로[88] 형용사는 실사보다 더 일반적이라는, 다시 말해서 상상계의 주관성을 구성하는 중요한 언어적 구도들과 연계된다는 아주 단순한 이유 때문에, 즉 에피카타테트*로서의 심리학적 기원을 지니기 때문에 마음속으로 실체나 실사 앞에 고정된 것으로 보인다. 불이 갖는 순수성의 동형성은 상상적인 특성들이 이러한 에피카타테트로서 분류된다는 것을 예증한다.

이러한 동형성은 많은 원시 부족들에게 불이 새와 동형적이

* épicatathète: épithète는 부가형용사라는 뜻인데, 이 단어의 중간에 "아래"를 뜻하는 'cata'라는 삽입사가 들어 있다. 따라서 화자를 형언하는 품질형용사, 파국에 속성을 부여하는 품질형용사라고 정의할 수 있다. 예를 들자면 "ma pauvre fille"에서 'pauvre'가 에피카타테트이다.

라는 사실에 의해서도 강화된다. 성신 강림 축일의 비둘기뿐만 아니라 고대 켈트족, 인디언들, 현재의 오스트레일리아인들이 불을 불러들인다고 생각한 새, 매 또는 굴뚝새는 본질적으로 발열성의 새들이다.[89] 불새의 여부를 결정하는 것은 흔히 부리, 도가머리, 깃털의 색조인데, 유럽에서 붉은 가슴의 검은 딱따구리와 울새가 불의 전설에 연루되어 있는 것은 아마 이러한 이유 때문일 것이다. 새 대신에 불을 가져다주는 것이 물고기일 때에도, 물고기들은 『칼레발라』의 곤들매기처럼 횡령이나 유괴에 의해서만 이러한 직책을 이행한다. 반면에 불과 함께 성좌를 이루는 다른 분리 및 스펙터클의 요소들이 불에 대해 갖는 동형성의 도표를 완성하도록, 불은 산꼭대기와 불 그리고 말이 동형성에 의해 연결되는 우파니샤드에서처럼 매우 자주 말과 동일시된다. "천정의 신은 무엇인가?—아그니!—그러면 아그니는 무엇에 근거를 두는가?—말에!"[90] 성서 에서도 이와 마찬가지로 불은 하느님의 말씀, 그리고 입술이 뜨거운 숯불로 "정화"되는 예언자의 말과 깊은 관계가 있다.[91] 그러므로 우리는 불의 복잡한 상징성에서 매우 현저한 분리의 주제를 끊임없이 재발견하는데, 이 주제는 불의 원소를 불이 내포하는 빛에 의해 부분적으로 이미지의 '낮의 체제'에 결부시키게 해준다.

공기는 우리가 방금 탐구한 기본적인 부가형용사들의 모든 카타르시스적인 기능, 즉 반투명성, 빛, 발열과 냉기에 대한 수용성을 개괄한다. 이것은 바슐라르가 자신의 가장 유익한 연구들 가운데 공기의 원소를 상승 구도의 물질로 만들 수 있었던 근거들 중 하나이다.[92] 이미 우리는 인도의 전통에서 어떻게 공기가 말과 밀접하게 결합되어 있는가에 주목했다. 그 유명한 '프라나prâna' 이론을 재론하자. (움직이다, 호흡하다를 의미하는 어근 '바va'에서 유래한) 바유Vâyû는 최초의 신인데, 신화 전체는 그로부터 시작된다. 뒤메질은[93] 인도의 신학적 희생 목록에서 바유가 (그와 동등한 전사 인드라에 의해 대체되기는 하지만) 원조元祖의 신이라고 지적했다. 바유는 "비추는 자" 또는 "활기를 주는 자"이다. 그는 또한 정화하는 자이다. 즉 그의 동료 인드라가 우르타에게 승리한 후에 "악취를 풍기는 물질을 숨결로 깨끗이 하는" 것은 그의 일이다.[94] 이란인들의 경우에도 바람의 신이 존재하는데, 그 역시 전쟁의 판테온에 자리잡을 수 있다. 즉 바람은 베레트라그나의 화신 10명 중에서 가장 중요한 것이다. 서양에서 라틴 민족의 야누스는 동일한 선도자 역할을 할 것이고, 바유의 경우처럼 이중적인 성격으로 인해 이분법의 전범, 즉 열린 문 또는 닫힌 문, 일종의 "기류"의 신이 된다.[95] 바유는 생명의 숨결 '프라나'와 동일시될 수 있고, 섬세한 매개자인데, "이승과 저승 그리고 모든 존재가 연결되는 것은 실과 같은 공기에 의해서이다."[96] 그러나 끈의 양면성에 다시 한번 유의해야 한다. 왜냐하면 이러한 완벽한 매개는 타협의 징후라기보다는 오히려 초월의 징후이기 때문인데, 이는 이집트의 판테온에서 분명하게 드러난다. 실제로 슈 신이 생명의 숨결, 인간을 살아갈 수 있게 해주고 죽은 자를 다시 태어날 수 있게 해주는 원리를 나타낸다 해도, 그가 원조의 신으로서 "나는 (피조물에게) 생명을 제공하고, 내 입의 활동에 의해 피조물을 살아 있게 할뿐더러, 피조물의 콧구멍 속에 있는 생명으로서, 내 숨결을 그들의 목으로 인도하노라……"라고 말할 수 있다 해도, 슈가 땅과 하늘을 분리하는 위대한 자, 빛의 본질임에는 변함이 없다.[97] 물론 '프라나'의 교의는 확실히 끈의 양면성에 의해 영향을 받는데, 요가에 관한 중대한 책에서[98] 엘리아데는 '쿰바카kumbhaka', 호흡의 제약을 강조하면서 무엇보다 먼저 요가를 도道의 생명론적인 실천 및 몸의 움직임, 휴식, 장수의 매개에 의해 고취되는 이미지의 '밤의 체제'와 긴밀하게 관련되는 퇴축退縮 기법으로 간주한다. 그러나 '프라나야마'의 이러한 "정관" 및 "평정"의 의미[99] 외에도 민간의 탄트라적인 어의에 의하면 호흡의 실천에는 정화라는 중심적인 의미가 분명히 부여된다. '프라나야마'는 죄를 소멸시키고 '나디'를 정화한다. 공기는 물의 주입으로 완결되는 피막의 청소 작용('다우티')에 정화하는 힘을 간직한다. '프라나야마'라는 완전한 호흡법은 동시에 완전한 정화 규율이기도 하다. "참은 숨은 모든 찌꺼기를 모아 배출하니…… 인체 계통 전체의 전반적인 정화가 일어나고, 새로운 몸을 갖게 되었다는 느낌이 솟아오른다."[100] 그러므로 하타 요가에서 공기는 바로 정화의 기법으로 상상된다.

이러한 이해 방식은 들이마시고 내쉬는 공기에 사람의 특권적이고 정화된 부분, 영혼이 있다는 보편적인 믿음과 합류한다. 어원이 전적으로 공기적인 그리스어 '아네모스' 또는 라틴어 '프시케'를 강조할 필요는 없다. '네페슈', 보편적인 영혼의 상징, 「레위기」가 숨결과 동일시하는 신비로운 원리에 관한 히브리 교의의 경우도 마찬가지인데, 파브르 돌리베에 의하면 모세는 명백히 이 용어를 숨결과 말에 관련지으면서 영혼을 지칭하기 위해 그것을 사용했다.[101] 밤바라족에게서도 유사한 재현을 발견할 수 있다. 즉 영혼 '니ni'는 숨결 속에 있고, 호흡은 문자 그대로 "올라가고 내려가는 영혼"을 의미하며 생명의 움직임 자체를 묘사하는 용어인 '니 나 클레ni na klé'로 불린다.[102] '폐의 구멍'에 해당하는 신경조직망, 즉 태양신경총에 호흡을 집중시키는 이 아프리카 원시 부족의 교의는 호흡 수행과 만트라 암송시 '영혼'을 중시하는 인도의 '차크라'의 원리와 흡사하다.[103] 숨결이 신경총과 관련되는 공기의 생리학 학설이 '차크라'를 수직적으로 도식화하는 경향을 띤다는 것은 주목할 만하다. 즉 일곱 중 셋, 특히 전혀 육체적이지 않은 일곱번째 것은 머리에 위치한다. 숨결과 수직성의 이러한 동형성은 밤바라족의 '니'에서 재발견되는데, 인간의 '니'는 대부분 머리에, 머리털 자체에 위치하고, 식물의 '니'는 말단의 싹에 자리한다.[104]

따라서 검, 불, 물, 또는 공기에 의한 상징적 정화 기법들은 필연적으로 순수성의 형이상학을 포섭한다. 영화靈化는 정화의 방법과 상승의 구도를 수반한다. 정화와 상승의 본질은 결국 '아카샤âkâsha', 즉 모든 정수의 상징적 기반인 에테르, 베다와 탄트라 경전의 '수냐çûnya', 도교의 '내공'이다. 정화의 수단과 위에서 언급된 원소들의 카타르시스적인 특성은 실제로 그것들의 특성 가운데 하나에 의해, 가령 칼날의 날카로움, 물의 맑음, 불의 빛, 공기의 비非물질성과 가벼움 그리고 준準편재성에 의해 표면화되는 일종의 본질적인 순수성의 매체일 뿐이다. 이 재료들에 대한 분리의 몽상은 중요한 상승의 구도들과 합류하며, 정신을 모든 우발적인 제한으로부터 떼어놓고 분리하는 유심론에 이른다. 다시 한번 우리는 형용사적인 특성이 낮의 상상력에는 실사적인 요소보다 더 중요하다는 것, 그리고 형용사 자체는 언제나 인간 중심적인 몸짓으로, 동사가 나타내고 동사를 떠받치는 행위로 흡수된다는 것을 확인한다.

현대 생활에서 "사포닌saponides과 세제"를 위한 신화학적 광고가 갖는 중요성에 관해 재미있는 글 한 편을 쓴 롤랑 바르트는[105] 정화 콤플렉스의 한가운데에 원소들 사이의 상호침투가 있다는 것을 명백히 밝혔는데, 거기에서 질質의 강조는 정화하는 액체, 즉 "때를 죽이는" 현상학적으로 부식성이 있고 호전적인 "일종의 액체 불"을 자랑하고자 하느냐, 아니면 이와 반대로 단순히 때를 "제거하는" 비누 가루와 세제를 자랑하고자 하느냐에 달려 있다는 것이다. "오모Omo 이미지에서 때는 전속력으로 달아나는 작고 허약하며 검은 적이다." 이처럼 분리의 구도에서 표백제와 사포닌 그리고 세제는 서로의 효능에 관한 대화에 참여한다. 그러나 여기에서 기억해야 할 것은 "오모"나 "페르실Persil"이 법을 옹호하고 정의를 수호하는 원형, 즉 검은 악마들을 물리치는 순수한 대천사의 변형, 최근의 광고로 구현된 화신일 뿐이라는 점이다. 그러므로 검, 불의 칼, 횃불, 정화하는 물과 공기, 세제, 그리고 얼룩을 빼는 약은 분리의 상징들이 쌓여 있는 커다란 병기고인데, 상상력은 빛나는 가치를 어둠으로부터 절단하고 구출하며 분리하고 구별하기 위해 이 상징들을 자유롭게 사용한다. 대지만이 결코 직접적으로 순수하지 않은데, 대지를 금속이나 소금의 지위로 격상시키는 연금술이나 야금술의 느린 작업 이후에야 대지는 순수해진다.

제4장

상상계의 낮의 체제와 분열 형태적인 구조들

이제 이 책 제1권의 마지막 장에 이르렀다. 우리는 한 특정한 체제 안에 속하는 다양한 상징 이미지들은 어떤 두드러지는 동형성에 의해 연결된다는 점을 앞에서 확인할 수 있었다. 따라서 이 체제를 대략적으로 '분리'와 '상승'이라는 구도, 그리고 '빛'의 원형이라는 특징에서 비롯되는 상징들로 이루어진 일종의 '성좌'라고 정리해볼 수 있을 것이다. 그리고 이 체제 전반의 상징 재현의 바탕을 이루는 것은 '분리'의 몸짓이며, 반사학적 '곧추서기'의 기능 역시 궁극적으로는 '분리'와 '분별' 기능을 위한 것이라고 추론해볼 수도 있을 것이다. 두 손이 자유로워지면 인간이 대상을 '분열'시키고 '분석'하는 수행 능력은 보다 원활해지기 때문이다. 실제 정치권력에서와 마찬가지로 상징에 있어서도 '검'의 이미지보다 '홀'의 이미지가 우선적으로 발생하는 것이라 해도, 그 상징이 궁극적으로 의도하는 바를 실현하는 것은 '검'인 것처럼, 이미지의 낮의 체제가 구현되는 것은 이러한 '검'의 특성, 즉 상상계의 분열 형태적 상태에서 비롯된다고 볼 수 있다. 그러므로 '낮'의 체제는 본질적으로 '대립적'이다. 낮의 체제를 표현하는 문채文彩는 대조법인데, 우리는 낮의 체제의 우라노스적인 기하학이 시간의 얼굴에 대립하는 것으로서만 의미를 갖는다는 것을 살펴보았다. 가령 날개와 새는 신속, 편재, 비상의 꿈을 불러일으켜 시간이 갉아먹는 흐름에 대항하도록 하는 만큼 시간의 짐승 형태와 대립하고, 결정적이고 남성적인 수직성은 어둡고 시간적인 여성성을 반박하고 제어하며, 상승은 추락의 정반대인데다 태양의 빛은 슬픔을 주는 물과 운명의 끈들이 띠는 음울하고 맹목적인 성격과 정반대이다. 따라서 '낮의 체제'가 칼과 정화에 의해 초월적인 사유의 지배를 재확립하는 것은 바로 상상계로 과장된 악몽처럼 들이닥치는 시간의 얼굴에 대항하기 위해서이다. 우리는 이러한 대조법들의 작용이 띠는 물질적이고 인류학적인 양상들을 추적했고, 지금으로서는 이미지의 '낮의 체제'에 '대조법'의 '체제'라는 부제를 붙일 수 있다. 그러나 앞의 장들에서 검토된 구도들과 상징들 그리고 원형들의 동형성은 상상적 재현의 어떤 구조들과 상응하는지를 좀더 구체적으로 탐색할 필요가 있다.

*

사실 이러한 동형성은 상상계의 영역을 훌쩍 넘어서서, 서양에서 스스로 공상에 오염되지 않고 순수하고자 하는 재현의 부문들로 은밀히 확장되는 듯하다. 이미지의 '낮의 체제'에는 유심론적 합리주의로 평가할 수 있을 철학적 표현 및 추론의 체제가 상응한다. 과학의 차원에서 과학철학에 의해 드러나듯이 이 분석적 합리주의는 데카르트부터 물리-화학의 방법론에서 이용되었고 심지어 우리가 한 가지 보기에 의거하여 밝힐 터이지만, 생물학의 과학적 방식들로 도입되었다. 상키아 같은 철학 체계의 발상 전체는 이 명칭의 어원이 가리키듯이[1] 정신 '푸루사'와 물질 '프라크리티'를 "구별"하고 "분리"하려는 노력에 의해 방향이 정해지는 듯하다. 이 용어가 "계산" 또는 "구성 요소들의 열거에 의한 조사"를 의미한다고 생각하는 가르베와 올덴베르크처럼 또다른 어원을 선택한다 해도, 관념을 유도하는 도식은 여전히 분리와 구별의 구도이다. 유심론의 중요한 문제, 즉 "죽음 이후에 무엇이 인간에게서 존속하는가, 무엇이 진정한 자기, 인간 존재의 영원한 요소를 구성하는가" 하는 문제는 약간 나중의 플라톤주의적인 이원론에서처럼 구별에 대한 강박관념과 연결되어 있다.[2] 엘리아데가 '네티, 네티'*를 주해하면서 덧붙이듯이 "자유의 길은 필연적으로 우주 및 세속적인 삶과의 결별로 이른다."[3] 인도 철학 전체에서는 논리적인 구별 방식들과 긴밀하게 관련된 구원론救援論의 주동기가 재발견된다. 즉 논쟁의 과학 '아누이크사키'는 영혼의 과학 '아트마비디아'[4]의 대응물이다. 베단타와 상키아 그리고 요가는 엘리아데가 "정신 영혼의 경험"[5]으로 명명하는 것, 그저 우여곡절과 사회 참여 그리고 시간적 상황의 심리 내용에 지나지 않는 경험에서 정신이나 자기를 분리하는 변증법의 형태들이다.

분리, 이분법, 초월성의 철학적 '체제'가 어떻게 서양 사유의 역사에서 재발견되는가를 알아차리는 것은 어렵지 않다. 가령 이 체제의 흔적은 모습을 보이지 않고 가르치는 피타고라스 철학의 정화하는 실천들에서 식별될 수 있다. "그리스 변증법 전체의 출발점"[6]인 파르메니데스의 엘레아학파 철학은 개념과 이미지 사이의 도중에서 재현의 '낮의 체제'를 구성하는 동형성, 즉 시간적 변전과 대립하는 초월성의 정지 상태, 완결되고 분명한 관념의 구별, 낮과 밤, 빛과 어둠의 본래적인 이원론, 태양의 상승과 관련된 신화 및 알레고리를 압축하는 듯하다.[7] 서양의 철학적 성찰 중에서 본질적인 부분은 파르메니데스의 시가 확산되고부터 자리를 잡는다. 재현의 체제가 지나간 자취에서 플라톤과 플라톤주의가 온전히 생겨나게 된다는 것을 어떻게 알아차릴 수 없을 것인가?

상상력이 철학적 사유에 미치는 영향을 직접 연구하는 것은 결코 이 책의 의도에 들어맞지 않지만, 재현의 체제가 서양의 가장 중요한 철학들 가운데 두 가지, 즉 플라톤의 철학과 데카르트

* 'Neti, Neti'. 외양의 거부를 촉구하는 힌두교의 관례적인 문구로서, 문자 그대로는 "이것이 아니다, 이것이 아니다"를 의미한다.

의 철학을 구조화한다는 것을 어떻게 지적하지 않을 수 있겠는가?[8] 시몬 페트르망은 이원론적 사유 방식, 플라톤과 그노시스설 신봉자들 그리고 마니교도들에게서 찾아볼 수 있는 대조법들의 체제를 한정하기 위해 책 한 권을 온전히 바친다.[9] 서양에서 하나는 동양적이고 다른 하나는 그리스적이며, 하나는 전개과정에서 셈족의 기여로 가득하고[10] 다른 하나는 파르메니데스주의의 직접적인 확장인 두 가지 흐름의 영향에 의해 사유의 철학적 외형이 어느 정도로 형성되어 있는가를 납득하기 위해서는 매우 훌륭한 책에서 몇몇 장의 제목을 훑어보기만 해도 된다. 페트르망의 책에서 장들의 제목은 재현의 갖가지 경향을 위한 제목으로도 활용될 수 있다. 왜냐하면 "필연성" 또는 "선과 반대되는 것"과 "다른 장소"의 신, "영혼과 육체" "두 왕국"이 서로 대립하는 맥락, 어둠과 빛을 분리하는 "장벽"이 중심적 원형인 변증법은[11] 여전히 우리에게 친숙하기 때문이다. 플라톤과 그노시스설에 대한 적절한 이해는 우리가 플라톤과 만다 신봉자들의 글 이전에 플라톤적이고 그노시스설을 신봉한다는 사실에서 생겨나는 듯하다. 역사와 역사의 철학적 자료는 영원한 정신 구조를 따른다.[12] 데카르트 철학의 주제들은 어떤가? 데카르트 철학의 온전한 이원론, 명료한 구별 방법의 온전한 발상은 확실히 서양의 상상력에서 "가장 분명하게 분할된 세계의 것"이다. 언제나 분리의 상상력이 합리주의의 승리를 예고하며, 귀스도르프가 열렬하게 말하듯이[13] "승리하는 합리주의는 쌍의 철학으로 귀착한다. 즉 이해 가능한 세계가 실재세계의 더 진정한 쌍이듯이 정신은 존재의 쌍이다……."

그런데 우리가 과학철학 쪽을 돌아본다면 알 터이지만, 과학적 방식 자체는 재현의 이러저러한 체제에 종속되고, 아무리 순수한 개념과 엄격한 관념일지라도 본래의 비유적인 의미에서 완전히 떨어져 나갈 수는 없다. 바슐라르는 어떻게 과학이 이미지 및 몽상 언어를 떨쳐버리기 힘들었는가를 밝히기 위해 온전한 책 한

권[14]을 썼다. 과학 논쟁들은 흔히 이미지가 서로 다른 체제들에 기인할 뿐이라는 것을 훌륭한 논문에서 보여주는 생물 철학자 캉길렘G. Canguilhem에게서[15] 구체적인 보기를 빌려오자. 어느 정도 기계론적인 세포학자들과 연속을 신봉하는 조직학자들 사이의 전통적인 반목은 다만 세포막에 긍정적인 가치를 부여하느냐, 아니면 부정적인 가치를 부여하느냐 하는 선택에서 비롯될 뿐인 듯하다. 살아 있는 세포의 재현은 도시, 성벽 등의 재현처럼 모호하다. 상상력은 불연속에 대한 몽상의 분리적인 양상, 아니면 "내밀성"에 대한 몽상에 이르는 무한히 작은 것의 구심적인 원자핵 양상에 작용할 수 있다. 세포 이미지의 첫번째 체제, 분리적인 체제만을 고찰하자. 캉길렘이 우리에게 말하는 바에 의하면 후크는 코르크 조각에 미세한 베기를 실행한 후에 세분화된 구조를 관찰했다. 이 과학철학자는 그러한 이미지의 "정서적인 과도한 결정"[16]을 강조하며, 이러한 분할을 벌집의 경우와 유사한 것으로 간주하고 거기에서 사회학의 좌표, 즉 건설적인 협력, 연합의 가치를 찾는다. 그러나 우리는 무엇보다 먼저 칸막이로 나누는 가치 자체, 칸막이가 된 것에 대한 모든 몽상보다 선행하는 분리의 구도성을 강조해야 한다고 생각한다. 실제로 이러한 가치는 배타적인 체제에 대한, 두 가지 상상적 충동 사이의 결정적인 선택, 즉 "기본적인 조형 물질"의 이미지이거나 견고하고 개별화된 "원자들로 구성된 하나의 전체"[17]인 선택에 대한 재현 전체의 선호를 표시한다. 달리 말하자면 여기에서 우리는 원형질 및 세포핵 체제와 대립하는 "세포 중심의" 생물학적 재현 체제가 승리하는 것을 본다. 캉길렘은[18] "소小섬유로 이루어진" 변형을 가로질러 뷔퐁 같은 사상가의 재현에 작용하는 것도 일종의 "생물학적 원자론"인 세포 모델인데 이 모델은 뉴턴 역학에 기초를 두고 있으며 흄의 심리학적 원자론과 유사하다는 것을 밝힌다. 이처럼 가름막의 이미지, 이것을 구조화하고 이것과 함께 '낮의 체제'를 구성하는 분리의 구도는 참으로 생물학자, 기계론적 물리학자, 심리학자, 또는 철학자의 사유만큼 다양한 사유를 통합하는 한 부문의 재현들 전체의 공리가 된다. 우리가 방금 서둘러 살펴보았듯이 상키아 철학에서 세포의 과학철학까지 이 체제의 영속성은 우리에게 문화주의의 동인들에 주의를 기울이게 했다. 이제 남은 일은 인간의 재현을 결정하는 이 체제의 증후 체계에 관해 심리학이 우리에게 구체적인 세부사항들을 제공할 수 있는가를 알아내는 것이다.

*

우리는 앞의 단락에서 사유의 몇몇 역사적 단계와 재현의 '낮의 체제'가 맺는 관계를 확인하는 것으로 만족했듯이, 원형학과 심리 유형학 사이의 관계에 대한 연구는 나중을 위해[19] 남겨놓을 생각이다. 우리는 앞의 장들에서 검토한 원형들과 플라톤주의 및 그노시스설의 재현들 사이의 부인할 수 없는 동류성을 강조한 것과 마찬가지로, 이미지의 '낮의 체제'와 정신분열증 환자들의 재현들 사이의 명백한 동류성에 주의를 기울여야 하는데, 이에 대해서는 이미 지적한 바 있다.[20]

물론 이제부터는 재현의 '낮의 체제'를 특징짓는 분열 형태적인 구조들과 정신분열증이나 정신분열증 경향의 유형학들 사이에서 우리가 어떤 차이를 도출할 것인가를 분명히 이해해야 한다. 우선 우리는 정신분열증에 대한 정신의학자들의 정의에서 마주칠 진단상의 오류와 잘못된 해석을 지적해야 할 의무가 있다. 우리가 보기에 가장 유명한 오류는 야스퍼스가 화가 반 고흐를 정신분열증 환자로 진단한 것인데, 이러한 진단은 여의사 민코프스카, 르루아와 두아토 그리고 리제가 거부한 바 있다.[21] 또한 여의사 세셰에가 묘사하고 치료하는 정신분열증은 민코프스키가 연구하는 정신분열증과 근본적으로 대립하지 않는지 의심스럽다.[22] 즉 하나는 분열 형태적인 우주관 앞에서의 불안이고, 다른 하나는 이와 반대로 '스팔퉁Spaltung' 앞에서의 행복감과 병적인 희열이다. 하나는 치유를 바라고, 다른 하나는 질병의 환각 속에서 완전히 편안해하는 듯하다. 그러나 질병의 원형적인 형태들에 대한 환자의 유형학적인 태도 변이를 고려하지 않겠다. 물론 이 형태들의 거부, "조명의 나라"[23]와 싸우려는 의지, 방어 행위로 이해된 외침과 몸짓은 이미 환자가 치유의 길로 접어들었다는 징후이겠지만, 그래도 환자가 질병으로 인해 생겨난 형태들과 이미지들을 몹시 싫어하는 듯한 극단적인 경우에서조차 질병은 정신분열증의 일관성 있는 증후군을 구성하는 일단의 형태들과 구조들을 내보인다. 이 증후군에서는 상상력의 '낮의 체제'에 속하는 상징적이고 도식적인 요소들이 우리에게 왜곡된 모습으로 재발견된다. 우리의 관심사는 결코 정신분열증 경향이 있는 사람이나 정신분열증 환자의 인격 유형을 묘사하는 것이 아니라, '낮의 체제'에 속하는 이미지 성좌들의 동형성 내부에서 재현의 분열 형태적인 구조들을 명백히 드러내는 것이다. 나중에 우리는 인격이 한 체제에서 다른 체제로 전향할 수 있다는 것을 알아차릴 것인데, 이 경우에는 세셰에가 지적했듯이 치유가 이루어진다.[24] 그러나 원형적인 구조들과 이것들의 동형적인 관련은 변함이 없고, 재현 체제들이 본체로서 갖는 일종의 객관성으로 인해 손을 댈 수 없는 것이다. 사실을 말하자면 민코프스키가[25] "합리적인 것"에 관해 우리에게 묘사하는 초상도 성격학적 유형이라기보다는 오히려 재현 체제의 부정적인 징후이다.

실제로 이미지의 '낮의 체제'가 띠는 가장 전형적인 구조적 특징들은 이 묘사에서 인식할 수 있다. 민코프스키는 다음과 같이 말한다. "합리적인 인격은 추상적인 것, 움직이지 않는 것, 단단한 것, 그리고 경직된 것에서 만족을 얻고, 움직이는 것과 직관적인 것에는 민감하지 않으며, 느끼기보다는 오히려 사유할뿐더러 추상세계처럼 차갑고, 식별하는데다가 분리하므로 합리적인 인격이 갖는 세계관에서는 날카로운 윤곽을 갖는 대상들이 특권적인 자리를 차지하는데, 이런 식으로 합리적인 인격은 형태의 정확성에 이른다……."[26] 여기에서 묘사되는 것은 "검의 증후군"인데, 분리의 과정을 유지하는 이것은 긴 연쇄에 의해 초월성을 설명하고자 하는 방법들의 고안, 끈기를 요하는 노고로 열려 있다. 극단적이고 가장 나쁘게는 "병적인"[27] 합리주의는 재현의 '낮의 체제'가 갖는 분열 형태적인 구조들을 뚜렷이 부각시킨다.

비정상적인 비만을 명백하게 설명해주는 첫번째 분열 형태적인 구조는 보통의 반사적인 태도를 구성하는 여건과 관련하여 "뒷걸음질치는 행위"[28]를 강조한다. 따라서 이러한 거리두기는 "현실과의 접촉 상실" "실용주의의 결핍" "현실 기능의 상실" "자폐증"이 된다.[29] 블로일러는[30] 자폐증을 현실에 대한 무관심으로 정의하는데, 자폐증 환자에게서는 사유와 사유의 동인들이 오직 주관적인 의미만을 갖는다. 예컨대 한 여자 환자는 동서남북을 자기 좋을 대로 정한다. 가령 자신의 앞은 항상 북쪽이다. 이와 마찬가지로 배뇨 행위를 비와 혼동하는 한 환자는 배뇨하면서 "세계에 물을 주고 있다"는 몽상에 잠긴다.[31] 이러한 물러섬, 환자와 세계 사이에 놓인 거리는 우리가 "군주다운 시각"으로 명명한 재현 태도를 창출하는데, 이번에는 정신의학자가 자기 환자의 태도에 "상아탑"이라는 꼬리표를 붙인다. 왜냐하면 환자가 "귀족처럼 높은 곳에서 다른 사람들이 쓰러지는 것을 바라보기 위해……"[32] 세계로부터 완전히 멀어지기 때문이다. 로르샤흐는 이러한 자폐증을 모니에가 묘사한 증후군으로 나타낸다.[33] 특히 평범한 대답들이 적다는 점, 역으로 옳거나 그릇된 참신한 대답들이 늘어난다는 점, 중요하고 당연한 세부사항들이 없거나 드물다는 점, 형태나 색깔과 관련된 대답이 없거나 드물다는 점은 충격적이다. 봄에 의하면[34] "나-지금-여기"의 기능이 상실되어 있다는 것은 개인적인 준거와 자연발생적인 연상에 의해 드러날 것이다. 따라서 첫번째 분열 형태적인 구조는 다른 것이 아니라 바로 자율적이고 주변 환경에서 자신을 빼버리는 능력일 것인데, 이 능력은 동물의 보잘것없는 자발적 운동에서 시작되지만, 두 발로 걷는 인간의 경우에는 손을 해방시키는 수직 자세와 손의 확장인 도구에 의해 강화된다.

우리가 세계의 주변에서 반성하는 인간의 표지인 추상화 능력과 분명하게 관련되어 있다고 생각하는 두번째 구조는 유명한 '스팔퉁'이다. 이것은 민코프스키가 언급하듯이[35] '체르스팔퉁', 다시 말해서 '분열'이 아니다. 이것은 일반적인 자폐증적 태도가 확장된 재현과 논리이다. 우리가 스팔퉁에서 강조할 것은 바로 "분리되는" 성격학적 태도라기보다는 오히려 "분리하는" 재현 행동이다. 로르샤흐는 스팔퉁을 명백하게 밝힌다. 따라서 카페의 점원들, 호인好人들 등을 보는 것이 너무나 당연한 도판 III은 분산적으로 해석된다. 즉 환자는 머리, 목, 양팔만을 본다.[36] 분열 형태적인 묘사에서는 "잘린, 분할된, 분리된, 둘로 나뉜, 파편화된, 이가 빠진, 잘게 찢긴, 갉아먹은, 녹은……"[37] 같은 용어들이 끊임없이 다시 나타나는데, 이 용어들은 "검 콤플렉스"를 강박관념으로 보일 정도로 명백히 드러낸다. 세셰에가 관찰하는 환자는 스팔퉁을 특징짓는 많은 표현을 사용한다.[38] 물건들, 소리들, 존재물들이 "잘리고" "분리"된다. 현세적인 목적성을 박탈당한 자연물들이 띠는 인공적인 양상은 여기에서 유래한다. "나무들과 울타리들은 마분지로 만들어진 것이었고 연극의 소품들처럼 여기저기에 놓여 있었다." 인물들은 "조각상" "꼭두각시" "기계 장치에 의해 움직이는 마네킹" "로봇" "축소 모형"일 뿐이다. 분열 형태적인 우주관은 동물-기계에 대한 몽상으로뿐만 아니라, 기계화된 우주에 대한 몽상으로 이른다. 정신분열증 환자의 재현을 지배하는 것은 바로 분석의 열정이다. 가령 얼굴이 "마분지처럼 잘리고"[39] 얼굴의 각 부위가 분리되고 다른 부위들과는 무관한 것으로 지각된다. 환자는 "모든 것이 분리되고…… 떨어져나가며, 전기로 움직이는데다가 무기질이다"[40]라고 지칠 줄 모르고 되풀이한다. 요컨대 스팔퉁 자체는 상상력의 눈에 물질적인 형태를 취하고, "모든 것과 모든 이"에게서 환자를 분리하고 환자의 재현들을 서로 분리하는 "청동의 벽" "유리벽"[41]이 된다.

구별에 대한 이와 같은 강박적인 관심에서 유래하는 세번째 분열 형태적인 구조는 정신의학에서 "병적인 기하학주의"[42]라고 부르는 것이다. 기하학주의는 대칭, 도면, 재현과 행동에서 가장 형식적인 논리의 우위성으로 표출된다. 한 환자는 16세부터 블록 쌓기에 빠져들고, 뒤이어 옷차림의 대칭에 집착하며, 길의 한가운데로 걸어다닌다. 이 환자에게 유클리드 공간은 최고의 가치가 되는데, 이로 인해 그는 예컨대 화폐의 가치를 부정한다. 왜냐하면 화폐는 그다지 넓은 자리를 차지하지 않기 때문이다. 반면에 "확장된" 리옹 역은 일차적인 중요성을 갖는다.[43] 이 여파로 공간과 기하학적 위치에 부여되는 가치는 분열 형태적인 시각으로 인해 빈번히 일어나는 물건들의 거대화를 설명해준다. 세셰에는[44] 이러한 기하학적 질서화와 거대화를 설명하는데, 환자는 더이상 대상들을 개인들 상호간의 관계에 위치시키지 않으며, 스팔퉁에 의해 고립된 각 대상은 자연보다 더 큰 잘려 나간 전체로 지각된다. 환자는 청자색 유리의 황금빛 바탕 위에서 성모마리아 또는 판토크라토르의 거대한 형상을 외따로 그려놓는 비잔틴 미술가의 시각과 비교할 수 있는 타고난 시각을 존재와 사물에 대해 가질 것이라고 말할 수 있을지도 모른다. 따라서 초월성, 거대화, 분리의 동형성은 병리심리학의 차원에서도 재발견된다. 병적인 기하학적 질서화가 초래하고 우리에게 분열 형태적 구조들의 깊은 의미를 드러내는 두번째 결과는 공간적이게 된 현재를 위해 시간의 관념과 시간을 의미하는 언어 표현들이 사라지는 현상이다. 한 환자는 다음과 같이 공언한다.[45] "나는 질병으로 인해 시간의 느낌을 없애버리게 되었다. 나에게 시간은 중요하지 않다." 따라서 그의 경우에는 동사의 서로 다른 시제들이 구별 없이 쓰이고, 모든 동사가 부정법의 형태인 전신 또는 "식민지 흑인"의 언어를 사용하며, 끝으로 "……하는 동안, ……할 때" 같은 몇몇 시간 표현의 접속사들이 "……하는 곳에서" 같은 공간 표현의 용어들로 대체된다. 또한 이로부터 민코프스키가 지적한 선호, 즉 고체들의 세계, 움직이지 않는 것, 합리적인 것, 그리고 "축"과 "관념" 같은 용어 또는 정신분열증 환자들의 시각에 입각한 골상학적 비교의 반복을 참조하는 것에 대한 선호가 유래한다.[46] 게다가 골상학적 시각은 살아 있는 인간이나 동물이라는 특별한 경우에 대한 위상기하학적 시각, 병적인 기하학주의의 적용일 뿐이다. 민코프스키의 환자는[47] 이러한 관계를 매우 적절하게 분석하고 있다. "나를 몹시 불안하게 하는 것은 나에게 사물에서 골격만을 보는 경향이 있다는 점이다. 때때로 나는 사람들을 그처럼 본다. 그것은 강들이 선과 점인 지리와 같다. ……나는 모든 것을 도식화한다. ……나는 사람들을 점과 원으로 본다."

끝으로 이러한 기하학적 재현과 특히 대칭에 대한 갈증뿐 아니라 대조법에 의한 사유 이외에 네번째 분열 형태적인 구조를 덧붙여야 한다. 우리는 재현의 '낮의 체제'가 분리와 논쟁에 바탕을 두고 있기 때문에 대조법적인 문체들과 이미지들 위에 세워져 있다는 것을 살펴보았다. 심지어 상상계의 '낮의 체제'의 의미 전체는 어둠에 "대항하여", 어둠과 동물성 그리고 추락의 의미 내용에 대항하여, 다시 말해서 크로노스, 죽음을 가져오는 시간에 대항하여 사유된다고까지 말할 수 있다. 그런데 정신분열증 환자는 자신과 세계 사이에 불화하는 태도를 취하고 과장한다. 천성적으로 논리에 소질이 있는 "그는 상황마다 나-와-세계라는 대조법을 극한까지 밀고 나가며", 따라서 "주변과 끊임없는 갈등 상황 속에서 살아간다……."[48] 이 기본적인 불화의 태도는 재현의 차원 전체로 넘쳐나고, 이미지들은 민코프스키가 "대조법적인 태도"[49]라고 부르는 일종의 전도된 대칭 속에서 쌍으로 나타난다. 대조법은 정점에 달한 이원론일 뿐인데, 이러한 이원론에서 개인은 오직 관념에 따라서만 삶을 영위하고 "철저한 교조주의자"가 된다. 모든 재현과 행위는 "긍정이나 부정, 선과 악, 유익한 것과 해로운 것……의 합리적인 대조법이라는 관점에서 고찰된다."[50] 민코프스키는[51] 이러한 분열 형태적인 대조법들의 완벽한 도표를 작성하는데, 이러한 대조법들에서 사유는 감정과 대립하고, 분석은 직관적인 통찰력과 대립하며, 증거는 인상과 대립할뿐더러 기초는 목적과, 지능은 본능과, 계획은 삶과, 대상은 사건과, 끝으로 공간은 시간과 대립한다. 이 개념적인 대조법들은 우리가 이 책의 첫머리에서 몇몇 위대한 시인의 작품에서 끌어낸 대조법들, 풍부한 상상력을 내포하고 있는 대조법들의 확장일 뿐이다.[52] 결국 이 모든 대조법은 첫번째 편의 두 부분을 구성하는 대조법으로, 즉 다양한 얼굴을 갖는 시간과 수직화의 형상화 및 분리의 의미 내용으로 가득하고 '홀'과 '검'이라는 중요한 원형들이 예시하는 재현의 '낮의 체제'의 대조법으로 요약된다.

질병이 과장한 분열 형태적인 구조들의 도표를 종결짓기 위해서는 환자 자신에게 자신의 재현들이 이루는 일반적인 체제의 엄밀한 동형성을 개괄하도록 허용해야 한다. 우리는 민코프스키가 보고한 정신분열증 환자의 독백에서[53] 데카르트적이라고 간주할 수 있을 기하학적 "세계관"이 파르메니데스의 영향 및 이상으로서의 고체성에 대한 반反베르그송적인 몽상과 합류하는 것을 볼 것이다. 요컨대 고체는 바위와 산의 상상력을 불러들인다. 환자의 말을 들어보자. "어떤 대가를 치르더라도 내 계획을 흐트러뜨리고 싶지는 않다. 계획이 흐트러지느니 차라리 삶이 혼란스러워지기를 바란다. 나를 내 계획 쪽으로 끌어당기는 것은 대칭에 대한, 규칙성에 대한 취향이다. 삶은 규칙성도 대칭도 내보이지 않는데, 바로 이런 이유 때문에 나는 현실을 꾸며대는 것이다." 이 기승스러운 주지주의를 강화하기 위해 환자는 분명하게 말한다. "……나의 정신 상태는 이론만을 신뢰하는 데 있다. 나는 스스로 한 사물을 증명했을 때에만 그것의 존재를 믿을 뿐이다……." 그리고 "마테시스 유니베르살리스"라는 데카르트의 오랜 꿈을 채택한다. "모든 것은, 심지어 의학과 성적인 느낌도 수학으로 귀착되어 있을 것이다……." 뒤이어 기하학적으로 만들려는 의지는 파르메니데스적인 직관으로 단순화되는데, 이에 따라 환자는 가장 높은 단계의 아름다움이란 구형球形의 육체를 갖는 데 있지 않을까 하고 자문한다. 이러한 몽상은 이제 입체파적 세계관에 의해 강화된다. "나는 부동성을 추구하고……, 휴식과 고정固定을 지향한다. 그렇기 때문에 나는 움직이지 않는 물건들, 상자와 빗장, 언제나 일정한 곳에 있고 변하지 않는 것들을 좋아한다." 이러한 세잔적인 우주관은 존재의 실체에 대한 명상이 된다. "돌은 움직이지 않는 반면에 지구는 움직이고, 따라서 나에게 어떤 신뢰도 주지 못한다……." 돌을 중시하는 명상은 아주 당연하게도 산의 이미지, 꼭대기와 심연의 변증법을 끌어들이고, 안식일의 실천과 유사하며 두 가지 대조적인 항목을 분리할 수 있게 해주는 정화의 기법을 환기한다. "과거는 낭떠러지이고, 미래는 산이다. 그래서 나는 과거와 미래 사이에 완충기-날을 두면 좋겠다는 생각이 떠올랐다. 그런 날 동안에 나는 전혀 아무것도 하지 않으려고 한다. 그래서 한번은 소변도 보러 가지 않고 24시간을 보냈다……."

우리가 이 긴 대목을 인용한 것은 그것의 역설적인 일관성을 강조하기 위해서이다. 환자는 다른 누구보다도 더 심하게 이미지들의 역동성에 빠져드는 듯하다. 그의 모든 재현은 단일한 체제에 종속되어 있다. 그렇지만 또다시 되풀이하건대 이 체제를 질병이 초래한 성격의 변화와 혼동해서는 안 된다. 왜냐하면 이 체제는 결코 병리학적인 것이 아니라 지배적인 자세 반사들과 이것들의 정상적인 조건들을 중심으로 맴도는 주요한 자연적 몸짓들에 기초를 두고 있기 때문이다. 따라서 분열 형태적인 구조들은 정신분열증이 아니다. 분열 형태적인 구조들은 이른바 정상적인 재현들 속에 현존한다. 이를 통해 우리는 분열 형태적인 구조들이 특별한 정신적 성격의 유형학과도, 어느 문화적 압력과도 혼동될 수 없다는 것을 알아차릴 것이다. 지금으로서는 질병이라는 돋보기로 과도하게 확대된 상태로 검토할 수 있었던 분열 형태적인 구조들이 '낮의 체제', 대조법의 체제를 뚜렷이 특징짓는다는 것을 밝힌 만큼, 우리가 앞으로 수행해야 할 연구는 어떻게 상상력이 대조법의 항목들에 부여된 가치를 뒤집을 수 있는가를 보여주는 것이다. 어떻게 정신이 정신분열증의 분열 형태적인 고립에서 치유될 수 있는가,[54] 어떻게 정신이 한 체제에서 다른 한 체제로 넘어가고 자신의 철학적 세계관을 바꿀 수 있는가는 우리가 이제 곧 상상계의 '밤의 체제'에 속하는 주요 주제들의 구성에서 검토할 문제이다.
첫번째 부분의 결론으로, 우리의 연구에 대해 출발점으로 구실한 가설, 즉 개념적이라고 추정되는 본래의 의미는 언제나 비유적인 의미를 뒤따른다는 가설을 입증했다고 말할 수 있다. 상상력은 재현의 더 일반적인 구조들을 결정하는데, 스펙터클과 상승의 좌표를 갖는 검의 이미지는 분열 형태적인 구조들, 즉 주어진 여건, 시간의 유혹에 대한 불신, 구별 및 분석의 의지, 기하학주의와 대칭의 추구, 끝으로 대조법에 의한 사유를 예고한다. 재현의 '낮의 체제'는 자세 반사에 접목된 혼란스럽고 풍부하게 상상적인 최초의 주석註釋에서 대조법적 논리의 논증과 플라톤주의적인 "지금 여기로부터의 탈주"[55]에 이르는 행로로 정의될 수 있을 것이다.

제2권
이미지의 밤의 체제

지금까지의 연구를 돌아보면서, '초월성'을 절대적 가치로 상정하는 이미지의 낮의 체제의 상상계가 근본적으로 직면하게 되는 난점, 그리고 이 초월성의 추구의 결과로 나타나는 이원론적 대립에 대해 언급할 수밖에 없을 것 같다. "인간이 플라톤주의만을 추구하며 살 수는 없다"고 알랭이 말했듯[1], 하나의 절대가치를 추구하는 태도는 인간을 지치게 하거나 혹은 미쳐버리게 할 수도 있다. 인간이 과도하게 이미지의 낮의 체제에 속하는 상징 재현에만 갇혀 있게 된다면, 절대적인 공허나 열반 상태인 완전 정화 상태에 이르게 될 것이고, 대립적 긴장이나 지속적 자기감시 태도의 결과로 결국 고단하고 쇠약한 상태에 이르게 될 수도 있다. 무기를 발치에 둔 끊임없는 감시 상태에 놓인 것과 같은 이 상징 재현은 인간을 정신이상으로 몰고 갈 수도 있다는 뜻이다. 플라톤 자신도, 우리 인간은 동굴로 다시 내려가기 마련이고, 언젠가는 죽음에 이르게 되는 생명 조건의 한계에 대해 숙고하기 마련이며, 그래서 주어진 시간에 대해 신중하게 되는 것이라고 말한 것 아니겠는가. 드조유[2]가 제안하는 정신 치료법인 '상승'요법은 이와 일맥상통하는 점이 있다. 환자가 백일몽 상태에서 절대 상승의 정점에 이르렀을 때 바로 환자의 최면을 풀어주는 것이 아니라, 그 정점에서 출발 지점까지 서서히 다시 내려갈 수 있도록 유도하는 것, 궁극적으로는 평상시의 심리적 고도에서 평온을 되찾게 하는 것이 이 정신요법의 중요한 원리이다. 세셰에가 정신분열증 치료를 담당했던 환자[3] 역시, 밝은 빛으로 가득찬 상황에서는 공포에 사로잡힌 상태였던 반면, 밤의 상징체계, 어두움의 제의를 통해서는 결국 치유의 길에 이르렀던 것이다.

그때 시간이 얼굴들과 대면해서 다른 상상적 태도를 나타내는데 그것은 미래-생성의 생명력을 길들이고 크로노스의 죽음의 우상들을 몰아내는 것, 그리고 그것들을 유익한 부적으로 변모시키는 것, 그리하여 결국에는 시간이라는 피할 수 없는 유동성에 안심시키는 상수常數들과 순환들의 형상들을 덧붙여서 그것들이 유동·생성의 바로 한가운데서 영속하는 유형을 그려낼 수 있게 하는 것으로 이루어진다. 시간에 대한 해독제는 초월이나 정수精髓들의 순수성이라는 초인의 차원에서 탐색되는 것이 아니라, 따뜻하며 안심시키는 물질의 내면성 혹은 현상들과 사건들에 박자를 맞추는 리드미컬한 항수들 내에서 탐색된다. 대조법이라는 영웅적 체제가 완곡어법들로 충만한 체제로 이어지는 것이다. 낮에 이어서 밤이 오는 것뿐만이 아니라 특히 불길한 어둠을 밤이 대신하게 되는 것이다. 우리는 어두운 시간의 얼굴을 연구하면서 치명적이며 무시무시한 공포가 단순히 에로틱한 육체적 두려움으로 점차 완화된다는 점을 이미 지적한 바 있다.[4] 우리는 이미지 자체의 암시적 작용에 의해 형이상학적인 악惡이 정신적·도덕적 죄로 차츰 변모하는 모습에 이미 주목했던 것이다. 게다가 정신분석학은 크로노스와 타나토스가 에로스와 어떻게 결합하는가를 훌륭하게 보여준 바 있다.[5]

우리가 이번에 강조하고자 하는 것이 바로 에로스가 지니고 있는 근본적인 양가성이다. 물론 우리가 여기서 주목하는 것은 원초적 충동의 이중성 자체가 아니다. 단지 밤의 이미지들이 부여하는 부정적 가치에 대한 연구를 완결하는 것이 우리의 목표일 뿐이다. 에로스-크로노스-타나토스의 양가성, 충동과 운명의 양가성은 하나의 경계선이라고 할 수 있으며, 우리가 이제까지 살펴본 커다란 상징체계의 주제들은 바로 그 경계선으로부터 가치가 전도될 수밖에 없다. 에로스가 운명 자체를 욕망으로 물들일 때 저 무서운 시간의 얼굴은 논쟁적인 대조법과는 다른 방법으로 몰아낼 수 있다. 시간에 대한 번뇌가 낳은 과장된 괴물과 싸우기 위해 탈출이나 검 같은 대조법적인 상징을 사용하는 형이상학적 과정이나, 분리적 태도 혹은 초월적 고행을 택하는 것과는 달리, 양가성은 죽음 자체를 완곡화할 수 있게 해주어 상상계 및 그것이 유발하는 행동에 새로운 문을 열어준다.

에로스의 이중성 덕분에 이런 식의 가치 전도가 이루어지는 모습을 잘 보여주는 것 중 하나가 12세기 카타르파의 혁명이 역사적으로 어떻게 변모해갔는가를 잘 밝혀낸 드니 드 루즈몽의 글이다.[6] 카타르파의 "혁명"이란 가장 격렬한 이원론적 고행주의에 입각한 것으로서 그러한 고행주의 내에서 에로스 신의 속성인 열정은 사랑에 대한 사랑, 대상 없는 사랑에까지 이르게 되고, 그 결과 육신에 대한 혐오과정을 거쳐 그 자신 죽음과 대면하게 된다. 그런데 이런 고행주의에 차츰차츰 육체적 맥락에 대한 혐오가 완화된 사랑이 접목하게 되고 "완전주의자"*들이 공표한 고행의 가치가 뒤집어진다. 정신의 도정이 플라톤적인 "이곳에서의 탈출"로부터 플라톤적인 에로스로 이어지며 결국에는 아름답게 치장한 여성과 성모마리아에 대한 신앙으로 이어지는 것이다.[7] 가톨릭 정통 신앙 역시 기독교 내 이단이 마련한 이런 "정신적 변모" 과정에서 벗어나 있지 않았으니 결국은 성모마리아에 대한 신앙, 정화되고 승화된 여인에 대한 신앙을 공식화하게 된다. 페트르망

* 12, 13세기에 유럽에서 위세를 떨친 기독교 이단인 카타르파의 교인을 말한다. 카타르파는 물질을 악의 근원이라 해서 신과 대립시키는 이원론과 육식, 결혼생활, 재산의 사유 등을 부정하는 극단적인 금욕주의가 그 특징이다.

이 이원론적 그노시스주의를 극복하려는 노력이 어떤 식으로 진행되는가를 살펴보면서 밝혀낸 것도 그러한 동일한 움직임이다.[8] 특히 그녀는 의사擬似 클레멘스 교령집에서 그노시스의 이원론적인 카타르주의가 대립되는 것들이 짝을 이루는 것으로 간주되는 대립의 이론으로 대체되면서, 플레로마Plérome*의 완수에는 여성원칙이 필수적인 과정임을 밝혀냈다. 구세주가 여성 소피아의 형상을 "만들고" 그로 인해 우리의 불완전한 영혼의 형상과 다름없는 그녀를 구원하게 되는 것이다. 심리학적이면서 역사적인 이러한 예들에서 우리는 상징에 상징을 덧붙이면서, 또한 우리가 보여주었듯이 달의 주기에 여성의 생리주기를 덧붙이면서 그 자체가 완곡화의 과정을 겪게 되고, 그 결과 양가성을 지녀 시간과 죽음 앞의 태도 자체가 역전되어버리는 상상계의 지배적 성격을 확인할 수 있다.

이제 상상계의 이러한 가치 전도의 과정을 좀더 가까이서 살펴보기로 하자. 마리 보나파르트가 썼듯이 "에로스가 지니고 있는 변함없는 특징들 중 하나는 그가 항상 자기 뒤에 형제 타나토스를 대동한다는 것이다."[9] 우리는 상상적인 표현에서 이러한 연계가 이루어지는 과정을 월경의 피로 인해 여성이 불순한 가치를 부여받기 때문이라는 것을 지적하면서 이미 살펴본 바 있다. 그런데 보나파르트가 반대로 표현한 바 역시 사실이니, 상징은 기본적으로 양가성을 지니고 있기 때문이며 몇몇 여신들이 왜 이중적인 의미를 지니고 있는가는 그것으로 설명할 수 있다. 칼리는 파르바티Parvati인 동시에 두르가이다. 그리고 브레알과 베일리A. Bailly가 썼듯이 "로마의 비너스 이름인 '베누스 리비티나Venus libitina'는 욕망을 뜻하는 '리비툼libitum'에서 온 것인데 무슨 이유에서인지 그

* 플레로마는 '빛의 영역'을 의미한다. 영지주의자들에 따르면 하느님은 이름이나 설명을 초월하는 심연과 침묵이고, 절대자이며, '플레로마' 즉 빛의 영역을 형성하는 선한 영들의 원천이다.

사원에서 장례식과 관계되는 물품들을 팔게 되었고 그 결과 역할이 바뀌어 장례의 여신이 되었다."[10] 그런데 그 이유들은 원형학의 입장에서 고려하면 밝힐 수 있다. 비너스적 특성들에는 지하의 여신이 반드시 동반된다. 죽음과 덧없는 운명에 의한 추락 주변으로 차츰차츰 여성의 성좌, 이어서 성적이고 에로틱한 성좌가 형성된다. 따라서 리비도는 언제나 아주 다양한 방식으로 양가적이 된다. 리비도 자체가 혐오스러우면서 동시에 매혹적인 양극을 지닌 심리적 벡터이기 때문만 아니라 그 양극 자체가 각각 기본적으로 이중적이기 때문이다. 플라톤이 에로스는 샘의 아들인 동시에 메마름의 아들이라고 한 『향연』의 유명한 구절에서 지적한 것이 바로 이러한 양면성이다.[11]

그런데 앞선 두 양면성의 토대가 되는 또다른 양면성이 있다. 그것은 사랑이란 그 자체—사랑을 하는 중에도—증오와 죽음의 욕망을 담고 있으며, 역으로 죽음 자체가 일종의 '운명적 사랑'으로 애정의 대상이 되고 그때 죽음은 덧없는 속세의 고통을 그치게 하는 것으로 상상된다. 플라톤이 사랑하는 대상의 소멸을 바라는 알키비아데스의 입을 통해 강조한 것이 바로 이 첫번째 태도이다. 정신분석학은 이러한 태도를 체계적으로 연구한 바 있다.[12] 반면에 프로이트는 두번째 태도에 대한 연구를 두 장에 할애하고는 그 말미에 순수 쾌락적인 리비도와 죽음의 본능을 구분하는 것으로 결론지었다.[13] 그러나 그 구분은 근본적인 구분이 아니다. 사디즘의 경우에는 리비도가 죽음의 본능들을 길들이고 그것들을 욕망의 대상에 투사함으로써 쾌락 그 자체를 섬뜩한 색조로 물들이는 것이다. 이러한 죽음의 본능은 개별 생명체가 지니고 있는, 무생물체나 미분화 상태로 돌아가고자 하는 욕망에 내재해 있다.

우리는 프로이트와는 달리 리비도를 두 원칙으로 구분하지 않는다. 우리로서는 보나파르트의 의견대로 리비도가 모호한 단일성을 지니고 있으며 에로틱하게 혹은 사디즘적으로 혹은 마조

히즘적으로 변형된 것으로 본다.[14] 그렇다면 리비도는 근원적인 충동과 동일시할 수 있으며 쇼펜하우어가 "의지"라는 부정확한 단어로 지칭했듯이[15] 바로 거기에 영원을 향한 욕망과 덧없음에 대한 고발이 뒤섞인다. 때로는 감수하거나 사랑하고 때로는 증오스럽고 맞서고 싶은 필연성. 만일 융처럼[16] 우리가 리비도라는 단어의 어원을 조사한다면 이 라틴어 단어가 "격렬한 욕망을 느낀다"는 산스크리트어의 어원적 의미를 약화시키고 합리화시켰음을 알 수 있다. 따라서 리비도는 욕망하다, 혹은 욕망이 기우는 데로 향한다는 일반적인 뜻을 지닌다. 융은 이러한 근원적인 욕망을 "전반적인 에너지"로서 플라톤적인 에로스나 테베의 디오니소스, 혹은 파네스Phanès나 프리아포스Priape 그리고 카마Kama*와 동일시했다.[17] 그런데 바로 리비도가 지닌 모호성으로 인해 리비도가 다양해지고 그것이 타나토스와 갈라지거나 합해지게 만드느냐에 따라 그 행동의 가치부여가 뒤집힐 수 있다. 이처럼 리비도는 존재를 변화에 따르게 하는 맹목적이고 식물적인 욕망과 불멸의 욕망, 필사의 운명을 연기시키고자 하는 욕망 사이의 중재물처럼 나타난다. 이미지의 두 '체제'란 결국 리비도 상징들의 두 국면인 셈이다.

실제로 영원을 향한 욕망이 때로는 죽음의 본능이 전이되어 객체화된 공격성, 부정성으로 이루어져서 어두운 에로스와 여성성과 싸움을 벌이기도 하며, 우리가 이제까지 분류한 것은 바로 이러한 대립적이고 순화적이며 전투적인 상징들이다. 이 경우 우리는 융의 견해대로 리비도의 한 부분이 근친상간에 대한 금지, 근친상간적 혁명이나 그것의 여성적 상징들 혹은 동물 형태적 상징들과의 싸움과 일치하는 것을 볼 수 있다.[18] 그때 리비도의 에너지는 신적이고 부계적인 군주의 권위에 종속되어 리비도적 충동

* 인도 신화에 나오는 애욕의 신. 쾌락의 여신인 라티Rati의 남편으로, 활과 화살을 들고 뻐꾸기와 꿀벌 따위를 거느리는 아름다운 청년으로 묘사된다.

들 중에서 고행과 세례를 통한 정화가 가미된 남성적 공격성과 전투성만이 용인된다. 반대로 때로는 리비도가 시간의 감미로움과 결합하여 그 내부에서 죽음과 육신과 밤의 이미지의 정서적 체제가 뒤집히기도 한다. 그때 리비도의 여성적이고 모성적인 측면이 가치를 부여받아 상상적 구도들은 퇴행 쪽으로 방향을 틀고 이러한 체제에서 리비도는 모성적 상징으로 변모한다.[19] 그리고 마지막으로 전혀 다른 경우도 있다. 때로는 영원을 향한 욕망이 리비도의 모호함 전체를 극복하려는 것으로 나타나서 생명 에너지의 모호한 변화를 극적인 의식으로 조직화하여 사랑과 죽음과 변화를 총체화하려는 경우도 있다. 그때 상상력은 시간을 조직화하고 조절하며 역사적 신화들과 전설들로 장식한다. 그리하여 그 주기성으로 시간의 도주에 대해 위안을 얻는다.[20]

우리는 크로노스의 얼굴에 미소를 짓게 만드는 이 두 방법이 이미지의 새로운 체제를 규정할 수 있다는 것, 그 체제 내에서 두 개의 커다란 친족적 상징들이 그룹을 이루며 각각 능동적인 방법으로 시간의 지배하에 놓인 이미지들에 관여하여 그것들을 적응시킨다고 말할 수 있다. '밤의 체제'는 언제나 전환과 완곡화의 기호하에 놓인다. 우리가 이제부터 살펴보고자 하는 그룹의 상징들은 시간의 얼굴에 부여되었던 정서적 가치가 단순하게 그리고 순전히 뒤집힌 것들로 이루어진다. 운명과 죽음을 표현하는 위상에서 이미 밑그림을 드러냈던 완곡화 과정(그러나 아직 어떤 환상도 갖지 못한 상태)이 강화되면서 이미지들의 정서적 가치가 근본적으로 뒤집히고 그 결과 진정한 '반어법'을 실천하는 데까지 이르게 되는 것이다. 그리고 두번째 그룹은 시간의 유동성 안에서 불변의 요인을 추구하고 찾아내려는 노력이 축을 이루며 초월세계와 변화 자체에 내재해 있는 직관을 향한 열망을 '종합하려' 애쓴다. 두 그룹 모두 이미지의 '밤의 체제'에 가치를 부여한다. 그러나 한쪽은 그 가치부여가 근본적인 것으로서 이미지의 정서적 가치들을 뒤집는다. 그때 정신은 밤 한가운데서 빛을 추구하며 추락은 하강으로 완곡화되고 심연은 잔으로 축소된다. 그리고 다른 한쪽에서는 밤이 절대적인 것이 아니라 단순히 낮을 예비하는 것이며 여명이 오리라는 명백한 약속이 된다. 우리는 이 연구를 표현의 '낮의 체제'를 완전히 뒤집는 경우에서 시작하기로 한다. 그리고 귀환의 변증법을 이루는 상징들과 신화들을 분석하는 일은 두번째 부분으로 남겨놓을 것이다.

제1부 하강과 잔盞

“골짜기의 신은 죽지 않는다.
우리는 그것을 신비스러운 암컷이라 부른다.”

—『도덕경』, 6장

“지상의 장미의 재는 천상의 장미의 출생지이다. ……그리고
우리의 저녁별은 대척지의 새벽별이다.”

—노발리스, 『기록』, 3권 189

제1장

도치의 상징들[1]

우리는 이번 장에서도 여전히 온갖 종류의 시간의 얼굴들을 다시 만날 것이다. 그러나 그 얼굴들은 시간의 얼굴이 전하고 있는 무서움이 제거된 얼굴이며 대조법의 체제를 버림으로써 변환이 이루어진 얼굴이다. 그런데 한 가지 주의할 점이 있다. 그것은 우리가 언어에 현혹되지 말아야 한다는 사실이다. 이번 경우에도 정화의 기술들에 관한 단어들이 계속 사용되겠지만 단어는 같더라도 거기에는 전혀 다른 상상력의 맥락이 흐르고 있다. 예를 들어 초월이라는 형이상학적인 상상력의 입장에서라면 "순수한"이라는 단어는 단절과 분리의 상징들을 내포한다. 반면에 내재적 존재론의 상상력은 이러한 형용사를 통해 천진성, 태고성, 원초적 직접성의 상징적 실체들을 읽어낼 것이다. 베르그송이나 루소의 순수성은 플라톤이나 데카르트의 순수성과는 그 의미가 다르다. 게다가 시간의 지배하에 놓인 아이콘들의 완곡화는 조심스럽게 점차로 이루어져서 개별 이미지들에는 반어법으로서의 의도가 강하게 들어 있다 하더라도, 본래의 무서운 면모가 남아 있거나 분열적인 고행의 상상력 영역에 속하는 대조법과 교묘하게 결합하기도 한다. 예를 들어 우리가 이제부터 살펴보려는 성좌들이 제시하는 목표는 더이상 정상으로의 상승이 아니라 중심으로의 스며들기가 될 것이며, 따라서 파내는 기술들이 상승의 기술들을 대체할 것이다. 그런데 중심을 향한 이 길은 때로는 가장 쉽고 접근이 용이한 길이 되기도 하고(상승의 추진력의 자취가 남아 있는 경우), 때로는 구불구불한 미로처럼 어려운 길, 심연이나 목구멍 같은 불안한 이미지들이 미리 형성하는 '두로하나dûrohana'가 되기도 하며, 경우에 따라서는 그 둘이 번갈아 나타나기도 한다. 이러한 성좌에서는 종교적 초월의 상상력에서 유일한 남성적 위대한 지배자(남성 신)가 위대한 여신들로 대체되는데, 그 여신들은 유익하면서 동시에 무서운 신들이기도 하다. 그 여신들은 화덕의 수호자이며[2] 모성의 수여자인 동시에 필요에 따라서는 두려운 여성성의 잔재를 지니고 있어 무섭고 호전적이며 냉혹한 여신들이기도 하다. 그리고 다른 경우, 즉 '밤의 체제'의 몽상은 깊이를 탐사하면서 논쟁적 체제의 기술에서 유래한 방어 무기들, 즉 갑옷 같은 것을 그대로 보유하기도 한다.

우리가 불길한 여성성의 양가성에서 싹이 트는 것을 보았고 천상의 위대한 신들이 묶은 속박의 끈을 극복하고 그것을 길들이는 과정에서 밑그림이 나타나는 것을 보았던[3] 완곡화의 과정이 강화되어 반어법에까지 이르게 된다. 그 경우 이미지의 다른 체제의 잔재들이 완전히 배제되지 않으며 대부분의 경우에 일종의 타협을 이루게 된다. 그러나 이러한 타협이나 뉘앙스에도 불구하고 우리가 살펴볼 상징들이 주목할 만한 동위성을 지니고 있다는 점은 당장 강조해야만 할 것이다. 그러한 동위성은 예컨대 뒤메질이 베다 경전과 조로아스터교의 경전에서 밝혀낸 것으로서[4] 거기서 풍요로움의 관념과 복수複數의 개념이 풍요로운 여성상 및 물과 대지의 깊이와 연결된다. 구체적인 예를 들자면 아슈빈Açvin은 생명의 신이며 "부富를 가져다주는 신"이지만 "신의 총체"이기도 한 푸샨Pûshan과 연결되어, 어머니-물의 여신이며 생명과 자손을 가져다주고 양식과 우유와 곡식과 꿀을 가져다주며 모든 시련으로부터 보호해주는 불가침의 안식처인 사라스바티Sarasvati*로 압축되기도 한다.

*

바슐라르가 썼듯이 시간의 비밀을 탐사하려는 움직임은 내선內旋적인 과정에서 시작된다. 드조유는 그의 두번째 책에서 '하강'의 꿈을 연구했는데, 그 꿈은 시간이라는 조건에 순화하거나 적응하는 꿈인 동시에 되돌아가는 꿈이기도 하다.[5] 그것은 "공포를 잊어버리기"[6] 위해서이다. 그것이 하강의 상상력에는 상승의 상상력보다 더 많은 주의가 필요한 이유들 중 하나이다. 하강의 상상력은 갑옷과 구명대가 필요하거나 지도자가 이끌어주는 것이 필요하고 비상시에는 그 전유물로 단순히 날개만 필요했던 것과는 달리 훨씬 복잡한 기계나 술책들이 다량으로 필요하다.[7] 하강은 언제든지 추락과 혼동되거나 추락으로 변질될 위험이 있기 때문이다. 하강 때에는 안심하기 위해서 언제나 내면의 상징들을 갖추어야만 한다. 그리고 요나 콤플렉스에서 살펴보겠지만 하강 때 행하는 여러 조심들 중에도 보호들의 다원 결정 현상이 존재한다. 보호받고 있는 내면으로 침투하기 위해 스스로를 보호하는 것이다.

바슐라르는 예의 통찰력으로 레리스의 『오로라』의 한 페이지를 분석하면서 하강에 대한 가치부여 작용은 온통 하강의 내면성 및 삼키는 행위와 연결되어 있다는 것을 훌륭하게 보여준다. 상승

* 사라스바티는 인도 신화에 나오는 여신이다. 그 이름은 사바스(호수)를 가진 여신이라는 뜻이다. 힌두교의 가장 오래된 성전聖典인 『리그베다』에서 이미 칭송되고 있는 여신으로, 원래는 하천이나 호수의 여신으로 숭배되었다. 하천이 가진 풍작의 힘, 정화淨化의 능력을 갖춘 여신으로서의 성격이 두드러지고, 풍요와 복락과 부를 관장한다. 한편 이 여신은 언어를 신격화한 바치vāc와 동일시되어 나중에는 학문·예능·웅변과 지혜를 주재하는 신으로 통용되기도 하였다.

이 외부를 향한 청원이고 더더욱 육신 너머를 향한 청원이라면 하강의 축은 내부의 연약하고 부드러운 축이다. 상상 속에서 되돌아감은 언제나 얼마간 전신감각적이고 내장과 관계된 "귀향"이다. 돌아온 탕아가 부모 집의 문턱을 넘을 때는 향연을 기대하기 마련이다. 물론 어두운 곳에 감추어져 있는 깊은 곳에 관한 한, 안내자도 없이 무모하게 내려가는 행위와 동물적 심연으로 추락하는 행위 사이에는 거의 모호한 경계밖에 존재하지 않는 것이 사실이다. 그러나 정서적으로 하강과 추락의 급격한 충격을 구분해주는 것은 분명히 존재한다. 그것은 바로 하강 속도의 '느림'이다. 일종의 내부로부터의 시간의 동화 작용 내에서 지속은 하강의 상징체계에 의해 복귀되고 길들여지게 된다. 베르그송의 작품에서처럼 내면으로부터, 그리고 구체적으로 계속해서 시간의 속죄와 구원이 이루어지는 것이다. 이처럼 모든 하강은 느리며 "시간을 소모한다." 그리고 때로는 공들여 스며드는 것과 비슷해지기도 한다. 물론 이러한 내장을 향한 느림에 열적인 특질이 가미된다. 그러나 그때의 열은 강렬하게 타오르는 불과는 거리가 먼 부드러운 열기이고 느린 열기라는 것을 꼭 지적해야 한다.

끈적이는 성분은 바로 느림의 성분이며,[8] 하강은 끈적이는 물질과 두껍고 잠들어 있는 물만을 받아들인다. 그래서 불이 지닌 요소 중에 내면의 실체, 즉 열만을 보유한다. 바슐라르는 불에 관한 책에서 노발리스를 다루면서 타오르는 열, 반짝이는 열과 깊은 곳에 품어진 열의 차이점을 명확히 밝혔다. "빛은 웃으면서 사물의 표면에서 논다. 그리고 단지 열만이 침투한다. 꿈꾸어진 내면은 따뜻하며 결코 타오르지 않는다. 열에 의해 모든 것은 그윽해진다. 열은 깊이의 기호이고 의미이다."[9] "따뜻한 내면"의 이미지에 부드러운 침투와 소화와 성적인 배의 다정한 휴식이 합류한다. 하강의 상상력은 소화관이 성적으로 고착되기 이전의 리비도의 하향성 축이라고 본 프로이트의 직관을 검증해준다. 우리로서는 하강의 원형이 프로이트가 분석한 바 있는 리비도 발생의 도정을 충실히 뒤따른다고까지 말할 수 있으며, 정신분석학자라면 언제든 소화와 구강과 항문의 이미지가 나타나면 나르시스의 국면으로 퇴행하는 징후를 쉽게 읽어낼 수 있을 것이다.[10] 광부가 땅 속으로 내려가는 것을 성교와 동일시하는 "노발리스 콤플렉스"는 "요나 콤플렉스"와 연결된다. 둘 모두 소화에 관계하든 아니면 성적인 것이든 배腹라는 상징을 공통으로 지니며 배의 중재로 구멍에 대한 완곡화의 현상학이 발생한다.[11] 배는 영양학적으로 그리고 위생학적으로 긍정적 가치가 부여된 최초의 구멍이다. 프로이트가 밝혔듯 성적인 것과 소화적인 것 사이의 혼동은 매우 두드러지게 벌어지고 있는 현상으로서 특히 민담 등에서 부화하는 배 속으로의 하강은 입 혹은 질을 통해 차별 없이 이루어진다.[12] 물론 이러한 다가多價적인 배는 우리가 이미 지적했듯 손쉽게 부정적 가치부여를 받을 수도 있으며[13] 추락하는 심연이나 죄의 소우주를 상징할 수도 있다. 그러나 소우주를 말한다는 것은 이미 축소화를 의미한다. "부드러운"이나 "따뜻한"이라는 형용사는 그 죄를 즐거운 것으로 만들고 추락을 완곡화하는 데 아주 중요한 중간항을 구성하며, 그 결과 추락에 제동이 걸리고 하강으로 속도가 완화되며 결국 번뇌와 고통이라는 부정적 가치를 느리게 침투하는 내면성의 희열로 바꿔버릴 수 있게 해준다.

우리가 몸을 고려하기 시작하는 것은 상상계의 체제 변화의 징후라고 말할 수 있다. 세셰에가 잘 지적했듯이 정신분열증 환자가 몸에 대해 관심을 갖고 애정을 갖기 시작하는 것은 긍정적인 치유 단계에 접어들었음을 의미한다.[14] 환자가 상태가 호전되어 "그때 나는 내 몸을 생각하고 그것을 사랑하게 되었다"고 선언하는 것은 육신에 대한 죄의식이 제거되었을 때이다. 한편으로 우리가 주목해야 할 것은 이러한 과정에서 몸의 상상력이 성적인 동시에 부인과학적gynaecological이고 소화적이라는 것이다. 즉 우유와 사과와 땅에서 나는 음식물이 어머니의 몸속으로 퇴행하는 환상과 함께 번갈아 나타난다. 앞으로 이어질 페이지에서 우리는 긍정적 가치가 부여된 배의 이미지, 행복한 하강의 쾌락적 상징들, 리비도적으로 성적인 동시에 소화적인 행복한 쾌락의 상징들만을 고려할 것이다. 한편 우리는 지나는 길에 소화적인 것이 종종 최고의 완곡화를 나타낸다는 것을 주목할 것이다. 성적인 행위는 이번에 입맞춤에 의해 상징화되는 것이다. 우리로서는 내장으로의 하강이라는 상상력, 아주 널리 알려져 있는 "요나 콤플렉스"에만 국한하여 살펴볼 생각이다. 그 콤플렉스는 트로이 목마의 전설에서도 드러났고, 켈트 신화에서 삼키는 거인들의 행동에서도 나타나며, 가브로슈*가 코끼리 조상彫像에서 은신처를 발견하는 위고의 몽상에서도 엿볼 수 있고, 초등학생들이 자발적으로 지어내는 이야기의 주제가 되기도 한다.[15]

상상력의 직접적인 가치의 전도를 유발하는 동력은 하강이다. 하딩은 "상승이든 하강이든 결과는 마찬가지다"라는 그노시스주의자들을 인용하면서 이러한 전도의 개념을 하강 역시 절대에 도달하는 길이라는 블레이크의 신비주의 독트린과 연결해 설명한다.[16] 역설적이게도 우리는 시간을 거스르기 위해 내려가고 출생 이전의 평온을 되찾기 위해 내려간다. 그러니 우리는 여기서 중요한 가치전도의 과정을 살펴보고 어떠한 심리적 메커니즘이 완곡화를 이루어 반어법에까지 이르게 되는지, 구멍으로 바뀐 심연이 그 자체 목표가 되고 하강으로 변한 추락이 즐거움으로 바뀌는지 살펴보아야 할 것이다. 우리는 완곡화에 의한 그러한 가치전도 현상을 '이중부정'의 과정으로 규정할 수 있을 것 같다. 우리는 묶기의 변증법과정에서 '묶이는 묶는 사람'을 살펴보면서 이미 그 전조를 살펴본 바 있다. 이러한 과정은 수많은 전설들과 우

* 가브로슈는 위고의 소설『레 미제라블』에 등장하는 인물이다.

화에 나오는 "도둑맞은 도둑"이나 "사기당한 사기꾼" 이야기나 중복법을 사용하는 속담들, 예컨대 "혹 떼려다 혹 붙인다"라든지 "뛰는 놈 위에 나는 놈" 같은 데서도 발견할 수 있다. 그러한 과정에서 근본적인 것은 긍정적인 것이 부정적인 것을 통하여 이루어진다는 점이다. 부정이나 부정의 행위를 통해 애초의 부정성의 효과가 파괴되는 것이다. 변증법적인 방향 전환은 근본적으로 문법적 형식이 규범화하기 전에 이미지의 국면에서 체험되는 이중부정의 과정 내에서 이루어진다고 말할 수 있다. 그리고 이러한 과정에서 가치전도가 이루어진다. "나는 묶는 자를 묶는다" "나는 죽음을 죽인다" "나는 적대자의 무기를 사용한다" 등이 그 예들이다. 그리고 그것을 통해 나는 적대자의 행동 전체, 혹은 그 행동의 일부에 대해 정겨움을 느끼게 된다. 따라서 이 과정은 비타협적인 이미지의 '낮의 체제'에서 발견할 수 있는 분열적 태도, 바리새인들의 형식주의, 지적이고 도덕적인 순결주의와는 근본적으로 대립되는 또다른 정신 구조가 존재한다는 것, 그런 정신 구조를 보여주는 온갖 종류의 논리과정과 상징들의 저장소가 존재한다는 것을 보여준다. 이중부정은 우리의 표현 태도에서 가치전도가 전적으로 이루어지는 표지 역할을 한다고 말할 수 있다.

부정적인 것의 가치가 다원 결정 현상에 의해 도치되는 것을 보여주는 주목할 만한 예는 아테네의 비잔틴 미술관에 있는 개 모양 얼굴을 한 성 크리스토프에 대한 마리 보나파르트의 연구에 잘 설명되어 있다.[17] 17세기 말미에 그려진 그 아이콘에서 성 크리스토프는 동방의 신화에서 전하는 식대로 개의 머리를 한 이상한 모습을 하고 있다. 보나파르트가 지적하고 있듯이 그러한 크리스토프의 형상은 두 신화가 합쳐지면서 이루어진 것으로서,[18] 뱃사공의 신화와 개의 머리를 한 이교도 거인의 신화이다. 그런데 성 크리스토프는 돌연사나 치명적인 사고를 막아달라고 기도할 때 부르는 신이다. 그 형상에서 개 모양의 얼굴이라는 속성은 실은 이집트의 아누비스 신의 주요한 속성이 살아남아 변환된 것뿐이며 전설 속에서 크리스토프의 탄생에 대한 암시와 그의 이교도 이름인 "레프로바투스Reprobatus"[19], 즉 "버림받은 사람"에 대한 암시는 바로 거기에 있다. 그리고 수많은 디테일들이 이 관계를 확인할 수 있게 해준다. 전설 속에서 레프로바투스는 개 이빨을 하고 있는, 사람 잡아먹는 거인이다. 마찬가지로 사공으로서 그의 역할은 지옥-장례의 역할이다. 그리스 신화의 카론에 해당되는 아누비스*는 사자를 지하의 강 저편으로 인도한다. 마리 보나파르트는 개 형상의 이 식인귀가 어떻게 "개종하는지" 전설과 종교적 문맥을 참조하여 명확히 밝히고 있다.[20] 죽음에 의해 "운반되어가는" 그리스도 자신이 죽음 자체의 의미를 변모시키고 뒤집는다. 그리스도는 그 여행에서 다른 사자들과 동행을 하는데 마지못해 위험한 항로를 함께 따르게 되고 그리스도의 속성이 되어버린 길들여진 개의 이미지가 이번에는 그 의미를 스스로 바꾸게 된다. 그것이 죽음의 폭력에 대항하는 수호자이면서 부적이 되는 것이다. 이러한 가치전도는 거인이 가지고 다니는 지팡이에 의해 상징적으로 강조되는데, 전설에 의하면 크리스토프가 개종한 이후에 그 지팡이에는 기적처럼 꽃이 피게 된다. 따라서 성 크리스토프의 신화, 특히 아테네 박물관에 있는 흥미로우면서 동시에 명확한 그의 형상은 종교적 이중부정에 의해 죽음에 대항하기 위해 불러들인 죽음 자체인 것이다. 거기서 중요한 것은 마리 보나파르트가 보여준 대로[21] 의미의 완곡화에 의해 저승사자를 불러들이는 것, 저승으로 인도하는 뱃사공에게 "아직은 아냐"라고 간청하는 것

* 아누비스는 고대 이집트 신화에 나오는 신. 피라미드의 여러 문서에는 태양신 라Ra의 넷째 아들로 되어 있으나, 후대에 와서는 오시리스Osiris와 네프티스Nephthys의 아들로 나타난다. 저승으로 향하는 문을 열어 죽은 자를 오시리스의 법정으로 인도하며, 죽은 자의 심장을 저울에 달아 생전의 행위를 판정하는 역할을 맡았다.

만이 아니다. 그보다는 역설법의 전적인 승리가 더 중요하다. 부활한 그리스도의 죽음이 거인의 불길한 힘을 퇴치하고 굴복시키는 것이다. 개 모양을 한 거인의 "개종"이 형상화하는 것은 의미론적 도치의 상징이다. 그를 통하여 요구되는 것은 '좋은' 죽음이다. 실제로 중세에 성 크리스토프는 나쁜 죽음—노자 성체 비용을 앗아가는 급작스러운 죽음—을 피할 수 있게 해달라는 기도의 대상이었다. 따라서 크리스토프의 중재에 의해서 좋은 죽음—단순한 여행이나 자리 옮김일 뿐인—이 존재할 수 있게 된다. 성 크리스토프는 『구약성서』의 요나가 그렇듯이 죽음과 죽음의 과정 자체가 그 가치와 의미에서 전복될 수 있다는 것을 의미한다.

그러한 가치전도의 예들을 우리는 수많은 기독교 서사시들이나 전설 속의 성인전傳에서 발견할 수 있다. 우리로서는 박해자 사울(바울)이 피해자들의 수호자로 변신하는 "다마스쿠스의 길"이라는 유명한 일화가 그 예라는 것만 지적하기로 하자. 모든 개종은 우선은 변모에서 시작한다. 그리고 이 장에서 우리가 살펴보고 있는 상징들의 동위체계는 겹치기에 의한 완곡화를 그 축으로 하고 있으며 기본적으로 이중부정으로 이루어진다. 인간의 표현은 종합적인 변증법을 발진拔進시키기 전에 반어법의 과정을 먼저 상상하는 듯하며 이중부정의 방법이 시간의 흐름에 따른 변화와 죽을 수밖에 없는 운명을 이미지의 위상에서 길들이고 초시간적 소명을 수행하는 최초의 시도로 나타나는 듯하다. 우리로서는 반어법이 사물과 존재의 불가피한 운명을 보존한 채 그 의미와 소명을 변화시키는 진정한 개종을 이루게 된다고 말할 수 있다.

끝으로 이와 같은 완곡화에 의한 이중부정의 과정을 프로이트의 'Verneinung'—이폴리트가 프랑스어로 부정dénégation이라고 번역한 단어[22]—과정과 비교해보는 것이 재미있을 것 같다. 그 과정에 의하면 언어에서의 부정은 내밀한 감정의 긍정을 보여준다는 것이다. "한 존재의 존재하는 바를 존재하지 않는 양식으로 보여주는 것"이 바로 그 과정이자 방법이다. 이폴리트가 지적하고 있듯이 이러한 부정의 기능은 헤겔 변증법의 토대가 되는 '지양Aufhebung'과 매우 흡사하다. "부정은 억압의 지양이다. 그러나 그렇다고 해서 억압된 것을 수용한다는 것은 아니다."[23] 우리로서는 이중부정은 억압된 것을 수용하는 데 진전을 보여준다고 덧붙이고 싶다. 부정은 이중부정의 첫 밑그림에 지나지 않는다. 부정은 대조법적인 전적인 부정과 반어법적인 체제의 이중부정 간의 심리적 중간항이다. 이폴리트는 "부정의 부정"은 부정을 지적인 차원에서 표현적으로 완성한 것이라고 훌륭하게 지적하고 있다.[24] 그렇지만 우리로서는 지양과 이중부정 중에서 어느 것이 더 가치 있고 존재론적으로 선행하느냐의 문제는 여기서 건드리지 않기로 한다. 단지 정신분석학자들이 애호하는 부정의 개념이 불완전하나마 반어법의 밑그림을 보여주고 있다는 점만 지적하기로 하자. 반어법은 억압받은 정서가 검열을 무사히 통과한 것만 표현할 수 있는 메커니즘에 만족하지 않는다. 그것은 기의와 기표 사이의 전적인 합의를 요구한다.

*

이러한 가치의 전도가 하강의 상상력, 특히 요나 콤플렉스에 영감을 준다. 요나는 우선은 '삼킴'의 완곡화이고 이어서 삼키는 행위의 상징적 내용의 반어법이다. 그것은 이빨의 탐식성에 의해 찢기는 행위를 전혀 공격적이지 않고 부드러운 '빠는 행위'로 변환시킨다. 그것은 부활한 그리스도가 요지부동의 잔인한 사공을 관광 여행의 유익한 수호자로 변화시키는 것과도 같다. 프로이트의 정신분석에 이어 바슐라르는 삼킴의 첫 단계를 두번째 단계인 깨물기와 구분했다.[25] 두번째 단계는 제2유년기의 공격적 태도와 일치한다. "요나의 고래와 엄지 동자의 식인귀는 이 두 단계에 해당하는 이미지로 볼 수 있다. 두번째와 비교해볼 때 첫번째 이미지에게 삼켜진 희생물은 훨씬 덜 고통스럽다."[26] 따라서 피상적으로 보기에는 정태적 내용이 비슷해 보이는 이미지들 간에도 서로 다른 가치론적인 요인들이 존재한다. 삼킴 자체는 대상을 망가뜨리지 않는다. 때로는 오히려 대상에 가치를 부여하거나 신격화하기도 한다. "삼켜진 자는 진정한 불행을 겪지 않는다. 그가 꼭 비참한 사건의 희생자가 되는 것은 아니다. 그는 가치를 보존한다."[27] 마치 크리스토프가 강을 건너는 중 여행객들을 보호해주듯이 삼킴은 삼켜진 자를 보존해준다. 삼킴의 가치가 이렇게 전도되는 양상을 우리는 민담의 두 주제에서 만날 수 있다. 하나는 부정적이고 무서운 것으로서 식인귀 이야기이고 다른 하나는 선량한 아이의 이야기로서 가르강튀아이다.[28] 『내 기러기 엄마 이야기』에 나오는 식인귀와 『대연대기들』에 나오는 거인은 크리스토프가 레프로바투스의 개 얼굴을 하고 있듯이 공통되는 용모를 지니고 있다. 엄지 동자가 식인귀의 집 문을 두드렸을 때 그는 "저녁 식사용으로 꼬챙이에 꿴 양을 갖고 있고" 거인 가르강튀아 역시 게걸스러운 탐식가이다. 동탕빌이 수집한 가르강튀아에 대한 모든 전설들은 그 거인이 얼마나 대단한 대식가인가를 강조하고 있다. 그는 강물도 마셔버리고 수레와 배와 승무원들까지 삼켜버린다. 그러나 공통점은 거기서 그친다. 모든 전설들은 마찬가지로 그 거인이 얼마나 마음씨 좋은가를 강조하고 있다.[29] 가르강튀아는 "범람한 물"을 마셔버리고 폭풍우를 마셔버리는 호의적인 거인이며, 우리의 주제와 걸맞게 그 역시 성 크리스토프와 마찬가지로 물을 걸어서 건너는 수많은 도섭장의 "주인"이다.(그것은 지명 일람표를 보면 더 자명해진다.[30])

하지만 그뿐만이 아니다. 부정의 중복에 의한 구조화된 전복은 그 자체가 이미지들의 끝없는 '중복'과정을 낳는 동인이다. 이중부정이라는 중복은 반복이 되면서 점차 그 영역이 확대되고 상상계의 내용 전체로 퍼지게 된다. 그런 식으로 우리는 '삼켜진 삼킨 자'라는 익숙한 상상력과 만나는 것이다. 그중 우선적으로는 단순히 역役이 뒤바뀌는 경우를 예로 들 수 있다. 동물이 등장하는 전설들에서 위胃가 강조되는 동물들, 예컨대 두꺼비, 도마뱀, 물고기, 뱀, 개구리 등의 동물들, 바슐라르가 콜랭 드 플랑시J. Colin de Plancy*와 카르당Cardan† 혹은 라스파유Raspail‡의 작품들 속에서 찾아내어 열거한 동물들을[31] 삼켜버리는 것이 사람이 되는 경우이다. 다음 그 상상력이 좀더 진전되면 이번에는 명백하게 삼킨 자가 삼켜진다. 앙드레 베는 어린아이들에게 이런 신화가 자동적으로 형성된다는 것을 밝혀냈다.[32] 사자가 목동을 삼키고 바다에 떨어진다. 사자는 그물에 걸리고 끝으로 고래가 배와 배의 짐들을 모두 삼켜버린다. 바슐라르는 『대지와 휴식의 몽상』 중 가장 설득력 있는 장章에서 A. 뒤마의 『회고록』과 바르바랭P. Barbarin, 루이 페르고Louis Pergot, 빅토르 위고의 작품들에 나오는 "슈퍼 요나 콤플렉스" 혹은 "입체화된 요나"에 해당하는 것들을 즐거이 찾아내 열거한다. 이 주제가 그림으로 나타난 경우도 매우 많다. 그중 플랑드르 지역의 속담을 그림으로 묘사한 브뤼헐과 보스의 "큰 물고기가 작은 물고기들을 삼키는" 그림만을 상기해보는 것으로 만족하기로 하자. 우리는 바로 다음 부분에서 입체화된 삼킴의 구도가 『칼레발라』에서 기본을 이루고 있다는 것, 그리고 그 원형은 바로 물고기라는 것을 볼 수 있을 것이다. 지금은 이러한 이미지들의 중복이 무한히 이어지면서 과연 그러한 기능이 어떤 깊은 의미를 지니게 되는가를 우선 살펴보기로 하자.

동탕빌은 가르강튀아라는 이름에서 '가르'라는 의성어가 반복된다는 점을 강조한 후 대식가인 거인이 이번에는 자신이 삼켜지는 존재가 된다는 것을 우리에게 보여준다.[33] 그는 태양과 동일

* 1793~1887, 프랑스의 신비주의 연구가이자 작가.

† 1501~1576, 르네상스 시대의 이탈리아 수학자, 물리학자, 의사.

‡ 1794~1878, 프랑스의 화학자, 생리학자.

시되어 수평선에 의해 산들의 뒤쪽이나 고대인들이 행복의 나라가 존재한다고 믿은 서쪽 바다 속으로 삼켜진다. 그는 자신의 무덤 혹은 무덤들을 가지고 있으며 그 무덤들이 그를 흡수하고 삼켜버리며 게걸스럽게 먹어버린다. 가르강튀아 신에게 바쳐진 아발론 섬은 고대 프랑스어의 표현대로 "태양이 내려가는 곳"이며 동시에 "태양이 삼켜지는 곳"이다. 그리고 동탕빌은 이런 중요한 지적을 한다. 동사가 능동과 수동의 두 가지 의미를 지니고 있어서 대상이 되는 상징도 두 양상을 지닌다는 것이다. 즉 가르강산은 흡수하는 주체이고 가르강 신은 흡수되는 객체이며 다음에는 그 자신이 삼키는 주체가 된다.[34] 마찬가지로 기독교 상징체계에서 그리스도는 위대한 어부인 동시에 물고기이다. 이중부정과 가치의 전도를 마련하는 의미론적 메커니즘이 어떻게 이루어지는지 그 자취를 찾으려면 바로 이러한 동사의 능동-수동의 이중 의미에 주목해야만 한다. 능동과 수동이 이런 식으로 융합되어 있다는 사실에서 우리는 어떤 표현을 할 때 어떠어떠한 주체에 부여된 행동보다는 동사의 의미 자체가 더 중요하다는 사실을 다시 확인할 수 있다. 수동태와 능동태가 문법적으로 분화되어 있는 것은 부정을 문법적으로 통합한 것이다. 물론 어떤 행위를 따르는 것은 그것을 행하는 것과는 다르다. 하지만 그 역시 어떤 의미로는 그 행위에 참여하는 것이다. 동사가 나타내는 몸짓 자체에 매혹당한 상상력은 주어와 직접 목적어의 역할을 뒤집을 수 있다. 그래서 삼킨 자가 삼켜진 자가 될 수 있는 것이다. 이렇게 중복에 의해 전복된 의식 내에서 그 자체 중복이 될 준비가 되어 있는 이미지들이 선호의 대상이 된다. 바슐라르는 에드거 포에게는 물과 관련된 은유들의 의미가 끊임없이 뒤집히고 있음을 밝혀냈다. 물이 세상과 존재들을 이중화하고 분열시키고 중복시킨다는 것이다.[35] 반사는 자연히 중복의 요인이 되는 것이니 호수 바닥은 하늘이 되고 물고기들은 새가 된다. 이런 관점에서는 거울과 중복에 대한 재가치부여가 있다. 바슐라르는 같은 식으로 케셀링H. A. Keyserling에게서 "중복된 미로"의 이미지들을 밝혀낸다. 삼켜진 땅이 벌레 안에 길을 내고 "그와 동시에 벌레는 땅 속에 길을 내는 것이다."[36]

상상력의 문학에서 이런 중복과 전복의 수법이 꾸준히 이용되어왔다는 사실은 별로 놀랄 일이 아니다. 고전 비극의 심복 하인들 경우나 탐정소설의 극적인 전환 장면에 이르기까지 가학적인 살인자의 역할과 얌전하고 의심받지 않는 신사의 역할이 뒤집히는 수법은 자주 애용된다. 그런 뒤집힘을 보여주는 아주 좋은 예가 포크너의 소설들이다.[37] 그의 소설들에서는 한 집안에 속하는 인물들의 성이 자꾸 반복되면서 이상한 혼란이 야기되고 모든 일이 운명적으로 불가피하게 다시 시작되는 듯한 느낌을 준다. 그렇지만 역전과 중복의 수법을 가장 즐겨 사용한 것은 아무래도 낭만주의 작가들이다.[38] 스테펜스H. Steffens는 "우리가 깨어 있음이라고 부르는 밝은 담론"과 겹을 이루는 감싸인 담론에 대해 암시한 바 있으며,[39] 카루스P. Carus는 그노시스주의자들이 즐겨 사용한 주제를 강조했는데 그들의 담론에서는 인간의 관점이 신의 관점으로 뒤집히면서 가치 역시 신의 입장에서 역전된다.[40] 한편 노발리스는 "자신의 내면으로의 하강은 동시에 외부 현실을 향한 상승"이라는 생각을 자주 드러냈고,[41] 티크는 잠이란 겉으로 보이는 세상을 겹으로 만들어 뒤집어서 더 아름다워진 세상을 보여준다고 생각했다.[42] 프랑스의 낭만주의를 살펴보면 중복과 역전은 위고에게 흔히 나타나는 주제임을 알 수 있다. "놀라운 일이니 우리는 자신의 내면을 통해 외면을 바라보아야만 한다. 인간의 저 깊은 곳에는 어두우면서 깊은 거울이 있다. 그곳에서 우리는 어두운 밝음을 두려운 마음으로 마주하게 되리니 그것은 이미지 이상의 것이다. 그것은 허상이며 그 허상 안에는 유령이 존재한다. 우리는 그 우물에 몸을 기울이면서…… 그 안에서…… 마치 저 심연 바닥에서처럼 좁은 원 안에 갇힌 거대한 세계를 알아본다"[43]는 위고의 성찰, 하강과 깊이의 이미지들의 동위성을 경탄할 정도로 잘 체험하고 있는 경우처럼 아주 명백하게 그 주제가 드러난 경우도 있다. 깊은 곳이 재가치화되고 역전된 심연으로서 모호해지는 경탄할 만한 성좌는 「신」이라는 시의 두 행에서도 그대로 나타난다.

> 나는 안개와 울고 있는 바람 속을 날아가노니
> 저 높이 있는 심연, 무덤처럼 어두운 그곳을 향해[44]

혹은 『레 미제라블』이나 『웃는 사나이』에서처럼 시인이 암시적인 방법으로 중복을 이용하는 경우도 있다. 보두앵은 마치 고아 그윈플렌*이 눈 속에서 발견한 데아†를 양자로 삼듯이 길 잃은 세 아이를 거두어 그들의 어머니 역을 맡는 가브로슈의 상황—『레 미제라블』의 고아 요나로서 바스티유의 돌로 된 코끼리 배 속에 은신한다—이 중복되어 있음을 상기시킨다. 결국 낭만주의는 그 종착역이라 할 수 있는 초현실주의에 이르면 중복과 전복의 기법을 한층 밀도 있게 탐색하는 데까지 이른다. 그것을 확인하려면 「초현실주의 제2선언문」을 읽어보는 것만으로 충분하다.[45] 거기서 『녹는 물고기』의 저자는 정신의 원천으로서의 유명한 중복을 이렇게 규정한다. "삶과 죽음, 현실계와 상상계, 과거와 미래, 소통 가능한 것과 불가능한 것, 높은 것과 낮은 것이 모순으로 인지되기를 그치는 정신의 지점." 이와 같이 문학사 전체에는 표현의 분열적 체제가 마련한 낮의 가치를 뒤집어 겹과 중복의 상징들을 복권시키려는 노력이 이어져왔다.

하강 전체가 암시하는 중복이 온갖 끼워 넣기의 상상력을 낳는 원천인 듯하다. 슐은 자신의 예리한 연구 한 부분을 이러한 "끼워 넣기의 주제"에 할애했는데, 우리가 보기에 거기서 근본은 내

* 위고의 『웃는 사나이』에 등장하는 인물.
† 위고의 『웃는 사나이』에 등장하는 인물.

용과 용기容器 사이의 변증법이다.[46] 여기서 우리는 우선 용어의 상대화를 거쳐 "큰 것을 작은 것 안에 들어가게 한다"면서 상식과 논리를 뒤집어버리는 전복의 과정을 생생하게 파악할 수 있다. 한편 슐은 이러한 끼워 넣기의 모델들을 인위적으로 만든 것들이나 인간이 사용하는 도구들에서 찾아내기도 한다.[47] 즉 부활절 계란이나 조립식 탁자 같은 것과 윌리엄 블레이크의 『크리스털 캐비닛』에서 묘사된 바 있는 서로 비추는 거울 세트 같은 것들이다. 그러나 특히 슐이 파스칼과 말피기의 경우를 예로 들어 지적한 것은 현미경의 발견이(그 과학적 발견이!) 소우주 속에 소우주를 무한히 끼워 넣을 수 있다는 신화를 파괴하기는커녕 그러한 상상력의 활동이 오히려 격렬해지는 데 기여했다는 것이다. 현미경의 발견은 "축소화"의 상상력이 족쇄를 풀고 폭발하는 데 촉매로 작용했으니 말브랑슈나 콩디야크 혹은 칸트처럼 이른바 "공상"에 별로 호의적이지 않던 철학자들의 사유와 유명한 라플라스의 가설에까지 폭넓게 영향을 미쳤다.[48] 그러한 사실은 상상력과 그 구조들이 합리적이고 공리적인 상식의 이른바 선험성에 존재론적으로 우선한다는 것을 다시 한번 보여준다. 그리고 그로부터 씨앗 속의 씨앗 이론, 전성설*, 극미동물설 등의 의사擬似 과학적 이론들이 꽃피어난다. 이러한 상상력의 분방하고 "어지러운"[49] 활동 때문에 볼프의 후성설 이론은 1759년에 이르러서야 인정받을 수 있었다.

연속적인 끼워 넣기에 의한 중복의 구도는 곧장 "걸리버화"[50]†의 방식으로 우리를 인도하는데, 그러한 "걸리버화" 방식

* 전성설은 수정란이 성체가 되는 과정에서 개개의 형태·구조가 이미 알 속에 갖추어져 있는 것의 전개라고 보는 학설로 후성설에 대응되는 개념이다. 그리스 시대부터 전성설적 사상이 있어왔고, 17, 18세기에는 상당히 구체화되었으나 볼프의 발생론發生論에 의한 후성설의 등장으로 인해 자취를 감추었다.

† 『걸리버 여행기』에 나오듯이 소인국에 대한 몽상, 작아지기의 몽상을 의미한다.

에서는 남성다운 씩씩함과 거대함이 상징하는 태양의 가치전도가 이루어지는 것을 목도할 수 있다. 도상학에서 본다면 걸리버화에 의한 중복의 방식은 아시아와 아메리카의 그래픽 작품이나 조형작품들에서 아주 두드러진 특징인 듯이 보인다. 레비스트로스는 그의 중요한 글에서 레오나르 아담과 프란츠 보아스의 견해를 좇아 중국의 '타오티에' 모티프와 콰키우틀족*의 그림 속에는 기하학적인 분리가 작용하고 있을 뿐만 아니라 몇몇 디테일들은 전체의 영향을 받아 비논리적으로 변형되어 있으며 그 결과 전체를 걸리버화함으로써 겹으로 중복시킨다는 점에 주목했다.[51] "다리가 부리가 되고 눈의 모티프가 발음을 나타내기 위해 사용되며 그 역도 성립한다." 특히 그 글에서 다시 소개한 중국의 청동상에서 레비스트로스는 '타오티에' 가면의 귀들이 두번째 걸리버화된 마스크를 이루고 있어 "부副가면의 각각의 눈들은 주가면의 각각의 귀들이 형상화하는 작은 용들에 속하는 것으로 해석할 수 있다"는 것을 보여준다. 이와 같이 '타오티에'는 한 주제의 중복에 의한 걸리버화와 끼워 넣기의 또렷한 예가 될 수 있다.

우리의 전설 속 소인국이나 "엄지 동자" 이야기는 파라셀수스의 호문쿨루스 독트린에 의해 교양인들 사이에 널리 퍼져 있던 영원한 주제가 민담 속에서 통속화되어 나타난 것과 다름없다고 보면 된다. 호문쿨루스는 정액 속에 "둥지를 틀었다가" 이어서 연금술사들의 연금 알 속에 깃드는 존재이다.[52] 이러한 걸리버화는 언제나 삼킴의 상상에서 출발한다. 바슐라르는 몽상 전체가 높이 10미터도 넘는 거인의 배 안에 대한 것으로 이루어진 환

* 콰키우틀족은 아메리칸 인디언의 한 종족이다. 북아메리카 북서부 연안 영역에 살면서 밴쿠버 섬이나 그 주변 지대에서 고기잡이를 하여 생활한다. 이 종족은 그 토템주柱, 유별나게 엄한 사회제도, 포틀래치Potlatch(선물을 서로 교환하는 습관) 등으로 특히 유명하다. 그들의 전통문화는 현재 캐나다의 서유럽 문명에 동화되어가고 있다.

상의 예를 인용한 바 있다.[53] 따라서 난쟁이와 걸리버화는 거인 뒤집기 콤플렉스의 결정적 구성물이다. 한편 이러한 삼킴의 몽상은 달리에게서처럼 보호하는 내면의 상상과 합류한다.[54] 동굴, 조개껍데기, 알의 동형체들은 식탁보가 덮인 식탁 아래에서 "동굴 놀이"를 하거나, 카탈루냐의 전설 속 영웅인 "파투페 영감 놀이"—"그는 너무 작아 어느 날 들판에서 길을 잃었을 때 그를 보호하고자 하는 소에게 삼켜진다"—를 할 때 나타난다. 달리는 어린 시절 "조개껍데기처럼 웅크려" 태아의 모양을 흉내내던 놀이에 대해 이야기를 하는데 그 자세는 그가 어른이 되어서도 잠을 잘 자려고 할 때면 취하던 자세라는 것이다.[55] 이러한 "축소화"의 예를 융은 괴테의 『파우스트』의 "어머니들의 장면"에서 밝혀내고[56] 바슐라르는 그러한 것을 스위프트뿐만이 아니라 앙리 미쇼와 막스 자코브에게서 찾아낸다. "우리에게 사물의 내면의 온갖 보물을 주는 것은 바로 이 난쟁이의 몽상[57]"이며 그것이 『엄지 공주와 엄지동자』 『파투페』 『이상한 나라의 앨리스』 같은 수많은 이야기들을 낳게 한 것이다.

콩에르 실뱅은 아프리카와 아메리칸 인디언의 옛날이야기들을 대조하면서 그 이야기들 속에서 삼킴과 걸리버 사이에는 주목할 만한 동형성이 있음을 보여준다.[58] 그 이야기들 속에서 하느님이나 성 요한, 혹은 성모마리아와 동일시될 수 있는, 은혜를 베푸는 사람이나 구원을 해주는 인물은 꼬마 형제나 꼬마 누이이다. 아이티의 이야기인 '도망가즈Domangage'에서 꼬마 형제인 디아나쿠에는 마술에 걸린 말의 배를 열고 들어가 "몸이 작았기에 빵과 호리병을 들고 거기 무사히 자리잡는다." 그리고 그 꼬마 아이는 어떤 때는 극도로 축소된다. 그는 병약하고 "옴에 걸려 지저분한" 아이이고 홀대를 받으면서도 남을 돕는 데 열중한다.(모리셔스)[59] 그 이야기의 다른 판본에는 축소된 아이 역을 작은 동물이 대신 맡기도 한다. 그 동물들이란 바퀴벌레, 이, 파리, 메뚜기 같은 것이거나(프조르트 혹은 하우사) 앵무새이기도 하고(아샨티), 박쥐(모리셔스)나 작은 개(아이티)이기도 하다. 혹은 은혜 베푸는 동자가 반지나 핀 같은 미세한 물체로 작아지기도 한다.(사모고, 도미니카공화국) 어쨌든 어떤 경우든 걸리버화는 은혜 베풀기와 연결되고 때로는 요나의 갇히기와 연결된다.

이렇게 그에 걸맞은 의미의 역전을 이루어내는, 축소된 형상을 만드는 상상력에 의해 우리는 사물의 이면에 스며들어 그것을 이해할 수 있는데, 융이 잘 지적했듯이 이러한 상상력이 그린 작은 상들은 종종 성적인 경향을 강하게 띤다.[60] 그는 엄지 동자의 전설을 닥틸로스들*의 전설과 비교하면서 어린아이, 특히 디오니소스의 남근을 의인화한 신성의 어린아이라는 뜻의 '파이païs'와 '페오스peos' '포스트poste'(산스크리트어로 '파사pâsa', 라틴어로 '페니스', 중세 독일어로 '비젤visel')와의 어원적 관계에 특히 주목한다. 한편 융은 손가락이 순전히 남근 역할을 하는 꿈에 대한 보고도 한다.(그런데 우리는 여기서 남근 자체도 축소된다는 사실을 주목해야 할 것이다.) 그러한 것은 이집트 신화의 난쟁이 신인 베가 맡는 역할이기도 한데 그런 신의 형상은 호루스†가 남근 형상으로 축소된 것이다.[61] 따라서 이런 식의 축소화는 남성적 힘이 도치되면서 축소화되는 것이다. 비슈누가 그 자체 "난쟁이"

* 닥틸로스들은 대장장이다. 크레타섬의 이데산 및 트로이 근처에 있는 프리기아의 이데산과 관계가 있다고 하며, 항상 '이데산의'라고 형용된다. 그들에 대해서는 몇 가지 애매한 전설이 있다. 제우스가 태어난 이데산(크레타섬)의 동굴에서 티탄 신족인 레아 또는 님프인 안키알레가 흙을 집어던지자 그것이 닥틸로스들로 변했다고 한다. 프리기아의 이데산과 관련지을 때에는 키벨레를 그들의 어머니라고 간주하기도 한다. 그들의 수가 10인이라고 일컬어지기도 하는 것은 이름이 '손가락'을 의미하는 것이기 때문이다.

† 호루스는 고대 이집트 신화에 등장하는 태양의 신으로 매의 머리를 가진 신으로 표현되었다. 죽음과 부활의 신 오시리스와 그의 아내이자 최고의 여성신인 이시스의 아들이며, 사랑의 여신 하토르의 남편이다.

라고 불리는 경우처럼 "작은 것의 힘"[62]이 있는가 하면 우파니샤드는 "우리 앞의 신의 현현"인 푸루샤에게 "엄지처럼 높은"[63]이라는 수식어를 붙이기도 한다. 그렇게 되면 그 힘은 신비스러워지거나 때로는 간교해지는 경우도 있다. 이러한 축소화는 남성 기관의 일종의 소아小兒화이며 정신분석학적으로 본다면 남경을 두려워하고 성적인 관계를 무서워하는 여성의 관점을 보여주는 것이기도 하다. 그 결과 이러한 축소화의 상상력은 날개 꺾인 새, 물질화된 새의 상징으로 투사되어 그 대상이 아주 작은 동물 형상으로 축소되기도 하는데 수많은 민담 속에서 우글거리는 심술궂은 박쥐들이 그에 가까운 존재들이다. 보두앵이 위고의 작품에서 밝혀내 분석한 바 있는 "데니쿠아조deniquoiseaux" 현상의 남근-모성적인 의미는 바로 그것이다.[64] 보두앵의 분석에 따르면 새의 둥지를 빼앗는 광경은 성에 대한 작가의 최초의 몽상과 일치한다는 것이다. 알과 둥지를 동시에 환기시키는 날개 없는 새의 이미지는 성적인 알 품기 콤플렉스와 연결될 수 있다. 또한 위고가 남성적 끈과 여성적 우물을 과도하게 연결시키고 있는 것도 같은 걸리버화의 구도가 작용한 결과이다.[65]

이렇게 걸리버화에 의한 가치의 전도를 연구하면서 손가락 크기의 다양한 존재들이 '모자'나 "벙거지" 같은 프로이트적 상징들과 자주 연결된다는 것을 발견하는 것은 아주 흥미로운 일이다. 디오스쿠로이*와 카베이리는 뾰족한 모자—'필레우스pileus'—를 쓰고 있는데 그런 모자는 몇몇 신비스러운 종교들에서 비밀스러운 문장紋章 같은 것으로 전환되어 아티스와 미트라의 모자가 되고 난쟁이 모양의 지신地神과 작은 요정의 모자나 전설

* 디오스쿠로이는 그리스 신화에 나오는 쌍둥이 형제인 카스토르와 폴리데우케스를 말하며 '제우스의 아들들'이라는 뜻이다. 틴다레오스의 아내 레다의 아들들이고, 헬레네와 클리타임네스트라의 형제이다. 레다는 백조의 모습으로 변신하여 그녀에게 접근한 제우스와 관계를 맺어 그들을 낳았다.

속의 일곱 난쟁이의 모자가 되기도 한다.[66] 심지어 극미동물주의자들은 정충 안에서 "두건식의 모자를 쓴" '호문쿨루스'를 보았다고 주장하기도 한다.[67] 엄지 동자들이 쓰고 있는 모자들은 삽입이라는 매우 프로이트적인 구도를 증명해줌과 동시에 우두머리, 다시 말해 우리가 이미 살펴본 대로[68] 남성성의 축소화 과정을 이루고 있는 듯이 보인다. 이집트의 베나 프랑스와 독일의 옛날이야기와 여러 문화의 전설 속에 나오는 이런 난쟁이 형태의 존재들은 "공포와 희망을 동시에 공유하는 여성의 마음이 좋아하는" 존재들이다.[69] 민담 속에서는 특히 이런 "작은 존재들"이 집안일을 맡아 한다는 점을 강조한다. 전설 속의 난쟁이들은 요리를 하고 채소를 키우며 불을 피운다. 슐이 쓴 대로 "상냥함과 애교로 가득찬 이런 작은 상들은"[70] 기독교가 부정적인 가치를 부여하려 애를 썼지만 대중의 마음속에서는 사실 심술궂기는 해도 동시에 은혜도 베푸는 작은 신들로 남아 있었다.

동탕빌은 이런 작은 사람들을 어원적으로 연결시키고자 시도하기도 했다.[71] 그는 "돌"을 뜻하는 브르타뉴 지방의 언어인 '카레크karrek'를 매개로 하여 코리간Korrigan과 가르강을 연결시킨다. 코리간은 도치된 가르강튀아이며 작은 요정 뤼탱lutin은 축소화된 넵튠인 '네툰Netun'이고 음성적으로 '뤼통luiton'이나 '뉘통nuiton'과 동형적이며 그 존재들은 이 세상의 밤의 속성들을 부여받고 있다. 꼬마 요정이나 꼬마 도깨비는 태양세계가 여성화되어 축소된 것이다. "작은 요정들의 왕"인 오베론은 태양처럼 잘생겼으며 병을 고치고 먹을 것을 주고 갈증을 달래주는 상아를 지니고 있다. 그의 그런 기능들은 우리가 다음 장 끝에서 그 상징체계를 살펴볼 음식의 원형들과 음식을 담는 그릇들을 곧장 환기시킨다.[72] 강에서 뱀들과 짝이 되는 저 유명한 고블린Goblin은 독일의 코볼트이고 사르마티아의 코볼리와 그리스 신화의 카발로이의 형제이며 여성적인 신인 디오니소스와 연결되는 명랑한 난쟁이이다.[73] 이와 같이 걸리버화는 삼킴이라는 성적이고 소화적인 구도를 토대로 하고 중복과 끼워 넣기의 상징들로 다원 결정된 도치의 원형들 속에 통합될 수 있다. 그것은 남성적 힘의 역전이고 성적인 것의 구강과 소화적인 것으로의 퇴행이라는 정신분석적인 테마를 확인해준다. 그러나 이러한 중복의 구도와 걸리버화의 상징을 동반하는 가장 중요한 원형은 역시 '용기contenant와 내용물contenu의 원형'이다.

'물고기'는 중복된 용기, 포함된 용기의 상징이다. 물고기는 가장 두드러진 다산성 동물이다. 미세한 송사리에서 거대한 "물고기" 고래에 이르기까지 물고기가 온갖 종류의 크기를 가질 수 있는 동물이라는 사실은 정말로 주목해야 한다. 기하학적으로 말한다면 물고기들은 크기에 따라 분류할 때 비슷한 것들을 무한히 끼워 넣기가 가장 쉬운 대상이다. 물고기는 삼켜진 삼킨 자라는 구도를 자연 속에서 확인할 수 있는 경우이다. 바슐라르는 큰 물고기가 작은 물고기를 삼키는 모습을 처음으로 본 어린아이가 얼마나 놀라면서 명상에 빠지는지를 보여준 바 있다.[74] 그러한 놀라움은 물고기 뱃속에서 잡다한 것들을 찾아내게 만드는 호기심과 아주 흡사한 것이다. 뱃속에서 놀라운 물건들이 나오는 상어나 송어의 이야기는 언제나 생생하게 살아 있어 과학 잡지나 물고기에 관한 잡지의 내용을 종종 장식하곤 한다. 그리고 지리학적으로 물고기가 그런 역을 맡기 어려운 곳에서는 '파충류'나 '양서류'가 그것을 대행하기도 한다.[75] 뱀이 그 무언가를 삼키는 것, 더욱이 보아 구렁이가 그러는 것은 유년기의 몽상에서 아주 중요한 몫을 하며 어린아이는 박물지 책에서 알이나 개구리를 삼키느라 벌려져 있는 파충류의 입 모양을 마치 자신이 오래전부터 알고 있던 지식을 대하듯이 재발견하게 된다.

이러한 삼킴의 상징체계에 대한 신화나 전설은 무수히 많다. 『칼레발라』에는 삼키는 물고기들이 연속적으로 감싸이는 모습이 정교하게 나온다. 송어가 연어에게 삼켜지고 이번에는 연어가 “거대한 포식자”인 곤들매기에게 삼켜진다. 우선 연어가 붉은 공을 품고 있는 푸른 공을 삼키는 것이며 그 붉은 공 안에는 “아름다운 불꽃”이 숨어 있다. 그 불꽃은 빠져나와 이번에는 대장장이에게 잡히고 그는 그 불꽃을 커다란 통나무를 깎아 만든 상자 안에 넣는다. 이번에는 진정한 밀실 애호적 환각 속에서 이 상자가 구리로 된 냄비 안에 갇히고 그 냄비는 자작나무 껍질 속에 갇히게 된다. 이런 주목할 만한 감춤을 통해 우리는 무생물이든 생물이든 무언가를 담는 온갖 종류의 용기들 간에 긴밀한 동위성을 발견한다. 물고기는 여기서 다른 용기들의 일반적인 상징이지만 그것은 동시에 물고기를 둘러싸고 있으며[76] 우리가 바로 후에 살펴보게 되듯이 한없이 깊은 것의 상징체계인 물에 원초적으로 삼켜져 있는 존재가 아닌가?

그렇지만 『칼레발라』의 경우처럼 삼킴의 다원 결정은 삼킴의 순환적 리듬으로 옮겨갈 수 있으며 그 경우 우리를 고유 의미의 순환적 원형으로 인도한다. 이렇게 옮겨가는 모습을 우리는 융이 강조한 바 있는 인도 유럽어의 어원에서 발견할 수 있다.[77] 산스크리트어의 발val, 발라티valati는 덮다, 감싸다, 둘러싸다를 뜻하기도 하지만 동시에 감기다라는 뜻도 지니고 있다. 발리valli는 감기는 나무를 뜻하고 거기서 라틴어 볼루투스volutus가 나왔는데 그것은 또아리를 튼 뱀의 이미지를 암시하는 동시에 막膜, 알, 여자의 성기를 뜻하는 이미지이기도 하다. 물론 우리가 수없이 강조했듯이 상징들은 그렇게 단순하지 않고 교묘한 면이 많다. 하지만 우리가 지금 살피고 있는 삼킴의 경우 그 행위의 반복으로 쉽게 리듬적인 요소가 가미되고 그리하여 이번에는 다원 결정의 방향이 삼키는 행위에 완곡화된 특질을 강화하는 방향으로 이루어지기 쉽다. 특히 이런 삼킴은 삼켜진 자를 무한히 그리고 기적적으로 안전한 상태에 있게 한다. 바로 그 점에서 삼킴은 부정적인 씹기와는 구별

된다. 뱀이 우선 순환의 상징체계로 여겨질 준비가 되어 있는 것과는 달리 물고기의 상징체계는 삼킴의 내선적이고 내면적인 성격을 강조하는 듯이 보인다. 물고기는 거의 언제나 원초적 본능의 복권을 의미한다. 반 물고기, 반 짐승의 상이나 반어반인의 상이 의미하는 것은 바로 이러한 본능의 복권이다. 수많은 신화에서 달의 여신은 자주 물고기의 꼬리를 갖고 있다.[78] 그리고 이시스에 대한 전설에서 어부-물고기 콤플렉스는 아주 중요한 역할을 한다. 그는 이시스와 오시리스 시체의 결합을 목격한 어린아이이다. 그는 혼절을 하고 신성한 배 안에서 역시 죽는다. 그리고 같은 전설에서 오시리스 몸의 열네번째 조각인 성기를 삼키는 것은 옥시린쿠스oxyrinque 물고기이다.[79] 다시 한번 성적인 배와 소화적인 배가 여기서 공존한다. 중세 찬가 중 하나에서는—그리스도 '이크투스ichtus'*에 대한 그노시스적인 부름으로 보인다[80]—예수를 "성모마리아가 샘에서 잡은 작은 물고기"로 표현하고 있는데 그렇게 해서 물고기의 테마가 여성의 모성성과 연결되는 것이다.[81] 그런데 어부-물고기의 역전된 주제는 기독교 정통 교리 전통 내에서도 중요한 역할을 하며 복음서에서 사용한 단어들에서 이미 그 모습을 보이고 있다.[82] 『호르투스 델리키아룸*Hortus deliciarum*』†의 세밀화는 십자가를 미끼로 하여 낚싯줄로 바다 괴물을 낚는 그리스도를 나타낸다.[83]

한편 바빌로니아의 신화는 물고기 형상의 상징이 갖는 원초적 성격을 강조하고 있다.[84] 바빌로니아 삼위의 신성 중 세번째 인물인 에아 혹은 오아네스는 물고기 신의 모양이며 위대한 여신인 이슈타르를 구원해준다. 게다가 이슈타르 역시 물고기 꼬리를 하고 원초적 물에 살고 있으며 그 물고기 모양으로 인해 데르케토

* '물고기'라는 의미.

† 중세 호엔부르크 수녀원의 헤라트 폰 란츠베르크 원장 수녀가 쓴 유럽 최초의 백과사전 중 하나이다. 의미는 '감미로운 정원'이다.

라고 불린다. 에아-오아네스는 원초적 대양이며 거기에서 만물이 형성되는 심연 혹은 혼돈이다. 한편 이집트에서 그에 필적하는 여신은 "물고기의 왕"인 눈Noun 신으로서 원초적 물의 요소이다.[85] 마찬가지로 인도에서 우리는 비슈누 신이 작은 물고기인 마트스야로 변하여 베다의 노아라고 할 수 있는 바이바스바타를 홍수에서 구해주는 이야기를 만날 수 있다. 끝으로 융은 인도뿐만 아니라 북아메리카 인디언의 이야기에도 등장하는 물고기 모양의 멜뤼진Mélusine 이야기를 들려준다.[86] 정신분석학자라면 멜뤼진을 잠재의식의 양가적 상징으로 간주했을 것이며 하딩이 밤의 꿈에 대해 분석한 바를 확증해주는 예가 될 수 있었을 것이다. 하딩에 의하면 꿈속에서 어떤 인물에게 비늘이 돋는 것은 그가 무의식 내의 어둠의 힘에 침입을 당했다는 신호이다.[87] 여기서 우리는 물고기 형상의 상징체계가 갖는 끼워 넣기의 과정만을 주목할 뿐 여성적이고 물과 관련 있는, 이른바 멜뤼진적인 특성은 잠시 제쳐두기로 하자. 이러한 중복의 힘 역시 그것이 시사하는 바대로 수동과 능동의 의미를 혼동함으로써 이중부정과 마찬가지로 이미지의 낮의 의미를 뒤집는 힘을 갖는다는 것을 잊지 말기로 하자. 우리가 이제부터 살펴보려는 것은 이 도치가 진행되는 과정이다. 그 과정에서 공포의 커다란 원형들은 변모를 겪고, 그러면서 마치 그 내부에서부터인 듯이 거기에 긍정적인 가치를 덧붙여 전혀 다른 모습이 되는 것이다.

그전에 우리는 물고기의 상징체계 주변에서 성좌를 형성할 수 있는 온갖 이미지들을 모아보기로 하자. 이 일은 한편으로는 그리올이 세네갈의 신화에서 '메기'라는 물고기가 수태와 출산과 관련해서 갖는 역할을 섬세하게 연구한 바에 빚진 것이고, 다른 한편으로는 수스텔이 고대 멕시코의 신화에서 밝혀낸 물고기와 관련된 이미지들에 빚진 것이다.[88] 그리올은 물고기 가운데서도 크기가 작은 물고기는 전형적으로 씨앗, 그중에서도 '디지타리아'의 씨앗과 동일시된다는 점에 주목한다. 도곤족에게 메기는 태아로 간주된다. "여인의 자궁은 물고기가 자리잡는 제2의 못이며" 임신 후기 몇 개월간 아이는 어머니의 몸속을 "헤엄친다"는 것이다.[89] 따라서 일종의 제의처럼 어머니는 물고기를 먹어 그 양분을 아이가 취하게 한다. 한편 수태도 어머니의 자궁 속에서 몸을 동그랗게 한 메기 덕이며 메기를 낚는 것은 성행위와 비교되어 남편은 자신의 성기를 미끼로 낚시를 한다. 따라서 메기는 모든 수태와 탄생과 장례의 재탄생의 제의와 연결되어 있다. 장례 때 사자에게는 태초의 물고기를 상징하는 옷(모자, 입마개)을 입힌다.[90] 마찬가지로 앞에서 인용했던 북미 인디언 신화의 경우처럼[91] 신기하게도 메기와 머리카락이 멜뤼진적인 맥락에서 연결된다. 도곤족 여인들은 옛날에 메기 가시로 만든 빗을 사용했으며 그것을 머리에 꽂음으로써 완전히 물고기와 동일시된다. 아가미는 치장한 귀이고, 물고기의 붉은 진주 같은 눈은 양 콧등을 장식하며 물고기의 수염은 여인의 아래 입술에 붙인 메기 윗입술에 의해 상징된다.[92] 한편 수스텔은 고대 멕시코인들에게 물고기의 상징 주변에 운집하는 매우 주목할 만한 동위적 성좌들을 밝혀낸다. 물고기는 죽음의 곳이면서 동시에 "신비의 장소"이고 그와 동시에 "보석으로 된 물고기의 장소" "칼키미추아칸", 다시 말해 온갖 형태의 풍요의 장소이며 "여성의 장소"이고 모신과 옥수수의 신의 장소인 서쪽과 연관을 맺는다. 물고기의 고장인 미추아칸에서는 꽃과 사랑의 여신인 소치케찰이 살고 있는 물로 적셔진 정원인 타모안찬이 있다.

*

우선 '낮의 체제'가 밤에 부여했던 어두운 가치가 전도되는 모습을 살펴보기로 하자. 그리스인들이나 스칸디나비아인들, 오스트레일리아인들, 투피인들, 남미의 아라우칸족들에게서 밤은 신성한 수식어가 붙음으로써 완곡화된다.[93] 그리스의 닉스는 스칸디나비아의 노트처럼 "고요한 곳"이 되며 "거룩하고" '고요한 밤Stille Nacht'은 궁극적 휴식의 장소가 된다. 이집트인들에게 어두운 하늘은 밑에 있는 하늘인 '다트Dat' 혹은 '두아트Douat'와 동일시되어 가치 역전의 과정을 확실하게 보여준다. 이 어두운 세계는 마치 거울처럼 정확하게 이 세계를 거꾸로 보여주는 것이다. "사람들은 거기서 머리를 아래에 두고 다리를 위로 한 채 걷는다."[94] 이러한 과정은 퉁구스족이나 코리악족에게서 보다 명확히 나타나는데 그들의 밤은 죽은 사람들의 고장에서는 낮이 되어 그 밤의 세계에서는 모든 것이 뒤집힌다. 레위츠키는 "사자들의 세계는 어떤 점에서는 살아 있는 자들의 세계와 대척점을 이루어" 지상에서 지워진 자들이 죽은 자들의 세계에 다시 나타나며, "사물들의 가치는 완전히 역전된다. 지상에서 늙고 망가지고 가난하고 죽어버린 자들이 거기서는 새롭고 튼튼하고 부유하고 살아 있는 존재가 된다"고 썼다.[95] 따라서 밤이 재평가된 후에 이어서 죽은 자와 죽은 자의 제국이 재평가되는 연속적인 동위성의 고리가 형성되는 것이다. 인간의 희망은 밤의 완곡화를 통해 과오와 공로에 대한 일종의 세속적 보수를 기대하는 것이다. 이러한 완곡화, 상상력의 체제 변화는 이집트 종말론의 변모과정에서 감지할 수 있다. 태양신 숭배의 독트린에서는 지옥에 있는 고통스러운 곳이었던 죽은 자들의 왕국이 차츰차츰 지상 거소의 도치된 짝패가 되고 오시리스가 태초에 지배했던 이상적인 이집트가 되는 것이다.[96]

십자가의 성 요한의 "어두운 밤"이라는 저 유명한 은유에서 우리는 밤의 상징체계에 부여된 부정적인 가치가 긍정적인 가치로 변모하는 모습을 뚜렷하게 뒤따를 수 있다. 언더힐E. Underhill이 지적했듯이 "어두운 밤"은 이 『영혼 칸타타』를 쓴 시인에게 상호모순되지만 아주 근본적인 두 의미를 지닌다.[97] 어두운 밤은 때로는 순전히 마음의 그늘과 버려진 영혼의 절망만을 보여주는 기호일 뿐이다. 그 테마는 성 테레사가 즐겨 사용한 것으로서 그때 영혼은 철창에 갇혀 있고 눈은 두터운 흐린 막으로 덮이게 된다고 그녀는 말했다. 성 요한이 그의 시에서 노래한 것은 바로 그러한 것이니 그는 "나는 샘을 잘 알고 있으니……"라고 노래하면서 "어두운 밤인데도 불구하고" 영혼은 성찬의 샘에서 갈증을 푼다고 표현했다.[98] 또 때로는 「어두운 밤에 의해」라는 유명한 시의 가장 중요한 의미가 되는 것으로서, 밤이 불가해한 일체감으로 이루어지는 때이며 디오니소스적인 환희의 시간이 되는 경우이다.(그 시는 노발리스의 「밤의 찬가」를 이미 예고하고 있다고 말할 수도 있다.) 한편 십자가의 성 요한은 성 테레사와 마찬가지로 16세기에 벌써 자연주의 신비론의 열렬한 추종자였으며 그 면에서 '사부아의 사제'나 『르네』*의 신비주의를 이미 능가하고 있었음을 잠시 지적하는 것도 흥미로운 일일 것이다. 한편 성 요한의 시들은 밤의 체제에 속하는 이미지들의 동위성을 보여주는 좋은 예이다. 밤은 비밀의 사다리를 통한 은밀한 하강 및 변장, 사랑의 결합, 머리털, 꽃, 샘 등등과 긴밀히 연결된다.[99]

밤의 가치에 대한 재평가를 끊임없이 보여준 것은 실상 전기 낭만주의자들과 낭만주의자들이었다. 괴테, 횔덜린, 장 파울은 "성스러운 희미함"[100]이 가져다주는 행복함을 표현했다. 티크는 그가 「황금 술잔」의 요정에게 말을 시킬 때 밤의 가치의 위대한 전복을 직관으로 발견한다.[101] "밤이 사자死者들 위로 펼쳐질 때 우리의 왕국이 활기를 얻고 꽃피어나니 당신의 낮은 내게 밤이로다"라고 그는 노래한 것이다. 분열적인 가치의 왕자였던 위고 자신도 단 한 번도 밤을 처단하지 않는다.[102] 사탄을 벌하는 것은 불면증으로서 그는 "마치 손에 잡히지 않는 섬처럼 끊임없이 달아나는 잠과 꿈의 어둡고 푸른 낙원을 바라보도록" 형벌에 처해진다.

* '사부아의 사제'는 루소의 『에밀』에 등장하는 인물이며, 『르네』는 샤토브리앙의 작품 제목이다.

밤의 이미지의 완곡화가 가장 깊이 있게 이루어지는 것은 노발리스에게서이다. 밤은 우선 낮과 대립하면서 낮을 밤의 전조 정도로 극소화한다. 이어서 밤을 "이루 말할 수 없는 신비스러운 것"으로 평가하는데 밤은 레미니선스reminiscence*의 내밀한 근원이기 때문이다. 노발리스는 현대의 정신분석학자들과 마찬가지로 밤이 무의식의 상징이며 잃어버린 기억들이 마치 아침 안개처럼 우리의 마음까지 피어오르게 해준다는 것을 잘 이해하고 있었다.[103] 또한 밤은 장례와 무덤에 긍정적인 가치를 부여하게 하면서 감미로운 시간屍姦의 감각을 도입한다. 밤은 사랑스러운 죽은 소피아이다. "즐거운 고통 속에서 나는 나를 향해 기운 엄숙한 얼굴을 바라보네. 빛이란 그 얼마나 하찮은가! 밤이 열어준 우리들 속의 눈이, 빛나는 별보다 더 신성하게 빛나니……." 이어서 시간과 관련해서 밤이 갖는 구마驅魔 역할이 심오하게 고백된다. "빛의 시간은 측량할 수 있다. 그러나 밤이 지배하는 곳에서는 시간도 공간도 알지 못하니……." 베갱은 세번째 찬가에 이르러서는 노발리스의 밤은 에크하르트나 성 요한의 밤과 같은 것이라고 지적한다.[104] 실체들의 왕국 자체이며 궁극적 존재의 내면이다. 노발리스가 마지막 찬가에서 노래했듯이 밤은 잠과, 어머니의 품으로 돌아감과 신성화된 여성성으로의 하강이 성좌를 이루는 장소이다. "감미로운 약혼녀에게로, 사랑하는 예수에게로 내려가자. 용기를 내자! 사랑하고 눈물 흘리는 자들을 위하여 어스름이 내려오나니. 꿈이 우리의 인연을 끊고 우리를 우리의 아버지 품으로 인도하도다"라고 그는 노래한다. 이렇게 죽음과 사자死者에 대한 숭배가 발전해온 문화들에서와 마찬가지로 신비주의자들이나 시인들에게서 밤이 복권되고 밤과 관련되어 형성된 성좌에 대한 복권이 이루어진다. 상승의 구도가 빛이라는 환경을 필요로 했다면 내밀한 하강의 구도는 밤의 두터움으로 착색된다.

* 심리 속에 남아 있는 행복했던 과거의 기억.

이미지의 낮의 체제에서는 "색"이 푸른빛과 황금빛이 간간이 흩어져 있는 흰색으로 축소되었다.[105] 다채로운 색채보다는 밝음과 어두움 간의 명증한 변증법이 더 중시되었기 때문이다. 그러나 밤의 체제에서는 온갖 풍요로운 프리즘과 색의 싹들이 펼쳐진다. 세셰에가 젊은 정신분열 환자를 치료하기 위해 썼던 상징적 실현 요법과 대조적 이미지 요법에서 그녀는 "녹색화"와 모르핀 주사를 통해 환자를 그 무시무시한 "빛나는 세계"에서 떨어져 나오게 하는 데 성공한다.[106] "녹색"이 동형적으로 치료의 역할을 담당하게 되는 것은 휴식과 평온과 모성적 깊이와 동일시되기 때문이다. 의사는 환자가 쉬고 있는 방의 창을 어둡게 함으로써 치료의 효과를 증가시킬 수 있었다.[107]

고전주의에서 낭만주의에 이르기까지 상상적 팔레트는 상당히 풍요로워졌다. 베갱은 밤과 꿈의 시인인 장 파울에게서 채색이 비범할 정도로 다양하다는 사실에 주목한다.[108] 이 『꿈의 꿈』의 저자의 작품들에서는 보석들, 진주들, 황홀한 낙조들, 검거나 채색된 무지개들, 다양한 색의 반짝이는 깃털들로 장식된 하늘이 넘쳐나는 것이다. 시인은 "짙푸른 평원, 강한 붉은색의 숲, 온통 황금빛의 띠가 덮고 있는 반투명의 산들에 둘러싸여 있고, 수정으로 된 산 뒤로는 무지개의 진주들이 걸려 있는 오로라가 불타고 있다." 티크에게 "만물은 금빛과 가장 감미로운 보라색 안에서 뒤섞이며" 그는 "황금과 보석들과 움직이는 무지개"로 된 요정 나라 궁전에서 자족하고 있다.[109] 그리고 그는 덧붙인다. "색은 마술 같은 것이다. 오로지 색 자체로만 보는 색 속으로 빠져드는 것은 얼마나 굉장한 것인가!" 밤의 하강의 몽상은 자연히 물감으로 채색된 이미지imagery를 필요로 한다. 바슐라르가 연금술과 관련해서 말했듯이 채색은 내밀한 실체적 성격을 띤다.[110] 연금술의 화금석은 무한한 착색 능력을 부여받으니 연금술 전체는 검은색에서 흰색으로, 흰색에서 오렌지색으로, 오렌지색에서 의기양양한 붉은색으로 지나가는 상징적 팔레트에 의해 겹이 된다.[111] 실체의 내면성을 상징하는 화금석은 모든 색들, "즉 모든 힘들"[112]을 지니고 있다. 연금술 작업은 객관적인 변모만을 의미하는 것이 아니다. 그것은 주관적으로는 온갖 화려함 가운데 천명되는 경탄 자체이기도 하다. 수은은 아름다운 붉은 속옷을 입는다. 색들은 실체의 토대이고 가장 공리적인 화학 공정에서도 이해된다. 대포의 화약은 폭발할 때 붉은색을 내기 위해 연금술의 팔레트에 의존한다. 폭발할 때 붉은색이 가능해지는 것은 화약이 흰 질산과 노란 유황, 까만 탄소에서 나온 것이기 때문이다.[113] 바슐라르는 광학의 영역에서 괴테와 뉴턴이 보인 유명한 대립은 두 사상가의 이미지 체제의 차이에서 유래한 것임을 보여주었다. 괴테는 쇼펜하우어처럼 화학의 전통에 충실하여 색이란 실체 속에 새겨져 있으며 "물질의 중심"을 이룬다고 간주했다.[114] 그때 팔레트나 잉크통 앞에서의 꿈은 실체에 대한 꿈이 된다며 바슐라르는 공통되는 실체—포도주, 빵, 우유—가 직접 색으로 변하는 몽상에 주목한다.[115] 우리는 색에 대한 스펙트럼 분석과 그것의 미학적 연장인 인상주의자들의 "시각적 혼합"*이 몇몇 낭만주의자들의 상상력에 왜 스캔들 중의 스캔들이 되었는지 쉽게 이해할 수 있다. 뉴턴주의와 그것에 입각한 미학적 이론들은 빛이 지니고 있던 드높은 위엄에 타격을 주었을 뿐만 아니라 지방색, 실체의 상징적 절대였던 그 색에도 타격을 가했던 것이다.

물 자체도 최초의 의도는 씻는 데 있는 듯이 보이지만 상상력의 밤의 성좌의 영향을 받으면 그 역할이 바뀐다. 물은 색들을 담고 있는 뛰어난 용기가 된다. 바슐라르가 에드거 포의 은유들 중에서 마리 보나파르트에 이어 연구한 '깊은' 물이 바로 그것이다.[116] 물은 그 투명성을 잃으면서 동시에 "두꺼워지고" "변화하

* 팔레트에서 물감을 섞는 것이 아니라 캔버스에는 원색을 사용하고 멀리 떨어져서 보면 두 색이 섞여 보이는 현상.

는 비단의 반짝이는 반사 빛과 다채로운 광채처럼 온갖 보랏빛을 우리 눈앞에 펼쳐준다." 물은 대리석처럼 다양한 색의 띠를 갖는다. 물은 칼끝으로 분할할 수 있을 정도로 물질화된다.[117] 그리고 그 물이 좋아하는 색은 녹색과 자주색이다. 그것은 "심연의 색"이며 밤과 어둠의 정수이며 포와 레르몬토프M. Lermontov와 고골N. Gogol이 좋아했던 색이며 성찬식의 검은색의 상징적 등가물이기도 하다.[118] 두께가 있고 채색이 되어 있으며 피와 붙어 있는 이 물은 포에게는 사라진 어머니에 대한 기억과 연결되어 있다. 오로지 대양과 같은 광대함으로만 인식될 수 있는 지리적인 물이며 그 두터움으로 인해 거의 유기적이라고 할 만한 이 물은 그것이 불러일으키는 공포와 사랑의 중간 도정에 있으며 밤의 상상력의 실체형 그 자체라고 할 만하다. 그런데 여기서도 그 완곡화 과정에서 두드러지게 나타나는 것은 바로 여성성이다.

그러한 맥락에서 마리 보나파르트가 자신에 대한 분석에서 고아로 지낸 유년기에 그녀를 사로잡았던 "무지갯빛의 거대한 새" 환영[119]을 통해 어머니의 원형을 추론해내지 않았다는 것은 놀라운 일이다. 그녀의 분석에 따르면 무지갯빛을 띠는 이 날지 않는 아름다운 새는 개인적인 회상의 방법을 통해서만 그리고 그녀의 어머니 친구가 어머니에게 준 오팔 보석을 매개로 해서만 어머니와 동일시된다. 우리는 전기적 사건, 즉 밤의 성좌 내에서 직접적으로 모성적 여성성의 엔그램, 여성과 자연과 중심과 다산성에 대한 긍정적 가치부여와 연결된 다양한 채색에 매달릴 이유가 없다.[120] 보나파르트처럼 통찰력 있는 분석가에게서 이런 빈틈이 발견된다는 것은 프로이트의 개념들보다는 융의 개념들이 더 우월하다는 것을 보여주는 것이 아닐까? 전자는 너무 개인적 이미지, 전기적 사건에 국한되어 있는 데 반해 원형학은 존재 발생의 영역을 넘어 인류 전체를 건드리고 인류 전체에서 "반향하는" 상상계의 구조들을 고려한다. 원형학의 입장에서는 채색된 동물의 환영이 어린 소녀에게 가져다주는 "기쁨"은[121]—그녀 편에서는 "내 유년기의 가장 빛나는 추억"이라고 주장한다—그녀의 경우 마치 포의 경우처럼 피와 각혈 사건으로 강화되면서 사망한 어머니를 향한 찬양과 숭배로 직접 연결된다. 색은 밤과 마찬가지로 우리를 언제나 일종의 실체적 여성성으로 이끈다. 다시 한번 낭만주의 전통과 연금술의 전통, 그리고 심리적 분석이 원형적 구조를 드러내면서 합류하고 태고의 종교 전통과도 만나게 된다.

이런 깊이 있는 실체가 발하는 다채로운 광채를 우리는 실제로 인도와 이집트와 아즈텍 전통에서 만난다. 그것이 바로 이시스의 복면과 마야의 복면으로서 여러 다양한 철학 유파들이 나름대로 긍정적 혹은 부정적인 가치를 부여했던 자연의 무궁무진한 물질성을 상징한다. 그리고 위대한 신인 틀라록*의 배우자인 물의 여신 찰치우틀리쿠에Chalchiuhtlicue†가 입고 있는 옷이 바로 그것이다.[122] 한편 융은 마야를 서구 신화의 멜뤼진과 비교한다.[123] 낮의 상상력에 의해 가치부여를 받으면 마야-멜뤼진은 "속이고 유혹하는 샤크티"‡가 되겠지만 상상력의 '밤의 체제'에서는 색채의 다양한 그림자 속에 반영되어 나타나는 무궁무진한 다양성의 상징이 된다.[124] 한편 모신母神이 입고 있는 화려한 옷의 이미지는 그 전통이 아주 오래된 것이다. 프르질루스키는 『아베스타』와 바빌로니아의 몇몇 도장들에서 그러한 것을 확인한 바 있다.[125] 후자의 경우 여신의 수태의 힘을 상징하고 식물과 자연의 상징인 외투, '카우나케스Kaunakès'가 바로 그것이다. '카우나케스'는 아주 비싸고 따뜻한 섬유로 만들며 "그 모직은 긴 컬 다발을 이루어 내려오고 양탄자의 천과 같은 재질에 속한다." 그리고 그 옷은 "동방

* 마야 문명의 비와 안개의 신, 풍요의 신.
† 호수와 시내와 탄생의 여신.
‡ 샤크티는 산스크리트어로 힘, 능력을 뜻하는 최고의 여신이며, 시바 신의 배우자라고도 한다.

의 가장 섬세한 섬유 위에 가장 아름다운 물감을 들여" 만들어진다.[126] 마찬가지로 에트루리아의 여신인 포르투나는 화려하게 채색된 옷을 입고 있는데 후에 로마의 왕들이 번영의 증거로 그 옷을 본뜬 옷을 입었다. 결국 '카우나케스'는 성모마리아의 모든 기적의 베일의 원형인 타니트Tanit*의 기적의 외투 '자임프Zaimph'와 동일 계열에 속한다.[127] 이 모든 경우 색의 원형은 직조 기술과 긴밀하게 연결되어 있으며, 실짜기를 긍정적으로 평가하는 바퀴에 대한 완곡화 과정을 여기서 재발견하게 된다. 그러나 여기서는 색이란 그 다양성과 풍요성으로 실체적 풍요성의 이미지로 나타나며 무한한 뉘앙스로 인해 무궁무진한 근원에 대한 약속으로 나타난다는 사실만 확인하기로 하자.

소리와 관련해서는 멜로디가 밤의 색이 어둠에 대해 갖는 완곡화의 기능을 갖는다. 색이 일종의 녹아든 밤이고 채색이 용해된 실체라면 멜로디, 낭만주의자들이 그토록 좋아했던 음악의 감미로움은 실존적 지속에 짝을 이루는 완곡화이다. 멜로디가 가미된 음악은 밤과 마찬가지로 고요함을 주는 역할을 한다. 랭보의 메스칼린† 실험 훨씬 이전에 색과 소리는 낭만주의자들에게 이미 화답을 했다. 우리로서는 여러 소리 할 것 없이 베갱이 인용했던 티크의 『예술에 대한 상상력』의 한 부분을 인용하는 것으로 충분하리라 본다. "음악은 우리 내부의 가장 은밀한 핵을 건드리는 기적을 행한다. 그곳은 모든 기억들이 뿌리내리고 있어 그것들로 한순간 요정 나라의 중심을 만든다. 그것은 마술에 걸린 씨앗과 같아서 음들이 마술 같은 신속함으로 우리들 속에 뿌리를 내린다. 우

* 카르타고의 여신.

† 메스칼린은 마취성 알칼로이드이다. 멕시코 북부 및 미국 남서부(텍사스주)에서 자라는 선인장과科 식물로 다년초인 구슬선인장의 일종인 로포포라 Lophophora williamsii의 화두花頭 페요테peyote에 함유되어 있다. 중독되면 환각제인 LSD의 작용과 같은 이상 정신 상태를 불러일으킨다.

리는 흘낏 보기만 해도 기적의 꽃들이 뿌려진 작은 숲의 속삭임을 들을 수 있다."[128]

한편 노발리스는 음악과 실체의 돌아옴 사이의 동위성을 한결 정확하게 묘사한다. "나뭇잎 속에서 우리의 유년기와 가장 머나먼 우리의 과거는 즐거운 론도를 추기 시작한다. 색들이 그것들의 반짝임을 섞는다." 끝으로 시인은 신비주의자들이나 베르그송의 직관과 다를 바 없는 엔스타시스*에 도달한다. "우리는 존재의 가장 깊은 곳까지 자신이 기쁨으로 녹아드는 것을 느낀다. 우리가 변하여 더이상 이름도 생각도 갖지 않는 그 무언가로 용해되는 것을……."[129] 태양의 사고가 명명하는 데 반해 밤의 멜로디는 스며들어 용해되는 것으로 만족한다. 티크가 되풀이해 말했던 것도 그것이었다. "사랑은 부드러운 울림으로 생각한다. 생각들이 너무 멀리 있기 때문이다." 장 폴과 브렌타노에게서도 발견할 수 있는,[130] 멜로디로 녹아드는 것에 대한 몽상은 중국의 음악에 대한 전통적 개념[131]과 별로 다르지 않다. 중국 음악은 모순의 결합, 특히 하늘과 땅의 결합으로 인식되며 계수학과 리듬학을 고려하지 않더라도 고대 중국인들은 낭만주의자와 마찬가지로 음악의 울림을 대우주와 소우주의 섞임, 일치로 느꼈다. 따라서 멜로디의 상징체계는 색의 상징체계와 마찬가지로 우리 정신의 가장 원초적인 열망으로 내려가게 하는 테마이며 일종의 끊임없는 완곡화를 통하여 시간의 실체 자체를 구마驅魔하여 복권시키는 방법이기도 하다.

*

그러나 이러한 멜로디에 의한 섞임, 색에 의한 혼합, 밤의 엔스타시스를 살펴보면서 우리는 그러한 것들을 낳게 한 삼킴이라는 주

* 엔스타시스enstasis는 '정신의 몰입'을 의미한다.

된 구도를 여전히 염두에 두어야만 한다. 바로 그 큰 구도가 채색형의 상징들과 멜로디적인 상징들, 밤의 상징들을 이끌어내어 여성성의 원형, 파멸을 가져오는 요부나 불길한 여인에 대한 근본적인 반어법의 세계로서의 여성성의 또다른 원형으로 인도한 것이다. 우리는 이제부터 이러한 삼킴과 밤으로의 퇴행 구도가 어떤 방식으로 원초적 '물질'—때로는 바다와 관련되고 때로는 대지와 관련되는—그 실체를 중간 매개로 하여 거대한 모성적 이미지를 투사하게 되는지를 살펴보기로 하자.

물고기의 끼워 넣기의 상징에서 이미 예감했듯이 최고의 원초적인 삼키는 존재는 물론 바다이다. 여성화되고 모성화된 심해는 여러 문화권에서 행복의 근원으로의 하강과 귀환의 원형이 된다. 우리가 잠시 살펴본 물고기형의 신들 숭배 목록에[132] 칠레와 페루의 "마마-코카"라는 고래 숭배를 덧붙이기로 하자. "마마-코카"는 "어머니-바다"를 뜻하며 그곳 신들 중에 가장 강력한 힘을 지닌 여신이다. 고대 잉카 전통에서 그 신은 결혼한 여자와 달의 신인 "마마-킬라"가 되는데 태양의 누이이자 부인이기도 한 그 여신은 후에는 "파카-마마", 즉 대지-어머니와 동일시된다.[133] 밤바라족에게 니제르의 위대한 신인 파로는 종종 여성형이다. 두 귀에는 지느러미가 있고 물고기 꼬리가 달린 몸을 하고 있다.[134] 인도의 전통에서는 위대한 모신이 종종 강과 동일시된다. 천상의 강가는 지상의 모든 물의 저장소인 것이다. 조로아스터교 전통에서는 '아르드비'가 "강"을 뜻하면서 동시에 "여신"을 뜻하기도 한다. 페르시아의 '아르드비수라' 혹은 '아나히타'는 "생명수의 원천"이며 베다에서는 물에 "가장 모성적인"이라는 뜻의 '마트리타마'라는 이름을 붙이기도 한다. 이런 현상은 서구에도 있다. 돈강은 타나이스라는 여신의 이름에서 온 것이다. 프르질루스키에 의하면 돈강과 다뉴브강의 이름은 타나이스와 비슷한 '어머니-여신'의 아주 오래된 옛 이름이 스키타이어와 켈트어식으로 변용된 것이다.[135] 한편 그는 이런 어원적인 동위의 성좌에 다나이데스의 전설을 연결해서 설명한다. 물과 동시에 농업에 관련된 전설인데 우선 완곡화 과정에 있는 물의 여성성이 지닌 부정적이고 무서운 면을 상기시킨다. 다나이데스는 그들의 남편을 살해한다. 그리고 어떤 면에서는 낮의 상상력에서 퇴치와 싸움의 대상이 되는 물의 마녀들과 비슷하다. 그와 함께 우리는 수많은 신화에서 탄생이 물의 요소들에서 시작한다는 것을 상기해야 한다. 미트라는 강가에서 태어났고 모세는 강에서 태어났으며 일단 '페게pêgê'*에서 태어났던 그리스도는 요르단강에서 다시 태어난다. 예언가가 유대인들에 대해 "유다 샘에서 나왔다"고 쓰고 있지 않은가?[136]

프르질루스키는 위대한 여신의 셈족 명칭과 시리아의 아스타르테, 아랍의 아타르, 바빌로니아의 이슈타르, 카르타고의 타니트라는 이름들을 모두 타나이스와 연결시킨다. 타나이스는 "나나이"와 긴밀하게 연관되어 있는데 나나이는 물과 강의 고대 이름이고 후에 아이들식의 호칭을 닮은 "나나"가 된 것이다. 그가 보기에 '나나-마마'라는 이름은 여신의 고유명사에 큰 영향을 주었다.[137] 레이아는 이런 식으로 어머니와 물을 언어적으로 연관짓는 것과는 약간 다른 해석 방법을 제시한다.[138] 물결진 모양이나 꺾어진 모양의 물을 나타내는 상형문자는 어디서나 보편적인 것이며 "m"이라는 발음은 이 상형문자와 연관되어 있다는 것이다. 그리고 바로 거기서 물의 여신 이름과 연관되어 "나나" 혹은 "마마"와 같은 의성어가 빈번히 나타난다는 것이다. 마야 혹은 마할은 불교에서 신비스러운 어머니이고 "물 어머니" "자연의 배"를 뜻하며 영원한 처녀이면서 영원한 수태 능력을 지닌 이집트의 마리카 여신은 유대 기독교의 미리암을 상기시킨다는 것이다.[139] 프

* '물이 샘솟음'이라는 의미이다.

르질루스키는 어원적인 분석을 한층 더 밀고 나가 여신을 대표하는 두 타입의 이름, 즉 아르테미스-아르드비와 타나이-다나이는 전기 아리안족과 전기 셈족의 공통되는 현실 속에서 합류한다고 말한다.[140] "풍요로운 대지와 풍성한 물"을 동시에 의인화한 여신인 테티스는 "25개의 강과 네 대양의 어머니"로서 빨다라는 뜻을 가진 "테Thê"와 어원적으로 연결된다. 융도 언어의 기호적인 측면에서 커다란 원형들이 의미적으로 미친 영향력이 큰 것에 놀랐다.[141] 그는 라틴어의 '마테르mater'와 '마테리아materia'의 근친성을 강조하는 한편 그리스어의 '울레ulê'에도 주목했다. 원래 숲을 뜻하던 그 단어는 뿌리를 캐보면 인도 게르만어의 '수sû'로 이어지고 "적시다, 비를 내리다"라는 뜻의 '우오uô'에서도 그 변용이 발견된다.('우에토스uetos: 비') 또한 이란어의 '수트suth'는 동시에 "주스를 뜻하면서 과일과 탄생"을 의미하고 라틴어의 '수투스sutus'는 임신을 의미한다. 바빌로니아에서는 '푸pû'가 강의 원천과 질膣을 동시에 의미하고 원천을 의미하는 '나그부nagbu'는 암컷을 의미하는 히브리어의 '네게바negeba'와 뿌리가 같다.[142] 마지막으로 서구에서 여신-어머니와 관련되는 이름들의 어원을 살펴보면[143] "멜뤼진"이나 영어의 "머메이드Mermaid", 『니벨룽겐』의 "메레빈Merewin"들에서도 원초적인 단어인 "마르파예Marfaye"가 그러하듯이 여성성과 물을 맺어주고 있다. 따라서 어떤 연계성이나 어원적 체계를 따라가보더라도 물이라는 단어는 어머니라는 호칭이나 그 기능과 연결되어 있고 위대한 여신의 이름과 연결되어 있는 것을 발견할 수 있다.

연금술의 독트린이 보여주고 있는 서구 전통에서는 연금술사들의 어쿼스터aquaster의 고유명사는 물에 사는 어머니 루진Lousine이다.[144] 어쿼스터는 "물질 소화, 섞임, 수태, 쌓임, 짙음materia cruda, confusa, grossa, crassa, densa"의 원칙이다. 그것은 살아 있는 영혼의 원칙으로서 파라셀수스의 모든 개념들 중에서 "무의식의 개념에 가장 근접한"[145] 개념일 것이다. 따라서 융의 독트린에 의한다면 남성 속의 아니마라는 여성적 성향에 의해, 어머니 루진은 깊이를 헤아릴 수 없으며 미분화된 본래의 무의식이 투사된 것이라고 할 수 있다. 이러한 멜뤼진적인 어쿼스터는 연금술 내에서는 수은mercure에 해당된다고 볼 수 있으며 그것은 종종 헤르메스 노인, 즉 "아니마의 원형을 고대의 지혜와 연결시키는" 헤르메스의 형상으로 표현된다. 바실리우스 발렌티누스에 의하면 이 수은은 "자연의 알"이며 "어스름 안개가 수태한 모든 존재들"의 어머니이다.[146] 이런 맥락에서 수은은 변덕스러운 은이라는 광물의 의미와 우주적 영혼이라는 이중의 의미를 갖는다. "연금술 작업은 주로 '프리마 마테리아prima materia'*, 즉 카오스를 능동의 원칙인 영혼과 수동의 원칙인 몸으로 분리하는 데 있다. 이어서 그것들을 화학적 결혼에 의해 다시 결합해서 인격적인 형상을 부여하는 데 있다. 그러한 결합을 통해 '필리우스 사피엔티아이Filius sapientiae'†, 혹은 '필로소포룸philosophorum'‡, 즉 변환된 수은이 탄생한다."[147] 물론 융은 헤르메스라는 단어에서 맹목적인 무의식이라는 오래된 상징[148]과 여성적인 아니마를 트리스메기스투스Trismegistus§로서의 완성된 헤르메스, 우리가 뒤에서 다시 살펴볼[149] 지혜의 아들로서의 헤르메스와 혼동한 듯이 보인다. 하지만 여기서 우리는 이 인류학자의 흥미로운 연구에서 원형질적인 수은, 진정으로 원초적인 광물적 물인 수은의 여성적인 면을 지적한 부분만 주목하기로 하자. 게다가 연금술 작업이라는 것은 평가절하된 것을 재평가하는 것을 그 임무로 삼고 있었고, 진정한 방향 전환을 통해 수

* '원초적 물질'이라는 의미.

† '지혜의 아들'이라는 의미.

‡ '철학자의 아들'이라는 의미.

§ 트리스메기스투스는 헤르메스에게 붙는 별명으로 삼위일체적인 성격을 의미한다.

은을 '어쿼스터'의 면모에서 '일리아스터yliaster'한 면모로 옮아가는 것을 그 임무로 삼았다. 연금술적인 승화란 완전한 순환의 철학을 완성함으로써, 우리가 이번 장에서 살펴보고 있는 내선적인 전제들을 뛰어넘는 상승의 상징체계에 도달하는 것이다. 그리하여 연금술이 이미지의 두 체제 모두에서 기능하는 완전한 상징체계가 되게 한다.[150]

이제 다시 멜뤼진의 어쿼스터로 되돌아오기로 하자. 물의 요정으로서 그는 "바다에서 태어난" 모르간Morgane*과 밀접한 인척성이 있다. 모르간은 "전기 아시아의 아스타르테Astarté†와 긴밀하게 연결되는"[151] 아프로디테의 서구적 상대자이다. 로마 황제들이 비너스를 어머니의 조상으로 삼듯이 프랑스의 많은 가문들은 사스나주 가문, 뤼지냥 가문, 툴루즈의 백작들, 플랜태저넷 가문들이 보여주듯이 어머니-루진 혈통을 잇고 있다고 주장한다.[152] 중세 기독교가 이미지의 '낮의 체제'에 기대어 초월의 이상형을 내세우면서 부정적으로 평가했던 이 원초적 인물은 수많은 전설 속에서 아주 축소되어 "거위 다리를 가진" 존재로 다시 나타난다. '거위 엄마'나 '페도크 여왕'에서처럼 "마르틴느martines"가 되어 하찮게 여겨지거나 단순히 조롱거리가 되는 것이다. 그러나 교회는 샘가의 "선량한 부인"인 이 요정의 명예를 완벽하게 실추시키는 데는 성공하지 못했다. 성모마리아에게 바쳐진 수많은 샘들은 도그마와 역사에 대한 상상력의 저항을 증명해준다. 한편 기독교 정통 교리에서 마리아에게 붙인 용어들은 옛날에 달과 바다의 위대한 여신에게 부여한 용어들과 아주 흡사하다.[153] 예배식에서 마리아는 "달의 정령" "바다의 별" "대양의 여왕"이라 불리며, 바

* 모르간은 아서 왕을 보필하던 마법사 멀린의 스승으로 간주되기도 하고, 아서 왕을 미워하여 왕의 조카 모드레드에게 아서 왕을 배신하도록 충동질한 마녀로 간주되기도 한다.

† 고대 시리아 문화에 나오는 사랑의 여신을 의미한다.

로Barrow는 중국인들이 그들의 '스텔라 마리스Stella maris'*인 서왕모를 묘사하면서 중국에 선교하러 갔던 예수회 전도사들이 마리아에게 쓴 용어와 같은 용어를 쓰는 것을 보고 얼마나 경악했던가를 이야기해주고 있다.[154] 한편 마야의 왕비와 불교의 어머니, 기독교의 성모마리아에 놀랄 만한 유사점들이 존재한다는 것을 강조한 사람들도 있다.[155] 마지막으로 서구의 민담에서도 "뱀 형상"의 멜뤼진, 그와 흡사한 온갖 종류의 상상 속의 뱀들이 필연적으로 사악한 역할만 맡게 되어 있지는 않다. 동탕빌은 장 다라스Jean d'Arras와 쿨드레트Couldrette의 텍스트를 빌려와서 루진에 대해 긍정적인 평가를 내렸던 경우를 보여준다.[156] 그녀는 레몽댕의 부인으로서 정통 기독교식으로 결혼을 한 존재로 등장한다. 한편 지명학은 예전에 멜뤼진에 대해 호의적이었던 경향이 널리 퍼져 있었던 여파를 증명해주는 지명들을 알려주는데 그것들은 루지니, 레지녜, 레지냥, 레지니 등이다. 영원한 여성의 이러한 복권은 당연히 부수적인 여성 형용사들이 복권되는 결과를 낳는다. 멜뤼진은 긴 머리칼을 하고 있으며 밤바라 파로는 "말갈기 같은" 부드러운 검은 머리칼을 하고 있다.[157] 그리고 비너스 숭배는 안쿠스 마르티우스 지배하에서 궁녀 라렌타이아 숭배와, 퀴리누스 제관祭官과만 연결되어 있던 것이 아니라 여인들의 머리카락 보호 풍습에도 직접 관련이 있다.[158]

그러나 가장 넓은 의미를 고려하고 '원초적 물질'로서의 의미에서 위대한 모신母神 숭배를 철학적으로 살펴본다면 그 숭배는 물의 상징체계와 대지의 상징체계 사이를 왔다갔다한다는 것을 알 수 있다. 성모는 '스텔라 마리스'이기도 하지만 12세기의 오래된 찬가에서는 "테라 논 아라빌리스 쿠아이 프룩툼 파르투리트terra non arabilis quae fructum parturit"†로 불리기도 한다.[159] 피가니올

* 스텔라 마리스는 '바다의 별'을 의미한다.

† 라틴어로 '풍요(수태)를 가져오는 경작하지 않은 땅'을 의미한다.

은 로마에서 비너스 숭배는 매장의식에 충실했던 코넬리아 부족과 연결되어 있고, 땅과 관련된 가치는 물과 관련된 가치와 연속성을 갖는다고 지적했다.[160] 이탈리아에서 대지의 여신은 선원들의 수호자이기도 하다. "포르투나Fortuna*는 키를 잡고 비너스는 아프로디테와 마찬가지로 항구를 보호한다."[161] 이러한 흥미로운 양가성에 대해 피가니올은 역사적이고 기술적인 설명을 한다. 원래 농사를 짓던 지중해 사람들은 인도 유럽인들에 의해 바다로 내몰리자 해적이 되고 해상 생활을 하게 되었다는 것이다. 혹은 그리스의 펠라스기족이 이탈리아 해변에 대지 숭배 신앙을 퍼뜨렸고 그것이 토착의 바다의 여신 숭배 신앙과 뒤섞였다는 것이다. 그런데 이렇게 대지의 여신과 바다의 여신을 동시에 숭배하는 모습이 에스파냐 해변, 심지어 갈리아족의 대서양 연안에서도 발견된다는 것은 주목할 만하다.[162] 또다른 종교사학자는 물의 모성성과 대지의 모성성 사이에서 미묘한 차이를 발견한다.[163] 물은 "우주적 사건의 시작과 끝에 위치하고" 대지는 "생명 전체의 근원과 끝"이며, "물이 모든 창조와 형태에 선행하는 것이라면 흙은 살아 있는 형태를 만들었다"는 것이다. 따라서 물은 이 세계의 모태이며 대지는 생명체와 인간의 모태이다. 우리로서는 역사 기술적인 설명이나 엘리아데의 섬세한 구분 등은 남겨둔 채 물과 관련된 덕목과 대지의 성격이 뒤섞여 있는 최고의 여신에 대한 상징들이나 성상들이 완벽하게 의미의 동위성을 이루고 있다는 점만 강조하기로 하자. 실제로 원초적 "마테리아", 모든 상징체계가 자궁이라는 깊은 곳—대지의 깊은 곳이면서 동시에 심해이기도 한—을 축으로 하고 있는 원초적 마테리아가 농사의 드라마와 연결된 순

* 포르투나는 그리스 신화에 나오는 행운의 여신인 티케와 동일한 로마의 여신. 티케는 그리스어로 '행운(운명)'을 뜻한다. 신들의 계보를 체계적으로 서술한 헤시오도스의 『신통기』에 따르면 티탄 신족인 오케아노스와 테티스 사이에서 태어난 딸로서 오케아니데스의 하나라고 하는데, 제우스의 딸이라는 주장도 있다.

환의 여신이 되는 것, 즉 데메테르가 가이아로 대체되는 것은 훨씬 뒤의 일이다.[164]

대지는 물과 마찬가지로 원초적으로는 신비스러운 최초의 물질로서 거기 스며들고 파고든다. 단지 차이가 있다면 스며들 때 물보다 저항이 심하다는 것뿐이다.[165] 엘리아데는 농사와 직접 관계가 없는 땅과 관련되는 수많은 일들을 인용했는데 그 경우 대지란 단지 일반적인 주변 요소로 간주될 뿐이다.[166] 그리고 그들 중 어떤 것들은 명백히 반反농업적이기도 하다. 드라비다족과 알타이족은 풀을 뽑는 것을 죄악으로 여겼으니 그런 짓을 하면 '어머니에게 상처를 줄' 위험이 있다는 것이다. 대지를 모신으로서 섬기는 이러한 믿음은 가장 오래된 것 중 하나임에 틀림없으며 농사 신화에 의해 일단 강화되면서 가장 확고한 믿음 가운데 하나가 되었다.[167] 땅 위에서 해산을 하는 풍습은 중국과 카프카스, 마오리, 아프리카, 인도, 브라질, 파라과이뿐만 아니라 고대 그리스와 로마에도 널리 퍼져 있었으며 그것은 대지 모신에 대한 신앙의 보편성을 증명해준다.[168] 한편 하늘-땅의 신성한 짝이라는 개념은 신화들의 보편적인 라이트모티프이다. 엘리아데는 한 페이지 전체에 걸쳐 우랄산맥에서 로키산맥에 퍼져 있는 신들의 짝에 관한 전설을 열거한다.[169] 그 모든 신화에서 땅은 원초적이라 하더라도 수동적인 역할을 맡는다. 땅은 아르메니아인들의 표현대로 "남자들이 거기서 나오는 어머니의 배"이다.[170] 마찬가지로 연금술적이거나 일반적인 광물학의 믿음에서도 땅은 보석들의 어머니이며 수정이 다이아몬드로 숙성되는 자궁으로 간주된다. 엘리아데는 이러한 믿음을 체로키 부족이나 트란스발의 원주민들, 플리니와 카르단, 베이컨과 로즈넬도 공유하고 있었음을 보여준다.[171] 연금술은 이런 느린 수태 기간을 화로 속에서 가속화시키는 것 이상의 의미를 지닌다. 많은 사람들이 아이를 낳을 때 동굴을 택하거나 바위 틈, 혹은 샘을 택한다. 대지는 물과 마찬가지로 일반적인 용기容器로 간주된다. 애국심이란(아버지에서 유래한 'patriotique'보다는 'matriotique'라는 단어가 더 적합하겠다) 이러한 어머니적인 것과 대지적인 것의 동위성이 주관적 직관으로 나타난 것과 다름없는 것으로 간주해야 할 것이다. 조국이란 대개 여성화된 특징을 지닌 것으로 표현된다. 아테네가 그렇고 로마가 그러하며 게르마니아, 마리안, 알비온 등도 마찬가지이다. 또한 땅을 지칭하는 많은 단어들은 품는 그릇이라는 공간적 직관으로 설명할 수 있는 어원을 가지고 있다. "장소" "넓은" "시골" 등이 그러하고 원초적인 감각적 표현에 해당된다고 볼 수 있는 "견고한" "머무는 것" "검은" 등의 단어들도 우리가 지금 연구하고 있는 동위성을 확인해주는 단어들이다.[172] 이런 원초적 수동성이 바슐라르가 작가들의 대지에 대한 상상력에서 훌륭하게 밝혀낸 "휴식"의 상상력을 자극한다. 앙리 드 레니에는 "여성이란 지하의 위험한 삶으로 들어가는 입구에 개화한 꽃이다. 그 틈을 통해 우리는 저승으로 가며 우리의 영혼은 그에 함몰된다"[173]고 썼을 때 그는 풍요로운 밭고랑과 여성의 성기를 같은 것으로 본 기독교 경전과 코란의 원초적 직관이나 마누와 베다의 법칙들을 재발견한 것이다.[174] 마찬가지로 보두앵은 위고와 베르아랑E. Verhaeren에게서 어머니와 대지와 밤을 연결하는 일관된 성좌를 발견한다. 위고와 낭만주의자들의 자연 예찬은 어머니에게로의 귀환 콤플렉스가 투사된 것과 다름없다.

실제로 이러한 원초적 어머니, 감싸는 위대한 모성은 연금술적인 명상에서[175] 그리고 대중적 민담이나 신화가 처음으로 합리화되어 밑그림으로 나타날 때 관련을 맺고 있으며 시에서는 원형으로 간주된다. 이미 프랑스 낭만주의는 속죄한 여성의 신화에 대한 경향을 또렷이 보여주고 있으며 엘로아가 그 전형을 보여준다. 발랑슈의 안티고네, 에드가 키네Edgar Quinet의 라셸이 맡고 있는 역할이 바로 그것이며, 『천사의 추락』[176]이 눈부시게 채택한 것도 그러한 신화이며 콩스탕 사제(엘리파스 레비의 다른 이름)가 하느님의 어머니에게 바친 "종교적이고 인류적인" 장대한 서사시도 그러한 것이며, 마리 마들렌에게 바친 라코르데르J. B. H. Lacordair*의 페이지들은 「오렐리아」†와 짝을 이루는 것이다. 그러나 길吉한 여성상에 가장 뛰어난 직관을 발휘했던 것은 무엇보다도 독일 낭만주의자들이다. 19세기 초 라인강 저편의 모든 작가들은 장 폴 드 모리츠와 노발리스가 말했던 것처럼 모두 "여성 천재"[177]들로 분류될 수 있다. 그들은 모두 마가레테라는 파우스트적인 기호 아래서 태어난다. 우리가 지금 여기서 다루고 있는 거의 모든 상징들과 동위를 이루는 것들이 모리츠, 특히 그의 소설 『안톤 라이저』, 브렌타노, 노발리스의 유명한 소설 『하인리히 폰 오프터딩겐』과 티크의 『뤼넨베르크』에서 나타난다.[178] 모리츠에게 어머니의 이미지는 그의 누이의 죽음과 연관되어 있으며 그 전체가 꿈과 무의식이 천명하는 은신처의 주제를 이루고 있다. 그는 "뇌우 이는 바다 위의 행복한 작은 섬이니 그 가슴에서 안전하게 잠들 수 있는 자는 행복하도다"[179]라고 노래한다. 브렌타노에게 성처녀-성모의 원형은 흥미롭게도 연못과 어두움과 연결되며 여주인공 비올레트의 무덤과도 연결된다. 소피아에게 보낸 편지에서는 그러한 동위성이 사라진 애인의 주제와 시인 자신의 어머니에 대한 개인적 회상으로 강화된다.[180] 브렌타노는 성모 숭배가 자신의 이름인 클레멘스와 어머니에 대한 회상과 마술처럼 연결되어 있음을 보여준다.

그러나 밤과 관련되는 이미지의 동위성이 한결 농도 있게, 일

* 라코르데르(1802~1861)는 프랑스의 도미니크 수도회 수도사이다. "근대사회에서 교회가 새로운 영성靈性을 확립하고 민주주의 이념의 정당성을 인정하자"는 사상운동을 전개하였다. 노트르담 대성당의 신부로서 명설교가로도 알려졌으며 젊은 세대로부터 크게 호응받았다.

† 「오렐리아」는 프랑스의 시인 제라르 드 네르발의 작품 제목.

관성을 가지고 나타나는 것은 노발리스와 티크에게서이다. 시인은 『하인리히 폰 오프터딩겐』 초입부터 좁은 목구멍 같은 협곡을 스며들어 옆에 산이 있는 평원에 도달하는 꿈을 꾼다. 산에는 동굴이 하나 반쯤 입을 열고 있고 거기에는 "마치 합금처럼 빛나는 분수가 솟아오르고 있다."[181] 동굴의 벽은 "빛나는 액체"로 덮여 있다. 시인은 샘에 손을 담그고 입술을 물로 적신다. 그는 갑자기 물에 몸을 담그고 싶은 저항하기 어려운 욕망을 느끼고는 옷을 벗고 못으로 내려간다. 그러자 그는 "낙조에 붉게 물든 안개"에 감싸인 듯한 기분을 느끼며 "기분 좋은 요소들로 이루어진 물결들이 마치 애무하는 젖가슴처럼 그를 압박한다." 물결은 마치 "자신의 내부에 녹아 있는 매혹적인 소녀"의 몸으로 이루어진 것 같다. 시인은 감미로움에 취해 동굴의 벽 사이를 관능적으로 헤엄치면서 도취에 빠져든다. 바로 그때 시인은 꿈을 꾼다. 꿈속에서 신비스러운 푸른 꽃이 여인으로 변하는데 그 여인은 결국 어머니의 상으로 나타난다. 한 걸음 더 나아가 이 "어머니-꽃-푸른색"은, 후에, "푸른 물결로 된 천장 아래", 강바닥에서 다시 한번 만나게 된 약혼녀 마틸다가 된다.[182] 이 페이지를 분석하면서 '물' '밤' '구멍' '색' '축축함' '여성성' 등이 의미의 동위성을 이루고 있는 데 놀라지 않을 수 없다.[183] 이 모든 이미지들은 생생한 스며듦의 구도 주변에서 일종의 근친상간적인 역동성을 지닌 채 돌고 있다. 어머니의 물결의 원형은 성적이고 소화적인 삼킴의 구도들과 불가분의 관계에 있는 것이다.

티크의 『뤼넨베르크』에서 우리는 노발리스 소설의 서두 부분과 아주 흡사한 텍스트를 찾아낼 수 있다.[184] 거기서도 의미의 동위성이 확연히 나타나며 여성적인 가치들을 완곡화하면서 역전시키는 성좌가 집약되어 있다. '동굴' '바위 틈' '색' '머리카락' '음악'의 상징들이 '옷을 벗은 여인'의 상징들과 연결되어 있다. 우리는 여기서 그중의 한 문단 전체를 인용할 필요를 느낀다. 그 문단의 단어 하나하나가 우리가 지금 살펴보고 있는 이미지의 동위성을 이루는 데 아주 중요한 구실을 하기 때문이다. "그녀는 머리에서 금빛 띠를 풀었다. 그러자 풀어헤쳐진 검은색 긴 머리칼이 풍요로운 컬을 이룬 채 무릎 아래까지 늘어졌다. 그녀는 코르셋을 벗었다……. 이윽고 벌거벗은 몸이 되자 그녀는 방 안을 걷기 시작했다. 그녀의 묵직한 머릿결이 그녀 주변에 물결치는 검은 바다 모양을 이루었다……. 얼마 후 그녀는 커다란 황금빛 보석 상자에서 루비와 다이아몬드와 다른 보석들이 촘촘히 박혀 반짝이고 있는 판板을 하나 꺼냈다……. 푸른색과 초록색이 감도는 오색영롱한 반짝임…… 젊은 사내의 가슴에 형태와 조화를 갖춘, 향수와 관능을 갖춘 심연이 열렸고 애조를 띤 즐거운 멜로디가 그의 영혼을 지나 저 깊은 내면까지 옮겨갔다." 우리는 이보다 더 완벽한 의미의 동위성을 찾기 어려울 것이다. 티크는 우리에게 여성의 상징들이 숨기고 있는 가치의 이중성, 그 유혹적인 매력이 있는데도 여전히 죄의 뒷맛을 간직하고 있는 이중성을 느낄 수 있게 해준다. 그러나 이미지의 '낮의 체제'의 유산이라고 할 수 있는 이러한 도덕적 망설임에도 불구하고 대지와 물의 이미지들은 여성성의 복권에서 비롯한 관능과 행복의 분위기를 만드는 데 기여한다.

자연을 향한 감정과 영원한 여성의 주제는 문학에서 짝을 이루어왔다. 에드거 포의 작품에서 그러한 면모를 보여주는 것은 아주 쉽다. 그의 작품에서는 진정으로 시적인 어퀴스터인 "최상의 물"[185]이 죽어가는 어머니에 대한 그의 강박관념을 잘 보여준다. 우리가 이미 말했듯이 포의 상상력은 어머니의 죽음에서 받은 충격으로 깊이 병든 세계를 보여주는 것이 사실이다.[186] 그러나 물이 주는 음울하고 침울한 쾌감을 통하여 우리는 모성적 물이라는 안락한 주제를 흘끗 본다. 그 결과 이 미국 시인의 작품을 분석하면서 보나파르트는 물에 관한 몽상이 지닌 완곡화의 미덕에 대해 다음과 같이 말할 수 있게 된다. "바다…… 이 은신처이고…… 자양분인…… 그리고 우리를 재워주는 원소."[187] 그리고 그것은 노발리스의 이미지들도 해명해주고 라마르틴의 '작은 배'의 이미지도 설명할 수 있게 해준다. 「호수」의 시인은 『속내 이야기』에서 이렇게 썼다. "물은 우리를 데려가고, 물은 우리를 그 품에 껴안고, 물은 우리를 잠재우고, 물은 우리의 어머니를 되돌려준다."[188] 그만큼 그의 말이 사실이기 때문에 물의 상상력은 항상 공포를 쫓아내고 헤라클레이토스식의 씁쓸함을 안락함과 휴식으로 변모시킨다.

그렇지만 물의 세계가 "여러 가지 점에서 근본적인 희망의 대상"[189]이 되는 것은 초현실주의자들, 저 격화된 낭만주의자들에게서이다. 알키에는 아주 섬세하게 그들의 시에 나타나는 물이 정화와는 아무 관계가 없음을 지적한다. "그 물은 차라리 욕망의 흐름과 관련이 있으며 대상들이 쉽게 기계를 구성하는 견고한 물질의 세계에 대립한다. 그 물은 이성이라는 구속적인 법칙이 전혀 지배하지 않는 우리들의 유년기와 비슷한 세계를 내세운다."[190] 초현실주의 철학은 앙드레 브르통의 작품들에 수없이 나오는 물에 관련된 은유들을 열거한다. 샘, 작은 배, 강, 배, 비, 눈물, 물거울, 폭포 등 시인에게 보여준 물의 이미지들이 최상의 원형인 '여성'의 상징 앞에 무릎을 꿇는다.[191] 여성은 "초현실주의자들의 가치의 테이블에서 신의 위치를 차지하고 있으며" "그런 식의 홀린 듯한 숭배를 표현한 텍스트는 수도 없이 많다."[192] 알키에는 아라공의 『파리의 농부』의 긴 부분을 인용하고 있는데 거기서 아라공은 여성이 그 무엇보다 밤의 빛이라는 노발리스의 열정을 그대로 다시 보여주고 있다. 심지어 아라공은 여성성에 침잠하는 순간을 묘사하면서 노발리스와 똑같은 표현을 사용하기도 한다. "끝없이 크고 깊은 여성이여, 내 그 안에 완전히 잠기나니……." 여성의 거대함은 정상적인 것들과 비교되어 걸리버화 현상을 수반하게 된다.(보들레르도 즐겨 사용했다.) "산들이여, 너희들은 이제 영원히 이 여인에게서 멀리 있을 뿐이리니…… 내 이제 그녀의 살갗 위의 한 방울의 비, 한 방울의 이슬일 뿐…….” 초현실주의 시는 결국 그 원형을 바닥까지 천착하면서 삼킴이라는 큰 구도와 만나게 된다. 가우디의 모던 스타일에서의 유동성, 달리의 “단단한 것”에 반대되는 “무른 것” 취향은 달리 미학의 토대인 “먹을 수 있는 아름다움”을 정의해주는 것이다.[193]

끝으로 정신병리학적인 차원에서도 이러한 모성의 이미지들은 시에서와 마찬가지로 진정시키는 역을 담당한다는 것을 지적하기로 하자. 밝은 빛의 강박에 사로잡힌 분열증 환자는 어머니의 배로 돌아감이라는 상징적 실현이 이루어지는 순간부터 치료의 길에 들어서게 되며 그때 환자가 쓴 시는 노발리스의 낭만주의 시나 초현실주의 시와 거의 일치한다. 어머니의 배와 여성성과 물과 색들이 실타래처럼 얽혀 있는 것이다. “나는 황홀한 평화 속으로 미끄러져 들어가는 듯이 느껴졌다. 방 안이 온통 녹색이었다. 나는 내가 연못 안에 있는 것 같았고 그건 내게는 마치 어머니의 몸속으로 다시 들어간 것과도 같았다……. 나는 천국, 어머니의 품속에 있었다.” 그리고 이러한 “편안함”의 상상력은 원초적 음식의 원형과도 연결되어 있는데 우리는 잠시 뒤에 그에 대해 살펴볼 것이다.[194]

따라서 온 시대에 걸쳐서, 그리고 모든 문화들에서 인간은 ‘위대한 어머니’, 인류의 욕망들이 그를 향해 거슬러 내려가는 모성적 어머니를 상상해왔다. ‘위대한 어머니’는 가장 보편적인 종교적·심리적 본질이기에 프르질루스키는 “아디티Aditi*는 그녀

* 고대 인도 신화에 나오는 여신. 인도 최고最古의 성전聖典『리그베다』 이후 그 이름이 널리 알려져 있다. 아디티는 ‘자유’ ‘무한’을 의미하는 보통명사였는데, 일반적으로는 그 추상 개념에서 천상계·천공·대지 또는 이런 것들을 초월한 존재를 의미하는 뜻에서 신격화된 것으로 보고 있다. 바루나와 미투라 신을 수장首長으로 하는 아디티아라는 신군神群의 어머니라고 하는데, 때로는 천지와 동일시된다.

안에 들어 있는 모든 신들의 원천이며 집합이다"라고 쓸 수 있었다. 아스타르테, 이시스, 데아 시리아, 마야, 마리카, 마그나 마테르, 아나이티스, 아프로디테, 키벨레, 레아, 게, 데메테르, 미리암, 찰치우틀리쿠에, 서왕모 들의 수많은 이름들은 때로는 우리를 땅으로 이끌거나 때로는 물가로 이끌면서 언제나 돌아감과 회한을 불러일으키는 상징들이다. 결론으로 우리는 낮의 가치들을 뒤집으면서 하강의 구도가 탄생하는 모든 상징들의 완벽한 의미의 동위성을 다시 확인해보기로 하자. 깨물기가 삼킴으로 완곡화되고 추락은 제동이 걸려 다소간 관능적인 하강이 되며 태양의 거대함은 엄지 동자의 초라한 역할로 축소되고 새와 비상은 물고기와 끼워 넣기로 대체된다. 어둠의 위협은 행복한 밤으로 역전되고 색과 염료가 순수한 빛을 대체하며 소리는 밤의 주인공인 오르페우스[195]에 길들여져 멜로디로 변하고 단어들과 담론들의 구분은 표현할 수 없는 것으로 대체된다. 결국 비물질적이고 세례를 받은 실체, 빛나는 에테르는 이러한 성좌에서 홈을 파는 물질로 대체된다. 능동적인 도약이 정상을 요구한다면 하강은 중량을 찬양하고 물속으로 잠기기나 여성적 대지로 파고드는 것을 요구한다. 밤의 여성은 다양하게 색으로 치장을 하고 그녀의 몸과 그에 딸린 것들, 즉 머리카락과 베일과 거울을 복권시킨다. 그런데 낮의 가치가 진열과 분리와 분석적 조각내기의 가치였던 것처럼 낮의 가치를 뒤집은 상상력은 그와 똑같이 안정되게 닫힌 것들, 내면성을 지닌 것들의 이미지를 동반한다. 물고기에서 살펴본 연속적 끼워 넣기, 어머니 뱃속에 웅크리기 등에서 우리는 이미 이런 내면성의 상징들을 예감했던 것인데 이제부터 그러한 상징들을 살펴보기로 하자.

제2장

내면의 상징들

어머니로의 귀환 콤플렉스는 죽음 자체와 무덤에 대한 가치를 뒤집고 다원 결정한다. '매장'과 관련된 의식이나 그 제의의 구조를 결정하는 휴식과 내면의 몽상에 대해서는 방대한 저술을 할 수도 있을 정도이다. 화장법을 이용하는 민족까지 아이들의 매장 제의를 행한다. "테라 클라우디투르 인판스Terra clauditur infans"*라고 유베날리스는 썼다.[1] 그리고 『마누법전』에는 아이를 화장하는 것이 금지되어 있다. 많은 사회에서 사자死者들의 왕국을 아이들이 온 곳과 동일시하고 있다. 예를 들어 고대 멕시코인들에게 치코모스톡Chicomoztoc은 "일곱 동굴이 있는 장소"이다.[2] 엘리아데는 "삶이란 단지 땅속의 내장들이 떨어져나온 것일 뿐이고 죽음은 제집으로 돌아가는 것을 의미할 뿐이다. 우리가 흔히 볼 수 있는 '조국의 땅에 묻히고 싶다'는 욕망은 신비적인 토착 애호주의—자신의 집으로 돌아가고 싶은 욕구—가 세속화되어 나타난 것이다"라고 썼다.[3] 그는 그런 식으로 내면의 상징 한가운데 귀환과 죽음과 집이 하나의 의미망으로 동위성을 이루고 있음을 깊이 있게 보여준 것이다. 무덤에 조각된 수많은 라틴어 글들이나 베다는 "너는 먼지이다"[4]라는 식의 완곡화한 상상력을 확인하게 해준다. 사자를 매

* '아이들은 땅속에 갇힌다'라는 의미.

장하는 이러한 의식의 필연적 귀결로서, 죽음에 대한 반어법적인 개념을 확인시켜주는 것이 환자를 치료하기 위해 매장을 수행하는 방법이다. 수많은 문화들, 예를 들어 스칸디나비아 문화에서는 환자나 죽어가는 사람의 원기를 회복시키기 위해 땅에 매장하거나 바위 위에 뚫린 구멍을 지나게 한다.[5] 그리고 많은 민족들은 사자를 태아처럼 웅크린 자세로 묻는다. 죽음이라는 현상에서 자연스레 맛보게 되는 공포의 감정을 뒤집고 거기서 원초적 휴식의 상징을 보고자 하는 욕구를 표출하고 있는 것이다. 삶을 역전시키고 죽음을 제2의 유년기와 동일시하는 이미지는 "유년기로 되돌아가다"라는 대중적인 표현에서만 확인할 수 있는 것은 아니다. 네 살부터 일곱 살 된 아이들에게도 그런 이미지가 자주 나타나는 것을 우리는 확인할 수 있다. 그 나이의 많은 아이들은 플라톤의 『정치가』[6] 신화를 재창조하면서 나이가 들면 노인들은 점차 아이가 된다고 믿는다.[7]

죽음에 대한 자연적 의미가 이렇게 뒤집히면서 '무덤과 요람'이 의미적 동위성으로 연결되고 그 중간항에 지하의 요람이라는 이미지가 놓이게 된다. 땅은 최후의 휴식 장소이므로 요술을 부리는 안락한 요람이 되는 것이다. 엘리아데는 오스트레일리아, 알타이 등 아주 원시적인 부족뿐만이 아니라 문명화된 잉카에서도 갓난아기를 땅에 눕히는 풍습이 있음을 어렵지 않게 보여준다.[8] 땅을 요람으로 간주하는 풍습으로서 그 풍습은 신생아를 원초적 요소인 물이나 땅 위에 버리거나 드러내놓는 제의와 연결된다. 수많은 민담들에서 영웅이 기적적인 탄생을 하게 되거나 성자가 신화적인 처녀에 의해 수태되는 것은 이러한 버림abandon의 제의의 연장선상에서 나타나는 것으로 보인다. 버림이라는 것은 일종의 모성의 중복이며 그렇게 하여 모성을 원천적인 '위대한 어머니'에게 봉헌하는 것이다. 제우스, 포세이돈, 디오니소스, 아티스는 페르세우스, 아이온, 아틀라스, 암피온, 오이디푸스, 로물루스와 레무스, 마오리족의 모세인 바이나모이넨과 마시 등과 같은 운명을 갖고 태어난다.[9] 유대인 모세의 경우, 궤이면서 동시에 배이기도 한 요람-방주의 이미지에 의해 자연스레 끼워 넣기 상상력의 범주에 포함될 수 있으며 거기 나오는 중복의 이미지들은 영원성을 부여하는 휴식에 대한 강박을 보여주기에 충분하다. 바슐라르에게 어머니의 배, 무덤, 석관은 식물 싹의 동면, '번데기'의 잠과 같은 비슷한 이미지들에 의해 생생하게 활기를 띠게 된다.[10] 그것은 "요나 콤플렉스가 죽음의 형태로 나타난 것"이며 무덤이 껴안는 것은 씨앗이 껴안는 것과 다를 바가 없는 것이다. 에드거 포가 이미 붕대로 둘둘 만 미라를 세 개의 관으로 보호하는 것은 고대 이집트인들이 행했던 제의를 그대로 재현하는 것과도 같다. 고대 이집트인들은 사자 유해의 휴식과 안정을 여러 겹으로 강화하기 위해 수의를 입히고 붕대를 감았으며 데스마스크를 씌웠고 내장을 담은 토기, 사람 형상의 석관들을 묻고 무덤 속에 방과 아파트들을 만들었다. 게다가 사자의 일곱 구멍을 봉하는 중국인들의 의식에 대해서야 더 말해 무엇하겠는가?[11] 미라는 번데기와 마찬가지로 살아남는다는 약속이 보장되어 있는 무덤이며 요람이다. 무덤을 뜻하는 프랑스어의 "시메티에르cimetière"도 어원으로 볼 때 혼례식 방을 뜻하는 '코이메테리온koimêtêrion'과 같은 의미를 지니고 있다.[12] 또한 완곡화에 의해 의미가 역전되는 것은 무덤 자체 안에서인 듯이 보인다. 죽음의 의식은 죽음 자체의 반어법인 것이다. 바슐라르는 "곤충을 본뜬" 이 모든 이미지들이 같은 의도에 의해 구조화된다고 지적한다. 닫힌 존재, "편안하게 감추어지고 감싸인 존재" "자신의 존재의 깊은 비밀로 되돌아간" 존재의 안정성을 암시해주는 것이 그 의도이다.[13] 시체를 보존하려는 의지의 뿌리에는 밀실에 있고자 하는 깊은 욕구가 존재한다.

매장 장소인 무덤은 상상력의 '밤의 체제'의 대지-달의 성좌와 연결된다. 반면에 우라노스적이고 태양적인 제의는 화장을 요구한다.[14] 매장의 풍습, 그리고 이중 매장의 풍습에는 육신을 최대한 보존하겠다는 의도가 들어 있으며 살에 대한 존중, 뼈로 된 유물에 대한 존중이 들어 있다. 그리고 그러한 의도와 존중은 우리가 이미 살펴보았듯이 두개골 트로피라는 노획물에 만족하는 우라노스적 순수주의나 태양 숭배의 관념주의에서는 절대로 볼 수 없는 것이다. 피가니올이 지적했듯이 장례식의 차이는 깊은 문화적 차이를 그대로 보여준다.[15] 예를 들어 가나안 사람들은 지하 매장 풍습을 갖고 있었고 그로 인해 이스라엘인들에게 박해를 받았다. 유목민이면서 성상 파괴주의자들이었던 후자는 하늘 신을 숭배하는 엄격한 유일신론자들이었다. 마찬가지로 이집트, 인도, 멕시코의 조상彫像들은 탄생 콤플렉스, 태아로 되돌아가려는 욕망을 보여주는 의식과 연결되어 있는 데 반해 랑크에 의하면[16] 그리스 조상들은 어머니, 물질성, 쉬고자 하는 열망에서 벗어나려는 문화적인 노력을 반영하는 해방된 모습, 똑바로 선 형태의 상을 추구했다. 주로 농경사회, 특히 지중해 지역에서 행하는 매장 풍습은 사후 생명이 살아남는다는 믿음과 연결되어 있으며 죽음 이후의 삶은 시체의 부동성과 무덤의 고요함에 닫혀 애벌레처럼 편안하게 이어진다고 믿는다. 바로 그 이유로 주검을 공들여 가꾸는 것이고 주변에 음식물과 봉헌물을 함께 넣는 것이며 때로는 살아 있는 사람들의 집 안에 매장을 하기도 한다.[17] 휴식과 장례의 내면성 상징들이 이루고 있는 의미의 동위성은 집안의 친근한 신인 '라레스'*에 의해 구체화되어 있다. 조상의 영혼을 의미하는 '마

* 로마 신화에 나오는 가정의 수호신들. 단수형은 라르Lar이다. 집과 그 집에 사는 사람들을 지키는 신인데, 원래는 가족보다도 노비의 수호신이었다. 집안에 작은 사당을 만들어 여기에 라레스와 페나테스의 상像을 함께 모셨다. 이것을 라레스 파밀리아레스Lares Familiares(단수로는 Lar Familiaris)라 부르고, 일정한 날 외에도 집안에 대사大事가 있거나 결혼식이 있는 날에는 꽃으로 꾸미고 제물을 바쳤다. 한편 라레스와는 별도로 길거리의 사당에 네거리의 수호신 라레스 콤피탈레스, 길과 나그네의 수호신 라레스 비알레스, 국가의 수호신 라레스

네스Manes'가 육화된 모습인 라레스는 살아 있는 자들의 집에 함께 살면서 먹을 것과 보살펴주기를 요구한다.

무덤이 이렇게 완곡화되어 죽음이 휴식과 내면성과 동일시되는 상상력은 민담과 시에서도 발견할 수 있다. 민담에서 비밀스러운 방의 내면성은 잠자는 미녀들을 숨겨준다.[18] 이런 '숨어서 잠자는 여자'의 본보기가 되는 것이 『잠자는 숲속의 미녀』이다. 『니벨룽겐』의 스칸디나비아 판본에는 어린 발키리인 브룬힐데가 외딴 성 깊은 곳에서 갑옷을 입고 잠자고 있다. 무덤을 완곡화한 것이라는 것을 쉽게 알아볼 수 있는 밀실 형태의 상징이다. 그 경우 잠은 깨어남의 약속일 뿐으로 그 깨어남은 시구르 혹은 매혹적인 왕자와 은밀한 혼례를 함으로써 이루어진다. 같은 신화들이 그림 형제의 동화나 안데르센의 「날아가는 작은 상자」, 동방의 「요술 걸린 말 이야기」에도 나온다. 레이아는 이런 잠자는 여자의 이미지에서 무의식 속에 웅크린 채 잠들어 있는 기억의 상징을 발견하고 거기서 이미 카루스가 주목한 바 있는 상징체계를 찾아낸다.[19] 그러나 이러한 잠자는 미녀의 전설은 대지 신화가 완곡화되어 살아남아, 차츰차츰 장례와 관련된 암시가 지워지면서 대중 속에서 변모를 이룩한 결과라고 보는 것이 옳다. 반면에 시인들의 경우는 우리가 앞서 살펴보았듯이[20] 죽음은 황혼과 밤과 함께 동시에 명확히 가치를 부여받는다. 그래서 보들레르의 가벼운 시간屍姦 애호, 라마르틴의 가을 예찬, 낭만주의자들의 "사후" 노래, 그리고 괴테와 노발리스와 노디에에게서 나타나는 죽음과 자살에 대한 유혹 등 시에서 병적인 환호가 나오게 되는 것이다.[21] 베갱의 인용에 의하면 죽음의 의미가 완전히 뒤집혀 이곳에서의 삶이라는 나

프라이스티테스 등을 모셨는데, 이 국가신은 로마 성도聖道의 요로에 그 신전에 있었다. 이를 위한 제사를 '콤피탈리아'라고 하여 양털로 만든 남녀 인형이나 공을 길거리 또는 문간에 매달아놓았다. 라레스를 무서운 영물靈物로 생각하여 이것이 산 사람을 죽이지 않도록 사람 대신 인형을 바쳤던 것이다.

쁜 잠에서 깨어나 감미로운 상태로 바뀌는 것을 우리는 모리츠에게서 확인할 수 있다. 그는 이렇게 쓴다. "이곳 이승에서는 얼마나 많은 것들이 혼란스러운 것인지! 그것이 진정으로 깨어 있는 상태라고 말하는 것은 불가능하다." 수도원, 무덤, "죽음의 평온함" 등이 그의 작품 『안톤 라이저』뿐만 아니라 『하르트크노프』를 온통 물들이고 있다.[22] 폰 슈베르트에게도 죽음은 여명이며 무덤의 평화는 "지극히 행복한 소멸"로서 그때 영혼은 마치 "어머니의 품에라도 안긴 듯이" 죽음과 잠 속에 빠져든다.[23] 한편 노발리스에게 도치의 구도를 불러일으킨 것은 그의 어린 약혼녀의 극적인 죽음이다. "지상의 장미의 재는 천상의 장미가 태어나는 고향이다. 그리고 우리의 저녁별은 반대쪽에서는 아침별이다."[24] 끝으로 브렌타노 역시 죽음과 어머니의 내면성의 의미적 동위성을 다음과 같이 요약해 보여준다. "어머니, 당신의 아이를 따뜻하게 보호해주세요. 이 세상은 너무 밝고 차가워요. 부드럽게 아이를 당신의 품에 안고 당신의 심장 가까이 해주세요."[25] 프랑스의 낭만주의자들에게서도 우리는 무덤과 애인과 내면의 행복이 같은 의미로 자주 등장하는 것을 밝혀낼 수 있다. 예를 들어 안티고네 드 발랑슈에게 무덤은 혼례식장이다. 레옹 셀리에는 "따라서 죽음이란 불사의 삶으로 들어가는 최상의 입구이다. 그 때문에 안티고네의 죽음은 결혼식처럼 감미로운 것이다"[26]라고 썼다. 위고의 작품에도 내면성의 주제와 연결되는 무덤과 유폐와 금고의 이미지는 수도 없이 나온다. 『의식』에서 지하 묘소는 은신처이며 『레 미제라블』에서는 수녀원이 은신처로 사용된다. 그렇지만 위고는 묘지에 대한 가치부여에서 약간 흔들린다. 묘지는 무섭기도 하고 동시에 갈망의 대상이 되기도 하는 것이다.[27] 보두앵은 유폐에 대한 이러한 모호한 콤플렉스를 '섬나라 특성'과 연결지어 설명한다.[28] 섬나라라는 것은 일종의 지리적 "요나"라고 볼 수 있다. 어떤 정신분석학자들은 가톨릭 국가인 아일랜드와 프로테스탄트인 영국을 심리적으로 구별해주는 것은 바로 이러한 섬에 대한 엔그램이라고 말하기도 한다. 섬은 "여성과 처녀와 어머니의 신화적 이미지이기 때문이다."[29] 위고의 생애는 섬에 머무는 것과 아주 밀접한 관련이 있다. 유년기를 코르시카에서 보냈으며 엘베에서 살았고 섬으로 유배도 갔으며 흥미롭게도 시인은 그 섬에 아주 기꺼이 머문 것처럼 보인다. 섬에 유배된 생활을 즐기는 것은 어머니에게로 돌아옴과 같은 뜻인 "물러남 콤플렉스"와 다름없다고 볼 수 있다. 그래서 『징벌』을 쓴 이 위대한 시인은 유배와 죽음의 섬인 세인트헬레나섬에 큰 가치를 부여한 것이다.

이러한 죽음 취향, 자살과 폐허와 무덤에 대한 낭만주의자들의 애착은 밤에 대한 긍정적 가치부여와 합류하면서 '낮의 체제'를 완전히 뒤집어 죽음이라는 운명에 대한 다양하고 진정한 반어법의 세계를 완성한다. 우리는 마리 보나파르트의 훌륭한 연구의 결론인 '애도, 시간屍姦, 그리고 사디즘'[30]을 확대 적용하여 베르트랑과 아르디송에게서 뚜렷이 나타나는 시간屍姦과 에드거 포의 억압되고 승화된 시간屍姦—이 주제는 보나파르트가 훌륭하게 연구한 바 있는 주제이다[31]—은 낭만주의 전체가 보여주는 죽음과 밤과 시간時間의 복권과 일관성을 갖고 연결된다고 생각할 수도 있을 것이다. 비록 '낮의 체제'의 잔재로 인해 얼마간의 성스러운 공포에서 오는 떨림이 있다 하더라도, 그들 모두에게 죽음은 수많은 내면성의 상징들을 통하여 반어법으로까지 완곡화되는 것이다.

*

무덤과 어머니의 배라는 정신의 양극, 인간 표현의 운명적 경계선에 대한 연구는 '용기容器'에 대해 전반적이고 체계적으로 살펴보도록 우리를 이끈다. 융은 인도 유럽어에서 구멍에서 잔에 이르기까지의 어원적 도정을 우리에게 간략히 보여준다.[32] 그리스어의 '쿠스토스kusthos'는 움푹한 곳, 품을 뜻하고 '케우토스keuthos'는 대지의 품을 뜻한다. 그리고 아르메니아어의 '쿠스트Kust'와 베다어 '코스타Kostha'는 "아랫배"로 번역된다. 이 어원적 뿌리에 궁륭 혹은 아치를 뜻하는 '쿠토스kutos'와 작은 궤를 뜻하는 '쿠티스kutis', 그리고 찻잔, 술잔을 뜻하는 '쿠아토스kuathos'가 합류한다. 끝으로 융은 각하閣下를 뜻하는 '쿠리오스kurios'를 동굴에서 뺏은 보물을 의미한다고 대담하게 해석한다. 정신분석학자들이 기본적으로 인정하고 있듯이 움푹한 곳은 무엇보다 여성적인 기관이다.[33] 구멍이라는 것은 성적으로 결정되며 심지어 귓구멍까지도 이런 식의 표현 법칙에서 벗어나지 않는다.[34] 따라서 어머니의 품에서 잔에 이르기까지 연속적인 도정이 존재한다는 것을 보여준 융은 전적으로 옳다. 이런 의미의 발전과정 첫 단계는 일단의 '동굴-집'에 의해 이루어진다. 그 이미지들은 거주지이면서 용기이고 은신처이면서 곳간으로서 모성적인 무덤과 긴밀하게 연결되어 있다. 고대 유대인들이나 크로마뇽인들은 무덤이 동굴로 되어 있고 이집트나 멕시코에서는 거주지나 지하 묘지 형태로 만들지만 모성과 연결되어 있는 것은 모두 마찬가지이다. 물론 우선 행했던 것은 동굴의 일차적인 속성인 어둠과 소음과 마력을 구마하고 그 의미를 뒤집으려는 의식적인 노력이었을 것이다. 그리고 동굴의 이미지에는 어느 정도의 양가성이 언제나 남아 있다. "모든 놀라운 동굴"*에는 "고통의 동굴" 형태가 존속한다.[35] 동굴이 하나의 은신처로, 낙원 입구의 상징으로 간주되기 위해서는 낭만주의자들의 전복 의지가 필요했다.[36] 동굴의 통상적인 의미를 뒤집겠다는 이러한 의지는 동시에 개체발생과 계통발생의 영향에 기인할 것이다. 탄생에 대한 트라우마 때문에 원시인은 무섭고 적대적인 위험한 세상을 피해서 어머니의 배를 대체할

* 알라딘의 동굴 같은 것을 말한다.

만한 동굴 같은 곳에 은신했을 것이다.[37] 그러니 한 직관적인 예술가는 "어둡고 축축한 동굴"과 "자궁 내" 세계 사이의 연대를 자연스레 느낄 수 있었던 것이다.[38] 동굴과 집 사이에도 바다의 어머니와 땅의 어머니 사이에 존재하는 정도의 차이가 있다. 동굴이 집보다는 좀더 우주적이고 완벽한 상징이다. 동굴은 민담에서 우주적 자궁으로 간주되며 알, 번데기, 무덤같이 성숙과 내면의 주요 상징들과 아주 가깝다.[39] 기독교 교회는 아티스와 미트라에 대한 통과제의적 숭배의 예에 비추어볼 때 동굴과 지하 납골당과 궁륭의 상징적 힘을 동일시할 줄 알았다. 기독교 사원은 성자들이 영면하고 있는 무덤-카타콤, 혹은 단순한 성 유물함이나 성막聖幕이기도 하지만 동시에 하느님이 다시 태어나는 자궁이며 품이기도 하다. 수많은 교회들은 고대 이교도의 신비 숭배 사원들과 마찬가지로 동굴이나 바위 틈 옆이나 위에 세워졌다. 예를 들어 로마의 성 클레멘테 성당이나 루르드 성당은 델피와 히에로폴리스Hiéropolis와 코스Kos의 전통을 그대로 답습했다.[40] 동굴은 지리상의 완벽한 구멍이며 원형적 구멍으로서 "황혼의 실체들이 활동 중인 닫힌 장소",[41] 다시 말해 어둠이 밤으로 재평가될 수 있는 마술 같은 곳이다.

동굴과 '은밀한 주거지' 사이에는 아주 미미한 차이밖에 없다. 후자는 많은 경우 자리를 옮긴 동굴일 뿐이다. 실제로 인간의 거소들은 기본적인 구멍이라 할 동굴에 의해 마련되었으며 심지어 물리적인 기반이 없는 경우도 그렇게 했다.[42] 클로드는 어머니의 배와 무덤과 일반적인 구멍과 지붕으로 닫힌 거소 사이에는 긴밀하게 맺어진 의미적 동위성이 있음을 밝히고 그에 입각해서 뒤마와 포의 시적 직관을 찾아냈다.[43] 민속학은 심리학을 다시 한번 뒷받침해준다. 중국의 초가집은 선사시대의 동굴처럼 부인이 직접 대지와 소통하면서 지배하는 곳으로서 그 자체 자궁이고 "그를 통해 남성인 불이 나오는 여성-아궁이이다."[44] 조국과 마찬가지로 집을 이렇게 여성화하는 것은 인도 유럽 언어의 문법에서 성을 구분할 때에도 드러난다. 그 예가 라틴어의 '도무스domus'와 '파트리아patria'이고 그리스어의 '에 오이키아ê oikia'이다. 독일어의 중성인 '다스 하우스das Haus'나 '다스 파터란트das Vaterland'는 우발적으로 그런 일이 일어나게 된 것으로서 '휘테Hütte(오두막집)'나 '하이마트Heimat(고향)'는 여성형이다. 그 무엇보다 정신분석학은 거소의 여성성에 민감하고 거소와 관련되어 인간이 만든 것의 여성성에도 큰 관심을 갖는다.[45] 방, 오두막, 궁전, 사원, 예배당 등은 모두 여성화되어 있다. 특히 프랑스에서는 예배당의 여성적 성격이 아주 뚜렷이 나타나 있으며 종종 "노트르담"이라 불리고 거의 언제나 최소한 부분적으로는 성모에게 봉헌되어 있다.

따라서 집은 인간의 육체라는 소우주와 우주 사이에서 2차적 소우주를 구성하면서 어떻게 이루어지느냐에 따라 심리적이고 심리사회적인 진단을 하는 데 매우 중요한 역할을 한다.[46] 우리는 이렇게 물을 수 있다. "네가 상상하는 집을 내게 말해주어라. 그러면 나는 네가 누구인지 말해주겠다." 실제로 자기가 사는 곳에 대해 속내 이야기를 하는 것이 몸이나 한 개인의 객관적인 요소에 대해 말하는 것보다 쉽다. 시인들, 정신분석학자들, 가톨릭의 전통, 도곤 부족의 지혜들은 이를 이구동성으로 인정하고 있다. 집의 상징체계는 물질적 몸과 정신적 코르푸스의 소우주적 집합 모형이라는 것이다.[47] 보두앵은 집의 방은 기관의 형상이고, 어린아이는 자동적으로 창문을 집의 눈으로 인정하며 방과 복도를 내장으로 인식한다는 것을 증명한다.[48] 릴케는 계단을 올라가면서 "피가 혈관을 지나가는 듯한"[49] 인상을 받았고, 우리는 이미 내장처럼 생긴 지옥에 대한 부정적인 가치부여에 대해 살펴본 바 있다.[50] 미로는 종종 악몽의 테마이다. 그러나 집은 안심을 시키는 미로이고 그 신비로움 속에 가벼운 공포감이 남아 있을 수 있어도 사랑받는 미로이다. 사람의 배처럼 생긴 지하실이나 목처럼 생긴

다락방이 의미하는 것은 인간 형태를 한 소우주로서의 집의 존재이다. 그리고 아파트나 오두막의 방의 배열에도 그것은 스며들어 있다. 잠자는 구석방, 식사를 준비하는 부엌, 식당, 침실, 공동 침실, 객실, 창고, 과일 저장소, 헛간, 다락방 등 이 모든 것들은 건축적인 몽상보다는 오히려 인간 신체의 해부적인 요소들에 더 부합하고 있다. 집 전체는 하나의 생명체로서 살아 있는 것이다. 집은 그곳에 살고 있는 사람의 인격을 중복시키는 것이며 그 인격에 의해 다원 결정된다. 발자크는 그 사실을 잘 알고 있었기에 그의 소설들을 그랑데의 집, 『웅크린 고양이』의 집, 보케르 기숙사에 대한 세밀한 묘사로 시작했다. 심리적인 분위기는 정원의 향기, 저 멀리 보이는 지평선에 의해 이차적으로 결정될 뿐이다. 내밀한 전신 감각을 이루는 것은 집의 향기들이다. 부엌의 음식 냄새, 규방의 향기, 복도에서 나는 나쁜 냄새, 안식향 냄새, 혹은 어머니 옷장의 파출리 향 같은 온갖 향기들 말이다.

이 소우주의 내면성은 마치 즐겨 그러듯이 쉽게 중복되고 다원 결정된다. 집은 몸과 짝을 이룬다는 의미에서 개집, 조개껍데기, 양털, 끝으로 어머니의 품과 의미적 동위성을 이룬다.[51] 그런데 그러한 내면성에서 작동하는 것은 무엇보다 "요나 콤플렉스"의 중복이다. 우리는 "아무런 문제도 없는 최초의 안전을 되찾기 위해"[52] 큰 것 안의 작은 집을 원하며, '구석', 어두운 작은 방, 극도로 은밀한 곳, 가장 신성한 장소 등이 맡는 역할이 바로 그것이다. 기도실 역시 그러한 역할을 한다. 중국인과 인도인은 내적인 수행을 위해 거처 중 가장 외딴 곳, "어머니의 품처럼 어둡고 닫힌" 장소에 머물도록 권한다. 빗장과 자물쇠가 그 내면성과 최상의 거소의 비밀을 확고히 해준다. 서양의 『수정 궁전』 이야기가 의미하는 바도 그것이며 거기서는 물과 같은 투명성이 광물로 된 건널 수 없는 장벽 구실을 하면서 그 깊이를 알 수 있게 해준다. 그리하여 요술 상자나 그 내면성의 핵심인 보물을 조심스럽게 보호한다.

따라서 그것이 사원이든 궁전이든 오두막이든 집은 언제나 휴식을 취하는 내면의 이미지이다. "거소"라는 단어 또한 머무는 장소, 쉬는 장소의 의미도 갖게 되며 우파니샤드[53]와 성 테레사에게는 내면이 계시를 얻는 과정의 마지막 결정적 "중심"의 의미를 갖는다. 전기 낭만주의자들에게서 "좋은 야만인들"의 오두막, 황금시대의 노래 속 초가집, 카프카가 애호했던 성이 어느 정도 명확하게 맡는 역할이 바로 그것이다. 물론 이런 내면성은 집의 벽이나 울타리 같은 것들의 외면성에 의해 객관적으로 이중화된다. 집은 "반대세계univers contre"이기도 하며 그로 인해 낮의 몽상을 자극할 수도 있기 때문이다.[54] 한 심리학자는 "사람 사는 건물"의 이중 용처를 잘 지적하고 있다. "집은 건물이다. 하지만 그것은 거처, 가정이기도 하다. 집에는 이중의 상징적 지향이 가능하다. 어떤 이들은 집을 우연히 중심-가정 구실을 하기 전에 다른 목적으로 짓는다. 그러나 다른 어떤 이들에게는—여기서 우리에게 흥미있는 것은 물론 이 경우이다—집이란 원초적으로 중심이며 가정을 나타낸다……. 중심으로서의 집은 합리적인 요인이나 감정적인 요인으로 해체되지 않는다. ……그들은 마천루보다는 오두막에서 더 친근감을 느낀다."[55] 그리고 집이 가장 심오한 의미를 갖게 되는 것은 후자의 경우이다. 그 경우 껍질보다는 씨앗이 중요하다. 마찬가지로 "귓돌"의 이미지와 기독교 경전의 두 집의 비교에 대한 우화를 떠올리게 하는 "본래 건축물"[56]로서의 집은 내가 생각하기에 내면성이라는 근본적 상상체계가 변형되어 나타난 부수적인 의미일 뿐이다.

우리는 여기서 다시 한번 상징을 심리적인 도정, 다시 말해 구도와 몸짓과 연관지어 분류하지 않고 중심 대상과 연관지어 분류하는 것이 불편하다는 것을 확인할 수 있다. 객관적 세계라는 것은 다가多價적으로 상상계가 투사되어 있으며 심리적 도정만이 단순화를 가능하게 해준다. 보두앵이 거처에 대한 명확한 상징체계를 묘사하는 데 실패한 것은 그가 두 페이지에 걸쳐 자신도 모르게 내면의 원형들로부터 계단이 상징하는 "정신적 상승"의 원형으로 옮아갔기 때문이다. 그런데 상승이라는 것은 우리가 이미 살펴보았듯이 사다리, 계단, 승강기, 종탑 어떤 형태를 하고 있더라도 거소와는 전혀 다른 원형 성좌에 속한다. 종탑은 심리적으로는 언제나 교회와 분리된다. 교회 자체는 언제나 중심으로 상상된다. 그러나 집안의 계단은 언제나 내려간다. 다락방이나 계단이 나 있는 방으로 올라가는 행위는 언제나 신비의 중심으로 내려가는 것이다. 물론 그 신비는 지하실의 신비와는 다른 것이겠지만 격리, 물러섬, 내면성 등의 성격을 공유한다. "완벽한 토라짐이 이루어지는 곳, 어떤 증인도 없이 이루어지는 곳"[57]이다. 다락방은 높은 곳에 있지만 선조들의 박물관이며 지하실만큼 수수께끼 같은 귀환의 장소이다. 따라서 "지하실에서 다락방까지"[58]는 언제나 하강과 구멍 파기, 내선의 구도며 집의 이미지를 지배하는 내면성의 원형들이다. 몽상 속의 집은 결코 벽이나 외관이나 첨탑이 아니며 건물도 아니다. 집은 거처이며, 집이 벽의 배치나 바벨탑으로 악용되는 것은 오로지 건축미학의 입장에서뿐이다.

거처에 소우주로서의 중요성을 부여하면, 내면성의 성좌에서 행복한 장소, '낙원 같은 중심'에 그 우선권을 자연스레 부여하게 된다. 낙원 같은 공간의 주제는 자궁 내부의 "무위 안일"의 도식에 의해 미리 형성된다는 랑크의 유명한 명제를 여기서 다시 강조할 생각은 없다. 단지 종교사에서 인간과 인간을 둘러싸고 있는 환경 간의 부드러운 융합이 강조되고 있다는 사실만 상기하기로 하자.[59] 게다가 생식기는 성스러운 장소와 의미상 동위어이다. "자연 풍경과 작은 여성상은 풍요로움과 다산성의 등가적인 두 양상이다."[60] 게다가 거주지는 지리적인 환경과 변증법적인 종합을 통해 긍정적으로 맺어진다. 오두막은 산을 필요로 하고 보르주bordj의 테라스는 적도의 태양을 요구한다. 여신은 신성한 장소를 요구한다. 그리고 이렇게 원초적으로 성스러운 장소는 샘과 물이 있는 곳이면서 신성한 나무나 기둥이 있는 곳이며 그 복사물인 영석靈石이 있는 곳이다. 오스트레일리아의 '추링가churinga'가 그 예로서 그 수직성이 남성적 특징으로 인해 낙원에 풍요성을 부여한다. 성스러운 장소, 신성하면서 완전한 소우주는 성배와 마찬가지로 검에 의해 완성되며—이 장 말미에서 다시 언급할 것이다—그 장소는 실제로 산, 솟은 나무, 고인돌이나 선돌, 종탑 같은 남근과 남성의 상징들을 포함하고 있다. 성스러운 장소의 세 요소, 즉 물과 나무와 입석 중에 후자의 두 요소만이 개별화되며 프르질루스키는 성자의 조각이 석비와 나무 기둥에서 유래한다는 것을 보여주려 애썼다.[61] 하지만 여기서 우리는 무엇보다 은신처이며 지리적인 집합소라고 할 수 있는 성스러운 장소, 랑크가 말하는 장소의 하부구조만을 염두에 두기로 하자. 그 장소는 하나의 중심으로서 산 위에 위치할 수도 있지만 그 본질은 언제나 동굴을 포함하고 궁륭과 은신처를 포함한다. '템플룸templum'[62]*은 점을 치는 하늘을 향해 상징적으로 그 모습을 드러내기 전에 쟁기가 땅 위에 남기고 파놓은 직사각형 모양이다. 중심의 개념이 곧바로 남성적인 요소를 끌어들이기도 하지만 산과와 부인과적인 하부구조를 강조하는 것도 중요하다. 중심은 세상의 배꼽이며 '옴팔로스omphalos'†이다. 그리고 신성한 산에는 게리짐이나 너무나 잘 지어진 이름인 타보르Tabor처럼 "대지의 배꼽"이라는 수식어가 붙어 있다. 셈족의 낙원들이나 후대의 골고다나 예루살렘 역시 이 세상의 신비스러운 배꼽들이다.[63] 바로 이런 자궁적인 성격

* 라틴어로 '신전'을 의미한다.

† 옴팔로스는 라틴어로 '배꼽' '세계의 중심' '방패의 중심돌기'라는 의미를 가진 단어로 중앙 또는 중심을 의미한다. 고대 그리스인들은 그리스를 지구의 중심이라 생각했다. 그중에서도 아테네에서 북서쪽으로 170킬로미터 떨어진 곳에 위치한 델포이는 그리스 신화에 등장하는 '대지의 배꼽(옴팔로스)'이라는 유물을 통해 '지구의 배꼽'이라 불린다.

때문에 한 장소를 신성화할 수 있게 만드는 것은 닫혀 있는 장소이다. 태아를 싸는 막 같은 상징체계를 갖고 있는 섬이나 지평선이 보이지 않게 닫혀 있는 숲들이 바로 그런 장소이다. 숲은 집, 동굴, 성당이 그러하듯이 내면의 중심이다. 닫혀 있는 숲은 신성한 장소를 이루기에 적합하다. 신성한 장소는 언제나 "신성한 숲, 혹은 나무"[64]에서 시작한다. 신성한 곳은 거처의 소우주보다는 훨씬 크게 여성적 내면성의 원형이 우주적으로 재현된 것이다.

원과 사각형의 닫힌 형상들로 이루어져 있으며 그 내부에 신성의 이미지들이 자리잡고 있는 탄트라의 '만다라'는 기호화의 도정에 놓여 있는 신성한 장소를 요약해 보여주는 듯하다. 그것은 말하자면 주머니 안에 든 성소의 상징이며 어디나 쉽게 지니고 다닐 수 있는 미궁의 상징이다. "만다라"라는 단어는 원을 의미한다. 티베트어는 만다라를 "중심"이라고 번역하여 그 깊은 의도를 드러낸다. 그 형상은 꽃, 미궁과 집의 상징체계와 연결되어 있다. 그것은 신들의 "소굴"이며 "궁전"이다.[65] 만다라는 중심에 최고의 신이 군림하고 있는 낙원이며 그 안에서는 제의적인 도치로 인해 시간이 소멸된다. 그로 인해 죽음과 부패의 땅은 썩지 않는 "금강석의 땅"으로 바뀌고 그렇게 하여 "지상의 낙원"이라는 개념을 강조한다.[66] 융과 그의 해석자인 욜란 야코비Jolan Jacobi는 '만다라'의 상징체계가 보편적인 중요성을 지니고 있다는 사실을 강조한다.[67] 그들은 탄트라의 이미지와 흡사한 것들을 여럿 찾아 그 예로 보여주는데 서구 전통에서 야코프 뵈메의 경우, 신석기시대의 원시인들과 푸에블로 인디언의 경우이며, 몇몇 환자가 그려 보이는 그래픽 작품들이나 정상인의 꿈속에 나타나는 이미지들에서도 비슷한 경우를 찾아 예로 보여준다. 두 심리학자는 '만다라'에 대한 다양한 해석들 안에서 중심의 상징체계, 아주 종종 꽃의 형상에 의해 그 의미가 강화되는 중심의 상징이 공통분모로 존재한다는 것을 강조한다. 그러나 이 두 심리학자는 닫힌 원의 상징을 총체성의 상징인 듯이 해석함으로써 그 상징을 약간은 확대 적용하고 있는 듯하다. 물론 원의 형상은 닫힌 밀실이면서 동시에 바퀴를 상징할 수도 있다. 그리고 융이 만다라의 의미에 포함시키고자 했던 총체성의 의미에는 내면성, 안정감 비슷한 것이 들어 있는 것도 사실이다. 사실 내면성은 일종의 충족감으로서 전체화를 향한 강제적 움직임과는 거리가 있기는 하지만 우리로서는 '만다라'에 대한 첫번째 해석은 좀더 신중해야 하고 통과제의적 미궁 속의 내면성 탐색만 의미하는 것으로 보아야 한다고 생각한다. 우주를 4등분하는 계수학적이고 황도적인 개념과 원의 구적법에 입각한 총체화의 논리는 만다라의 신비스러운 형상에서 애초에 배제되어야 한다고 보는 것이다. 만다라의 원은 그 무엇보다 중심이며 부처의 감은 눈처럼 신비적인 닫힘이며 깊은 곳에서 획득한 흡족한 휴식의 상징이다. "심층" 심리학, 특히 융의 심리학이—낭만주의 시에서 이미 전조가 보였으며,[68] 베르그송의 내면의 존재론이 당연히 도달하게 된 그 심층—끊임없이 원의 은유를 사용했다는 것은 우연이 아니다. 융의 심리학을 설명하는 34개의 형상들 중에서 21개가[69] 내면의 신비스러운 중심, 자아, "본래의 의미에서 우리 존재의 중심"[70]이 꿈틀거리고 있는 원의 형상이다. 만일 심리학에서 "심층"이라는 단어 하나만 사용할 수 없게 되더라도 심리학 자체가 불가능할 것이고, "심층"이라는 개념은 심리학이 어디서나 만나게 되는 것이지만 "어쨌든 심층은 우선 빈약한 이미지일 뿐"이라고 말한 바슐라르가 옳은 것은 그 때문이다.[71] 그것이 빈약한 이미지일 뿐인 것은 심층이 가장 원초적인 전신감각의 직관에 의해서 즉각적으로 주어지기 때문이다. 우리 몸의 "심층"은 정신의 심층과 마찬가지로 우리에게는 즉각적으로 내밀한 것이다.

어떤 이들은 닫혀 있는 원형圓形과 각형角形 사이에는 어떤 차이가 있는지에 관심을 가지면서 중심의 상징체계를 보다 섬세하게 살펴보려는 노력을 한다.[72] 바슐라르는 인위적으로 세워진 네모난 은신처와 자연스러운 은신처이며 여성의 배이기도 한 원형의 은신처 사이의 섬세한 차이를 우리에게 잘 보여준다. 그리고 '만다라'의 경우처럼 아주 종종 네모가 원과 합류하는 것이 사실이라 할지라도 게농이나 융, 아르튀스와 바슐라르와 같은 다양한 사상가들이 공통으로 지적하고 있는 미묘한 차이는 염두에 두어야 한다고 본다.[73] 사각형 혹은 장방형으로 닫힌 도형은 방어와 내적인 통합의 주제에 상징적인 역점을 둔다. 사각형의 울타리는 도시의 울타리로서 성곽이나 성벽이다. 그러나 원형의 공간은 정원, 과일, 알, 배의 공간이며 내면의 은밀한 쾌락 쪽으로 강조점이 옮겨진다. 기하적인 몽상에서 완벽한 중심을 나타내는 것은 원이나 구球밖에는 없다. "원주의 모든 지점에서 시선은 내부로 돌려져 있다. 외부에 대해서는 전혀 모른다는 사실 때문에 무사태평이고 낙관적일 수 있는 것이다"라고 말한 아르튀스의 견해는 정말로 옳다.[74] 닫혀 있으며 고른 원형은 탁월한 "편안함, 평화, 안정"의 공간이며 아르튀스는 어린아이들이 소화에 대해 생각할 때 둥근 것을 상상한다고 주장한다.[75] 물론 이러한 구형을 파르메니데스의 완벽성과 혼동하면 안 된다. 여기서의 구형성은 완벽이나 완성이 아니라 둥근 것의 문장紋章적 힘이며 대상을 중심으로 이끄는 힘, "풍요로운 둥근 형태"[76]를 사는 것(생生)을 의미한다. 바슐라르의 현상학이 야스퍼스나 반 고흐, 조에 부스케, 라퐁텐, 미슐레와 릴케 등 각기 아주 다양한 사람들에게 관심을 갖는 것은 그들이 지니고 있는 구형성 때문이다.

끝으로 중심과 그 상징체계를 '밤의 체제'의 커다란 성좌에 연결시키는 또다른 특성이 바로 '반복'이다. 성소는 무한히 증식될 수 있다는 주목할 만한 능력을 갖는다. 종교사를 살펴보면 "중심들"을 쉽게 복사할 수 있다는 것, 성소는 절대적으로 편재한다는 것을 주장하는 경우를 쉽게 찾을 수 있다. "성스러운 공간의 개념은 원초적 반복의 생각을 포함하며 그 반복에 의해서 장소가 변모되어 축성祝聖된다." 인간은 그를 통해 영원한 재시작의 능력을 확인하고 신성한 공간은 신성한 시간의 원형이 된다. 시간의 극화와 시간에 대한 순환적인 상상력은 공간의 중복이라는 원초적 상상력의 실현 이후에나 오는 것으로 보인다. 만다라를 정당하게 수없이 증식시킬 수 있는 것, 같은 신을 모시고 같은 성인들을 모시고 때로는 같은 성유골을 지니고 있는 사원들이나 교회들이 수없이 존재할 수 있는 것은 중심이 편재한다는 이런 상상력 때문이다. 마찬가지로 이슬람 유목민들이 지니고 다니다가 "매일매일의 기도를 위해 동쪽을 향해 땅에 펼쳐놓는" 양탄자는 "가장 단순한 형태로 지니고 다닐 수 있게 성소가 축소된 모습이다."[77] 중심의 이러한 편재성은 원형이 조직될 때의 심리적인 성격을 여실히 보여준다. 심리적 의도와 그 토대가 되는 몸짓에 대한 강박이 객관화 과정이나 실증적 목표에 우선한다.

우리는 이제 상상력이 탄생시킨 가장 풍요로운 상징들 중 하나, 그 의미의 풍요로움으로 인해서 원형과 접경을 이룬다고 말할 수 있는 상징에 대해 내면성과 중복이라는 이중 전망 속에서 묘사해볼 차례가 된 것 같다. 우리가 말했듯이 동굴은 이미 집이며 깊은 몽상을 유도하는 상징이다. 그런데 우리의 상상력 속에서 보다 화려한 상징은 '물 위의 거소'인 작은 배, 큰 배, 방주方舟의 상징이다. 르루아구랑은 나무 기둥을 파서 만든 방주의 원초성과 보편성을 지적한다.[78] 한편 여러 문화의 전통에서 동굴과 방주는 서로 교체할 수 있다. 이란 전통에서 방주는 일종의 지하 동굴로서 "좋은 피조물들을 한겨울의 혹독함에서 보호해주는…… 살아 있는 자에게는 요람이며 의로운 자들에게는 낙원"[79]인 '바라Vara'로 대체되기도 한다. 물론 배는 몹시 다가적인 성격을 가진 상징이기는 하다. 배는 통나무로만 만들어지는 것이 아니라 가죽이나 갈대 등 많은 상징적 뉘앙스를 갖는 다양한 물질로도 만들어진다.[80] 또한 그 방추형 모양새는 물레의 실패를 상기시키거나 달의 끄트머리를 연상시키기도 한다. 따라서 심리적 다원 결정 현상이 아주 다채롭게 펼쳐지며 달을 연상시키는 모양의 배는 최초의 운송 수단이 될 수도 있을 것이다. 이시스와 오시리스는 장례 배를 타고 여행을 하며 이슈타르와 신, 그리고 성서 속의 노아와 폴리네시아의 노아, 『라마야나』에 나오는 태양의 원숭이, 인도의 프로메테우스인 마타리스반Matariçvan (“어머니 뱃속에서 자라는 신”) 등은 모두 사자들의 영혼을 나르고 대재앙의 위협을 받고 있는 생물들의 목숨을 지키기 위해 배를 만든다. 죽은 자의 여행이라는 상징체계는 바슐라르에게 사자가 혹시 최초의 여행자가 아닌지, “카론 콤플렉스”가 혹시 모든 해상에서 모험의 뿌리를 이루는 것은 아닌지, 그리고 죽음은 산 자들의 항해를 부추기는 원형적 “늙은 선장”은 아닌지 의심하게 만들기도 했다.[81] 켈트족의 민담이나 중국의 민담[82] 등에도 그러한 모습은 보편적으로 존재하며 “떠도는 네덜란드인”은 배와 결부된 죽음의 가치가 집요하게 살아남아 있는 예일 것이다. 확실히 이런 식으로 배는 어느 정도 “유령선”의 냄새를 풍기며 죽음의 공포 분위기를 지닐 수밖에 없다.

배로 여행하는 자의 기쁨은 언제나 “물에 빠질 수 있다”는 두려움에 위협받는다. 그러나 결국 승리하는 것은 내면의 가치이며 모세를 여행의 역경에서 “구해주는” 것도 내면성의 가치이다. 그래서 우리로서는 배가 지닌 극적인 성격과 달적인 배와 태양적인 수레를 혼동하게 만드는 배 여행이 지닌 우여곡절들을 무시하고 보호하는 조개껍데기, 닫힌 배, 주거지라는 위안의 원형으로서의 면만 우선적으로 고려할 수 있게 된다. 방주arche라는 단어를 우리는 “초승달”이나 원형 아치의 뜻을 지닌 ‘아르가argha’에서 파생한 것으로 보기보다는 어원적으로 “작은 상자”를 뜻하는 ‘아르카arca’의 파생이라는 점을 강조하고 싶으며 그 단어는 언어적으로, 심리적으로 “나는 품는다”라는 뜻의 ‘아르세오arceo’나 “비밀”[83]이라는 뜻의 ‘아르카눔arcanum’과 같은 족보에 속한다는 점을 강조하고 싶다. 우리가 지금 연구하고 있는 의미적 동위의 성좌들은 용기容器의 성좌이며 이런 주된 성격이 기구의 부동성이나 유동성 같은 것보다 중요하기 때문이다. 기술상으로 고정된 용기냐(탱크, 호수, 큰 통 등등) 움직이는 용기냐(온갖 형태의 바구니나 배 등) 하는 것의 차이는 오로지 인위적 분류로만 이용될 뿐이다.[84] 르루아구랑은 용기의 개념에 세 가지 활동이 녹아 있다고 지적했는데 운반, 내용물의 이동, 모으기이다. 그중 마지막 것을 빽빽한 밀집을 만들어내는 데 있는 내면성의 양태로서 여기서 강조하고자 한다. 바르트는 쥘 베른을 분석하면서 항해와 관련된 근본적인 내면성에 주목했다. 그는 이렇게 썼다. “배는 출발의 상징일 수도 있다. 그러나 보다 깊은 의미로는 울타리의 상징이다. 배를 타고 나가는 것이 주는 기쁨은 언제나 완벽하게 갇힌다는 즐거움이다. 배를 좋아한다는 것은 우선은 가차없이 닫혀 있기에 최상인 집을 사랑한다는 것이다. 배는 운반의 수단이기 이전에 거주지의 하나이다.”[85] 그리고 그는 베른의 배들에는, 그것이 아무리 형편없는 장비를 갖추고 있다 하더라도 사람을 안심시키는 “포근한 구석”이 있어, 예컨대 노틸러스호 같은 배를 “근사한 동굴”로 만들어준다는 점을 밝혔다.[86] 배가 거소라면 보트 같은 작은 배는 소박한 요람이다. 라마르틴의 “작은 배”가 우리에게 보여주는 것이 그것으로서 바슐라르는 참으로 정확하게도 그것을 노발리스의 “축복받은 잠수”에 비교했다.[87] 한가로운 작은 배는 시인에 의하면 시간이 “비상을 멈추는” 닫힌 장소, 축소된 섬으로서 “자연의 가장 신비스러운 관능들 중 하나”를 준다. 그것은 발자크에서 미슐레에 이르기까지 낭만주의자들이 애호하는 주제였으며 미슐레는 라마르틴의 환희를 이어받아 이렇게 썼다. “시간과 장소도 뛰어넘은 곳…… 부드러운 물의 대양 위에서 꿈에 젖는 대양.”[88] 작은 배는 그것이 죽음과 관련을 맺더라도 어머니의 품이라는 커다란 주제에 본질적으로 참여한다. 낭만주의자들의 작은 배는 방주의 내밀한 안정성에 합류하는 것이다. 우리를 환대하는 방주의 안정성이 그 배를 실어가는 심해의 풍요로움을 지닌다는 것을 보여줄 수도 있다. 그것은 다시 태어난 자연-어머니의 이미지로서 홍수에 의해 다시 처녀지가 된 땅에 생명체의 물결을 쏟아붓는다.

기술적인 진보에 의해 새로운 정보를 얻은 현대인들의 의식에서 작은 배는 종종 자동차나 비행기로 대체되기도 한다. 마리 보나파르트는 자동차를 타고 산책하는 행위에 쾌락적이고 성적인 성격이 있음을 주장했다.[89] 자동차는 은신처로서 낭만주의자들의 작은 배와 등가물이다. 그 누구든 카라반이나 닫힌 자동차의 꿈을 꾸어보지 않았겠는가? 『그랑 몬느』의 카라반은 잃어버린 영지의 낯섦과 기묘하게 연결되어 있다. 20세기의 인간이 자동차-은신처, 아주 예쁘고 사랑스럽게 꾸미고 치장한 자동차에 프로이트식으로 집착하는 것에 대해서는 할 말이 꽤 많을 수도 있다. 자동차 역시 하나의 소우주로서 거처처럼 살아 있는 생명체이고 동물이며 인간의 형태를 갖는다.[90] 자동차는 집과 마찬가지로 여성화된다. "트럭"과 같이 아주 무거운 차들도 고기잡이배들처럼 여성의 이름을 갖는다. 자동차 운전기사의 신성한 주인은 혹시 크리스토프 형形이 아닌가? 사공으로서 그가 나르고 있는 짐의 안정을 보장해주며 심술궂은 물로부터 보호해주는 크리스토프.

성 크리스토프는 여행에서 내면의 상징체계의 2차 상징이라고 말할 수 있다. 그는 기호화의 도정에 놓인 상징의 아이콘이다. 그리고 하나의 상징이 아이콘으로 변모되어 표현될 때 종종 그러하듯이 이 경우에도 걸리버화 현상이 일어나는 것을 목격할 수 있다. 실제로 성 크리스토프의 신화에서 선조는 가르강튀아이다.[91] 그리고 가르강튀아의 대중적인 모습에서 그가 '등에 지고 다니는 보따리'가 용기, 소굴의 구실을 한다. 이렇게 걸리버화된 상징적 용기는 기독교 내로도 편입되는데 산타클로스 할아버지의 무궁무진한 선물 보따리와 성 니콜라스라는 인물이 바로 그것이다. 기독교에서 보따리를 지고 다니는 다른 인물이 바로 성 크리스토프인데 그는 켈트 지역의 가르강튀아식 지명의 흔적이 보여주듯 11세기 켈트 지역 거의 전역에 나타난다.[92] 그들은 모두 선량한 거인으로서 14명의 성자–거인 조수의 우두머리인 크리스토프는 여행에서 안전을 보장해주는 역할을 한다. 그 모든 경우에 거인 사공이 등에 지고 다니는 보따리는 대중적 그림과 전설에 의해 아주 초라하게 작아진 배와 다름없다. 우리는 이러한 축소화 현상을 통해서 걸리버화의 과정을 알아볼 수 있는데, 그것은 배에서 보따리까지 이르는 작은 용기들에 대한 몽상으로 우리를 이끈다. 알 껍질, 조개껍데기, 곡물 낟알, 꽃망울, 꽃받침 같은 것들이[93] 작은 용기의 자연적 원형들이라면 상자, 특히 잔 같은 것은 그에 대한 기술적 화답이다. 한편 대우주에서 소우주로 이행하는 과정은 매우 모호하다. 보스의 몇몇 그림에서 볼 수 있듯이 높은 배가 호두껍데기로 만들어지기도 하고 조개껍데기나 거대한 알이 배로 쓰이기도 한다.[94]

우리의 옛날이야기나 소인국에 대한 몽상에서 자주 나오는 호두껍데기의 이미지는 닫힌 싹이라 할 수 있는 '알'과 어느 정도 연결된다. 바슐라르는 "상상력은 우리를 자신의 조개껍데기 안으로 들어가게끔 초대할 뿐만 아니라 진정으로 물러선 삶, 감싸이고 웅크린 삶과 온갖 휴식의 가치를 맛보기 위해 그 어떤 껍질로도 미끄러져 들어가도록 만든다"라고 썼다.[95] 바로 그 점에서 우리는 '조개류'에 대한 최초의 상징적 해석을 할 수 있으며 그 해석은 우리가 순환의 상징체계를 살펴보면서 만나게 될 상징체계와는 사뭇 다른 것이다. 여기서 무엇보다 우선하는 것은 숨을 수 있는 은신처로서의 조개이지 나선 모양의 외관에 의한 명상이나 복족류의 주기적 출현과 사라짐의 리듬에 대한 명상이 아니다. 조개껍데기의 내면성은 조개에 나 있는 많은 구멍들이 노골적으로 성적인 형상을 하고 있다는 사실에 의해 더욱 강화된다. 프로이트는 베를렌의 시에서 조개를 여성의 성기와 동일시하는 것을 발견하고 그에 화답했다.[96] 비너스의 탄생을 모사하는 그림들은 참으로 끈질기게도 조개를 바다의 자궁으로 간주한다.

연금술의 알은 동서양을 막론하고 자연스레 이러한 자궁의 내면성 맥락과 연결된다.[97] 연금술은 '자궁으로의 퇴행'이다. 알의 구멍은 "연금술식으로" 완전히 봉쇄되어야 한다. 그것은 우주의 전통에서 우주의 알을 상징하는 것이다.[98] 이 계란에서 연금술의 배아가 나오고 거기에 "암탉의 집" "무덤" "혼례방" 같은 내면성의 동위성을 확인해주는 여러 이름이 붙는다. 파라셀수스에 의하면 연금술의 알은 "말의 뱃속과 같은 따뜻한 온도를 한결같이" 유지하고 있는 곳에 보관해야 했는데 그것은 그 안에서 자라고 있는 난쟁이의 잉태를 위해서이다.[99] 발렌티누스는 헤르메스에게 말을 하게 한다. "나는 자연의 알이다. 경건하고 겸손하게 나에게서 소우주를 탄생시킬 수 있는 현자만이 나를 알아본다."[100] 한편 융은 '크리스티안 로젠크로이츠의 화학적 결혼에서 12번째 통과제의'에서 알의 상징체계가 "지하 묘소"와 연결되는 의미적 동위성에 주목했다. 입문자는 "삼각형으로 된 지하 무덤을 발견하는데 그 안에는 구리로 된 냄비가 들어 있고 무덤 안에는 비너스가 잠들어 있었다."[101] 그 안에 우주를 품고 있으며, 성소의 기하학적인 소우주-중심인 다산성의 이 알은 어떤 폴리네시아인들에게는 "모든 신들의 선조들로서 영원히 그 껍질 안 어둠 속에 자리잡고 있다."[102] 이 알은 보호받는 싹이라는 특질로 인하여 소생이라는 현실 속 제의와 연결된다. 러시아와 스웨덴의 선사시대 무덤에서 발견된 진흙으로 된 알, 흙과 곡물과 향료로 알을 빚는 오시리스 제의, 유충의 둥지로 쓰기 위해 둥근 공 모양의 알을 만드는 쇠똥구리에 대한 고대 이집트인들의 숭배의식 등은 모두 거기서 나온 것이다.[103] 끝으로 부활에 대한 기독교의식에서 우리는 부활절 계란을 사용함으로써 이 전통적 상징체계를 보존하고 있다. 이 세계라는 신화적 알의 소우주인 연금술의 알 자체도 화금석의 배태를 다스리고 가속화하기 위한 마술적인 과정과 다름없다.[104] 그런데 껍질이라는 이 풍요로운 상징 뒤편에서 우리는 소인과 관련된 내면성과 자꾸 마주치게 된다. 18세기의 "화학자"와 식물학자들이 꿈꾸었던 것도 바로 그런 몽상으로서, 그것이 소우주이든 소인이든 혹은 씨앗이든 부드러운 열기에 감싸인 채 껍질이라는 보호벽 안에 잘 은신하고 있는 존재의 이미지를 우리는 언제나 꿈꾸게 된다.

조개껍데기나 그와 비슷한 것들이 용기나 그 내용의 걸리버화를 의미한다면 '단지'는 인위적인 측면에서 배의 축소물이다. 언어학자인 베르쿠트르는 자신이 쓴 성배에 관한 흥미로운 소책자에서 성배에 관한 전설은 한 가지, 혹은 몇 가지 번역의 오류에 기인한다고 말한다.[105] 그에 의하면 갈리아 지역 유명한 사원의 켈트어식 이름인 "바소 갈라트Vasso Galate"를 라틴어의 '바스vas'로 번역했을 것이다. 마찬가지로 성배Graal가 "구세주의 무덤"으로 불린 것은 라틴어의 '바스'는 "무덤"이라는 뜻을 지니고 있기 때문이다. 끝으로 몇몇 판본에서 솔로몬이 만든 신비스러운 배들을 발견하게 되는 것은 어떤 음유시인이 '바스'를 그가 가끔 가지고 있던 '나비스navis'의 의미로 받아들였기 때문이다. 게다가 검이 등장해 자주 성배와 연결되는 것은 '아르마arma'를 의미하기도 하는 '바스'를 유음類音적으로 해석한 결과이다. 그런 해석이 가능해진 것은 역사적으로 퓌드돔Puy-de-Dôme의 유명한 바소 갈라트에 카이사르의 검이 있었기 때문이다. 그런데 베르쿠트르가 그의 가정에서 유음 현상을 원인으로 삼았든 동형이의同形異義 현상을 원인으로 삼았든 간에, 우리가 주목할 것은 그 오역에서 원형의 견고성을 확인할 수 있으며 다양한 동음이의적 해석 안에 의미의 동위성이 존재하는 것을 확인할 수 있다는 사실이다. 그 많은 오역들은 실재적인 심리적 동인에 의해 다원 결정됨으로써만 존재하게 된 것이다. 즉 사원과 단지vase, 그리고 무덤과 배는 심리적으로 이음동의어이다. 마지막으로 이러한 내면형 상징들이 순환형 상징들과—그에 대해서는 우리가 다음 장에서 다룰 것이다—융합하는 모습이 성배에 그림으로 나타나게 된 것은 그리스도의 피 때문만이 아니라 루크 신—로마의 메르쿠리우스에 해당하는 켈트족의 신—의 조상彫像이 바소 갈라트에 실제로 존재했기 때문이다.(그것은 네로가 세우도록 한 것이다).[106] 그렇지만 당장은 배의 내면성과 사원의 성스러움을 동시에 지니고 있다는 사실에만 초점을 맞추기로 하자.

모든 종교는 희생 제의에 요리 도구들을 사용하며 일반적으로 성찬식이나 성체배령식에서도 그러하다. 키벨레 여신 예배식의 잔, 인도와 중국의 냄비, 켈트족의 은 냄비, 코펜하겐 박물관의 "부활 냄비"—아마도 성배의 선조이며[107] 기독교 성배의 틀림없는 선조이다—, 탄트라의 제의에서 '만다라'와 동일시되는 "승리의 단지", 부상당한 전사들을 위해 음식물을 그 안에 담은 '에다Edda'의 냄비 등 이 모든 것들은 끝없이 열거할 수 있는 신성한 단지의 리스트들에 속한다.[108] 마술사들과 연금술사들도 마찬가지로 냄비를 사용했으며 우리가 앞서 인용했던 환상 속에서 로젠크로이츠가 본 것도 바로 냄비이다.[109] 중국 마술사들이 매일 밤 몸을 웅크려 들어가려 하는 것도 가는 목을 한 호리병이다.[110] 따라서 아주 보편적으로 이용되고 가치가 부여된 이 도구에는 아주 복합적인 상징체계가 특질로 부여되어 있다. 성배에 대한 연구가 보여주는 것도 그러한 복합성이다. 단순히 성찬식의 음식 담는 그릇에서 "어부 왕"에게 생명을 부여하는 부활의 단지로까지 그리고 남성적 검이 그 안에 빠져 피가 흘러나오는 여성적인 잔으로서의 '요니Yoni'에 이르기까지 그 의미는 복합적인 것이다.[111] 검이나 전설 속의 창—그리스도의 옆구리를 찌른 창—이 자주 성배와 연결되는 것은 결코 언어적이거나 역사적인 이유 때문이 아니다. 그것은 게농이 정확하게 보았듯이[112] 심리적 "상보성" 때문이다. 종탑과 지하 납골당, 기둥이나 영석靈石과 샘이나 신성한 호수는 상보적인 것이다. 잔과 결합된 검은 상징적 우주의 총체성을 나타내는 소우주이며 축소판이다. 끝으로 성배의 전설이 여러 다양한 판본의 형태하에 원형적으로 지속되고 있다는 것과 신성한 물체는 어디에나 편재해 있다는 사실을 지적해야겠다. 때로는 요셉 아르마티와 니코뎀므를 통해 직접 영국으로 전해지기도 하고 때로는 에덴동산에서 셋에게 발견되었다가 십자군 원정 때 툴루즈 백작이 재발견하기도 하고 카이사르 점령 시절에는 제노바 공의 손에 들어가기도 한다. 그리고 알비파*의 비극에 연루되더니 1921년에는 발베크의 발굴로 신비스럽게 그 모습을 다시 드러내기도 한다.[113] 그런 전설이 끊임없이 지속되며 그런 대상이 어디에나 편재한다는 것은 이 잔이라는 상징—단지, '그라살grasale'이면서 전통, 거룩한 책, '그라달gradale'—즉 양육을 하며 보호해주는 원초적 어머니의 상징이 얼마나 깊은 의미를 갖고 있는가를 보여준다.

우리는 이 축소된 배인 잔에도 이미지의 '밤의 체제'에 속하는 소화와 영양 지배에 의한 다원 결정 현상이 작용하고 있음을 확인할 수 있다. 용기의 원형에 속하는 것이 소화(성적인 것이 되기 전)의 배腹이며 그것은 우리가 무엇을 삼킬 때 체험하고 지배 반사로 극화된다. 단지에 이러한 소화적인 가치가 부여되기 때문에 모든 그릇들이 '위胃'와 혼동되는 일이 벌어진다. 고대인들은 위를 "내장들의 왕"이라 불렀고 연금술사들은 위의 형태를 본떠 증류기를 만들었으며, 오늘날에도 내장의 생리학적 진실은 무시한 채, 위가 소화를 전적으로 책임지고 있다는 것이 상식으로 되어 있다.[114] 우리가 보기에는 바슐라르의 현상학에서 빠져 있는 연결

* 기독교 이단인 카타르파의 일파.

고리를 이루는 것이 바로 위 모양을 한 인공적 용기인 듯하다. 바슐라르는 배라는 생리적인 이미지에서 곧바로 물이라는 품과 연금술의 수은으로 옮아갔던 것이다.[115] 연금술의 증류기와 화로는 단지—위 혹은 자궁으로서의—의 몽상에서는 필요불가결한 푯말이다. 단지는 소화消化적이고 성적인 배와 액상 음식의 이미지, 생명과 젊음의 묘약 사이의 중간에 놓여 있다. 그 배船가 냄비나 대야, 혹은 사발처럼 속이 깊거나 접시나 숟갈처럼 얕거나 한 것은 아무 상관이 없다.[116] 왜냐하면 능동적이고 수동적인 의미 사이의 상호의미 혼융 작용에 의해 원형적 관심은 용기에서 내용물로 옮아가기 때문이다.

*

용기의 개념은 '내용물'의 개념과 연대되어 있다. 후자는 일반적으로 액체이다. 그것은 물과 내면성의 상징체계를 음식 섭취나 삼킴의 구도와 연결시킨다. 우리는 이 장에서 계속 소화적 하강의 몸짓과 삼킴의 구도가 깊이의 몽상과 내면성의 원형에 이르면서 모든 밤의 상징체계의 바탕이 되고 있음을 확인했다. 음식물 섭취의 몸짓과 음식물에 의한 성체배령(하나되기) 신화는 우리가 삼킴에 대해 살펴보면서 연구한 이중부정 과정의 자연적 원형이기 때문이다. 먹는 행위는 식물성 혹은 동물성 먹이에 대한 공격적 부정을 의미한다. 그러나 그것은 파괴적 관점의 공격이 아니라 실체 변화transsubstantiation를 낳는 공격이다.[117] 연금술은 그 사실을 잘 알고 있었으며 음식물과 그 상징들로 성체배령을 하는 종교들 역시 마찬가지다. 음식물 섭취는 실체의 변화이다. 바로 그렇기 때문에 바슐라르는 "현실은 그 무엇보다 우선 양식이다"라고 확언할 수 있었다.[118] 그 발언은 "우리는 음식물 섭취 행위를 통해 실체의 현실을 확인한다"는 뜻으로 이해할 수 있다. 내면화는 내면성을 전제하기 때문이다. 실체, 파괴할 수 없는 내면성, 어떤 사건을 겪어도 지속되는 그 내면성은 소화에 의한 동화를 의식함으로써만 확보될 수 있다. "수액樹液"과 "소금"은 본질로 향하는 형이상학적 단계이며 결리버화 과정이란 내면에 존재하는 것, 즉 사물의 내면에 지속하고 있는 능동적 원칙이 이미지로 표현된 것일 뿐이다. 원자론—객관이라는 옷을 입은 걸리버화—은 언제나 실체주의적 전망이 세력을 이룰 때 곧바로 다시 나타났으며, 좀 더 정확히 말한다면 실체 자체의 유효성을 이루는 감추어진 "유체" 혹은 "물결"의 이론이 그러했다. 음식 섭취의 필연성은 당연히 이러한 존재론적인 밑그림 안에 통합되며 그렇기에 바슐라르는 "탐식은 동일성 원칙의 적용이다"[119]라고 아주 재미있게 표현할 수 있었다. 우리는 이렇게 표현해보자. 동일성의 원칙, 혹은 실체가 지닌 덕의 영속 원칙은 명상을 통해 음식 섭취에 의한 동화에 최초의 자극을 받게 된다. 그러한 동화는 전적으로 어두운 내장 속에서 진행되는 과정의 은밀하고 내밀한 성격에 의해 다원 결정된다. 왜냐하면 실체의 개념을 형성하는 것은 "최상의" 내재성이기 때문이다. "전前 과학적인 정신에게 실체는 내면을 가지고 있다. 보다 정확히 말한다면 실체는 내면이다."[120] 그리고 연금술사들은 시인과 마찬가지로 단 한 가지 욕망만을 가지고 있다. 내면으로 애정을 갖고 스며들어가려는 욕망. 바로 거기에 뒤집음이라는 정신적 구도의 결과가 존재한다. 내면성은 뒤집는다. 모든 포장, 모든 용기는 실제로 감싸인 실체보다 덜 소중하다고 바슐라르는 지적했다. 가두고 있는 것이 심층적인 특질, 실체의 보물이 아니라 갇힌 것이 보물이다. 결국 중요한 것은 껍질이 아니라 알맹이다. 중요한 것은 술병이 아니라 취기이다. 뵈르하베Boerhave와 야코프 폴레만Jacob Polemann의 연금술뿐만 아니라 『대백과사전』의 "조약돌"에 관한 치머만Zimmermann의 해석이 보여주는 것도 이러한 용기의 반전이다.[121]

원초적 음식물, 원형적 양식은 바로 '젖'이다. "온갖 행복한 음료는 모유이다." 젖은 우리가 "입으로 빠는 최초의 실체"이다. 바슐라르는 "물은 우리의 어머니이니…… 우리에게 그들의 젖을 준다"라는 민담의 이야기를 인용했고[122] 미슐레는 이 젖의 바다의 이미지를 현학적으로 합리적인 설명을 하는 양했으며 플랑크톤을 "물고기를 먹이는 젖"이라고 표현하면서 그런 젖의 이미지에서 곧장 가슴의 이미지를 연상한다.[123] 그를 인용하면서 바슐라르는 물질이 형태를 요구한다고 말한다. 우리로서는 물질을 요구하는 것이 몸짓이라고 말하고 싶다. 테티스는 젖을 빠는 행위tétée의 딸인 것이다.[124]

에드거 포가 애호했던[125] 젖이 주는 편안함은 병리심리학에서 정신분열증을 치료하기 위해 이용된다. 세셰에가 연구한 바 있는 여성 정신분열증 환자의 이야기는 양어머니와 음식물 사이의 주목할 만한 의미적 동위성을 보여준다. 정신 치료에서 사과와 젖과 어머니는 반反분열증적인 신화 속에서 긴밀하게 연결된다. 그리고 어머니는 먹을 것을 주는 큰 동물과 비교된다. "엄마는 내게 굉장한 암소 같았어요. ……내 암소는 신성한 존재라서 그 앞에서 숭배의 몸짓이라도 해야만 할 것 같았어요."[126] 환자는 자신도 모르게 암소 하토르 숭배의 신비적 종교를 체험한 것이다. 어머니-양식에 대한 이러한 경험은 치유의 첫 단계와 일치한다. 환자는 처음으로 무서운 번쩍임과 추상적인 거리—이런 것들이 병의 징후들인데—에서 벗어난 경탄할 만한 실재의 측면에서 대상들을 보게 된다. "이름붙이기 어려운 감미로움이 내 가슴에 넘쳐흘렀다. ……나는 기쁨을 느꼈다."[127] 그리고 이러한 음식물에 의한 행복감이 의사의 어설픈 분석에 의해서 방해라도 받으면 환자는 정신분열적 위기라는 재앙을 맞는다. 그러니까 환자는 치유의 과정에서 신비스러운 관능적 언어를 되찾게 되며 그에게 젖의 이미지는 실체적 결합의 상징 자체이다. 성 프란체스코는 거침없이 썼다. "우리의 주는 사랑으로 가득찬 가슴을 경건한 영혼에게 열어 보이시며 그 영혼을 거두어들여 영혼의 모든 힘을 어머니의 무한히 부드러운 가슴에 포개어 감싸도다. 주는 영혼을 껴안고 그와 하나가 되어 그에 입맞추시고 그 영혼의 그윽한 입술을 주의 감미로운 유방에 밀착시키시도다. 그리고 영혼에 주의 입으로 신성하게 입맞춤을 하시고는 포도주보다 경이로운 젖꼭지를 맛보게 하시도다."[128] 우리는 성 테레사에게서도 비슷한 이미지를 만난다.[129] 그녀는 영혼을 "유방을 가까이한 어린아이"와 비교하여 영혼은 어린아이처럼 어머니가 "입에 흘려주는 젖"에 의해 자란다고 썼다. 그리고 그 영혼에 대해서는 "신성한 가슴을 빠는 일에서 무한한 기쁨만 느낀다"고 썼다. 이렇게 젖과 관련된 형태의 이미지는 위대한 여신[130]에 대한 원시적 신앙에서도 찾을 수 있는데 특히 유난히 크게 강조된 가슴이 음식물의 풍요로움을 암시하는 구석기시대의 작은 조상彫像들에서 두드러지게 드러난다. 게다가 어머니 제니트릭스genitrix는 종종 가슴을 드러내 제공하고 누르는 자세를 하고 있으며 에페수스의 다이아나가 그러하듯이 위대한 여신들은 종종 유방이 여러 개이다.

이렇게 여신에게서 젖으로 양육하는 특성이 강조되면서 어머니의 원형은 아주 빈번하게 '피쿠스 렐리기오사Ficus Religiosas'나 '피쿠스 루미날리스Ruminalis'와 같은 젖이 나오는 나무나 식물과 접합된다. 로마에서는 후자가 신화에 등장하는 암늑대가 쌍둥이를 젖 먹여 키웠다는 장소에 자리[131]잡고 있다. 우리로 하여금 왜 음식의 상징과 요리 그릇들이 식물 및 식물의 주기라는 극적인 원형들—그것들에 대해서는 이 책 제2권 제2부에서 살펴볼 것이다—과 자주 결합하게 되는가를 이해할 수 있게 해주는 것은 젖과 식물로 이루어진 이미지이다. 그 대표적인 식물로는 "영양 풍부한" 무화과나무를 들 수 있다. 무화과는 과일이 열리고 그 즙이 원초적 자양분인 젖을 암시하며 비슷한 식물들로 대추야자, 포도나무, 밀, 옥수수 등을 들 수 있다. 이런 관심을 더욱 확장하면 각기 다양한 문화들에서 음식물이 되는 요소들에 대한 연구를 할 수도 있다.[132] 그리고 그런 연구를 하게 되면 분명 뒤메질의 이야기에 동의할 것이다. 뒤메질에 의하면 로마에서 "제3의 기능을 갖는 신들", 즉 농지와 양육의 신들은 "식료품 저장실"('페누스penus')의 신들이며 경제적 부의 신들인 "페나테스"*와 연관이 있다.[133] 페나테스는 마치 여신의 유방이 그러하듯이 언제나 복수이다. 시간적 안정성이 중복의 개념, 즉 시간을 초월하여 다시 시작할 수 있는 자유의 개념과 연결되듯이 풍요로움은 복수의 개념과 연결되기 때문이다.

여기서 잠깐 시와 신비주의에서 자주 젖과 결합되어 나타나는 '꿀'의 역할에 대해서 언급하기로 하자.[134] 꿀과 젖은 "보나 데아Bona Dea"가 좋아하는 선물이다. 『아타르바베다』의 어머니 여신의 이름은 '마드후카사madhukaça'인데 "꿀 채찍을 든 여신"이라는 뜻이다.[135] 꿀과 젖이 이렇게 결합되는 것은 놀라운 일이 아니다. 채취 문명권에서 꿀은 어머니의 젖이라는 가장 자연스러운 음식물의 자연 유사품과 다름없기 때문이다. 젖이 어머니 내면성의 정수라면 나무 구멍 안에 들어 있거나 꿀벌과 꽃의 품에 들어 있는 꿀은 우파니샤드에서 말하고 있듯이 사물의 심장을 상징한다.[136] 젖과 꿀은 되찾은 내면의 감미로움, 기쁨 그 자체이다.

* 페나테스는 로마의 고대 종교에서 집의 신神이다. 정식으로는 디페나테스 Di Penates라고 부르며, 언제나 복수로 쓰인다. 보통 페누스penus(식량)와 결부시켜 식량을 간수해두는 광 또는 곳간의 수호신에서 유래하였다고 한다. 페나테스는 집·화로, 조상 전래의 저택과 관련되며, 자연 및 고향과 결부되어 있는데, 이는 분명히 페나테스가 그들 전체에 깃들어 있는 영격靈格으로 생각되기 때문이다. 그러므로 여행을 떠날 때에는 페나테스에게 작별 인사를 하였다. 개인의 집에서는 라르 또는 라레스 신과 함께 모셨는데, 라르도 집의 신으로서 나중에는 페나테스와 혼동하기도 했으나 그 기원은 다르다. 라르는 어느 정도 사적인 신의 성질이 짙은데, 노예들은 라르에게만 기도를 하였다. 페나테스 숭배는 후에 국가적 제사로 발전하였다. 팔라티노 언덕 벨리아에는 페나테스 신전이 있었다.

그러나 음식과 음료는 그것이 제아무리 원초적이라 할지라도 금방 정신적인 의미의 순수한 음료나 음식으로 순화되어 심리적이고 원형적이고 신화적인 특질만을 갖는 것이 된다. 신성한 음료인 '소마soma'나 '하오마haoma'가 그것으로서 신성한 대양을 "휘저어 만들거나" 꿀을 발효시킨 후에 얻기도 한다.[137] 신성한 음료의 상징에는 아주 다양한 의미가 함축되는데, 삼킴과 내면성의 구도뿐만이 아니라 부활·소생의 순환적 구도, 나무의 상징체계와도 연결되기 때문이다. 베다 경전들에는[138] 신성한 음료가 때로는 식물로, 때로는 샘으로, 때로는 원초적 정원인 낙원에서 솟아나는 개울로 다양하게 표현되며 이집트의 얕은 부조에는 하토르 여신이 나무 위에 자리잡고 죽은 영혼들에게 영원의 음료를 먹이고 있는 그림이 새겨져 있다. 많은 신화에서 '소마'는 달나무의 과일에서 추출한다. 실제로 다소간이라도 제의와 관련되는 음료들은 대개 식물에서 추출한다. '사코스테마 비미날레'에서 추출한 오늘날 힌두교도들의 '소마', 멕시코와 페루의 '옥틀리occtli', 북아메리카의 '페요틀peyotl' 들이 그러하며 끝으로 포도주가 그러하다. 음료와 잔과 나무의 이러한 상징적 공존에서 우리는 의미가 다른 상징체계에 의해 다르게 전용되는 아주 흥미로운 예를 목격하는 셈이다. 신성한 음료를 매개로 하여 잔의 원형이 나무와 관계되는 신화에 접목된다. 그런 식으로 음료는 식물의 극적이고 순환적인 신화에 통합된다. 샹파뉴 지방의 철학자인 바슐라르는 포도주의 소우주적이고 황도 12궁적인 역할에 주목하면서 "포도주는 가장 깊은 지하실에서 하늘이라는 태양의 행로를 집 안에서 새로이 시작한다"고 썼다. 음식물의 상징체계가 본래 농사의 상상력에 속하는 우주적이고 순환적인 이미지에 완벽하게 물들게 되는 것이다. 포도주는 포도나무처럼 "꽃을 피우고" 살아 있는 생명체로서 포도주 제조자가 보호 책임자가 된다. 그러나 여기서 우리가 관심을 가져야 하는 것은 신성한 음료는 비밀스러운 것이고 감추어져 있는 동시에 젊음의 영약이라는 사실이다. 셈족의 길가메시나 노아의 전통에서 포도주는 분명 이러한 성좌에 속한다. 어머니 여신에는 "포도 그루"라는 별명이 붙어 있다. "포도주의 여인"인 '시두리' 여신은 『오디세이아』에서 바다의 배꼽인 섬 한가운데에 살고 있는 칼립소와 동일인이다.[139] 포도주는 감추어진 생명의 상징이며 의기양양하지만 비밀스러운 젊음의 상징이다. 그로 인해, 그 붉은색으로 인해 포도주는 피를 기술적으로 재생해내는 것이기도 하다.[140] 압착기가 재생한 포도주는 시간의 창백한 도주에 대한 거창한 승리의 표지가 된다. 게일 지방의 '위스키', 페르시아의 '마이-이-세바', 수메르족의 '게슈틴' 등 이 모든 상징들은 "생명수" "청춘의 음료" "생명의 나무"라 불렸다.[141] 신성한 음료와 포도주의 원형은 신비주의자들에게는 젖에 대한 성적이고 모성적인 가치부여와 합류한다. 자연적인 젖과 인공적인 포도주는 신비주의자들의 젊은 환희 안에서 서로 뒤섞이는 것이다.[142]

바로 그 이유로 셈족과 기독교, 특히 만다교뿐만 아니라 남아메리카 인디언이나 게르만족도 성사聖事를 치를 때 "포도주"를 쓰게 된 것이다. 뒤메질은 특히 게르만족에게서 제의적 향연과 주연과 집단 도취가 굉장히 중요한 역할을 담당한다고 주장했다.[143] 발효된 이 음료가 맡는 역할은 인도, 이란의 '소마'나 아프리카와 아메리카에서 제의 때 사용하는 알코올 함유 음료가 맡는 역할과 비교할 수 있다.[144] 이러한 주연의 덕목은 참가자들 간의 신비스러운 유대감을 만들어내는 동시에 우울한 인간 조건을 변모시킨다는 데 있다. 취하게 만드는 음료는 실존의 일상적인 조건들을 없애버리고 술 취한 상태의 신비스러운 통합이 이루어지도록 하는 것을 그 임무로 한다. 뒤메질이 아주 현명하게 지적했듯이 그러한 축제는 대개 "삶이 응축되어 있는 시간"인 겨울에 열린다.[145] 거기서 그 제의가 지닌 내면적 웅크림의 욕구, 엔스타시스enstasis의 욕구가 두드러지게 드러나며 그것은 삶의 축적으로서의 도교의식과 아주 흡사하다. 그리고 게르만족의 주연 풍습에서 우리는 다른 동위적 요소를 발견하게 된다. 그것은 맥주를 만드는 신이 물과 대양의 신인 에지르Aegir이며 신성한 냄비의 수호자인 히미르Hymir는 바다의 정령이라는 것이다.[146]

발효 음료와 술을 빚는 기술에서 빌려온 이미지에 의해 한층 강력해진 음식물에 대한 몽상은 우리를 소화의 최종 귀결—마치 증류의 최종 귀결과 같이—인 금, 연금술사들이 그들의 작은 잔 안에 모았던 '금'으로 이끌고 간다.[147] 물론 우리는 황금빛 외양으로서의 금의 속성에 대해서는 이미 연구한 바 있다. 그러나 지금 우리가 관심을 갖는 것은 실체 자체의 내면적 의미이다. 광택으로서의 의미론은 실체로서의 의미론과는 결코 같지 않다. 빛나는 것이 모두 금은 아니니다. 그 귀금속의 실체는 그것이 온갖 내면성의 상징계라는 데 있다. 보물이 가장 은밀한 방에 감추어진 상자 속에 들어 있는 옛날이야기에서도 그렇고 연금술사들의 내밀한 직관—정신분석학자들이 아주 사소한 차원에서 그에 화답하기는 했다—에 비추어서도 그렇다. 정신분석가에게든 "화학자"에게든 금의 가치는 금빛으로 빛나는 데 있는 것이 아니라 자연적 혹은 인공적 소화를 거쳐 그것이 획득하는 무게에 있다. 증류기는 소화작용을 하고 금은 소중한 배설물이다. 또한 백과사전은 "뷔셀라시옹buccellation"이라는 단어를 "다양한 물체들을 다루기 쉽게 한입에 들어갈 정도로 조각내는 것"이라고 정의하고 있으며,[148] "시바통cibaton"이라는 단어 속에는 이상한 연금술적 절차의 의미가 포함되어 있으니, 그 절차란 금속이 준비되는 과정에 있는 증류기에 빵과 젖을 먹이로 주는 행위이다. "연금술"에게 금속이 음식물이라면 역으로 음식물과 배설물은 분석적 심리에게 보물이다. 거기서 금은 지독한 소유욕과 탐욕의 상징이 되는데 결국 그것은 자연적 배설물의 인공적 복제판이 되기 때문이다.

따라서 여기서 지금 화제가 되고 있는 금은 낮의 의식의 반짝이는 광채도 아니고 금-도금도 아니다. 그것은 연금술의 모든 작업을 하나의 극으로 몰고 가는 근본적인 '소금'이다. 니콜라스 드 로크Nicolas de Locques에 의하면 금은 "내면의 내면이다."[149] '소금'이란 단어는 단지 총칭하는 용어로서 그중 금이 가장 특수하고 소중한 것에 속한다. 연금술사들이 꿈꾸었던 금은 감추어진 내밀한 실체이고 속된 금속aurum vulgi이 아니라 화금석이고 경이로운 돌이고 '보이지 않는 청금석lapis invisibilitatis'이며, '알렉시파르마콩alèxipharmakon'이고 "붉은 염료" "생명의 영약" "금강석의 몸" "황금꽃"이며 '섬세한 몸corpus subtile' 등등이다.[150] 이 모든 용어들은 금이 사물의 실체적 원칙이며 사물의 정수가 육화된 것이나 마찬가지라는 것을 말하고 있다. 실체는 언제나 최초의 원인이며 금과 소금은 최초의 실체이고 17세기의 한 연금술사가 썼듯이 "세상의 씨앗"이며" "사물의 두께"이다.[151] 금은 소금과 마찬가지로 모든 실체주의의 모태가 되는 몽상에 참여하며 그 몽상에는 "집중된" "응축된" "추출된" "즙" 등등의 개념들이 등장한다. 현대의 한 신비주의자는 이미지들이 보여주는 금과 소금을 혼동하고는 금을 집중과 농축의 상징으로 삼았다.[152] 소금과 금이 실체로 간주되는 이러한 꿈의 활동에 은밀하게 걸리버화의 과정과 좀더 섬세해진 침투의 과정, 축적의 과정—깊은 내면성의 상징체계를 특징짓는 것들—이 합류한다.

모든 연금술-화학은 소인국의 것이고 소우주이며 오늘날까지도 얼마나 많은 거대한 기술적 실현들이 애초에는 한 학자의 사소하고 초라한 작업, 한 화학자의 내밀한 자기만의 명상의 덕을 보고 있는가를 알고는 경탄하게 한다. 그런 점에서 '원자'의 원래 의미와 어원적 의미에 대해 꽤 할 말이 있을 듯하다. 원자는 원자론에 의해서 복잡한 퍼즐의 요소가 되기 전에 이미 요지부동의 분리 불가능한 내면성으로 꿈꾸어져왔다. 연금술은 수학적 물리학에 온통 물든 현대 화학보다 훨씬 솔직하게 실체주의적이다. 거기서 걸리버화가 크게 작용하는 것은 미세한 것 안에 돌의 힘이 들어 있기 때문이며 언제나 가장 미세한 양에 해당하는 것이 수십만 배나 중요한 변화를 일으킬 수 있기 때문이다.[153] 소금과 금은 "화학자"*들에게 급변하는 사건을 통해서도 영속하는 실체의 증거이다. 소금과 금은 집중의 결과이며, 그것들은 중심이다. '만다라'는 전 연금술의 과정에서 2차적인 상징으로 간주된다.[154]

한편 소금은 동시에 요리와 음식과 화학의 영역에 속함으로써 원초적 화학 정신†에게는 물과 술과 피와 함께 감각적 대상들을 낳는 존재로 간주될 수 있다.[155] 다른 한편으로는 소금은 금과 마찬가지로 변화하지 않으며 음식물 보관용으로 쓰인다. 따라서 우리는 소금과 그것의 고상한 짝패인 금의 뒤편에서 소화의 구도와 실체적 웅크림의 주제를 다시 발견하게 된다. 이미지의 '밤의 체제'에서 소화는 애초에 긍정적인 가치를 부여받기에 소화의 최종 단계인 배설물이 경멸적인 대상으로 남아 있을 이유는 전혀 없다. 바슐라르는 정신분석학이 그러했던 것처럼 "소화의 신화"에 경도되면서 전 과학적 정신이 '배설물'에 부여했던 중요성에 주목한다.[156] 배설물은 만병통치약으로 널리 간주되었다. 바슐라르는 배설물이 치료 역할을 맡거나 화장품 구실을 하는 10여 개의 예를 들고 있으며 융은 몽골 황제의 분변을 그 신하들이 숭배했던 유명한 예를 보여준다.[157] 그리고 가르강튀아의 서사시에서 배설물은 거인 신이 지나간 길의 흔적으로 가치를 부여받는다. 수많은 무덤, 작은 언덕들, 흩어진 돌더미들과 강, 늪과 연못들에 가르강튀아의 배설물 이름이 붙어 있다.[158] 이 마지막 예에서 우리는 용기와 내용물의 동위성을 재확인하게 되는데, 거인은 자신의 자루에서 바위들과 선돌들, 유성들을 꺼내어 여기저기 던지고 그 결과 프랑스와 스위스에는 그와 관련된 지명이 300개도 넘게 남아 있다.

* 연금술사를 의미한다.

† 연금술을 의미한다.

따라서 아주 자연스럽게 화학적 소화의 내밀한 결과인 금은 원초적으로 귀중한 실체인 배설물에 동화된다. 배설물로서의 금의 추상화抽象化인 실체는 구두쇠 근성이라는 특성과 연결된다. 구두쇠 근성이란 정신분석적인 관점에서 본다면 배설물과 금으로 표시된다. 실체주의적인 사고는 구두쇠적이며 보다 정확히 말한다면 바슐라르가 썼듯이 "모든 사실주의자들은 구두쇠이며 모든 구두쇠들은 사실주의자이다."[159] 그리고 그가 배설물과 함께 실체에 긍정적인 가치를 부여하는 경향을 "아르파공 콤플렉스"라고 이름붙인 것은 아주 정확한 것이다. 배설물로서의 보물에 구두쇠적인 가치를 부여하는 모습은 융이 항문 탄생의 주제—이 주제는 아이들의 몽상에서 자주 나타난다—와 연결지은[160] 몇몇 종교적 노이로제에서도 발견된다. 아이들에게 배변은 하나의 생산 모델로 여겨지고 배설물은 인간이 생산한 최초의 산물이라는 의미에서 가치를 부여받는다. 한편 아이들에게 성적인 것은 아직 차별화되지 않아 성이 혼란스럽게 몸의 "뒤편에" 위치하고 그 결과 성을 자주 분뇨 취미와 혼동한다는 것을 우리는 알고 있다. 수많은 창조 신화에서 진흙이 갖는 역할이 바로 그 사실에서 유래한다. 뒤쪽에서 탄생하는 것은 데우칼리온Deucalion 전설의 돌 던지기 모티프를 상기시켜주며 닥틸로스도 요정 안키알레가 뒤로 던진 먼지에서 태어난다.[161] 융 역시 노이로제적인 몽상과 꿈에서 배설물이 보물의 "표지점"으로 사용된다는 점을 지적했다.[162] 그리고 옛날이야기들에서 배설물과 관계되는 모든 내용이 추방된 것처럼 보이더라도 매력적인 공주가 치장하고 있는 보석들은 여성성의 직접적인 상징으로 남아 있다.[163] 배설물에 부정적인 가치를 부여했던 위고도 『레 미제라블』에서 "우리의 금이 퇴비라면 우리의 퇴비는 금이다"라고 선언하면서 배설물을 금과 연결시킨다. 하지만 위고의 이런 모습은 지극히 예외적이며 그는 금방 금의 주제를 경멸하는 사디즘적인 모티프로 옮겨간다. 이렇게 금과 배설물을 연계짓는 것은 낮의 사고에게는 받아들이기 어려운 것이기 때문이다. 우리는 여기서 다시 한번 가치가 뒤집어지는 좋은 예를 만난 셈이다. 배변은 낮의 사고에게는 한껏 경멸스럽고 혐오스러운 것인 반면에 '밤의 체제'에게는 배설물이 경제적 가치를 지닌 금속의 표준과 뒤섞이며 때로는 천상의 가치—물론 그때의 하늘은 밤하늘이지만—와도 뒤섞이는 것이다. 한편 융은 게르만족과 인도에서 유성과 관련되는 표현들을 통해 아주 흥미로운 예들을 보여준다.[164]

뒤메질이 게르만족의 "생명력의 신화들"과 풍요의 신들에 관해 금의 상징체계를 연구한 것은 아주 의미가 깊다. 그는 금이 양가적인 가치를 지닌 실체라고 지적한다. 부富의 모티프이기도 하면서 동시에 불행의 근원이라는 것이다. 보물은 바니르 신족에게 따라다니는 속성으로서 매장과 연결되어 저세상에서의 안정과 부를 보장해준다. 종종 감추어진 금은 작은 궤나 그릇 속에 담기는데 늪에 감추어진 '사가 뒤 스칼데 에질Saga du scalde Egill'[165]의 금 같은 것이다. 전설 속에서 보물에 따라다니는 이러한 액세서리들이 금을 내면의 상징 속에 포함시키기 쉽게 만드는 역을 맡는다. 한편 뒤메질은 "금의 힘"을 뜻하는 '굴바이크Gull-veig'와 "발효음료"를 뜻하는 '크바시스Kvasis' 사이에 언어적 근친성이 있음을 지적한다. 두 단어의 어근인 '바이크'는 디오니소스적인 활력을 뜻한다는 것이다. 특히 그는 전사로서의 영웅과 부유한 사람 사이에 존재하는 근본적 대립을 보여주면서 영웅이나 영웅의 정화에 숙명의 금인 '센수스 이네르스sensus iners'가 얼마나 부정적으로 간주되었는가를 설명한다.[166] "라인의 황금"이나 하르모니아의 목걸이에서 테베의 불행이 야기되는 것이다. 카이사르 자신도 게르만 전사들이 금에 대해 지독한 혐오감을 가지고 있다는 사실을 지적한 바 있다.[167] 게르만인들은 황금시대가 풍요의 신이며 땅의 신 프레이의 변형들인 프로디Frôdhi 혹은 프로타Frotha의 비호를 받는 것으로 여겼다. 따라서 전사의 정복과 검 쪽으로 극화된 문명, 평온과 부 쪽으로 극화된 문명이 신화적 사이클에 따라 교대해왔다고 볼 수 있다.

뒤메질 저술의 중요한 한 부분은 이렇게 상호모순되는 심리사회적 열망이 조화롭게 뒤섞이는 경우에 대한 연구로 이루어져 있다.[168] 로마의 경우 이러한 섞임은 사비나족과 로마족의 역사적 동화 과정에 의해 상징적으로 나타난다. 유피테르와 마르스가 보호해주는 로마인들을 사비나족과 구별시켜주는 것은 그들이 '오페스opes', 즉 부(재산)가 없다는 것이다. 반면에 사비나족들은 떠돌이 로마인들의 '이노피아inopia'를 경멸한다. 사비나족의 우두머리인 티투스 타티우스가 무녀 타르페이아를 유혹하고 타락시킨 것은 황금의 매력을 앞세워서이다.[169] 적대적인 두 민족 간의 전설적인 화해 이후, 사비나족은 로마족에게 농경 숭배의 토대를 세워주었고 그 결과 나온 것이 퀴리누스 숭배이며 뒤메질은 그 신에 대해 유별난 관심을 보인다.[170] 따라서 전설 속의 사비나족은 전사의 도시에 새로운 가치, 특히 여성과 금에 대한 재평가를 도입한 것이다. 이러한 신화적 융합을 통해 전투적이고 법치적이면서 동시에 농사적이고 가정적인 유명한 로마 문명의 균형이 있게 된 것이다. 이렇게 로마는 서구에서 탁월한 정치적 모델이 된다. 그 점에 관해 로마를 상징하는 도상들이 얼마나 집요하게 서구에서 살아남아 이어져왔는가를 연구해보는 것도 아주 흥미로운 일일 것이다. 검이나 풍요의 뿔은 오늘날까지도 사라지지 않고 이어져 유럽 국가들의 모든 동전에 새겨져 있다. 마르스와 퀴리누스의 문양이 그렇게 끈질기게 생명력을 유지한다는 사실은 유명한 도시의 전설 속 역사가 실은 인류학적인 구조의 신화적 투사일 뿐임을 우리에게 알려준다. 전사족들이 부유한 사비나족들에게 보냈던 경멸의 시선은 악을 "여성 및 금"과 동일시하는 온갖 인도 유럽의 전통에 그대로 새겨져 있다.[171] 그것은 유일신 종교와 배타적인 가치관이 "다원적인" 신들과 가치관에 대해 가지고 있던 전통적인 적대감과 같은 것이다. 라레스와 페나테스는 언제나 여럿이다. 인도에서는 제3의 계급에 속하는 신의 이름이 "바수Vasu"인데 어원적으로 "부유함"을 의미하는 단어와 가깝다.[172] 상상력의 두 체제의 대립은 게르만 전설에서 바니르 신족에 대한 아스 신족의 싸움에서도 발견된다. 타르페이아의 전설은 "황금에 취한" 사악한 마술사인 굴바이크의 전설과 아주 비슷하다.[173] 모든 균형 잡힌 사회는 애초에 전사들의 사회였다 하더라도 그 안에 일정 부분 밤을 지니고 있어야 한다. 그런 식으로 게르만족은 니외르드Njördhr 숭배 신앙을 지니고 있었다. 그는 대지 모신과 평화의 신이다. 그 축제일이면 전사들은 무기는 물론 쇠로 된 어느 것도 만지면 안 된다. 니외르드 신의 날은 '평화와 휴식pax et quies'의 날인 것이다.[174] 마찬가지로 로마에서도 정화의 불에 필적하는 신앙이 있었다. 사비나족의 토속적인 위대한 여신인 포르투나 숭배 신앙으로 케레스, 헤리에, 플로라, 헤라 혹은 유노는 이름만 다를 뿐 같은 여신이었다.[175] 타르페이아를 타락에 빠뜨린 사비나족의 티투스 타티우스가 풍요의 여신 숭배를 퍼뜨린 장본인이라고 말해도 될 것이다.

게르만에서나 마찬가지로 로마에서는 제도와 신앙들이 뒤얽혔을지라도 대립되는 두 정신이 지속적으로 존재해왔으며 '낮의 체제와 밤의 체제'의 견고성을 증명해줄 정도로 상상력의 구조로서의 이미지가 뚜렷하게 대립했다. 우리가 방금 잠깐 암시한 역사사회학적인 연구는 앞 장에서 부각시킨 커다란 상징적 두 체제의 심리적 대립을 그대로 보여준다. 다시 반복하지만 그중 하나는 '상승적이고 분열적인 구도' 주변을 움직이면서 정화적이고 영웅적인 이미지들을 낳는 체제이며, 다른 하나는 반대로 '하강과 웅크리기의 몸짓'과 일치하면서 신비와 내면이 이미지들로 집중되어 끈질기게 보물과 휴식과 모든 지상의 양식을 찾아가는 체제이다. 정신의 이 두 체제는 완전히 이율배반적이어서, 로마와 게르만과 인도의 복잡다단한 제도와 역사적 격변 속에서도 완벽하게 구별되며 그 구분은 전설 속에 간직되어 있다.

*

우리는 이 책의 첫 장에서 영웅적인 의식, 표현의 '낮의 체제'가 어떻게 "여성과 금"을 공포와 혐오에 사로잡혀 몰아내는지를 살펴본 바 있다. 그 체제는 이율배반을 강조한다. 분열적인 태도의 본령은 뚜렷하게 나누고 구별하고 분열 형태적 구조를 활성화하는 데 있기 때문이다. 그것이 상상력의 '낮의 체제'를 진정한 대조법의 체제로 만든다. 균형을 맞추려면 이번 장은 아마도 '밤의 체제'와 내면성과 깊이의 구도가 배제한 상징들과 가치들을 묘사하면서 마무리를 지어야 했을지도 모른다. 그것은 아마도 정복자 로마에 대한 묘사를 사비나족의 관점에서 더 길게 진행하는 형식이 되었을 것이다. 그것은 아마도 세셰에가 다루었던 환자를 무섭게 했던 것에 비견할 만큼 광장 공포증에 의한 지옥의 묘사 비슷한 것이 되었을 것이다.[176] 휴식과 깊이에 적대적인 세계의 부정적인 특질들은 피상적임, 메마름, 청결함, 빈곤, 현기증, 어지럼증과 배고픔 등이 될 것이다. 그리고 밝음, 구별, 현실의 무게에서 완전히 벗어난 이상론, 상승 등등 앞에서 혐오감을 느끼는 철학적이고 종교적이고 시적인 표현들을 모으는 일은 그다지 어렵지 않을 것이다.[177] 그러나 내면성의 가치를 공포하고 의식의 중복과정이 가져오는 무한한 연결과 섞임을 희구하며, 이중부정의 섬세한 과정을 통해 부정적인 순간을 통합하려 한다는 점에서 정신의 '밤의 체제'는 구별에 입각한 낮과 태양의 세계보다는 논쟁적이지 않다. 평안과 부유함을 즐기는 마음은 결코 공격적이지 않으며 그 마음은 행복을 향해 있지 정복을 꿈꾸지 않는다. 화해의 마음은 '밤의 체제'의 표지이다. 우리는 이런 마음이 낮의 이미지와 밤의 형상들이 혼합되어 있는 종합적이고 극적인 우주론까지 이르게 된다는 것을 뒤에서 살펴볼 것이다. 지금으로서는 밤의 상징들이 결코 낮의 표현들을 체질적으로 제거하지는 않는다는 것을 확인했을 뿐이다. 완곡화와 반어법은 대조법의 용어 위에만 그 토대를 두며 다른 용어를 평가절하하는 일은 일어나지 않는다. 완곡어법이 대조법을 피하는 것은 오로지 다시 자가당착에 빠지기 위해서일 뿐이다. 밤의 시는 "어두운 밝음"을 용서한다. 밤의 시는 자연으로 넘쳐흐르고 그렇기에 너그럽다. 사비나족에게 싸움을 건 것은 로마족이다. '이노피아'만이 실제로 제국주의적이고 전체주의적이고 분파적이다.

제3장

상상계의 신비적 구조들

우리는 '낮의 체제'의 구조들을 설명하는 장에 붙였던 제목과 균형을 맞추기 위해서, 도치와 내밀성의 상징들을 통해 연구했던 밤의 구조들을 요약 설명하는 이 장의 제목에 "점착형 구조들"이나 상상력의 "집착형 구조들"이라는 제목을 붙일 수 있었다. 사실 우리는 '밤의 체제'의 구조들이 집착증이나 집착형 성격장애 유형의 징후나 증상, 심지어 뇌전증적 징후와 가깝다는 사실을 인정할 것이다. 하지만 상상계가 비록 병리학적이긴 하더라도 상상계의 구조들이 하나의 유형학을 포함하는 것은 아니라는 사실을 지금부터라도 지적하고 싶었다. 바로 그런 이유로 해서 우리는 신경병리학자들이 만들어놓은 개념들보다는 덜 과학적이고 더 애매모호한 "신비적"이라는 용어를 선택하였다. 이 신비적[1]이라는 형용사에 결합의 의지와 은밀한 내면성에 대한 어떤 취향이 포함되어 있는 가장 일반적인 의미를 부여할 것이다.

도치와 내면이라는 상징의 상상력이 분명하게 드러내주는 첫 번째 구조는 심리학자들이 '중복'과 집착증이라고 부르는 구조이다. 우리는 이중부정을 사용하는 완곡화 과정이 본질적으로 얼마나 중복의 방법이었는지를 살펴보았다. 내밀성이란 사실상 요나의 끼워 넣는 몽상들의 종착지에 지나지 않는다. 밤의 몽상의 깊은 곳에는 근본적으로 변하지 않는 마음, 친근하고 부드러운 이미지들에서 나오기를 거부하는 마음이 존재한다. 바로 이 구조가 스트룀그렌E. Strömgren[2]이 집착증에서 근본적인 특성을 보았을 때 집착형 성격장애에서 추출해낸 구조이다. 로르샤흐가 테스트할 때 이해된 부분들을 고집하는 것은 집착증의 근본적인 증상이다. 테스트 도판 일부분은 위치가 바뀌었어도 세 번 네 번 다시 집어 들고 해석된다. 종종 집착증은 같은 말을 반복하는 유형이다. "그래서 종종 이해된 부분을 고집하는 것과 '마찬가지로, 다른 면에서는……' 같은 단어들의 균형 사이에는 어떤 특징적인 관계가 있다."[3] 이 균형은 더이상 대조법의 균형이 아니라 유사 사이의 균형이다. 이중부정에서 부정을 고집하는 것은 바로 이 유사의 균형과 다름없다. 즉 의식하지도 못하는 사이에 "~도 마찬가지고 ~도 마찬가지고"에서 "~도 아니고 ~도 아니고"로 넘어간다. 더욱 특징적인 집착증[4]에서는 테스트의 어떤 요소들을 극단적으로 밀고 나가는 상동증常同症*이 나타난다. 예를 들어 해부학적 대답을 하는 상동증이나 얼룩 형태-색채를 반복 대답하는 상동증, 혹은 아주 분명하게 뇌전증 증상인 세부를 확대하여 고집스럽게 보는 것들이 있다.

본래 뇌전증의 경우에서 로르샤흐 테스트가 밝힌 세 가지 증상 중 하나는 거드햄A. Guirdham[5]이 '지각 집착증'이라는 이름으로 연구한 바 있는 "집착증과정"이다. 이 현상은 실험 대상자가 지능에는 아무런 손상이 없는데도 테스트를 할 때마다 매번 도판에서 같은 부분을 선택하고 다르게 해석하는 현상이다. 예를 들

* 상동증은 정신분열증 환자 등에서 흔히 볼 수 있는 증세로서 행동 이상의 하나이다. 손을 되풀이해서 상하로 흔들거나, 방 안에서 쉬지 않고 왔다갔다하는 등의 동일행위(상동행위)를 주위의 상황에 관계없이 계속 반복하는 것으로, 같은 말을 되풀이하거나(상동언어) 같은 자세를 계속 유지하는(상동자세) 경우도 있다. 이들의 행위는 환자로서는 뜻이 있을지 모르지만, 타인은 그 의미를 알아낼 수 없는 경우가 많다.

면 어떤 대상자는 같은 얼룩 형태의 모든 섬들을 고집스럽게 지각하고 또다른 사람은 둥글게 튀어나온 부분에만 민감하게 반응한다. 이 현상에는 지각 집착증과 표현의 불규칙성이 존재한다. 마찬가지로 뇌전증 환자의 경우에는 지각과 해석에서 동시에 집착증을 보이는 경우도 있다. 이것이 보베Bovet가 "주제의 점착성"[6]이라고 부르는 경우이다. 주제의 점착성은 하나의 주어진 해석을 고집스럽게 정확하게 반복하면서 나타내는 것이 아니라, 해석들 사이에 동형성을 가지면서도 주제를 변형시키면서 표현한다. 예를 들면 도판의 한 부분을 "개의 머리"라고 해석했다면, 그다음에는 다른 도판들에 대해 다른 해석을 하면서 거의 같은 의미론적 내용의 범주를 고집하는 경우를 말한다. 그래서 그후에는 "말의 머리" 또는 "뱀의 머리" 같은 해석들이 계속된다. 만일 환자가 다른 주제, 꽃이나 지리적인 주제로 해석하기로 결심한다면 이 주제는 한동안 다시 계속 반복해서 나타날 것이다. 하지만 "주제의 점착성"이나 '지각 집착증'은 사실 이미지의 '밤의 체제'에 고유한 동형의 용기를 끼워 넣는 구조이면서 내밀성의 강박관념이나 마찬가지라는 사실이 보이지 않는가? 우리가 바다에서 삼키는 물고기로, 삼키는 자와 삼켜지는 자로, 지하 무덤의 대지에서 동굴로 그리고 집과 모든 형태의 용기들로 그렇게 쉽게 넘어가는 앞의 모든 장들은 상상계의 활동에서 나타나는 것처럼 로르샤흐 테스트의 도판들을 지각하면서 나타나는 일종의 재현의 일반적인 구조를 예시한 데 불과할 뿐이다. 모든 경우에서 이러한 재현은 원초적이고 어머니의 내부에서 느끼는 소화적 편안함을 고집스럽게 지속하려는 것처럼 보인다.

마찬가지로 이러한 집착증을 통해서 우리는 앞 장에서 끊임없이 나타났던 용기와 내용물의 혼동, 존재와 동사에서 능동적 의미와 수동적 의미의 혼동을 이해할 수 있다. 사실 순수한 행동 자체의 의미 없어 보이는 이미지의 밑바탕에는 능동의 형태나 수동의 형태, 즉 어떤 행동을 어떤 주체에게 부여하느냐의 차이가 존재한다. 행동 그 자체의 풍부한 지속성은 실사적 혹은 형용사적 명칭을 무시하게 한다. 이러한 집착증의 구조는 용기와 내용물이 끼워 넣기의 동사적 의미를 무한한 통합으로 뒤섞는 일종의 모든 놀이에 형태를 부여한다. 물질적으로 모성이나 거주지, 그리고 머무는 곳에 감동적으로 집착하는 것은 종종 대지나 깊이 그리고 집의 이미지로 표현된다. 민코프스카 박사가 뇌전증 질환이 있던 화가 반 고흐에 대해 고집의 도상학을 강조한 것은 결코 우연이 아니다.[7] 농부들이 감자를 먹는 네덜란드의 실내, 목사 아버지의 정원들, 아를의 방, 새들의 집, 누에넨의 초가집, 그리고 대지가 모든 것을 덮치고 조금씩 하늘을 삼켜가는 프로방스의 풍경들은 반 고흐가 동생 테오에게 보여주었던 집착을 잘 반영하고 있다.[8] 그러므로 같은 구조가 이미지들의 연결 층위에서는 중복, 이중부정, 그리고 반복으로 나타나고 지각의 구성 층위에서는 지속증으로 나타난다.

두번째 구조는 첫번째 구조의 당연한 결과인데 밤의 재현 스타일에서 '점착성'과 '끈적거림'이다. 게다가 바로 이 특성이 심리학자들이 접착제, 아교, 풀 등에 뿌리를 둔 명사들[9]로 몇몇 심리적 유형들을 명명했을 때 그들을 놀라게 한 특성이다. 이 점착성은 사회적, 감정적, 지각적 그리고 재현적 영역 등 다양한 영역에서 표현된다. 우리는 이미 더이상 구분되는 것이 아니라 한 주제에 대해 서로 뒤섞이는 변주로 이루어진 사고를 지배하는 주제의 점착성이 얼마나 중요한지 보았다. 집착증은 항상 "거의 분리할 수 없음"[10]을 증명하고 있다. 이 집착적 점착성은 사회적인 층위에서도 나타난다. 크레치머E. Kretschmer는 이 주제에 대하여 집착증의 "과사회적 증후"[11]로 이야기하였고, 로르샤흐 테스트에서는 "얼룩 형태-색채"의 대답은 대부분 감정적 점착성의 지표일 것이다.[12] 마찬가지로 반 고흐에게서도 끊임없이 친구관계를 맺고, "친우들의 집"에서 거의 종교적인 모임을 만들고, "화가 연합"을 결성하고 싶어하는 걱정하는 마음을 발견한다.[13] 하지만 무엇보다도 점착성이 나타나는 것은 바로 표현의 구조에서이다. 민코프스키는 "뇌전증 환자"에게 모든 것은 "서로 연결되고 뒤섞이며 달라붙고", 바로 그 점에서 우주적 그리고 종교적 세계를 향한 자연적인 연장점을 찾는다는 사실을 잘 보여주었다.[14] 그래서 "뇌전증"은 정신분열적 "스팔퉁"과 대립되는 구조일 것이다. "반 고흐는 같은 특성을 갖고 있는 많은 다리를 그렸다. 즉 '다리'에 강조점을 준다."[15] 다른 한편으로 반 고흐의 모든 문학작품이 강렬한 종교적 염원에 사로잡혀 있다는 것은 잘 알려져 있다.[16] 글로 표현되는 연결과 점착성의 '밤의 체제'는 주로 동사들로 표현되는데, 주로 분명하게 점착성 구조를 나타내는 의미들, 예를 들면 다시 매다, 연결하다, 용접하다, 연관짓다, 접근시키다, 매달다, 나란히 놓다 등등의 동사들에 의해 표현된다. 반면에 정신분열적 표현들은 동사보다는 명사나 형용사에 의해 지배된다. 정신분열적 표현들은 애매모호한데, 왜냐하면 우의적 형태의 추상화를 지향하기 때문이다. 반면에 점착성 표현은 혼동을 일으키고 동사들이 풍부해지고 세부를 정확하게 묘사하려고 하는 경향이 있다.[17] 여기서 우리는 또 표현되는 행동의 중심 구도와 연관지어 동사적 태態의 미분화 증거를 읽어낼 수 있다. 다른 한편으로는 점착성 표현들은 주로 "~위의" "~사이의" "~와 함께" 같은 전치사들을 선호해서 사용하고, 논리적으로 분리되어 있는 대상들이나 문체들을 서로 연결시키려는 모든 표현들을 선호한다. 민코프스키는 이 분리에 대한 병적인 공포 때문에 로르샤흐 테스트 때에 분명하게 얼룩 형태와 색채들이 객관적으로 구분되어 있는데도 그 둘을 혼동하여 변형시키려는 경향으로 나타나고 있음을 지적하고 있다.[18] 그래서 여덟번째 도판에서 뇌전증 환자는 회색 점, 붉은 점, 동물 얼룩 형태의 세 요소가 분명히 구분되어 있어도 "이것은 회색 점에서 붉은 점으로 기어 올라가는 동물"이라고 세 요소를 연결해서 본다. 또 아홉번째 도판에서는 세 가지 요소가 서로 병치되어 색이나 얼룩 형태가 아무런 연관성이 없어도 환자는 "이것은 양의 머리이고, 음, 이건 불이고, 그럼 이것은 양의 머리에서 불이 나는 겁니다"라고 대답한다. 민코프스키가 결론을 맺듯이 우리는 이 대답들에서 "도판의 이런 부분들이 우리에게는 각각 다 정확하게 구분되어 보이는데도 이 요소들이 병치되어 있다는 이유만으로 서로 상관관계 없는 요소들을 연결시켜서 뭉뚱그려 보려는 경향의 표현을"[19] 볼 수 있다. 이렇게 구분짓거나 고립되기 싫어하는 특성이 바로 반 고흐 회화의 스타일에서 보이지 않는가? 종종 해바라기를 그리는 이 화가의 작품을 우리는 "우주적"이라고 명명하곤 했다.[20] 사실 첫눈에 보더라도 쇠라의 분석적 테크닉과 반 고흐의 소용돌이치는 회화를 구분지어주는 것은 무엇보다도 회화에서 마티에르의 연관관계이다. 즉 반 고흐의 그림은 붓으로 그림 전체를 빗질한 듯하고, 부드러우면서도 광포한 물결에 휩쓸려버린 듯하다. 반 고흐의 회화적·조형적 세계는 쇠라의 정신분열적 분석 개념과는 대립되고, 달리의 강박관념적이고 구체적인 회화, 즉 정확하며 형태적이고 파편적이고 강한 세계와도 대립되며, 몬드리안의 기하학적 추상과도 대립되는 점착질의 지배를 보여주고 있다.[21] 게다가 바로 반 고흐와 그의 제자들인 야수파부터 유화는 더이상 투명한 운반체로서가 아니라 점액질의 끈적끈적한 반죽에서 시작하게 된다.[22] 하지만 무엇보다도 강조해야 할 점은 이 점착 구조가 '반어법', 즉 완곡화를 극단으로 밀고 나간 바로 그 문체라는 것이다. 우선 우리가 정신분열 구조를 대조법의 구조나 대립적 과장법으로 정의할 때, 다른 면에서 연결짓고, 차이들을 완화하고 부정에 의해 부정적인 요소를 섬세하게 가다듬고 싶어하는 욕구는 반어법이라고 부르는 극단적으로 밀고 나간 완화법의 구성요소이다. 신비주의 언어에서 모든 것은 완화된다. 즉 추락은 하강이 되고, 먹기는 삼키기, 암흑은 밤으로 부드러워지고, 물질은 어머니 그리고 무덤은 행복한 장소와 요람으로 변한다. 그래서 위대한 신비주의자들에게 육체의 언어는 구원의 의미론을 감싸고, 말씀 그 자체가 원죄이고 구원이다.

세번째 신비 구조는 재현에서 '감각적 사실주의' 혹은 이미지들의 생생함이라고 부를 수 있는 것이다. 이따금 성서학자들과 유형학자들에게 많은 어려움을 안겨주는 것이 바로 이 특성이다. 사실 융의 용어를 빌려 말하자면[23] 모든 것을 고려해볼 때 첫번째와 두번째 구조는 가장된 내향성을 가진 것처럼 보인다. 특히 점착성과 종교성이 서로 연결되어 있다고 보는 융에게는 신비주의가 내향성이라고 생각할 수 있다. 하지만 신비적 상상력을 윌리엄 제임스의 '완강한 마음'이나 미학자 보링거W. Worringer의 '감정이입'[24]과 연결지어주는 세번째 구조는 융의 내향성 정의와는 상반된다.[25] 지금 여기서 유형학에서 이야기하는 어려움이나 논쟁에 대해 강조하지는 않겠다. 하지만 원형학에서 신비 구조는 신비적 환상의 감각적이거나 상상적으로 구체적인 생생한 모습으로 감정이입의 특성들로 가득차 있다는 것을 우리는 볼 수 있다. 로르샤흐 테스트는 모든 점착성 인식에서 "외향적이고 양면적인"[26] 내면의 반향 유형을 찾아내면서 이 구조를 확인한다. 다시 말해 아주 높게 올라간 운동감각 응답과 색채 응답 보고서의 결과물을 보여주고 있다. 반대로 이 결과물에는 "일반 얼룩 형태" 응답들이 없는데 이는 추상적 종합 능력의 부족을 의미한다. 집착증에서 로르샤흐 테스트는 불안정하면서도 수많은 얼룩 형태의 색채 응답들을 보여주고 있다.[27] 바로 이러한 유형학적 대조 때문에 민코프스키는 "감각적 뇌전증" 유형과 "합리적 정신분열" 유형을 대립시켰다.[28] 우리는 유형학의 주장을 밀고 나가지는 않겠지만 민코프스키의 결론이 신비적 구조의 연구에서는 필요하다는 점만 이야기하고자 한다. "감각적 유형은 구체적인 세계, 아주 초구체적인 세계에서…… 산다. 그는 그 세계에서 결코 벗어나지 못한다. 그는 생각하는 것 이상으로 편안함을 느끼고, 삶 속에서 사물과 존재들을 아주 가까이에서 느끼는 이 능력에 자신의 몸을 맡긴다."[29] 이렇게 "가까이에서 느끼는" 방법은 봄Bohm이 예술적 재능 중 하나라고 밝힌 "직관적 태도"와 같다.[30] 직관은 사물을 외부에서 쓰다듬지도 않고, 묘사하지도 않고 다만 사물들의 살아 있음을 회복시키면서 사물들 속으로 침투하여 사물들을 활기차게 만든다. 그래서 로르샤흐 테스트 때 운동감각 응답이 많은 것이다. "움직임은 단순히 공간 안에서 대상들의 이동으로 한정되지 않고 그 근본적인 역동성 속에서, 말하자면 대상을 능가한다. 그래서 운동은 종종 얼룩 형태의 정확함을 희생시키면서까지 강한 인상을 남긴다."[31] 그래서 이 구조의 모든 결과 보고서에는 기하학적 형태보다는 색채와 운동에 대한 응답이 훨씬 많다. 이런 점에서 이 구조가 바로 몸짓의 역동적 구도의 재현이라고 부를 수 있는 상상력의 본질과 공유하는 특성과 풍부함이 나온다. 많은 연구자들은[32] 이러한 점착성 환상들은 통사적 형태나 추상적 "도식"보다는 "이미지적" 재현으로 쉽게 표현된다고 지적하고 있다. 이때 이미지는 사물의 모방으로서가 아니라 "역동성, 그 사물의 원초적 직접성에서 경험한 역동성으로서의 이미지이다. 이미지들은 복사라기보다는 생산이다."[33]

이러한 심리적 그림은 "뇌전증 환자"인 반 고흐의 세계에 아주 잘 적용된다. 파리 시절부터 그의 작품세계는 광포한 "색채 응답"이었고, 거기에서부터 야수파의 격렬한 색채가 나온 것이 아니겠는가? 그리고 이 해바라기 화가의 꼬이고 소용돌이치는 회화적 글쓰기는 관람객에게 모든 우주, 심지어 가장 정적인 정물화까지도 살아 움직이게 하는 강렬한 운동감을 불러일으키지 않는가? 그의 서간집을 한번 훑어보기만 해도 우리는 반 고흐의 색채에 대한 시각이 얼마나 집요했는지 알 수 있다. 거의 모든 페이지에서 얼핏 본 풍경이나 장면의 색채에 대한 열광적인 묘사에 눈이 부실 정도이고, 〈밤의 카페〉 화가의 감각성이 드러내주는 "내면의 울림"에 우리는 깜짝 놀라게 된다. 색채와 색채에 대한 지각은 대상을 "자리잡게" 할 뿐만 아니라, 대상의 내면의 의미와 그 감정적 상징성을 드러내주는 요소이다. 반 고흐는 그의 유명한 편지에서 색채의 의미론을 묘사하고 있다.[34] 역설적으로 반 고흐에서 색채의 격앙된 관능성은 사물과 존재의 신비 그 자체에 다다르게 된다. 반 고흐의 그림은 인상주의자들이 소중히 여기는 색채의 욕심으로 엘 그레코El Greco*나 렘브란트에게나 비견할 수 있는 신비적 깊이에 다다른 회화의 한 예이다. 인상주의적 반사反射는 객관적인 "고유색"으로 돌아가는 것이 아니라 본질로 전환한다. 반 고흐의 작품은 이런 관점에서 보았을 때 연금술적 위대한 작업의 변환 작업에서 멀리 떨어져 있는 것이 아니다. 즉 하찮은 해바라기는 아를의 화가의 화폭 위에서 마치 또다른 네덜란드 화가인 페르메이르가 색채로 변환시키는 프로메테우스적 외침의 본질이 된다. 하지만 이 저주받은 화가에게 색채에 의한 변환은 뇌전증의 부정적인 한 극단을 특징짓는 "폭발적"[35] 열광 속에서 이루어진다.

마지막으로 세번째 구조와 밀접하게 연결되어 있는 네번째 구조는 '밤의 체제'의 재현에서 "축소화", '걸리버화'하는 경향에 있는 것처럼 보인다. 심리학자들은 모두 집착적 성격이 갖고 있는 "세심함"과 "소심함"을 강조하였다.[36] 이 유형의 지적 장애가 있는 사람은 세부에 집착하여 전체적인 시각을 잃어버리고, 어느 일부분을 강조하여 그 부분을 부각시키면서 아주 세심하게 설명하는 현학적 특성을 보여준다. 로르샤흐 테스트의 응답 중에서[37] 집

* 엘 그레코(1541~1614)는 그리스의 크레타섬 칸디아에서 출생하였다. 베네치아에서 티치아노의 지도를 받고, 틴토레토와 미켈란젤로의 작품에서 영향을 받았다. 정확한 자연 묘사를 하였고 베네치아풍의 색채법을 사용하여 황금조黃金調가 아닌 흑회색黑灰色을 주로 강조하였다.

착증의 소심함과 타성은 여러 가지 방법으로 나타난다. 우선 일반 수치를 훨씬 웃도는 응답 수에 있다. 집착증은 항상 세부 묘사를 놓치는 것을 겁내는 것처럼 보인다. 집착증의 꼼꼼한 묘사는 해부학적 묘사의 빈도수에도 나타나는데 이 경우에 해부학적인 꼼꼼한 묘사는 고집적인 상동증常同症과 연관된다.[38] 무엇보다도 점착성 보고서에서 놀라운 것은 형체의 아주 작은 부분이나 구체적인 부분부터 유추하기 시작한 "전체적" 혹은 "거의 전체적인" 응답이 엄청나게 많다는 것이다. 거드햄은 한 응답에 대한 전체적인 내용의 지속증은 제시한 답의 아주 작은 부분, 특히 해부학적 부분에서 지어낸 것이라고 지적하고 있다.[39] 우리는 아주 특징적인 재현적·지각적 구조를 좀더 살펴보아야 한다. 이것은 제한적으로 주어진 재현적·지각적 요소 속에 환자가 훨씬 방대한 의미론 전체를 집어넣는다는 것을 의미한다. 이 구조는 진정한 "소우주화"를 통해 재현의 점착성에 내재된 우주화를 완성시킨다. 전체의 대표가 되는 것은 바로 부분이다. 우리는 벌써 여러 번 소인국 대상성代償性 현상을 보아왔지만, 항상 마지막 내용물, 가장 작은 것, 요소들 중 가장 집중된 것에 가치를 부여하는 것은 바로 이미지의 '밤의 체제' 안에서 연속적인 끼워 넣기 놀이에 의해서이다. 『칼레발라』에서처럼,[40] 바로 가장 작은 불꽃이 여러 가지 용기들에 의미를 부여하고, 마지막에는 가장 큰 용기인 우주에까지 의미를 부여한다. 마찬가지로 활동적이고 소우주적인 본질인 소금과 금을 통해서만 금속들과 거대한 세계의 요소들이 존재한다. 이러한 구조에서 형태들이 낮의 "올바른" 사용법과 비교해볼 때 "나쁘다"는[41] 것은 전혀 놀랄 일이 아니다. 왜냐하면 이 신비적 수준에서 중요한 것은 더이상 형태가 아니라 물질이고, 본질이기 때문이다. 그래서 결국 우리는 내용물의 취기를 갖고 있으면 결코 용기가 중요하지 않다는 사실을 알게 된다.

우리가 상상력의 구체적인 예를 통해서 보여준 것처럼 신비적 구조에서는 가치들의 완전한 역전이 일어난다. 즉 아래 있는 것이 위에 있는 것의 자리를 차지하고, 처음 것이 마지막 것이 되고 엄지 동자의 힘이 거인과 괴물의 힘을 비웃게 된다. 뇌전증 환자인 도스토옙스키의 작품에서 우리는 소우주적 혁명, "가난한 자들"에 의한 혁명에 대한 끊임없는 걱정을 들 수 있을 것이다. 그리고 졸라처럼 발자크에게 물질적·사회적 환경, 인간의 주거 환경에 모든 중요성을 부여하려는 것은 겉으로는 용기를 더 편애하는 것처럼 보이지만 지금까지 위에 있는 것으로 여겨졌던 것, 즉 인간의 감정보다 아래에 있던 것에 더 가치를 부여하는 것이다. 하지만 여전히 우리에게 "소우주화"에 대한 완벽한 예를 보여주는 것은 반 고흐의 작품이다. 왜냐하면 역설적이게도 이 우주적인 작품, 두꺼운 물감 덩어리로 이루어진 용암 속에서 우주 전체를 뒤섞어놓은 작품세계는 항상 "작은 주제"들을 더 편애하고 있다. 그래서 항상 〈가나에서의 결혼식〉* 같은 작품이나 거대한 구성작품들을 좋아하는 화가들은[42] 그의 정물화들을 비난할 것이다. 반 고흐의 정물화에 나타나는 병들, 거친 사실주의로 그린 그릇, 책상 위에 외로이 놓여 있는 한 권의 성서, 한 쌍의 나막신이나 구두, 배추와 양파, 의자 그리고 안락의자 등에는 세잔의 바로크주의가 보여주는 장식적인 연출이라는 게 없다. 이 주제들이 잘 표현하는 것은 장식의 광대함보다는 표현의 강렬함이다. 그래서 유명한 꽃들, 해바라기, 장미들, 그리고 붓꽃 등은 반 고흐 컬렉션에 있는 〈공작의 눈〉이나 〈달팽이가 있는 장미〉와 함께 일본 회화와 도교 미학에서 나타나는 회화 장르인 화조도花鳥圖[43]와 비교해볼 수 있다. 일본 신도 사원의 축소화된 정원과도 같은 화조도는 깊은 감정적 의미들로 가득찬 소우주이다. 반 고흐의 표현주의가 끊임없이 동양의 회화적 상징성에 사로잡혀 있었던 것은 결코 우연이 아

* 루브르에 소장되어 있는 파올로 베로네세의 대형 그림.

니다. 또한 소우주적 축소는 아를의 화가의 풍경화 속에서도 발견된다. 그의 풍경화에 나타나는 자연의 모든 형상들은 도교나 선의 선사禪師들의 작품처럼 표현적 의미론을 품고 있을 뿐만 아니라 창팡예우나 히아쿠에이夏圭가 그랬던 것처럼[44] 풍경을 몇 가지 표현적 요소로 축소하려는 의지가 보인다. 완서법緩敍法의 예술은 반어적 의도와 아주 유사하다. 우주론을 암시하기 위해서는 선禪 화가에게 하나의 대나무, 바람결의 소나무 한 그루, 모래사장의 갈대만 있으면 충분했듯이, 반 고흐에게는 한 밀밭, 한 그루의 삼나무, 도비니의 정원의 덤불, 짐수레, 바위, 송악으로 둘러싸인 나무 둥지면 충분하다. 제한된 주제에 대한 날카로운 암시, 예리한 완서법은 셋슈*처럼 반 고흐에게 소우주적 상상력의 표시이다.

하지만 아마도 이 축소의 구조에 풍경화 전체를 통합시켜야 할 것이다. 도교 혹은 당의 산수화[45]는 결국 하나의 형상적 '만다라', 명상을 위해 우주와 바위의 단단함과 물결의 부드러움의 본질을 집중시킨 하나의 소우주에 지나지 않는다. 서구에서조차 풍경화는 조금씩 인간 중심 그리고 성인전聖人傳 중심의 도상에서 해방되었지만, 여전히 도상의 암시적 의미와 몽상과 힘을 조절할 수 있는 작은 공간으로 집중시키려는 의도를 보존하고 있다. 하지만 로트A. Lothe†처럼 거대하고 복잡한 풍경화의 신봉자는 "우주를 이차원적인 작은 공간으로 축소시키려는"[46] 이 의도를 인정할 수

* 셋슈雪舟는 무로마치 막부 말기인 16세기 후반에 활동한 선승禪僧이자 화가이며 일본에서는 수묵화의 거인 혹은 최고봉이라고 불린다.

† 로트(1885~1962)는 프랑스의 화가이다. 1908년 파리로 상경하여 한때는 야수파의 영향을 받기도 했지만 세잔에 심취한 이후 입체파로 전향하였다. 그의 회화 이념인 분해와 조립의 사상은 대상을 기하학적으로 변형시켜 화면을 선과 색채로 분할하는 것이다. 몽파르나스에 연구소를 개설하여 젊은 화가들을 지도하는 한편 입체파 이후의 모더니즘을 위해 온 정력을 쏟아 현대 회화의 방향을 결정짓는 추진력 구실을 하였다. 작품으로 〈일요일〉 〈아코디언을 손에 든 선원〉 등이 있고, 저서로 『회화—혼과 정신』 『풍경화론』 등이 있다.

밖에 없다. 결국 라위스달J. Ruysdael*, 코로J-B-C. Corot†, 클로드 모네 혹은 세잔의 소명은 작은 꽃다발 속에, 그리고 조그마한 정원 속에 우주 전체를 집중하고 요약하려는 '이케바나(일본 꽃꽂이)'의 소명과 크게 다르지 않다. 그려진 풍경화는 항상 하나의 소우주이다. 즉 크기적으로 보아도 풍경과 유사한 크기, 더 확실히는 모델의 거대화를 주장할 수 없는 바이다. 심지어 한 문화가 선호하는 구조들은 그 문화의 도상학 속에 나타난다고까지 말할 수 있다. 즉 "낮의 체제"가 풍부한 문화는 인간의 얼굴에 큰 의미를 부여하고, 영웅들과 그들의 위업을 거대화하는 경향이 있고, 신비주의와 우주적 조화를 중심으로 구성된 문화들은 자연주의적 도상학을 더 선호하는 경향이 있다. 적어도 이 점은 십자가의 성 요한의 신비주의 시와 극동의 수묵화가 확인시켜주고 있다. 축소물에 대한 취향은 '가케모노'에서도, 기도원에서도 모두 발견된다. 바로 이 점이 왜 자연에 대한 느낌과 그 회화적, 음악적, 그리고 문학적 표현이 항상 신비적인지 설명해주고 있다. 즉 "거대한" 자연은 암시적인 요소로 걸리버화되고 축소되고 그래서 결국 유추되어야만 이해되고 표현될 수 있다. 그때 그 암시적 요소는 자연을 요약하고 집중하여 하나의 내밀한 본질로 변화시킨다.

요약하자면 우리는 '밤의 체제'에서 네 개의 신비 구조를 쉽

* 라위스달(1628~1682)은 네덜란드의 풍경 화가이다. 유명한 라위스달가의 일원으로, 지평선을 낮게 잡고 광대한 하늘을 그리는 파노라마적 풍경화의 새 경지를 개척하였다. 그의 작품은 주로 하늘·물·대지가 일체를 이룬 네덜란드 특유의 화풍을 견지하였으며, 고사한 거목, 폐허·묘지나 산의 성채 등을 배치한 우울하고 극적인 것이 많았다. 주요 작품으로 〈유대인의 묘지〉 〈풍차〉 등이 있다.

† 코로(1796~1875)는 프랑스의 화가로 뛰어난 풍경화를 많이 남겼다. 은회색의 부드러운 채조彩調로 우아한 느낌을 많이 표현하였다. 자연의 착실한 관찰자로서 대기와 광선의 효과에도 민감한 편이었다. 이런 점 때문에 인상파 화가의 선구자 역할을 했다. 주요 작품으로 〈샤르트르 대성당〉 〈회상〉 등이 있다.

게 구분해낼 수 있다. 우선 첫번째 구조는 '집착증'에 나타나는 고집, 그리고 끼워 넣기의 상징들과 구문에서 중복과 이중부정이 보여주는 중복이다. 두번째는 완화하는 점착성인데 모든 사물과 사물의 '좋은 면'을 인식하면서 그 이미지에 집착하는 것이다. 이때는 반어법을 사용하면서 사고를 가차없는 대조법의 체제에 종속시키고 나누고 자르는 것을 거부한다. 세번째 구조는 두번째 구조의 특수한 경우라고 할 수 있는데, 사물들의 내면이 채색되고 '구체적인 모습', 생명력 있는 움직임, 존재들의 '경험Erlebnis'[47]에 집착하는 것이다. 이 구조는 사물들과 존재들의 내면으로 내려가는 상상적 여정에서 드러난다. 그리고 마지막으로 네번째 구조는 집중과 '축소 요약'인데, 이것은 우리에게 익숙한 환상의 '밤의 체제'가 보여주는 가치들과 이미지들의 거대한 도치를 분명하게 보여준다.

앞 장들에서 살펴본 상징들은 그 심리적 구조들을 보았을 때 우리가 여전히 '밤의 체제'에 대해 조금 더 심화 연구를 할 필요성을 제기한다. 왜냐하면 끼워 넣기와 내면성의 이미지들, 어순 도치와 반복의 구문들, 반대로 돌아가는 변증법들을 보면 상상력은 회귀의 다양한 측면들을 포함하는 이야기를 만들려고 한다. 그래서 밤의 상상력은 잔이 상징하는 자연스러운 하강과 내면의 편안함에서 순환적인 극화로 자연스럽게 옮겨간다. 이 극화에서는 결정적이고 승리하면서 귀환하는 낮의 사고의 유혹에 의해 항상 위협받는 신화, 즉 회귀의 신화가 형성된다. 내용물에 의한 용기, 음료에 의한 잔의 중복은 상상적인 관심을 내면의 신비적 내용물만큼이나 현상의 극적인 구문에 집중하도록 한다. 그래서 우리는 잔의 신비한 상징성에서 동전의 순환적 상징성으로 옮겨가는 것이다.

제2부 은화에서 지팡이로

“우리들의 축제는…… 하나의 지붕, 하나의 말을 만들기 위해 짚으로 된 지붕의 여러 부분들을 연결하는 데 사용하는 바늘의 움직임이다.”

—M. 렌하르트, 『뉴칼레도니아 민족학 노트』

제1장

순환의 상징들

우리는 상상계의 '밤의 체제'에서 근본적인 태도는 실체의 내면성 속으로 빠져들어가고, 부정적인 것을 부정함으로써 우주적 평안함에 정주하는 데 있다는 사실을 증명하였다. 물론 그때 우주적 평안함 속에서 가치는 도치되고 공포는 완곡화에 의해 정화되었다. 하지만 이러한 심리적 태도는 이미 시간 속에서 반복이라는 구문을 내포하고 있었다. 걸리버화, 끼워 넣기, 중복 등은 시간적 순간들이 반복됨으로써 생성le devenir을 공간적으로 조절하려는 근본적인 야망의 전조에 불과했고, 여러 형상들과 정적인 상징에 의해서가 아니라 시간의 실체 그 자체에 작용하고 생성을 지배하면서 크로노스를 직접 무찌르려는 야망에 지나지 않았다. 이 근본적인 야망 주위로 집중되어 있는 원형들과 구도들은 너무 강력해서, 진보의 신화들, 메시아주의 그리고 역사철학 안에서 자신들을 더이상 특이한 구조와 단순한 상상력 여정의 구체적인 저장소로 여기지 않고, 객관적 실재 그리고 절대적인 통용화폐로 여기게 된다.

밤의 상상력의 첫번째 운동이 일종의 삼차원적 심리적 공간과 삼킴이나 소화기관과 자궁의 환상 같은 진행과정을 통해 내려가고 빠져드는 우주와 존재들의 내면성 정복, 다시 말해 걸리버화 혹은 끼워 넣기—그 원형적 상징은 일반적으로 용기, 즉 잔인데 그 잔 역시 잔이 포함하고 있는 화학적·영양적 실체와 내용물의 몽상에 의해 미리 결정되어버린다—에 있었다면, 우리는 이제 시간의 지배 주위로 밀집해 있는 상징들을 다루어볼 것이다. 이 상징들은 두 범주로 나누어볼 수 있다. 우선 첫째로 시간적 리듬의 무한한 반복 능력 혹은 생성의 순환적 지배 능력을 강조할 수도 있고, 아니면 생성의 유전과 진보적 역할, 즉 시간이 진화의 극적인 전환을 통해 존재들에게 겪게 하는 생물학적 상징을 불러일으키는 발육을 강조할 수도 있다. 우리는 시간을 지배하려고 하는 상상계의 두 어감을 구분하기 위해 타로 카드놀이의 두 주인공, '은화'와 '지팡이'를 선택했다. 은화와 지팡이는 각각 운명의 순환적 움직임과 시간적 진보의 상승 욕망을 상징한다. 즉 은화는 우리를 순환의 이미지들, 시간의 주기적 구분들, 그리고 원의 십진, 십이진, 삼진, 사진법의 계수학으로 안내하고, 지팡이는 싹트는 나무, 이새* 나무의 상징적 축소형으로 홀笏의 극적인 약속이다. 한편으로 우리는 원의 리듬 있는 구도들이 집중되어 있는 귀환의 원형들과 상징들을 분류할 것이고, 다른 한편으로는 구세주적 원형들과 상징, 시간의 극적 전환에 대한 마지막 출구를 통해 믿음이 터져 나오는 역사적 신화들을 구분할 것이다. 우리가 살펴보겠지만 시간의 극적 전환의 주위에는 진보의 구도가 집중될 것이고 진보의 구도도 결국 한 귀퉁이가 잘려나간 원이거나 아니면 기껏해야 최후의 심판의 밑그림이나 '그림들'처럼 다른 모든 원들을 끼워 넣는 순환적 월상月相에 지나지 않는다는 것을 보게 될 것이다.[1] 시간을 무찌르기 위해 시간과 연결되어 있는 이 상징들의 두 범주

* 이새는 성서에 나오는 인물로, 다윗의 아버지이며 룻의 자손이다. 사무엘이 사울의 뒤를 계승할 새 임금을 물색하였을 때에 베들레헴의 주민이었다고 한다. 마태와 누가에 의하여 예수 계도系圖에 이름이 적혀 있다. 성서에는 이새의 뿌리에서 메시아가 태어난 것이라고 하여 예수가 이새의 후손이라는 사실을 기록하고 있다.

는 어느 정도 '이야기'나 '줄거리'라는 공통적인 특성을 가질 것이고, 그 이야기들의 중심적인 실체는 주관적이며, 우리는 습관적으로 이들을 '신화'[2]라고 부른다. 시간에 대한 측정과 지배에 관한 모든 상징들은 시간의 실에 따라 전개되고 신화적인 경향이 있으며, 이 신화들은 거의 항상 시간이 포함하고 있는 두 모순을 결합시키려고 애쓰는 '종합적' 신화가 될 것이다. 사람들은 도망가는 시간 앞에서 공포를 느끼고, 부재 앞에서 두려움을 갖고, 시간을 완수하면서 희망을 갖고, 시간에 대한 승리의 믿음을 갖기 때문이다. 이 비극적인 면과 승리적인 면을 갖고 있는 신화들은 항상 '극적'일 것이다. 다시 말해 번갈아가면서 이미지들의 부정적 혹은 긍정적 가치부여 작업을 할 것이다. 그래서 주기적이고 진보적인 구도들은 거의 항상 극적 신화의 내용물을 포함할 것이다.[3]

*

상징적 중복과 구조적 보존은 가역 가능성을 품고 있다. 이중부정은 이미 가역성의 실마리이다. 공간적 중복, 도치의 구도들, 그리고 '만다라'에서처럼 끼워 넣어지는 상징들이 시간적 반복으로 가기 위해서는 한 걸음이면 충분하다. 모든 문명의 신화적 규범들은 시간 반복의 가능성 위에 기초하고 있다. "신들이 그렇게 했고, 그래서 인간도 그렇게 한다"라는 이 『타이티리야 브라흐마나*Taittiriya Brâhmana*』[4]의 금언은 모든 반복의 의식적儀式的, 제식적祭式的 의도의 묘비명으로 쓰일 수 있다. 다시 말해 수동태와 능동태가 뒤섞여 있는 순수 행동의 중복에서 동사 시제의 문법 변화가 지시하는 시간의 반복으로 넘어간다. 인간이 신들을 모방하듯이 현재는 반과거를 반복한다. 신비주의자가 반어법으로 기우는 경향이 있다면 순환적 반복은 활사법活寫法을 시작한다. 엘리아데가 『영원회귀의 신화』에서 정확하게 지적하고 있듯이, "인간은 창조 행위를 반복할 뿐이다. 인간의 종교적 달력은 1년이라는 공간 안에 '최초에 ab origine' 일어났던 모든 우주의 창조 행위들을 기념한다."[5] '시간의 끊임없는 갱신'이라는 장에서[6] 이 종교 역사가는 제식과 제도의 '1년의' 반복 문제를 다루고 있는데 이 반복은 너무나 보편적이어서 한 해의 원형이라고 할 수 있다.

한 해는 상상력이 우연한 시간의 흐름을 공간적 모습으로 지배하는 정확한 점을 표시한다. '아누스 annus'라는 단어는 '아눌루스 annulus'*라는 단어와 유사하다. 즉 한 해라는 표현을 통해 시간은 순환적 공간의 모습을 띤다. 귀스도르프는 이러한 시간의 기하학적 지배로부터 존재론적인 결론을 추출한다. "달력은 주기적, 즉 순환적인 구조를 갖고 있다." 그리고 그는 천체생물학의 존재론적 원형 역할을 했을 존재의 '순환적' 형태에 대해 강조한다. "순환적이고 닫혀 있는 시간은 다수多數 중에서 일자一者의 숫자와 의도를 분명하게 보여준다." 결국 이 순환적인 시간은 "인간 존재의 다양함을 축소시키는 데 적용되는 거대한 일체감의 원칙"[7]이라는 역할을 하는 것처럼 보인다. 이때부터 더이상 시간과 공간의 구분이 없어지는데 바로 시간이 원, '아눌루스'[8]에 의해 공간화되기 때문이다. 원은 베르그송이 시계에 대해 비난했던 역할을 어느 정도 하고 있다. 즉 원은 시간의 공간적인 투사이고, 생성의 변덕스러운 운명들에 대하여 결정론적이고 안심하는 지배라는 것이다. 달력의 제식에서 우리들의 관점으로 보아 흥미로운 것은 내용, 즉 어느 정도 커다란 시간, 주간, 달들의 길이가 아니라, 시간적 주기를 결정하고 다시 시작하는 능력이다. 엘리아데는 "시간의 주기적 재생은 어느 정도 분명한 형태로 새로운 창조, ……우주 생성 행위의 반복을 가정하고 있다"고 지적한다.[9] 이때 우주 생성 행위의 반복은 맹목적인 숙명으로서의 운명의 폐지를 의미한다. 새해는 시간의 새로운 시작이며 반복되는 창조이다. 새로운

* '고리'를 뜻하는 라틴어.

시작이 의도하는 바에 대한 증거들 중 하나는 통음난무痛飮亂舞 축제 속에 나타난다. 통음난무 축제는 원시적인 혼돈을 상징하고 달력을 사용하는 문화에서는 보편적으로 존중되었다. 즉 바빌론과 유대인, 로마인 그리고 멕시코인들이 즐기는 카니발의 방탕한 축제들은 혼돈과 무절제, 그리고 그 과도함을 허용하는 이름도 없고 신분도 없는 날을 가리킨다. 바빌로니아인들에게[10] 봄 축제의 첫 번째 행위는 혼돈, 티아마트Tiamat*의 지배를 상징하는데 이 기간 동안 모든 가치와 규칙들은 원초적인 '아푸스apus' 속에 없어지고 녹아든다. "그러므로 한 해의 마지막 날들은 성적인 방탕이나 시간을 없애버리는 단어들의 침입에 의해서 창조 이전의 혼돈과 같다고 할 수 있다."[11] 불의 제식적인 소멸은 일시적으로 '밤의 체제'가 들어섰음을 직접적으로 상징한다. 그러므로 한 해와 그 한 해의 의식이 세워놓는 시간의 반복 상징 속에는 모순적인 것을 통합하려는 의도가 나타나고 밤의 대조법이 모든 것의 극적인 조화에 공헌하는 종합이 그려진다. 바로 이 종합적인 특성이 일종의 양가적인 특성에 관심을 갖게 하고, 분열 형태의 상징 연구나 한 방향의 의도는 쉽게 자극할 수 있는 내면성의 신화 연구보다 반복의 상징적 신화 연구를 더욱 섬세하게 만든다. 모든 변증법처럼 모든 종합은 태생적으로 양가적일 수밖에 없다.

시간을 질적인 공간으로 축소하는 과정은 예전의 멕시코인들의 달력에서 잘 보여준다. 옛 멕시코인들은 '아눌루스'과정이 시간의 모든 전개에 일반화되었다고 할 수 있다. 태양년은 태양의 공간적 움직임에 따라 만들어졌을 뿐만 아니라 중요한 네 점이

* 티아마트는 아시리아·바빌로니아 신화에 나오는 원초原初의 바다의 인격신이다. 대양大洋의 인격신 압수(단물)와 티아마트(쓴물)가 녹아 서로 섞였을 때, 뭄무와 라무 또는 라하무라고 하는 한 쌍의 뱀이 태어나고, 이 두 뱀 사이에서 안샤르와 키샤르, 그리고 이들에게서 다시 아누·마르두크·에아, 그 밖의 신들이 태어났다. 그래서 티아마트는 세계를 낳은 여성적 요소로 생각된다.

1년 안의 시간이나 그 이상의 모든 시간을 측정하고 이해한다.[12] 각 중요한 점에는 일주일의 4일 중 하루가 배정되고, 즉 종교 달력 기간 중 65일에 해당되며, 그 중요한 점에 4주 중의 한 주가 배정되어 한 해 총 20주 중에 5주가 배정된다. 그리고 각 중요한 점은 4년 중의 한 태양년을 지배하여 아즈텍의 '세기'라고 할 수 있는 52년 중 13년이 배정된다. 그래서 중요한 점들의 4진법에 따라서 시간의 '순환적' 4진법에 도달하게 된다. 즉 52년의 한 '세기'는 각각 13년으로 이루어진 4개의 묶음으로 나뉘고, 각각의 한 해는 13일로 이루어진 4개 묶음의 주로 나뉘고…… "그렇게 계속되는 방법으로 공간적인 방향들에서 끌어낸 모델이 모든 층위에서 변화해간다."[13] 이러한 공간적인 영향들의 체계는 당연히 시간 전개를 극화시키는 경향으로 나아간다. 즉 "세계의 법칙은 분명하게 나뉜 구별된 특성들이 끊임없이 지배하고 사라지고 다시 나타나는 영원한 교차의 법칙이다."[14] 말하자면 '역사적' 시간은 그 자체가 '네 태양'[15]의 연속적인 생명과 궤를 같이하는 신화적 시간에 종속되고, 네 태양 역시 우주를 지배하는 네 신성에 종속된다.

그리고 당연히 가장 특징적이고, 길면서도 충분히 규칙적인 순환 주기를 가진 월상月相들이 우선 시간적 반복의 구체적 상징이 되며, 한 해의 순환적 특성의 상징이 된다. 사실 '달'은 시간의 첫번째 척도로 보인다. 달의 어원은 인도 유럽어와 셈어족에서 측량에 뿌리를 둔 변이형들이다.[16] 프랑스어로 달lune은 오래된 라틴어 '로스나losna'에서 온 말로, 달의 빛나는 특성만 강조한 예외에 지나지 않으며 의미론적으로 약화된 단어이다. 어원뿐만 아니라 고대의 운율 체계를 보면 달이 측정의 원형이었음이 증명된다. 엘리아데는 그 증거로 인도에 아직도 많이 남아 있는 8진법 체계와 베다 문학과 브라만 문학에 남아 있는 숫자 4를 들고 있다.[17] 탄트라 의식도 다양한 달의 네 월상에 기초하고 있다. 선사시대의 인간들은 음력만 알고 있는 켈트족, 중국인들, 아랍인 그리고 지금도 존재하는 원시인들이 그랬던 것처럼[18] 태음월에 의해서만 시간을 계산했을 것이다. 12진법으로 구분하는 그레고리우스 달력과 변동하는 부활절 역시 달에 기원을 두고 있다. 태양의 숫자가 고대 7행성을 중심으로 이루어져 있는 반면, 달의 숫자는 상현과 하현을 하나로 처리하거나 '월식lune noire'을 세지 않으면 3이 되거나, 아니면 달의 네 월상을 고려하면 4, 아니면 3과 4를 곱한 12가 된다.

심화된 숫자학에 들어가지 않더라도 수의 차원에서 이미지는 '낮의 체제'와 '밤의 체제'로 크게 나누어볼 수 있다. 수의 기호학은 의미론을 완전히 배제하지는 못한다. 계수학은 숫자라는 순수한 기호학에 대한 의미론적 저항의 한 증거이다. 피가니올은 지중해 지역에는 두 가지 방식으로 수를 세는 체계가 있었다고 설명한다.[19] 즉 하나는 인도 유럽어 기원의 10진법이고 또하나는 더 원시적인 기원을 가진 12진법이다. 이 둘을 결합해서 60진법이 생겼다. 양력 1년은 10개월로 되어 있고 12진법의 음력을 만들었다고 알려진 사람은 사비나족의 누마 왕*이다. 하지만 로마에서도 곧 셈족이나 잉카 지역에서처럼 두 체계 간의 타협이 일어나, 예를 들면 프랑스의 달력에서처럼 양력의 크리스마스와 음력의 부활절처럼 탄생을 축하하는 서로 체계가 다른 2일이 공존하는 달력들이 생겨나게 되었다.

모든 신화학자와 종교 역사학자들이 숫자를 고찰한다는 사

* 누마Numa Pompilius는 로마의 전설적인 제2대 왕이다. 그가 실재한 것은 확실하지만, 그 업적은 후세에 와서 기록된 것이 대부분이다. 사비나족으로서 로물루스 이후의 중간왕 시대를 거쳐 즉위하였다. 여러 가지 로마 종교의식의 창설자로 일컬어진다. 달력을 개혁하여 1년을 12개월로 만들고, 제전일祭典日·작업일을 정했다. 야누스 신전을 세우고 유피테르·마르스 등의 신관단神官團을 두었으며, 베스타 여신의 무녀단巫女團을 조직하였다. 또한 최고 신관도 그가 창설했다고 한다. 이들 종교 제도의 결정은 여신 에게리아의 시사示唆를 받은 것이라는 전설도 있다.

실은 놀라운 일이다. 프르질루스키는 『마하바라타』와 '막샤트라makshatra' 이론에서 숫자 3과 숫자 27(3 곱하기 3 곱하기 3)의 중요성에 대해 강조하는 반면, 보얀세P. Boyancé는 아홉 뮤즈의 삼위일체적 가치에 중요성을 부여하고, 동탕빌은 '트리스켈레triskele'*과 '스바스티카swastika'[20]†의 상징성에서 3과 4의 형태론적 혼동에 대하여 아주 흥미로운 해석을 제안하고 있다. 분명 동탕빌은 계수학에 태양의 의미를 부여하지만 이 의미는 단순한 시간적 의도로 축소될 수 있다. 4는 아마도 낮의 세 시간에 덧붙여진 밤에 지나지 않을 것이다. "밤이 사라지고 낮의 세 시간, 즉 새벽, 정오, 저녁, 아리스토텔레스에 따르면 모든 사물들의 시작과 중간 그리고 끝이 지배한다. 헤시오도스와 호메로스의 시간은 3이다."[21] 3과 4의 관계가 어떠하든, 우리가 보기에 밤과 달은 그들이 형성하는 데 중요한 역할을 담당한다. 달은 항상 반복의 과정을 암시하고, 달과 달에 바쳐진 예배의식에 의해서 종교와 신화의 역사에서 숫자학에 커다란 자리가 마련된 것이다. 달은 복수複數의 어머니라고까지 말할 수 있을 것 같다. 여기서 우리는 이미 풍요의 상징에서 다루었던 복수의 신神 개념을 다시 발견한다.[22] 뒤메질에 의하면[23] 신들의 마지막 계급인 바수Vasu는 사실 두 아슈빈Açvin을 환기시키든 혹은 "모든 신들"을 의미하는 '비슈베 데바Viçve Devâh'

* 일명 트리스켈리온이라고 불리기도 한다. 트리스켈리온은 그리스어로 '세 개의 다리'라는 뜻이며, 다양한 지역에서 사용되었던 상징인 만큼 변형도 많고 의미도 다양하다. 원이나 나선은 생명 혹은 생명의 에너지를 의미하는 경우가 많다.

† 일명 만자卍字 무늬라고 한다. 연속무늬로 만들어진 것이 많다. 그리스 문자의 셋째 글자인 감마 4개를 짜맞춘 모양과 같아서 감마디온이라고도 한다. 고대부터 흔히 사용된 무늬로 특히 그리스 도기陶器의 제2기, 기하학 무늬 시대의 단지나 지중해 연안 지역의 화폐 디자인, 갈리아인의 무기 등에서도 자주 쓰였고, 북부 독일이나 스칸디나비아 반도 지방에서도 널리 볼 수 있다. 인도에서는 현재도 많이 사용되고 있으나 특히 자이나교·불교 등에서는 길상吉祥·원만·생명·중심·통합 등을 의미하며, 그 밖에 세계 각지에서 널리 쓰였다. 독일 나치스의 당장黨章으로 쓰이기도 했다.

를 환기시키든 간에 신학적으로 복수형이다. 이것은 아마도 '비슈viç'란 단어와 카스트의 세번째 계급, 즉 생산자 계급 '바이샤'의 두 어간이 형태적으로 유사하기 때문일 것이다. 전사들이나 승려들보다 많은 "생산자"의 기능과 연관지어 풍요의 복수성을 설명하는 것은 분명히 논리적이다. 그렇지만 우리는 복수형은 둘부터 시작한다는 점을 지적하고 싶다. 농경-달의 드라마에서 모든 주인공들과 상징들은 복수형이다. 즉 달의 변화 단계나 농업의 의식들을 우리는 셀 수 있다. 인도 유럽 어족 복수의 신들의 경우에서 복수는 사회적 기능, 달이라고 하는 자연적 요소 그리고 농업 기술에 의하여 결정된다. 뒤메질은 퀴리누스Quirinus의 복수적 측면을 언어적 연관관계에서 찾는다.[24] 즉 퀴리누스를 '쿠리아curia'와 연관짓는데, 쿠리아는 인도의 모든 신들을 의미하는 '비슈베데바'의 사회적이고 신학적인 라틴어 등가물인 '퀴리테스Quirites'의 애매한 개념과 연관되어 있다. 하지만 우리에게 중요해 보이는 것은 복수의 퀴리누스가 대중과 평민의 신 그리고 결실의 신인 라틴 리베르Liber latin에 견줄 수 있는 성장의 신, 움브리아의 신 보포니우스Vofonius와 유사한 농업의 신이라는 사실이다. 이 신이 '마르스 트란킬루스Mars tranquillus'라는 이름일 때는 전쟁의 신 마르스와 정반대이다.

우리가 이러한 복수의 신들이 무한하게 풍성한 재산과 사람들의 단순한 후원자가 아니라고 암시하는 이유는 퀴리누스, 페나테스, 라레스, 갈리아족의 테우타테스(다수의 '테우타teuta' 신), 멕시코의 토톡틴 등이 분명하게 정의된 '이분법dyade'이나 '삼분법triade'으로 압축되는 경향이 있기 때문이다.[25] 예를 들면 독일의 니외르드, 프레이, 프레이야, 쌍둥이 아슈빈(혹은 나사트야)에 밑바닥 계층 '수드라Çûdra'의 신이자 동물과 식물의 신인 푸샤가 첨가된 경우, 토톡틴 중에서 가장 중요한 '두 토끼'를 의미하는 오메토츠틀리, 그리고 가끔은 위대한 여신의 도상 양옆에서 보좌하는 디오스쿠로이 등이 대표적인 경우이다.[26] 프르질루스키는 "지중해에서 멀리 인도까지…… 그리고 멀리 에게해 문화 시대부터 중세에 이르기까지" 보편적으로 만날 수 있는 삼분법, 바로 이 "삼분법의 문제"[27]를 섬세하게 연구하였다. 그는 삼분법에서 신이 짐승의 모습을 하고 나타나는 특성에 대해 강조하는데, 여신은 종종 '조련사'나 동물들의 여주인으로 묘사되고 동물들은 우리가 앞에서 살펴보았듯이 끔찍한 모습을 갖추고 있다.[28] 그러므로 삼분법은 총체의 신의 현현에 대한 신화의 전체적 밑그림처럼 여러 월상들의 극적인 합처럼 나타난다. 분명 우리는 삼분법의 도상학에서 문명의 발전을 사냥에서 동물 길들이기, 동물 먹이 주기로 해석하는 프르질루스키의 기술 진화적 해석에는 동의하지 않는다. 이 해석에 대해 저자 역시 자신의 해석이 명확하지 않다고 인정하고 있다. 그러나 이러한 재현들에서 여신의 인간적인 모습이 카두세우스*나 미케네 문명의 사자의 문에서처럼 지팡이로 대체될 수 있다는 사실은 놀라운 일이다.[29] 여기서 우리는 카두세우스는 헤르메스의 상징물이고 헤르메스 자신 역시 삼위일체의 아들, 남녀 양성의 전형이라는 점을 지적해야 한다. 카두세우스의 삼위일체적 요소는 보편적이다. 이 요소들은 지중해의 문명뿐만이 아니라 아나바파타 호수의 황금 기둥을 용-뱀인 난다와 우파난다가 보좌하는 불교문화 속에서도 발견할 수 있다.[30] 전설적인 삼황三皇인 복희, 신농, 여와가 나타나는 극동 지역의 전통 속에서 프르질루스키는 여성의 용의 여신인 여와가 남성의 용과 소의 머리를 가진 두 신에 둘러싸여 있는 상징들을 찾아낸다. 지중해에서 카두세우스와의 이러한 관계는 한나라의 부조 속에서도 강조된다.[31]

달신의 현현에 관심을 가졌던 모든 작가들은 달이 재현될 때 그 다양한 모습에 놀랐다. 즉 달은 상서로우면서 동시에 불길하

* 신들의 사자使者인 헤르메스(메르쿠리우스)의 지팡이로, 두 마리의 뱀이 감긴 꼭대기에 두 날개가 있다.

며 그 원형은 아르테미스, 셀레네, 그리고 헤카테의 결합이다. 셋의 결합은 본질적으로 달의 속성이다.[32] 달의 신들 중 예를 들어 신Sin은 아누Anu*, 엔릴, 에아의 세 모습으로 나타나고 극적 신화를 창조한다. 엄격한 일원론에서도 달의 잔재들, 셋의 결합의 재현 자취들이 남아 있다. 민중 종교에서 알라에게는 알 하트Al Hat, 알 웃자Al Uzza, 마나트Manat라는 세 딸이 있는데 그중 마나트는 시간과 운명의 상징이다. 마찬가지로 민중적인 가톨릭에서도 세 명의 "성스러운 마리아"가 존재하는데 그중 "검은 마리아"는 보헤미안 사라Sarah가 동행한다.[33] 그리고 심지어 예수 그리스도도 세 명의 십자가에 못 박힌 자들로 나뉘는데 그중 예수의 수난을 동행한 두 도둑은 알파와 오메가와 같고 예수가 그 연결점이다. 기독교의 삼위일체, 민중적인 세 얼굴의 여신Triformis, 그리스의 모이라이는 그들의 숫자학적 맥락 속에 생생한 달의 흔적을 아직도 갖고 있다. 노트르담 드 비트레 성당에는 삼위일체가 세 얼굴을 가진 여신과 유사한 모습으로 재현되어 있다. 이러한 잔재들은 민속학에도 남아 있다. 예전에 삼위일체 축일에 르미르몽 주민들은 "세 개의 태양이 뜨는 것을 보기 위해"[34] 테오Théot 십자가로 가곤 하였다. 시간의 네 분할에 대한 자신의 가정에 따라 동탕빌은[35] 켈트족 민속에 나타난 삼분법과 사분법에 대한 설득력 있는 설명을 제안한다. 즉 밤은 식인귀인 오르쿠스Orcus†, 빛나는 태양은 아폴론-벨레누스, 세번째 등장인물은 아들 가르강튀아로서 석양과 동일시되는 "아버지 가르강-가르강튀아의 서쪽 얼굴"이

* 바빌로니아 판테온의 최고신이다. 수메르인의 천신天神 안을 셈족이 계승한 신으로, 천공天空의 세계 안샤르와 지상의 세계 키샤르 사이에서 태어났다. '아누의 하늘'이라는 가장 높은 곳에 살면서 배우자인 여신 안투의 도움을 받아 우주를 주관하였다. 권력과정, 즉 지상권至上權을 의미하는 모든 표징을 갖추고 있어 '하늘의 왕' '신들의 왕' '모든 나라의 왕' 등의 칭호로 불렸다. 에아Ea, 엔릴Enlil과 함께 3좌 1위三座一位의 신격을 이루고 그 수위를 차지하였다.

† 죽음·저승의 신으로서 그리스·로마 신화의 하데스, 플루토에 해당한다.

다. 가르강-가르강튀아는 결국 사실 모르강-요정 모르간의 거인 쌍일 뿐이고, 모르간은 멜뤼진의 뱀과 밀접하게 연결되어 있다. 모르간, 모르그, 무르그, 모리간 등은 신의 마지막 단계의 중요성에 대한 지명학적 증인들이다. 멜뤼진Mélusine은 독일어 '모르겐Morgen'과 라틴어 '메르게레mergere'와 같은 어근을 갖고 있을 것이다. 만약 물과 동물성에서 "솟아나오는" 멜뤼진의 도상학을 고려해본다면 사실 연결해보고 싶은 유혹을 느낀다. 신 메르쿠리우스Mercure 자신도 탐욕스러움을 의미하는 '메르스merx'보다는 어간 '메르그merg'와 더 깊은 연관관계가 있을 것이다. 왜냐하면 메르쿠리우스의 별명이 '메르쿠리우스 마투티누스Mercurius matutinus'이기 때문이다.[36] 그리고 동탕빌은 켈트족의 사분법 중 마지막 세 요소는 지리학적으로 알프스-마리팀에 위치한다고 지적한다. 즉 몽 발Mont Bal이라는 최고봉을 가진 산악 지대의 서쪽에는 몽 고르기옹-롱Mont Gorgion-long이 있고 그 동쪽, 레반트Levant의 산악 지대 이름은 모르강Morgan이다.[37] 동탕빌이 삼분법에 부여하는 태양적 의미는 부차적인 것처럼 보인다. 즉 지상의 날의 단계는 잘 구분되어 있지 않으며, 분명하게 기나긴 달의 날에서 유추될 수 있는 것 같다. 천공의 드라마의 등장인물들은 단지 달의 현현의 드라마의 소우주일 뿐이다.

또한 달의 삼분법과 사분법은 단순한 이분법으로 축약될 수 있고, 이 쌍은 달의 드라마가 종합이라고 할 수 있는 대립적이고 변증법적인 구조를 드러낸다. 결국 프르질루스키가 보여준 바와 같이,[38] 드라마의 여러 단계들은 단 하나의 신이 맡을 수 있다. 도상학은 달과 동일시될 수 있는 신들의 양가적 특성을 항상 강조한다. 즉 세이렌이 그 전형인 반은 동물이고 반은 인간인 신들의 드라마적 모습은 "도치된 요나"의 구도이다. 멕시코, 일본, 그리고 이집트에서 나타나는 두 가지 색의 여신들, 지하 예배에서 "빛의 동정녀들"과 함께 있는 "검은 동정녀들", 집시 마리아 혹은 죄 지은 막달라 마리아라는 이름에 반영된 이름 동정녀 마리아 등 이 모든 신의 현현은 그들의 양극적 상징성과 대립의 분리를 일관성 있는 문맥 속에 재통합하려는 노력에서 영감을 받은 것이다. 엘리아데는 자신이 이미 "양극의 신화"라고 부른 신화의 여러 신화적 단계를 통해서 드러난 '반대의 일치coincidentia oppositorum'를 연구하였다.[39] 이 신화들 속에서 이일성二一性, bi-unité은 인드라와 마무치, 오르무즈드와 아리만, 라파엘과 루시퍼, 아벨과 카인의 경우처럼 영웅과 적대자들이 같은 혈통을 가졌거나, 탄트라 신전에서 보듯이 서로 아주 복잡하게 얽혀 있는 유명한 시바-칼리의 쌍처럼 교접을 하고 있거나, 모순적인 특성이 하나의 신성神性 속에 나타나는 경우, 예를 들면 묶는 자이면서 푸는 자인 바루나, 빛나는 "슈리Shrî"이면서 나쁜 자들에겐 "알락슈미Alakshmî", 혹은 "부드럽고, 선량한" 칼리이면서 사람들의 해골을 목에 두르고 있는 검고 파괴적인 두르가의 특성을 갖고 나타난다.[40] 이러한 상반되는 양극의 "응축"은 거의 모든 종교에서 확인될 수 있다. 그래서 바빌로니아의 이슈타르는 "녹색"이고 선량하기도 하고 피에 굶주려 파괴적이다.[41] 심지어 야훼Yaveh도 자비롭고 인자하면서 동시에 질투심 많고, 분노하면서 무서운 존재이다. 8월에 헤카테와 다이아나, 그리고 성모를 위해 큰 축제를 여는 것은 풍부한 비를 내려달라고 또는 폭풍우를 막아달라고 빌기 위해서이다.[42] 제르바니즘에서 상반되는 것의 중재 역할을 하는 것은 즈르반 아카라나Zrvân Akarana이고, 불교에서는 아미타불 혹은 아미타여래가 그 역할을 하는데 둘 다 위대한 여신의 분신이며, 시간의 흐름과 연결되어 그 의미는 "무한한 시간"이다.[43] 마찬가지로 그것이 오르무즈드와 아리만, 이 둘의 특성을 다 가지고 있으며 두 카베이리 사이에서 여신의 역할을 하는 "중개자" 미트라Mithra 숭배의식의 가능한 한 의미일 것이다.[44] 프르질루스키에 의하면[45] 모계사회에서 부계사회로의 이동이 데메테르Déméter-코레Coré의 여성 이분법과 아스타르테Astarté–아도니스Adonis의 남녀 이분법에서 비슈누Vishnou–브라마Brahma의 남성 이분법으로의 변화를 초래하였다. 이것이 아마도 야나Jana 혹은 다이아나Diana의 남성인 야누스Janus의 기원을 설명해줄 것이다. "이면상二面像, Bifron"은 시간의 이중적 특성, 과거를 뒤돌아보면서 미래를 향해 있는 생성의 얼굴을 가리킨다. "문porte"이라는 단어는 그 기원을 야누스의 이미지에 두고 있다. 문은 대 알베르투스, 르네 샤르, 그리고 바슐라르가 증명하였듯이 "도착과 출발"의 종합이라는 중요한 양가성을 지니고 있다.[46]

신성의 신화적 이중 용법의 한 변이형은 '남녀 양성androgyne'의 신화에 의해 도상학에서 표현된다. 엘리아데는 "신성의 남녀 양성성은 단순히 신성의 이일성의 옛 표현에 불과하다"고 쓰고 있다.[47] 프르질루스키는 한 인물 속의 남녀 양성의 결합을 남성 신에 대한 궁극적인 예배로 가기 전 양성의 쌍의 최종 진화 단계로 본다.[48] 몇 페이지 뒤에서 우리는 프르질루스키가 믿듯이 이러한 남성 신의 현현은 결코 초월자 아버지의 현현이 아니라 여성화한 아들의 현현임을 보게 될 것이다. 대부분의 달과 식물의 신성은 이중적인 성性을 갖고 있다. 아르테미스, 아티스, 아도니스, 디오니소스, 그리고 인도, 오스트레일리아, 스칸디나비아 그리고 중국의 신들도 다양한 성을 갖고 있다.[49] 여기에서 프리기아의 키벨레, 카르타고의 디도–아스타르테, 포르투나, 그리고 로마의 '베누스 바르바타Venus barbata'같이 이상하게 수염이 달린 여신들이 나타난다. 또한 마찬가지로 원래 남성적인 신성이나 영웅들의 기이한 여성화, 즉 헤라클레스와 그의 셈족의 분신이라 할 수 있는 길가메시와 삼손의 여성화가 나타나기도 한다.[50] 바빌로니아의 달의 신인 신Sin은 기도할 때는 어머니의 자궁 그리고 동시에 자비로운 아버지의 이름으로 불린다.[51] 밤바라족에게 파로는 자신의 양성 속에서 합일과 조화로운 원칙으로서 남근의 펨바와 질의 무소-코로니라는 두 성의 화해를 확인시켜주는 존재이다. 펨바의 역할이 신학적으로 선행하지만 파로는 존재론적으로 더 중요한데 그는 영혼이기 때문이다. 이러한 밤의 관점에서 보면 기원은 양성이다. 즉 유대교의 아담은 양성이며 이브는 일부, 반쪽 그리고 한 측면일 뿐이다.[52]

많은 제식들은 이러한 신학적 양성을 반영하고 있다. 이러한 관습은 할례와 절개 의식의 의도와 대립된다. 왜냐하면 할례와 절개는 반대로 남성과 여성을 분리함으로써 성을 구분하고 확인시켜주기 때문이다.[53] 그와 정반대의 의식은 달의 신성, 아타르가티스, 아스타르테 다이아나 혹은 키벨레 사제들의 통과제의 의식인데, 이는 사제의 거세와 거세된 사제의 옷차림과 행동에서 완전한 여성화로 이루어져 있다. 전설에 따르면 아티스 자신도 위대한 여신 앞에서 스스로 거세하였고, '거세된'이라는 형용사도 위대한 여신 자신이나 길가메시 서사시에 나오는 신이나 영웅에 적용된다.[54] 아마 이러한 관습에서 아마존의 신화적 기원, 즉 남성의 거세에 해당하는 한쪽 가슴의 절개에 대한 기원을 찾아야 할 것이다. 인도의 도상학에서도 그와 같은 절개의 예를 보여주고 있다. 인드라 혹은 반만 여자인 '아르다나리ardhanari' 시바의 조각상에서는 신의 몸이 성적으로 불균형을 이루고 있는데, 두 가슴 중 한쪽 가슴만 불쑥 솟아나와 있다.[55] 이 남녀 양성에 대한 환상은 극동과 서양의 연금술 전통에서 분명하게 다시 나타난다.[56] 연금술적인 도상학은 남녀 양성의 얼굴에 철학적 의미를 부여한다. 즉 색이나 성에 의해 상반되는 요소들이 "서로 연결되어", 즉 서로 "쇠사슬로 연결되어" 있거나 남녀 양성 각각의 얼굴이 남성에게는 태양, 여성에게는 달이라는 각자의 "천체 원칙"과 쇠사슬로 연결되어 있다. 이것은 남녀 양성은 월상들이 서로의 관계에서 기울어지지 않고 균형을 이루고 있는 소우주로서 사실 "결합의 상징"이기 때문이다.[57] 남녀 양성은 순환의 두 시간, 두 모습을 균등하게 강조하는 전형적인 쌍이다. 이것이 모든 복수複數의 신들, 이분법, 삼분법, 사분법들이 천체와 연결되어 있는 이유이다. 천체는 인간들에게 분명하게 시간의 통일성, 수개월 혹은 여러 주로의 균등한 분할을 보여주고, 거의 태양의 광채와 죽음의 어둠이라는 극적인 단계를 통해서 영원에 대한 희망을 약속해주기 때문이다.

선에 악을 통합하고 반항하는 천사인 사탄의 신화적 형태로 어둠을 통합하려는 혼합주의적 노력이 가장 분명하게 드러나고 우리가 쉽게 접근할 수 있는 곳은 문학적 낭만주의이다. 낭만주의는 성서와 중세의 도상학 그리고 밀턴의 『실낙원*Paradis perdu*』에서 모든 극화劇化의 원천을 물려받았다.[58] 사탄은 괴테의 메피스토펠레스와 바이런의 『카인』의 주인공과 함께 의기양양하게 입장한다.[59] 대부분 낭만주의는 반항을 찬양하는 것이 아니라 거대한 복권의 재판裁判을 시도한다. 발랑슈Ballanche의 놀라운 『속죄의 도시』나 키네E. Quinet의 작품에 나타나는 방랑하는 유대인 "아하스베루스Ahasverus", 저주받은 "프로메테우스" 혹은 사탄의 아들인 "대마법사 멀린", 수메Soumet의 작품에 나타나는 반그리스도 "이다메엘Idameael", 라프라드의 작품에 나타난, 셸리에가 "여자 유대인 방랑자"라고 부른[60] 프시케 등, 이 모든 작품들과 어둠의 주인공들이 혼합주의와 악의 신화적 회복이라는 낭만주의 서사시를 구성하고 있다. 하지만 추락과 최후의 구원이라는 종합적 드라마를 가장 장엄하게 표현한 작가는 『사탄의 종말』의 빅토르 위고이다. 이 작품에서 최후의 구원은 어둠의 천사의 잃어버린 깃털에서 나오고, 거기서 "천사 자유"가 태어난다. 그때 세계의 어두운 면 릴리트-이시스는 "불길 속의 얼음"[61]처럼 녹아버린다.

한 걸음만 걸으면 이러한 긍정적이고 극적인 우주론에서 명확한 역사철학으로 옮겨간다. 부정의 통합은 형이상학적 함축만 갖고 있는 것이 아니라 역사적 설명을 원한다. 19세기의 혼란스러운 역사를 통해서 우리는 대혁명이라는 스캔들을 복권시키고 설명하려는 시도들을 발견한다. "사탄의 지배인 프랑스대혁명은 비탄의 시기이기를 멈추고 성스러운 시간이 된다. 생쥐스트는 아직 검은 천사로 바뀌지 않았고, 위고는 데물랭C. Desmoulins*에게 기댈 것이다."[62] 프랑스대혁명과 황제 나폴레옹에 대한 집요한 반대자인 조제프 드 메스트르는 마침내 이 "거대한 제로zéro"의 성스러운 역할을 찬양하기에 이르고 동시에 처형자와 전쟁을 정당화하여 많은 사람들이 다녀간 도덕적 시바 신앙과 정치적 악마주의의 길을 열어놓았다. 비록 악의 문제에 사로잡혀 있었어도 낭만주의는 결코 마니교의 이원론을 받아들이지 않았다. 낭만주의의 근본적인 낙관주의는 악은 언젠가 사라질 것이라고 천명한다. "비니A. Vigny, 수메, 앙팡탱B. P. Enfantin†, 프루동P. J. Proudhon, 에스키로스H. F. A. Esquiros, 엘리파스 레비Eliphas Lévi, 그리고 『사탄의 종말』의 시인 위고, 이들 모두는 같은 응답송을 반복하였다. '사탄은 죽었다. 다시 태어나라, 천상의 루시퍼여'!"[63] 사실 이 마지막 시 구절 속에 죽음과 부활이라는 신화적 드라마를 통해 반대되는 것들의 통합에 대한 혼합주의적 의지가 모두 압축되어 있다. 하지만 역사적이고 신화적인 화해의 모습에서 '펠릭스 쿨파felix culpa(경사스러운 죄여!)', 그리고 이브의 유혹자인 사탄의 긍정적인 역할을 놓치지 말아야 한다.[64] 신화와 종교처럼 시와 역사도 반대되는 것들의 결합이라는 거대한 순환 도식을 벗어나지 못한다. 시간의 구마식이라고 할 수 있는 시간의 반복은 반대되는 것들의 중

* 카미유 데물랭(1760~1794)은 프랑스혁명 때의 산악파 언론인·정치가이다. 1789년 7월 12일 바스티유 감옥 공격 직전 선동 연설로 민중을 자극하여 일약 유명해졌으며 국민공회 의원이 되었다. 자코뱅파에 소속되어 반대파인 지롱드파를 공격하는 데 선봉에 섰다. 주간지 『프랑스와 브라방의 혁명』을 발행하기도 했다.

† 앙팡탱(1796~1864)은 프랑스의 공상적 사회주의자로 바자르와 함께 생시몽주의의 지도자가 되었다. 주요 저서로는 『생시몽의 학설』 『영원·과거·현재·미래의 삶』 등이 있다.

재를 통해서 가능하고, 이 신화적 도식이 낭만주의의 낙관론과 남녀 양성 신들의 달의 의식의 기초가 된다.

그러므로 달의 상징성은 시간과 죽음에 대한 강박관념과 밀접하게 연관되어 다양한 모습으로 표현된다. 하지만 달은 최초의 죽은 몸일 뿐만 아니라 최초로 부활한 몸이기도 하다. 그러므로 달은 시간의 측정인 동시에 '영원회귀éternel retour'의 명백한 약속이다. 종교의 역사는 순환의 신화들이 만들어질 때 달이 중요한 역할을 한다는 사실을 강조하고 있다.[65] 홍수와 부활의 신화들, 탄생과 성장의 의식, 인류의 멸망에 관한 신화들은 항상 달의 월상에서 영감을 받아왔다. 엘리아데는 이 점을 정확하게 지적하고 있다. "만일 달의 변화무쌍한 현현을 한 문장으로 표현한다면 우리는 달이 리듬 있게 반복되는 삶을 보여준다고 말할 수 있을 것이다. 즉 달은 자신의 재생에서 살아서 마르지 않는 존재이다."[66] 이런 순환의 현현은 너무 강력해서 모든 위대한 풍속과 역사 속에서 발견된다. 칼데아와 그리스 그리고 로마의 위대한 항성년恒星年, 헤라클레이토스의 우주론, 스토아 학파의 '에크피로시스ékpyrôsis(대화재)', 그노시스적 혼합주의, 그리고 마야, 아즈텍, 켈트족, 마오리족, 에스키모의 신화[67]들은 번갈아가면서 없어졌다가 다시 나타나는 달의 순환 구도를 구체적으로 표현한 것들이다. 달에 관한 모든 주제에서 나타나는 철학은 바로 세계에 대한 리듬 있는 시각, 즉 대립되는 것들의 연속이나 삶과 죽음, 형태와 잠재태, 존재와 비존재, 상처와 위안 등의 대립적인 항목들이 교차하여 생기는 리듬에 대한 시각이다. 달의 상징성의 변증법적 교훈은 우라노스적 태양의 상징성처럼 더이상 논쟁적이거나 분리하는 것이 아니라 그 정반대로 종합적이다. 달은 더이상 순수와 분리에 대한 금욕적 추구가 아니라 죽음이며 부활, 어둠과 빛, 어둠에 의해서, 그리고 어둠을 통해서 나타나는 약속이다. 달은 또한 신비적 혼합의 모델이 아니고, 시간의 극적인 리듬이다. 달의 남녀 양성은 분명하게 자신의 이중적 성의 특성을 갖고 있다. 달의 환상과 거기서 나타나는 신화들은 분명히 깊은 낙관주의를 유지하고 있다. 재난, 죽음, 달의 사라짐, 그 어느 것도 결정적인 것은 아니다.[68] 쇠퇴는 단순히 일시적일 뿐이고 시간의 반복에 의해서 사라져버린다. 순환에서 진보로 가는 길은 아주 짧다. 그렇지만 달의 낙관주의는 결코 이중부정이나 반어법으로 공포와 죽음을 숨기지 않는다. 하딩이 지적하듯이[69] 약속된 불멸성이란 여기서 "황금도시 속의 끝없는 삶"이나 불변의 지속적인 완성을 위한 상태가 아니라 "발전하는 것만큼 소멸하고 죽는 것도 근본적인", 끊임없이 움직이고 있는 삶을 의미한다. 다시 말하면 우리는 엘레아학파나 신비적 지복과는 반대되는 존재론적 스타일을 문제 삼고 있고, 여기서 영원성이란 변화 그 자체의 지속과 월상들의 반복 속에서만 존재한다.

동양과 극동의 문화들은 지중해 문화권보다 생성의 존재론에 더욱 민감하게 열려 있었던 것 같다. 예를 들면 중국의 "변화의 책"을 의미하는 『역경易經』이나 시바의 춤으로 상징되는 인도의 카르마karma론에서 그 점이 분명히 드러난다. 바로 이렇게 인정된 양가성이 달의 상징들을 이해하는 데 많은 어려움을 야기하고 있다. 조명照明이면서 동시에 동물인 달은 대립되는 성현들의 종합이면서 상징적 물물의 전체에 도움을 청하는 듯 보인다. 그래서 달은 비너스의 비둘기부터 헤카테의 개에 이르기까지 모든 동물계를 부속시킨다. 하지만 이렇게 양자택일을 받아들이려는 의지 때문에 달의 상징은 쉽게 극적 신화로 미끄러져 들어간다. "인간의 모든 것처럼 달도 비장한 역사를 갖고 있다."[70] 지중해와 메소포타미아 문명의 모든 시기에 인간과 신의 고통의 관계는 달의 이미지에 의해 중재되었다. 고통과 죽음과 부활의 아주 오래된 신 타무즈Tammuz의 신화는 고대 동양세계에서 울려 퍼지고 있다.[71] 별명이 '우리키투Urikittu', 즉 "녹색자綠色者"인 타무즈의 예에서도 우리는 달의 드라마가 농경 의식과 깊은 관계를 갖고 있다는 사실을 알 수 있다. 식물과 그의 순환은 달의 변화들의 소우주적인 동형적 축소이다.

*

사실 달의 천문학 외에도 과실의 결실과 계절에 따른 '식물의 성장'의 자연적 순환이 순환의 상징적 구도에 또다른 받침대를 형성한다. 분명히 이 순환은 태양력에 의해 조절된다. 하지만 이러한 태양의 작용은 천문학으로 합리화된 성찰 속에서만 존재한다. 단순하게 상상적인 재현 속에서는 계절의 순환과 농업의 리듬이 우선 달과 밀접하게 연관되어 있다. 달의 리듬만이 농업에 대한 철학이 성립되기에 유리한 "진정용tranquillisatrice"[72] 완만함을 가지고 있다. 또다른 측면에서 열대와 적도 지역의 나라에서 태양은 일반적인 식물의 성장이나 씨앗의 발아에도 좋지 않은 영향을 미친다. 하지만 기후의 필요성에도 불구하고, 토지를 비옥하게 하는 달의 힘에 대한 믿음은 열대 기후의 나라에만 제한되는 것은 아닌데, 이 사실은 동형성이 농업의 공리주의보다는 리듬 있는 구도를 더 강조한다는 것을 의미하고 있다.[73] 사실 씨앗에서 씨앗으로, 꽃에서 꽃으로 완결되는 식물의 순환은 달의 순환처럼 엄격하게 시간적 월상들로 나누어질 수 있다. 씨앗을 묻을 때는 의미론적으로 삭망월朔望月 중 비활동 시간, 즉 "검은 달"에 해당하는 휴지기, 잠재적인 시간이 언제나 존재한다. 두 순환체계의 동일성은 너무 강해서 달의 순환이 식물계의 순환에서 반복될 뿐만 아니라 바슐라르가 포도주에 대해 강조한 것처럼 식물의 농산물에서도 반복된다.[74] 식물의 상징성은 지속과 노화에 대한 명상들을 감염시키는데, 이 사실은 어느 때 어느 장소에서나 봄의 부활을 노래하는 것처럼 "자연이 죽어가는" 계절인 가을에 대해 호라티우스에서 라마르틴이나 라포르그까지의 시인들이 보여주듯이 모든 시인들의 작품 속에 잘 나타나 있다. 마찬가지로 바슐라르는 모든 전前 과학적 애니미즘은 이따금 "식물주의植物主義"에 불과하다는 사실을 이미 보여주었다.[75] 소멸과 죽음 앞에서 느끼는 멜랑콜리 같은 구원론적 낙관론은 "전前 역사적 농업 신비주의"[76]에 그 뿌리를 두고 있다. 한 낭만주의 시인은 "씨앗과 과일들은 삶 속에서 같은 것이어라. ……과일은 떨어지고 씨앗은 일어나니 이것은 우주를 지배하는 살아 있는 생명의 이미지이다"[77]라고 쓰고 있다.

이 점에 대해 온대 기후의 나라에서 한 해를 천문학과 농업의 네 계절로 나눌 때 그 재현은 사실적인 모습을 띤다는 사실을 지적해야 한다. 그 어느 것도 네 계절을 의인화하는 것보다 쉬운 일은 없다. 그리고 음악이든 문학이든 도상이든 간에 네 계절의 의인화는 커다란 극적 의미를 갖는다. 즉 항상 순환체계에 어두운 종말을 가져오는 파괴와 죽음의 계절이 존재하는 법이다.

달의 순환과 식물의 순환 간의 결합은 종교 역사의 많은 예에서 분명하게 나타나고, 왜 "대모大母"라는 이름으로 직접적으로나 간접적으로 싹과 싹의 성장의 지배를 상징하는 대지와 달이 혼동되는지를 설명해준다. 바로 이런 이유로 달은 데메테르와 키벨레와 함께 지하의 신들로 분류된다.[78] "달의 신은 항상 그리고 동시에 식물과 대지, 탄생, 그리고 죽음의 신이다."[79] 바로 이런 이유로 브라질의 달의 여신은 오시리스, 신Sin, 디오니소스, 아나이티스 그리고 이슈타르처럼 "약초들의 어머니"[80]로 불린다. 오늘날에도 유럽의 농부들이 새로 달이 뜨면 씨를 뿌리고, 달이 질 때 가지를 치고 수확을 하는 이유는 "생명력이 막 자라나고 있을 때 살아 있는 생명체를 잘라서 우주 리듬에 거스르지 않기 위해서"[81]이다. 바로 여기서 농업의 여성적이고 거의 월경月經적인 다원적 특성이 나온다. 월경 주기, 달의 임성稔性, 대지의 모성은 농업의 다원적이고 순환적 주제들을 수없이 만든다. 보르네오섬, 핀란드인, 지바로 종족, 독일인들에게 농업은 여성과 동일시되고 있으며, 인도인들, 그리고 많은 아프리카 부족들에게 여성의 불임은 밭을 감염시키고 씨앗을 발아하지 못하게 한다. 그리고 식물의 상징성과 월력月曆은 성장과 임신의 이미지들 속에서 복잡하게 뒤섞여 있다.[82] 이러한 다원적 요소들이 우리가 보기에 이른바 "약초들의 미덕"을 설명하는 것 같다. 모든 약전藥典을 갖춘 원시 의학은 약초학이며, 치료의 목적에는 항상 단순하게 재생하려는 의도가 숨어 있다. 인도에서 약초 '카피타카Kapitthaka'는 만병통치약이다. 왜냐하면 이 약초는 성적 불능을 고쳐주고 잃어버린 생식 능력을 바루나에게 복권시키기 때문이다. 다른 약초들은 직접적인 번식 능력을 갖고 있는데 유명한 맨드레이크mandragore*가 바로 이 경우이다.[83] 유대인들과 로마인들은 "자연스럽게 태어난" 아이들을 "약초의 아이들" 또는 "꽃의 아이들"이라고 불렀다.[84] 아르테미스와 아폴론은 그 어머니가 종려나무를 만져서 태어나고 마야 왕비는 나무를 껴안아서 부처를 낳았다. 마찬가지로 수많은 민족에게 토템의 선조는 식물계에 속한다.[85] 그리고 식물의 상징은 변형의 모델로 자주 선택되곤 한다. 민속학과 신화 속에는 가끔 희생된 시체에서 약초나 나무가 태어나는 이야기들이 있다. 그래서 산탈어로 쓰인 이야기에서는[86] 희생된 어린 소녀에게서 대나무가 자라 그 대나무를 깎아 악기를 만들었더니, 그 악기가 희생된 소녀의 목소리를 갖게 된다. 희생된 소녀는 악기를 통해 부활하고 싶은 욕망을 실현시켜 결국 부활하고 음악가와 결혼하게 된다. 이 이야기는 유럽의 동화인 『바뀐 약혼녀*La Fiancée substituée*』나 『마술 핀*L'Epingle enchantée*』과 같은 주제들이다.[87]

* 지중해와 레반트 지방이 원산지인 허브의 한 종류이다. 뿌리가 둘로 나뉘며, 마치 사람의 하반신 모양을 하고 있다. 이런 뿌리의 모양 때문에 좋지 않은 미신과 전설이 많다. 고대 아랍인과 게르만인은 '만드라고라Mandragora'라는 작은 남자의 악령이 이 식물에 산다고 믿었다. 교수대 밑에서 자라는 풀이라고 알려져 그 뿌리에 죄수의 죽은 영혼이 숨어 있다고도 믿었다.

식물 무덤의 신화적 모티프는 다양한 변신과 아주 유사한 줄거리이다. 오시리스의 몸이 나무 상자 안에 갇혀 있고 그 나무 상자는 히스의 나무 몸통 안에 숨겨져 왕궁의 대들보로 쓰이고 있다. 하지만 항상 영웅의 죽음에서 하나의 식물이 나타나고 그의 부활을 알린다. 즉 오시리스의 몸에서 보리가 태어나고 아티스에게서는 제비꽃 그리고 아도니스에게서는 장미가 태어난다.[88] 이 꺾꽂이, 이 새싹은 상상력에서 부활의 희망을 야기한다. 바슐라르는 현대 시인에게 나타나는 예언적이고 식물적 연장인 삶에 대한 몽상을 즐겁게 열거하였다.[89] 그는 모리스 드 게랭을 언급하는데, 그의 작품은 식물에 의한 불멸성에 대한 영감으로 가득차 있다. "예전에 신들은 몇몇 현자들 주위로 식물이 솟아오르게 하였다. 그 식물은 현자들을 껴안아…… 오랜 삶으로 다 낡은 그들의 육신을 대신하여 참나무의 껍질 아래 지배하는 강하고 말없는 생명력을 불어넣었다." 이러한 농경-달의 접합으로부터 사람들이 "천체생물학"이라고 부르는 엄청난 사상과 상징들이 태어나고, 르네 베르틀로는 "천체생물학적" 원형과 순환 구도가 보편적이라는 사실을 보여주면서 천체생물학에 대해서 한 권의 책을 썼다.[90] 그래서 우리는 여기서 농경-달의 순환에 대한 원형적·구도적 보편성에 대해서는 강조하지 않을 생각이다. 이 보편성은 중국, 인도, 에트루리아, 멕시코, 그리고 베르틀로가 세 개의 장章에서 박학하게 잘 보여주고 있는 유대-기독교의 문화를 가장 깊은 곳에서 구조화하고 있기 때문이다.[91] 우리가 여기에서 강조하고 싶은 사실은 렌하르트가 잘 보여주었듯이,[92] "천체생물학적 콤플렉스"가 "죽음을 절대적으로 피하는" "생명체"라는 의미의 '카모kamo'를 얼마나 충실하게 표현하고 동시에 사회 전체의 네트워크를 어떻게 통일성 있게 구조화하는가이다.[93]

천체생물학은 개인적, 사회적 그리고 우주적 설명의 차원에서 하나의 거대한 설명 체계로 나타난다고 할 수 있다. 이 체계는 천문학의 기술에서 비롯되는 숫자학, 별들의 주기적 움직임에 대한 관찰, 생명의 밀물과 썰물, 그리고 특히 계절의 리듬들 사이의 동형적 성좌를 포함하고 있다. "천체생물학 콤플렉스"는 분명히 바로 이 네 가지 요소에 의해 다원 결정되고 형성된다. 귀스도르프는 이 상징적 체계에서 법의 관념이 싹트고, 우주의 합법화적 이성에 대한 자각이 싹트는 것을 본다.[94] 인도의 '리타', 중국의 '도' 그리고 그리스의 '모이라'는 '코스모스'의 전 과학적 개념과 우주에 대한 현대의 과학적 개념들을 준비하는 문채文彩들이다. 열역학의 유명한 원칙들이란 생명 에너지와 천체를 완전한 상태로 보존하는 것은 계절적 잠재 시기, 검은 달, 그리고 죽음 등이 형상화하는 일시적 악화 상태를 보상한다는 거대한 신화적 직관의 합리화된 표현 방법일 뿐이다. 하지만 단순히 신화적 측면에서 이러한 보상은 모든 위대한 문화들이 반영하는 극적 종합, 즉 농경-달의 드라마로 표현될 것이다.

이 드라마의 줄거리는 근본적으로 달의 여신의 아들이자 연인이며 대부분에는 신성을 가진 신화적 인물의 죽음과 부활로 이루어진다. '농경-달의 드라마'는 더이상 분리도 아니고 가치들의 도치도 아니며, 불리한 상황과 부정적인 가치들을 상상의 이야기와 관점으로 구성함으로써 긍정적인 가치로 바꾸어버리는 변증법의 원형적 밑바탕으로 사용된다. 우리는 반대되는 것들의 상보성이 어떻게 달의 월상에서 나타났는지, 즉 달의 여신은 항상 다가적이었다는 사실을 보았다.[95] 하지만 우리는 자신이 스스로 초래한 재난에 대하여 "여신의 슬픔"[96]이라는 주제가 자신이 야기하지 않은 자식의 죽음이라는 슬픔으로 전이되는 것을 인정할 수 있다. 왜냐하면 원시시대 사람들도 한 대상에 상반되는 것이 동시에 나타나는 현상을 생각할 수 없으며, 모순적인 특성을 여러 인물들에게 부여하는 제식적 드라마가 최초의 합리성을 위한 시도처럼 보이기 때문이다. 양가성은 "동시에 그리고 같은 관계로" 인식되지 않기 위해서 일시적이 되고, 바로 그 점에서 드라마의 중심인물인 '아들le Fils'이 나타나게 된다.[97]

'아들'의 상징은 달의 신들의 원시적 남녀 양성성의 뒤늦은 번역이다. 아들은 천상의 어머니의 여성성 곁에서 남성적 특성을 유지하고 있다. 아마도 태양 숭배의 충격하에 달의 여성성은 강조되고, 원시적인 남녀 양성을 잃어버리고 일부분은 친자관계 속에서 유지되었을 것이다.[98] 하지만 남녀 양성성의 두 반쪽은 분리에 의해서 그들의 순환관계를 잃은 것은 아니다. 즉 어머니는 아들을 낳고 아들은 어머니의 연인이 되어서 일종의 유전적 성의 '우로보로스'가 되는 것이다. 그래서 아들은 양면적인 특성을 보이고 양성의 모습을 가지며 항상 '중개자'의 역할을 하게 된다. 아들은 하늘에서 지상으로 내려오든 아니면 구원의 길을 보여주기 위해 지상에서 지옥으로 내려가든 두 남성과 여성, 신과 인간의 두 모습을 갖고 있다. 예수 그리스도도 오시리스나 타무즈 같은 모습이고 전 낭만주의와 낭만주의에서 나타나는 '자연의 구원자'도 그런 모습이다. 정신-인간과 자연-인간의 타락 사이에는 중개자로서 생마르탱의 용어에 의하면 '욕망의 인간'이 존재한다.[99] 피가니올은 아주 엄밀한 연구에서 반대되는 것들의 결합으로서 '신의 결혼'이라는 형상과 신 헤라클레스의 중개자 역할을 연결시키고 있다.[100] 그는 이 결혼에서 부계 부족과 모계 부족 간의 역사적 결합의 상징적 번역을 읽어낸다. 이 신의 결혼의 결과물은 상징적으로 "지하의 노트르담과 천상의 신 사이의 중간자"[101]인 헤라클레스처럼 잡종의 신학적 형태로 이루어진다. 피가니올에 의하면 로마의 헤라클레스는 중개자의 전형이며 우리가 보기에는 태양의 신화에 많이 영향을 받은 '아들'의 로마식 원형이다. 사실 헤라클레스는 이중의 속성을 지니고 있다. 우선 그에 대한 숭배는 돼지와 소, 그리고 빵과 포도주를 바치는 지하신의 숭배에 속하고 동시에 우라노스적 신성에 속하는데, 헤라클레스는 대머리 상태로 맹세를 하고, 서구의 지배자이면서 사람들이 제물을 바치는 유피테르의 육화와 같은 목자이기 때문이다. 그래서 헤라클레스는 "우라노스와 가이아의 중개자"[102]이다. '아들'의 역할이 가장 분명하고 웅변적으로 전개되는 이야기는 타무즈의 드라마인데, 타무즈는 페니키아의 아도니스와 이집트의 오시리스의 메소포타미아식 분신이며 위대한 여신 이슈타르의 아들이다. 성인이 되었을 때 타무즈는 자신의 어머니의 연인이 되고 사형선고를 받은 뒤에 메소포타미아의 무더운 여름날 지옥으로 내려간다. 그때 인간들과 자연은 슬픔에 잠기고 이슈타르는 자신의 소중한 아들을 찾기 위해 "돌아올 수 없는" 나라로 내려간다.[103] 이 줄거리에서 역할들이 뒤바뀌었을 수 있다. 기독교 문맥에서는 아들, 구원자가 자신의 어머니의 승천을 도와주고 그노시스 학파 문맥에서는 어머니, 헬레네, 소피아 혹은 바르벨로를 찾으러 아들이 내려가기 때문이다. 이러한 극적인 구도가 대부분의 농경의식에 영감을 주고, 이 구도는 의식 요소들의 의인화된 투영일 뿐이다. 그래서 오시리스 숭배교의 비밀의식은 우선 식물의 죽음과 부활의 상징인 '제드zed'라는 잘린 나무의 몸통을 세워놓는 것이고 그다음에는 다 익은 이삭의 단을 낫으로 수확하는 것이고 세번째로는 씨앗을 묻는 예식이고 마지막으로 부활은 "오시리스의 정원"이라고 불리는 항아리에서 씨앗이 발아하는 것으로 상징된다.[104]

그러나 인류학적인 자료를 실제로 과학적인 분석 방법을 통해서 중개자, 구원자, 남녀 양성 그리고 이분법과 삼분법을 밝혀낸 사람은 레비스트로스이다.[105] 코요테나 까마귀가 미국 민속학에서 차지하는 '트릭스터trickster'* 역할의 빈도수가 상당히 많은

* 트릭스터는 세계 여러 민족의 신화나 옛이야기에 등장하는 장난꾸러기 또는 어릿광대를 말한다. 트릭스터는 말하자면 동물인간이거나 적어도 동물의 이름을 가지고 있는 경우가 많다. 예를 들면 아프리카에서는 들토끼나 거미가, 북아메리카에서는 코요테가 대표적이다. 그가 등장하는 이야기는 그의 갖가지 장난을 둘러싸고 전개되며 청중을 즐겁게 하기 위해 엮이는 경우가 많다. 그는

것을 고려해본 이 인류학자는 이 두 동물이 농업의 상징인 초식동물과 전투와 노략질의 상징인 포식동물의 중간 개체인 죽은 짐승고기를 먹는 동물군에 속해 있기 때문에 가치부여를 받는다는 사실을 증명해낸다. 그리고 테와어Tewa로 '포세pose'라는 어근은 동시에 코요테, 안개, 머리 가죽 등, 즉 중간적인 요소들, 중개자를 의미한다는 것을 밝혀낸다. "코요테는…… 안개가 하늘과 대지의 중간자인 것처럼 초식동물과 육식동물의 중간자이다. 그리고 머리 가죽이 전쟁과 농업의(머리 가죽은 전쟁의 '수확물'이다) 중간자이고, 마름병이 야생식물과 온상식물의 중간자(마름병은 야생식물에서처럼 온상식물에서도 자란다)이고, 옷이 '자연'과 '문화'의 중간자인 것과 '같은 이유이다.'[106] 트릭스터와 인도 유럽어족의 신데렐라 주인공과 미국의 재투성이 소년의 주인공을 비교해본 후에 레비스트로스는 주니Zuni 신화에서 중간자 역할 쌍들을 정돈해낸다.[107] 구원자, 디오스쿠로이, '트릭스터', 남녀 양성, 사촌의 쌍, 결혼한 커플, 할머니와 손자, 사분법과 삼분법은 하늘과 대지, 겨울과 여름, 죽음과 탄생 사이의 중간을 보장하고 놀라운 동형적 성좌를 구성한다. 같은 동형성이 탄생의 주니 신화에서 나타날 수 있다.[108] 태양의 쌍둥이 두 아들인 신성한 코위투마와 와투시가 네번째 자궁에 갇혀 있는 인간들을 찾으러 떠나는

장난을 치거나 속임수를 써서 상대방을 욕보이지만, 때로는 자신도 실패하여 곤경에 빠지기도 한다. 트릭스터는 보통 탐욕스럽고 호색가이고 자만하며 변덕스럽고 남의 흉내를 잘 내며 거짓말쟁이이나, 어리석고 우스꽝스러운 면도 있다. 또한 그는 신화에서 단순한 장난꾸러기가 아니라 인류에게 중요한 생활수단(재배식물이나 불 등)을 가져다주는 문화영웅文化英雄인 경우도 많다. 따라서 그는 신과 인간 사이를 왕복하는 사자使者일 때도 있고 세계 창조자의 적수로 등장하여 창조자의 작업을 방해하기도 한다. 트릭스터는 본질적으로 두 개의 대립항 중간에 위치하여 양자의 성격을 겸비하는 양의적兩義的 존재이며, 양자의 중개자이다. 또한 그는 일상생활을 지배하는 도덕에서 벗어난 자유로운 존재이며, 운명에 대해서는 우연을 대표하는 면도 있다. 이와 같은 트릭스터의 본질은 희극이나 문학에도 많은 영향을 끼치고 있다.

명을 받는다. 두 쌍둥이는 수많은 중개 수단들을 이용하는데 그 중에는 마술의 사다리 나무도 있다. 그들은 주니족에게 회전하는 부싯돌로 불을 피우는 방법과 음식을 굽는 방법을 가르쳐주고 마침내 일종의 약속의 땅인 세계의 중심으로 주니족 인디언들을 인도한다. 주니 신화의 여러 판본의 동시성은 간접적으로 두 쌍둥이 아들에 의한 구원의 역할이 우유예위와 마사이레마로 나누어지는 전쟁의 신 아하유타나 근친상간 커플의 남녀 양성의 아들인 코코크쉬에 의해 맡겨질 수 있다는 것을 보여준다.[109]

'아들'의 수난과 부활에는 중심인물이 헤르메스 트리스메기스투스인 '연금술의 드라마'가 밀접하게 연결되어 있다. 종교사에 의하면 헤르메스는 펠라기스족의 신이며 생성과 다산의 위대한 여신을 대신하여 카베이리의 삼분법을 지배하고 있다.[110] 그래서 카베이리-헤르메스의 사분법은 예전의 삼분법에 어머니 여신의 남성적 대체, 즉 아들의 형태로 덧붙여진 것처럼 보인다. 프르질루스키는 에트루리아의 많은 거울의 도상에서 극적인 의도가 '시간적 월상들'로 여겨지는 카베이리의 특성에 덧붙여진 것이라는 사실을 밝혀낸다.[111] "죽음과 부활이라는 주제가 끊임없이 죽고 다시 태어나는 현재의 불안정함을 지적하기 위해 덧붙여진다." 그래서 하나로 여겨지던 삼위일체가 "네번째 인물을 만들어낸다."[112] 프르질루스키는 그와 유사한 현상을 제르반 교파의 사분법과 펠비의 신학에서도 발견하였다. 삼분법이 상징했던 연속적인 월상들을 신적인 인물인 헤르메스 트리스메기스투스가 담당하는 것이다.[113] 그는 헤르메스 추종자들에게 근본적으로 아들이자 그리스도이다. 연금술의 중심인물인 '트리스메기스투스'는 시간에서 세 배의 자연과 세 배의 행동을 가리킨다. 그는 생성의 원칙 그 자체, 즉 헤르메스교에 의하면 존재의 승화를 의미한다. 융의 책에 복사되어 나타난 17세기의 판화 그림에 의하면[114] 헤르메스가 열두 성좌 바퀴를 돌리고 있다. 헤르메스를 의미하는 이집트 단어인 토트 또는 토우트의 어원은 첫번째 경우 어근이 섞다, 섞어서 부드럽게 하다라는 의미를 갖고 있고 두번째는 하나로 모으다, 종합하다라는 의미를 갖고 있다.[115] 어떤 헤르메스 추종자들은[116] 헤르메스를 '시리즈 혹은 연결'을 뜻하는 '에르마'와 연결시키거나 '자극, 운동'을 뜻하는 '오르메'와 연결시키기도 하는데, 이 단어도 산스크리트어 어근 '세르'에서 나왔고 여기서 나온 '시라티' '시사르티'는 달리다, 흐르다를 의미한다.

그러므로 트리스메기스투스는 종합과 생성 단계들의 합의 상징적 삼위일체이다. 그는 제우스와 마이아 그리고 카발라 신비주의자들의 위대한 어머니인 아스타로트의 아들이다. 연금술은 계란 안에서 태양과 달의 결합으로 태어난 이 아들, '필리우스 필로소포룸'을 대표한다. 그는 화학적 결혼의 산물이며, 자기 고유의 아버지가 되어버린 아들이고 이따금 자신의 아들을 삼켜버린 왕이다.[117] 이 헤르메스는 로젠크로이츠Rosenkreutz*가 묘사한 남녀 양성이다. "나는 남녀 양성이고 두 개의 본성을 갖고 있다. …… 나는 아들로 태어나기 전 아버지이고, 아버지와 어머니를 낳았으며, 나의 어머니는 나를 그녀의 자궁에 품고 있었다."[118] 융은 끊임없이 연금술적 헤르메스의 복합적 성격에 대하여 반복해서 언급한다.[119] 연금술은 분리를 원하지 않고, 죽음과 부활이 뒤따르는 혼례식, '결합conjunctio'을 원한다. 이 '결합'에서 자신의 전체성 때

* 17세기에서 18세기에 걸쳐 유럽에서 활동한 비밀 단체로 장미십자회라 불린다. 예수 그리스도의 부활과 구속을 뜻하는 십자가와 장미 문장이 그려진 깃발을 사용했기 때문에 이 이름이 붙여졌다. 17세기 초 독일에서 『형제의 고해성사 *Confessio Fraternitatis*』라는 책에 언급됨으로써 그 실체가 알려지게 되었다. 이 책에 따르면 전설적인 인물 크리스티안 로젠크로이츠Christian Rosenkreutz가 있었다. 그는 동방에 가서 아랍인들의 지혜와 명철을 배우고 고향에 돌아온 후에 마술, 연금술 등을 가르쳤다. 그에게 배운 사람들은 기존의 가톨릭교를 반대하는 반反가톨릭적인 기독교 비밀단체를 결성하였다. 가톨릭의 교리를 부정하는 입장을 내세워 가톨릭 단체 및 교회로부터 지탄과 경계의 대상이 되었다. 17세기 유럽에서 공상소설가들이 이 단체를 소재로 많은 작품을 썼다.

문에 남녀 양성으로 불리는 변화된 메르쿠리우스가 태어난다. 이 결혼은 "동양 종교에서 신성혼의 기독교 형태"인 양羊의 결혼이다. 이 연금술의 소인小人에서 축소화와 중복의 원형들은 우주적 총체성의 원형에 수렴된다. '아들'은 석가모니의 탄생과 관련된 전설에서 아직도 그 흔적을 찾을 수 있는 중개 결혼의 산물, 예수와 동일시된다. 즉 마야 부인은 꿈에서 하얀 코끼리에 의해 임신을 하고 12월 25일 미래의 석가모니인 싯다르타를 낳는다.[120] 우리는 나중에 그리스도와 불 아그니가 어떤 관계를 맺는지 살펴볼 것이다.[121] 연금술은 아들 헤르메스를 켈트족의 루그Lug와 동일시하고 성 유스티누스는 루그와 로고스를, 켈트족의 메르쿠리우스와 「요한복음」의 예수를 융합시킨다.[122] 나중에 메르쿠리우스는 자신의 종합적 본성에 따라서 이중의 기독교적 변모를 경험한다. 우선 부분적으로 하늘의 메신저이면서 사자死者의 영혼을 인도하는 성 미카엘로 승화되고, 부분적으로는 악마로 타락한다. 베르쿠트르에 의하면 중세의 악마는 루그와 로마-켈트족의 메르쿠리우스의 형태를 보존하고 있었다고 한다.[123] 그리고 두 단계가 천사장과 악마의 싸움이라는 재현 속으로 융합된 것이다.[124]

연금술의 최고의 목적은 파라셀수스가 말했듯이 "빛을 낳는 것"이든지,[125] 아니면 엘리아데가 통찰력 있게 주장했듯이 역사를 가속시키고 시간을 통제하는 것이었다.[126] 연금술의 최고 중심 인물은 아들-헤르메스이지만 연금술은 사실 금속의 인공적인 가공이었다. 중국과 인도, 베트남과 인도의 군도들, 그리고 기독교의 서양에서 연금술사는 "자연이 기나긴 시간 동안에 완벽에 이르는 것을 우리는 우리들의 기술로 짧은 시간 안에 완성시킬 수 있다"[127]고 주장한다. 그러므로 연금술사는 "자연의 애정어린 구원자"이며 자연이 자신의 목적을 완수할 수 있도록 도와준다. 그에게는 "연금술 작업으로 금속의 성장을 빠르게 하는 것은 금속들로 하여금 시간의 법에서 벗어나게 해주는 것이다."[128] 엘리아데는 이 순환적이고 활동적인 신화들이—'위대한 작업'은 이 신화들의 의식의 예증이다—진보적이고 혁명적인 신화의 전형들이고, 진보적이고 혁명적인 신화의 정점은 황금시대이며 기술과 혁명에 의해 가속화된다는 사실을 분명하게 알고 있었다.[129] 우리는 이 나무의 상징주의에 대한 중요한 점을 다시 기술할 것이다. 여기서는 단지 '화학적chymique' 신비에서 나타났던 것처럼 구세주적 특성이 '아들'의 신화와 밀접하게 연결되어 있고, 그와 더불어 기술 중심적인 세계관Weltanschauung과 기술 문명이 순환의 신화와 오래된 천체생물학에 얼마나 빚지고 있는지만 강조하기로 하자.[130]

'아들'의 이미지에서 시간성을 정복하려는 의도는 혈통을 유지하려는 부모의 욕망이 다원 결정한다. 진보주의적 관점에서 모든 이차적인 요소는 첫번째 요소의 아들이다. '아들'은 단순한 정적인 중복보다 부모의 시간에서 더 많은 반복이다. 랑크가 보여준 바와 같이 신화에서는 분명히 부모의 중복이 존재한다.[131] 즉 신화적 아버지에 의한 실재적 아버지의 중복처럼 실재 아버지는 비천한 태생에 키워주기만 한 '가짜' 아버지이고 다른 아버지는 고상하고 신인 진짜 아버지이다. 하지만 보두앵이 지적하듯이 이 중복의 삽화는 삽화들로 이어진 이야기 속에 삽입된 하나의 "가족소설"이다.[132] 이 주제에 대하여 정신분석학자들은 "어머니 품 안으로의 회귀" 신호나 "어머니의 집착으로부터의 탈출"이라는 모순된 의견들을 보이고 있다.[133] 그들의 의견과는 달리 우리에게는 이러한 "두번째 탄생"이 부활의 과정을 시작하는 것처럼 보인다. 모세나 로물루스 혹은 예수의 경우처럼 이중의 부성父性에 의한 탄생의 반복이나 아이의 유기遺棄라는 주제는 부활의 소명을 위한 준비과정이다. "두 번 태어난" 아들은 죽은 뒤에도 다시 부활할 것이다. 이 중복과 반복의 주제는 문학에서도 나타난다. 고전주의 연극과 소설에서 가장 중요한 주제들 중 하나는 일종의 탕자나 잃어버린 아들이 가족 안에서 부활하는 것이라고 할 수 있는 영웅에 대한 가족의 "인정"이라는 주제이다. 『에르나니』와 『웃는 사나이』*에서 아들의 반복은 어머니의 중복이라는 주제와 함께 나타나고, 포크너는 아주 재치 있게 연관된 등장인물들의 이름들을 중복시켜 자기 소설의 특수한 특징이라고 할 수 있는 짓누르는 듯한 운명의 분위기를 창조한다.[134]

극적인 친자관계의 구도와 '아들'의 원형은 아주 지속적이고 생생한 주제이기 때문에 우리는 발랑슈, 라마르틴 또는 키네 같은 낭만주의 작가들의 서사적이고 소우주적인 작품 속에서 이를 꾸준히 발견한다. 인류의 모든 변화와 천체생물학적 드라마가 한 개인의 운명 속에서 그대로 재현된다. 예를 들어 라마르틴의 경우에는 『조슬랭*Jocelyn*』 속에 자신의 모든 서사적이고 극적인 야망을 쏟아붓는다. 레옹 셀리에는 "조슬랭은 희생에 의한 구원의 서사시이다"라고 쓰고 있다.[135] 이 시는 자연에 대한 느낌과 자연의 리듬 속에서 "남녀 양성의" 로랑스—이야기 초기에는 젊은 소년이지만 끝에는 사랑에 빠지는 여인—와 드라마를 종결하는 신비한 결혼에 의해 다원 결정되고 있다. 마찬가지로 『천사의 추락』에서 세다르는 소명의식을 갖고 있는 타락한 천사이다.[136] 그는 돌에 맞아 죽고 찢겨 죽는 영웅이라는 농경문화의 신화 역할을 맡으면서 영원의 책의 소유자, 끔찍한 아스라피엘Asrafiel을 무너뜨리는 억압받은 자들의 승리자인 아도나이Adonaï라는 구세주적 인물이기도 하다. 그래서 '아들'의 주제는 단순히 문학적이든 혹은 이미 널리 알려진 헤르메스, 타무즈, 헤라클레스, 혹은 예수 그리스도 같은 신적인 존재이든 항상 양가성의 인류학적이고 극적인 침전물처럼 나타나기도 하고, 식물적 혹은 "화학적" 기원에 의해 다원 결정되는 반대되는 것들의 종합의 시간적 번역처럼 나타나기도 한다.

시간의 성스러운 드라마의 예배식이며 반복되는 리듬에 의

* 『에르나니』와 『웃는 사나이』는 빅토르 위고의 작품 제목이다.

해 통제되는 시간의 예배식인 '통과제의의 예식'은 '아들'의 극적이고 순환적인 신화와 동형이다. 통과제의는 단순한 세례 이상이고 약속이며 신비한 유대감이다. 피가니올은 순화의식을 지하의 제식과 연결시킴으로써 진리의 부분만을 보았다.[137] 즉 통과제의는 세례의 순화의식일 뿐만 아니라 운명의 변화이다. 세례를 연구하면서 우리는 통과의례의 한 측면, 일종의 분리적이고 부정적인 측면만을 살펴보았다.[138] 하지만 통과제의는 연속적인 계시啓示의 모든 의식을 포함하고 있고, 단계별로 천천히 이루어지며 미트라교의 의식처럼 농경-달의 구도, 즉 희생, 죽음, 무덤에 넣기, 부활의 월상을 따르는 것처럼 보인다. 통과제의는 거의 항상 암시적으로 신의 수난을 상징하는 절단과 희생의 시련을 포함하고 있다. 이집트에서 통과제의는 근본적으로 오시리스의 수난과 고통과 기쁨을 표현하는 오시리스 전설의 극적인 실현이었다.[139] 이시스의 비밀의식은 우선 순화하는 세례로 시작하고, 통과의례자는 악마인 세트Seth의 모습을 하기 위해 당나귀로 변장한 뒤 욕을 먹고 구타를 당한 뒤에 굶주림과 유혹의 시련을 거친다. 그러고는 마지막으로 가장 중요한 단계인데, 통과의례자는 오시리스의 상징인 희생된 동물의 가죽을 쓰고 있다가, 이시스의 마법에 의해 거기서 벗어나 꽃으로 장식된 꽃받침 위에 앉아서, 한 손에는 횃불을 들고 "신처럼 추앙받으며"[140] 부활하고 불멸의 존재가 된다. 이러한 의식과 오시리스, 신, 프리기아의 멘Men 같은 신의 운명의 동형성에 놀라지 않을 수가 없다. 상현달이 나타날 때 신은 자기의 운명을 시작하여 자신의 아버지인 그 전달을 삼켜버린 어둠의 악마와 싸우고, 보름달일 때 위대하게 지배하고, 악마의 동물에 의해 패배하고 삼켜져서 지옥에 사흘 동안 내려갔다가 마침내 승리자로 부활한다.[141] 통과의례자가 겪는 고문은 종종 성기의 절단이다. 즉 완전하거나 부분적인 거세이며 엘리아데는 그 거세의 대체가 할례라고 보았다.[142] 이러한 행위들은 최초의 남녀 양성을 기리는 의식에 기원을 두고 있었을 것이며, 그 기원은 통과의례자가 일반적인 옷을 벗어버리고 여자 옷으로 바꾸어 입는 행위에도 남아 있다고 할 수 있다. 예전에는 상징적이든 실제적이든 절단 행위가 더욱 완전하게 이루어졌다. 어떤 샤머니즘의 의식에서는 의식청원자가 완전히 조각으로 찢기며, 포모 인디언들에서는 통과의례자를 찢는 것은 그리즐리 곰이다.[143] 왕-사제의 의식적인 살인도—지중해 지역에서 그 전형은 로물루스이다—같은 성좌에 속해 있다.[144] 이러한 의식들과 통과의례적 전설에서는 악마와 악, 그리고 죽음에 대한 순간적인 승리를 강조하기 위한 확실한 의도가 있다. 많은 전통에는 찢김에 의한 죽음의 이미지가 반영되어 있다. 예를 들면 세트에 의해 열네 조각으로 찢기는 오시리스는 잃어버린 남근 조각에 대한 "농경문화의" 가치화와 함께 하현달의 14일에 대응된다.[145] 그리고 바쿠스, 오르페우스, 로물루스, 마니, 예수, 팔다리가 부러진 채 예수와 함께 십자가에 매달린 두 명의 강도, 마르시아스, 아티스 혹은 예수 벤 펜디라Jésus ben Pendira 모두는 수난의 과정에서 절단된 영웅들이다.[146] 이것은 농경-달의 절단 콤플렉스라고 부를 수 있을 정도이다. 달의 신화적인 인물들은 이따금 다리가 하나거나 팔이 하나이며 오늘날에도 농부들이 가지치기를 하는 것은 하현달 시기이다. 또한 이 절단의 의식이 불의 의식과 밀접하게 연관되어 있다는 사실도 지적해야겠다. 우리는 뒤에 불 역시 리듬과 동형이라는 것을 살펴볼 것이다. "불의 대가"들과 연관된 많은 전설들과 이야기에서 등장인물들은 불구, 한쪽 발이 없는 사람, 한쪽 눈이 없는 사람들이고, 마법사-대장장이가 자행한 "통과의례적 절단을 환기시킨다."[147] 수동적 역할과 능동적 역할을 동시에 하는 불의 대가는 불과 아궁이로 병을 치료하고 상처를 낫게 하고 재생시키는 능력을 갖고 있다. 많은 기독교의 전설들은 성 니콜라우스나 성 엘로이, 성 베드로의 이야기처럼 절단의 상징의 두 가지 측면을 다 갖고 있다.[148] 또한 이 이야기들, 이 절단의 의식과 위대한 여신의 숭배에서 항상 지속적으로 행해지는 채찍질의 행위도 연결시켜볼 수 있다.[149] 프리기아에서는 3월 24일이 "피의" 축제인데, 이 기간에 승려들은 자신의 몸을 능수버들 가지로 피가 나도록 채찍질을 하며, 같은 의식이 아르카디아의 아르테미스, "막대기 달린 여신"인 '아르테미스 파켈리티스Artémis phakélitis'를 기리기 위해 행해졌으며 우리는 베다의 아디티의 별명이 "꿀 채찍을 든 여신"이라고 이미 지적한 바 있다.[150]

'희생'의식은 또한 농경-달의 기울어짐과 동형이다. 인간의 희생은 농경의식에서 보편적으로 있어왔다. 가장 잘 알려진 의식 중에 아즈텍인들의 옥수수 숭배의식을 들 수 있다.[151] 이 옥수수 숭배의식에서 희생 예식은 달의 신화, 농경의 의식 그리고 통과의례 사이의 아주 복잡한 종합처럼 나타난다. 희생에 바쳐지는 어린 소녀들은 세 계급으로 나뉘는데, 세 계급은 옥수수 성장의 세 단계에 대응한다. 수확물이 무르익으면 줄기에 매달려 있는 녹색 옥수수를 상징하는 어린 소녀의 목을 자르고, 수확의 마지막 시기에는 "수확된 옥수수 여신"인 토시Toci를 상징하는 어린 소녀가 껍질이 벗겨진 채 죽임을 당한다. 승려는 그 소녀의 가죽으로 자신의 몸을 감싸고, 또다른 예배를 드리는 승려는 가죽 조각으로 가면을 만들어 쓰고 임신한 여자의 흉내를 낸다. 엘리아데에 의하면 "이 의식의 의미는 토시가 일단 한 번 죽은 후에 자신의 아들인 마른 옥수수로 부활하는 것을 의미한다."[152] 다른 아메리칸 원주민들 사이에서는 희생된 자의 시체가 작은 조각으로 잘려 들판에 뿌려져 비료로 쓰이기도 한다. 같은 행위가 아프리카와 콘드족에서도 나타나는데 특히 콘드족은 죽인 뒤에 뼈를 갈고, 잘게 썰어서 불에 끓이기도 한다. 또한 로마 시대에도 희생은 농경-달의 성좌에 연관되어 있다.[153] 초기 로마인들은 불길한 시간의 신인 사투르누스에게 희생물을 바쳤고, 크레타섬, 아르카디아, 사르디니아,

리구리아, 사비나 등의 지중해 연안의 민족들은 희생물을 물에 빠뜨려 죽이거나 목 졸라 죽였고, 고대 게르만인들은 희생자들을 늪에 빠뜨리거나 살아 있는 채로 묻기도 하였다. 피가니올이 훌륭하게 보여준 것처럼[154] 이 희생들은 평평한 희생 돌의 의식과 연결되어 있고, 세례와 순화의 행위들과 혼동되어서는 안 된다. 다시 말해 희생은 의식의 분할에 의해 시간의 조건에서 벗어나려는 의도가 아니라, 파괴적이라 할지라도 혹은 칼리 두르가일지라도 시간에 합류하려는 의도이며, 우주의 창조와 파괴의 완전한 순환에 참여하려는 깊은 의도를 보여주고 있다.[155]

많은 경우에서 희생은 완화되고, 가혹 행위를 당하고 죽임을 당하는 것은 대체물이다. 독일에서는 골판지로 만든 거인 '오월의 왕'이 불태워지고, 보헤미아 지방에서는 실제 인물이 '오월의 왕' 역할을 맡고 가짜로 만든 목을 어깨 위에 걸쳐놓고 있다가 그 목을 자른다. 유럽 전체에서 그러한 관습은 카니발 축제에서 보편적이다.[156] 카니발의 허수아비는 타서 죽고, 익사하고, 목매달려 죽고, 목이 잘려 죽는다. 카니발과 사순절, 그리고 겨울의 이런 죽음은 희생의 이중부정을 구성하고 있다. 즉 대부분의 경우에는 "죽음의 죽음", 죽음의 잠재력, 죽음의 생명력과 관계되어 있다.[157] 결과적으로 이 대체물로써 희생을 치르는 관습에는 극적인 순환에 통합된 희생의 비극적 의미에 대한 일종의 배반이 숨어 있다. 이 점에 대해서 어원학자들은 라틴어로 희생을 나타내는 표현에서 반어법에 의해 도치된 다의성에 대하여 중요한 지적을 하고 있다.[158] '막타레Mactare'는 "풍부하게 하다, 확대하다"를 의미하는데, '막타레 데오스 보베mactare deos bove' 대신 줄여서 '막타레 보벰mactare bovem'이라고 말하고, 마찬가지로 '아돌레레adolere'는 "늘리다, 많게 하다"를 의미하는데 '아돌레레 아람 투레adolere aram ture' 대신에 '아돌레레 투스', "향을 태우다, 향을 희생하다"라고 말한다. 완서법이면서 동시에 반어법인 이러한 말 줄임에는 완화된 희생의식을 은밀하게 작용시키고자 하는 의도의 살아 있는 증거가 숨어 있다. 즉 이것은 희생이 유익한 것이고 죽음과 그 언어적 표현에 생존의 희망이 스며들어가는 변증법적 순간이다. 여기에서 법률의 이중부정을 통하여 단순히 악과 죽음에 징벌을 내리게 하는 모든 희생 체계의 경향이 나타난다. 중세에는 카니발 기간 동안 겨울과 악의 어둠의 상징으로서 마녀를 불에 태워 죽이곤 했다. 마찬가지로 희생의 비극적 의미를 약화시키는 문맥에서 분리와 논쟁이 다시 우위를 차지한다. 악에 대하여 경쟁하고 가짜로 투쟁하는 모습이 많은 카니발에서 다소간 변형된 형태로 나타난다. 어떤 전투들은 농경의 냄새를 풍기는데 무기와 포탄들이 대지의 과일들, 즉 채소, 호두, 콩, 꽃들이기 때문이다. 스웨덴에서는 두 그룹의 기사들이 각각 여름과 겨울을 상징한다.[159] 이 싸움은 모든 전투의 모범이라고 할 수 있는 티아마트와 마르두크Marduk의 싸움이며 참을 수 없이 더운 건조에 대한 식물의 싸움이고, 이집트에서는 세트에 대한 오시리스의 싸움, 페니키아에서는 모트Mot에 대한 알레시Alécis의 싸움이다. 역사철학처럼 시간의 신화와 희생의식들도 논쟁에서 안전하지 않다. 시간은 근본적인 수난이면서 동시에 근본적인 행동으로 나타나는 것도 사실이며 인간의 낙관주의가 금방 자신의 수난을 행동으로 변화시킨다는 것도 사실이다. 하지만 모든 경우에서 신의 극적 수난은 우리가 보기에 희생의 의미의 약화작용에서 나오는 서사적 뉘앙스를 띤다.

이제 희생, 특히 통과의례적 희생의 근본적인 의미는 순화와는 반대로 신과의 타협, 담보, 그리고 반대되는 요소들의 교환이다.[160] 마리 보나파르트는 1939~1945년 사이에 유럽에 널리 퍼져 있던 "자동차 안의 시체" 신화를 연구한 한 부분에서,[161] 희생 행위의 상업적 성격을 조명하였다. 모든 희생은 교환이며, 메르쿠리우스의 지배 아래에 있으며, 보나파르트는 희생을 설명하기 위해 은행 용어까지 사용한다. "속죄 희생의 경우에는 신에 대한 오래된 구좌의 결산이고, 은총의 희생의 경우에는 미리 받은 은혜에 대한 수표 지불, 그리고 보상 희생인 경우에는 선지급이다."[162] 등가치의 놀이를 통해서 이 거래는 다른 것을 대체하고, 대리인이 중복을 반복하면서 희생을 시키는 자나 희생자는 빚을 갚으면서 스스로 과거나 미래의 주인이 된다.[163] 시간을 지배한다는 신호인 시간의 반복은 많은 대체 요소들과 같이 나타나는데, 예를 들어 이피게네이아나 아브라함의 전설에서처럼 희생자 자신들의 대체물의 경우에서도 같이 나타난다. 성찬이나 통과제의, 그리고 영세의 의식들을 통해 희생이 이루어지는 이유는 교환과 대체를 쉽게 하기 위해서이다. 가끔은 남녀 양성으로 나타나는[164] 희생시키는 자나 희생자의 애매한 성격은 희생 절차를 용이하게 하고 중간항으로서 역할을 한다. 그리고 죽음은 그 신화적 소명에 의해 죽음의 죽임이라는 이중부정을 통해서 이 희생의 양가성에 참여한다. 마리 보나파르트는 30여 개의 신화적 이야기를 보고하고 있는데, 공통 주제는 히틀러, 무솔리니, 체임벌린, 달라디에 같은 중요한 인물이나 독재자가 원하는 죽음을 알리는 죽음이고, 그것을 통해 전쟁에 의한 다수의 죽음을 예언한다. 다시 말하자면 한번 받아들여진 희생된 죽음은 독재자의 죽음을 준비하고 알려주고 있으며, 그 죽음은 죽음의 죽음이다. 마리 보나파르트는 희생을 통하여 인간의 운명이 극복되는 이 이야기들과 전쟁을 멈추기 위해 자신의 죽음을 바치거나 자기 죽음과 결부하여 히틀러의 죽음을 예언한 교황 피우스 12세나 테레사 노이만 수녀의 자기 봉헌을 비교하고 있다.[165] 그러므로 희생의 본질은 대리와 보상을 교환하여 시간을 지배하려는 성찬의 능력에 있다. 희생의 대체는 반복에 의해서 미래를 위해 과거를 교환하고 크로노스를 길들이게 해준다. 이것과 연관지어 우리가 지금까지 살펴본 신화에서 희생과 예언이 연결되어 있다는 사실은 놀라운 일이다. 꿈속에서 희생하는 사람의 역할은 주로 대중적인 의식에서는 마술사나 예언자로 여겨지는 신화적 인물들, 즉 카드 점쟁이, 집시, 방랑자, 멜기세덱Melchisédech 등이 맡는다.[166] 희생을 통해서 인간은 운명에 대한 "권리"를 얻고, 그것을 통해서 "운명을 조절하고 우주의 질서를 인간 마음대로 변하게 할 수 있는 능력"[167]을 갖게 된다. 그래서 희생의식은 지배라는 위대한 연금술적인 꿈에 합류한다. 이중부정은 의식과 이야기 속에 통합되고 부정은 그 기능 자체에 의해 긍정의 구체적 지지자가 된다. 메스트르가 깊이 있게 지적했듯이,[168] 희생의 철학은 시간의 지배와 역사의 계몽에 대한 철학이다.

마지막으로 달과 식물의 순환의 부정적 현현은 빈번하게 부정형, 혼돈, 대홍수의 분해로의 회귀라는 신학과 밀접하게 연결되어 있다. 그래서 통과제의와 희생의 관습은 자연스럽게 '광란적인 관습pratiques orgiastiques'과 연결된다. 통음난무는 사실 대홍수의 의식적 기념식이며 다시 태어난 존재가 자기가 태어난 혼돈으로 회귀하는 기념식이다.[169] 통음난무는 형식의 분실, 즉 사회적 규범, 개성, 특성을 모두 잃어버린다. "새롭게 최초의, 비정형의, 혼돈의 상태를 실험하는 것이다."[170] 엘리아데에 의하면[171] 이러한 규범의 제거는 "씨앗의 조건을 흉내내는 것인데, 씨앗은 땅으로 들어가 자기의 형태를 잃어버리고 새로운 식물을 낳기 때문이다." 이것은 '마하프랄라야mahâpralaya', 위대한 해체의 모방이다. 광란의 관습과 농경-달의 신비주의는 매우 구원론적이다. 그리고 모든 축제, 예를 들면 서양의 카니발, 또는 크리스마스이브나 새해 전날의 축제는 모두 광란적인 특성을 갖고 있다.[172] 그래서 축제와 그 방종은 사회심리적으로 남아 있는 흔적의 정상이다. 트로브리안드의 '쿨라kula', 브리티시컬럼비아의 '포틀래치potlatch', 뉴칼레도니아의 '필루pilou', 주니족의 '샬라코shalako', 도곤족의 '시구이sigui', 그리고 유럽의 카니발은 모두 순환 신화의 중요한 단계가 사회적으로 나타난 것이며,[173] 모든 원형 드라마의 놀이적 투사들이다. 축제는 규범들이 사라지는 부정적인 순간인 동시에 부활된 질서가 다가오는 즐거운 약속인 셈이다.[174]

우리는 지금까지 '아들'의 원형, 시간의 재시작과 새로움, 통과제의에 의한 시간의 지배라는 모든 의식儀式들, 희생과 광란의 축제들이 어떻게 순환의 리듬 있는 구도 속으로 통합되는지를 살펴보았다. 이제부터는 이 구도와 원형의 상징적 번역, 즉 자연의 층위에서는 동물계의 번역을, 인공적인 층위에서는 순환의 기술들을 살펴보아야 할 것이다. 그래서 우리는 다음 두 절의 제목을 '달의 동물계'와 '순환의 기술들'이라고 붙일 수 있을 것이다.

*

'아들'의 수난 원형이 불러일으키는 식물의 상징들은 동물 형태의 상징과 쉽게 관계를 맺는데, 왜냐하면 우리가 보았듯이 순환은 동물의 상징계를 표현하는 해를 끼치는 밤의 월상을 포함하기 때문이다. 도상에서 달의 여신이 '동물들'과 맺는 관계는 세 가지 형태이다. 우선 달은 야수들에 의해 찢겨 죽는 희생자의 모습이거나 반대로 동물들을 조련하고 마술을 거는 모습 혹은 헤카테, 다이아나, 아르테미스처럼 개들과 함께 사냥하는 모습으로 나타난다. 둘째로는 달의 나무인 카두세우스 양쪽에는 동물들이 나오는데, 순환의 신화는 애매한 모습을 보이기 때문에 동물들이 그 나무를 지키는지 혹은 공격하는지 알 수 없다.[175] 마지막으로 달은 수동적인 의미에 능동적인 의미를 대체시킴으로써 스스로 동물의 모습을 띠기도 한다. 그래서 아르테미스는 곰이나 사슴이 되고, 헤카테는 세 개의 머리를 가진 개가 되고, 이시스는 암소인 하토르, 오시리스는 황소 아피스Apis, 그리고 키벨레는 암사자가 된다. 또한 모든 식물처럼 모든 동물은 드라마를 상징하기도 하고 농경-달의 진화의 진보 단계를 상징하기도 한다. 순환의 구도는 동물성, 활력, 그리고 움직임을 완화시키고 그것들을 신화적 전체에 통합시켜 그 속에서 긍정적인 역할을 하게 한다. 왜냐하면 그런 관점에서 보면 비록 동물적인 부정성도 완전한 긍정성이 오기 위해서는 필요한 요소이기 때문이다. 달의 동물로 전형적인 예는 다양한 형태를 갖추고 있는 전형적인 동물, 즉 용이다. 농경-달의 신화는 용 그 자체를 복권시키고 완화시키는데,[176] 용은 달의 동물계를 요약하는 근본적인 원형이다. 날개의 비행 능력으로 인해 우라노스적 힘으로서 긍정적 가치를 부여받고, 비늘이 있어 물과 밤의 요소를 갖춘 용은 스핑크스이며, 깃털 달린 뱀이며 뿔 달린 뱀 혹은 "코쿠아트릭스coquatrix"이다.[177] 사실 "괴물"은 전체성과 자연적인 가능성의 완전한 목록의 상징이다. 이런 관점에서 보면 모든 달의 동물은 아무리 하찮은 것이라 할지라도 괴물의 결합이다. 모든 기형적인 환상은 전체성의 환상이며 이 전체성은 항상 생성의 상서롭고 불길한 힘을 상징한다. 폰 슈베르트는 상상력의 꿈과 자연적인 생성은 이렇게 흩어져 있는 요소들을 규합하는 공통의 특성을 공유하고 있다고 이미 지적한 바 있다.[178] 여기서 중요한 점은 더이상 기형학의 끔찍한 모습이 아니라 괴물의 결합의 환상적인 특성이다.[179] 동물성에서 순환적 생성의 상상력은 삼중의 상징성을 추구한다. 우선 정기적인 재생의 상징, 불멸 혹은 재생의 담보로서 고갈되지 않는 풍요의 상징, 그리고 가끔은 희생에 순응하는 부드러움의 상징이다. 농경-달의 순환에서 동물적 표현들의 다양성은 이런 환상성의 법칙을 분명하게 보여주고 있다. 즉 상징이 구성하고 의미를 부여하는 것은 대상이나 물질이 아니라, 가장 다양하게 흩어져 있는 대상들을 도상학적으로 연결시켜주는 바로 역동적인 구도이다. 달의 동물계에서 우리는 가장 다양한 동물들이 서로 곁에 서 있는 모습들을 보게 된다. 즉 괴물 같은 용 혹은 조그마한 달팽이, 곰 혹은 거미, 매미나 가재 그리고 양과 뱀 등이 있다.

'달팽이'는 뛰어난 달의 상징이다. 달팽이는 성적인 면에서 여성성을 표현하고[180] 여성성의 물의 측면을 나타내는 '조개'일 뿐만 아니라, 나선형이면서 거의 구형의 조개이다. 게다가 이 동물은 번갈아가면서 "자기의 뿔들"을 보여주고 감추기 때문에 이 다상징성多象徵性을 통해 진정한 달의 현현으로 통합될 수 있다. 멕시코의 달의 신 텍시스테카틀Tecçiztecatl은 달팽이의 조개 안에 갇혀 있는 모습으로 표현된다.[181] 또한 우리는 문화의 도상학에서 나선형의 중요성을 강조해야 하는데, 그 문화들의 정신적 풍경은 반대되는 것들의 균형과 종합의 신화 위에 기초하기 때문이다. 나선형은 카두베오족Caduveo의 얼굴 그림, 양사오의 도자기, 고대 중국의 청동상, 폴리네시아의 장식, 고대 멕시코 예술, 그리스, 미틀라Mitla의 4각형의 나선, 치첸 이차Chichen Itza, 테오티와칸Teotihuacan 등에서 지속적으로 나타나는 주제이다.[182] 이 나선형 조개의 상징은 수학적인 사고에 의해 보충되는데, 그 속에서 나선형은 불균형 속의 균형, 질서, 변화 속의 존재의 표시이다. 나선형, 특히 대수 나선형은 전체 형태의 변화 없이 끝 부분이 커져가서 "비균형적인 성장에도 불구하고"[183] 형태를 유지하는 놀라운 특성을 갖고 있다. 황금률에 대한 숫자학적 사고, 대수 나선형의 숫자는 자연히 나선형의 의미론에 대한 수학적 명상을 보완한다.[184] 이런 모든 의미론적 이유들과 기호학적·수학적 확산으로 인해 달팽이의 조개—육지의 달팽이든 바다의 달팽이든 간에—나선 형태는 보편적인 시간성의 표지이며 변화의 파동 속에서 존재의 연속성 표지가 된다.

또다른 동물들도 이와 같은 복수 상징의 이유로 달의 의미론을 명확하게 한다. 예를 들어 '곰'은 시베리아와 알래스카 주민들에게 달과 연관이 있는데, 왜냐하면 겨울에 사라졌다가 봄이면 다시 나타나기 때문이다. 게다가 곰은 켈트족이나 아프로디테의 아들인 아도니스 신화의 이야기처럼 삼키는 동물의 통과제의적 역할을 한다.[185] 마찬가지로 희생의식에서처럼 달의 동물에서도 수동과 능동의 끊임없는 혼동이 생긴다는 사실을 지적해야겠다. 달의 동물은 희생된 제물처럼 희생시키는 괴물이 될 수도 있다. 미국과 아프리카 흑인들, 그리고 몇몇 인도인들에게 달은 영웅이면서 순교자 역할을 하는 동물인 '산토끼'이다. 산토끼의 상징적 의미는 기독교의 '양'과 비교해볼 수 있는데, 양 역시 부드럽고 공격적이지 않은 동물이며 전투와 태양의 승리자와는 반대되는 달의 메시아, '아들'의 상징이기 때문이다. 달 표면에 나타나는 그림자 부분을 아프리카, 아시아, 그리고 북아메리카에서는 "토끼 발자국"이라고 부르고 있다.

'곤충들'과 '갑각류' '양서류' 그리고 '파충류'는 분명하게 구분되는 탈바꿈과 기나긴 겨울잠으로 인해 대표적인 달의 상징들이다. 우리는 이미 실을 뽑으며 희생물을 삼키는 예로서 거미의 부정적 상징을 살펴보았다. 거미는 자신 속에 여성과 동물, 그리고 그 연관관계에 대한 놀라운 신비들을 집중해서 갖고 있었다.[186] 중국에서는 매미와 그 번데기가 여러 월상들의 상징이 되는데, 예를 들면 비취로 된 매미를 죽은 사람의 입속에 넣는 관습이 있다.[187] 번데기는 내면성과 휴식의 상징일 뿐만 아니라 변신과 부활의 약속이다. 번데기는 씨가 숨겨져 있는 "과일 동물"의 한 예인데,[188] 그래서 번데기를 모방한 미라는 붕대로 감싸여 움직이지 않으며 정착해 있지만, 그와 동시에 위대한 여행을 떠나는 여행자라고 할 수 있다.[189] 많은 성좌에서 달은 새우나 게로 상징되는데,[190] 이 갑각류들이 덴데라Denderah의 열두 궁도에서는 딱정벌레로 대체되고, 딱정벌레는 새우처럼 자기의 먹이를 거꾸로 걸으면서 굴린다. 이 모습은 가역성의 살아 있는 이미지, 천체로부터의 가능한 귀환, 오시리스를 묻는 아누비스의 살아 있는 상징이다.[191] 게다가 이집트 신화에 따르면 딱정벌레는 스스로 재생하는데, 신 툼Tum이 딱정벌레나 뱀으로 표현된다는 사실은 흥미롭다.[192] 그리고 대부분의 지하-달의 현현들처럼 딱정벌레는 날 수 있기 때문에 태양의 힘을 얻는다. 이와 같이 같은 탈바꿈의 범주에 드는 동물들로는 허물을 벗고 변신하는 도마뱀이나 개구리 같은 척추

동물들이 있는데, 특히 개구리는 여러 나라의 동화에서 나타나듯이 "부풀어올라서" 만월의 "부푼 모습"과 깊은 연관관계가 있을 뿐만 아니라, 양서류의 변태 단계, 즉 다리가 없는 상태에서 폐로 숨을 쉬는 단계까지 너무나 명확하여 달의 변화 단계를 잘 보여주고 있다. 개구리도 토끼처럼 달에 살고, 달에 사로잡혀 있으며 비와 다산과 연결된 홍수의 삼키는 자 역할을 하고 있다.[193] 하층 척추동물의 탈바꿈에 대한 이러한 몽상은 자연스럽게 우리들로 하여금 가장 유명한 순환과 달의 현현인 뱀을 검토하게 한다.

'뱀'은 인간의 상상력에서 나온 가장 중요한 상징들 중 하나이다. 파충류가 존재하지 않는 기후 지역에서 무의식이 뱀처럼 유효하면서도 상징적으로 풍부한 대체물을 발견하기는 어렵다. 보편적인 신화에 대한 연구 결과는 뱀의 상징성이 나타내는 집요함과 다의성을 보여주고 있다. 서양에서도 이 달의 동물에 대한 숭배의식의 흔적들이 남아 있다. 오늘날 루코Luco의 성벽 안에서 뱀과 놀고 있는 것은 "마돈나 델레 그라치에Madone delle Grazie"이고, 볼세나Bolsène의 성녀 크리스티나Sainte-Cristina 축제는 뱀의 축제이다.[194] 바슐라르가 잘 정의한 대로[195] "감싸다라는 동사의 주어"인 뱀은 원형-지형학적으로 너무 뒤엉켜 있고, 모순적이고 다양한 의미들을 가지고 있는 듯하다. 그럼에도 불구하고 우리는 이 과다한 신화를 농경-달의 성좌 아래 세 개로 분류할 수 있다. 뱀은 시간의 변형, 다산, 그리고 조상의 불멸성이라는 삼중의 상징이다.

시간 변형의 상징은 파충류 안에서 다원 결정되는데, 파충류는 스스로 껍질을 벗으면서 동시에 자신의 모습을 그대로 간직하고, 그래서 달의 동물계의 다른 동물 상징들과 밀접하게 연결되어 있다. 또한 신화적 의식에서 뱀은 시간의 순환의 위대한 상징인 '우로보로스'이다. 뱀은 대부분의 문화에서 별처럼 규칙적으로 나타났다가 사라지기 때문에 달의 동물적 분신이며,[196] 삭망월이 날을 세는 것만큼 많은 고리를 가지고 있다. 또한 뱀은 대지의 구멍을 통해서 쉽게 사라지고 지옥으로 내려가며, 허물을 통해서 새롭게 태어난다. 바슐라르는 "변하는 동물"의 재생 능력, "새로운 피부를 만드는" 놀라운 능력과 끊임없이 자신을 먹어치우는 뒤엉켜 있는 뱀, '우로보로스'의 구도를 연결시킨다.[197] "자신의 꼬리를 물고 있는 뱀의 모습은 단순히 살로 이루어진 원이 아니라 삶에서 나오는 죽음, 그리고 죽음에서 나오는 삶, 삶과 죽음의 물질적 변증법이다. 하지만 상반되는 것과 같은 플라톤 논리의 방식이 아니라, 죽음의 물질과 삶의 물질의 끊임없는 도치와 같은 방식으로 이루어진다." 바로 여기서 우리는 현대의 심리학자가 용과 뱀은 삶의 굴곡의 상징이라는 고대 중국 사상과 의견의 일치를 보는 것을 알 수 있다.[198] 또한 여기서 뱀의 독이 치명적이면서도 동시에 삶과 젊음의 영약이라는 의학과 약제의 용법이 나오게 된다. 그래서 셈족의 전설에 따르면 뱀은 생명나무의 수문장, 도둑, 혹은 간수이며 그래서 뱀의 상징은 약전藥典 식물의 상징과 합류한다. 상반되는 것의 순환적 결합 장소로서 '우로보로스'는 아마 최초의 열두 궁도의 원형, 열두 궁도의 동물-어머니일 것이다. 태양의 여정은 『코덱스 바티카누스*Codex vaticanus*』*가 보여주듯이[199] 등 비늘에 열두 궁도를 실은 뱀에 의해서 최초로 표현되었다. 바슐라르는 이 우주적, 우주 드라마적 뱀의 발자취를 로런스Lawrence의 작품에서 찾는다.[200] 아즈텍인들이나 이 시인에게 뱀은 제국주의적으로 다른 동물들의 특성들, 즉 새나 불사조의 특성과 결합하여 나타나는데, 이때 시적 상상력은 "민속학적 특성을 정상적으로 띠게 된다." 키체인quiché의 구쿠마츠Gukumatz, 아즈텍인의 케찰코아틀, 마야의 쿠쿨카이Kukukay라고 불리는 깃털 달린 뱀은 코아차코알코스Coatza-coalcos의 해안으로 정기적으로 사라지는 천상의 동물이다.[201] 상서로우면서 동시에 불길한 잡종의 창조물인 이

* 4세기 중엽의 성서 사본으로, 1475년 이후 바티칸 도서관에 보관되어 있다. 1889~1890년과 1904년에 사진판으로 나온 적도 있다.

동물이 몸을 굽이치는 모습은 우주의 물을 상징하고 날개는 공기와 바람을 상징한다. 아메리칸 인디언들의 종교는 중요한 농경문화의 의식에 집중되어 있고, 아주 자세하고 복잡한 달력을 사용하고 있다는 점을 지적해야 하는데, 르네 지라르는 뱀-새의 위대한 원형과 인도 종교 민속학의 중화된 용이 우주적 힘들의 총합에 대한 시간적 의미를 지니고 있다고 해석한다.[202] 유사한 우주적 제국주의가 셈족의 뱀의 상징에서도 나타나는데, 그들은 뱀에 황소를 결합시켜 뿔 달린 뱀의 형상이고, 반면에 중국인들에게 용은 동물의 총합이다.[203] 또한 서양의 뱀-여성, 멜뤼진에서 날개라는 소재는 중세 기독교 전도에 의해 악화되어버린 뱀의 해악성을 완성시키고, "여자 뱀"은 세이렌이면서 동시에 왕비인 "세렌seraine"으로 변신한다![204] 우주적 뱀은 항상 달의 상징을 가지고 있는데, 비늘은 이슈타르의 옷으로 장식되어 있고, 키벨레의 보초를 서고, 시나이 산의 사제들인 레위인들의 머리쓰개에 고정되어 있기도 하며, 성모마리아의 발밑에 짓밟히는 상현달을 수행하기도 한다.[205] 그리고 부처-무찰린다의 이야기에서[206] 놀랍게도 뱀 무찰린다가 자신의 몸을 넓혀 부처를 보호하는 도상은 아주 정확하게 상반되는 것들을 화해시키는 뱀의 제국주의를 상징하는 듯 보이고, 무찰린다는 자신의 검고 거대한 몸으로 부처를 일곱 번 감싸 보호하고 그 속에서 부처는 마치 비슈누가 거대한 뱀 아난타 위에서 휴식을 취하듯 편안하게 명상을 하고 있다.[207] 그래서 뱀의 '우로보로스'의 첫째 상징적 의미는 반대되는 것들의 위대한 총합, 그리고 부정적인 모습과 긍정적인 모습이 번갈아가면서 나타나는 우주 생성의 영원한 리듬으로 나타난다.

뱀의 이미지가 취할 수 있는 두번째 상징의 방향은 귀환의 구도 안에 숨어 있는 영속성과 재생을 위한 힘들의 발전뿐이다. 사실 뱀은 다산의 상징이다. 하지만 통합적이고 잡종적인 다산인데 그 이유는 뱀은 달의 동물이기 때문에 여성적이지만 긴 몸통과 움직임은 페니스의 남성성도 상징한다. 여기서 프로이트의 정신분석학이 다시 종교의 역사를 보충하기 위해 등장한다. 우리는 이미 뱀의 상징에 대한 부인학적 해석에 대하여 언급한 적이 있다.[208] 여기서 자연스럽게 부인학에서 다산의 주제로 옮겨간다. 힌두교 전통에서 나가Nagâs와 나기Nagîs는 물속의 생명 에너지를 지키는 뱀 모양의 요정인데 그들의 남녀 양성은 야누스처럼 "수문장dvârapâla"으로서 나타난다.[209] 토고와 과테말라에서는 뱀이 어린 아이들을 찾아가 그들을 인간의 집에서 태어나게 한다. 중국과 아시아 문화권에서 용은 다산의 물을 상징하는데, 그 물의 "조화로운 물결침은 삶을 풍요롭게 하고 문명을 가능하게 한다."[210] 용-음陰은 물을 모으고, 비를 몰아가고, 다산의 습기의 원칙이다. 바로 이런 이유로 용은 다산의 시간적 분배자인 황제와 동일시된다. 하夏 왕조의 한 왕은 왕족의 번영을 위하여 용들을 먹었다고 전해진다. 베트남 지역과 인도네시아에서 왕은 "용왕roi Dragon" 혹은 "나가의 정액"이라고 불린다.[211] 수많은 신화에서 "뱀-비-여성성-다산의 관계가 빈번하게 나타나는 만큼"[212] 뱀이나 용은 구름을 관장하고 호수에 살며 세상에 풍요로운 물을 제공해주는 모습으로 표현된다. 그래서 멕시코의 비의 신 틀라록은 뱀 두 마리가 뒤엉켜 있는 모습이고 비가 내리는 것은 화살에 찔린 뱀의 피 혹은 물을 쏟아붓는 뱀 모양의 단지로 상징된다.[213] 여기서 이 모든 경우에 "음기의 동물"이 맡고 있는 여성적 측면을 지적하는 것이 중요한데, 형용사 '음하다Yin'는 비오는 하늘로 뒤덮인 차가운 날씨, 그리고 여성적이고 내면적인 모든 것들에 대한 관념을 환기시킨다.[214] 하지만 이러한 뱀의 다산의 성별은 쉽게 도치될 수 있는데, 이 성의 유연성에서 우리는 달의 남녀 양성 표시를 발견한다. 정신분석학에 의거하여 엘리아데가 지적하듯이[215] 뱀-남근의 상징은 너무 단순한 것이고, 그 객관적 형태는 다산이라는 주제의 좀더 깊은 의미와 연관관계를 갖고 있다. 음의 원칙인 뱀은 거대한 정액의 운반자이다. 바로 이 성과 다산의 콤플렉스가 많은 문화권에서 뱀이 맡고 있는 첫번째 남편의 역할을 설명해준다. 연못 옆에서 폭풍우가 몰아치는 동안 한나라 고종의 어머니를 수태시킨 것은 비늘 달린 뱀이다.[216] 고대 동양과 지중해 문화에서 뱀은 가끔 남근의 역할을 한다. 그래서 프리아포스는 이따금 뱀 같은 남근 모습이다. 뱀과의 신비스러운 결합이 엘레우시스와 위대한 어머니의 비교秘敎의식의 핵심에 위치한다. 알렉산드리아의 클레멘스가 "신은 자신이 입문시키고 싶은 자의 가슴에 들어가는 용이다"라고 쓸 때[217] 그는 이와 같은 원형의식의 기독교적 목소리가 된다. 유사하게 '쿤달리니Kundalinî'는 '물라다라 차크라mûlâdhâra çakra'—'차크라'는 성기와 항문의 '뿌리'—에서 자기 입으로 남근의 관을 막으며 "또아리를 튼 뱀처럼" 잔다. 탄트라의 '쿤달리니'는 성적 능력, "척추 정신", 즉 프로이트적 리비도와 쉽게 동화될 수 있다.[218] 그리고 시인들은 첫 연인으로서의 뱀이 남긴 수세기의 흔적을 환기시키는데, 융은 뱀과의 성교가 분명하게 암시되어 있는 바이런과 뫼리케E. F. Mörike*의 시들을 인용한다.[219] 이 "클레오파트라 콤플렉스"는 성화된 "요나 콤플렉스"이며, 그 속에서는 어머니 품속의 휴식에서부터 순수한 삽입의 성적인 쾌락으로 감정적으로 바뀌어간다.

우로보로스, 다산의 남녀 양성 원칙인 뱀은 조상의 영속성의 수호자처럼 그리고 무엇보다도 시간의 최후의 신비인 죽음의 무서운 수호자로서 가치를 부여받는다. 우리는 뱀이 조상의 모습으로 나타나는 수많은 전설들을 간단하게 다루어볼 것인데, 예를 들면 집안의 신들은 가끔 뱀의 형태로 나타난다.[220] 지하에 살고 있는 뱀은 죽은 자들의 혼령을 지켜줄 뿐만 아니라, 죽음과 시

* 뫼리케(1804~1875)는 독일의 시인·소설가. 성직자, 문학 교사를 지냈다. 평온하고 소박한 느낌의 작품을 주로 썼다. 많은 사설조와 민요풍의 시 등도 썼다. 동화 『슈투트가르트의 난쟁이』(1853)로 유명하다.

간의 비밀을 알고 있다. 그래서 과거의 소유자, 미래의 주인인 뱀은 마술적인 동물이다. 아랍인들에게 뱀은 마술의 기원인 것처럼 중국인들과 유대인들에게 뱀을 먹은 자는 누구든지 신통력을 갖게 된다. "미궁의 살아 있는 보조자"인 뱀은 전형적인 지하와 죽음의 동물이다.[221] 지하 비밀과 저승의 비밀을 간직한 뱀은 임무를 부여받고 계시와 신비의 어려운 순간, 즉 새로운 시작의 약속에 의해 굴복한 죽음의 신비를 상징한다. 가장 뱀에 반대하는 대립적인 신화들에서도 뱀에게 부여된 임무는 결국 긍정적인 입문의 역할이다. 그래서 스핑크스, 용, 뱀은 굴복하고 영웅은 인정을 받는다. 즉 인드라는 브리트라Vritra를 이기고, 마즈다Mazdâ의 아들 아타르Atar는 용 아지 다하카Azhi Dahâka를 죽이고, 아폴론은 피톤을 섬멸하고, 이아손, 헤라클레스, 성 미카엘, 성 게오르그는 모두 괴물을 죽이고, 크리슈나Krishna는 "뱀들의 왕의 딸"인 니삼바Nysamba를 지배하는데, 이 영웅들은 모두 불멸한다.[222] 그래서 뱀은 죽음의 승리자인 영웅 신화에서 상징적으로 긍정적인 역할을 맡는다. 뱀은 장애이자 수수께끼이고, 운명이 뛰어넘어야 할 장애이며 풀어야 할 수수께끼이다. 이것이 사탄이라는 이름의 어원학이 성서의 사탄에게 부여한 변증법적 역할이다. 뱀은 방해물, 수호자, "불멸로 이르는 모든 길의" 해독자이며,[223] 그것에 의해 「욥기」가 보여주듯이 뱀은 종말론적 드라마, 죽음에 대한 승리의 필요불가결한 순간으로서 통합된다.

그래서 뱀의 상징성은 죽음과 다산 그리고 순환의 세 가지 비밀을 밝혀준다. 시간과 농경-달의 생성의 전형적인 현현인 뱀은 달의 동물계 중에서 식물의 순환적 상징과 가장 가까운 동물이다. 게다가 많은 전통에서 뱀은 나무와 연결된다. 아마도 이 카두세우스적 결합에서 두 시간성의 변증법을 보아야 할지도 모른다. 하나는 동물의 시간성으로 영원한 새로운 시작과 고난 속의 영원이라는 실망스러운 약속의 상징이며, 또하나는 나무-지팡이에서처럼 수직적인 식물의 시간성으로 꽃과 과일의 결정적인 승리, 그리고 운명의 드라마와 시간적인 시련을 통해 귀환하여 수직적 초월로 가는 상징이다. 하지만 시간에 대한 이러한 새로운 승리의 목록을 시도하기 전에, 우리는 기술이 순환의 상징에 제공하는 직접적인 요소들을 살펴보아야 할 것이다.

*

'방적紡績'과 '제직製織'의 도구들과 그 생산물들은 보편적인 생성의 상징이다. 게다가 방적녀의 주제와 제직녀의 주제들은 항상 끊임없이 섞여 있으며, 특히 제직은 옷과 베일의 상징들과 연관성을 갖는다. 일본과 멕시코의 신화, 그리고 '우파니샤드'[224]와 스칸디나비아의 민속학에서 우리는 '묶는 여자'이면서 '묶는 여주인'이라는 애매한 인물을 발견한다.[225] 프르질루스키는 모이라 아트로포스Moire Atropos라는 이름이 어근 '아트라atra'에서 나왔고 아트라는 위대한 여신의 동양 이름인 아트라Atra와 유사하다고 생각한다.[226] 이 여신들이 운명의 실을 짜면서 사용하는 물레와 실패는 위대한 여신들, 특히 그 여신들의 달의 현현으로서의 속성이다. 이 달의 여신들이 방직이라는 직업을 만들었고 그들의 방직 기술이 뛰어난 사실은 유명한데, 이집트의 네이트Neith나 프로세르피나Proserpine가 그 경우이다. 페넬로페 역시 순환적으로 실을 짜는 여자인데, 그녀는 만기일을 끊임없이 뒤로 보내기 위해 낮에 짜두었던 천을 밤이면 다시 풀었다.[227] 운명을 짜는 모이라이는 달의 여신들인데, 그녀들 가운데 한 명의 이름은 분명하게 "짜는 자"인 클로토Klotho이다. 포르피리우스Porphyre는 그녀들을 "달의 힘"이라고 쓰고 있고, 한 신비주의 서적에는 그녀들이 "달의 일부분"[228]이라고 쓰여 있다. 유럽의 "실 잣는 여자"나 "빨래하는 여자"들은 세 명이나 적어도 두 명이 각각 "좋은" 여자와 "흉측한 늙은" 여자의 역할을 하면서 이 이중성을 통해 달의 특성을 보여주고 있다.[229] 그리고 무엇보다도 크라프는 운명을 지칭하는 단어—고대 고지 독일어로 '부르트wurt', 고대 노르웨이어로 '우르드르urdhr', 앵글로색슨어로 '위어드wyrd'—가 '돌리다'를 의미하는 인도 유럽어인 '베르트vert'에서 나왔으며 거기서 고대 고지 독일어 '비르트wirt' '비르틀wirtl'—물레, 실패—과 네덜란드어 '보르벨렌worwelen (돌리다)'이 나왔음을 밝혀주고 있다.[230] 물레의 연속적이고 순환적인 운동은 활이나 물레의 페달을 밟아 나오는 리듬 있고 교차적인 운동이 낳는 것이라는 사실을 잊지 말아야 한다. "가장 아름다운 기계"[231] 중 하나인 이 기계를 사용하는 실 잣는 자는 달의 여신이 달의 여인이면서 월상들의 여주인인 것처럼 순환 운동과 리듬의 여주인이다. 여기서 중요한 것은 실, 옷, 운명이라는 결과가 아니라 물레가 암시하는 순환적 운동이 운명에 대항하는 마법이라는 사실이다. 언어학자들은 직조공들이 사용하는 용어들에서 시간이 차지하는 중요성을 올바르게 지적하고 있다. "시작하다" "착수하다"를 의미하는 단어들 '오디리ordiri' '에조르디움exordium' '프리모디아pri-mordia'는 방적과 관계되는 단어들이다. 즉 '오디리'는 천을 짜기 위해 기계에 실을 놓는다는 의미이다.[232] 진부한 문자 그대로의 의미가 사실 상상적인 문채文彩의 거대한 저장소라는 사실은 분명하다.

'실로 짠 옷' 역시 긍정적으로 다원 결정된다. 분명 옷은 실처럼 우선 연결이지만 확신을 주는 연결이며, 연속성의 상징이며 집단 무의식 속에서 생산의 "순환적이고" 리듬 있는 기술에 의해 다원 결정된다. 옷은 단절에 대립되는 것처럼 불연속성, 찢김에 대립되는 것이다. 직물은 지지하는 것이다. 떨어진 두 부분을 "붙이는 것"이나 갈라진 틈을 "고치는 것"으로서 연결을 완전히 재가치화할 수도 있다.[233] 파르카이Parcae에게는 실과 가위 사이의 의도적 갈등이 존재한다. 실의 연속성에 가치부여를 하든지 가위의 자르기에 가치부여를 하든지 할 수 있다. 캉길렘은 겉으로 보기에는 아주 멀리 떨어져 보이는 신화와 현대 생물학의 주요 관심사들을 통해서 이러한 변증법의 축들을 분명 인식하고 있었다.[234] 그는 "옷은 생물학적 조직처럼 모든 중단이 임의적이고, 생산물이 무한히 계속된 활동을 할 수 있는 연속성의 이미지이다"라고 쓰고 있다. 그는 또한 소중한 주석에서 다음과 같이 동형성을 강조하고 있다. "옷은 실로 만들어진다. 즉 기원이 식물의 섬유이다. 실은 다른 많은 표현에서 쓰이는 것처럼 연속성의 이미지를 환기시킨다."[235] 식물과 옷의 동형성은 연속성의 구도 안에서 명백하며, 세포의 분리주의와 대립한다. 약한 세포와는 반대로 옷은 만지고 구길 수 있게 만들어졌으며, 캉길렘은 접기와 풀기라는 양극적인 리듬을 암시하는 식물 조직의 물질주의적 연속성을 다원 결정하는 물의 이미지에 매혹된다. "접었다가 풀었다가 상인의 계산대 위에서 옷이 수없이 포개진 물결처럼 전개된다."[236] 상인의 계산대는 섬유들의 물결이 밀물과 썰물처럼 와서 부딪치는 모래톱으로 몽상된다. 이러한 인식론적 예는 우리에게 현대의 과학 사고에서 원초적 이미지가 얼마나 활동적인가와 이 이미지들이 몽상으로 유도하는 것이 세포의 이미지이면 분리적이고, 섬유 조직에 강조점이 주어지면 종합적이고 연속적인 세계관을 결정하는 데 영향력을 미친다는 사실을 보여주고 있다. 그리고 몇몇 저자들은[237] 실로 짠 옷의 예를 극단적으로 밀고 나가 전형적인 종합의 상징인 십자가의 상징과 연결시킨다. 씨줄과 날줄, 중국의 '경經'과 '위緯', 인도의 '스루티shruti(들리는 것)'와 '스므리티smriti(기억되는 것)'는 자연스럽게 반대되는 그들의 의도를 교환하고, 그래서 도교에서는 음과 양을 "우주적 베틀 위에서 실패의 왕복운동"[238]에 비교한다. 물레나 실패 같은 직물 도구나 실이나 천 같은 생산물의 방직 기술은 전체적으로 통일성 있는 사고, 연속성의 몽상, 그리고 우주적으로 상반되는 것의 필요한 융합으로 이끈다.

우리는 방금 실 잣는 여인의 상징이 리듬 있는 운동과 순환의 구도에 빚지고 있다는 것을 보았다. '원'은 어디에 나타나든지 항상 시간적 총합과 새로운 시작의 상징이다. 이 의미가 인도의 "만 개의 빛으로 빛나는 장미" '차크라'의 의미이며,[239] 불교 국가에서 신성으로 사용되고 물레의 바퀴처럼 간디의 새로운 인도를 상징했다. 이시스나 다이아나의 시스트럼*도 같은 상징적 의미를 가지고, 만월에 왕에게 나타나는 "천상의 바퀴 보물"인 달 쟁반을 표현했을 것이다.[240] 우리가 조금 후에 살펴보겠지만 바퀴는 마차와 항성恒星 여행의 상징과 연관되어 있다. 지금은 단지 순환적 생성의 상징으로서의 원초적 의미, 시간의 정복, 즉 미래의 예견을 허락하는 마술적 통일체에만 집중하도록 하자. 생성의 은밀한 리듬을 소유하는 것은 이미 다가올 사건을 소유한다는 증거이기도 하다.

'바퀴'는 보편적 원형의 문화적·기술적 다양화를 보여주는 좋은 예증이다. 순환의 그림 문자인 원은 보편적인 기호인 반면, 각각의 특수한 문화에 따라 다양하게 변화한다. 그래서 천상의 마차 바퀴로 변하기도 하고 바퀴의 실제 사용법을 알고 있는 민족들에게는 방추나 물레의 바퀴로 변하기도 한다. 반면에 몇몇 아메리칸 인디언들은 바퀴를 사용해 움직이는 기술을 전혀 모르는 경우도 있는데, 그 경우 원이 아예 도상에 나타나지 않을 뿐만 아니라 마야 키체족Maya-Quichès에서처럼 의식적儀式的 구기球技의 구球로 대체되기도 한다. 게임에 의해 "지점至點의 태양들"을 상

* 기원전 3500년 이집트 왕조의 유적에서 발견된 시스트럼은 현존하는 최고最古의 악기로 알려져 있다. 의식 때 쓰던 악기로 하토르 여신의 상징이며, 이 여신을 달랠 목적으로 연주되었다. 악기를 흔들면 느슨하게 꽂힌 막대기에서 방울들이 서로 부딪치며 달그락거리는 리드미컬한 소리가 나 춤과 행렬에 박자를 맞추는 데 쓰였다. 아치 모양으로 구부러진 틀에 가로로 봉을 넣어 전체를 좌우로 흔들어 움직여 소리를 낸다. 이 악기는 고왕국 시대부터 쓰였으며, 이집트 역사 전반에 걸쳐 사제와 여사제의 손에 들려 있는 것으로 발견된다.

징하는 선수들과 연결되어 있는 가죽 공은 공놀이 전체를 "하나의 머리와 여러 개의 몸을 가진 신"의 형상으로 만든다. 이때 선수들은 머리를 사용하는 것이 금지되어 있는데 왜냐하면 공이 신의 공통의 머리이고, 게임의 모든 시간적 단계들을 통일시키는 원칙이며, "둘 혹은 여러 몸들과 머리가 계속해서 접촉하는 것은 실체들로부터 형성된 신성의 유일신 원칙을 표현한다."[241] 그러므로 마야의 신성한 게임은 시간적 총합과 천문학적 단계들을 재현하는 것이다. 이 예에서 순환의 원형의 힘, 그리고 바퀴와 바퀴의 운동, 마차의 기술적이고 공리적인 사용보다 절대적으로 앞서 존재하는 순환적이고 둥근 구도의 힘이 어떤 것인지 알 수 있다. 다시 한번 여기서 위대한 원형적 이미지가 물질적이고 기술적인 실현보다 우월하다는 사실을 확인한다.

구球는 상징적 용법에서 보편적으로 받아들이는 '황도 12궁의 바퀴'와 비교할 만하고, 바빌로니아, 이집트, 페르시아, 인도, 남아메리카와 북아메리카 그리고 스칸디나비아에 이르기까지 동일하다.[242] 어원적으로 '황도 12궁zodiac'은 "생명의 바퀴"를 의미한다. 황도 12궁이 태양의 의미를 얻은 것은 달력이나 마야의 구기球技에서처럼 아주 뒤늦게이다. 원래 황도 12궁은 달에 관계되었다. 고대 아랍인들은 그래서 "이슈타르의 허리띠"라고 불렀고, 바빌로니아인들은 "달의 집들"[243]이라고 불렀다. 바퀴는 아주 뒤늦게 태양의 의미를 획득한다. 기술적인 이유 때문에 바퀴의 살을 갖추고 있었고, 그 모습을 여전히 에피날이나 아쟁의 "켈트족 불꽃" 축제에서 볼 수 있다.[244] 하지만 원래 황도 12궁의 바퀴는 달력의 바퀴처럼 단단한 나무로 된 달의 바퀴이고, 삼각형이나 사각형의 각목이 이를 받치고 있는데, 그래서 중요한 숫자학적 하위 범주로 나누게 된다. 이는 '스바스티카swastika, 卍'의 경우도 마찬가지인데, 대부분 태양의 상징으로 진화했으나 원래는 그 중앙에 상현달을 갖고 있었다. 고블레 달비엘라는 자신이 수집한 '스바스티카'의 표본들이 달과 월상을 재현하고 있다고 지적한다.[245] 힌두인들은 오른쪽으로 향하는 스바스티카는 태양에 관계되고, 왼쪽으로 향하는 스바스티카는 여성의 원칙이며 칼리의 구도이고 신의 달 배우자를 의미한다고 구분하고 있다. 하지만 여기에서 중요한 점은 아프리카, 마야, 소아시아, 인도, 중국, 일본, 심지어 갈리아의 바퀴에서도 스바스티카를 발견할 수 있는 보편성이다.[246] 우리는 중앙원에서 팔이 세 개 혹은 발이 세 개가 나오든지, 아니면 세 마리의 물고기와 결합한 형상인 '트리스켈레triskele'의 셋으로 나누는 하위 분할에서도 같은 상징을 발견한다. 삼면三面의 상징은 시칠리아, 켈트족 국가, 그리고 예전에 달의 여신 아나Ana를 숭배하던 만Man 섬에서 빈번하게 나타난다.[247] 아마 순환적 변화의 달의 상징들과 음과 양의 원칙은 서로가 서로를 낳는 중국인들의 '태극도太極圖, tai-gi-tu' 원과 비교할 수 있을 것이다. 그래서 달력의 도상적 재현과 삼, 사, 십이의 숫자 공식에 따른 순환적·대립적 하위 분할은 바퀴의 기술적 상징과 연관되어 있음을 알 수 있다.

중국인이나 키체인들에게서[248] 볼 수 있는 공간의 분할과 동서남북 네 방위의 균형적인 분배를 상반되는 것들의 결합의 순환적 상징에 연결시키는 것은 적절하다. 이들에게 우주의 사각형, 기호 '킨Kin' 혹은 이중의 우주 원은 우주의 완전함을 상징한다. 또한 남아메리카 인디언 문화의 중요한 주제들은 상반되는 것들의 상호결합의 성좌들과 연결되어 있다. 레비스트로스는 보로로Bororo 마을의 사회지리학적 지도와 카두베오족의 신체 그림, 그리고 유럽의 카드놀이를 비교한다.[249] 보로로 마을은 중앙의 사각형을 둘러싸고 있는 거대한 원이고, 주민들은 "강자"와 "약자"의 두 그룹으로 나뉘는데, 이 그룹 안에서 다시 분류가 생긴다. 그 분류는 자체적으로 위계질서를 정하여 상위, 중간, 하위의 계층으로 이루어진다. 레비스트로스는 공간적·사회적 형태론을 마야 인디언들, 특히 오늘날의 카두베오족의 신체 그림과 비교한다.[250]

이 신체 그림들의 특징은 점의 균형이나 직선과 연관되어 분배된 여러 요소들의 미학적 균형에 의해 보상되는 축의 비대칭이다. 이러한 장식은 아마조니아 하류와 호프웰에서 발견된 도자기에 나타난 콜럼버스 발견 이전 시대의 장식, 뉴기니아, 마르케사스, 뉴질랜드 기둥의 소용돌이 장식, 그리고 동남 아시아 예술의 도상학적 무늬들과 유사하다.[251] 비대칭이면서 조화로운 이 이원론은 우리가 본 바와 같이 역동적인 균형이라고 정의될 수 있고, 우리의 카드놀이와 유사한 나선형의 모티프에 의해 보조된다. 카드에서 사실 각각의 인물은 두 필요성에 순응하는데,[252] 우선 대화에 유용하면서 동시에 수집에서 대상으로서의 역할을 한다. 이 사실이 이중 얼굴의 균형을 부드럽게 하는 기울어진 축의 선택을 설명해준다. 처음 보았을 때 어울리지 않는 이런 재현들 사이의 순수하게 양식적인 비교는 우리가 보로로 마을의 둘로 나누는 구분의 사회적 역할과 계층을 셋으로 나누는 위계질서를 고려해보았을 때 사회적이고 동시에 우주적인 의미를 갖게 된다. 즉 이 사회철학적 메커니즘은 상반되는 것의 상호성과 사회적·우주적 본질의 위계질서에 동시에 기초하고 있다. 카두베오의 화장술이란 보로로 사회가 둘로 구분하면서 동시에 셋으로 구분하기도 하는 이중의 종합을 만들어내는 제도들과 철학의 미학적·기호학적 전사轉寫일 뿐이다.[253] 마찬가지로 보로로 마을의 사회학이 우리가 지금까지 상반되는 것의 결합에 대해서 살펴보았던 모든 내용과 일치한다는 사실을 강조하는 것은 흥미로운 일이다.[254] 마을의 반은 창조자 신들과 영웅의 특성을 갖고 있고, 다른 나머지는 구성하는 힘을 상징하고 있다. 마을의 반에는 불길한 힘과 인간 사이의 중개자인 마법사 '바리bari'가 있고 다른 나머지 반에는 선한 힘과 연관되어 있는 '아로에토와라레aroettowaraare'가 지배하고 있다. 한쪽은 죽음을 예견하고 부르며, 다른 한쪽은 고쳐주고 죽음을 쫓는다. 한쪽은 피에 굶주린 재규어로 표현되고 다른 한쪽은 앵무새, 물고기,

맥 같은 희생 동물로 표현된다.[255] 게다가 보로로의 사회적·우주적 "원"은 우리가 곧 살펴볼 성적 교환이라는 원초적 중요성에 대한 의미를 포함하고 있다. 사실 마을을 둘로 나누는 것은 족외혼의 관행을 조절하는데, 각각 마을의 반은 필수적으로 다른 반쪽 마을로 가서 결혼을 하든지, 남자의 경우에는 지배를 하든지 해야 한다.[256] 그래서 삶과 죽음이나 서로 대립하는 두 성性의 상반되는 것들의 원은 보로로의 사회적 우주론을 가두어버린다. 그리고 원과 그 공간적 분할은 조화, 이 선택적 균형을 직접적으로 눈에 보이게 하는 구도이다. 이 선택적 균형은 중심의 주위로 축적 비대칭성을 야기시키고, 하나의 전체는 '스바스티카'의 불안정한 균형을 환기시키기 때문이다.[257]

말이 끄는 '마차'는 자연스럽게 순환의 기술, 상반되는 것들의 "멍에 씌우기"와 연결될 수 있다. 물론 바퀴와 바퀴가 싣고 가는 마차, 그리고 바퀴에 의해 이루어지는 여행 사이에 관계를 맺기는 쉽다. 신들과 그 신들의 '아들' 영웅들, 즉 헤르메스, 헤라클레스, 심지어 자신의 '거친 마차를 타고'[258] 있는 프랑스의 가르강튀아까지도 모두 위대한 여행자들이다. 게다가 마차는 아주 복잡한 이미지를 형성하는데, 왜냐하면 마차는 내면성의 상징인 배와 대상隊商과 함께 나타날 수 있기 때문이다. 하지만 마차가 운송 수단의 내면적 편안함보다는 여정, 여행을 신화적으로 강조할 때에는 분명히 순환의 기술에 더욱 가까워진다. 마구馬具와 멍에의 상징은 가끔 상반되는 것의 융합의 순환적 상징을 다원 결정하기도 한다. '기타Gîtâ'에서 "마차 운전사"와 손님인 아르주나는 인간의 정신적 그리고 동물적 두 본성을 나타낸다. "아르주나의 마차 위 두 인물은 사실 하나에 지나지 않는다."[259] 베다의 서사시와 나중에는 플라톤에게 마차는 시련을 겪는 영혼의 "운반 수단"이고 육화 기간 동안 영혼을 운반한다.[260] 마차의 운전자는 전령사이고 저 너머 세계의 상징적 대사大使들이다. "마차로 한 바퀴 도는 것은 한 인간의 일생, 혹은 한 행성의 존재 기간 혹은 우주의 기간을 상징한다."[261] 불꽃에 휩싸인 마차는 우리가 나중에 살펴볼 불의 상징과 연관되어 있으며 정신에 의해 빛나는 물질의 구도이다. 빛의 이 부분이 항상 운송 수단을 끌거나, 기사를 운반하는 동물의 어두운 가치를 잃게 만든다. 이것이 예를 들면 말 바야르Bayart가 태양의 힘을 얻어 말-요정으로 변화하여 경이롭게 날아오르고, 순교자의 함정에서 승리자로 빠져나왔을 때 일어난 일이다. 그때 말은 용감한 기사들, 즉 애몽의 네 아들을 태운 군마가 된다. 순환적 신화의 압박으로 불길한 동물은 어둠과 죽음의 역할이 그랬듯이 방향을 바꾸게 된다. 거기에서 바로 플라톤의 작품에 나타나는 말의 양가성이 나오고, 모든 순환적 상징은 어두운 부분과 빛나는 부분을 동시에 갖고 있다.[262]

그래서 기원에서부터 실 잣는 기술과 여행의 기술은 순환의 풍부한 상징을 갖고 있다. 바퀴와 다양한 변이형들—부동 속의 움직임, 불안정 속의 안정—이 기술적으로 단순히 공리적인 도구로 전락하기 이전에는 인간 상상력의 근본적인 원형적 메커니즘이었다. 바퀴의 구도들, 즉 '스바스티카' '트리스켈레' '차크라', 구기球技 마을의 순환 지도, 화장의 소용돌이무늬 등이 나타나는 모든 곳에서 바퀴는 순환되고, 정돈된 승리의 근본적인 원형이며 외양상 혼란스러운 생성에 승리하는 법률이다.

제2장

리듬의 구도에서 진보의 신화로

엘리아데가 식물 성장 신화와 '십자가'의 전설들을 연결시킨 것은 옳은 듯 보인다. 분명 이 연결은 인도, 이란 그리고 중국의 전통에서 보이는 것처럼 죽은 자의 몸에서 솟아나는 식물이라는 매개를 통하여 아주 이성적인 방법으로 나타나고 있다.[1] 기독교적 민속학은 성녀 헬레나의 예에서 보듯이 이러한 장점을 십자가의 나무에 부여하고 있지만 그것은 단지 부차적일 뿐이다. 서 있는 나무 조각, 인공적인 나무로서의 기독교 십자가는 식물 상징에 고유한 모든 상징적 의미들을 흡수할 뿐이다. 사실 도상학이나 전설에서 십자가는 나무와 동일시되고 올라가는 계단이 되는데, 왜냐하면 우리가 살펴보겠지만 나무는 상승의 원형들에 의해 전염이 되기 때문이다. 또한 십자가의 전설에는 영원한 삶을 주는 음료, 나무의 과일, 그리고 죽은 나무에서 꽃피는 장미의 신화들이 접지接枝되어 있다. 또한 기독교 십자가는 우리가 이미지의 '밤의 체제'에서 자주 살펴보았던 것처럼 가치들의 도치 중 한 경우라고 말할 수 있다. 로마의 불명예의 상징인 십자가는 성스러운 상징, '스페스 우니카spes unica'*가 된다.[2] 하지만 이 모든 다원 결정된 강조들을 통해서 십자가는 르네 게농이 한 권의 책 전체로 보여주었듯이[3] 공간적 총합의 상징이라는 사실을 인정해야 한다. 십자가의

* '유일한 희망'이라는 의미.

상징은 상반되는 것의 결합이고, 힌두교 전통의 '구나스gunas'*, 중국 전통의 '괘卦(음과 양의 결합)' 그리고 피타고라스의 '테트락티스tétraktys' 등과 비교해보아야 하는 총합의 기호이다.[4] 이 상징은 특히 고대 멕시코의 신화 전통에서 분명하게 드러난다. 십자가는 세계의 전체성, 여러 세월의 가운데 "묶어두기"의 상징이다. "옛날 필사가들은 세계를 표현하려고 할 때 그리스나 몰타의 십자가 형태로 중앙을 중심으로 네 공간을 분류하였다."[5] 게다가 멕시코 신화는 십자가의 기호 아래 분류될 수 있는 전체의 상징적 팔레트를 우리에게 보여준다. 즉 불의 신 시우테쿠틀리Xiuhtecutli가 우주의 "중앙"에 자리잡고 있다. 종합의 장소인 이 중앙은 불길한 면과 유리한 면의 두 얼굴을 하고 있다. 그리고 『코덱스 보르기아*Codex Borgia*』에서[6] 중심은 다양한 색채의 나무에 의해 표현되는데 그 수직적 애매함은 의심의 여지가 없다. 이 나무는 그 위에는 동쪽의 새 '케찰quetzal'이 있고, 서쪽의 상징인 여신의 몸에서부터 솟아나 있다. 게다가 이 우주목宇宙木의 한쪽에는 태양과 비너스에게 생명을 주기 위해 화형대에서 자신을 희생한 신, 위대한 신 케찰코아틀이 있고 다른 한쪽에는 새벽과 봄의 신, 도박과 음악과 춤과 사랑의 신인 마쿠일소치틀Macuilxochitl이 있다.

우리는 이 상반되는 것의 결합에서 준準기호학적 원형의 기술적·성적인 토대를 살펴볼 것이고, 그것을 통해 어떻게 불과 성性, 그리고 나무 십자가의 연결이 십자가라는 다원 결정된 상징을 가진 완전히 일관성 있는 성좌를 형성하는지 검토할 것이다. 그것을 통해서 리듬 있는 운동의 구도와 순환에 관한 모든 몽상과 명상을 주관적으로 지지하고 명령하는 성적 충동을 발견할 것이다. 이러한 역행적이고 문화주의적 방법은 우선 천체생물학적 환경에서 출발하여, 바로 기술적 환경을 지나고 생리심리학적인 구도적 배치에 도달하게 된다. 이 방법을 따라가면서 우리는 앞부분

* '공덕'이라는 의미.

의 연구에서 사용했던 심리학적 과정과 순환 상징에 대해서 우리가 사용한 문화주의적 과정 모두가 마찬가지로 인류학적 여정의 연구에 적합하다는 사실을 보여줄 것이다.

우리는 이미 십자가의 상형문자를 달과 별의 생성과 연관된 '스바스티카'의 형태, 바퀴를 4등분한 분신의 형태로 본 적이 있다. 하지만 '스바스티카'와 십자가의 근본적인 기술적 구성 성분을 발견한 사람은 뷔르누프Burnouf이다.[7] 이 박식한 동양 전문가는 우선 "기름 바른" '크리스토스khristos'와 인도의 아그니, 그리고 페르시아의 아트라Athra를 비교하고 있다. 이 점에서 "기름 바른" '크리스토스'의 어원이 "본질, 향수, 기름"을 뜻하는 크리슈나와 유사하고, 이 둘은 '크리오khrio(나는 기름 바르다, 바르다, 비비다)'에서 나왔다는 사실을 지적해야 한다. 뷔르누프는 정유精油를 가지고 기름 바르는 행위와 불을 일으키는 데 쓰였던 원시적 기술을 연결시킨다. 뷔르누프에 의하면 인도 베다의 라이터인 '아라니aranî'는 거대하였다. 십자가 형태의 아래 부분은 네 개의 말뚝으로 땅에 고정되었고, 윗부분은 두 사람이 잡아당기는 가죽 벨트에 의해 움직였다.[8] "계속 비비다가 마침내 불이 일어날 때, 사람들은 '스바티'—좋아!('수아스티suasti')—라고 외쳤고, '아라니'의 모습은 '스바스티카'라는 이름으로 불렸다."[9] 베다의 텍스트는 두 명의 어머니 '아라니'를 암시하는데, 아라니는 "목수의 아들"인 불을 낳고, 불은 정유와 버터를 바른 풀로 퍼져나가서 "기름 바른" 불 '아그니'라는 이름이 나오게 된다. 우리가 뷔르누프의 논지를 인용하는 이유는 이 주장이 리듬 있는 마찰이라는 일반적 구도의 맥락에서 철학과 기술의 층위에서 경험적인 방법으로 나무 조각과 십자가 그리고 불을 연결시키는 장점이 있기 때문이다. 이 결합이 처음에는 이상해 보이지만 점차로 나무와 불의 의미에 의해 다원 결정되고, 이 두 요소는 리듬 있는 마찰이라는 거대한 구도 안에서만 의미를 가질 수 있다는 사실을 인정해야 한다.

달의 다산 능력은 종종 '숲' 속에 "숨겨진" 불과 혼동되는데, "그 불은 마찰에 의해서 빠져나올 수 있다."[10] 나무는 이따금 "불의 아버지"로 상상된다. "월계수 잎과 탁탁 소리를 내는 회양목, 불꽃 속에서 꼬여가는 포도나무 넝쿨, 그리고 송진, 뜨거운 여름에 향기가 이미 불을 피우는 불과 빛의 재료들."[11] 로마의 불과 아궁이의 여신 베스타는 농경의 신이기도 하다.[12] 분명 오늘날 우리의 현대적인 난방과 가열과정은 이 원초적인 나무와 불의 과정을 인식하지 못하게 한다. 하지만 나무–불의 성좌는 시적 의식에서나 민속학에서도 집요하게 나타난다. 엘리아데는 "오월의 나무"를 의식적儀式的으로 태우는 관습을 묘사한 후에 다음과 같이 쓰고 있다. "불로 나무를 태우는 행위는 아마도 식물의 재생과 새해의 부활을 기념하는 의식일 것이다. 왜냐하면 인도, 그리고 그리스와 로마 시대에는 새해 초에 나무를 태우곤 하였다."[13] 나무의 재가 가성칼륨을 포함하고 있다는 사실이 화학적으로 증명되기 이전에 사람들은 다산 능력이 "계절마다 피우는 불", 그리고 "성 요한 축제의 불"에서 온다고 생각하였다. 이렇게 계절마다 불을 피우는 의식은 희생의식의 완화이다.[14] 사순절이 끝나는 부활절 불, 크리스마스 장작, 십이일절 전날 피우는 불, 다뉴브강 연안 국가들의 크리스마스 장작Badnjak—기름과 향을 발라둔 장작—불, "예수의 장작" 등은 '아라니aranî'의 의식처럼 과거 희생의 기억을 포함하고 있다. 그때 불은 전형적인 희생의 요소이며 희생자의 완전한 파괴와 새로운 재생을 알려준다. 이 관습들은 죽음 뒤에 재생이 뒤따르는 커다란 극적 성좌의 일부분이다. 사이스Saïs이든 이시스–네이트Neith의 축제이든, 아일랜드이든 아니면 기독교 교회이든 간에 옛 불을 끄고 "새로운 불"을 켜는 예식은 순환의 상승하는 모습을 드러내줄 수 있는 이동 의식의 역할을 하고 있다.[15]

하지만 무엇보다도 불의 원형, 그리고 나무의 다산성 상징과 불과의 연관은 '아라니'와 십자가 형태의 라이터의 예를 통해서 마찰 구도에 의해 다원 결정되는 것처럼 보이고, 우리는 그 마찰 원형의 동기들을 밝혀내야 한다. 인류학적 연구는 초기의 불붙이는 도구가 대부분 십자가 형태의 나무 두 개를 비벼서 불을 일으켰다는 사실을 보여줌으로써 뷔르누프의 이론을 입증하고 있다.[16] 마찰의 원초적 구도는 불의 본질을 구성하지만 불의 요소의 범위를 넘어선다. 융은 이 사실을 프로메테우스의 어원적 맥락과 힌두의 프라마타Pramatha를 논의하면서 지적한다.[17] 즉 힌두교의 전통에서 세계를 창조하는 교반攪拌—'만타라manthara—은 아마 원초적인 불붙이는 도구의 변형일 것이다. 마찬가지로 원초적인 풍차는 리듬 있는 마찰 구도의 도움으로 불에 전염된다. 즉 베스타Vesta는 '포쿠스focus(아궁이)'의 여신일 뿐만 아니라 로마 가정 내에서 곡식들과 기름을 가는 맷돌인 '피스트리눔'의 여신이다. 그리고 공공장소의 맷돌을 가는 당다귀들은 '베스탈리아Vestalia'에서 휴식을 취한다.[18] 마찬가지로 불을 일으키는 마찰은 돌이나 나무를 거칠게 자르는 행위와 대립되는 다듬기와 비교할 수 있다. 이 다듬기는 장식품들을 제작할 때 이용되며, 마찰과 관계있는 몽상의 미학적 발전과정을 엿볼 수 있게 해준다. 일본 사람들과 태평양 연안 국가의 민족들이 진주에 구멍을 뚫기 위해 사용하는 줄이나 팽이로 된 광택용 드릴은 활로 불붙이는 도구와 아주 유사하다는 점을 지적해야 한다.[19]

불의 기원에 관한 오트볼타Haute-Volta의 신화는 불의 탄생과 관련된 밤과 성욕의 동형성에 아주 의미가 있다.[20] 우선 불을 가지고 있는 자는 "엄지만한" 꼬마 도깨비 네킬리Nekili인데, "그는 인간보다 먼저 불붙이는 도구를 빨리 돌려서 나무에서 불을 나오게 할 줄 알았다." 네킬리는 "다산"의 임무를 갖고 있었다. 다른 한편 엘라 프로메테우스Prométhée L'éla가 불을 찾을 때도 성적인 요소가 여러 번 나타난다. 즉 프로메테우스의 아내가 꼬마 도깨비와 함께 도망쳤을 때, 프로메테우스는 불타오르는 화살을 쏴서 꼬마 도깨비를 맞히고, 이 화살이 꼬마 도깨비의 과도하게 큰 음낭에 불을 지른다. 그리고 조금 후에 프로메테우스는 "작은 유발乳鉢의 유봉乳棒을 들고서" 네킬리를 쫓아간다. 마지막으로 '아라니'와 관계된 힌두교 신화에서처럼 불은 정유의 비밀과 관계가 있다. 이번에는 프로메테우스의 아내가 꼬마 도깨비에게서 식물성 지방, '카리테Karité'를 만드는 비결을 훔친다.[21] 여기서 기술과 신화가 만난다. 리듬 있는 마찰(특히 원을 그리면서)은 불을 만드는 원초적 과정이다. 르루아구랑은 역사적 선행성을 판단하는 데 놀라울 정도로 조심하지만 리듬 있는 왕복 운동에 의해 불붙이는 방법이 가장 원시적이지는 않더라도 "살아 있는 종족 중 가장 원시적인 종족"인 멜라네시아인들이 사용하는 방법이라는 사실을 인정한다.[22] 활을 사용하거나 드릴 혹은 크랭크 핸들의 원칙을 포함하는 순환하며 불붙이는 기구는 나중에 나오거나 변형된 것처럼 보인다. "왕복 운동에 의해 움직이는 도구들은 연속적인 순환 운동에 의해 완전해진다."[23] 불을 붙이는 기구는 우리에게 순환 운동과 왕복 운동을 연결시켜준다. 하지만 불의 아버지이기 때문에 인류의 기술 발전에 그렇게 중요한 왕복의 구도는 인간 육체의 소우주 안에 어떤 전형을 가지는데 그것은 성적 몸짓 안에 있다. '아라니'나 그 상징인 십자가처럼 불은 포유동물의 성행위라는 유기체적 몸짓의 직접적인 예증이다. 이미 융은 나무와 농경 의식, 그리고 '성행위' 사이의 의미론적이고 심지어 언어적인 놀라운 동형성을 강조한 바 있다.[24] 옛날 독일어 '우엔Uen'은 나무를 의미하고 '우에네티ueneti'는 "그는 일한다", 즉 그는 오스트레일리아의 원주민 애버리지니가 상징적 성행위 놀이에서 하듯이 날카로운 막대기로 땅을 파는 것을 의미한다. 이 용어는 곧 밭에 적용되어 옛날 고트어의 '빈가vinga' 그리고 아일랜드어 '빈vin'이 나온다. 이 뿌리에서 결국 사랑의 기쁨의 여신인 "비너스"를 낳게 하는 어간 '베노스venos'가 나온다. 마찬가지로 대장장이와 연금술사의 의식에서 성행위와 직접 연관되는 것은 불이다. 베다교 제단의 희생적 불은 신성혼神聖婚이다. 자궁이 제단이고, 털이 잔디이며, 피부는 '몸' 압축기, 그리고 "불은 음문陰門의 중앙에 있다."[25] 성행위의 산물인 불은 대장장이에게 성을 엄격한 금기로 만든다. 아프리카의 야금술 예식은 결혼의 상징 요소들을 보여주고 있고, 중국 야금술의 신화적인 창시자인 우왕 '대우大禹'는 불-양陽과 물-음陰을 담금질하여 원소들의 진정한 결혼을 이루어낸다.[26] 연금술적 결혼의 일반적인 모습은 마지막 분석에서 이뤄지는데, 왜냐하면 그것이 불의 기술이기 때문이다. "화학적 결혼"의 더욱 발전된 성적 구분 요소들에서처럼, 최초의 불을 일으키는 도구에서도 마찰에 의해 불을 일으키는 두 조각의 나무 조각에 분명하게 구분되는 성 구분이 있다.[27] 같이 있는 두 조각의 나무에도 "남성" 형태와 "여성" 형태를 구분하는데, 그 잔재는 현대의 전기 기술자들의 용어에도 남아 있다. 하지만 무엇보다도 이러한 성 구분은 불의 자연적 위치를 동물의 꼬리에 있다고 보는 수많은 전설에서 강조되고 있다.

바슐라르는 『불의 정신분석』에서 기본적인 불과 성의 심리적이고 시적인 관계를 밝히는 데 3분의 2를 할애하고 있다.[28] 그는 마찰에 의해서 불이 태어났다고 주장하는 사람들이 대부분 그 현상을 직접 관찰하지 못했다고 지적하고, 성좌는 객관적 관찰보다는 내면적인 끌림에 의해 구성되는 법이라고 말한다. "사랑은 불의 객관적 재생을 위한 최초의 과학적 가정이다."[29] 그래서 바슐라르는 마찰의 "리듬 분석"을 시도한다. 비비기 시작하자마자 사람은 부드럽고 따뜻한 열기를 경험하면서 동시에 "즐거운 연습을 했다는 느낌"[30]을 갖는다. 바슐라르는 이 마찰 구도를 베르나르댕 생피에르, 놀레 신부, 폰 슈베르트, 그리고 특히 노발리스에게서 발견하고, "열기를 공유하고 싶은 욕구와 마찰에 의해 생긴 불을 향해 다가가고 싶은"[31] 충동을 "노발리스 콤플렉스"라고 명명하였다.

기술적, 정신분석적, 그리고 시적 연구는 리듬 있는 성적 몸짓에서 나오는 거대한 신화적 콤플렉스를 드러내는데, 그 성적 몸짓은 월경의 여성 리듬과 다산의 계절적 혹은 달의 리듬을 다원결정한다. 그와 같이 깊이 있고 보편적인 리듬에 대한 강박관념은 금방 승화되고, 리듬들은 서로에게서 나오기도 하고 서로 강화시키기도 하면서 근본적인 성적 리듬에서 출발하여 음악적 승화로 끝나게 된다. 바슐라르가 말하듯이 아마도 불을 일으키는 "이 사랑의 작업"을 통해서 "인간은 노래하기를 배웠다."[32] 풍속학 연구는 이러한 직관을 뒷받침해준다. 부족 민족들에게 불, 베어 넘기기, 다듬기의 리듬 있는 기술들과 배를 운전하는 사람과 대장장이의 리듬은 '춤'과 '음악'을 동반한다.[33] 셈족의 많은 언어, 산스크리트어, 스칸디나비아와 터키-타타르의 언어에서 "불의 대가"의 권위는 분명하게 "노래의 대가"의 권위와 결합한다.[34] 오딘과 그의 사제들은 "노래-대장장이"들이다. 서양에서는 이러한 음악가이면서 대장장이인 연결이 아직까지 보헤미안에게 남아 있다.[35] 다양한 층위의 문화에서 발견되는 음악, 특히 리듬 있는 음악, 춤, 운율 있는 시, 그리고 불의 예술 사이의 유사성은 분명하게 음악-성의 성좌에서 드러난다. 우리는 이미 음악, 특히 멜로디와 '밤의 체제' 성좌들의 유사성을 지적한 바 있다.[36] 우리는 그리올이 도곤족의 북이나 하프, 그리고 물고기 '복어Tétrodon' 사이에 지적한 흥미로운 동형성에 의해서 도곤족의 물고기에 관해 언급한[37] 밤의 동형성을 마무리할 수 있다.[38] 한편으로는 음악 악기, 특히 북은 다산과 창조와 연결되고, 또다른 한편에서 물고기 '복어'와 연결된다. 씨를 뿌리기 몇 주 전에 어린이들은 최초의 세계의 계란인 바오밥 열매로 만든 북 '쿤유Kounyou'를 치기 시작한다. 최초의 세계의 모습은 북의 막면膜面을 고정하는 '모노Mono' 관목의 가시 왕관에 의해 표현된다. 이 관목의 이름은 "모으다, 합치다"를 의미하고, 조물주의 사신이며, 해우海牛의 모습을 한 물의 요정 노모Nommo의 음위변환音位變換이다. 이 관목 열매에서 추출한 검은 반죽을 북의 안쪽에 바르는데 이는 최초의 혼돈과 어둠을 상징한다. '쿤유'가 그 전형적인 예이지만 도곤족의 북 크기는 세계 창조의 단계들을 요약해주고 있다. 그래서 '코로Koro' 북의 북채로 연주자의 가장 가까운 가장자리를 두드리는 것은 땅과 수확물, "아래의" 사물들을 상징하고, 또다른 가장자리는 커져가는 기장과 모든 "위의" 사물들을 상징한다. 모래시계 모양의 '보이 간Boy gann' 북은 반은 인간이고 반은 물고기인 노모의 몸을 표현하고 있고, '보이 둔눌레Boy dounnoulé'의 두 면은 하늘과 땅을 상징하며, '바르바Barba(덧붙이다라는 의미의 바라bara에서 나온 말)' 북은 나라에 인간을 "덧붙이는" 임신한 여자들로 장식되어 있다. 북은 창조의 종합이며 상반되는 것의 결합이다. 하지만 노모의 상징이므로 그 모습은 물고기 형태이다. 그리올이 밝혔듯이 북은 하프처럼 물고기 '복어'와 닮았다. 북의 막면을 쥐의 껍질로 만드는 도곤족처럼 복어의 껍질로 되어 있지 않더라도 물고기는 신화적으로 자신의 음악적·우주적 신분을 유지하고 있다. 즉 물고기는 조물주의 북 연주자, 혹은 하프-루트이다. '쿤유' 북이나 다른 북을 연주한다는 것은 물고기 형태의 창조자 노모가 되는 것이며 새로운 창조를 연주하는 것이다.

이제 우리는 어느 정도로 성적인 암시가 음악을 구조화하고 음악적 대화의 기초가 되는지를 분명하게 볼 수 있다. 이러한 사실은 우리들의 작곡 교과서가 여전히 "여성적" 혹은 "남성적"으로 구분하는 리듬들, 고음은 여자의 목소리이고 저음은 남자의 목소리로 구분하는 소리의 높이, 그리고 오케스트라의 다양한 음색에 적용된다. 이러한 관점에서 보았을 때 모든 음악은 거대한 메타 에로틱méta-érotique이다.[39] 음악은 시간의 연속적인 실 위에서 가장 높은 수준으로 정돈된 음색, 목소리, 리듬, 음조의 교차점이다. 또한 음악은 가장 뛰어난 음악학 연구가 중 한 사람인 슐뢰저B. de Schloezer가 쓴 것처럼 시간을 지배한다. "음악이 시간을 효과적으로 구성한다는 사실을 인정한다면, 이 작업은 정확하게 무엇인가? 작곡가는 시간 속에서 그 통일성 속에서 하나의 의미를 가지고 있는 비시간적인 어떤 것을 만들어낸다."[40] 하지만 그때 우리는 음악적 박자에 의해 시간 안으로 들어온 비시간성이 성적 리듬을 다원 결정하는 사람의 비시간성에 기원을 두고 있다는 것을 알게 된다. '아들'의 드라마, 계절들과 삭망월의 극적인 순환들이란 결국 성적 "드라마"가 세계에 투영된 것에 지나지 않고, 성적 드라마의 음악은 대장장이 기술과 불의 예술을 넘어서는 가장 승화된 상징일 뿐이다.[41] 순환의 신, 남녀 양성과 성교의 신 시바Shiva는 또한 뛰어난 무용가이다. "춤의 대가" 시바-나타라자Natarâja는 한 손으로는 우주를 찬미하는 리듬에 맞춰 작은 북을 치고, 다른 한 손으로는 희생의 횃불을 흔든다. 그는 불꽃의 후광에 둘러싸여 춤을 춘다.('프라바prabhâ-만다라mandala') 그래서 우리는 지머의 "시간의 바퀴는 안무按舞이다"라는 아름다운 문장[42]에 '모든 안무는 에로틱하다'라는 문장을 보충할 수 있다. 에로틱이라는 표현은 우선 수많은 춤이 직접적으로 성행위의 준비과정이나 대체일 뿐만 아니라[43] 의식의 춤은 다산과 시간 속에서 집단의 사회적 영속성을 보장할 목적을 가진 장엄하고 순환적인 예식에서 항상 주도적인 역할을 하기 때문이다. 도곤족의 '시구이', 주니족의 '샬라코', 그리고 뉴칼레도니아의 '필루'[44]는 축제의 순환적 반복과 춤의 리듬을 통해서 사회의 풍성한 연속성을 확립하려는 이중의 임무를 갖고 있다. 다산의 마술적인 의식인 춤은 또한 리듬에 의한 통일성의 에로틱한 상징으로서 뉴칼레도니아 원주민에 대한 다음의 성찰—이것은 실과 실짜기의 동형성도 암시한다—에서 잘 나타난다. "우리들의 축제는…… 단 하나의 지붕, 단 하나의 말을 만들기 위해 지붕의 짚단 부분들을 엮는 데 사용되는 바늘의 움직임이다."[45]

'불' '십자가' '마찰' '회전' '성' 그리고 음악을 서로 연결시키는 거대한 신화적 성좌는 낙랑 고분에서 발견된 의식 도구에 관한 그라네의 주석에 요약되어 있는 듯 보인다. 이 물건은 부드러운 나무로 된 작은 사각형에 맞는 둥근 딱딱한 나무 접시의 형태로 되어 있다. 우리가 연구한 바 있는 동형성의 상징적 뉘앙스들을 이 중국 전문가가 모든 면에서 섬세하게 설명하였으므로 여기서 그의 긴 글을 인용할 수밖에 없다.[46] "나는 여기에서 '불의 주제'[47]와 '그네' '5월제 기둥' '해시계'와 연결된 '회전' '바퀴' '선회축旋回軸'의 주제들이 서로 연결되어 있음을 증명해주는 전체적인 신화적 자료가 존재한다는 사실을…… 지적하는 데 만족한다. 이 주제들과 연결되어 있는 개념으로는[48] 도道와 연결된 신성혼의 관습, ……'스바스티카'를 연상시키는 숫자들의 배열 등이 있다. ……불타오르는 횃불의 주제는 '신성혼'의 개념과 연결된 관습과 은유들의 총체와 연결되어 있는 듯이 보인다." 그리고 그라네는 이 인용한 주석에 음악적 요소를 첨가함으로써 이 주석에 나타난 성좌를 완성한다.[49] 즉 조금 전에 언급한 점을 보는 도구는 항상 중국 음계의 첫 음을 내는 소리 피리와 연결되어 있다. 게다가 중국의 다섯 음계는 십자가 형태의 우주적 상징과 연관되는데, 왜냐하면 다섯 음은 중심과 네 계절-방향과 함께 십자가를 형성하기 때문이다. 그래서 "옛날 현자들은 음악 이론이 달력과 항상 연결되어 있다고 여겼다."[50] 따라서 우리는 결국 우주론, 네 계절, 불의 자일렌 생산, 음악과 리듬의 체계와 연관된 모든 몽상들은 결국 성적 리듬의 현현에 불과하다는 것을 보게 된다.

지금까지 살펴본 리듬 있는 기술이라는 주제에 대하여 우리는 두 가지 지적을 해볼 수 있다. 우선 원시 부족 대부분의 기술 도구들, 즉 실패, 물레, 마차의 바퀴, 도르래, 교유기, 회전 광택기 그리고 '아라니'나 마찰로 불을 일으키는 도구[51] 등은 모두 순환과 시간의 리듬의 상상적 구도에서 나왔다는 것이다. 리듬학에 의해 모든 기술, 특히 인류에게 가장 중요한 두 가지 발명품, 즉 불과 바퀴가 시작되었다. 여기에서 두번째 지적이 나오는데, 성적 몸짓의 기억에 의해 구조화된 순환적 리듬의 기술 모델들은 조금씩 영원한 재생의 구도에서 벗어나 구세주적 의미, 즉 불이 그 전형인 '아들'의 생산이라는 의미에 합류하게 된다. 식물 혹은 동물의 계통은 기술적 "생산물"을 다원 결정하고, 새로운 형태의 시간의 지배로 나아가게 한다. 식물적, 동물적, 조산助產적 혹은 불꽃 제조의 "생산물"이 갖는 원초적 의미는 시간 속에서 "진보"의 상징들을 만들어낸다. 만일 우리가 십자가와 불에 대한 분석과 순환 운동의 기술에 한정된 분석을 구분하였다면, 그것은 불의 생산과 함께 새로운 상징적 차원이 시간의 지배에 덧붙여졌기 때문이다. 시간은 더이상 단순한 회귀와 반복의 확실성에 의해 정복되지 않는다. 시간이 정복되는 이유는 상반되는 것들의 결합에서 결정적인 "생산물", 생성 그 자체를 정당화시켜주는 "진보"가 솟아나오기 때문이며, 불가역성 그 자체가 지배되고 약속되기 때문이다. 순환의 몽상이 불의 출현에 의해서 깨지는 것처럼—불이 나타난 결과가 그것을 만들어낸 수단보다 훨씬 더 거대하다—우리는 이제 수직의 구도가 다원 결정하는 나무의 상상력이 식물계의 계절적 상상력이 갇혀 있던 순환의 신화를 점차 깨버리는 것을 보게 될 것이다. 나무의 현상학에서처럼 불의 현상학에서 우리는 순수하게 순환적인 원형에서 종합적 원형들로의 추이를 보게 되고, 종합적 원형은 진보의 아주 효과적인 신화와 역사적·혁명적 구원주의를 수립할 것이다.

*

우선 '나무'는 다른 식물의 상징들과 같이 분류되는 것처럼 보인다. 꽃이 피고, 열매를 맺고, 잎이 떨어지면서 나무는 극적인 성장을 꿈꾸게 한다. 하지만 순환적 낙관주의는 나무의 원형에서 강화되는 것처럼 보인다. 왜냐하면 나무의 수직성은 저항할 수 없는 방법으로 생성의 방향을 제시하고, 인간이라는 종의 의미심장한 직립 위치와 비교함으로써 일종의 의인화를 시도한다. 나무의 이미지는 우리들이 느낄 수 없게 순환의 몽상에서 진보의 몽상으로 옮겨가게 한다. 발엽發葉의 상징에는 모든 메시아주의가 잠재되어 있고, 잎이 나고 꽃이 피는 모든 나무는 이새의 나무이다. 이 수직성은 너무 분명하여 바슐라르는 주저 없이 나무를 상승의 이미지 중 하나로 분류했으며, "공기 나무"[52]에 대해 한 장을 할애하기도 했다. 하지만 우리는 여기서 나무의 원형적 의도는 단지 나무의 순환적 상징을 보완하는 데 지나지 않으며, 순환적 리듬의 상승 단계만 보존함으로써 단순화된 것이라는 사실을 보여줄 것이다.

나무는 우선 농경-달의 상징과 동형이다. 그래서 나무는 우리가 뱀의 상징에서 지적한 것과 같은 상징적 연상을 갖고 있다. 나무는 다산의 물과 연관되어 있으며 생명의 나무이다. 수상식물, 화려한 꽃으로 뒤덮인 연꽃 뿌리는 굽타Gupta 예술의 거대한 연꽃 모양의 그림들에서처럼 룩소르의 기둥 위에서 나무 모양이 된다. 셈족의 전설에서 생명의 나무는 바다나 샘 곁에 있다.[53] 프르질루스키는 기술들이 나무 숭배에서 꽃의 숭배를 거쳐 씨앗 숭배에 이르기까지 진화시켰다고 생각한다.[54] 이 진화는 위대한 수렵 문화에서 농경과 주거 문화로 변화하는 과정에 발생했을 것이며, 그 결과로 나무 숭배에서 발효 음료와 밀의 숭배로 바뀌게 된다. 그래서 나무 상징의 극화劇化는 농경 숭배와 밀과 옥수수 숭배에서 더욱 명확해진다. 하지만 우리가 보기에는 진정한 진화보다는 식물 상징의 두 의미의 분기分岐가 있다. 프르질루스키가 나무 상징에서 순환 상징으로의 전이를 설명하기 위해 사용한 진보적 진화 개념은 나무 원형에서 나오고, 그것에 종속되어 있는 듯 보인다. 달의 순환 숭배와 그 결과인 식물 숭배는 나무 숭배만큼이나 오래된 것 같다. 게다가 우리는 나무 상징이 나무를 들보와 기둥으로 만드는 원시적 건축 기술에 종속될 뿐만 아니라 마른 나무를 불붙이는 도구, 나무를 십자가로 변화시키면서 나무의 상징을 불의 창조적 의식으로 전환시키는 기술 수단이라는 사실을 보았다. 나무 원형의 진보적 연속성은 프르질루스키가 부여하려는 합리적인 의미, 즉 수많은 문명이 농경과 거주의 관습을 가지기 전에 유목 문명이었다는 데 있는 것이 아니라, 차라리 아주 우연한 의미, 즉 불과 불을 만드는 수단의 발견에 있는 것이다. 아마도 나무는 식물로서 식물 숭배로 가는 길을 준비하였을 것이다. 하지만 확실하게 나무는 불을 만들고 불을 피우는 목재로서 리듬적 마찰의 거대한 구도에도 즉시 종속되었다.

기둥으로서든 혹은 불꽃으로서든 두 경우에서 나무는 승화되고 자신의 상징적 메시지를 수직화한다. 가장 오래된 성스러운 장소들, 예를 들어 오스트레일리아의 토템 숭배지, 셈족, 그리스, 힌두, 그리고 모헨조다로Mohenjo-Daro*의 힌두교 이전의 원시 사원들은 영석靈石과 연결된 나무나 나무 기둥으로 이루어져 있다.[55] 이것은 아마도 "세계의 상imago-mundi"이고, 돌은 안정성을 나타내며 나무는 생성을 표현하는 우주적 총합의 상징이리라. 그리고 이 전체에 가끔은 달의 변화 단계의 장식이 부수적인 요소로 첨가된다.[56] 이따금 두 개의 상징이 하나로 축약되기도 하는데, 예를 들어 피 묻은 희생물을 바치는 "뿌리 깊은" 테르미누스Terminus† 를 나타내는 로마의 경계석이 바로 그 경우이다.[57] 셈족에게 위대한 여신은 성스러운 말뚝인 '아세라Ashéra'와 동일시되는데, 그 말

* BC 3000~BC 1500년에 번영한 인더스 문명의 중심을 이루는 도시 유적이다. 모헨조다로는 '죽음의 언덕'이라는 뜻으로, 파키스탄의 인더스강 서쪽 연안인 신드 지방의 라르카나 지구에 있다.

† 라틴어로 '경계석'이라는 뜻이다. 고대에 토지의 경계를 나타내는 표지(또는 경계석)를 세울 때는 땅에 구덩이를 파고 불을 피우면서 제물을 바치는 의식을 치렀다. 이 표지는 함부로 치우거나 옮길 수 없었다.

뚝은 가끔 돌로 된 기둥으로 대체되기도 한다.[58] 어떤 경우에는 영석만이 달의 현현으로 여겨지기도 하고, 또다른 경우에는 돌기둥이 칼데아와 아시리아의 도상학에서 나타나는 것처럼 달의 현현을 동반한 나무로 변하기도 한다.[59] 그런가 하면 나무는 두 마리의 동물이나 두 기둥과 함께 나타나기도 한다.[60] 프르질루스키는 기원전 9세기에 바빌로니아, 이집트, 그리스, 이란, 인도뿐만 아니라 시리아-페니키아의 나무, 꽃, 그리고 돌기둥의 연관관계에 대하여 자세하게 연구하였다.[61] 이 고대 문명이 있는 어느 곳에서든지 기둥은 대추야자와 연관되기도 하고 성스러운 연꽃과 연관되기도 하고 아니면 둘 다와 연관되어 나타난다. 이러한 예를 통해서 어떻게 나무의 원형이 우리가 위에서 연구한 영석과 남근 모양의 돌의 상승적 의미에 사로잡혀 있었는지 알 수 있다.[62] 나무-기둥은 수직적인 모습으로 식물 상징의 우주적 종합을 구조화한다. 사르나트Sarnath*의 기둥에는 그 기나긴 기둥에 동물의 형상이 나타나 있고, 여러 개 기둥의 연꽃 모양의 기둥머리는 꽃이 만개하는 다양한 모양, 꽃봉오리, 활짝 핀 꽃부리, 시든 꽃잎 등을 종합해 놓고 있다. 그러므로 나무-기둥은 우주론의 점진적 수직성을 강조하면서 우리를 우주적 종합으로 이끈다.[63]

나무의 이미지는 항상 우주의 종합과 수직화된 우주라는 이중의 모습으로 나타난다. 그래서 나무는 남녀 양성의 좋은 예이자 죽은 오시리스이면서 여신 이시스이고, '아세라'는 아버지 신이면서 동시에 어머니 여신이다.[64] 종종 나무는 결혼의 산물, 두 성의 종합인 '아들'을 나타낸다. 아들로서의 민중적인 가르강튀

* 인도 북부 우타르프라데시주의 남동쪽에 있는 바라나시 북쪽 사르나트에 있는 불교 유적으로 사르나트 성지라고도 한다. 석가가 35세에 성도成道한 후 최초로 설법을 개시한 곳이며, 이때 아야다교진여阿若多僑陳如 등 5명의 비구比丘를 제도濟度하였다고 한다. 탄생(룸비니)·성도(부다가야)·입멸(쿠시나가라)의 땅과 더불어 불교 4대 성지의 하나로 일컬어지며, 다메크 탑塔을 비롯한 많은 불교 유적과 사원·박물관 등이 여러 곳에 남아 있다.

아는 나무의 상징과 연결되어 있으며, '키리올Kyrioles' 즉 오순절의 예배 행진에서 흔드는 종려나무를 프랑스 시골에서는 모든 기독교 "종려나무"의 전형으로서 "가르강튀아"라고 부른다. 가르강튀아, 혹은 그의 기독교적 분신인 성 크리스토프는 도상학에서 헤라클레스처럼 한 손에 나무 몽둥이, 즉 프레엘Fréhel 곶에서 뽑아낸 참나무, 혹은 벨레Velay의 땅에서 뽑은 너도밤나무를 쥔 모습으로 나타난다.[65] 그래서 나무의 상징은 커져가면서 우주 총체의 모든 상징들을 하나로 모은다. 인도 전통의 나무이든, 마야나 야쿠트의 달의 나무이든, 바빌로니아의 키스카나Kiskana 나무이든, 북구 전통의 이그드라실Yaggdrasil*이든, 달의 나무이든 혹은 연금술 전통의 태양의 나무이든 나무는 항상 그 기원이나 생성에서

* 북유럽 신화에 나오는 세계수世界樹. 거대한 물푸레나무로, 우주를 뚫고 솟아 있어 우주수宇宙樹라고도 한다. 세계 창조 후에 주신主神 오딘이 심었다고 하는데, 거창하게 자라 잔가지는 신들의 세계인 아스가르드를 뒤덮었으며, 세 줄기의 거대한 뿌리 가운데 하나는 거인의 나라 니플헤임으로, 또하나는 인간 세계인 미드가르드로, 마지막 하나는 신들의 아스가르드로 뻗어 있다. 니플헤임으로 뻗은 뿌리 밑에는 생명의 우물 흐베르겔미르가 있어 우물물이 솟아나오고 있으나, 독룡毒龍 니드호그가 나무를 말려 죽이려고 끊임없이 뿌리를 갉아먹고 있다. 미드가르드로 뻗은 뿌리 끝에는 미미르(기억)의 우물이 있어 온갖 지혜를 담고 있는데, 거인 미프가 이를 엄중히 감시하고 있어 아무도 마실 수가 없다. 그런데 오딘이 한쪽 눈을 대상代償으로 하여 이 우물물을 마시고 지혜를 얻는다. 신들의 세계로 뻗은 뿌리 밑에는 우르드의 우물이 있고 과거·현재·미래를 상징하는 3명의 노른(우르드, 베르단디, 스쿨드의 3자매)이 지키면서 세계수에 물을 주며 돌보고 있다. 또한 신들은 이 나무 아래서 날마다 회의를 연다고 한다. 세계수는 상록수로 그 어린잎을 오딘의 산양山羊 헤이드룬이 먹고 젖 대신 꿀술을 만들면 신들은 이것을 마신다. 또한 사슴이 그 잎을 먹고 뿔에서 단물이 나와 그것이 땅에 떨어져 세계의 모든 강이 된다. 그리고 이 나무에는 커다란 독수리가 한 마리 날고 있는데, 라타토스크라고 하는 수다쟁이 다람쥐가 있어 독수리와 독룡 니드호그 사이를 왕래하면서 둘 사이를 이간시키고 있다. 그러나 라그나뢰크(신들의 황혼)라고 불리는, 신들과 마군魔軍의 결전의 날에, 이 세계수는 불꽃의 거인 스루트가 던진 횃불로 인하여 불길에 휩싸여 마침내 쓰러져 바다 속에 잠김으로써 세계는 일단 멸망하는 것으로 되어 있다.

우주 총합의 상징이다.[66] 바빌로니아의 키스카나는 그 나무를 장식하는 우주의 상징, 마름모, 영양, 천구, 새와 뱀과 함께 살아 있다. 모헨조다로와 드라비다족의 나가칼Nâgakkal 위에는 소, 뱀 그리고 새가 중앙의 나무 주위나 위로 몰려든다.[67] 밤바라족에게 발렌자Balenza 나무는 최초의 우주 창조신인 펨바의 화신이다. 나무와 기둥을 연결시키는 고아시아의 도상학에서처럼 발렌자는 펨벨레Pembele와 연결되는데, 펨벨레는 삼분법과 사분법의 숫자학 개념을 통해 창조자 펨바와 "두 원칙이 남녀처럼 결합될 수 있도록 여성의 부분이 두드러져 보이는"[68] 원초적 남녀 양성을 표현하는 나무 덩어리이다. 디테를렌에 의하면 하나의 전체로 취해진 대상은 우주의 이미지이며, '은갈라Ngala' "신"이라고 불린다. 왜냐하면 그것이 가족과 유전과 농경의 모든 힘—'니아마nyama'—의 총합이기 때문이다. 북구 전설의 나무 이그드라실은 위와 같은 우주적 특징을 갖고 나타나는데, "전형적인 우주목"[69]이며, 뿌리는 지상의 심장에 박혀 있고, 가지에는 청춘의 샘이 흐르고, 노른들Nornes이 그 뿌리에 물을 주고 있으며, 모든 창조가 이곳에 둥지를 틀고 있고, 밑에는 뱀이 하늘에는 독수리가 날고 있다. 이 거대한 우주의 이미지를 극화시키고 수직화시키는 것은 뱀과 독수리의 경쟁이다. 사실 우파니샤드의 텍스트에서든, "야생겨자 씨"에 대한 기독교 우화에서든, 중국 전통에서든, 아니면 중세 도상학의 페리덱스Peridex 나무에서든 간에 나무의 상징과 새의 원형이 항상 같이 나온다는 사실을 강조해야 한다.[70] 나무에 잎이 나는 것은 비상으로의 초대이다.

그 수직성을 통해 우주목은 인간화되고 수직적 소우주로서 인간의 상징이 되는데, 바슐라르는 릴케의 시 한 편을 분석해서 이 사실을 밝히고 있다.[71] 그리고 『바가바드 기타*Baghavad-Gîtâ*』에서는 나무와 인간의 운명을 동일시하는데, 이 경우 우주목은 나무의 뿌리를 자르라는 충고가 상징하는 우주적 삶에서 단절되는 기술에 통합된다. 또다른 부분에서[72] 나무는 진정으로 인간 개인의 생리심리학적 총체이다. 나무 몸통은 지성이며 내부의 빈 공간은 감각 신경이며, 줄기는 감각을 느끼는 인상, 열매와 꽃들은 좋고 나쁜 행동들이다. 이러한 나무의 인간화는 도상학에서도 연구할 수 있다. 왜냐하면 나무가 기둥이 되면 이번에는 기둥이 조각이 되고, 돌이나 나무에 새겨진 모든 인간의 형상은 거꾸로 된 변신이다. 우리는 식물의 변신 역할은 많은 경우에서 인간의 수명을 연장하거나 연장을 암시하는 것이라는 사실을 지적하였다.[73] 인간과 식물 사이의 "순환"[74]은 수직성에 의해 아주 쉬워지는데, 왜냐하면 그 매개가 부활과 승리의 이미지들을 강화하기 때문이다. 만일 데카르트가 인간 지식의 총합을 나무에 비교한다면, 바슐라르는 "상상력이 나무이다"[75]라고 주장한다. 인간의 정신적·시간적 운명을 오래된 나무에 비교하는 것보다 더 좋은 비유는 없다. 오래된 나무는 시간도 침범할 수 없으며, 나이를 먹어가는 것은 나무가 장엄하게 싹이 나고 아름답게 꽃이 피는 데 도움만 줄 뿐이다.

그래서 나무의 이미지가 우리가 "이새 콤플렉스"라고 부를 수 있는 일종의 메시아주의로 항상 이끈다는 사실을 인정하는 것은 놀라운 일이 아니다. 모든 상상적인 진보는 나무 형태를 띠고 있다. 몇몇 성서와 묵시록 외전外典에서 나타나는 세 나무의 신화는 세 시대 신화의 변형이다.[76] 천국에서 자기 아버지의 구원을 부탁하던 셋은 세 가지 영상에 놀란다. 우선 그는 강물 위에서 마른 나무를 본다. 그리고 뱀이 그 나무를 휘감는 것을 보며 마지막으로 나뭇가지로 갓 태어난 아이를 안은 채 나무가 커져서 하늘까지 올라가는 것을 본다. 천사는 셋에게 그의 부모가 먹었던 숙명의 나무 열매 씨앗 세 개를 주고, 이 씨앗에서 세 그루의 나무가 자라 후일 고통의 십자가를 만드는 데 쓰이게 된다. 이 신화는 오랜 시간을 두고 렘브란트의 아름다운 동판화 〈세 나무가 있는 풍경〉에서 빅토르 위고의 아름다운 담채화에 이르기까지 반복되어 나타난다. 여기서 주목해야 하는 것은 나무가 순환이 아니라 유대 민족의 메시아 역사를 점진적으로 상징하는 세 단계에 신화적으로 연결되어 있다는 점이다. 바로 이런 상상적 이유 때문에 모든 진보적인 진화는 그것이 역사가들의 계통수系統樹이든 아니면 종들의 진화를 묘사하는 진화생물학자의 장엄한 나무이든 간에 가지를 가진 나무의 특성을 갖고 나타난다.[77] 하지만 나무가 그렇게 쉽게 순환의 연결을 놓아버린다고 생각해서는 안 된다. 모든 진보주의는 항상 역사적 순환을 비교하는 경향이 있다. 옛 유대인들에게는 '올람 하바ôlam habba' "다가올 시대"는 현재 사탄이 지배하고 있는 이 시대 '올람 하제ôlam hazzeh'*를 거역할 수 없게 대체할 것이다. 그리고 다니엘과 에스드라[78]는 고대의 천체생물학적 순환에서 나무의 역사적 수직성으로 옮겨가는 변화와 진보에 관한 논쟁적인 주석을 소개한다. 하지만 유대의 유일신 사상은 쉽게 초월의 개념과 분리의 이미지에 이끌리기 때문에 역사의 수직적 메시아 사상 뒤에는 집요한 "밀레니엄"[79]의 순환에 대한 믿음이 다시 나타난다. 「에녹서」의 후반 부분과 솔로몬의 「시편」에서는 "메시아의 왕국은 일시적으로만 지속될 것이라고 적혀 있다."[80] 에스드라에게는 이 기간이 반세기 정도이고 에녹에게는 1000년이다. 그러므로 밀레니엄은 "이 지구상에 영원한 메시아 왕국을 기다리는 오래된 유대인의 변형된 염원"[81]이다. 이 변형은 선량하고 악한 아이온éon의 순환적 개념으로 방향을 바꾸려는 어느 정도 의식적인 시도처럼 보인다. 나무의 고고한 이미지는 계절적 순환의 문맥에서 완전하게 벗어날 수 없다. 신화는 종교처럼 잎이 떨어지지 않고, 겨울의 짧은 가혹함을 피하는 나무를 찾았지만 모두 헛된 일이었다.

* 히브리어로 '이 시대'를 의미한다.

마지막으로 나무의 상상적 도상학은 아주 이상한 형상을 보여주기도 하는데, 이 형상 역시 수직의 열망 속에서 순환적 상징을 상기시킨다. 그것은 '거꾸로 된 나무'의 이미지인데, 부분적으로는 우리가 뱀의 양성兩性에 대해서 언급한 바 있는 역전과 일치하고,[82] 순환 상징의 양가성이라는 특징처럼 보인다. 예를 들어 '우파니샤드'의 우주목은 하늘에 뿌리를 내리고 지상에 가지를 뻗치고 있다.[83] 이 나무의 변증법은 우주에서 브라만의 모습, 즉 상상적 창조를 하강과정으로 여기는 모습을 표현한다.[84] 거꾸로 된 나무의 이미지는 옛 아라비아 사바의 전통, 세비로스의 신비주의, 이슬람, 단테, 그리고 라플란드, 오스트레일리아, 아이슬란드 등에서 발견된다.[85] 상승의 수직 개념에 충격을 주는 이 기이한 거꾸로 된 나무는 나무의 원형 안에서 순환의 상호구도가 공존하는 표시이다. 이 나무는 메시아 신화의 세 나무와 유사한데, 그 마지막 나무가 첫번째 나무의 의미와 창조의 과정을 도치시키기 때문이다. 즉 "신은 저주받은 나무를 없애기 위해 축복받은 나무를 선택하셨다."[86] 메시아의 구원은 우주의 전락이나 하강이 도치된, 상승의 분신이다.

그래서 나무의 원형과 기둥 말뚝을 만드는 데 쓰이는 목재, 그리고 불을 일으키는 십자가는 메시아와 부활의 가치들이 강조되는 양가성의 예인 것처럼 보인다. 반면에 뱀의 이미지는 순환의 죽음과 미로의 가치를 더 선호하는 것 같다. 나무는 희생시키지도 않고 어떠한 위협도 가하지 않는다. 나무는 희생되고, 희생의 불에 타오르는 목재이며, 심지어 고문에 쓰일 때조차 항상 유익하다. 비록 나무가 뱀이나 열두 성좌의 원처럼 시간을 측정한다고 해도 나무의 수직성은 유일하게 순환의 상승적인 면만을 강조하며 시간을 측정한다. 이 새로운 관계가 나무의 운명과 인간의 운명을 밀접하게 연관시킨다. 인간이 직립 동물인 것처럼 나무도 순수하게 서 있다. 오래된 참나무들은 사람들처럼 이름을 갖고 있다. 그래서 식물의 순환성과 달과 기술의 리듬학적인 속성뿐만 아니라 그 리듬학의 성적인 하위 구조들까지 보존하면서 우리는 나무의 시간적 원형이 꽃과 정상, 그리고 불이라고 하는 '아들'의 목적론적인 이미지에 반영된 시간의 진보의 상징을 이기는 것을 본다. 마지막 분석에서 나무와 목재는 바퀴나 십자가를 만드는 데 사용될 뿐만 아니라 돌이킬 수 없는 불을 만드는 데 사용된다. 바로 이런 이유들 때문에 모든 나무는 점차로 더 뒤집기가 힘들어지는 시간과 역사의 한 가지 방향성을 지적하면서 상상력에서 돌이킬 수 없이 계통을 드러낸다. 그래서 타로 점에서 싹이 나는 지팡이가 보편적 상징으로서 검과 유사하고, 상승과 통치권의 원형들과 혼동된다. 그래서 만일 나무의 상징이 순환을 초월로 되돌아가게 한다면, 우리는 시간의 얼굴에 저항하는 논쟁적인 저항과 "근본적이고" 추상적인 반항에서 출발하여 시간 그 자체에 구현되는 초월에 이르는 긍정적인 원형의 가치부여 작업의 목록을 매듭지었다고 결론 맺을 수 있다. 이때 이 초월은 검과 "이곳으로부터의 도피"의 기하학적 상징을 가지고 시간을 지배하는 것으로 시작하여, 모든 성장과 성숙의 결합을 모든 진보의 수직적·식물적 지지자로 만드는 생성에 우리를 역동적으로 동참하게 만든다.

제3장

상상계의 종합적 구조와 역사의 스타일

이미지의 '밤의 체제' 중 두번째 범주에 속하는 구조들을 분석하기는 정말 어렵다. 실제로 이 이미지들은 '종합적'이라는 말의 의미를 모두 드러내고 있으며 그로 인해 일종의 지속적인 연계에 의해 상상계의 다른 구조들이 지닌 의도들을 통합하고 있기 때문이다. 우리는 신비적인 구조들을 연구하면서 제목에서 병리심리학적 용어들, 특히 아주 매력적인 두 단어, 즉 "사이클로이드cycloïde"와 "동조적syntone"[1]*이라는 단어를 포기해야만 했다. 왜냐하면 그 병의 징후나 원인을 살펴보면, 편집우울증적인 행동은 대립적인 양상을 두드러지게 보여주는 데 반해서 우리가 살펴본 바 있는 이미지들은 차라리 모순의 결합, 혹은 "모순의 공존"을 축으로 하고 있기 때문이다. 그런데 우리는 심리학자들이 사이클로이드의 징후와 편집우울증적인 강박관념들을 일관된 도표로 작성하려 할 때면 판단하는 데 비슷한 어려움을 겪는다는 것을 반드시 지적해야 한다. 로르샤흐 테스트에서 본은 사이클로이드 징후의 전반적인 준칙을 만든다는 것은 거의 불가능함을 지적한 바 있다.[2] 사이클로이드 상태에서 작동시킨 대립되는 것들이 역으로 지워지고 정상인과의 거리가 미세해진다는 것이다. 그리고 이 진단의診斷醫

* 압력이 있는 사회적 규범이나 대다수의 의견 등에 개인의 의견이나 행동을 동화시키는 경향을 말한다.

역시 두 개의 리스트, 즉 하나는 우울증에 속하고 다른 하나는 가벼운 편집증에 속하는 별도의 리스트들을 만들어야 한다고 주장하고 있지 않은가? 그런데 우리가 종합적 구조들을 분석하면서 피하려 애쓰는 것이 바로 이러한 이분법, 종합을 파괴하는 이분법이다. 하지만 이 진단의는 편집우울증적인 증세를 전체적인 면에서 살펴보면 그 병이 자동적으로 발생하는 측면이 있음을 간파해냈다.[3] 물론 부정적이고 배제적인 방법에 근거한 진단이지만 심각한 사이클로이드 징후의 상태에서는 검은 충격이나 색채 충격을 결코 관찰할 수 없다는 것을 확실히 밝혀줄 수 있게 해준다. 그런데 우리로서는 종합적 구조에서는 그것이 제아무리 불길하거나 무서운 것일지라도 이미지 앞에서의 어떤 충격이나 거부 반응도 지워진다는 것, 역으로 가장 명백히 대립되는 요소들도 아주 일관되게 조화를 이룬다는 것을 똑같이 확인할 수 있다.

그것이 첫번째 종합적인 구조인 듯 보이니 바로 '대립되는 것의 조화의 구조'이다. 우리는 이미 신비적 구조가 환경과 깊은 합의의 성격을 지녔음을 확인한 바 있으며(아마 '밤의 체제' 전체의 일반적인 성격이 바로 그것이 아닌가 싶다) 그것이 심화되어 일종의 점착성까지 진행되는 것을 보았다.[4] 종합적 상상력은 그 이상이니 그럴 수만 있다면 보다 더 적극적인 합의의 체제로 편입되려 한다. 종합적 상상력은 적응할 수 있는 것이 가져다주는 휴식을 추구하는 데서 그치는 것이 아니라, 적응과 동화가 조화롭게 어우러지고 협력하도록 만드는 동적 에너지가 작용한다.[5] 민코프스키가 동조 환자는 절제와 경계境界에 대한 직관으로 "언제나 각진 것을 둥글게 만들며" "동조 환자의 삶은 물결에 비교할 수 있다"고 말했을 때 그의 말은 바로 이러한 조화의 의지를 잘 보여준 것이라고 볼 수 있다.[6] 그리고 우리가 이미 언급한 바 있듯이[7] 종합적 상상력이 우선 천명되는 것 가운데 하나로서 조화의 구조 톤을 보여주는 것이 바로 음악의 상상력이다. 음악은 메타 에로틱한 예술로서 대립되는 것을 화해시킴과 동시에 시간의 실존적인 흐름을 다스리는 것이 근본적인 기능이기 때문이다. 사르트르도 "〈제7번 교향곡〉은 시간 안에 존재하지 않는다"[8]라고 씀으로써 음악의 마지막 특성을 결국 이해했다. 하지만 서구의 음악을 예로 들면서 여기서 우리가 강조하고 싶은 것은 음악의 대립의 조화 양식과 성적인 상징체계이다. 이 주제에 대해 우리는 두 가지를 지적해야 할 것이다. 첫번째는 서구에서 "고전주의" 음악, 특히 낭만주의 음악과 역사철학은 유사하게 구성되어 있다는 것이다.[9] 베토벤은 헤겔과 동시대인이었다. 하지만 이 문제는 여기서 길게 이야기하지 말고 두번째로 넘어가기로 하자. 그것은 우리가 여기서 조화의 구조라고 말할 때, 조화라는 단어의 의미를 18세기 이후 서구 음악에서 사용한 조화(화음)의 의미로 좁혀서 이해하지 말자는 것이다. 여기서 우리가 쓰는 조화라는 단어는 단순히 이질적인 것과 대립되는 것이 적절하게 배열되어 있는 것을 의미한다. 물론 화음이라고 이름붙여진 서양의 음악 규칙은 상상계의 조화 구조의 한 양상을 잘 보여준다. 하지만 그 규칙을 일반적인 조화라고 간주하기에는 서양이라는 시공간 내에서 지나치게 국소화된 양상을 보이며 그 규칙은 음악가라기보다는 음향 전문가에게 더 친숙해져 있다. 우리가 여기서 리듬의 조화라고 부르는 것은 좀더 보편적인 것으로서 강하고 약한 시간, 길고 짧은 시간의 율동적인 조화뿐만이 아니라 보다 더 광범위하게 하나의 음향 체계가 전반적으로 대립되는 것들로 조직화되어 있는 것을 의미한다.[10] 서양 음악사 전체는 명백히 조화의 구도하에 놓을 수 있다. 윤창곡이나 인벤션(푸가 형식의 기악 소품), 푸가나 연곡들에서 음들의 결합을 연구할 수도 있으며, 여성적인 주제와 남성적인 주제가 결합되어 있는 소나타 형식에서 주제들의 결합을 연구할 수도 있고, 후렴, 론도, 변주곡, 파사칼리아, 샤콘 등이 보여주는, 다양성을 담보로 통일성을 이룩하려는 강박관념 같은 집착을 연구할 수도 있을 정도이다. 그러나 여기서 서양 음악이 보여주는 조화적 특성에 대해서 더 길게 주장하지는 말자. 단지 상상계의 "음악적" 구조라는 것을 우리가 어떤 의미로 사용하고 있는 것인지만 밝히기로 하자.

프로이트에 뒤이어 많은 심리학자들이 음악적 표현과 전개의 모든 과정에 이미지의 성격이 결여되어 있다고 주장하고 있음을 우리는 잘 알고 있다.[11] 그러나 우리의 입장에서라면 음악은 정서가 담긴 이미지가 합리화되어 나타난 결과이며, 이미 말했듯이 특히 성적인 제스처의 합리화된 결과라고 말하고 싶다. 이 제스처의 심리생리학적 중요성을 고찰해보면 음악적 표현에 왜 도상적인 요소가 도입되기 어려우며, 그런데도 어떻게 정서적인 요소를 풍요롭게 품고 있는가를 동시에 설명할 수 있다. 앙드레 미셸André Michel이 잘 보여주었듯이 음악성이라는 것은 파롤의 틈, 문학적 이미지의 틈에 스며들어 그것을 보완해주는 것이다.[12] 음악은 메타 이미지이긴 하지만 이미지의 배아로서의 면모, 혹은 이미지 자체의 면모도 보여주며 그러한 면모들이 음악에 준공간성을 부여해준다. 이른바 순수한 음악—즉 모든 재현의 성격에서 벗어난 순수 음악—이라는 것은 현재 존재하는 음악의 입장에서는 결코 도달해보지 못한 하나의 이상이다.[13] 그것은 물리학이나 기하학이 마치 이상을 향하듯이 대수학을 지향하지만 결코 그 목적을 완벽하게 이루지 못하는 것—만일 그런 일이 벌어졌다면 물리학자는 이 세상 창조의 공식을 얻을 것이다—과 어느 정도 흡사하다. 그러나 음악은 우리가 앞에서 보았듯이 기하학이 추상적 논쟁인 것과 마찬가지로[14] 추상적 에로틱이다. 한편 음악적 사유는 시간의 다스림을 노리는 상상력 체제의 양상을 띠고 있기에 좀더 손쉽게 공간적 장애물을 벗어버리고 "절대 시간이라 명명된 무無의 공간"[15]에 머물려 한다는 것도 사실이다. 그러나 음악이 상상계의 조화 구조의 극단에 위치하더라도 그 구조는 다른 구체적인 방식들, 무엇보다도 지식의 내용을 음악적 체계 속에서 전체화하는 방식을 통해 나타난다.

실제로 '체계의 정신 l'esprit de système'은 음악의 구성에 필연적으로 나타나는 개념적 귀결인 듯이 보인다. 비록 그 체계가 명백하게 시간적인 전개를 암시하지 않는다고 하더라도, 체계 속에는 언제나 전개과정이나 진행과정에 대한 발생적인 암시가 다시 나타난다. 우리는 천체생물학의 체계가—그것은 철학사가 우리에게 보여주는 모든 일원론적인 체계의 역사시대 이전의 체계인데—이러한 보편적인 총체적 조화를 얼마나 잘 보여주고 있는가에 대해 주장한 바 있다. 베르틀로는 세계에 대한 천체물리학적인 개념이 원시적 생명론과 전 과학적이고 과학적인 합리론의 "중간단계"임을 잘 알아본 사람이었다.[16] 그 개념은 기독교가 보여주는 바와 같이 신학을 세속적인 요구, 특히 역사적인 요구와 접목시킬 수 있게 한다. 조화의 원칙은 모든 체계들에서 완벽하게 구현되는데, 계절적이고 생물학적인 대립의 국면에서뿐만 아니라 천체라는 대우주와 인간이라는 소우주의 끊임없는 상호소통을 통해서도 구현된다.[17] 그에 따라 예를 들면 점성학 같은 것을 만들 수 있게 된다. 즉 황도 12궁의 원과 별들이 차지하고 있는 위치는 개인적인 운명을 결정하는 지상의 법칙이 된다. 그 결과 "천체생물학은 별들의 생물학과 살아 있는 유기체들의 천문학 사이를 왕복한다. 천체생물학은 전자에서 출발해서 후자로 향한다"[18]라고 쓸 수 있게 되는 것이다. 이와 같이 천체생물학, 천문학, 의학적이고 소우주적인 이론들은 조화의 원칙이 체계 전체의 구성에 적용된 경우이며 그 체계들 속에서는 지각적이거나 상징적인 유추, 상응의 원리들이 풍요롭게 사용된다.

두번째 구조는 종합적 정신의 '변증법적'이고 '대조적'인 특성 속에 들어 있는 것으로 보인다. 음악이 무엇보다 조화인 것은 사실이지만 그만큼 극적인 대조이기도 하다.[19] 즉 대립되는 것들에게 시간 속에서 동등하거나 상반되는 가치를 부여하는 것이 음악이다. 종합이란 신비의 구조와 같이 단일화하는 것이 아니다. 종합은 용어들을 뒤섞는 것을 겨냥하는 것이 아니라 차이와 대립을 유지하면서 그것들 간의 일관성을 겨냥한다. 음악은 어떤 의미에서는 모두 베토벤적, 즉 대조적이다. 좋지 않은 음악은 단조로움의 위험을 지니고 있는 음악이다. 음악가의 기술이란 주제나 후렴을 확실하게 반복하는 데도 있지만 어떻게 변주를 잘 해내는가에도 있다. 음악의 주제들은 결코 정태적이지 않다. 그것들은 상호대립하면서 전개된다. 소나타의 형식은 드라마들을 결집시킨 것이나 다름없다. 소나타 형식에서 주제들이 리듬이나 박자에 의해 일관성을 유지하면서 그 대조가 흐려지는 경우가 있다 하더라도 소나타 자체에 경쾌하거나 느린 움직임들을 겹쳐놓음으로써 극적인 요소는 다시 나타난다. 바로 그 점에서 소나타는 고전주의 조곡組曲의 계승자가 된다. 소나타, 더 나아가 음악은 무엇보다 조화로운 결합 자체이지만 그만큼 대화이기도 하다. 음악은 그 지속 기간을 변증법적인 그물과 극적인 진행으로 덮는다. 음악에서는 극적인 요소가 빠지지 않는다. 미사곡이나 칸타타에는 종교적 드라마가, 오페라에는 세속적 드라마가 등장한다. 〈9번 교향곡〉의 음악가를 편협하게 이해하여 불일치의 작가로 간주하게 만든 것은 베토벤 음악의 기본을 이루는 대조적 특성들이다. 이런 극적 요소들은 소나타 형식의 아름다운 서곡 〈코리올란Coriolan〉에서도 두드러지게 눈에 띄는데, 글루크와 모차르트를 거쳐 바그너에 이르러서는 최고조에 달한다.[20] 〈코리올란〉에는 벌써 대립하고 있는 인물들을 청각적으로 육화한 라이트모티프들이 나타난다. 한편으로는 코리올란의 억누를 수 없는 에너지를 표현한 깨지는 듯한 불협화음과 단음조의 강압적인 스타카토가 있고, 그에 맞서서 장음조의 감미로운 레가토가 나타나는데 그것은 비르길리아와 볼룸니아의 애원과 부드러움을 표현한 것이며 소나타가 전개됨에 따라 후자가 승리를 거두게 되어 앞선 주제의 광포함을 지워버린다. 베토벤의 작품 전체는 극이라는 용어로 설명될 수 있다. 그런데 여기서 우리가 함께 주목해야 할 것은 음악의 극적인 형태는 인간의 감정들이라는 소우주를 넘어서며 그 음의 대조 속에서 우주적 드라마 전체를 통합하고 있다는 것이다. 〈전원 교향곡〉은 전원의 감미로움, 평온함과 뇌우의 위협을 뚜렷이 대립시키고 있으며 모든 교향시, 그리고 〈환상 교향곡〉에서 〈거미의 향연〉*에 이르기까지 현대의 무곡들은 이런 극적인 구조를 바탕에 깔고 있다.

끝으로 우리가 다소간 순수한 서양 음악들 안에서 방금 지적해낸 이런 대조적 형식들은 고유의 의미에서 연극의 드라마의 뼈대를 이룬다고 말할 수 있다. 고전주의적 비극, 희극, 셰익스피어와 낭만주의 극뿐만 아니라 조금 더 과감하게 말한다면 모든 소설과 영화의 기교도 이런 극적인 대립을 근간으로 하고 있다.[21] 이러한 대립은 절대로 이분법적인 대립이 아니라 시간적 통합을 이루려 하는 것이며, 잇달아 나타나는 이미지들을 통해 시간을 정복하려는 이러한 대립은 연극이나 소설에서 나타나는 사건의 급변들이기도 하다. 우리가 가장 광범위한 의미에서 이해하고 있는 드라마에는 언제나 최소한 두 인물 이상이 등장한다. 한 인물은 삶의 욕망, 영원성을 향한 욕망을 드러내고 다른 인물은 전자의 탐색과정에 등장하여 그것을 방해하는 인물로서 전자의 운명을 나타낸다. 거기에 다른 인물이 덧붙여진다면, 예컨대 제3의 인물이 등장한다면 그가 맡는 역할은 두 인물 간의 싸움에 가령 사랑의 욕망 같은 것으로 동기를 부여한다.[22] 니체가 바그너의 드라마 모델은 고대 그리스의 비극으로까지 거슬러올라갈 수 있다고 말했듯이

* 프랑스의 작곡가 A. 루셀의 1막 발레 음악으로 부아생의 대본에 의한 것으로 1912년에 작곡되었다. 1913년 파리에서 초연되었으나 지금은 거의 공연되는 일이 없다. 그러나 이 음악에서 발췌한 5곡으로 된 모음곡은 그의 작품 가운데서도 가장 성공적인 걸작으로, 관현악법이 매우 섬세하여 프랑스 음악의 주요 레퍼토리의 하나로 꼽힌다.

극적인 문학은 언제나 인간의 희망과 죽음으로 이끄는 시간의 흐름의 대립에서 영감을 받으며, 얼마간은 태초의 기독교의식과 태곳적 신화의 맥을 이어받고 있다고도 말할 수 있다. 그 운명과 사랑의 행로에서 호라티우스에 의해 좌절하는 쿠리아티우스,* 고르마스의 도발 때문에 온갖 시련을 겪은 다음에야 시멘의 사랑을 얻게 되는 로드리고,† 캐풀렛가와 몬터규가의 증오에 의해 갈라서고야 마는 로미오와 줄리엣, 에우리디케를 데려오기 위해 지옥에 내려가는 오르페우스, 우스꽝스러운 꼬마 후작들에게 사로잡힌 알세스트,‡ 메피스토펠레스와 맞선 파우스트, 풍차와 대결하는 돈키호테, 산적들에게 잡힌 파브리스,§ 감옥에 갇힌 쥘리앵 소렐,¶ 이 모든 작품들은 각기 그 시대와 지역에 맞는 소설적 옷을 입고서 박해받고 희생되며 죽음의 위협에 놓이는, 아마도 자애로운 어머니의 사랑으로 구원받을 아들이라는, 옛 기독교의식의 드라마를 재연하고 있는 것이다. 이와 같이 드라마에 나오는 이미지

* 17세기 프랑스 극작가 코르네유의 작품『호라티우스』에 등장하는 주인공의 하나. 로마 왕국이 이웃의 알바 왕국과 영토 문제로 분쟁하던 중 두 왕국은 각각 세 용사를 뽑아 싸우게 해 분쟁을 해소하기로 합의했다. 호라티우스 삼형제 중 하나는 알바의 쿠리아티우스가의 딸 사비나와 결혼한 몸이었고 쿠리아티우스의 삼형제 중 하나는 호라티우스가의 딸 카밀라와 약혼한 몸이었다. 어느 편이 이겨도 두 집안에는 비극이 일어날 수밖에 없었다. 호라티우스 삼형제가 승리하고 돌아왔을 때 카밀라는 사랑하는 사람을 죽인 큰오빠를 저주했고 그는 누이동생마저 칼로 쳐 죽였다. 장남은 살인죄로 기소되었는데 아버지가 변호해 아들의 목숨을 건졌다. 특히 이 이야기는 다비드의 〈호라티우스의 맹세〉로 잘 알려져 있다.

† 코르네유의 5막짜리 운문 비극『르 시드』의 주인공. 에스파냐의 국민적 영웅인 엘시드를 대신하는 인물로, 에스파냐의 카스트로가 쓴 희곡에서 취재한 것이다. 연로한 아버지가 받은 치욕을 갚기 위하여 약혼녀 시멘의 아버지 고르마스를 결투로써 죽여야 하는 운명에 처해 있다.

‡ 17세기 프랑스의 희곡 작가 몰리에르의『인간 혐오자』에 나오는 주인공.

§ 스탕달의『파르마의 수도원』의 주인공.

¶ 스탕달의『적과 흑』의 주인공.

들은 죽음과 시간이라는 현실적 드라마를 그 인물들의 희망과, 이미지로 형상화된 돌변적인 사건들로 덮어서 작품으로 나타낸 것이다. 극적인 기독교의식은 원시 무곡들과 고대의 비극에서도 하나의 모티프를 이루고 있는 듯이 보인다. 만일 이러한 것을 시간이 진행되면서 이루어지는 시간에 대한 일종의 구마의식이라고 설명하려 한다면 저 오래된 아리스토텔레스의 카타르시스 이론을 이 모두에 적용할 수도 있을 것이다. 음악으로 또는 연극이나 문학적 이미지로 표현된 이러한 시간의 드라마는 시간이 지니고 있는 불길한 힘을 상실하게 만든다. 왜냐하면 시간을 의식意識하고 그것을 재현함으로써 인간은 실제로 시간을 극복하는 체험을 하기 때문이다.

그런데 이 두번째의 극적인 구조, 즉 '대립 내에서의 결합'이라는 구조는 모든 인간 현상들, 더 나아가 아마도 우주 전체에도 적용될 수 있으리란 것을 누구라도 눈치챌 수 있지 않을까? 그때 우리는 상상계의 '역사적 구조'라고 말할 수 있는 것과 만나게 된다. 우리는 역사철학자들이 얼마나 순환적이고 리듬적인 몽상의 연장선 내에 있는가를 이미 지적한 바 있다.[23] 헤겔이나 마르크스 같은 '진보주의' 역사가들, 슈펭글러 같은 몰락의 역사가들[24]은 시간적 국면들이 반복하면서 주기를 이룬다고 본 동시에 그렇게 반복된 주기들로 형성된 국면들은 변증법적으로 대립된다고 본 점에서 동일한 방법적 시각을 가지고 있다고 볼 수 있다. 헤겔과 마르크스에게 역사란 아주 선명하게 구분되는 명제와 반명제의 대립으로 이루어지는 것이라면, 슈펭글러는—그는 자신도 모르게 천체생물학적인 용어들을 사용하고 있는데—역사란 생명체의 사계절, 즉 봄부터 겨울까지의 특성을 잘 보여주는 계절적 주기로 이루어진다고 보았다. 그들 모두에게 이런 대립되는 것들은 반복하면서 역사적 계수로 결정結晶되어 나타난다. 역사적 사유 방식은 현재를 가능한 이야기로 만들고 과거를 활사活寫화하는 것으로 이루어진다. 역사적 해석은 지나간 과거를 실로 삼아 나의 성찰의 직물을 짜고 현재의 나의 사고를 흘러나오게 할 수 있다는 사실에서 오는 것이 아니겠는가? 유추나 상동의 방법은 그때그때 이름만 바뀌어 사용될 뿐이고 한마디로 말하면 비교의 방법이라고 할 수 있다. 역사적 구조는 이야기의 현재성에 비추어 인정된다. 하지만 이러한 구조를 특징짓는 것이 활사법이라는 인위적 변형에 의한, 대립되는 것의 주기적 반복에만 국한되는 것은 아니다. 상상계는 이야기의 현재만을 원하는 데서 그치지 않으며, 대립되는 것들을 동시에 사고의 대상으로 삼아 하나로 종합하고 그 가운데에서 같은 관계로 맺어준 채 해석을 가한다. 뒤메질이 강하게 주장했던 것이 바로 이러한 요인이다.[25] 역사적 사유 방식을 대표하는 것들은 언제나 종합하려는 노력으로 출발하며 그에 의해 대립적인 것들을 의식 속에서 동시에 포착한다는 목표를 갖는다. 역사나 전설 같은 데서 보이는 이런 종합적인 구조는 로마 건국에 관한 유명한 이야기, 사비나족과 전쟁을 치르면서 로마의 제도를 설립하는 과정에 대한 이야기에 선명하게 나타난다. 실제로 로마는 적대적인 두 민족의 통합으로 이루어졌으며 적대적인 두 왕, 즉 로물루스와 티투스 타티우스가 화해하여 역사적으로 존재할 수 있게 되었고 그러한 종합은 계속 이어졌으니, 로물루스가 가다듬은 제도들과 누마가 제시한 제도들을 법적으로 접합하는 데까지 이어졌다.[26] 이런 역사적인 종합은 전사인 툴루스 호스틸리우스와 베누스 숭배 신앙의 창시자이며 평화와 번영을 확립한 안쿠스 마르키우스라는 대립적인 인물쌍을 통해서도 나타난다. 끝으로 어느 정도 기능주의적이며 삼분법적인 이 사회학자의 사회학은 인도 유럽인 사회 전체의 모델이 되는데 그것은 사실상 역사적인 성찰, 즉 종합적인 상상력의 결과와 마찬가지인 '위대한 중재자'로 인식된 역사적 시간의 절대화라는 이름하에 몇 가지 중요한 사실들을 지워버리고 있기 때문이다.[27] 시간 속에서 모든 것을 통합하는 동일한 태도를 우리는 인도의 신들에 대한 전설에서 다시 발견할 수 있는바, 거기서는 인드라와 바루나 사이의 화해가 이루어지고 「뵐루스파Völuspa」에서는 바니르 신족과 아스 신족의 마지막 화해로 역사가 탄생하는 것으로 되어 있다.[28]

그런데 이러한 역사적 종합은 여러 다양한 방식으로 실행될 수 있다. 달리 말한다면 종합적 구조들이라는 보편적인 수액樹液에 문화적 압력이라는 것이 가해져 같은 구조라도 "역사 속에서 다르게 나타날 수 있다"는 것이다. 뒤메질은 로마와 인도의 역사 스타일이 왜 다르게 나타났는가를 매우 설득력 있게 보여주고 있다.[29] 즉 로마는 제국이고 정치적이고 민족주의적 국가이기에 거기서의 종합은 언제나 실용적인 면을 띠며 인도는 명상적이고 교조주의적이어서 역사보다는 우화를 선택하게 된다는 것이다. 그리하여 전자는 역사적 구조가 진보나 미래까지는 아니더라도 최소한 현재에 의해 방향성을 부여받는 데 반해, 후자는 과거이기에 시간에서 벗어나 있는 초월적 과거에 의해 그 방향성을 부여받는다. 역사는 인도 타입의 영원하고 부동의 귀환 스타일과 로마의 서사시 타입과 같은 메시아적 역동성 스타일 사이에서 왕복한다. 뒤메질에 의하면 인도 유럽 문화의 흐름에서 이 두 민족이 역사적 재현 양식의 극단을 보여준다. 우리는 현대의 역사적 상상력 내에서도 두 스타일 사이에서 망설이는 모습을 분간해낼 수 있다. 비슷한 대립되는 흐름이 낭만주의적 "서사시" 내부에서 만나 평형을 이루고 있으니 샤토브리앙과 키네, 파브르 돌리베Fabre d'Olivet와 미슐레J. Michelet*, 메스트르와 그의 박해자인 콩

* 미슐레(1798~1874)는 프랑스의 역사가로 저서에 『프랑스사(중세)』(6권, 1833~1867), 『프랑스혁명사』(7권, 1847~1853), 『프랑스사(르네상스~프랑스혁명 전)』(11권, 1856~1867), 『19세기사』(3권, 1872~1874) 등 역사에 관한 저작이 있으며, 만년에는 서정적인 자연 관찰의 책 『새』 등을 썼다. 1852년 나폴레옹 3세의 쿠데타로 파리에서 추방된 이후, 공직에 관계하지 않고 역사 집필에 전념하였다. 역사에서 지리적 환경의 영향을 중시하고 민중의 입장에서 반동적 세력에 저항하였다.

도르세Marquis de Condorcet*가 바로 그들이다.[30] 또한 우리는 최근의 헤겔주의적 마르크스주의자들에게서도 역사에 대한 전체적이고 순환적인 관점과, "혁명적인 목표"에 대한 믿음이라는 상반되는 두 견해를 구분해낼 수 있다.[31] 어쨌든 우리로서는 역사적 상상력의 전체화에 입각한 구조의 뒤안에서 진보주의적이고 메시아적인 또다른 구조가 모습을 드러내고 있음을 지적한 셈이며 지금부터 정의하고자 하는 것은 바로 그 구조이다. 상상력 내에서 바퀴의 상징을 목재의 상징, 그리고 그것의 두 귀결이라 할 수 있는 나무와 불의 상징과 분리하는 것이 어렵긴 하지만.

상상력의 세번째 종합적 구조가 이야기의 현재를 이용하는 것을 특징으로 한다면 네번째 구조는 '미래의 활사화'의 모습으로 나타난다고 말할 수 있다. 미래가 현재화하고 상상력에 의해 지배되는 것이다. 지배된 어느 시기를 활사화함과 동시에 가속화시키는 역사적 스타일을 미슐레보다 잘 보여준 사람이 있을까? 그는 프랑스대혁명에 대하여 다음과 같은 선언을 했다. "이제 모든 것이 가능해졌다. ……미래가 오늘이 되었다. ……즉 이제 시간은 사라졌고 영원한 섬광만이 있을 뿐이다."[32] 역사적 몽상 속에 약속이 고개를 든 것이니 역사란 미래에 대한 전범이며 약속이라고 믿었던 로마인들에게서나, 전설시대란 시대들의 연속과 계속되는 민족의 교대들로 이루어져 있다고 본 켈트족에게서도 사정은 마찬가지였다. 로마인이나 켈트족에게 역사가 아직 완전히 메시아적인 것은 아니었지만 이미 서사시적인 성격은 띠고 있었다.[33] 시대를 연속적으로 늘어놓는다는 진보주의적인 직관은 마야 문화의 철학에서도 토대를 이루고 있었던 것 같다. 마야 문화

* 콩도르세(1743~1794)는 프랑스의 철학자·수학자·정치가이다. 16세 때부터 적분·해석 등의 수학적 업적을 쌓았으며, 26세에 과학아카데미 회원이 되었다. 1789년 철학 부장이 되어 18세기 사상가들의 후계자로 지목되었다. 입법의회·국민공회의 의원으로도 선출되어 문교 조직 계획과 헌법안 등을 제출하였다.

에는 문화적 영웅, 혹은 성스러운 아들로서의 인물이 뚜렷이 나타나고 있으니 그는 순환적인 돌발 사건들과 격변을 겪고 난 후에 결국에는 온갖 책략들을 물리치고 "제4시대"의 태양을 창시하며 마야 문명이라는 정점을 완성한다.[34] 유대 메시아주의와 그 연장선에 있는 기독교 역시 좀더 또렷하게 이런 역사적 스타일을 보여주고 있으니[35] 유대 기독교적 심성에서는 '메시아적인 스타일'이 인도 유럽적인 역사 형태의 모든 스타일들을 거의 뒤덮어 가리고 있었다고 말할 수 있을 정도이다. 즉 기능적 삼분법이나 종합이 노력한 결과인 사회적 흔적들은 신의 섭리 앞에서 평등이라는 이름하에 모두 지워지게 되는 것이다. "작은 목동 다윗이 전선에서 속세의 챔피언을 죽이니 그는 곧 신의 축복을 받으리라."[36] 기독교가 로마 제국과 켈트족에게 빠르게 전파된 것은 아마도 유대 메시아주의와 로마나 켈트족의 인도 유럽적인 서사 스타일에 유사한 점이 있었기 때문이었을 것이다. 마지막으로 우리가 말할 수 있는 것은 유대 로마적인 진보주의와 근대 혁명의 신화를 연결시켜주는 사유를 연금술적인 성찰에서도 찾아볼 수 있다는 것이다. 연금술과 진보주의 신화의 관계는 천체생물학과 대립의 조화 구조의 관계와 같다. 엘리아데가 아주 명징하게 썼듯이 "연금술사들은 스스로 시간을 대체하려는 욕망 속에서 근대 세계의 이데올로기의 본질을 예견한 셈이다."[37] 왜냐하면 '연금술적인 작업'은 무엇보다도 시간을 가속화하고 그러한 가속화를 완벽하게 지배하는 과정 그 자체이기 때문이다. 그는 이어서 "연금술은 기초 화학보다 현대세계에 더 많은 것을 물려주었다. 연금술은 자연의 변모에 대한 믿음과 시간을 다스린다는 야심을 전해주었기 때문이다"라고 썼다.[38] 상상계의 동력에 대해 잠깐 살펴본 연금술을 더이상 길게 말하지는 말자. 단지 결론으로 서사시적인 찬양과 메시아적인 야심과 연금술사들의 조물주적인 꿈 사이에는 진보주의자로서의 긴밀한 유사성이 있다는 것만을 지적하기로 하자.

요약하건대 상상계의 '밤의 체제'의 두번째 국면, 즉 "은화"와 "지팡이"라는 원형 주변으로 이미지들을 운집시키는 국면은 복잡성이 내재하는 종합적인 방식인데도 매우 선명하게 구분되는 네 구조를 우리에게 드러내 보여준다고 말할 수 있다. 첫번째는 '조화의 구조'로서 정신생리학적으로는 성적인 행동이 지배하고 있으며, 음악의 세계에서든 아니면 직접적으로 우주론으로 나타나든, 전 우주 체계의 근본이라고 할 수 있는 천체생물학적인 거대한 리듬에 의거해서 이미지들을 체계화한다. 두번째는 '변증법적인 구조'로서 우주적 조화 내에서 어떤 값을 치르더라도 그 대립성을 유지하려 하는 구조이다. 바로 그 이유 때문에 그 체계는 극적인 형식으로 나타나며 성스러운 아들의 정념이나 사랑의 열정 같은 것이 그 모델이 된다. 세번째 구조는 '역사적 구조'라고 부를 수 있는 것으로서 음악이나 우주론과는 달리 시간의 관념을 잊지 않은 채, 연대기가 갖는 숙명을 무화시키기 위해 의도적으로 활사법을 사용한다. 이런 역사적 구조가 종합이라는 개념 한복판에서 나타나는 것은 종합은 미래와의 상대성 내에서만 이루어질 수 있기 때문이다. 끝으로 이런 '역사적 구조'는 여러 가지 스타일로 분화가 이루어질 수 있는바, 그중 역사 속에 이상적 완료 시점을 정하는 혁명적 스타일이 진보주의적 구조를 마련하고 의식 내부에 "이새 콤플렉스"가 자리잡게 만든다. 켈트족과 로마의 서사시적 역사, 마야의 영웅적 진보주의, 유대교의 메시아주의들을 우리는 모두 같은 구조의 변주들로 볼 수 있으며 연금술은 그 내밀한 비밀을 우리에게 보여준다. 즉 역사와 시간을 가속화시켜 그것을 완성하고 지배한다는 내밀한 욕구를.

제4장

신화와 의미화

상상계의 '밤의 체제'를 다룬 이 책의 2권 부분을 마감하기 전에 원형적이고 상징적인 의미 체계와 신화라는 이야기의 관계에 관한 방법론적인 부분을 다시 한번 다루어볼 필요가 있다. 실제로 우리는 상상계의 밤의 체제가 상징체계를 극적이나 역사적인 이야기로 조직화하는 경향이 있음을 밝힌 바 있다. 달리 말한다면 '밤의 체제', 특히 그것의 종합적인 구조, 혹은 원형적이고 상징적인 이미지들은 그에 내재해 있는 역동성만으로는 불충분하고 외재적인 역동성에 의해서 하나의 이야기 형식으로 서로 묶인다는 것을 확인한 것이다. 우리가 "신화"라고 부르는 것—역사적 스타일과 극적인 구조에 사로잡혀 만들어지는 것—이 바로 그것이다. 다시 한번 반복하기로 하자.[1] 우리는 "신화"라는 단어를, 한쪽 끝으로는 상징의 정태성을 다른 한쪽 끝으로는 고고학적인 검증을 표지로 삼아 그 안의 모든 것을 포함시키는 가장 전반적인 의미로 사용한다는 것을 말이다.[2] 즉 우리가 신화라고 부르는 것은 고유한 좁은 의미의 신화, 달리 말해 종교적이고 마술적인 믿음을 기술해놓은 이야기뿐만 아니라 전설과 그에 대해 설명하는 이야기들, 대중적 콩트나 소설적 이야기들을 모두 포함한다는 것이다.[3] 한편 우리는 제의적인 것과 관련하여 신화가 지닌 위치에 대해 즉각적으로 신경을 쓰지는 않는다.[4] 우리는 단순하게 신화적 이야기와 그것들이 실어나르는 의미론적 요소들 간에 존재하는 관계, 고고학과 신화학의 관계만을 밝히려 애쓸 것이다. 우리가 이제까지 해온 작업은 제의나 신화적 이야기의 형식, 즉 상징적 사건들을 시간 속에 통시적으로 배열해놓은 형식은 상징의 의미론적 토대와 절대로 무관한 관계가 아니라는 것을 보여준다. 우리는 이제 레비스트로스가 신화적 탐구를 하면서 세운 정교한 방법론을 보완할 텐데 그럼으로써 우리는 구조의 개념을 좀더 정확하게 이해할 수 있을 것이다. 그렇게 방법론적으로 명확하게 이해한 후에야 우리는 두 가지 예를 들면서 원형적 의미론에 입각해 있는 신화학의 토대가 무엇인지 구체적으로 보여줄 것이다.

우선 다시 반복하는 것이지만 우리는 레비스트로스가 자주 그러했던 것과는 달리 신화를 언어와 동류시하고 신화의 상징적 구성물들을 음소音素와 동일시하려는 시도를 거부한다.[5] 친족'관계들'을 탐구하는 데 생의 많은 부분을 바친 인류학자로서 그 시도는 물론 정당하며 그 결과 『친족의 기본 구조』라는 존경할 만한 저술이 나온 것도 사실이다. 하지만 신화의 세계 같은 것을 연구해야 할 경우, 즉 통시적이고 공시적인 관계만으로 이루어진 것이 아니라 포괄적인 의미화들로 이루어진 세계, 직접적인 무거운 의미, 담론의 매개에 의해서만 왜곡될 의미로 이루어진 세계를 다룰 때는 그 방법은 위험하다. 신화에서 중요한 것은 이야기의 줄거리뿐만이 아니다. 그보다 더 중요한 것은 각 용어의 상징적 의미이다. 신화가 하나의 담론으로서 "기표의 선형성"을 일정 부분 그 성격으로 하고 있는 것은 사실이지만[6] 이 기표는 상징으로서 존속하는 것이지 "자의적인" 언어적 기호로서 존속하는 것이 아니다.[7] 레비스트로스 자신도 몇 쪽 뒤에서 "우리는 신화를 '번역은 반역이다'라는 공식의 가치가 무화되는 담론 양식으로 정의할 수 있을 것이다"[8]라고 아주 뛰어난 통찰을 드러내고 있다. 우리로서는 이런 이야기를 덧붙이고 싶다. 한 원형은 번역이 되지 않기 때문에 어떤 언어에 의해서도 반역이 이루어지지 않는다. 따라서 신화가 이야기의 통시적 측면으로 인하여 언어인 것은 사실이지만 그 "이야기가 전개되기 시작하는 언어적 토대에서 '떼어낼' 수도 있는 것"이다.

그러니 "보다 높은 위상"[9]에 놓여 있는 "신화소"를 이해하기 위해 "음소"나 "형태소", 즉 완전히 언어학적인 장치에 의존할 필요가 어디에 있겠는가? 보다 높은 위상이란 레비스트로스가 확언한 "국면의 위상"과 꼭 일치하는 것은 아니다. 그 위상이란 상징의 위상으로서—좀더 정확히 말한다면 원형의 위상—구조적 성좌들 내에서 상징들이 지니는 동형성에 토대를 두고 있는 것을 말한다. "신화소"를 구성하는 "큰 단위들"은 순전히 구문적인 관계로 환원할 수 없으며 레비스트로스도 그 점을 인정했다.[10] 이 인류학자가 "실제로 신화를 구성하고 있는 진정한 단위들은 고립된 관계를 맺고 있는 것이 아니라 '관계들의 다발'로 이루어져 있다"고 썼을 때 그것은 우리가 사용하는 의미론적 동형성이라는 개념과 아주 흡사해 보인다. 단지 우리로서는 그 "다발"이 관계의 다발이 아니라 의미화의 다발이라는 단서를 달아야 한다고 볼 뿐이다.[11] 나와틀 언어로 된 신화적 표현에 대해 말하면서 단어들의 연상 작용으로 이루어진 이 신화적 담론은 "묶음, 혹은 이렇게 말하는 것이 가능하다면 '이미지들의 군락'으로 이루어져 있으며 그것들을 물들이고 있는 것은 지적이라기보다는 정서적인 의미화이다"[12]라고 수스텔Soustelle이 선언했을 때 그가 말하고자 하는 바는 우리의 견해와 정확히 일치한다. 이 경우 동형적이라는 표현보다는 동위 원소라는 표현이 더 잘 어울린다고까지 말할 수 있다. 신화는 언어로도 환원되지 않고 레비스트로스가 일종의 은유를 사용해 실행하려 했듯이 하나의 조화—그것이 음악적이라 할지라도—로도 환원되지 않는다.[13] 왜냐하면 신화는 번역되거나 해독될 수 있는 기호 체계가 아니라 의미론적 현존이며 상징들의 형태화로서 포괄적으로 본래의 의미를 품고 있기 때문이다. 수스텔은 거의 전 방향에서 기표의 선형성을 뛰어넘는 신화의 '의미의 두터움'을 표현하기 위해 메아리의 은유, 혹은 거울로 된 궁전의 은유를 사용한다. 즉 각각의 단어는 전 방향으로 겹쳐서 누적되어 있는 의미화들과 상호연관을 맺고 반향한다는 것이다. 물론 신화의 공시 체계에서 얻어낸 형태적 방정식들을 비교함으로써 그토록 잡다해 보이는 사회의 사상事象들, 즉 순계류를 다른 동물에 종속시키는 것, "친족체계의 '일반화된 교환' 원칙들", 또는 신들의 이중성 등을 통합할 수 있게 된 레비스트로스의 중요한 방법론적 결론을 부정할 수는 없다.[14]

그러나 신화는 그의 방법에 의하면 결국 순수 형태적인 구문으로 '환원하거나' 환원할 수밖에 없기에 우리로서는 자연주의적이고 심리학적인 설명으로 신화를 "호도한" 방법론들에 제기했던 문제를 그에게 그대로 제기할 수밖에 없다.[15] 레비스트로스가 "신화적 사유에서나 과학적 사유에서나 같은 논리가 작용하고 있다"는 것, 그리하여 결국 "인간은 언제나 잘 생각해왔다"[16]는 것을 언젠가 발견할 것이라고 선언한 것을 보면서 우리는 그가 정성定性 수학과 논리의 이름으로 신화적인 것을 가리고 있다고 볼 수밖에 없다. 그의 논리와는 반대로 우리에게 흥미 있는 것은 인간이란 잘 만들어진 머리를 지니고 있었다 할지라도 언제든 같은 방식으로 채워진 머리를 갖고 있었던 것은 아니라는 것, 그리고 머리가 채워지는 방식이 머리를 만들기도 한다는 것이다. 다시 반복하자. 신화는 그 어떤 것으로도, 심지어 논리로도 번역되지 않는다. 신화를 다른 논리로 번역하려는 태도는 의미론적인 것을 기호론적인 것으로 환원하는 태도가 그러하듯이 결국 신화를 빈약하게 만드는 것이다. 우리가 이 책을 쓰는 것은 실상 상상계와 이성의 평등권을 요구하기 위해서가 아니다. 우리는 상상계와 그것의 원형적이고 상징적이고 신화적인 존재 양식 안에 본의와 그것을 낳는 구문들을 통합하기 위한 것이며 적어도 전자가 후자에 선행한다는 것을 보여주기 위해서이다. 우리가 보여주고 싶었던 것은 상상계 내부에 존재하는 보편성은 그 의미가 변형된 형태를 뜻하는 것이 아니라 그 내용에 있다는 것이다. 우리가 사용한 구조라는 개념을 통해 자리잡고자 했던 것이 바로 그 지점이며 그때 우리는 구조라는 개념을 레비스트로스가 종종 그렇게 사용하는 경향을 보이는[17] 단순한 형태라는 개념과 혼동하지 말기를 바랐다. 형태가 내용과 하부구조를 설명해주는 것이 아니라 정반대로 구조의 질적 역동성이 형태를 이해할 수 있게 해준다. 우리가 만든 구조는 순전히 실제적인 차원에서 행해진 것이지 논리적 필요성에 의해서 만들어진 것이 아니다. 인류학적인 구조는 음성적인 구조와 그 이름만 유사할 뿐이니[18] 음성학에서는 형태라는 단어를 그대로 쓰고 의미 설립적인 모든 체계들에는 구조라는 이름을 사용하는 것이 나을 것이다. 구조는 물론 하나의 형태이다. 그러나 구조에는 우리가 측량할 수 있고 형태적 방정식으로 단순히 답을 낼 수 있는 사물들 이상의 순수 질적인 의미 작용이 들어 있다. 즉 레비스트로스의 말대로 이러한 상징의 영역에는(단순히 "사회적인" 상징만을 말하는 것이 아니다) 우리가 수학적으로 공식화할 수 있는 것들이 많이 들어 있을 수도 있지만 "그것이 제일 중요한 것은 결코 아니다."[19] 우리로서는 레비스트로스도 그에 찬동한 귀르비치의 의견, 즉 사회적 구조와 수학적 측량 사이에는 필연적인 연계가 없다는 의견을 그대로 반복할 생각은 없다. 우리로서는 상상계의 구조, 즉 신화의 구조 개념과 논리적이고 수학적인 형태적 절차, 특히 계량적이거나 비계량적인 "외연적 양量" 사이에는 아무런 '등가물'도 없다고 말하고 싶다.[20] 이 책의 뒷부분에서 다시 살펴볼 것이지만[21] 상상계는 물론 기하학이라는 형태적 틀 안에서 진화한다. 하지만 여기서의 기하학은 구문이나 수사법처럼 틀의 역할만 할 뿐이지 연산 구조, 혹은 역동적이고 유효한 모델로서 쓰이는 것은 아니다. 이렇게 표현해보자. 신화가 번역되는 것이 아닐진대 "번역 기계"를 통해 그 내용의 무엇을 우리가 볼 수 있단 말인가? 어떤 번역 기계도 신화를 창조해내는 기계는 될 수 없다. 하나의 상징이 존재하기 위해서는 살아 있는 생명이 필수적 지배요건으로 존재해야 한다. 또한 하나의 구조를 특징짓는 것으로 우리가 내세우고 싶은 것은 구조란 전적으로 형식화될 수 없고 그것을 태어나게 한 인류학적 도정에서 분리될 수도 없다는 것이다. 구조는 비어 있는 형태가 아니다. 그것은 언제나 기호나 구문을 넘어서는, 분리할 수 없는 의미론적인 무게로 채워져 있다. 따라서 구조는 기능이라기보다는 그 자체 병을 품고 있는 징후나 징조에 가깝다. 기능이란 언어학이나 경제학 같은 순전히 형식적인 체계, 혹은 좀더 일반적으로 말한다면 모든 '교환' 체계들 내에서는 유용한 개념으로 쓰일 수 있다. 그러나 제아무리 새로운 것이라도, 은유적으로 질質을 앞세우는 정성 수학이라는 이름을 하고 있더라도 실제로 체험된 내용이나 '사용된' 내용, 그것들 간에 나타나는 형태적 관계는 가장 피상적인 표피에 불과한 내용에 수학을 적용하려 할 때(그러한 사용을 정당화하기 위해 흥미롭게도 계수학[22]이 필요했을 것이다) 그 유효성은 사라져버린다.[23] 생물학이나 인문과학들에는 여러 가지 문제점들이 있으니 거기서 "몽매주의적인 요소"들을 제거하려면 아예 그 의미까지 없애버려야 하는 일이 벌어진다. 사실 테크노크라트적이고 분석적인 문명 내에서는 교환 가치가 너무 자주 사용 가치를 가리고 신비화해왔다. 우리는 여기서 한번 더 우리의 분류 원칙들을 구분하고 이해하는 것, 좀더 엄격히 말한다면 분류의 추상적 공식을 토대로 작업을 행하기보다는 의미 체제들의 구조적 변수를 일종의 치료법의 관점에서 변화시키는 일을 한다고 지적하는 정도로 만족하기로 하자. 동물학 대부분이 그러하듯이 신화학은 진화론적인 성찰이나 발생론에 관심을 갖기보다는 치료적인 분류에 더 관심을 갖는다.

그러나 이렇게 단어를 두고 하는 논쟁은 그만두고, 사실상 레비스트로스 자신도 논쟁의 채찍을 휘두를 때는 형태주의적인 편협함을 열렬히 옹호하다가 실제로 그의 신화학적인 방법론을 적용할 때는 잃어버리고 넘쳐흐르게 된다는 것을 지적하는 것이 나을 것이다. 실제로 이 인류학자는 단순히 형태적인 의도에서 신화적 주제들을 "공시적으로" 배열하면서, 관계의 "다발들"을 관계에서만 배치하는 게 아니라 아주 다행스럽게도 토픽적이고 질적인 지표로까지 이어지게 한다. 오이디푸스 신화에 대한 "공시적" 분석의 마지막 두 기둥에 상징들이 나타나고 비관계적인 모습이 나타남으로써 "구조적" 형식주의를 약화시키는 것이다.[24] 세번째 기둥에는 희생자와 살해자의 관계가 아직 남아 있다 하더라도 드래곤과 스핑크스의 괴물 같은 성격이 관계 이상은 아니지만 적어도 그만큼은 중요하게 여겨지고 있다는 것도 확실하다. 네번째 기둥에 관해서 말하자면 거기서는 오로지 훼손이나 불구라는 순수 의미론적 요소들만 주장되는데 "절름발이" "왼손잡이" "부풀어 오른 발" 등의 이미지들이다. 마찬가지로 주니의 기원 신화와 출현 신화가 몇몇 논리적인 조작을 보여주는 것은 사실이지만[25] "근본적으로는 신화적 사고이다"라고 결론내리는 것을 막을 수는 없다.[26] 우리가 앞에서 말했듯이[27] 아주 다행스럽게도 레비스트로스의 끈기 있는 분석은 디오스쿠로이와 '트릭스터'와 남녀 양성, 한 쌍, 삼분법과 메시아의 의미론적 동형성을 밝혀놓고 있다. 그의 작업에서 우리는 신화학의 두 가지 분석 요인을 밝혀낼 수 있다. 하나는 이야기의 서술적 전개에 따른 통시성이고—우리는 신화 그 자체의 의미에 관한 한 그것이 중요함을 보여준 바 있다[28]—다른 하나는 두 가지 차원에서 신화의 공시성이다. 즉 하나는 신화의 내부 문제로서 시퀀스들과 일단의 관계들이 명백히 반복되는 데 주목하여 나타나는 공시성이고, 다른 하나는 비슷한 다른 신화들과 비교한 공시성이다. 우리로서는 그것에 상징적이고 원형적인 동위성 분석을 덧붙이고 싶으며 그것만이 신화를 의미론적으로 풀어내는 열쇠가 될 수 있다. 게다가 그것만이 전반적인 "신화소"의 배열과 의미를 가능하게 하는바 시퀀스들이 반복되고, 배가·3중화·4중화되어 나타나는 것은 레비스트로스가 "반복은 고유의 기능을 가지고 있으니 그 기능이란 신화의 구조를 명백히 드러나게 하는 것이다"[29]라고 쓴 것처럼 그렇게 손쉬운 이유가 있는 것은 아니다. 우리는 바로 하나의 구조 혹은 일단의 구조들의 도움을 받아 반복의 형태를 이해해야 하는데, 반연대기적이고자 하는 의도에서 상징들을 중첩시키거나 시퀀스들을 반복시키는 신화의 반복적 성격을 제대로 이해할 수 있게 해주는 것은 이미지의 '밤의 체제'이다. 신화에서 중복은 음악에서 리듬의 반복과 본질적으로 같다. 그러나 이 경우 우리에게 중요한 것은 신화에 후렴 같은 리듬적 요소가 도입되어 담론에서 "분리될" 수 있는, 신화가 지닌 힘을 은유적으로 보여주는 일이 아니다. 물론 신화는 음악과 구조가 같다. 그러나 엘리아데나 그리올[30]이 밝혀낸 바 있는 신화의 의미에 대한 질적인 이해는 결국 신화의 "층상層狀"[31] '형태'를 이해할 수 있게 해준다.

신화가 이런 공시적 구조를 지니고 있는 것은 그것이 우주 생성론의 영원한 시작이고 시간과 죽음에 대항하는 치유제가 되기 때문이며, 신화 내부에 "신화가 제의와 공유하고 있는 방어와 보존의 원칙"을 품고 있기 때문이다. 공시적 구조는 사실 우리가 이미지의 '밤의 체제'라 명명한 것과 다름없다. 마야 키체의 기원 신화와 고대 멕시코의 신화가 증명하고 있는 것도 바로 그것이다. 신화는 가벼운 변주들과 새로 만든 이야기들을 통해 리듬적인 반복을 보여준다. 역사나 단순한 '이야기'와는 달리 신화의 역할은 음악처럼 '되풀이한다'는 데 있다. 신화의 공시성은 걸리버화의 상징들이 있을 때 나타나는 단순한 중복에만 연결되는 것이 아니라 시간의 반복 및 종합적 구조와도 연결된다. 신화는 담론이라는 빈약하고 통시적인 틀 속에 공시성과 반복의 힘을 통해 천지 창조라는 "위대한 시기"의 영역을 덧붙이게 한다.[32] 우리는 신화에서 이러한 시퀀스들의 반복이 의미론적 내용을 담고 있음을, 즉 그러한 공시성 안에서는 상징들의 의미론적 질이 극적인 관계를 맺고 있는 주인공들 사이에 반복되는 관계'만큼' 중요하다는 것을 보여주기를 원한다. 그것은 신화의 공시성이 단순한 후렴의 반복은 아니기 때문이다. 신화는 음악이다. 그러나 거기에 동사적 의미가 덧붙여진 것이다. 신화는 근본적으로 음악적 리듬에 의해 통속적인 동사적 의미를 품고 있으며, 동시에 그로 인해 세계를 변화시킬 마술적인 힘[33]도 소유한 주문呪文 같은 것이다. 콩에르 실뱅이 상징적 의미를 잃어버리는 과정에 있는 신화, 즉 옛날이야기에 대해 우리가 아주 아름다운 작업을 해서 밝혔으면 하는 것이 바로 그러한 것이다. 우리는 전설에 관한 귀중한 업적, 우리에게 250가지의 이야기를 통해 신화적 테마들이 어떻게 세 대륙으로 변형되어 나갔는지를 보여주는 이 업적을 이미 이용한 바 있다.[34]

*

콩에르 실뱅이 쓴 책의 제1권 내용인 민담의 공통부분 대조표부터 시작하기로 하자. 우리는 물론 저자가 보이고 있는 문화전파론자로서의 모습은 전혀 고려하지 않을 것이다. 이 책의 결론에서 밝히고 있듯이 아이티 신화의 존재를 아프리카와 프랑스의 영향, 심지어 인도의 영향에 의한 것처럼 설명할 수 있을지는 몰라도 동일한 신화가 비슷하게 아프리카와 유럽, 그리고 인도에 존재하는 것을 실제적 접촉에 의해 이루어진 사실로 증명하는 것은 어려운 일이다. 게다가 이런 신화가 아주 명백하게 두 개의 판본으로 뉴칼레도니아에도 존재하는 이유[35]를 문화전파론자의 입장에서 설명하고 이해한다는 것은 더더욱 어렵다. 이러한 유보가 있기는 하더라도 우리는 콩에르 실뱅의 편집물을 신화에 대한 탐구의 토대로 삼겠다. 여기서 검토 대상이 된 것은 민담과 신화들이며, 특히 아이티의 '물의 엄마'인데 그 통시적 줄거리는 다음과 같이 요약할 수 있다.[36] 여자 또는 사내인 두 아이가 있다. 그중 하나가 가벼운 잘못을 저지르거나 무슨 결함이 있어서 도망을 가거나 애초에 살던 곳에서 쫓겨난다. 그는 여행을 하게 되는데 마술적인 경험을 한다. 그는 여행중에 어떤 노파를 만난다. 노파는 그에게 몇 가지 시험을 내고 그는 그것을 통과한다. 겸양, 복종, 아주 어렵거나 혐오스러운 일 해내기 등이 그 시험의 내용이다. 결국 보상이 주어지는데 마술적 힘을 가진 물체를 소유해서 얻거나, 단순한 몇 마디 말을 발음해서 얻게 되는 부의 형태이다. 그리고 이야기는 애초의 다른 주인공이 똑같은 시험을 겪는 것으로 이어지면서 같은 일이 반복되지만 이번에는 결과가 정반대이다. 그는 시험을 통과하지 못하고 보상은커녕 오히려 벌을 받게 된다.

이야기의 사건 전체가 역으로 중첩되는 사실상 구조적인 공시성 외에 이야기의 내부 자체에서도 수많은 반복이 나타나는 경우를 찾을 수 있다. 우선은 시험의 반복이 있다. 아이티의 이야기에서는 노파가 소녀에게 날카로운 사금파리로 뒤덮인 등을 긁어달라고 주문한다. 이어서 노파는 소녀의 손에 침을 뱉고 다음에는 환상적인 음식을 먹으러 온 고양이를 때리라고 주문한다. 끝으로 노파는 마술 계란이 나타났을 때 해서는 안 되는 금기 사항들을 일러준다. 이 마술 계란들도 세 가지 중첩된 성격을 띠는데 첫번째 계란은 마술 거울로, 두번째 계란은 마차로 바뀌며, 세번째 계란에서는 매력적인 왕자가 나온다. 이야기가 다른 소녀를 주인공으로 해서 두번째 국면으로 접어들면 시험과 그에 대한 대가들은 똑같이 공시성으로 중첩된다. 니콜라가 소개한 바 있는 렐라 신화의 「두 젊은이와 노파」라는 이야기에서는 젊은이 두 명이 유사한 시험을 겪는데 그 시험들 자체도 아주 비슷한 것들로 이루어져 있다.[37] 첫번째 시험은 새 호로병과 낡은 호로병 중에 하나를 선택하는 시험이고, 두번째는 앞선 시험의 단순한 중복으로서 주어진 과일들 중 상처 입은 것과 멀쩡한 것 중에 하나를 고르는 시험이다. 세번째는 "변소를 비우는" 시험, 네번째는 붉은 흙을 캐내는 시험이며, 다섯번째는 그 먼지를 나르는 시험이다. 이러한 시험들이 있기 전에는 오랫동안 예비시험을 거치는데 그 시험에 나오는 대상들이 동물이든 식물이든 젊은 여행객의 착한 마음씨에 아주 상투적인 방법으로 호소한다. 렐라 신화가 공시성과 반복·중첩의 진정한 일람표를 이루고 있다면 그 신화가 아주 단순한 표현으로 축소되어 나타나는 경우에도—이것은 그리올이 우리에게 보여준 바 있다[38]—젊은 주인공 두 명에 의한 시퀀스의 중첩으로 신화의 중첩이 이루어지지만 이번에는 노파의 요구 역시 중첩된다. 노파는 불과 음식물을 "요구"하며 그에 따라 보상도 중첩된다. 착한 사냥꾼에게는 문이 열리는 반면에 나쁜 목동에게는 문이 닫히며 전자에게는 안둠불루의 북을 선물로 준다. 그러니 교훈적인 신화적 이야기에는 모두 통시성 뒤안에 시험과 보상의 중첩이 있으며 이야기의 시초부터 "두 아이"라는 중첩이 존재한다. 하지만 신화학자가 이런 하찮은 형식적 결과를 밝히는 것으로 만족해야 할까? 이 신화적 이야기들에서 친족의 구조는 아무 관계가 없는 것으로 나타나기도 하니 두 명의 주인공이 때로는 형제이기도 하고 때로는 그렇지 않기도 하며 때로는 여자아이들이기도 하고 때로는 남자아이들이기도 하기 때문이다. 또한 때로는 뉴칼레도니아 판본처럼 "꺼져버려"라는 말이 화가 난 계모의 입을 통해 나오기도 하고 다른 형제의 입을 통해 나오기도 하고,[39] 때로는 "불쾌한 일을 저지른 사람"[40]에 대한 처벌로서 공적인 추방이 있기도 하다. 따라서 우리는 이 신화적 총체의 진정한 구조를 구문 쪽에서 찾을 것이 아니라 상징적 내용의 측면에서 찾아야 한다. 그때 우리에게 알려진 이 모든 이야기들은 주목할 만한 상수常數와 동위적인 일관성을 아주 풍요롭게 보여주게 된다. 동위성은 여기서 의미론적인 반복·중첩에 의해 다시 한번 강조된다.

우리는 신화의 통시적 측면에서 커다란 축을 이루는 것으로 여겨지는 디오스쿠로이적인 대칭의 주제에는 별로 주목하지 않을 것이다. 왜냐하면 주인공 두 명에게 부여되는 상호적인 속성이 때로는 모순되기 때문이다. 때로는 상이 "농부"인 카인에게 주어지기도 하고 때로는 목자인 아벨에게 주어지기도 한다.[41] 그보다 가장 중요한 것은 노파라는 인물이 지닌 불변의 요소이다. '물의 엄마'인 노파의 이미지는 혐오스러우면서 호의적인 물이라는 상징과 전적으로 연결된다. 아이티의 텍스트는 때로는 식인귀이며 동물 모습을 한 '심와simwa'이고 때로는 나이가 들어 허리가 굽고 주름진 온후한 흑인 할머니이기도 한 샘의 요정의 양가적 특성을 특히 강조하고 있다.[42] "노파로 변장한 성모마리아"[43]라든지 "식인귀 디모Dimo에 반쯤 먹힌 노파"의 이미지, 혹은 드문 경우이긴 하지만 서구의 자선 수도사 성 쥘리앵이나 레프로바투스 성 크리스토프[44]와 일치한다고 볼 수 있는 남자들의 이야기들에 나오는 "상처로 뒤덮인 노인"의 이미지들은 바로 "주님"[45]이 현현하는 모습이라고 볼 수 있다. 뉴칼레도니아의 두 이야기에서는[46] 주인공이 불행으로 고통받는 모습으로 그려진다. 불구이거나 사상균, 혹은 종기로 온몸이 뒤덮여 있어 신데렐라나 「미녀와 야수」의 야수와 어느 정도 비슷하게 혐오스럽거나 보잘것없는 모습을 하고 있다. 여기서 우리는 환상의 영역에서 자주 일어나는 혼동, 즉 능동적 주체와 수동적 객체가 뒤섞이는 현상을 목도하게 된다. 때로는 욥이 자신이 앓고 있는 병을 통해 시험을 겪어야만 하기도 하고 때로는 쥘리앵이 나병환자로 변장한 주님을 안고 몸을 덥혀주어야 하기도 한다. 하지만 정신적 보상은 언제나 한결같다. 멕시코의 오래된 신화에서 보여주듯 혐오스러운 외모라는 껍질 안에는 귀중한 씨앗이 숨겨져 있는 것이다. 멕시코의 신화에서 나병에 걸려 있고 종기로 뒤덮인 나나우아친Nanauatzin은 가시로 금욕을 행하고 주저 없이 장작불 속으로 뛰어든 후에 승리의 태양인 케찰코

아틀로 변신한다.[47] 따라서 '물의 엄마' 전편을 주도하고 있는 것은 상징들의 전환을 통한 '가치 전도의 구도'이다. 전설의 아이티와 밤바라 판본, 그리고 네버스Nevers 판본에서 우리는 물가로 내려가는 자, 삼키는 자의 원형도 발견할 수 있다. 우물 바닥의 요정 무리들을 바라보다가 물에 몸을 던지고 이어서 "물의 머리"까지 다시 올라오는 이야기라든지[48] 물의 지배자인 센도Sendo 정령이 소녀를 자신의 왕국으로 이끄는 이야기라든지(밤바라), 뉴칼레도니아 판본에서처럼 메네고의 소년이 자기 앞에서 무너져내린 산더미에 덮이는 이야기 같은 것[49]은 모두 그런 원형들을 보여준다. 이런 잠김의 원형이 단순한 숲속으로의 여행으로 변질되는 것은 신화의 의미가 약화된 것으로 보인다. —물론 먼 곳으로의 여행이라는 주제[50]는 우리가 잘 알다시피 중요한 상징적 의미를 지닌다.

우리는 이제부터 "하강과 잔盞"[51]이라는 제목하에 행했던 작업에서 묘사했던 상징들의 동형체들을 다시 한번 살펴볼 것이다. 우선 전도의 과정이 혐오스러운 "물의 엄마"가 명령하는 "시험"의 성격 내에서 뚜렷하게 나타난다. 물론 그때 우리가 주목하는 것은 겸손, 복종, 연민 등 그 시험이 갖는 형식적이고 도덕적인 성격이 아니라 단순한 물질적 의미이다. "날카롭고 상처를 입히는 가시가 돋친" 등을 닦거나 긁어주는 일, 노파의 가래침을 맞거나 핥는 일, 혹은 신데렐라 신화에 나오듯이 변소를 비우는 일 등이 문제가 된다. '이런 부정적인 상황을 받아들임'으로써 바로 '상황 자체의 역전'이 오게 되는바, 그것이 바로 보상이다. 이미지의 '밤의 체제'의 전형적인 성격에 의해서 이런 가치의 전도가 물질적으로 나타나는데, 콩에르 실뱅은 모든 이야기에 나타나는 이러한 대가들을 우리가 일종의 동위성으로 간주하는 세 "형태"로 크게 구분해놓았다.[52] 아이티 판본에 속하는 '첫번째 형태'는 보상이 "깨야 할 물질" 안에 들어 있고 '두번째 형태'는 "입에서 나오는 물질" 안에 들어 있으며 '세번째 형태'는 우리가 보기에 의미가 좀 약화된 경우 같은데 보상이 일종의 은혜를 입거나 마력을 얻게 되는 방식으로 주어진다. 하지만 그 경우도 우리의 관심을 끄는 것은 보상의 "형태"라기보다는 그 동위성에 의해 드러나는 공통분모이다. 예컨대 '첫번째 형태'의 보상에서 중요한 것은 "깨다"라는 행위에 있다기보다는 우리가 앞에서 이미 지적했듯이[53] 마력을 지닌 물질들이 '작은' 물질들이며 대개 무엇을 담는 '용기'라는 것이다. 즉 달걀, 호두, 호리병박 열매, 바구니, 호박 등이다. 게다가 '제1형태'의 거의 모든 신화적 요소들에는 릴리푸트*적인 용기의 상징체계와 동형적인 의미론적 특징들이 나타나는데 우선은 '용기 속의 용기'가 바로 그것이다. 뉴칼레도니아 판본인 '타우의 젊은이'에서는 주인공이 할머니에게서 마술 코코아 열매를 물려받고 거기서 예쁜 여자 두 명이 나온다.[54] 그런데 그 열매는 카누에 품어져 있으며 그 배가 "물 한가운데" 있게 되자 기적이 이루어진다. 이 신화의 하우사Hausa 편에는 노파가 "내 몸 속에 있는 단지를 열고 거기서 세 개의 달걀을 가져라"라고 명령한다.[55] 그러고는 그녀는 이렇게 신화의 열쇠를 주는 말을 덧붙인다. "메아리가 더이상 들리지 않으면 그것을 깨라. 그걸 깨야 해!" 이미 주어진 명령—그것이 메아리가 전해준 명령이든 아이티 판본에서처럼 바로 닭이 내린 명령이든—을 '뒤집는' 명령, 바로 그것이 이 신화의 깊은 의미를 구성하고 있는 듯이 보인다. 게다가 이 신화를 공시적으로 연구해보면 계란을 깨라는 명령은 이 신화의 모험을 낳게 한 사건과 대칭을 이루고 있음을 우리는 알 수 있다. 이따금 젊은 주인공은 용기를 깨뜨려서 벌을 받기도 하고(밤바라, 자메이카와 바하마),[56] 아이티 판본에서처럼 용기를 강물에 씻다가 잃어버려서 벌을 받기도 한다. 그러니 여기서 볼 수 있는 이중부정은 공시적인 상황의 중첩과 다시 한번 연결되는 것이다.

* 『걸리버 여행기』에 나오는 소인국의 이름.

이러한 용기의 주제는 우리가 이미 살펴본 바와 같이 내용물의 상상력과 상호교환의 역할을 하고 특히 '음식물에 대한 상상력'의 경우는 더욱 그러하다.[57] 수많은 아메리칸 인디언 판본들(주니와 멕시코), 유럽의 판본들(카탈루냐)[58]은 처음부터 심상치 않은 모티프를 보여준다. 즉 주인공이 강물에 씻고 있던 음식물이 담긴 용기를 잃어버린다는 것이다. 도미니카공화국 판본에는 카탈루냐와 칠레의 판본과 마찬가지로 아이가 씻어야 한다고 떠맡은 것이 동물 창자이고 그는 잃어버렸던 창자를 신기하게 되찾는다. 멕시코와 주니족의 이야기는 아주 명확해서, 잃어버린 물건과 나중에 되찾는 일 사이의 상호성 주제 및 도덕적 목적에서 애초의 의도를 뒤집는 주제와 연결되어, 음식물에 관한 용기와 내용물의 상징성이 더욱 확실하게 나타난다. 이야기를 요약하면 다음과 같다. "한 소녀가 죽은 송아지의 위를 씻는다. 물고기 한 마리가 이 위를 가져가버린다. 그녀가 울자 한 사내가 나타나 이유를 묻는다. 소녀가 이유를 바로 말해주자 그가 말한다. 저 집으로 들어가라. 그러면 어린아이가 보일 텐데 그 아이를 죽이고 아이의 위를 가져라." 용기의 상징과 연결된 이러한 음식물에 관한 상상력은 "상상의 요리" 주제를 통해 다양한 형태로 나타난다. 아이티 판본에는 냄비 안에서 신기하게 불어나는 쌀의 상징으로 나오고 도곤의 판본에는 노파가 고기를 먹을 것을 요구하는 식으로 나타난다.[59] 이러한 음식물에 관한 주제는 렌하르트의 텍스트에도 빠지지 않고 등장한다. 신화 말미에 나오는 에피소드에 붙인 노트에서 "타우의 젊은이"가 부인들과 함께 심연에 갇혀 있다가 새우에 의해 구출된 후, 식량들을 쌓아놓고 사악한 형을 죽임과 동시에 채소의 맛을 북돋기 위해 그 시체를 새우들에게 제공하는 이야기를 볼 수 있다.[60] 우리가 보기에 이러한 음식물에 관한 주제는 '물의 엄마'라는 신화적 세트 안에 나오는 모든 입에 대한 암시들과 동위를 이루고 있는 것 같다. 템느족과 하우자족의 이야기[61]에는 노파가 "입들로 뒤덮여" 있으며 렐라족의 신화에는 노파가 주인공에게 "그의 손으로 그녀의 앞니를 받으라는 주문"이 첫번째 시험으로 나온다.[62] 입에 관련된 주제는 콩에르 실뱅이 분류한 신화의 '제2형태'에서 발전된 형태로 아주 풍부하게 등장한다. 페로의 『요정들』이라는 이야기책에서처럼 보상이나 벌이 모두 입을 통해 나오며 단지 벌은 파충류나 두꺼비, 혹은 뱀이나 배설물[63]로 주어지는 데 반해서 보상은 부富를 "토해내는" 형식,[64] 즉 가축이나 보물, 혹은 금화, 화려한 옷—신화학자의 분류에 따르면 '제3형태'에 속하는 「신데렐라」 이야기에서 누추한 누더기가 화려한 공주의 옷으로 바뀌는 모습에 그 흔적이 남아 있다—으로 주어진다는 것이 다를 뿐이다. 모든 부는 입을 통해 나온다. 렐라 신화나 카나카 편 같은 곳에서 부는 주인공과 결혼하는 두 명의 미녀로 상징화되기도 하고, 벌은 눈도 하나요, 콧구멍도 하나, 귀와 팔도 하나인 불구의 여자로 상징화되기도 한다.[65]

이렇게 볼 때 「물의 엄마」라는 신화적 총체의 통시적인 테마와 공시적인 관계 속에는 '가치 전도'와 '내면성'의[66] 원형들, 상징들, 구도들과 동형을 이루는 것들이 온통 화려하게 피어나 있음을 확인할 수 있다. 즉 어머니와 물의 주제, 잠수의 주제와 가치의 회복 구도, 용기 중 이중 용기의 상징과 걸리버화의 상징, 용기와 그 내용물인 음식물의 연결들이 이 신화적 총체를 상상계의 '신비적 구조'[67]를 잘 보여주는 것으로 간주하게 만든다. 그 동형적 형태들이 뚜렷한 일관성을 지니고 나타남으로써 구조의 물질적 특성을 잘 보여주고 있으며 신화의 구문적인 형태보다는 의미적인 접근이 더 중요함을 잘 보여준다.

*

콩에르 실뱅이 수집한 두번째 그룹에 속하는 이야기들을 그 첫 시리즈에 붙은 아이티의 이야기들을 총칭하는 이름인 '도망가즈'라고 부를 것이다. 그 그룹의 이야기들은 '신비적인 구조'를 보여주기보다는 '종합적 구조'의[68] 동위성을 더 잘 보여주며 추락을 겪은 후 매개자에 의해 구원되는 드라마의 의미를 보여준다. 그가 분류한 이 그룹의 이야기들은 이미지의 '밤의 체제'가 지닌 깊은 의미 중 하나를 보여주는데 그것은 바로 완곡어법이다. 이 시리즈의 이야기들은 다음과 같이 요약할 수 있다. 일반적으로 "재정적인 곤란함"에 빠진 주인공은[69] 대개 결혼을 통해 변장을 한 괴물과 맺어진다. 그리고 그와 여행을 떠난다. 그리고 여행 도중에 자신도 모르는 새 마력을 지닌 동물의 도움을 받고, 구원자에 의해 감시를 받고 보호를 받는다. 괴물이 공격을 하고 추격을 하지만 주인공은 건강하고 안전하게 고향으로 인도된다. 그리고 괴물은 패배하거나 도망간다.[70] 이 이야기를 공시적으로 배열하면, 아이티 판본이나 말링케 판본, 그리고 자포로비아Zaporovia의 코사크 판본에서도 반복되는 '구원자'의 주제가 분명하게 드러난다.[71] 우선 오빠는 마력을 지닌 말의 도움을 받아, 감시하고 있는 사악한 수탉의 눈을 속여서 누이를 괴물에게서 구해낸다. 그런 후 "남자들만 사는" 고장에 도착하자 이번에는 대부분의 경우 뱃사공으로 나타나는 이전 '구혼자'의 도움으로 마술 시계의 감시에서 벗어나서 다른 쪽 물가에 도착한다. 그리고 그 구혼자는 괴물을 죽이고 구출해낸 여자와 결혼한다. 도망가즈의 이야기를 다른 아이티 판본인 '양Mouton'과 비교하면 구원자의 역할이 "양"에게 주어지고 그가 결국 뱀을 격퇴한다. 공시적으로 볼 때 이 이야기는 구조救助론적인 성격을 두드러지게 보여주고 있다.

그런데 이 신화적 세트의 거의 모든 상징들의 의미는 괴물스럽고 동물의 모습을 한 악과 대항해서 선과 제휴한 구원자(순교자까지는 아니더라도)의 드라마와 연관이 있다. 따라서 이 신화의 의미는 우선 대립적이다. 우리는 적대자를 묘사하기 위해 사용된 동물 모습의 상징체계들을 이미 지적한 바 있는데 식인귀, 늑대 인간, 송장 먹는 귀신, 마녀, 물고기 꼬리를 가진 여자들이다. 아이티 판본과 매우 가까운 이야기들인 "풀뱀" "착한 소년" "양" "라주쿠이스 마카크" 등에는 적대자들이 뱀이나 단순한 풀뱀, 혹은 보아 구렁이나 코브라, 혹은 비단뱀 등으로 나타난다.[72] 우리는 거기서 삼키는 괴물 혹은 단순히 삼키는 자들이라는 테마를 확인할 수 있다. 그러나 콩에르 실뱅의 분류에서 두드러지는 것은 우리가 말 바야르와 개 얼굴의 성 크리스토프의 경우에서 살펴본 바 있는 상징들의 완곡화 경향이다.[73] 실제로 괴물들의 "의도"와 연관해서 우리는 세 개의 다른 '형태들'을 분류할 수 있다. 그중 첫번째는 초자연적인 남편이 자신의 배우자를 삼켜버리려는 의도를 갖는 경우이며 그 경우 이야기는 둘로 갈라질 수 있다. 하나는 배우자가 괴물의 직접적인 공격을 기다리는 경우이고 다른 하나는 그 음모를 알아채고 도망가는 경우이다.[74] 두번째 '형태'는 이미 괴물 배우자의 사악한 의도가 약화된 모습을 보여준다. 그는 자신의 음흉한 계획을 밝히지 않으며 자신의 정체가 탄로나자 달아나 버린다. 끝으로 우리는 진정한 의미론적인 반어법이 완벽한 구문적 형태를 지닌 채 나타나는 것을 세번째 '형태'에서 발견할 수 있다. 괴물은 선량한 의도를 가지고 있으며 몇몇 금기가 깨지자 달아난다. 이러한 완곡화 과정에서 세번째 '형태'의 금기나 금지는 전반적으로 스펙터클 콤플렉스와 관계되어 주어지는데—바라보지 말 것, 이름을 말하지 말 것, 함부로 대하지 말 것—,[75] 따라서 완곡화는 괴물의 조수인 감시자들에게서 주로 일어난다. 즉 아이티 판본인 도망가즈[76]의 감시자 수탉과 마술 시계들이다. 그리고 흥미로운 것은 많은 판본들 속에서—콩에르 실뱅에 의하면 9개—괴물의 사악한 조수가 나무꾼으로 등장하며, 장차 자라서 불행에 빠진 배우자를 구하게 될 나무를 공격한다는 것이다.[77]

괴물 적대자의 주인공은 사실상 괴물의 배우자라기보다는 차라리 구원자이다. 우리는 '도망가즈' 시리즈에서 구원자로 등장하는 걸리버화된 꼬마 형제가 중요한 역할을 하고 있음을 이미 지적한 바 있다.[78] 이제 우리는 그 구원자의 조수 역할의 중요성을 살펴볼 차례이다. 많은 경우 구원자나 그의 누이를 태워 나르는 역(말이 11번 등장)을 하거나 메신저의 역(새가 13번 그 역을 담당)을 하는 것은 동물이다.[79] 그리고 일곱 번의 경우 말이 아주 소중한 충고자의 역할을 하고, 많은 아프리카 판본에서는 개가 의미론적인 반어법의 길을 걸어서 사악한 나무꾼 무리들과 맞서는 구원자의 보조자로 등장하거나 심지어 구원자 자신의 화신으로 등장한다.[80] 여기서 본래 무는 동물인 개의 완곡화라는 주제와 나무꾼의 공격성 사이의 관계를 살펴보는 것도 재미있을 것이다. 우리는 찢음이라는 디오니소스적인 구도의 완곡화 과정을 살펴볼 수도 있다. 때로는 고전적인 농토의 원형에서처럼 무고한 희생자가 '찢겼다가' 다시 "접합되기도"(트리니다드) 하고, 때로는 개 자신이 찢기는 '희생자가 되기'도 하며,[81] 때로는 개들이 악마적인 존재를 찢고 먹어버리기도 한다.[82] 여기서도 우리는 삼킨다는 것의 가치가 완화되어 긍정적으로 변모하는 것을 확인할 수 있다.

그러니 동물 모습의 괴물이 조수를 곁에 두고 완곡화된 동물들의 도움을 받는 구원자와 맞서고 있는 셈이다. 이 신화의 시나리오는 이중적인 가치를 지니는 여행이라는 전설 속의 시나리오가 되는데 그중 하나는 '가는 것'—일반적으로는 '하강'을 의미—이고 다른 하나는 도망하는 형식을 띠고 있지만 어느 정도 승리의 의미를 갖는 '귀환'이다. 귀환은 대부분의 경우 악 혹은 배우자의 정체가 드러나면서 그 징조가 나타나는데, 우리가 앞에서 보았듯이 완전히 완곡화된 형태에서는 금기를 깨뜨리는 모습으로 살아 있다. 대부분의 경우 여행의 첫 단계는 단순한 신혼여행이거나 아이티 판본인 "양"에서처럼 통상적인 산책일 뿐이다.[83] 그리고 아주 종종(서른일곱 번) 결혼이나 그로 인한 여행은 배우자의 사소한 잘못이나, 부자가 되게 만들어줄 수 있는 사람만을 남편감으로 받아들이겠다는 배우자의 요구에 부응하지 못하는 경제적인 어려움 때문에 생긴다. "양"과 "풀뱀" 시리즈에 나오는 신화나 이야기들에서는 치명적인 삼킴이라는 시퀀스가 여행을 대신하고 있는 듯이 보인다.[84] 이야기의 극적 전개에서 중심에 위치한 것이 괴물의 정체가 드러나는 것인데, 때로는 괴물 배우자가 변신을 하는 도중에 정체가 드러나기도 하고 때로는 괴물이 자신의 기형적 모습, 즉 쇠로 된 다리라든지, 갈퀴로 된 다리 혹은 사람을 먹는 모습들을 들키게 되면서 드러나기도 한다. 대부분의 경우 결정적으로 괴물의 모습이 드러나는 것은 폭로(쉰세 번의 경우)나 더 나아가 고백(아홉 번의 경우)을 통해서이다. 하지만 가장 전형적인 것은 실제 시험을 통해서 드러나는 경우인데 예를 들면 괴물의 피가 진짜 사람의 피인지 못으로 찔러본다든지,[85] 다행스럽게도 괴물의 비밀 방을 발견하고 그 안에서 괴물의 이전 희생자들을 보게 된다든지 하는 것이다. 서양의 「푸른 수염*Barbe-bleue*」*에서도 볼 수 있는 에피소드에서는 '밤의 체제'의 순환적 구조에서 자주 나오는 숫자의 의미가 아주 중요한 역할을 한다. 푸른 수염의 7이라는 숫자, "일곱 가지 색깔"의 요술말을 타고 "도망가는 탈출한 세

* 「푸른 수염」은 유럽에 널리 전승되는 민담에 문학적 표현을 가미한 페로의 동화이다. 줄거리는 다음과 같다. 푸른 수염은 아내를 6명이나 얻었으나, 그들을 차례로 목졸라 죽여 어두운 방 안에 매달아놓는다. 그러고는 일곱번째 아내의 호기심을 시험하고자 그녀에게 암실暗室의 열쇠를 건네주고는 그 방을 열지 말라 하고 여행을 가는 체했다. 남편이 집을 나가자 젊은 아내는 곧 어두운 방에 들어가 6구의 시체를 보고 놀란다. 그 서슬에 떨어뜨린 열쇠는 피투성이가 된다. 그때 푸른 수염이 돌아와 아내가 자신의 말을 어긴 것을 나무라며 죽이겠다고 선언한다. 다만 하느님에게 기도할 시간만은 기다려주겠다고 한다. 아내는 자기 방으로 돌아가 여동생 안에게 탑 위에 올라가서 오늘 오기로 한 두 형제가 도착하는 것을 보는 즉시 알려달라고 부탁한다. 푸른 수염은 칼을 휘두르면서 "내려오라. 안 내려오면 내가 올라갈 테다"라고 외친다. 그러는 동안에 형제들이 도착하여 푸른 수염을 죽이고, 푸른 수염의 아내를 구출한다. 「푸른 수염」은 보통명사화되어 '아내를 죽이는 잔인한 사내'라는 뜻으로 쓰이고 있다.

여자들”,[86] 모로코와 모르족 판본에서 일곱 날을 잠자고 일곱 날을 깨어 있는 송장귀신, 일곱 개의 열쇠, 일곱 개의 방, 일곱 명의 여자들[87] 등 숫자가 아주 많이 나오는 것이다. 그리고 계수학적인 상징의 의미를 지니고 있는 이 “비밀스러운 방들”, 주로 뼈들로 가득 차 있거나 송장들이 들어 있는 방들은 ‘도망가즈’ 판본 속의 “남자들만 사는” 고장이나 “여자들만 사는” 고장, 혹은 죽은 자들의 고장과 부분적으로 연관지을 수 있다.

끝으로 귀환과 도망의 구도는 이 신화 전체가 구원론적인 의도를 가지고 있음을 의미하는 상징의 무리들을 태어나게 한다. 그것들 중 우선 두드러지는 것은 괴물의 추격을 늦추기 위한 술책들로서 장애물들, 던져놓은 물건들, 문지기 닭 혹은 괴물[88] 자신에게 준 음식들이지만, ‘물의 엄마’라는 신화 그룹 전체를 상기시키는 것은 내면적이면서 때로는 걸리버화된 은신처라는 주제이다. 어떨 때 도망자들은 추격자를 따돌리기 위해 변장(여덟 번)을 하기도 하고, 용기들—구멍난 대나무, 작은 설탕통, 요술 마차, 바구니, 동물의 뱃속, 마술 보트 등—을 탈것으로 이용하기도 한다.[89] 또 때로는 이 신화에 진보적인 구도가 덧붙여지기도 하는데 무한대로 자라나는 나무가 땅에 있던 도망자들을 구해주는 경우(열다섯 번)로, 단순한 살구나무가 거대한 바오밥나무로 변하는 것이다.[90] 따라서 우리는 ‘도망가즈’ 시리즈와 그 변주들에서 이 시리즈 전체를 이미지의 ‘밤의 체제’ 중 순환적 구조들로 편입시킬 수 있는 주목할 만한 의미론적 상동형들을 발견하게 된다. 하나는 악마적인 동물에 의해 육화된 원칙, 다른 하나는 구원자 소년에 의해 육화된 원칙과 그에 따른 상징들, 즉 결혼과 왕복여행, 계수학적인 상징들, 나무의 상징들이 대립함으로써 이 신화의 모든 의미론적 요소들이 순환적이든 메시아적이든 ‘종합적 구조’라는 의미의 항으로 분류될 수 있다.

이와 같이 ‘물의 엄마’와 ‘도망가즈’라는 두 신화 시리즈는 이미지의 '밤의 체제'에 속하는 두 구조로 간주할 수 있다. 하나는 '신비적' 구조이고 다른 하나는 '종합적' 구조인데 후자는 그 이름이 이미 암시하듯이 이미지의 '낮의 체제'의 대립적 구조에 속하는 요소들을 상기시키기도 한다. 신화는 동시에 담론과 상징을 필요로 하는 혼합물이기 때문이다.[91] 신화는 비선형적이며 그 의미가 다차원적인 세계에 이야기라는 선형성을 도입한 것이다. 따라서 신화는 고고학적인 연구 방법에 몰두해 있는 실증주의자들의 소심함 때문에 완전히 그 용도가 폐기된 것으로 간주되는 신화들의 보고인 '에포스Epos'*와도 일정한 거리를 두지만,[92] 자의적인 기호가 선형적으로 배열되어 있는 '로고스'와도 일정한 거리를 둔다. 우리는 "어휘는 구조보다 중요하지 않다"는 레비스트로스의 말에 동의하기는 한다. 신화는 번역이 되더라도 반역을 저지르는 게 아닌 특수 담론이기에 궁극적으로는 번역이 필요 없으며 언어적인 측면에 의지할 필요가 최소화되어 있기 때문이다. 그러나 그렇다고 "신화의 '형태'가 이야기의 '내용'에 우선한다"[93]고 생각하지는 않는다. 이미 말했듯이 형태가 곧 구조는 아니기 때문이며 하나의 신화에서 이미지와 상징의 "무리들"을 그룹으로 모을 수 있는 것은 그 속에 질적 친화성이 있기 때문이다. 신화에서는 한 용어의 의미론적 가치가 통시성 전체의 의미와 공시적 관계의 의미에 영향을 준다. 예를 들어 '도망가즈' 시리즈에서 단순하게 "낮 체제적"이고 논쟁적인 정서가 강조됨으로써 이야기 전체에 분리의 구조들이 나타난다. 그리고 그 위험스러움이 과장된 괴물과 마주했을 때, 도망이라는 행위가 대단히 중요하고 정신적으로 필요한 행위가 되고 배우자의 괴물이라는 정체가 드러나는 것이 다행스러운 계시가 된다. 반면에 순전히 신비한 구조의 이야기, "내면성"과 물고기적인 배우자의 성격이 강조되면 사정은 전

* 구전에 의한 원시적 서사시.

혀 달라진다. 그때 괴물이 도망가는 것은 불길한 일이고 괴물의 정체가 드러나는 것은 금기를 깨뜨리는 불길한 행위이다. 형태는 그대로 있지만 구조적으로 강조하는 것이 달라지면서 그 의미는 완전히 바뀌는 것이다. 우리가 신화와 콤플렉스들을 몇몇 단순한 "유형들"로 환원해서 정리할 수 있다 하더라도 그것은 단순히 기능적 관계들에 입각한 유형들이 아니라 의미론적이고 형상적인 구조에만 입각해서 분류할 수 있는 유형이다. 그것은 우리가 인간활동의 어떤 형태도 깊은 '지향성에 입각한 구조'와 분리할 수 없는 것과 마찬가지이다.

따라서 신화는 언제나 담론의 통시성을 상징적 중첩이나 분리적 대립이라는 공시성에 적응시키려는 노력으로 나타난다. 신화 전체는 숙명적으로 담론의 시간성 속에서 상징들의 비시간성을 유기적으로 맺어주는 종합적 구조를 기본 구조로 하고 있다. 바로 그 이유 때문에 '로고스'나 '에포스'가 지니고 있는 극단의 선형성에 비해서 '미토스'는 역설적이게도 담론의 합리성에서 벗어나는 성격을 지니게 된다. 꿈과 마찬가지로 신화의 부조리성은 설명할 수 있는 동기가 다원 결정될 수밖에 없다는 바로 그 사실에서 온다. 신화의 논리는 "층상으로 되어" 있을 뿐만 아니라 아주 복합적으로 이루어져 있다. 그리고 상징들을 일군의 "무리"로 엮을 수 있게 하는 힘은 그것의 형태화와는 아무 상관이 없다. 신화는 그 자체가 하나의 종합이기에 그 안에 가능한 한 최대한의 의미를 축약해놓고 있는 제국주의자이다.[94] 그러니 신화를 "설명한다"거나 단순히 기호학적인 언어로 바꾸어놓으려는 시도는 실패할 수밖에 없다. 우리가 기껏 할 수 있는 것은 신화를 구성하고 있는 구조를 "유동적이고 다원적인 수많은 경우들이 그 안에 포착되는"[95] 구체적인 "틀"로 분류하는 정도일 것이다. 따라서 단순한 상징의 경우에도 그러하듯이 신화의 경우에도 의미화가 절대적이다. 신화는 사이비 담론이기 때문에 순환적 구조들에 의해 배열된 의미의 무리로 이루어져 있다. 우리로서는 "형상화된 의미", 즉 의미화가 신화에서 가장 중요하고 거기에 문자적 의미, 즉 본의가 포함되어 있으며 그 역은 사실이 아니라는 것을 다시 한번 확인하는 셈이다. 우리는 신화에서만큼 담론이 지니고 있는 기호적이고 구문적인 노력이 의미의 반복성을 만나 좌초하는 경우를 찾아보기 어려울 것이다. 신화라는 담론에서는 원형과 상징들의 부동성이 담론 자체에 저항하고 있다.

물론 신화는 담론으로서의 통시적 성격을 띠고 있기 때문에 단순한 상징에서와 같은 양가성이 약화되어 있기는 하다. 신화는 겉으로는 서사적이거나 논리적인 유형이다. 레비스트로스가 구체적 제의의 상징체계와 신화는 그대로 일치하지 않으며 제의적인 것과 신화적인 것 사이에는 상동적인 편차가 존재한다는 것을 보여주면서[96] 예감한 것도 바로 그러한 것이다. 그러나 이런 편차를 가장 잘 보여주는 훌륭한 연구는 뒤몽의 민속학 연구에서 행해진 바 있다.[97] 그는 그 연구에서 타라스크의 제의와 성 마르트의 전설을 비교한다. 그는 타라스콩에서 오순절 제의과정을 분석한 후—그 제의에서는 혐오스러운 동시에 자애로운 괴물의 초상이 제시된다—이어서 프세도 마르셀, 자크 드 보라진, 프세도 라반, 제르베 드 틸뷔리 등 중세의 전설들 속에 나오는 여러 다양한 신화들을 비교한다.[98] 그런 후 그가 얻어낸 결론은 다음과 같다. 즉 전설에는 오순절 제의과정에서 사용되는 엠블렘에서는 전혀 발견할 수 없는 담론의 부풀림이 존재한다는 것이다. 타라스크 제의에서는 "악과 선이 응축되어 있는 데" 반해 전설은 내용을 "분할시켜" 모순되는 것을 두 인물이 맞서는 형식으로 통시적으로 표현하는데, 동물은 사악한 면만 지니고 성자는 자애로운 면만 보여준다는 것이다.[99] 전설은 그 통시성으로 인해 일종의 인과적 관계를 도입한다. 성자가 나타나는 것은 "괴물이 준 피해 때문이며 그 피해를 없애기 위해서이다."[100] 이 예에서 볼 수 있듯이 신화는 제의적 대상이 지니는 상징체계에 비해 일종의 합리화의 도정에 놓여 있는 것으로 간주할 수 있다. 그렇지만 신화가 '로고스'의 인과적 통시성이나 '에포스'의 선행성을 도입하고 있다고 하더라도 그것에는 여전히 "전前 논리적인" 공시성이 살아남아 있으며 여전히 상징들의 배열로 이루어져 있는 것이 사실이다. 신화의 선형성은 피상적인 것에 불과하다.

신화가 지닌 통시성은 신화를 서사 장르에 포함시킬 수 있게 만드는 요인이 되고 그것의 공시성은 주요 테마를 보여주는 지표가 된다. 하지만 궁극적으로 신화나 옛날이야기의 진정한 징후이며 그 구조를 진단할 수 있게 해주는 것은 역시 동위성이다.[101] 이런 신화방법론을 좀더 정확하게 수행하려면 정태적이고 원형적인 구조들을 연구하면서 수스텔이 멕시코의 신화를 연구할 때 행했듯이,[102] 원형을 상징으로 격하시킨 역사적이고 지리적인 사건들도 함께 연구해야 한다.[103] 이렇듯 신화의 다원적 의미는 여러 차원에서 추출되어야만 한다. 기호적이고 구문적인 차원에서는 레비스트로스처럼, 우화처럼 도덕적인 '로고스'의 도정에 놓여 있거나 전설처럼 설명적인 로고스의 과정에 놓여 있는 서사의 통시적인 의미를 연역해낼 수 있다. 그리고 공시적인 분석은 신화에서 마치 강박처럼 나타나는 반복되는 요소들의 지표를 읽어낼 수 있게 해준다. 그때 동위성을 통해 우리는 이미지들의 덩어리가 지향하는 의미를 진단해낼 수 있다. 마지막으로 수스텔이나 피가니올이 했던 방법대로 역사적이고 지리적인 여건을 고려해서 신화가 원래의 원형적 위치에 비해 얼마만큼 굴곡되었는지, 얼마만큼 일탈을 겪었는지를 연구할 수도 있다. 그리고 어떠한 경우든 신화는 담론적 성격과 반복적인 성격을 지니고 있으므로 '종합적인 구조'를 품고 있다. "신화는 잃어버린 시간을 찾는 것임을 우리는 잘 알고 있는 것"[104]이다. 그렇다. 신화는 잃어버린 시간을 찾는 것이다. 특히 완곡된 시간과 정복되어 낙원의 모험으로 변형된 죽음과 화해하려는 포괄적인 노력이며 바로 그것이 모든 위대한 신화들의 궁극적 의미인 듯이 보인다. 특히 신화의 의미는 우리가 이 책의 마지막 부분에서 다루게 될 상상계의 전반적인 의미로 우리를 이끌고 가는 듯이 보인다.

제3권

초월적 환상을 위한 요소들

제1장

원형의 보편성

우리는 이 책의 서론에서 상상력의 내용에 대해 기술하려면, 인류학적 도정이라는 총체성에 의거해서 정말로 현상학적인 방법을 택할 필요가 있다고 제안한 바 있다.[1] 그리고 우리가 생체심리학적인 규범을 택한 것은 오로지 방법론적인 필요에 의해서임을 밝힌 바 있다. 상상하는 의식과, 의미상으로 상상하는 의식을 구성하고 있는 구체적인 이미지들을 구분하지 않기로 하면서 우리는 내관內觀적 유형의 존재론적 심리주의에 대항해서 단호히 현상학적 방법을 택한 것이다. 이러한 기술 의도에 의해서 우리는 상상계의 다양한 내용들을 분석했고 구조적 체계를 세우기에 이르렀다. 그런 방법에 의해 우리는 탐사의 심리학적 실마리 구실로 이용한 세 개의 지배 반사들이 어떻게 세 개의 커다란 구도 그룹들을 배분하고 있는지 보여주었으며, 그 세 구도들은 다음과 같다. 우선 분리적이고 수직적인 구도로서 '왕홀'과 '검'이라는 원형 및 그와 동위를 이루는 일군의 상징들로 상징된다. 다음은 '잔'과 그에 상응하는 상징들에 의해 상징되는 하강과 내면의 구도가 있다. 끝으로 리듬적인 구도로서 순환적이거나 진보적인 것으로 세분될 수 있으며, 십진법이나 십이진법적인 '바퀴'와 싹트는 '지팡이', 즉 나무로 상징된다. 한편 우리는 이 세 가지 구분을 다시 두 체제로 나누었으니 하나는 대조법의 세계인 '낮의' 체제였고, 다른 하나는 엄밀한 의미에서의 완곡의 세계인 '밤의' 체제였다. 그런 후 우리는 이 원형적 분류들이 어떻게 구조들을 결정하는지 보여주면서 상상계의 세 구조, 즉 '분열 형태적 구조'와 '신비적 구조' 그리고 '종합적 구조'에 대해 설명했다. 우리가 출발로 삼은 전제는 이미지가 의미의 담지자라는 것이었으며, 연구 내내 그 가정이 얼마나 효과적인가를 확인한 바 있다. 상징들과 그 상징들을 연결시켜주는 동위적 집합들은 우리에게 직접적으로 구조를 드러내는 것처럼 여겨졌다. 달리 말한다면 어떤 의미에서 상상계는 스스로만을 참조할 뿐이며 우리로서는 미리 설립된 분류만으로도 만족할 수 있었던 것이다.[2] 하지만 그런 식의 결과를 내놓고 이미지의 의미론을 검증할 수 있더라도 그런 합의하에 도출해낼 수 있는 의미가 무엇인가를 질문해보아야 한다. 실제로 꿈의 열쇠라는 것은 없다. 꿈이란 그 자체의 총체성 내에서, 그리고 그것의 일관된 구조들을 통해서 우리가 전반적인 의미를 분간해낼 수 있는 실재를 보여줄 뿐이다. 달리 말한다면 우리로서는 전반적인 상상계 의미론의 의미를 연구하는 일이 남은 것이다. 우리가 이미지에서 심리적 실재의 평범한 기호나 의식 밖에 존재하는 실재의 기호를 찾는 것을 거부했다면, 이제는 어떤 존재론적인 과정을 거쳐 일반 의미론이 기호가 될 수 있었는가를 물어보아야 한다. 그것은 상상계 구조를 분류하는 형태론에서 상상력의 기능에 대한 생리학으로 넘어가는 것을 의미한다.[3] 우리가 노발리스의 표현을 빌려와 '초월적 환상'이라 이름붙이면서 행하려는 작업이 바로 상상계의 철학이라는 밑그림을 그려보려는 의도이다.[4] 우리가 상상력의 기능이란 사물에 의해서 동기를 부여받는 것이 아니라 사물들을 2차적인 의미, 가장 보편적으로 우주의 존재들이 공유하고 있는 의미로 채우는 방법에 의해서 동기를 부여받는 것임을 보여줄 수만 있다면, 이런 표현을 단순한 말장난으로 보아서는 안 된다. 달리 말한다면 상상계는 보편적으로 동일한 실재를 반영하고 있다는 것을 증명할 수만 있다면 말이다.

우리는 그러한 철학적 결론을 도출해내기 전에 상상하는 의식의 초월성에 대해 가해질 수 있는 두 종류의 반대 의견에 대해 검토해보아야 한다. 그 견해는 다음과 같다. 이러한 의식을 구조화하는 두 체제는 배타적이다. 실제로 상상력의 기능이라는 개념은 대립적인 심리적 실재를 감추고 있는 것뿐이다. 예를 들어 성격적 심리학에 의해 미분화된 표현 유형들이 대립하고 있거나 미술이나 문학사에 의해 미분화된 상징적 국면들이 대립하고 있을 뿐이라는 것이다. 그런 입장에서 이런 반대가 있게 된다. 우리가 살펴본 적대적인 실재들은 순전히 현상적인 동기에 의해서 구체화되는 것이지 선험적인 동기가 있는 것이 아니며(사실 후자의 입장은 연구 초반에 우리가 거부한 바 있다), 상상력에 대한 현상학적 연구에 의해 연역될 수 있는 동기가 있을 뿐이다. 달리 말한다면 상상력의 기능이란 보편적 선험성을 지니고 있기는커녕 이미 결정된 어떤 심리적 유형에 의해 동기를 부여받지만 이와 달리 상상계의 내용은 역사나 시간 속에서 어떤 상황에 의해 동기를 부여받는다는 것이다. 우리가 이제부터 살펴보려는 것이 바로 초월적 원형학에 대해 유형학과 역사학이 제기하는 반론들이다.

*

우리가 이제까지 설명한 상상력의 세 그룹의 큰 구조들을 보면서 그것이 상호배타적인 심리적 표현의 유형을 말하는 것 아니냐, 따라서 원형학은 결국 유형학에 불과한 것이 아니냐 하는 생각이 들 수도 있다. 다양한 심리적 유형들의 특성이 이미지의 여러 체제들이 보이는 특성과 일치하기도 하는 것을 보면 그런 생각은 더 강하게 들 수 있다. 제임스가 설명한 바 있는 "이상주의적"[5] 성격은 전형적으로 이미지의 '낮의 체제'를 정확히 묘사하고 있는 것이 아닌가? '분열 형태적 상상력'이 그렇듯, "이상주의적인" 사람에게는 보편적으로 추상적 원칙을 지향하고 지적 측면을 중시하며, 관념적이며 독단적 성향이 강하게 나타나는 것이 사실 아닌가? 게다가 이미지의 '낮의 체제'와 '밤의 체제'는 융이 설명한 유명한 심리적 두 유형과 각각 일치하는 것이 아닌가?[6] 게다가 우리 자신도 이미지의 '낮의 체제'와 분열 증세가 보이는 표현 사이에는 유사성이 있다고 지적하지 않았는가?[7]

우선, 그런 성급한 유형학은 우리가 설명한 바 있는 이미지의 체제들과 완벽하게 일치하지 않는다는 사실을 지적하기로 하자. 예컨대 제임스는[8] 합리주의자는 무엇보다 "독단적"이고 "감상적"일 것이라고 했다. 그러나 그런 성격은 검의 원형과 대조적인 구도를 그 특징으로 하는 이미지의 낮의 체제가 가지고 있는 분열적이고 공격적인 성향과는 전혀 맞지 않는다. 그리고 사람들을 각기 환원 불가능한 유형에 따라 분리하고 분류할 수 있는지 현실적으로 입증할 수도 없다. 우선은 그런 식의 유형적 분류는 인간이라는 종을 이질적인 요소들로 토막 내어 의식들 간의 소통을 막는다는 점에서 순전히 인종주의적 결과로 이끌릴 위험이 다분하기 때문이다. "외부세계와 내부세계 사이의 경계를 너무 뚜렷하게 구분해 설정한 잘못을 저지른"[9] 융조차도 "각각의 유형들 내부에 그 유형의 일방적인 성격을 보상해주려는 경향이 뚜렷하게 나타난다"고 썼다. 융은 자신의 유형학이 성격학과는 다르다는 것을 명확히 했으며 내성적이고 외향적인 기능이 존재하는 것은 사실이지만 "하나의 태도 유형이 결코 상대적인 우월성만을 보이는 것은 아니다"[10]라고 썼다. 사실 융이 사용한 유형이라는 표현은 혼란을 줄 가능성이 크며 그보다는 요인이라는 표현이 더 어울릴 법하다.[11] 그 개념이라야 단일 현상 내에 다원적인 것들 간의 경쟁이 있음을 인정할 수 있다. 심리학상으로 가장 극단적인 경우, 환자가 희화화를 통해 어떤 유형의 특성들을 선호하는 것처럼 보이는 경우에도 병리학적인 증상을 표시한 도표는 예상했던 것처럼 명확하지 않다는 것을 인정해야 하는 경우가 대부분이다. 정신과 의사 자신도 "비정형적 정신병"이라든지 "결합된 정신병"이라는 개념에 의존할 수밖에 없는 경우를 자주 맞는데, 증세가 복합적이어서 이론적으로는 대립되는 항목에 분류해야 하는 증상들을 틀에서 벗어난 방식으로 다룰 수밖에 없는 경우가 생기기 때문이다.[12] 그러니 이른바 '정상적'이라고 할 수 있는 정신 상태의 사람에게서 이미지 체제들을 명확하게 구분하는 것은 더욱 어려운 것이 당연하다. 분열 형태적, 신비적, 그리고 종합적 구조는 크라스누시키네와 민코프스키가 정신분열증과 동조증과 뇌전증에 적용한 표현을 따르면, "그를 통해 인간의 삶이 전개되는 세 개의 기본 방향"이라고 말할 수 있다.[13] 이 "요인들"은 모든 정상적인 의식에 뿌리를 두고 있으며 그 요인들의 실재성은 오로지 방법론적인 측면에서만 존재할 뿐이니, 그 요인들이 각각 우리의 심리 현상에 응집력[14]을 가져다주는 것이다. 즉 그것들이 우리의 의식에 이미지들의 성좌를 낳는 동기가 되지만 인간 행동 전체를 결정하는 요인은 아니다. 우리가 이미 앞에서 살펴보았듯이 인간의 의식은 한 체제에서 다른 체제로 전환할 수 있다.

정신적 "성격들"은 부동이 아니며 심리학자들도 그것이 개체발생적 진화 과정에서 정신적 외상이나 불가피한 정신적 위기의 압력을 받아 변화할 수 있음을 인정한다. 즉 외적인 동기 또한 존재하는 것이니 이미지의 장에서 그러했던 것처럼 "협착 현상"—로르샤흐의 용어를 빌린다면 "압축"이라고 할 수 있다[15]—이나 반대로 확장 현상이 있을 수 있다. 달리 말한다면 이미지의 체제들은 성격이 보이는 유형학적 지향성에 의해 결정되는 것이 아니라 역사적이고 사회적인, 다시 말해 우발적인 요인들에 의해 영향을 받고 그런 요인들이 외부로부터 일련의 원형들이나 이미지의 성좌들을 활성화시키는 듯이 보인다. 한편 한 개인의 성격에서 나오는 행동이 그가 표현하는 내용과 꼭 일치하는 것은 아니다. 우리는 상상계의 표현이나 그 내용이—그것이 꿈에 나타나는 것이든 예술로 나타나는 것이든—표현 주체의 성격과 근본적으로 상반되는 경우가 얼마나 자주 있는가를 이미 지적한 바 있다.[16] 로트레아몽의 상상력은 실제 인물인 이지도르 뒤카스의 행동과 일치하지 않으며,[17] 야스퍼스가 지적했듯이 반 고흐는 강박증에 시달린 게 사실이지만 이 화가의 그림 전체는 그의 강박증이 보여주는 심리적 특성[18]과는 거리가 멀게 신비적인 상상계의 모델이 된다. 정신분석학자들도 이런 흥미로운 현상에 주목했다. 이들에 따르면 이미지의 표현에는 일종의 "보상" 현상이 존재해서 이미지가 실용적 태도를 보완해주고 균형을 취해주며 그 태도를 대신해주기도 하는 역을 맡는다는 것이다. 그러니 상상력 체제의 풍요성은 심리사회적 행동이나 역할이 지니고 있는 일반적인 속성과는 전혀 일치할 수 없다. 여기서 우리는 역시 "서푼짜리" 인물에게서 천만금의 상상력을 발견할 수 있게 된다. 인류학이라는 아주 복합적인 영역에서는 예술작품이나 그것의 바탕에 이미지들을 실용적인 행동과 줄을 맞추는, 손쉬운 유형학적 체계를 무시해야만 한다. 요한 제바스티안 바흐의 잔잔하고 신비로운 음악은 삶을 즐겼고 성질이 급했으며 미식가였던 한 관리에 의해 쓰였으며, 고야의 으스스한 작품들은 화가 자신이 신경쇠약증의 고통을 극복한 순간에 조각되고 그려졌다. 결국 어떤 유형적인 분류의 저변에는 근간이 되는 우선적인 질서가 존재한다. 제임스는 야만적 성격과 "섬세한 성격"을 맞세웠으며,[19] 융은 내성적인 것이 정신적인 풍요로움을 보여주기에 더 가치가 있다고 했다. 우리로서는 유형학을 심각하게 고찰하기 전에 이 유형학자들이 어느 유형에 속하는지를 조사해보아야 하는지도 모른다.

미분적인 심리학이 원형학의 토대가 되기에는 부족하다면 상상계의 두 체제는 혹시 인간의 성에 따라 달라지는 표현 유형과 일치하는 것은 아닌가 하는 생각을 가질 수도 있다. 상상계의 원형적 체제란 얼핏 보기에는 각각의 성에 대한 이상적인 모델 주변에서 형성되는 것처럼 보이기 때문이다. 이미지와 구도의 분류는 각각 성적인 태도에 의해 결정되는 것이 아닌가? 즉 이미지의 '낮의 체제'는 남성적 의식의 일반적 표현 양식이고 반면에 '밤의 체제'는 여성적 의식의 표현 양식이 아닌가? 우리는 심리학적 성격과 상상력의 내용 간의 관계를 살펴보았을 때와 마찬가지로 이 경우에도 같은 식의 유형학적 비결정론이 존재한다는 것을 발견하게 된다. 즉 이미지는 심리사회적 역할이나 행동과 일치하지 않는 것처럼 성적인 분류에 따른 일반적 인식과 일치하지 않는다. 남자라고 해서 우주에 대한 남성적인 비전만 가지고 있어야 할 필연성은 없다. 더욱이 융의 견해를 따르면 한 개인이 자신의 자아를 이미지화할 때 성별에 따른 심리적 결정론과 완전히 배치되는 결과를 낳기도 한다고 말했다.[20] 한 개인은 심리생리학적으로 남녀 양성이며, 그렇기 때문에 꿈속에서든 깨어 있을 때의 상상적 투영에서든 자신의 생리학적 성과는 전혀 상관이 없는 성적인 환상을 보여줄 수 있다. 각각의 남성 내부에는 여성적인 표현을 보여줄 잠재적 가능성이 있으니 그것이 "아니마"이고 각각의 여성은 반대로 상상적 "아니무스"를 지니고 있다.[21] 그러나 그뿐만이 아니다. 이런 "영혼의 성"조차도 실제로 표현될 때는 거의 "무한대로 다양화"된다.[22] 왜냐하면 영혼의 이미지는 긍정적이거나 부정적인 가치를 부여받을 수 있기 때문이다. "아니마는 얌전한 처녀로 나타날 수도 있고 여신으로 나타날 수도 있으며 마녀, 천사, 악마, 거지, 창녀, 동반자, 여장부 등으로 다양하게 표현될 수 있다."[23] 그것은 무엇을 의미하는가? 우선은 원형의 선택에는 성적인 결정론이 실제로 아무런 영향도 미치지 못한다는 것이며, 다음으로는 우리가 방금 살펴본 융의 심리적·성적 범주라는 것도 실은 일종의 규범적인 상태, 달리 말해 영혼의 표현에 대한 규범을 이론적으로 정의내린 것뿐이고 실제로는 온갖 조합이 가능하다는 것이다. 예를 들어 남성에게 아니마의 상상력이 마녀라는 무서운 모습으로 나타나느냐 혹은 자애로운 어머니의 모습으로 나타나느냐에 따라 완전히 상반되는 상상계와 신화적 체제로 나뉠 수 있다는 것은 너무나 자명하다. '마녀'는 분열 형태적 상상력의 태도를 불러오고, '처녀'나 '어머니'는 신비적 이미지의 성좌를 자극하고 내면성과 휴식의 주제들을 불러 모은다. 아니마의 일반적인 개념보다는 그 개별적 이미지에 우리가 부여하는 물질적이고 의미론적인 내용이 더 중요하다. 결국 아니마나 아니무스는 분류를 편하게 하기 위해 사용된 용어일 뿐이며 이미지의 체제는 영혼의 성적인 이미지에 의해 결정되지 않는다. 즉 우리가 살펴보았듯이 영혼의 여성성이든 남성성이든 이미지의 모든 체제 내에서 자신의 자리를 차지하고 있다. 우리의 입장을 확인시키려는 듯이 융 자신도 제3의 요소를 그의 심리학 체계에 도입하는데, 그것이 바로 "페르소나persona"*라는 용어이다. 페르소나는 한 개인이 외부에 드러내는 일상적인 태도를 지칭한다. 페르소나는 생리학에 근거한 성적 행동에 따라 그 양태가 결정되기도 하지만 한 개인이 영혼의 이미지에 의해 지배받을 때 그것을 잃어버리기도 한다. 그때 남성의 페르소나는 여성적이 되고 여성은 남성적이 된다.[24] 우리는 각각의 동사와 행동 속에는 능동적인 의미와 수동적인 의미가 양가적으로 뒤섞여 있다는 의미론의 큰 규칙을 성적인 페르소나의 위상에서 재발견하는 셈이다. 상상적 표현은 이곳에서 저곳으로 옮겨갈 수 있는 일반적인 힘, 수동적이거나 능동적인 양식樣式을 배제하고 동사적이고 사역적인 의미만을 지니는 힘이다.

* '인격' '위격位格' 등의 뜻으로 쓰이는 라틴어이다. 본디 연극배우가 쓰는 탈을 가리키는 말이었으나, 그것이 점차 인생이라는 연극의 배우인 인간 개인을 가리키는 말로 쓰이게 되었다. 철학 용어로는 이성적인 본성을 가진 개별적 존재자를 가리키며, 인간·천사·신 등이 페르소나로 불린다. 즉 이성과 의지를 가지고 자유로이 책임을 지며 행동하는 주체를 말한다. 또한 신학 용어로는 의지와 이성을 갖추고 있는 독립된 실체를 가리키며, 삼위일체의 신, 곧 제1페르소나인 성부, 제2페르소나인 성자, 제3페르소나인 성령을 이르는 말이다.

결국 융은 영혼의 이미지의 양상은 생리학적으로 결정된다기보다는 사회적 압력이나 도덕에 의해 동기를 부여받는다는 것을 인정했다. 예를 들어 가부장적인 문화에서는 아니무스의 힘이 강화되고 아니마를 억압한다. 마찬가지로, 특히 서구사회에서 남성중심주의적 입장에서 비롯된 일부다처제를 용인한다고 할 때, 아니마는 하나같이 신비화되고 신성화된 단일한 형태일 것이며, 반면 일부일처제에 강요된 여성의 페르소나에는 오히려 다양한 형태의 아니무스가 존재할 수 있게 된다.[25] 따라서 영혼의 이미지는 생리학적인 요구보다는 문화적 요인에 더 좌우된다. 성격에 의한 유형학이 상상계의 체제나 이미지의 투영을 이해하기 어려운 것과 마찬가지로 성별에 의한 유형학도 왜 이런저런 식의 이미지 성좌가 형성되는지를 설명해줄 수 없다. 심리학적으로 말한다면 반사학이 우리에게 이미 가르쳐준 것처럼 인간의 상상력은 미리 결정된 어떤 범주에서도 자유로운 듯이 보인다. 그리고 우리는 성격이나 성별에 의한 소환에서 벗어나는 상상계의 보편성에 대해서 말할 수 있고 그 보편성이 훼손되는 경우란 어떤 배타적인 상상계의 구조 내에서 상상력이 차단된 병적인 경우만 예외적으로 존재할 뿐이라고 말할 수 있다. 이제 우리는 상상계의 심리학적 초월성이나 이미지의 구조의 보편성이 실은 문화적 환경이나 역사에서 발휘되는 압력에 의해 무화되는 것이 아닌지 검토해볼 차례가 되었다. 심리학적으로 표현해서 상상계의 심리학적 비정형성이 존재하는 것이 사실이라면, 어떤 원형들 주변에서 형성되는 동위성이나 극성은 결국 문화적 사건들에 의해 결정되는 것이 아닌가? 이제 이런 질문에 답해보자.

*

우리로서는 이미지의 발생에 대하여 우리가 이미 말한 바 있는[26] 인류학적 도정이라는 개념, 즉 이미지의 발생에서 기술적인 환경과 자연 사이에 존재하는 상호관계에 대해 다시 이야기할 필요는 없을 것 같다. 그보다는 사회적이고 역사적인 동의에 의해 이미 형성되어 자리잡고 있는 일련의 신화나 이미지들이 만들어내는 조건이 어떤 것인지를 살펴보아야 할 것이다. 사실 우리는 융처럼 심리학적인 비정형성을 사회·역사적 정형성이 대신하므로 각각의 이미지 체제를 결정짓는 것도 그런 사회·역사적 정형성이라고 생각할 수도 있다. 그러나 우리는 이른바 역사적 압력이라는 의미를 우선 명확히 해야만 한다. 그것은 한 문명 내의 어느 특수한 순간에 가해지는 일시적 압력만을 의미할 뿐이다. 우리로서는 이러한 압력을 지칭하기 위해 역사라는 단어보다는 "교육"이라는 단어를 택하고 싶다. 역사라는 단어는 서구에서 두 세기를 거치는 동안 메시아적이고 진보주의적인 신화와 쉽게 혼동될 우려가 생겼기 때문이다.

우선 역사학자들, 역사철학자들, 미학자들 등 다양한 분야의 많은 사상가들이 한 문화의 특수한 순간들마다 상상계의 상이한 체제들이 자리를 잡고 있으며 주어진 시대의 사회 집단의식을 일정한 원형들이 지배하고 있다고 말했음에 주목하자. 오스트발트는 위인들에 대한 유형을 분류하면서 문화사에서 차용한 용어로 "고전적인 사람들과 낭만적인 사람들"이라는 칭호를 사용하는데,[27] 우리가 정의내린 바 있는 상상계의 두 체제와 '대체로' 일치하는 개념이라고 볼 수도 있다. 마찬가지로 사상사를 연구하는 학자들은 합리주의와 경험주의, 확연적 심성과 필연적 심성[28]이 역사적으로 교대하며 나타난다는 사실과 근본적인 초월주의에 입각한 이원론과 내재론적인 독단론이 역사 내에 대립하고 있다는 사실에 놀란다.[29] 시대를 이렇게 심리사회학적인 신화에 의거해 분화할 수 있기에 문학이나 철학사를 연구하는 사람들이 세계관을 역사적으로 분류할 수 있게 되며[30] 한 작가의 개념이나 상상력이 그 시대 전체의 양식과 공존한다고 간주할 수 있다. 기 미쇼는 그런 식으로 문학사에서 관념적 양식과 사실주의적 양식이 주기적으로 반복하는 양상을 연구한 바 있다. 그는 역사의 "낮"과 "밤"이 교차하는 시점, 즉 변증법적인 과정에서 변화가 일어나는 지점이 대개 반 세대를 주기로 나타난다는 것을 보여주었다.[31] 마찬가지로 회화사에서도 우리는 명확하게 그 경향을 구분해낼 수 있다. 추상화, 사실주의, 인상주의, 표현주의들이 회화사에서 각각 하나의 국면들을 형성하고 있으며 그 국면들에 따라 예술작품을 주어진 시대의 심리사회적 동기와 일치시켜 분류할 수 있다.[32] 그리고 철학적이고 과학적인 체계와 회화의 체계들만이 이런 교육적 압력을 따르는 것이 아니라 아주 극단적인 정형화가 이루어진 경우, 즉 노이로제나 신경증의 경우도 마찬가지이다. 병리학적인 구조들도 주어진 한 사회의 지배적인 정신에 의해 조장되는데, 히스테리나 그에 속하는 환상들이 18세기의 속성이라고 할 수 있다면 20세기는 정신분열적 증상을 낳는다고 말할 수 있다.[33]

일반적으로 교육적 압력 현상에 입각한 이러한 해석은 부정적인 교육학에 해당된다. 이미 자리를 잡고 있는 형태와 신화와 이미지들은 그 상상력의 체제에 낯선 상상적 갈망을 억압한다. 예를 들어 원시 회화에서 추상적이고 기하학적인 경향은 실제 삶에서 고단한 싸움이 강요하는 일련의 신앙과 신화와 진리들에 대립되는 "거대한 평온함의 욕구"를 표현한다. 이미지의 추상화와 기하학화는 인간이 자연과 맞서 싸울 때의 공포, 영웅적이고 실존적이며 역사적인 건설의 노력들에 지쳤을 때 나타난다.[34] 회화의 이런 추상화 경향과 그림의 기하학적 표현은 당연히 삶의 요구들이 아주 강할 때 나타난다. 세잔의 죽은 정물들이나 큐비즘에서 느낄 수 있는 현대의 비구상 예술들은 인간 형상에 대한 표현주의적 경향과 모든 풍경화들을 얼마간 물들이고 있던 사실주의적 경향에서 동시에 등을 돌렸다. 20세기 초에 미술에서 광범위하게 일어난 흐름은 감각적이고 지각적인 것에서 등을 돌리고 유형화와 주지주의적인 것을 향했다.[35] 보링거가 썼듯이 이 예술 세대가 추구한 행복은 "외부세계의 사물로 자신을 연장하고 외부 사물들에게서 자신의 모습을 찾고 그것을 향유하는 데 존재하는 것이 아니라 외부의 각 대상들에게서 추상적인 것을 뽑아내고 그 사물을 추상적인 형태에 접근시켜 영원화하는 데 있으며 그런 식으로 흘러가고 도망가는 현상에서 정지 지점을 찾아내는 데 있다."[36] 융에 의하면 "동양" 문화의 운명, 특히 불교의 운명이 바로 그러한 것으로서 내향성과 '분열Spaltung'을 통하여 '카르마業'의 무서운 침범에서 벗어나려는 노력을 보여준다. "추상이란 원초적인 신비의 참여에 대항해서 벌이는 싸움의 기능을 갖는다."[37] 융이 불교와 힌두교를 이런 식으로 추상적인 사유와 동일시한 것이 어느 정도 오류를 범한 것이긴 하지만[38] 융의 그런 생각은 유대인과 아랍인들의 성상파괴주의적인 율법주의에는 완벽하게 적용될 수 있다. 서구에서는 그 문화적 모델을 언제나 셈족의 유일신 사상에서 찾음으로써 레비스트로스의 멋진 표현을 빌리자면 항상 "여성으로 남을 기회를 잃어버리는 경향"[39]이 있어왔다. 우리로서는 서구 전체가 이미지의 '낮의 체제'를 언제나 정신적 안내자로 삼아왔다고 말하고 싶으며 플라톤의 분리와 데카르트의 이원론이 그 좋은 예라고 할 수 있다.[40]

이미 자리잡고 있는 이런 교육적 위상은 억압으로 작용해서 인간 상상력의 특정한 체제들이 실현되지 못하고 좌절하게 하는 역할을 담당한다. 그리고 개인의 의식이나 집단의식은 일종의 상상적 투사에 의해서 상상계의 통합성을 재건립하는데, 예를 들면 계몽주의가 절정에 달했을 때의 전기 낭만주의 신화를 촉진하는 운동 같은 것이다. 그리고 다음 세대에 이르러서는 이러한 신화를 구체적으로 모방하게 되고 앞선 세대가 은밀하게 투사했던 이미지들은 젊은 후예들에게 모델이 된다. 괴테가 『베르테르의 슬픔』을 쓴 것은 1774년이고 젊은이들이 자살을 한 때는 1820년이다. 역사는 좌절되었던 원형적 열망이 “상징적으로 거대하게 실현되는 장소”[41]일 뿐이다. 상상적으로 그리고 신화적으로 투사되었던 것이 차츰차츰 그에 대한 구체적 모방으로 이어지고 생활 속에 유행이 되며, 이번에는 그 자체가 사회화된 개념으로 코드화되고 교육적 체계로 공고화되면서 다른 원형적 열망들을 억압하고 좌절시킨다. 기 미쇼가 프랑스 문학사를 살펴보면서 밝혀낸 상상계의 역사 내부의 확장과 수축 현상은 이런 관점에 의해 설명할 수 있다.[42] 상상계의 장래를 “하루”에 비유할 때 각각의 하루는 각각 36년 정도에 해당되는 “이상주의적”인 낮과 “현실주의적”인 밤으로 이루어지며, 우리는 “밤의 주제”와 “정오의 주제”를 자주 사용하느냐 아니냐를 보고 그 각각을 식별할 수 있다. 문학사에서 상상적인 국면이 왜 규칙적으로 반복해 나타나는가를 설명해줄 수 있는 것은 억압의 내부에서 작용하고 있는 훼손-모방의 메커니즘이다. 한 주제는 반 세대에서 반 세대를 거치면서 억압받고 훼손되었던 것을 발산하는 단계에서 사회 집단들이 정식으로 모방하면서 그 자체 교육적 압력이 되는 단계로 이행한다. 따라서 역사적 시대의 변증법은 하나의 이미지 체제에서 다른 이미지 체제로 이행되는 과정을 말할 따름이며, 그 과정은 역사적 사건들에 의해서 어느 정도 드라마가 된다. 그리고 그 과정은 세대의 연속, 다시 말해 인간의 삶의 일반적인 기간에 의해 구분될 수 있다. 우리로서는 어떤 교육학이 다른 교육학을 몰아내는 현상이라고 말할 수도 있으며, 한 교육학의 지속 기간은 오로지 교육자가 실제로 살아 있는 기간에 의해 결정된다.

그러나 억압과 그 억압에 대한 세대 간의 갈등 끝에 있는 억압의 해소라는 심리학적인 메커니즘에 의해서 상징의 성좌라든가 신화의 체제가 새로 나타나는 것이 우리가 지금까지 살펴본 것이라면 그와는 전혀 반대되는 메커니즘에 의해서 상징의 성좌나 신화 체제가 형성되기도 한다. 그것은 주어진 한 시대 신화의 다원 결정 현상의 메커니즘과 한 원형 체제의 전 영역에 대한 제국주의적 지배의 메커니즘이다. 억압에 의한 갈등의 과정 이면에는 짝패처럼 반대되는 과정이 존재하는데, 한 시대를 특징짓는 특수한 신화적 주제 주변으로 학문, 예술, 공리적이고 기술적인 전 영역에서 미리 선점하고 있는 경향들이 운집한다. 한 예를 들자면 낭만주의적 정신의 "길잡이" 역할을 했다고 볼 수 있는 마르탱주의에서 추락과 구원의 순환적 원형은 뒤이어 강화되면서 전혀 다른 국면들로 옮겨져 나타난 것이라고 말할 수 있다.[43] 셸리에는 이론적인 "낭만주의의 화두"[44]들의 내용을 "목록"으로 만들면서 서사적으로 새롭게 나타난 것의 여러 동기들이 실은 새로운 것이 단순히 자리를 옮긴 양상에 불과하다는 것을 발견했다. 과학의 국면에서 보자면 퀴비에G. Cuvier,* 생틸레르G. St-Hillaire,† 카르노N. L. S. Carnot,‡

* 퀴비에(1769~1832)는 프랑스의 동물학자이며, 비교해부학과 고생물학의 창시자이다. 연체동물·어류·화석 포유류의 동물계 전반에 걸쳐 연구하였다. 주요 저서인 『동물계』에서는 동물을 척추동물·연체동물·관절동물·방사동물의 넷으로 나누었다. 실증적 생물학의 확립자이며, 그 입장에서 진화론에 반대하여 라마르크설을 비판하고 천변지이설을 주장하였다.

† 조프루아 생틸레르(1772~1844)는 프랑스의 생물학자로서 라마르크의 진화론에 동조하여 『동물학 원리』를 저술하였다. 나폴레옹이 이집트에 원정할 때 종군하여 많은 동물 표본을 구하였다. 비교해부학을 확립하는 데 공헌하였으며 뷔퐁의 사상을 지지하였다.

‡ 카르노(1796~1832)는 프랑스의 물리학자이다. 1824년 『불의 동력 및 그 힘의 발생에 적당한 기계에 관한 고찰』을 발표하여 열역학熱力學, 특히 제2법칙의 기초를 닦았다. 즉 열을 동력으로 변화시키는 과정을 고찰, 카르노사이클의 개념을 도입하여 동력은 열이 뜨거운 물체에서 찬 물체로 이동할 때 발생한다는 것을 깨닫고, 온도차溫度差의 역할과 '열평형熱平衡 회복'의 중요성을 지적하였다. 이 논문은 B. P. E. 클라페롱에 의하여 주목을 받았고, 클라우지우스가 전개하여 열역학 제2법칙으로 결실을 보게 되었다. 1830년 7월혁명으로 연구는 단절되고, 2년 후 콜레라에 걸려 수기手記 1편을 남기고 36세로 생을 마감했다. 유고遺稿에서 종래의 열물질성熱物質性을 탈피하여 열과 일의 당량성當量性을 제시하였으며, 이 업적으로 물리학사상 열역학의 선구자가 되었다.

프레넬A. J. Fresnel*과 앙페르A. M. Ampère† 등은 단일한 과학적 세계관을 가지고 있어서 우주의 개념과 같이 포괄적이고 모호한 개념이 쉽게 통용될 수 있었다. 또한 당시의 문헌학과 비의秘意 문자 해독학은 신비주의적인 제설통합주의를 선호함으로써 계시주의가 가지고 있던 관심과 합류하고, 제설통합주의가 역사적이고 극적인 시나리오를 지닌 범신론을 기반으로 하고 있다는 점에서 이원론적인 계몽주의 철학과는 확연하게 대립된다.[45] 서사시와 이야기에 열광하는 분위기도 역사적인 직접적 동기를 지니고 있다. 프랑스의 낭만주의 시대는 몇 세대를 거치면서 혁명에 의한 재앙과 나폴레옹의 서사시를 직접 경험한 것이다. 메스트르와 파브르 돌리베, 발랑슈와 미슐레와 키네 등은 당대의 사건들을 경험하면서 그 열망이 하도 강하고 구체적이어서 철학이라고 의식하기조차 어려운 역사철학을 은밀히 만들었다.[46] 이와 같이 낭만주의의 상상력은 여러 다양한 길을 통해 표출되었지만 전체적으로는 상상계의 '밤의 체제' 속에 스스로 자리잡고 있었다고 볼 수 있다.

주어진 한 시대에는 두 개의 상반되는 메커니즘이 존재한다. 그중 하나는 사회학적인 용어를 사용한다면 압제적인 메커니즘으로서 당대의 유행에 의해 마련된 이미지와 상징들을 최대한 다

* 프레넬(1788~1827)은 프랑스의 물리학자이다. 1815년경부터 물리학의 실험 연구를 시작, 빛의 회절에 관한 중요한 논문을 과학 아카데미에 제출, T. 영과는 독립적으로 빛의 파동설을 부활시켰다. 수학적 해석을 활용하여 이론적 정식화에 힘써 그때까지의 파동설로는 설명이 불가능했던 빛의 직진, 그림자의 존재, 빛의 반사·굴절, 결정 속의 전파傳播 등을 설명하여 빛의 파동설을 확립하였다.

† 앙페르(1775~1836)는 프랑스의 물리학자·수학자이다. 특히 전자기 현상과 전기역학의 연구에 공헌하였다. 가동도선可動導線을 사용, 두 전류 간의 상호작용을 조사하여 앙페르의 법칙을 확립하고, 원형圓形전류와 자석의 동등성同等性에서 분자전류에 의해 물질의 자성磁性을 설명하는 가설을 세웠다. 수학에도 뛰어나 물리법칙을 수학적으로 정식화하는 동시에 독자적인 수학 연구도 진행하여, 미분방정식에 관한 논문 등을 남겼고 과학철학에도 힘을 기울였다. 저서로 『전기역학 실험보고집』『과학철학시론』이 있다.

원 결정하여 정신 활동의 거의 모든 분야를 그것으로 물들이는 현상이다. 다른 하나는 반대로 일종의 반항을 띠는 것으로서 주어진 상상계의 전체주의에 대항해서 그와 대립적인 상징들을 불러일으키는 변증법적 대립의 메커니즘이다.[47] 이를 통해서 우리는 인간의 상상력이 실체화된 역사에 의해 강제될 수 있다는 숙명적인 유형론에서 벗어난다는 것을 충분히 증명하지 않는가? 실제로 역사상 거의 원형적이라고 일컬을 만한 위대한 "시기"에도 모든 이미지의 체제들이 동시에 스며들어 있었음을 증명하는 것은 어려운 일이 아니다. 예컨대 고전적인 시대에는 상상 속의 낭만주의가 그 속에 공존했으며 그 역도 마찬가지이다.

게다가 우리는 역사주의적 사고의 구조들이 순환적이고 진보주의적인 원형들에서 파생한 것이지 그 역은 사실이 아니라는 것을 이미 확인한 바 있다.[48] 바로 그 때문에 신화를 진화론적 관점이나 역사적 관점에서 설명하는 태도를 우리는 거부해야만 한다. 하지만 신화에 대한 역사주의적 관점이 지닌 위광威光을 제거하고 일반적인 신화학으로 재정립하는 일이 그렇게 쉽지는 않은 모양이다. 그렇기에 귀스도르프 같은 신화적 사유의 옹호자도 콩트와 브룅슈비크와 레비브륄이 진보라는 실체화에 지나치게 몸을 맡기고 있다고 비난한 후에 그 자신도 인간의 상상력에 대한 진보주의적 개념으로 되돌아온다. 그는 인간이 역사성을 의식하게 된 것을 하나의 진보로 간주하고 "범주에 대한 인식 이전의 인간"은 "선사시대의 인간"이라고 말한다.[49] 그는 마치 전 세대의 비논리적 사고에 맞서 논리적 사고를 세우는 식으로 역사에 신화를 맞세우고는 새롭게 다른 모든 것들 중에 신화를, 그중에서도 특히 역사적 신화를 실체화한 셈이다. 귀스도르프가 이런 식의 망설임을 보이는 것은 "역사적"이라는 단어와 "실존적"이라는 단어를 끊임없이 혼동하고 있기 때문인 듯하다.[50] 역사적이라는 것이 실증적이 아니라 신화적인 요인을 말한다면 실존적이라는 단어를 규정짓는 것은 사회심리적 환경이다. 이를 더 구체적으로 설명해보기로 하자. 예를 들어 정치적으로 한 제국이 건립되면 그것이 사회학적 동기가 되어 씨족이나 부족 혹은 도시국가의 상상계의 내용과 다른 세계관이 형성되는 것처럼 보이기도 한다. 예컨대 거대 제국이 건립되는 것과 천체생물학이 비약적으로 발전하는 일이 동시에 벌어진다는 사실이 그것을 증명해주는 듯이 보인다. 하지만 우선 이런 질문을 던질 수 있다. 그렇다고 그 제국의 집단의식 어디에나 "신화의 구조들이 샅샅이 스며들어 있다"[51]고 말할 수 있는가? 제국들은 아메노피스Amenophis 4세가 시도했던 것을 모델로 하여 합리주의적 개혁을 했던 것이고 그가 시도했던 것은 인위적인 개혁이며 그로 인해 쉽게 깨지고 잊힐 수 있는 것이 아닌가? 하지만 그보다도 어떤 이미지의 체제가 사회적 체제와 연결되고 사회가 "씨족에서 제국"으로 진보해온 것으로 본다면,[52] 이런 진보도 실은 실증적으로 증명된 것이 아니라 가치판단에 가까운 것이 아닌가? 우리는 제국의 뒤를 따라 사막의 유랑 부족이 무수히 역류했음을 알고 있고, 그것은 문명이 설사 제국의 모양을 갖추었다 하더라도 결국 사라질 수밖에 없음을 확실하게 증명해주는 것이 아닌가? 로마제국이나 비잔틴제국, 잉카제국과 수메르제국에서 무엇이 남았는가? 베르틀로가 귀스도르프[53]와 마찬가지로 제국의 정치적 제도와 천체생물학적 유기체와 같은 상상된 우주 사이에 연계가 있음을 지적한 것은 물론 옳다.[54] 하지만 신화적 의식 내부에 "이해 규범norme d'intelligibilité"[55]을 형성시킨 것이 사회적인 압력이지 역사적 결정론에 의한 것이 아님을 누가 부인할 수 있겠는가? 제국의 시대는—역사 속의 여타 국면들과 마찬가지로—개인주의적 합리주의의 초석이거나 그 문턱이기는커녕 개혁된 시대일 뿐이다. 그리스의 기적이나 소크라테스의 시대가 페르시아제국에 대한 테미스토클레스의 승리에 이어온 것이지만 아테네는 이어서 로마제국의 식민지가 되지 않았는가? 그러니 이른바 "제국 시대의 종점"은 없다. 그리스의 기적도 운명적으로 정해진 합리화와 민주화의 출발점과는 거리가 먼 이유는 그 뒤를 이어 세계가 경험한 바 없는 가장 전체주의적인 제국이 나타났으며 그리스의 인본주의적 소피스트들에 의해서 잠잠해졌던 고대 동양적 신화들이 모두 다시 서구에서 온전히 되살아났기 때문이다.

결국 이성이나 지성은 진보적 성숙의 과정을 거치면서 신화에서 멀어지거나 분리된 것이 아니라 원형들을 담고 있는 커다란 상상적 사유들의 흐름이 추상화되어 나타난 관점들일 뿐이며 때로는 사회적 맥락에서 좀더 특수화되었을 뿐이다. 역사적 설명이 부차적으로 저지를 수 있는 잘못을 하나 더 지적한다면 그 입장에서는 계통발생이 개체발생을 만들어낼 수 있다고 믿는 것이다. 그런데 이렇게 유추적인 사고를 한다는 것 자체가 이미 신화의 영역에 속한다. "선사시대에서 천체생물학의 시대로 옮아가는 것은 한 개인의 삶에서 유년기부터 사춘기로 이행하는 것과 마찬가지다"[56]라고 말하는 것은 대우주론을 축소해서 보여줄 뿐이기 때문이다. 그런 사고에서 인간이라는 종은 한 개인의 발생으로 환원되어 설명될 뿐이니 우리로서는 천체생물학에 대한 이러한 생각이 혹시 천체생물학적 정신이라는 맥락에서 나오는 것이 아닌가 묻고 싶어진다.

따라서 교육적 압력이 어떤 것인가를 판단해야 할 때 택해야 할 관점은 그 자체 신화의 한 부분에 속하는 진화론적 관점이 아니라 구조적이고 사회학적인 관점이라야 한다. 사회학자들이 이미 예감했듯이 상상하는 정신이란 인간 전체의 정신 상태 바로 그것이다. 레비브륄은 이렇게 썼다. "신비의 정신이 있다. ……그것은 모든 인간 영혼 속에 나타난다."[57] 그는 1910년에는 엄격한 실증주의적 사회학자였는데 1938년에는 민속학이 요구하는 바에 고개를 숙이고는 콩트식의 역사철학적 방법을 포기한 채 구조주의 연구를 시작하면서 그렇게 말한 것이다. 달리 말한다면 신화는 역사의 산물이기는커녕 역사적 상상력의 흐름에 활력을 주고 역사의 개념조차 구조화하는 것이다.[58] 어느 시대든, 또한 어느 역사적 사건들이든 거기에서는 이미지의 이율배반적인 체제들이 맞서고 있다. 바스티드가 결정적인 저서에서 보여주었듯이[59] 사회적인 맥락이 작용되었을 때만이 '원형들이 상징들로 빚어지는 것'이며 교육적 파생 현상들도 이루어진다. 바스티드의 이야기를 우리 식으로 설명하자면, 원형이나 구도의 보편성이 필연적으로 상징의 보편성을 가져다주지는 않는다고—더욱이 콤플렉스의 보편성을 보장해주지도 않는다고—말할 수 있다. 한 사회의 주어진 순간에는 성장중인 이른바 사회적 "긴장"이 존재해서, 보편적인 원형이나 구도의 상징체계를 그에 걸맞은 사회적 표현으로 특수화하며 그렇게 개념화된 표현은 사회마다 각각 다른 언어, 즉 기호를 통해 드러난다. 바로 그 이유 때문에 하나의 언어가 완전하게 다른 언어로 번역될 수 없으면서—기호학적 영역—동시에 신화의 의미 차원에서라면 언제나 번역할 수 있게 된다. 번역에서 바로 이 역설이 상징의 심리사회적 모호성을 압축적으로 보여준다. 다무레트는 프랑스어 같은 언어가 어떻게 자신도 모르게 우선 중성을 배제하면서—프랑스어에서는 남성화되었다—성적인 양분법으로 다듬어지는가 하는 과정을 잘 보여준 바 있다.[60] 모든 성적인 분류는 능동적인 것은 남성이요, 수동적인 것은 여성이라는 개념에 의해 주도된다. 프랑스어에서 분화된 것, 성적 특성이 없어진 것, 능동적인 영혼의 속성에 어울리는 것, 정확하게 범주화할 수 있으며 방법적이고 어느 정도 물질적인 것은 모두 남성이다. 반면에 비물질적이고 추상적인 실체를 나타내는 것, 외부로부터 오는 행동을 따르게 되어 있는 것, 기계적인 다산성이나 풍요성을 환기시키는 것들은 모두 여성이다. 그런 언어학적 뉘앙스를 번역으로 전할 수 없는 것은 분명하다. 그러나 그렇게 특수화된 언어학적 뉘앙스도 여성성과 남성성의 기본적 표현이라는 가장 보편적인 맥락 내에서는 일정한 능동적 역할을 한다. 언어의 사회적 파생 현상 뒤에는 가장 보편적인 원형들과 상징들이 전반적으로 살아남아 있으며 파생 현상은 보편적인 것에 사회현상들이 장식처럼 덧붙여진 것이다. 여기서 우리는 이 책의 앞부분에서 방법론적으로 채택한 "인류학적 도정"이라는 개념과 다시 만나게 된다.[61] 인간 주체가 그 환경과 맺는 "인류학적 도정"이란 다른 어떤 설명으로도—그것이 역사적이라 할지라도—모두 망라할 수 없는 보편적 이해의 토대가 된다.

따라서 결론적으로 우선 역사는 그 자체가 상상계의 영역에 속하므로 원형적 정신의 내용을 설명해줄 수 없다고 단언할 수 있다. 게다가 각각의 역사 단계에는 이중적이고 대립적인 동기에 의해서 상상력의 전 영역이 모두 나타난다. 부연하자면 그 동기들이란 하나는 모방의 교육학이라 부를 수 있는 것으로서 사회 환경에 의해서 받아들여진 이미지와 원형들의 제국주의적 지배의 메커니즘이고, 다른 하나는 역사적 시공 내에서 어떠어떠한 이미지 체제의 억압에 대항해서 나오는 대립적 상상력의 촉진 메커니즘이다. 이와 같이 이미지의 교육은 결정된 역사적 방향을 따르지 않으며 마토레와 미쇼가 밝혀낸 바 있는 세대간의 갈등이라는 심리사회적 현상을 제외하고는 일정한 사회 환경이 선호하는 체제가 언제 억압받던 체제에 의해 잠식될 수 있는가를 예견할 수는 없다. 다음으로 원형들에 의한 사회적 교육이 존재하는 것은 사실이지만 원형들의 표현이 근본적으로 비정형적이기 때문에 그 교육은 필연적으로 간접적인 것처럼 보인다. 상상계의 내용이 근본적으로 비정형적이면서 동시에 보편적이라고 말하는 것은 바로 한 언어나 인간의 표현을 다른 언어로 번역할 수 있다는 것을 순수하고 아주 간명하게 인정한다는 것을 뜻한다. 달리 말한다면 인간의 의식에는 주어진 순간의 환경이나 사건이 주는 교육을 넘어서는 이해의 끈이 존재한다는 것을 인정하는 것이다. 유형학적인 성격학이나 심리학과 마찬가지로 역사적이고 사회적인 동기는 상상계의 역동성이 풍요롭게 존재한다는 자명한 사실을 존재론적으로 이해할 수 없다.

역사 사회적 파생 현상은 겉보기에는 상상계의 구조적 분류의 길을 따르는 것처럼 보인다. 하지만 그것은 성격적·성적 파생 현상과 마찬가지로 특수한 결정주의에 의해 정당성을 보증받고 있으므로 인간의 상상력이 보여주는 최고의 자유, 한 개인에게서든 사회에서든 이미지의 체제나 그 구조를 바꾸고 넘나들 수 있는 자유를 설명해주지 못한다. 개인의 상상력이 보이는 양상들이나 집단적인 상상력의 표현 양식들, 원형적으로 되돌아갈 수 있는 가능성, 한 체제에서 다른 체제로 "전환"할 수 있는 가능성, 이 모든 것들은 우리가 이 연구를 진행하는 가운데 분류한 바 있는 주요 원형들의 보편성과 심리사회적 비정형성을 드러내 보여준다. 우리는 이제 상상계가 그것을 인간 사유에서 부수적 요소에 지나지 않는 것으로 환원하는 특정 결정주의에서 벗어날 수 있게 해준 셈이다. 또한 성격이나 사회적 현상들에 비해 상상계는 초월성을 지니고 있음을 보여주었다. 이제 우리는 이 초월적 기능에 대해 구체적인 분석을 행하기에 앞서 상상력의 기능이 정신적으로 영향을 미치는 범위를 이해하는 일, 다시 말해 인간 전체의 정신 현상이라는 유기적 조직 내에서 그 기능을 이해하는 일이 남아 있다.

*

우리는 이러한 기능에 대한 연구를 라크로즈가 「상상력의 기능」이라는 논문에서 채택한 관점에서 접근하겠다.[62] 그의 논문은 논의의 여지 없이 이미지의 보편성을 인정하게 만들었다는 큰 공로를 지닌다. 그의 논문은 이미지 기능의 보편성을 인정한 것이다. 하지만 이미지에 대한 인류학적인 시각이 결여되어 있기에 사르트르의 글이 지녔던 것과 같은 결함을 지니고 있다. 그는 특수한 것을 일반화하는 우를 범했으니 상상력에 대한 내성적인 정의에 의해서만 통용될 수 있는 제한된 상상력의 모델을 일반화한 것이다. 그러니 이러한 제한된 기능이 일반적으로 프랑스 철학에서 상상력에 부여하고 있는 하찮은 기능과 비슷한 정도에서 그치고 있다는 것이 그다지 놀랄 일도 아니다.[63] 그런데 무언가를 제한한다는 것은 필연적으로 왜곡한다는 것을 뜻하는 것은 아닐까? 우선 라크로즈의 글은 상상력을 단 하나의 체제, 즉 '낮의 체제'로만 제한하고 있다.[64] 자폐증과 분열적 행동이 상상력의 기능에 의한 "자연스러운 산물"이라는 것이다. 그러나 상상력을 이렇게 낮의 체제의 국면으로 제한한다는 것은 상상계를 현실에 대립되는 것으로 간주하고 상상력의 "열반nirvâna"[65]을 과소평가하는 고전적인 명제를 이미 선택했다는 것을 의미한다. 반대로 우리는 상상력의 기능은 언제나 가장 구체적인 참여를 수반한다는 것, 예컨대 뇌전증 질환의 사회적이고 미학적인 행동을 조절하고 완화한다는 것, 따라서 정신분열적인 것에 속하는 소품들의 창고에 갇힐 수 없다는 것을 확인한 바 있다. 다음으로 상상력의 기능이라는 개념이 너무 제한적이기 때문에 결국 그 자체가 모호해질 수밖에 없다. 그 개념은 프로이트나 고데 그리고 라포르그의 명제를 전혀 덧붙임 없이 이어받은 것으로서 상상력은 순전히 보상일 뿐이어서 "생물학적 역할"을 가질 뿐이다.[66] 이 경우에 상상력의 기능은 부차적이고, "육체적으로 불가능하거나 도덕적인 금기가 있을 때 취하는 단순한 대체 시스템"이며, 상징은 단순한 부끄러운 대상 현상[67]으로 축소될 뿐이다. 하지만 "힘든 현실로부터의 도피"[68]라는 것이 만일 근본적인 불가능성, 즉 죽음과 시간의 불가역성에서 단절되어 있다면 그 자체도 아주 모호하다는 것은 분명하다. 그러므로 우리는 상상력의 기능이 고유의 존재론적 차원을 회복하도록 노력할 것이다. 마지막으로 라크로즈의 논지는 매우 모순적이다. 왜냐하면 만일 상상력이 기쁨의 원천이라면, 이

기쁨은 가끔은 더이상 검열되지 않고 자유롭게 "활동하는" 경향들의 "미래지향적" 분출의 결과로 나타나기도 하고,[69] 억압의 결과이기도 할 것이기 때문이다.[70] 그때 기쁨에는 설명할 수 없을 정도로 고통과 근심이 뒤섞여 있다.[71] 기쁨은 그래서 고통에 대한 승리이면서 동시에 고통의 결과물이다. 그러므로 우리는 라크로즈의 연구를 보충해야 하고, 이 작업을 위해서는 선험적으로 상상력의 개념을 제한하지 말아야 한다. 인류학적 연구는 이렇게 상상계의 범위를 확대시켜주었다.

우선 우리는 전통적인 정신분석이 생각하는 것처럼 상상력의 기능이 단순한 억압의 메커니즘을 넘어선다고 확언할 수 있다. 그러므로 "억압된 것만이 상징적이고 상징적일 필요가 있다"[72]고 주장하는 것은 잘못이다. 왜냐하면 그것은 방해와 검열의 숙명성과 표현할 수 없는 미래의 우연성을 혼동하는 것이기 때문이다. 상징이 갖는 역할은 어떤 사고가 명백하게 의식에 이르는 것을 "막는 것"이 아니다.[73] 상징은 차라리 기호적인 의식으로는 표현하기 불가능한 것, 즉 우리의 전술 의식이 시간성이라는 피할 수 없는 운명과 마주해서 느끼는 행복과 번뇌를 기호적으로 표현할 수 없기 때문에 발생한다. "상징의 의미는 창조적이다." 실제로 억압이라는 명제만으로는 예술의 창조를 제대로 이해할 수 없으며 종교적 경험의 진정한 의미를 이해할 수 없다. 이미지는 억압의 결과이기는커녕 기호적인 것을 넘어선 창조적 즐거움을 담는 그릇이다.[74] 우리는 이 책을 쓰는 내내 이미지는 의미 혹은 그 질료가 형태와 분리되는 기호와는 거리가 멀며 언제나 의미론적이라는 것, 다시 말해 그 구문이 내용 혹은 전언과 분리되지 않는다는 것을 보여주려고 애를 써왔다. 그런데 억압 논리는 이미지를 언제나 억압당한 것의 기호로 만들어버린다. 라크로즈에게는 정신분석학자나 바르트[75] 혹은 사르트르에게서처럼 이미지는 언제나 의심스럽고 빈약한 기호로 축소된다.

이른바 기호학적인 오류의 예를 가장 잘 보여주는 것은 롤랑 바르트이다. 그는 신화에 대해 "기호학 체계"를 세우려고 하면서 그 체계가 언어에 비해 "2차적"이라고 말하는데,[76] 그것은 신화의 격을 떨어뜨리는 일이다. 인류학이 문제 삼는 것은 바로 그 2차성이다. 유아심리학이든 원시인의 심리학이든 문명화된 어른에게서 이미지가 형성되는 과정에 대한 연구이든 어느 것도 상징이 개념 언어에 비해 2차적이라는 것을 인정하지 않는다. 발생 시기로 보아 본의가 형상화된 의미보다 앞서 있고 더욱이 존재론적으로 우위에 있다고는 절대 말할 수 없다. 사실상 바르트는 용어 자체에서 망설임을 보여주고 있으며 신화를 언어에 비해 평가절하하려고 애를 쓰면서도 신화를 "메타언어" "보다 확장된 체계"라고 쓸 수밖에 없었을 것이다. 결국 그는 "신화는 너무 풍요롭다"고 고백하고 있다.[77] 한편 신화와 언어의 위상관계를 하나의 도식으로 정리하면서 바르트는 신화가 "언어를 하나의 대상"으로 감싼다는 논리적 결론을 도출해내고 그 결과 신화가 언어에 무언가를 덧붙인 것이기에 가장 풍요로운 것이 될 수밖에 없다고 결론 맺는다.[78] 그러나 이런 인위적인 도식에서 출발하는 것은 애당초 잘못이다. 그것은 신화를 기호론으로 환원·축소하는 자의적 결정에 의한 것인 만큼 근본부터 잘못된 것일 수밖에 없다. 신화 연구는 '신화'가 언제나 이 용어의 모든 의미들보다 우선한다는 것, 신화는 억압이나 파생 현상의 산물이기는커녕 오히려 신화의 상형적 의미가 본의에 우선한다는 것을 단호하게 보여줄 수 있는 인류학적인 분석에서 출발해야만 한다. 원하든 원하지 않든 간에 신화는 온갖 형이상학뿐만이 아니라 모든 객관적 사유와의 관계에서 그 어떤 것보다 우선하며 신화적 서정의 억압에 의해서 만들어진 것이 오히려 형이상학이요 과학이다.[79] 상징은 적응 결합의 결과 생겨난 대리 동화물로 평가절하될 수 없다. 우리가 이 책 내내 강조하고자 하는 것이 바로 그 점이니 상징의 본령은 주체의 절대적인 욕망과 객관적 환경의 소환 사이에 존재하는 균형이나 합의—우리는 그것을 "도정"이라고 불렀다—이다. 바르트가 신화의 "비천함"과 상징적 과정의 "역겨움"에 분개했다는 사실이 신화가 대상 곁에 존재하는 "참됨"에 비해 질적으로 그른 것이라고 말할 수 있는 근거는 될 수 없다. 객관성을 신봉하는 것이나 "억압"이라는 명제를 높이 평가하는 태도 자체가 이미 객관적인 "즉자卽自"를 주관적인 "대자對自"보다 우위에 두는 세계관과 연결되어 있다는 것을 누구나 금방 알아볼 수 있지 않겠는가?[80] 결국 현대의 많은 사상가들이 상징을 비난하는 것은 그것이 지나치게 "대자적이라는 것", 즉 주관적이라는 것이 아니었는가?[81] 우리에게는 이러한 반신화적 입장을 택하는 태도가 결국은 자아의 내면성을 혐오하고 비객관적인 실재라는 개념, 즉 주체의 이해—대상을 사유하는 이해 자체—와 거리를 두지 않거나 분리될 수 없는 실재라는 개념에 질색하는 상상력의 체제에 속하는 것처럼 보인다. 그러나 우리는 현대 심리학 덕분에 억압의 산물로서 혹은 에고ego가 객관적인 환경에 맹목적으로 적응된 결과로서 "객관적 진리들"만이 존재하는 것은 아니라고 단언할 수 있다. 객관적인 진리들뿐만이 아니라 "주관적인 진리들"도 있으며 사고의 기능에는 그것이 외부적 현상보다 더 근본적이다. 따라서 우리는 상상의 기능을 "가짜"라는 이름으로 처형해서는 안 된다. 귀스도르프가 썼듯이 "신화의 진실이란 그것이 우리 내부에서 만들어내는 총체적인 참여에 의해 증명된다. 신화의 진실은 그것이 지닌 존재론적인 인지 기능을 통해 우리를 총체성에 통합시킨다."[82] 어떤 거짓말이 "생명력을 지녔을" 때에도[83] 그것은 여전히 거짓말인가?

상상력의 기능이 심리학적 억압이나 기호학을 넘어서는 것이고 그렇기에 인간의 정신적 내용과 비교해도 결코 부수적인 것이 아니라 "어떤 의미도 배제할 수 없는 풍요로운 세계"[84]를 이룩하고 있는 것이라면 상상력이 모든 이론적이고 실제적인 정신활동에 참여하고 있다는 것을 부정할 근거는 전혀 없다. 실제로 이론적인 관점에서도 오귀스트 콩트처럼 상상력에 이미 그 시효가 지난 설명적 역할을 부여하는 데 만족하거나 라크로즈처럼 "과학의 발전 앞에서도 신화적 사유는 조금도 후퇴하지 않았다. 단지 그 대상만 바꾸었을 뿐이다"라고 주장해서는 안 된다. 그 두 주장은 상상력의 지적 활동을 배제함으로써 상상력의 기능을 축소하고 있기 때문이다. 현대 심리학 입문서들이 간략하게 줄여서 강조하고 있듯이 발명이란 창조적 상상력 그 자체이다. 데카르트 이후의 현대 과학은 이중의 '유추'에 그 토대를 두고 있다. 대수학은 기하학과 유사하다는 것이며 자연 내의 결정론은 수학의 과정과 유사하다는 것이다. 우리는 여기서 연구나 발견과정에서 상상력이 맡고 있는 거대한 역할에 대해서 길게 말하지는 않겠다. 단지 바슐라르가 그의 중요한 책에서 보여주었듯이 모든 객관적인 연구는 상상력 주위에서 그리고 상상력에 반대하면서 이루어진다는 사실만을 덧붙이기로 하자. 상상력이 연구를 발동시키고 그후에 객관적 해독을 돋보이게 하는 대립항으로 이용되는 것이다. 상상력은 과학에서 기병인 동시에 박차이다. 바슐라르는 예의 그 혜안으로 과학의 성립과정에서 이미지적 사유를 지우거나 배제할 수 없으며 과학이란 그 연구를 촉진시킨 은유라는 색채를 "제거하려는" 노력 자체임을 완벽하게 이해하고 있었다.[85] 객관성 탐구의 영역은 대표적인 억압의 영역에 속한다. 신화는 억압에 의해 생성되는 것이 아니라 어떻게 보면 객관적 인식의 정신분석과정에서 그 억압을 발동시킨다. 의식이 가능한 한 최대로 객관적인 세계, 달리 말해 동화하려는 온갖 의도와 인간적인 흔적이 지워진 순수한 세계를 수확하기 위해서는 상징 한가운데 존재하는 자아와 세계의 합의의식을 분리 제거해야 한다. 그러나 콩트나 라크로즈가 확신한 것과는 반대로 이미지는 객관적인 인식 내부에서도 생생하게 살아남아 있다. 그리고 인간의 과학적 사유의 영역에서 나타나는 순수주의는 이미지의 '낮의 체제'가 극도로 축소된 것뿐이다.

상상력의 기능은 이론을 세우려는 의식을 가다듬는 데 참여할 뿐만 아니라 라크로즈가 생각했던 것[86]과는 반대로 구체적 삶의 실천 내에서 정서적 은신처 역할만 하는 데 그치지 않고 행동 그 자체의 보조역을 한다. 그것은 그루스의 생각처럼 놀이가 행동의 시초라는 의미는 아니다. 좀더 깊이 살펴보면 모든 문화에는 그것이 지닌 미적, 종교적, 사회적 원형들이 축적되어 있으므로 그 안에서 행동이 펼쳐지는 틀 역할을 하는 것인지도 모른다. 한 문화 전체는 거기에 교육이 존재함으로써 온갖 상상력의 구조들이 들어 있는 총체적인 존재이다. 귀스도르프는 "신화는 근본적인 가치들의 저장소"[87]라고 썼다. 삶 속에서 실천 교육은 처음에는 극히 이론적인 방법으로 이루어진다. 교훈담, 우화, 전범典範, 문학작품이나 박물관에서 고른 이야기, 고고학적 유산, 유명인사의 생애들이 이용된다. 그리고 놀이란 신화나 전설이나 옛날이야기를 처음으로 시도해보는 것이나 다름없다. 유럽의 젊은이들이 카우보이 놀이나 인디언 놀이를 하는 것은 삽화가 든 문학작품에 전투의 원형들이 나오기 때문이며 버펄로 빌이나 매의 눈이 입은 역사적이고 문화적인 옷이 나오기 때문이다. 게다가 교육의 단계가 지나고 나서도 상상력은 행동을 촉진하는 직접적 기능을 담당한다. 한 사회에는 언제나 "상상력의 작품"이 있게 마련이며 가장 실용적인 인간의 창조물도 어떤 식으로든 상상력의 영향을 받게 마련이지 않은가? 인간이 창조한 세상이라는 이 "풍요로운 세상"에는 유용하고 상상적인 산물이 불가분의 관계로 뒤섞여 있다. 바로 그 이유 때문에 오두막집이나 궁전 그리고 사원 같은 것들이 흰개미집이나 벌집과 다른 것이며 가장 하찮것없어 보이는 도구에도 상상의 장식이 들어가 인간이 그 도구를 사용하면서 소외되지 않게 된다.

이처럼 이론적이든 실천적이든 인간 정신의 창조는 애초에 모두 상상력의 기능에 의해 지배받고 있다. 이러한 상상력의 기능은 인간이라는 종족 전체에 두루 펼쳐진다는 의미에서만 보편적인 것이 아니다. 인간의 이해의 기본을 이룬다는 의미에서도 보편적인 것이다. 상상력은 인간 의식의 전 과정의 뿌리를 이루고 있으며 인간 정신이 원초적으로 지니고 있는 표지이다. 우리로서는 이러한 상상력의 기능을 보여주는 가장 비슷한 개념이 아비시엔의 오래된 개념인 '활동적 지성intellect agent'인 듯이 보인다. 그것은 인류 전체의 지식의 안내역을 하며 보편적이고 초월적인 특수한 원칙이다.[88] 이제 우리는 이 인간 정신의 원초적 기능에 대한 철학적 분석을 할 수 있게 되었다.

제2장

공간, 상상력의 선험적 형태

상상계의 특성이 무엇인가에 관심을 기울였던 모든 사람들은 누구나 이미지가 지닌 야릇한 성격, 즉 그것의 즉시성卽時性에 놀란다.[1] 지각된 입방체가 상상된 입방체만큼 즉각적인 경우는 있을 수 없다. 상상력은 즉각적으로 공간 속을 날아가며 제논이 상상한 화살은 실존적 시간의 제한을 벗어나 영속한다. 바로 이런 즉시성 때문에 상상계의 대상들을 근본적으로 완벽하게 만들며 상상계의 '근본적 빈약성'은 오히려 다행스럽게도 실제적 사건이 결여되어 있다는 뜻이다. 순수한 상상력이나 꿈을 관찰해본 사람들은 지각이 시간적으로 느리게 진행되는 데 반해 꿈은 섬광처럼 빠르게 진행된다는 것에 놀란다.[2] 유클리드의 점이 두께가 없으며 어떤 면으로는 공간에서 벗어나 있는 것처럼 이미지는 작아진 형태로 인해 시간의 조화에서 벗어난 채 개념을 향해 움직이고 있는 듯이 보인다. 그러나 이미지는 개념보다 더 비시간적이다. 개념이란 선택적인 노력과 판단에 의해 성립되며 그로 인해 경솔함에서 벗어나기 위해 생각을 지연시켜야 하는 데서 상상계의 즉시성을 간접화하기 때문이다. 반대로 이미지는 모순에 대한 걱정은 전혀 없이 화려한 이미지들의 "무리"들을 미친 듯이 태어나게 한다. 지각하는 사유와 마찬가지로 추론하는 사유에는 실존적인 작업이라는 것의 무게가 가해진다. 그러나 상상하는 사유는 즉각적으로 충족된다는 의식을 가지며 시간적인 고리에서 벗어난다. 이른바 "저압 상태"에서는 현실감이 지워지는 것이 아니라 차라리 자아의 연속성에 대한 의식, 다시 말해 지각된 현상을[3] 시간적 연속성 속에서 연결하여 조절하는 기능이 사라지는 것이다. 그런 사실에 비추어볼 때 우리는 베르그송이 어떻게 꿈이나 상상 속에서 이러한 비시간성, 섬광 같은 성격을 구체적 지속durée과 동일시할 수 있었는지 이해하기가 힘들다. 꿈속의 "무심함"은 무엇보다 시간의 "휴지休止"[4]이기 때문이다. 꿈이나 환각 속에서 즉각적으로 주어지는 여건은 이미지이지 지속이 아니다. 그 상황에서 "시간감"은 "해체되는 듯"이 보이기 때문이다.[5]

우리가 잘 알다시피 베르그송은 칸트가 본체와 현상을 구분했으며 시간을 공간과 동질적 환경으로 간주하여 그 둘을 모두 현상 사이에 자리잡게 했다고 비판했다.[6] 그리고 베르그송은 그의 유명한 책『의식에 직접 주어진 것들에 관한 시론』의 결론에서 칸트가 지속이라는 개념을 무시함으로써 어떻게 형이상학의 가능성 자체를 부정하게 되었는가를 밝혔다. "자유의 문제는 오해에서 탄생한다. 그런 오해를 낳은 것은 그가 연속과 동시성, 지속과 넓이, 질과 양을 혼동하게 만드는 착각 속에 있었기 때문이다." 베르그송은 중간 휴지休止라는 것을 없애버린 후 거기에 지속이라는 형태를 한 본체를 끌어들이면서 그가 존재론적인 실재로 간주하는 자아와 구체적 지속을, 이 세계 속에서의 행동을 지향하는 실제적인 표현들과 공들여 구분한다. 그러나 베르그송의 비판을 통하지 않고 표현 형태에 관한 칸트의 명제를 직접적으로 살펴보면 우리는 "초월적 미학" 역시 최소한 지각적으로는 시간에 우월권을 부여하고 있다는 것을 알 수 있다. 시간은 "일반적인 모든 현상들의 선험적 조건"[7]을 이루고 있다는 것이다. 물론 그는 실재와 순수 형태적 시간을 일치시키지는 않지만 칸트든 베르그송이든, 역설적이게도 공간보다 시간에 심리적 가치를 더 높이 부여하고 있다는 것은 부인할 수 없는 사실이다. "직접 여건"이라는 개념이나 "일반적인 현상들의 선험적 조건"이라는 개념은 시간성의 직관을 우선시하면서 공간을 최소한도로 축소한다. 그리고 베르그송이 주장하는 지속에 입각한 존재론적 비판 역시 칸트의 저술에서 주장하고 있는 시간에 우선을 둔 현상학적 비판을 분명히 필요로 하고 있다.

알키에는 베르그송의 존재론적 지속이라는 개념이 안고 있는 난점은 "생각할 수 없다는 것"이며 만일 생각하는 것이 가능하다면 그것은 이미 지속이 아니라는 점에 있다고 올바르게 지적한 바 있다.[8] 왜냐하면 만일 이러한 지속을 존재론적인 서정의 편으로 넘겨버린다면 그것은 파악하기조차 어려운 퍼즐이 되어 질적인 면에서 조각들을 연속적으로 연결시킬 수 있는 고리를 상실하기 때문이다. 뷔를루의 표현을 빌리자면 그것은 모호한 "정신적 수리학水理學"이 되어버리는 것이다.[9] 그리고 다른 한편으로 "그것의 통일성을 강조하면 그것은 정태적이고 부동적인 것이 되어버린다."[10] 그때 우리에게는 당연히 이런 의문이 떠오른다. 베르그송이 지속을 의식의 존재라고 불렀다면 그는 자신도 모르게 "지속하다"라는 동사를 가장 사소한 의미, 즉 "그것이 지속되기만 한다면"이라는 표현 속에 들어 있는 보편적인 의미로 받아들인 것은 아닌가 하는 것이다. "그것이 지속되기만 한다면"이라는 표현은 그것이 '머물러 있다면' 혹은 그것이 '남아 있다면'이라는 뜻을 갖고 있는 것이다. 그렇다면 변화하고 지나간다는, 지속이라는 개념이 가진 고유의 성격은 어디로 간 것인가? 우리는 베르그송의 지속은 지속되므로 더이상 시간적이 아니라는 이상한 모순과 마주하는 셈이다. 그 이유는 시간이라는 것, 그것이 구체적으로 활성화되어 나타난 죽음이라는 것은 사실상 생각할 수 없는 것이기 때문이다. 시간성은 물리적 존재와는 혼동될 수 없다. 시간성은 그것의 무화와 다름없기 때문이다. 한 정신분석학자가 썼듯이 "시간을 산다는 것, 그것은 그것으로 죽는 것이다."[11] 결국 베르그송의 지속에 대한 분석은 지속 자체로부터 등을 돌리는 것이 되어버린다. 베르그송은 지속을 운명 거역적이라고 정의 내리고 있다. 그는 "시간은 운명적 결정론을 차단할 수 있는 망설임 자체"라고 썼다.[12] 이 경우 맹목적으로 그리고 가차없이 날아가는 운명의 비상을 멈추려는 것에 과연 지속이라는 이름을 붙일 수 있는 것일까? 그것은 "지속한다"는 것과 "존재한다"는 것, 시간 속에 존재한다는 것과 시간 밖에 존재한다는 것을 혼동했기에 얻게 된 결론이 아닐까? 그것은 율리시스의 머리와 꾀를 '오디세우스'가 겪은 일들, 거의 맹목적인 돌발 사건들과 혼동하는 것이나 마찬가지가 아닐까? 게다가 베르그송 자신도 물질계의 냉혹한 변화에 맞서는 삶을 규정할 수 있는 단어로 "늦추다"[13]라는 동사를 사용하고 있지 않은가? 삶은 에너지의 실추를 "늦추는" 것을 사명으로 하며, 죽음을 지연시킴으로써 자유의 예고자가 된다.

그러니 베르그송의 철학 품에서 존재가 위치하는 진영이 변화하게 된다. 존재는 기본적으로 흐르는 것이기를 그치고 시간을 멈추어 서게 만드는 힘을 불가피하게 지니게 된다. 진화는 진화하기를 멈추었을 때에야 창조적이 되는 그 역설![14] 자유는 휴식에 있고 그것은 운명을 좌절시키며 누리는 최고의 호사이다. 가치는 미래의 폭발적인 힘 속에 존재한다. 무생물이나 기계적 자동성과 대립되는 의지와 "생명"의 질서는 시간을 멈추게 하는 힘, 운명에 맞서 물질적 결정론에 의해 자동적으로 발생하는 것과는 다른 가능성을 찾는 그런 힘에 불과할 뿐이다. 이런 식으로 애당초의 출발점인 시간적이고 실존적인 관점을 넘어서서 본질로 회귀하는 모습은 귀스도르프의 사유에서도 발견할 수 있다.[15] 그는 사용하는 언어에서 시간의 흐름이라는 개념과 재현이 제공하는 가역성의 자유를 혼동하고 있다. 그가 "시간은 일군의 이미지들과 상황들을 형성하며 그 효과는 그 이미지와 상황을 낳은 실제 '사건 밖에 보존되어' 있다"(강조는 인용자)고 썼을 때, "보존되어 있다"는 동사는 베르그송의 "늦추다"나 "지속하다"라는 동사와 마찬가지로 크로노스의 불길한 힘을 거세시키는 것이나 다름없음을 누구나 알 수 있지 않은가? 귀스도르프는 베르그송과 마찬가지로 이미지들을 투사하고 운명을 형상화하는 기능, 즉 시간적 결정론을 넘어서서 존속하는 기능을 시간 자체가 소멸되는 것과 혼동했다. 그가 "인간의 시간이란 과거를 이야기하고 미래를 미리 숙고할 수 있는 가능성이며 자신의 현재 활동을 픽션으로 만들 가능성이다"[16]라고 말했을 때, 그는 그런 혼동 상태에서 시간성이란 개념을 너무 남용하고 왜곡한 것이 아닌가? "이야기하다" "미리 숙고하다" "꾸며내다"라는 동사들은 상상력의 기능에 빚지고 있는 활동을 의미하며 시간과 연관되는 것이 아니라 숙명적인 미래에서 벗어나 있는 것이다.

상상력의 기능은 그것이 기본적으로 가지고 있는 특성, 즉 즉시성과 실존적 빈약성 때문에 이른바 지속에 대한 직관이나 미래에 대한 숙고와는 양립할 수 없는 것으로 드러난다. 물론 베르그송의 논리는 이러한 양립 불가능성에 대해 섬세한 반박을 마련해놓고 있기는 하다. 즉 상상계란 기억의 영역에 속해 있기에 자동적으로 시간의 영역에 속한다는 것이다. 기억의 내용은 "무관심"의 결과로 형성되는 것이라는 이 논리는 『웃음』이라는 저술에서 이미 소개되었으며, 『물질과 기억』이라는 저명한 책에서는 이미지와 정신을 단번에 기억과 지속의 직관에 포함시키고 있다.[17] 기억은 순전히 공간적이고 지적인 물질에 대한 지속의 저항활동이라는 것이다. 따라서 정신과 지속의 편에 있는 기억과 이미지는 공간의 편에 있는 지성과 대립된다. 그리고 베르그송은 허구화fabulation 이론에 대한 유명한 설명에서 상상력을 기억으로 환원시킬 수 있다고 믿지는 않는다고 말한다. 그는 "픽션"이 지성에 대한 자연스러운 "평형추"이며 지성이 침식한 본능과 생의 비약élan vital의 대리물, 즉 "지성을 약화시키는 힘에 대항하는 본성의 반응"[18]이라고 말한다. 이러한 일반론은 두 가지 잘못에 근거해 있다. 우선 기억을 지속의 직관과 동화한 것이 잘못이며, 다음으로 재현과 일반적인 의식을 둘로 나누고 모방적이고 가공적인 직관을 희생시켜 지성 자체를 축소한 것이 이어지는 잘못이다.

그의 생각과는 반대로 기억이 상상력의 기능에 포함되는 것이지 그 역은 사실이 아니다. 기억은 시간의 직관이기는커녕 "되찾은" 시간, 그러니까 부정된 시간이 승리하는 것을 의미함으로써 바로 그 시간 자체에서 벗어난다. "되찾은 시간"에 대한 프루스트의 경험은 우리가 보기에 베르그송의 "실존주의적"인 논리와는 정면으로 배치된다.[19] 잃어버린 시간을 복귀시킬 수 있다고 믿음으로써 프루스트는 되찾은 영원을 창조해낸다. 작가가 완벽하게 의식하고 있었던 이러한 "영속성의 힘"은 위대한 작가들에게서는 언제나 나타난다.[20] 그리고 "정서적 기억"의 존재라는 유명한 문제는 본래의 실존적 정서가 씻겨나간 재생적 표현과 현재의 정서 사이에 종합이 있을 수 있는 가능성 자체를 말하는 것이다. 아주 비통했던 경험에 대한 기억도 그 실존적 신랄함을 잃고 새로운 창조의 열매로서 나타날 수 있다. 기억은 시간의 질서에 속하기는커녕 순간을 중복시킬 수 있게 하고 현재를 분할할 수 있게 해준다. 기억은 냉혹하고 숙명적인 시간의 생성과 변화에 불가사의한 두께를 부여하며 운명의 요동 속에서 실체가 살아남아 영속하는 것을 보증해준다. 바로 그 때문에 후회에는 언제나 일종의 감미로움이 스며드는 것이며 결국에는 회한에 이르게 되는 것이다. 기억은 과거로 되돌아가는 것을 가능하게 함으로써 시간의 약탈 행위를 부분적으로 수선할 수 있게 해준다. 기억은 상상의 영역에 속하니 그것은 기억들을 미학적으로 재편하기 때문이다. 바로 그 때문에 유년기를 후광으로 감싸는 미적 아우라가 존재할 수 있다. 유년기란 언제 어디서나 유년기에 대한 기억으로 존재하며 죽음을 모르는 완곡화된 존재의 원형이다. 왜냐하면 우리 모두는 어른이 되기 전에는 누구나 어린아이였기 때문이다. 객관적으로는 불행하고 슬펐던 고리키나 스탕달의 유년기도 상상력의 완곡화 기능이라는 마법에서 벗어나지 않는다. 유년기의 경험에 대한 향수는 존재의 향수와 동질적이다. 유년기 자체는 죽음의 운명을 의식하지 못한다. 그래서 유년기 자체는 죽음의 운명에 대항하는 예술에 의뢰할 필요성이 없기에 객관적으로는 비미학적이다.[21] 반면에 유년기에 대한 회상은 한편으로는 유년기가 지닌 원초적인 무사태평함의 위력으로 인해서, 다른 한편으로는 기억이라는 것이 지닌 위광으로 인해서 단번에 예술작품이 된다.

그런데 기억이 완곡화의 기능이라는 상상계의 근본적인 성격을 지니고 있다면 바로 그 때문에 운명 거역적이며 시간의 흐름에 저항한다. 정신분석학자들이 밝힌 바 있는 유명한 연속성과 퇴행의 이중 법칙은 억압의 하위 개념을 이해하게 해줄 수 있을 뿐만 아니라 랑크가 예감했듯이 인간의 표현 자체, 특히 기억이 보여주는 표현을 전체적으로 이해할 수 있게 해준다.[22] 어떤 점에서 우리는 모두 정서적 지진아들이다. 이 "세상에 태어난다"는 것은 필연적으로 무언가의 기능적 상실을 뜻하며 유년기에 받은 교육이 우리의 기본적인 상징적 태도에 형식적 영향을 미치는 것이 사실이라 할지라도 탄생이라는 사건과 기억이라는 현상은 마르케사스섬 주민이든 파리의 주민이든 트로브리안드섬 주민이든 똑같이 불가피한 사실이다.[23] 기억에 대한 반사학 역시 정신분석학적인 명제와 레미니선스라는 거대한 이론을 확고하게 뒷받침해준다.[24] 기억이란 『잃어버린 시간을 찾아서』의 마들렌 과자 조각처럼 조각난 체험들을 가지고 전체를 조직하는 능력이다. 그리고 이러한 반사발생적인 능력은 인간 삶이 지닌 전반적인 능력이기도 할 것이다. 삶이란 맹목적인 생성 변화로 이루어진 것이 아니라 반응과 되돌아옴으로 이루어져 있다. 한 부분이 전체와 관련하여 "지배적"이 되게끔 꾸민다는 것은 바로 시간이라는 결정적인 힘, 즉 모든 것을 균등화하는 힘을 부정하는 것이다. 기억은 이미지와 마찬가지로 실존적인 조각 하나가 되찾은 시간 전체를 압축하고 상징화할 수 있게 만드는 대리 마술이다. 그리고 기억의 초보적 형태라 할 수 있는 반사는 정신분석학자들이 "단순 전위의 법칙"[25]이라 부른 것에 의해서 진행되는데, 그 법칙에서 심리 복원 작용을 작동시키는 것은 바로 2차 자극으로서 그것이 동기부여의 영역에서 지배적인 지위를 차지한다. 따라서 우리가 원형 분류를 하면서 방법적으로 반사학에 토대를 둔 것은 정당하다. 반사적 행동이란 존재론적으로 죽음에 대한 거부의 초보적 표시이며 그렇기에 정신적 행동의 시초가 된다.[26] 기억은 상상력과 마찬가지로 시간의 흐름에 호의적이지 않다. 역으로 그것은 시간의 얼굴에 저항하며 의식의 연속성을 마련해준다. 기억은 인간이라는 존재에게 생성과 변화라는, 와해시키는 힘에 맞서 가역의 가능성, 즉 운명의 필연성을 넘어서서 되돌아갈 수 있는 가능성을 마련해준다. 우리 존재의 가장 깊고 먼 곳과 맞닿아 있는 이러한 회한이 모든 표현의 동기가 되고, 존재 내부에—우리의 사라진 작은 경험들로 이루어진 이미지의 도움으로—'근원적 희망'의 형상이 자라날 수 있도록 해주며, 그러기 위해 시간성을 없앨 수 있는 온갖 방법을 이용한다. 그렇게 볼 때 상상력을 기억과 동일시하고 진정한 "사유"를 구체적인 지속의 직관과 동일시하는 베르그송의 명제는 지지하기 힘들다. 하나의 표현 전체, 특히 그것이 운명에 저항하는 것을 목표로 하고 있을 때, 그 표현은 시간의 무화하는 힘에 대항하며, 기억은 상상력의 그런 근본적 기능의 하나를 갖는 것뿐이다.[27] 인간 정신의 소명은 실존과 죽음에 반항하는 데 있으며, 상상력의 기능은 바로 이러한 반항의 선도 역할을 하는 데 있다.

베르그송도 사실 상상력의 이러한 근본적인 성격을 감지한 듯하다. 우리의 반지성주의적 태도를 혼란에 빠트리는 "지성을 약화시키는 힘에 대항하는 본성의 반응"이라는 이 부적절한 표현을 다음과 같이 수정하기 때문이다.[28] 상상력이란 "죽음의 불가피함을 표현하는 지성에 대항하는 본성의 방어적 반응"이다.[29] 베르그송의 이러한 부언들은 시간에 존재론적으로 우월성을 부여하는 베르그송의 독트린 자체를 뒤집어버리는 것이다. 상상적 가공 역시 하나의 재현이므로 잘못된 것은 상상적 가공이 아니라 시간에 대한 직관이 유도한 가공스러운 판결이 잘못된 것이기 때문이다. 게다가 베르그송이 그의 마지막 저술에서 말하고 있는 "직접 여건"이라는 것은 『의식에 직접 주어진 것들에 관한 시론』에서 말하던 것과도 다르다. 그는 마지막 저술에서 "근본적 기원은 두려움에서 비롯되는 것이 아니라, 이 두려움에 대항하는 자기 보호에서 비롯된다고 할 수 있다"[30]라고 썼다. 직접 여건이란 시간의 흐름에 대한 직관이라기보다는 "'본성'의 '절망'에 대한 방어 작용이며, 이 방어 작용은 '절망스러움'이 재현되고 사실화되어 표현되지 못하도록 하는 '이미지'와 '상상'을 '지성'의 내부에서 불러일으킨다"[31]고 썼다. 이러한 결론에 의해서 베르그송은 "상상력의 발동"은 일반적인 억압 너머에 존재한다는 것을 훌륭하게 보여준 셈이다. 상상력은 기본적인 수호자이다. 마찬가지로 인간 정신 모험의 시초에서 우리가 발견하는 것은 숙명적인 미래가 아니라 그것의 부정, 즉 상상적 기능이다. 인간 의식의 토대에는 이렇게 "홀리는 것"[32]이 있어서 인간의 죽음이라는 단순한 모험 이상을 훨씬 넘나들게 하고 객관적인 적응으로 인해 인간 정신이 소외되는 것을 막아준다. 우리가 이 책을 쓰면서 내내 확인한 것들은 미학과 종교, 꿈과 병적인 행동 등을 통해 보편적이고 초월적으로 이런 홀림 현상들이 만들어지는 모양이다. 이미지의 형성에는 물론 "부정적인 행위"가 존재한다.[33] 그러나 그 부정성은 정신의 자유가 지닌 최상의 권능이다. 그것은 시간이라는 것의 숙명, 즉 실존적 무無에 대한 전면 부정이며 객관적인 "본래 의미"라는 제한된 세계 속으로 소외되는 것을 부정하는 것이다.

죽음이라는 운명에 맞서는 상상력의 기능의 최상의 의미는 결국 '완곡화'에 있다. 달리 말한다면 인간에게는 이 세상을 개선시킬 힘이 있다는 것이다. 하지만 여기서 개선의 뜻은 객관적인 사변과는 거리가 멀다. 이러한 차원에서 출현하는 실재라는 것은 창조와 다름없으며 죽음과 사물의 세계를 진실과 삶과 동화된 세계로 변모시킨 것을 의미하기 때문이다. 인류학적인 방법에 몰두해본 사람들, 즉 과학적 겸손함과 시적인 드넓은 지평을 동시에 지니고 상상력을 바라본 사람들은 누구나 상상력이 어떤 형태로 표현되든, 즉 종교나 신화로, 혹은 문학과 미학적인 어느 형태로 표현되든 형이상학적인 힘이 있다는 것을 인정한다. 상상력이 발휘된 작품들은 그 작품 자체를 죽음과 운명의 "부패"[34]에 맞세운다는 것이다. 한편 앙드레 말로는 조형예술을 "반운명"이라고 표현했으며[35] 다른 책에서는 상상계가 어떻게 성스러움의 심오함에서 차츰 신성의 광휘로 옮겨가는지, 어떻게 점차 예술을 위한 예술이라는 세속적 모양으로 변해가 결국에는 인간의 명예를 위한 예술이라는 거대한 상상계의 박물관을 형성하게 되는지 보여주었다. 성스러움의 신화가 제의적이고 마술적인 가면을 거쳐 세속적 예술에 이르는 도정에서, 미래와 죽음이라는 타락의 힘에 맞서는 인간 정신의 움직임을 보고 그에 동의하는 사람들은 특히 민속학자들이다.[36] 도곤 마스크에 대한 뛰어난 책에서 그리올은 신화를 "희가극"이라는 세속적 예술과 연결시켜주는 끈을 그 누구보다도 잘 보여주었다.[37] 애초 "종교적 인식의 뼈대를 이루다가" 이어서 전설이나 우화로 격하과정을 겪는 신화는 죽음을 배제시키는 어떤 질서의 작용을 우리에게 환기시킨다. 죽음의 "무질서"가 나타나는 순간 "신화는 가능한 한 최대로 질서를 세우고 죽음의 영향력을 최소화하기 위한 인류의 노력일 뿐인 것이 된다. 이와 같이 신화에는 방어와 보존의 원칙들이 포함되어 있으며, 바로 그 점에서 신화는 제의와 소통할 수 있다."[38]

사실상 제의가 갖는 독특한 역할은 도곤족의 '시구이Sigui'처럼 순환적인 축제이든 장례식의 제의이든, 혹은 고대 멕시코인들의 희생 제의이든 시간과 죽음을 길들이고 시간 속에서 영속과 희망을 개인이나 사회 전체에 확보해주는 것이다.[39] 그런데 실은 연극의 분장부터 안무, 가면 조각이나 회화에 이르기까지 모든 미적 활동들에서도 사정은 마찬가지이다. 가면은 "죽음에 대항하는 방어 기지의 전위부대들이며",[40] 그것이 속화되어 순수 미적 감흥의 버팀목이 된다. 종교에서 미학으로 옮아가는 과정에 존재하는 것이 마술이고 모방제의이자 세상을 복사하는 제의이다. 원래 큰 가면이란 선조를 썩지 않게 모방(성서)한 것이다.[41] "작용적 특성"[42]을 잃은 상상력은 미적인 것으로 변해 통용된다. 가면과 춤이 상형적 표현인 데 반해 리듬이나 암각화는 이미 기호의 도정에 놓여 있다.[43] 그리고 가면이나 춤은 "희가극"이라는 순전히 세속적인 표현으로 격하된다.[44] 어쨌든 신성하고 위대한 신화에서 순전히 세속적인 미적 감흥의 표현에 이르기까지 모든 상상계의 목록에서 누구나 발견할 수 있는 것은 이 모든 것들이 전적으로 죽음에서, 그리고 시간의 사악함에서 벗어나려는 근본적인 열망을 축으로 하고 있다는 사실이다. 니제르강 굽이에 살고 있는 소박한 민족의 삶에 대해 그리올이 적용한 것을 결론으로 삼아도 될 듯하다. "그러나 이 강안의 절벽에 이제는 그 의미가 사라진 가면, 아무도 이해할 수 없는 그림, 아무 목적 없는 춤들만이 남아 있다 하더라도 그 모든 형태들과 리듬 뒤에는 민족 구성원들의 지속하고자 하는 의지, 그들의 표현을 빌려 말하자면 죽음이라는 와해시키는 힘을 의식한 순간 그들에게 찾아온 그 의지가 숨겨져 있다는 것은 엄연한 사실이다. 그리고 아마도 '아와Awa'[45]가 그 형식과 리듬에 새겨놓았을 표시들은 도곤의 예술이 부패에 대한 싸움이었음을 보여준다."[46] 부패와의 싸움, 죽음과 시간의 와해 기능을 몰아내기가 모두 상상력의 완곡화 기능으로 나타난다. 이런 완곡화 기능의 범주들을 살펴보기 전에 모든 완곡화 기능의 선험적 형태에 선행하는 것은 무엇인지 연역해보는 일이 남아 있다.

*

지속이 더이상 존재론적인 실체의 직접 여건이 아니고 시간이 더 이상 전반적인 현상들의 선험적 조건이 아니라면—상징은 거기에 포함될 수 없기 때문이다—이제 상상력의 기능의 "중추"로서 남는 것은 '공간'이다. "상상적인 것과 이미지"를 낳는 마르지 않는 샘인 상상력은 베르그송도 고백했듯이,[47] "인간 지성의 창조성을 의미하는" 공간에 의해 상징화된다. 그때의 공간이란 물론 "정신의 관점"에서 본 공간, 즉 주관적인 공간이다. 그러나 우리는 "정신의 관점"이라는 표현을 문자 그대로의 의미로 받아들이고자 한다. 즉 우리의 직관은 이미지만을 향한 직관만 있을 뿐이며 그것은 바로 상상력의 장소인 공간에서 이루어진다는 것이다. 바로 그 이유 때문에 인간의 상상력이란 시각의 전개에 의해, 이어서 청각과 언어의 전개에 의해 형성되며 그 모든 것들은 공간적 "거리를 두고"[48] 이해와 동화가 이루어지게 하는 수단들이다. 공간의 질質은 이런 거리두기를 통한 완곡한 축소 내에 존재한다.

그러나 우리는 이 공간이라는 단어가 무엇을 의미하는지 정확히 이해해야 할 것이다. 현대 물리학자들과 인식론자들은 칸트가 공간이라는 단어를 사용하면서 물리학의 대수적 공간—시간을 매개변수로 포함시킨 리만적인 공간—을 묘사한 것이 아니라 좀더 '심리학적인 공간', 즉 유클리드의 공간을 묘사한 것이라는 데 동의한다. 물론 사고의 동화同化적 구조보다는 객관성에 더 관심이 있는 인식론자들은 약간은 피상적으로 유클리드의 공간을 초超공간과 비슷한 것의 초보적 형태로 간주한다. 그러나 현대 인식론은 유클리드의 공간과 물리적으로 체험된 공간 사이에는 단절이 존재한다는 것을 완벽하게 인식하고 있다. 아인슈타인보다 훨씬 이전에 라이프니츠는 벌써 어떤 물리적인 경험도 반대되는 것이 배제되어 있는 완전한 동질성과 상동성의 공간을 객관적으로 제시할 수 없다면서 데카르트에게 반론을 제기한 바 있다.[49] 어쨌든 칸트는 공간을 경험의 형태적 선험으로 간주해야 했다. 그러나 물리학에서 초공간, 즉 객관적으로 "정신분석된" 공간은 전혀 유클리드적이거나 칸트적인 공간이 아니다. 유클리드의 공간은 기능적으로 물리적이거나 객관적이지 않다는 사실 때문에 경험과는 다른 선험적인 어떤 것이 된다. 초보적인 지각이 거기에 배제되어 있기 때문이 아니라 지각이 이미 반쯤은 주관에 물들어 있다는 의미에서이다. 그때 공간은 사고의 완곡화 능력의 선험적 형태가 되며 거리가 경험되고 통제되는 상형화의 장소가 된다. 단적으로 공간은 '통제된 거리가 작용하는 상징'이 되는 것이다.

이미지의 문제에 관심을 기울여본 사람들은 누구나 주관적 초공간이라고 부를 수 있는 것이 형태적으로 우월성을 차지하고 있음에 주목한다. 사르트르는 상상적 공간이란 "지각된 실제 공간보다 질적인 특성을 가지고 있다. 한 대상을 이미지로 공간 속에서 결정한다는 것은 절대적 특성을 지닌 것으로 나타나는 것을 의미한다"고 인정했다.[50] 그렇게 되면 공간은 최상급이 되며 하찮은 "국지화"의 영역에서 벗어나서 이미지를 "소유지"가 되게 해준다.[51] "지각된 공간"과 "재현된 공간"을 이렇게 구분하는 것은 피아제의 진지한 연구가 내린 결론이기도 하다.[52] 표현된 혹은 재현된 공간은 상징적 기능을 갖고 나타난다. 이러한 공간은 행동과 연결된다. "공간적 표현은 내면화한 행동"이기 때문이다. 결국 사르트르의 관찰은 병리 도표학이 행한 실험의 결과와도 만난다. 그는 "우리로서는 이런 상상계의 공간이 지각된 공간보다 더 유클리드적이라고까지 말할 수 있다. 정신착란이나 꿈이나 정신병의 경우 지형적이고 지각적인 요소들은 지워지고 제한도 없고 깊이도 없으며 법칙도 없고, 3차원에서 작용하는 연속적 국면도 없는 동질성들로 대체되기 때문이다”[53]라고 썼던 것이다. 우리는 얼마 후 이 중요한 지적에 대해 다시 이야기할 기회를 가질 것이다. 하지만 지금은 이런 유클리드적인 초공간은 순수 도상圖像적인 공간이라는 것, 거기에는 물리적이고 시간적인 변형이 가해지지 않으며 대상들이 지각의 제약을 따르지 않고 자유롭게 이동하는 공간이라는 사실만 지적하기로 하자.[54] 바슐라르는 이런 “시적인 공간”이 어떻게 변용되어 나타나는가를 보여주기 위해 중요한 책 한 권을 썼다. 그 공간은 시간을 “비시간화”하고 라이프니츠가 잘 보았듯이 일종의 “공실존주의coexistentialisme”를 정의내리는 공간이다. 그 공간에서는 시간적 거리의 위계질서가 사라지고 “먼 지평과 중심은 동일한 실존성을 갖는다.”[55] 바슐라르는 베르그송의 기억을 비판적으로 살펴본 후에—그것은 추상적 사고 단계에 그치는 소극적인 상상력일 뿐이다—상상력의 형태에 대하여 이렇게 훌륭하게 요약한다. “때로 우리는 자신을 시간 내에서 알아볼 수 있다고 생각한다. 하지만 그때 우리가 아는 모든 것은 존재의 안정성을 일련의 공간 속에 고정시켜놓은 것일 뿐이다. 그 존재란 사라지는 것을 원치 않는 존재, 심지어 과거 속에서 잃어버린 시간을 찾아 나설 때라 할지라도 시간의 비상을 중단시키기를 원하는 존재이다. 수없이 많은 벌집 구멍 같은 것으로 이루어진 이 공간 속에 시간이 압축되어 들어 있다. 그것이 바로 공간이 하는 역할이다.”[56] 그렇다. 그리고 그것은 바로 상상력의 기능과 마찬가지이다. 상상력의 기능은 시간과 맞서는 가없는 영원의 저장소라는 데 있다. 그렇기에 보나파르트 같은 정신분석학자는 “공간은 우리의 친구”이며 우리의 정신적 “공기”이고 그에 비해 시간은 우리를 “소모시킨다”고 썼다.[57] 이상에서 보듯 완곡화의 선험적 형태는 유클리드적인 공간으로서 “우리의 친구”이기에 지각적이고 시간적인 검증을 쉽게 잊게 해준다. 이제 우리는 이런 상상력의 공간이 지니는 특성을 조사해보기로 하자.

*

피아제는 공간을 표현하는 데 존재발생적으로 세 층위가 있음을 밝혀냈다.[58] 우선 사물의 "무리들"을 표현하는 단계가 있는데, 그 표현이 "초보적인 위상관계"를 구성한다. 이어서 이렇게 파편적으로 주어진 위상적 여건들을 "일반적인 관계"나 "초보적 투사관계"로 조합하는 단계가 뒤따른다. "위상관계 구성과정이 참조할 체계 없이 점진적으로 진행되는 데 반해서 투사관계는 조합이 이루어진 관점들에 의해 이루어진다." 그런 후 마지막으로 "엄밀한 의미에서 유클리드의 공간"이 있는데, 그 단계에서는 유사성의 원칙이 개입한다. 공간이 이렇게 세 단계를 거치는 과정은 우리가 구조적 연구에서 추론해낼 수 있는 상상력의 공간의 세 특성에서 이미 그 모습을 드러낸 것처럼 보인다. 위상관계, 투사관계, 유사성이란 각각 이미지의 '시각성' '깊이' '편재성'을 지각적이고 발생적인 면에서 이야기한 것뿐이다.

우선 빈스반거L. Binswanger의 견해를 참조하면서 우리의 가장 중요한 표현들 중에서 "시각성"이라는 것이 차지하는 의미를 강조해보기로 하자.[59] 이미지와 원형들은 감각들의 아틀라스 중에서 특히 시각적 아틀라스를 편애한다. 마치 우리가 자연적 환각상태에 빠져 대상을 대하듯이 모든 일이 벌어지는 것이다.[60] 메스칼린이 청각적 아틀라스를 시각적 아틀라스로 바꾸듯이 인간에게는 자신이 받은 감각 전체와 지각의 흔적을 시각적인 주제로 바꾸는 자연스러운 경향이 있다. "시각성"은 그것이 지닌 빛으로 모든 감각적인 자극과 개념들을 밝혀준다. 음악 용어들이 시각적인 용어로 되어 있다는 것은 그 사실을 증명해준다. 높이, 음량, 박자, 크레셴도 등의 용어들은 음악적 상상력을 통해서 모든 이미지의 기본 성격인 위상적 특성을 표현한 것에 지나지 않는다. 기본적으로 시각적 인지의 효과라고 볼 수 있는 대칭 기법은 푸가 형식이나 화음과 계열 음악의 바탕을 이루고 있다. 스트라빈스키는 “음악이 지닌 이러한 종류의 위상에 대해서 강렬한 매력을 느낀다”[61]고 고백한 바 있다. 그리고 바로 그 이유 때문에 모든 도상적인 표현들은 그것이 가장 “사실주의적”일 경우에도, 언제나 상상계 근처를 넘나들게 된다.[62] 본다는 것, 그리고 보여준다는 것은 이미 시학적인 것과 근접해 있다. 우리는 그에 입각해서 사진 예술을 이해할 수 있다. 사진기의 “렌즈”는 그 이름과는 달리 객관적이 될 수 없다.* 왜냐하면 그것은 이미 하나의 시점을 택한 것이기 때문이다. 세상을 바라본다는 것은 이미 대상의 변형을 전제로 이루어진다. 따라서 시각성이란 상상력의 선험적 형태에서 기본적인 요소이다.

이미지의 두번째 특성은 유명한 “깊이”이다. 그러나 우리는 그 단어를 아주 광범위한 의미에서 받아들여야 한다. 이때의 깊이는 문자 그대로 기하학적인 의미로 사용된 것이 아니라 심리학적인 의미로 사용된 것이기 때문이다. 우리가 지각하는 기하학적인 깊이나 서양 회화의 깊이는 형상들 간의 자연적인 위계질서에서 한 부분이 특수하게 구체화되어 나타난 경우뿐이다. 회화는 그러한 것을 보여주는 아주 좋은 예이다. 회화에서 그림은 기능적으로는 2차원적 평면으로 되어 있어도 관찰자에 의해서 3차원의 영역이 저절로 창출된다. “눈속임 trompe l'oeil”†이라는 서양의 기법과 단순히 색채나 명암에 차등을 두어 객관적으로는 평평한 표면을 “곡선으로 보이게” 하는 기법을 통해 그러한 것이 가능해진다. 하지만 그뿐만이 아니다. 원시인이나 아이들의 그림, 고대 이집트

* 프랑스어 ‘objectif’는 카메라의 ‘렌즈’라는 의미와 ‘객관적’이라는 의미를 동시에 지니고 있다.

† 트롱프뢰유trompe-l'oeil는 실제의 것으로 착각할 정도로 세밀하게 묘사한 그림으로, ‘속임수 그림’ 등으로 번역하는 게 일반적이다. 그러나 표본도 등과 다른 점은 다분히 공예적 기법으로 기울어져 있으면서도 구도나 물체의 명암·양감·질감을 회화 형식으로 실물 그대로의 모습을 재현할 목적으로 하고 있는 데 있다.

의 그림에서도 상상력이 발동되어 형상들을 겹쳐놓아 저절로 깊이를 만드는 일은 비일비재하다. 바로 그 이유 때문에 회화의 역사에 나타난 모든 유파들은—르네상스 유파는 제외하고—기하학적 지각이라는 "인위적인 기술"을 단호히 거부했다. 3차원은 모든 형상에 덧붙여진 상상력의 기능에 속한다는 것을 알았던 것이다.[63] 모든 "생각된" 공간에는 거리에 대한 통제가 작용한다. 시간을 축약한 것이고 자연적으로 그리고 한꺼번에 지각되는 거리는 하나의 "차원"이 된다. 그 차원에서는 거리의 연속성은 차원들의 동시성에 자리를 물려준다. 우리로서는 어떤 감각이 깊이를 주는가라는 가짜 문제는 제쳐놓아도 될 듯싶다. 눈이 "자발적으로 속을" 준비가 되어 있어서, 깊이라는 것은 표면과 질적으로 구분되는 것이 아니기 때문이다. 그렇지만 깊이는 그것을 지각하기 위한 노력이 필요한 만큼 시간적으로 구분이 되며, 그 개념화를 위해서는 대수적으로 구분이 된다. 세 개의 차원은 이미지 내에서 전체적으로 주어진다. 어떤 심리학자도 1차원이나 2차원이 어디서 오는가라는 질문을 던지지 않듯이 3차원의 기원에 대해서도 궁금해할 필요가 없다. 3차원을 특권적인 차원으로 만든 것은 시간이고 기다림이다. 그러나 햇병아리가 껍데기를 깨고 나와 벌레를 찾아가는 자연스러운 생명현상처럼 인간 상상력에서 공간이란 원초적으로 세 차원을 지닌 채 한꺼번에 모습을 드러낸다. 공간이란 체질적으로 깊이에 대한 초대이며 머나먼 곳을 향한 여행으로의 초대이다. 달을 향해 두 팔을 뻗는 어린아이는 자연적으로 자신의 손끝에서 깊이를 의식한다. 그리고 아이는 즉각적으로 달에 닿을 수 없다는 사실에 놀란다. 그를 속이는 것은 시간이라는 실체이지 공간의 깊이가 아니다. 삶이 배우는 것이 아니듯이 이미지도 배우는 것이 아니다. 그것은 스스로를 드러낸다. 위상적인 조각들의 "전체 관계"는 복수로서의 이러한 조각들의 개념과 연결되며 모든 천명된 생각의 종합적 행동과 연결된다.

마지막으로 이미지의 세번째 특징은 지각된 넓이에 비교할 때 편재되어 있다는 것, 그리고 유클리드 공간의 동질성을 갖는다는 것이다. 우리는 물리적·지리적 상황의 영향에서 벗어나 있는 이미지의 이러한 속성을 자주 강조한 바 있다.[64] 상징의 장소는 완벽하다. 어떤 나무든 집이든 세계의 중심이 될 수 있다. 엘리아데는 이른바 "초월적 공간"이나 "신화적 시간"이 반복되어 나타나서 발휘하는 힘에 놀란다.[65] 하지만 신화적 시간이라는 표현은 좀 어울리지 않는다는 것을 지적하기로 하자. 반복한다는 것은 시간을 부정하는 것을 뜻하니 "신화적 시간"이라기보다는 신화적 "비시간"이라고 표현하는 것이 낫다. 신화가 지닌 이러한 반복과 복제와 공시성의 기능[66]은 물리적 공간에서는 볼 수 없지만 유클리드 공간에서는 근본적인 특성이 된다. 거기서는 동질성에 의해 형상들의 덧없는 변화를 보상해주고 상동성에 의해 편재성이 존재한다. 게다가 상동성에 의해 형상들이 아무런 제한 없이 무한히 확장되거나 축소될 수 있는 것처럼 우리는 이미지가 지닌 "걸리버화"와 "거인화" 현상에 대해 수없이 강조한 바 있다. 이러한 동일시 기능은—예컨대 나로 하여금 이등변삼각형을 이름붙이고 인식하게 해주는 기능—이미지를 덧없는 변화가 이루어지는 시간 밖의 장소, 대상이 늙지도 않고 변화하지도 않는 장소에서 보존시키는 으뜸 기능의 변주인 듯이 보인다. 바슐라르는 라이저Reiser의 의견을 받아들여 동일시의 논리는 공간에 대한 유클리드의 이론과 밀접하게 관련이 있음을 보여준 바 있다.[67] 동일시의 원칙은 유클리드기하학의 특성에 토대를 둔 순수 유클리드적 형태를 갖는데, 변화의 그룹과 상동성의 그룹이다.

다시 한번 우리는 문제가 되는 용어들을 한번 뒤집어보기로 하자. 동일시하려는 존재론적인 의지, 시간을 초월하고자 하는 욕망, 변화하는 것을 지속하지도 않고 해롭지도 않은 순수한 변모로 완곡화시키려는 욕망을 근원으로 삼아 생긴 것이 바로 공간의 동질성이다. 바슐라르는 메예르송의 견해를 반박하면서 이러한 동일시의 추구는 대상이 강요하는 것이 아니라 생각하는 주체 자체의 특성임을 잘 보여준 바 있다. 하지만 우리는 여기서 아주 중요한 한 가지를 지적하면서 바슐라르와 라이저의 주장을 비판해야 한다.[68] 그들 모두 배제의 원칙 역시 유클리드의 세계관과 연결된다고 말했다는 점이다. 우리로서는 유클리드기하학에서는 상동성이나 균등함이 형식화된 편재성을 만들 뿐 아니라 아이덴티티를 낳은 동의어 반복에서 역설적이게도 온갖 모호성을 나오게 한다고 말할 수 있다.[69] 아리스토텔레스의 원칙이 받아들이고 있는 대형對形의 경험은 상상력의 경우에는 경험할 수 없는 것이다. 그런데 이러한 배제의 원칙이 유클리드의 상동성에서 나온 것이라고 간주하면, 상상력의 편재성에서 자연스레 나온 상상력의 다른 두 가지 기본적인 특징을 이해할 수 없다. 그것은 상상적 표현의 참여와 양가성이다. 인간의 표현에는 "동시에 그리고 한꺼번에" 두 영역이 들어 있으며 그런 의미에서 어느 정도 신화적이라는 것, 하지만 그렇다고 해서 기만하는 것은 아니라는 것, 즉 그로 인해 세속적인 의미화와 필연성이라는 의미를 상실하는 것은 아니라는 것을 우리는 수차례 강조해왔으며, 특히 레비브륄 같은 사람은 그 사실을 강조하는 데 자신의 재능 대부분을 할애했다.[70] 원시인들에게 거주지의 중앙 기둥은 구조적으로는 중심 목재의 구실을 하면서 동시에 조상의 영혼이 머무는 성스러운 곳이기도 하며, 그 결과 모든 기둥들은 성소가 된다. 그 사실은 기둥이라는 표현이 지니고 있는 양가성을 보여주며 그러한 표현이 시간적으로나 지리적 공간상으로 거리를 두고 있는 대상들이 공통되는 신성한 실체에 참여하고 있음을 보여준다. 이러한 표현 양식은 아리스토텔레스적인 이분법적 논리로는 이해할 수도 없고 설명할 수도 없는 것이다.

동일성의 원칙을 변형시켜 "겪어야만 하는 위험", 오류와 모순이라는 치유 불가능의 위험으로 만드는 것은 바로 시간이며 시간만이 유일하다. 비시간적인 사유에서는 전체가 동시성과 대립의 틀 안에서 사유된다. 즉 "동시에 그리고 한꺼번에" 모든 것이 사유된다. 시간은 동일성을 비모순성으로 이완시키는 것으로 나타난다. 반대로 공간은 참여와 양가성이 작용하는 곳이 된다. 블로일러는 양가성이라는 개념의 창시자이면서 그에 대해 이론적 고찰을 한 사람인데, 그는 우리의 의식이 실용적인 상태에 있거나 세속적인 관심만 가진 상태라는 것은 양가성이 사라져버린 상태와 다름없다고 지적했다.[71] "정상적인 인간은 가시가 있음에도 '불구하고' 장미를 좋아한다. 정신분열증 환자에게는 종종 두 가지의 정서적 기호가 마치 만화경처럼 '교대로' 표현된다"(인용자가 강조)고 그는 썼다. 그런데 아주 밀도 있게 상상력이 발휘된 경우라면, 즉 하나의 표현이 정말로 무심無心 상태에서 이루어진다면 두 정서가 '동시에' 표출된다. 환자는 "아름다움 때문에 장미를 좋아하면서 '동시에' 가시 때문에 장미를 싫어한다." 따라서 이른바 정상적인 표현에 차츰차츰 배타적인 미분화를 도입하는 것은 바로 시간이며 오로지 시간만이 그런 기능을 갖는다. 즉 순수한 표현은 동시성의 영역, 즉 양가성의 영역에 속하는 데 반해 실용적 표현은 교대의 영역에 속하는 것이다. 블로일러의 이러한 분석은 대단히 중요하다. 그의 분석을 통해 공간이 상상계의 형태라는 것과 그것이 지닌 양가성을 이해할 수 있게 되었다는 점 때문만이 아니라 특히 우리가 다음에 살펴보겠지만, 그의 분석은 완곡화의 세 범주를 분간해주었기 때문이다. 즉 "~에도 불구하고" 혹은 "~에 반해서"의 범주와 "교대"의 범주 그리고 "동시성"의 범주이다. 우리는 잠시 상상력에 대한 이러한 분석에 대해 시간을 할애할 것이다.

그전에 이 장의 결론을 정리해보기로 하자. 상상력의 공간은 시각성, 깊이, 편재성—거기서 양가성이 나온다—이라는 세 특성을 지니고 있기에 상상력의 기능의 선험적 형태가 된다. 그리고 그러한 공간의 존재 이유는 그것이 완곡화의 기능을 맡을 수 있기 때문이다. 따라서 상상력의 기능은 희망을 갖게 하는 기능이다. 이제 우리로서는 앞서 1권과 2권에서 행한 구조적 연구를 바탕으로 이러한 완곡화의 기능적 범주—그것은 바로 인간 정신의 상상활동이 펼쳐지는 양태가 될 것이다—를 간략히 요약하는 일만이 남아 있다.

제3장

완곡화의 초월적 구도론

공간이 상상계의 전 도정에 나타나는 선험적 형태라는 것은 우리가 바로 앞에 말한 상상력의 범주가 결국 이 책에서 내내 연구한 상상력의 구조들과 다름없다는 것을 의미한다. 상상력의 구조들은 공간에 정서적인 차원이 부여되면서 공간과 통합되어 나타난 것뿐이며 그 정서적인 차원이란 상승과 초월적 이분법, 도치와 내면의 깊이, 반복의 무한한 힘을 말한다. 결국 모든 상상적 과정은 신화의 경우처럼 담론의 형식으로 물들어 있더라도 주요 구도와 원형들이 중심을 이루고 있는 '상상력의 위상학'에서 그 자리를 찾을 수밖에 없다. 상상력을 연구하는 다른 모든 학문과 마찬가지로 신화학은 연구를 하다보면 조만간 전설적이거나 종말론적이거나 지옥에 관한 "지리학"과 만나게 된다. 상상계가 만들어낸 저 세상은 시간이라는 개념을 잃어버리는 대신에 공간이라는 개념을 다원 결정하여 그것을 질적인 극성極性으로 가득 채우게 된다. 이 책에서처럼 반사학에서 출발해 사회학의 방향으로 진행한 연구는 수스텔이나 할브바크가 행한 연구처럼 반대 방향으로 나아갈 수도 있으나 그렇다 할지라도 결론은 마찬가지이다.[1] 어느 방향으로 진행된 연구이든 거기 묘사되고 있는 것은 공간적이고 질적인 메커니즘이며 우리 연구의 많은 부분의 제목들을 타로점의 상징적 용어들을 차용해 정할 수 있었던 것은 그 때문이다.

이분법이든 삼분법, 더 나아가 사분법이나 오분법이든 공간 내 주요 지점들은 이미지의 '체제들'이나 그 구조들에 대한 커다란 상징적 분류들과 일치한다. 우리가 이 책의 앞부분에서 했던 방법적인 구분들은[2] 그라네가 중국을 연구하고[3] 수스텔이 고대 멕시코를 연구하면서 아주 설득력 있게 행한 지리적이고 상상적인 구분과 그대로 일치한다고 볼 수 있다. 예를 들어 수스텔은[4] 상상의 공간은 우선 대립적인 두 영역으로 나뉜다는 것을 보여주었다. 동쪽은 태어나 승리를 거두는 빛의 동방으로서 신비와 쇠락의 지역인 서쪽과 맞선다. 이러한 영역들은 다시 그 자체 분화되어 추위와 싸움과 죽음의 지역인 북쪽과 "가시들의 땅"인 적도 지역으로 나뉜다. 이 공간적인 네 체계 사이에는—거기에 중앙을 덧붙여야 할 것이다—모든 종류의 섬세한 원형적 관계들이 맺어져 작용한다. 그런데 우리는 이러한 주요 지점들의 구조적 분류를 다시 만나게 된다. 북쪽, 그리고 이따금 남쪽에서는 전사들이 희생에 의한 소생의 제의를 통해 죽음과 타협하는데, 그 죽음이 "시간의 얼굴"을 하고 승리하는 태양의 장소인 동쪽과 논쟁을 벌인다. 반면에 서쪽은 여성적인 신비의 장소, 즉 어둠을 완곡화한 '밤의 체제'의 장소, "하강과 잔"의 장소가 된다. 그리고 중심은 교차와 종합의 장소로서 "은화와 지팡이"의 상징체계와 동화될 수 있다.[5] 따라서 공간의 질적인 방향과 원형의 구조들은 결국 하나인 듯이 보이며 그것이 바로 상상계의 범주를 구성하는 듯하다. 그러니 이제부터 우리는 초월적 상상력의 "분석 체계"를 형성하고 있는 이러한 "주요 지점들"에 대해 더이상 길게 강조하지 않아도 될 듯싶다. 이러한 위상적이고 구조적인 범주들은 아마도 모든 분류적 범주들의 모델이 될 수 있을 것이다. 공간의 지역들을 명명하는 데 동기가 되는 정서적이고 공간적인 차이들이 인간의 정신 내에서 일어나는 모든 차별화 과정의 모델로서 이용된다.[6] 그런데 우리는 구조적 분석을 통해 상상계의 도정은 심리학자들이 "억만

금짜리 사상"과 "서푼짜리" 이미지 사이에, 그리고 상징의 상형적 의미와 기호의 본의 사이에 파놓은 공백을 채운다는 것을 살펴볼 수 있었다. 상상력의 주된 구조들이 각기 그에 맞는 구문과 일종의 논리를 낳게 한다는 것을 알 수 있었던 것이다. 즉 이원론적인 철학과 배제의 논리는 분열 형태적인 구조에서 생성되며[7] 이 세계에 대한 신비적인 비전들은 신비적 구조에서 비롯된 이중부정의 논리나 부정의 논리로 이중 윤곽을 나타낸다. 그리고 신비적 구조에는 역사철학이나 변증법적인 논리들이 뒤따르게 된다.[8]

이제 우리는 이런 의미가 해체되거나 기호적으로 축소되어 사고가 굳어지고 형식화되어가는 과정으로 다시 돌아가보기로 하자. 우리는 이러한 형식화 과정에서 언어가 중요한 자리를 차지한다는 사실을 이미 지적한 바 있다.[9] 구문은 기본적으로 단어들의 의미론과 불가분의 관계에 있음을 보았다. 그러나 지금 우리는 그런 현상이 무엇을 뜻하는지를 알 수 있게 되었다. 담론은 순수 이미지와 그 이미지에 촉발되어 나타난 논리 철학적인 일관성의 체제 사이에서 마치 하나의 중간항처럼 존재하는 듯이 보인다. 그리하여 그것이 이른바 "초월적 구도론"[10]—우리가 이미 그렇게 했듯이 그것은 칸트의 용어를 빌려온 것이다—을 형성하는 것으로 보인다. 달리 말한다면 상징의 의미론과 논리의 형식주의, 혹은 기호들의 본의 사이에서 통로를 마련해주고 있는 것이 바로 수사법이다. 하지만 이러한 구도론은 칸트가 정의내린 바 있는[11] "시간의 선험적 결정"과는 거리가 멀고, 반대로 운명 거역 혹은 완곡화의 선험적 결정이며 그것 전체가 사고 형성의 모든 과정을 물들이고 있다. 수사법은 상상력과 이성의 매개자로서 바로 이러한 전 논리 단계이다. 그리고 상상력의 호사스러움과 구문이나 개념의 메마름 사이에서 중개자의 역할은 수사법의 풍요로움을 통해 나타난다. 현대 인식론자들은 논리와 수학이 맺고 있는 상호의존성 문제를 놓고 수없이 논쟁을 벌인다. 그들은 그 둘을 모두 아리스토텔레스의 배제의 논리 쪽에 세워놓기에 이르렀다. 그런데 왜 그들은 두 극단의 형식화된 구문들이 수사법과 어떤 관계를 맺고 있는지에 대해서는 궁금해하지 않는 것일까? 그렇게만 된다면 그들은 수사법이 아리스토텔레스의 논리학을 하나의 부속 기관처럼 껴안는다는 것, 논리와 수사는 평행선을 이루는 것이 아니라 수사는 상상력이 지닌 다양함과 풍요로움에 의해 논리의 편협함을 넘어서는 보다 넓은 세계를 보여준다는 것을 알 수 있었을 것을. 아마도 "그 어떤 대상"보다 인간 자체에 대한 관심이 차츰 증가하면서 철학은 수사학과 문체론, 보다 일반적으로는 인간의 표현과정들에 좀더 큰 관심을 기울일 것 같고 우리는 그렇게 되기를 희망하고 있다.[12] 이제 다시 각기 다른 구조들 속에서 하나의 수사법이 어떻게 나타나는지 그 양태들을 살펴보기로 하자. 사실 이 책에서 내내 우리는 상상계의 형상들이 지니는 문체들을 연구해왔으니 여기서는 아주 간단한 예들만 살펴볼 생각이다. 우선은 먼저 블로일러가 상상력의 국면, 더 나아가 윤리의 국면에서 만났던 난관들을 수사법의 국면에서 없애는 일부터 시작하는 것이 쉬울 것 같다. 그는 "~에도 불구하고"라는 수사를 정상적인 생각에서 나오는 것으로 간주했고 양가성이나 교대의 수사는 병적인 수사 형태에 속하는 것으로 간주했다. 하지만 수사학의 국면에서 간주해본다면 이러한 구별은 아무런 의미가 없다. 우리는 앞에서 정신과 의사들이 병을 명확히 정의내리고자 할 때 얼마나 망설일 수밖에 없는지를 살펴본 바 있으며[13] 잠시 후에는 "~에도 불구하고"라는 수사도 그 자체 극단의 병으로까지 이어질 수 있다는 것을 예를 들어 보여줄 예정이다.

우선 그 무언가를 표현한다는, 달리 말해 기표라는 것을 매개로 하여 기의를 옮긴다는 수사법 제1의 특성에 대해 주목하기로 하자. 이러한 옮김의 행위는 상징의 의미가 훼손되거나 격하된다는 것과 같다. 수사법은 의미의 치환(트란슬라티오 translatio)이라는 은유가 지닌 힘에 그 토대를 두고 있다. 모든 표현들에는 본의 이외에 아우라, 혹은 문체의 "후광"이 덧붙여지며[14] 수사법은 '오해'라고 하는 시를 향한 도정에 있다. 이는 수사법이 가장 단순한 비교로부터 환유, 제유, 환칭과 난유 등 보다 섬세한 수사에 이르는 과정을 살펴보면 확실하게 알 수 있다. 그 모든 과정은 객관성을 훼손해가는 과정이며, 그것을 통해 본의—언어학적 진보의 잔재—를 넘어서서 원래의 상형적 의미를 회복하고, '문자를 정신으로 끊임없이 변화시키는 것'이 그 목표이다. 그런데 여기서 우리가 주의해야 할 것이 있다. 본의—문자 그대로의 의미—가 "우선적인" 의미가 아니라는 것이다. 모든 어휘 사전이나 일반 사전이 증명하듯이 문자 그대로의 본의는 존재하지 않으며 문맥과 저자와 시대에 따른 의미만 있기 때문이다.[15] 달리 말한다면 단어는 표현된 문맥 속에서 살고 있거나 수사적인 역할을 맡을 때만 실제적이며 기호론은 우선 문체론에 비추어보았을 때만 그 값을 갖는다.[16] 모든 수사법이 기본적으로 지니고 있는 이러한 "이동"이라는 성격은 유클리드의 공간에서 나타나는 이동이라는 특성과 같다. 수사법은 논리와 마찬가지로 공간적 용어로 표현되고 사고되기 때문이다. 공간이 상상계의 형태이며 운명 거역의 형태인 것과 마찬가지로 은유도 그런 것들의 표현 양태이다. 그것은 인간 정신이 지닌 힘으로서 수사를 통해 생각할 때마다 그 용어를 새롭게 하며 그 수사 자체를 어원적 운명에서 벗어나게 한다.

우선 '대조법'과 그것의 짝을 이루는 '과장법' 그리고 그 분파에 속하는 '용어법冗語法'*을 살펴보기로 하자. 우리는 분열 형태적 구조 내에서 어떻게 대조적 수사법과 배타성에 입각한 분리의 논리가 모습을 드러내는가를 살펴본 바 있다.[17] 우리는 배타적인 대조법이 "시간의 얼굴"을 형상화한 상징들을 심하게 과장해

* 용어법은 필요 이상의 말을 써서 표현하는 일, 또는 그 표현. 부주의 또는 무학無學에 기인하는 것과 강조나 수사적 효과를 노려 일부러 쓰는 경우도 있다.

서 표현하는 가운데 나타나게 된다는 것도 보았다. 분열에 토대를 둔 이런 논쟁적 체제의 배타성은 소크라테스와 플라톤, 그리고 데카르트의 논쟁적 정신과 같으며[18] 서구 사상의 대부분을 암시적인 마니케이즘*으로 지배해왔다. 그러한 수사법에 익숙해 있고 권위를 지니고 있었기에 블로일러는 "~에도 불구하고"라는 수사법은 다른 사고 양식에 비해 정상적이라고 간주했던 것이다. 하지만 다시 한번 강조하지만 대조법과 과장법을 통해 죽음을 완곡화하는 방법만이 건강한 이성의 속성은 결코 아니다.[19] 우리는 이미 합리주의가 병적인 경향으로 나타날 수 있음을 보여주지 않았는가?[20] 우리는 이제부터 상상계의 '낮의 체제'가 어떤 식으로 스스로를 표현하면서 수사학적 표현에 이르게 되는가를 구체적으로 살펴볼 예정인데, 대조법이나 강조법은 그러한 표현 양식이 형태적으로 응집되어 나타난 전형적 예일 뿐이다. 상상계의 자발성에서 수사학적 표현에 이르기까지 칸트적인 의미의 구도론적인 과정을 보여줄 이번 예에서[21] 우리는 상상계가 스스로 함정과 장애물을 만들며, 그것은 자신이 그것을 극복할 수 있음을 보여주기 위해서라는 데 주목한다. 풍차는 임의로 무시무시한 거인으로 바뀌고 양들은 무어인 기병들로 바뀌는데 그것은 상상력이 미리 그것들에 대한 승리를 확신하고 있기 때문이다. 바꾸어 말하자면 극복해야 할 괴물과 장애물들을 내면에서 형상화하게 만드는 것은

* 일명 마니교이며 3세기에 페르시아 왕국의 마니가 창시한 이란 고유의 종교. 고대 페르시아의 조로아스터교에서 파생되고, 그리스도교와 불교의 여러 요소를 가미한 종교로서, 교조 마니의 이름을 따서 마니교라고 불렀다. 마니에 관한 사실史實은 불확실한 점이 많으나, 일찍이 조로아스터교에 귀의하여 신의 계시를 받고 30세 때 예언자로서 자각한 후, 페르시아를 중심으로 깨달은 바를 전파, 조로아스터교에서 분파하였다. 그후 조로아스터교의 박해를 받고 화형을 당했다. 그가 남긴 유서인 『생명의 책』 『샤브라칸』 『신비의 책』 『마니 서한書翰』 등이 마니교의 성전聖典이 되었는데, 14세기 마니교 소멸 후에 없어져 그 내용을 알 수 없었으나, 20세기에 와서 유럽 학자가 사본을 발견함으로써 학계에 널리 알려졌다.

바로 상상력의 역동성이다. 정신병자들은 장애물들을 체계적으로 모은다. "형태를 갖추고 그 형태를 보존하려는 세균들이 있다. 그놈들은 내 머릿속에도 있다. 나는 그것을 느낀다. 그중 한 놈은 아주 큰 놈으로 우리의 몸을 양분으로 삼아 부풀어오른다." 이어서 세균의 부정성을 과장하면서 그 부정성을 전능하다고 할 정도까지 만든다. "모든 것을 뒤덮은 거대한 세균이 있다. 놈은 지구뿐만이 아니라 태양계와 은하계까지 뒤덮으며 눈에 보이든 보이지 않든 모든 것을 그 안에 채워넣는다. 흐린 성운도 그 형상의 하나이고 은하수도 그렇다." 게다가 세균이 지닌 악은 내면화되어 편집증적인 심술궂은 정령이 된다. "내게는 소리가 들린다. 놈들은 슬럼가 은어를 쓴다. 놈들은 도둑 무리이다. 그건 마치 코를 두엄에 처박는 것과 같다. 놈들은 우리 머리에 들어 있는 것을 반복한다. 놈들은 우리의 모든 생각을 반복한다. 우리가 말하는 것은 놈들이 생각하는 것이다. 놈들이 우리의 생각을 빼앗는다." 그러나 이렇게 악을 과장하는 것은 똑같이 과장된 대립항을 만들기 위한 상상적이고 수사적인 도약대를 만드는 것과 같다. "나는 세균들이 무섭지 않다. 나는 놈들을 죽인다."[22] 그러기 위해 상상력은 내면에 확실한 항체를 만든다. "우리가 사람을 완벽하게 물에 적실 수 있다면, 세균들은 물을 가득 머금게 될 것이다. 그러고는 몸에서 떨어져 나와 쓸려 나갈 것이다." 그리고 편집증 환자는 세례 행위와 주술을 새로 만들어낸다. "많은 사람들은 알지 못하는 가운데 세균 퇴치를 위한 제의를 행한다. 사제들은 자신이 무슨 일을 하는지 알지 못한다. 그들이 하는 모든 일은 그것을 위해서이다. ……나는 네 단어로 그 모든 것을 품을 수 있는 주문을 만들었다. 카라이브caraïbe, 카니발cannibale, 카나카canaque, 라카유racaille* 이다. 나는 이 단어들 밑에 다섯 번 줄을 긋고 그 위에 별을 두 개

* 카라이브는 '카리브 사람', 카니발은 '식인종', 카나카는 '뉴칼레도니아 토착민' 그리고 라카유는 '하층민'을 의미한다.

얹어놓는다. 세균들은 줄들에 얻어터지고는 단어들과 별들 밑으로 숨어들고 그렇게 되면 놈들의 입이 막혀 결국 쪼그라든다." 이윽고 이러한 편집증에 사로잡힌 형이상학적 명상은 과대망상적인 코기토의 승리로 막을 내리게 되고 후자는 전지전능한 능력을 부여받는다. "이론적으로나 물리적으로나 내가 죽는 것은 불가능하다. 세균들과 싸운 덕분에 나는 단단해지고 세균족을 통과할 수 있는 몸을 갖게 된다. 나를 죽이기 위해 할 수 있는 건 아무것도 없다. 나는 그것을 이미 경험했다. 나는 죽음에 대한 면역력을 가졌다." 결국 정화淨化에 의한 완곡화 과정을 통해 세계를 재창조해내는 이러한 망상의 결론은 모든 이원론적인 철학의 제사題詞처럼 쓰일 수 있는 것이니 이 긴 망상에서 나온 다음의 아름다운 문장을 인용하지 않을 도리가 없다. "결국 나는 지구 전체를 내 몸 안으로 지나가게 할 수 있다. 거기에는 끝이 없기 때문이다. 나는 물질들을 내 몸 안으로 통과시켜 씻어준다. 그 물질들은 형태를 가졌으니 내가 그들에게 형태를 부여했기 때문이다. 내 몸을 통과한 물질은 깨끗하다. 나의 지구는 나의 지구에 의해 흡수된 옛 지구를 지배한다. 이 지구는 나의 지구에 의해 녹을 것이다. 그러면 우리는 새 땅 위에 있게 된다. 별들이 이제 새로 저기에 있다. 그것들은 단단하고 우리는 거기에 갈 수 있다." 우리는 이 경탄할 만한 예를 통해 상상력의 깊은 기능을 충분히 맛볼 수 있다. 임상의사인 볼마트의 다음 결론을 보면 그는 상상력의 실존 거역적인 기능을 알고 있었음이 분명하다.[23] "우리는 환자가 개인사와 그 개인사에 물들어 있는 고통, 강박적인 죄의식들을 망상 속에서 우주 생성 행위를 반복하면서 씻어버리는 것을 본다." 여기서 대조법적인 과정을 통한 상상력의 기능이 명백하게 드러난다. 상상력은 과장법과 대조법을 결합하여 완곡화의 기능을 하는 것이고 그러한 상상력이 시간의 이미지를 과장하여 표현하더라도 그것은 시간과 그 시간이 품고 있는 죽음을 몰아내기 위해서인 것이다.

우리가 정화적이라고 부를 수 있는 예술 양식에서 사용되는 것도 같은 스타일이다. 그러한 예술에서 운명을 표현한다면 그것은 이미 그것을 지배하기 위한 것이고 결국 과장이 허용되는 것은 운명이 어두울수록 영웅은 위대해지기 때문이다. "호러 파티horror fati"*라고 총칭할 수 있는 예술의 유파가 존재한다. 고전 비극이나 "고야의 집" 벽에서 운명이라는 우상은 그 표현적 힘에 의해서 오히려 인간을 죽음의 의식이라는 고통에서 벗어나게 해준다. 그 작품들은 사회적 검열에 의해 억압된 감정이나 호기심을 맛볼 수 있게 해줄 뿐만 아니라 작품 자체에 의해 생성·변화를 다스리게 됨으로써 미래의 생성·변화가 야기할 고통을 씻어낼 수 있게 해준다. 괴테는 자신의 실존으로부터 떼어낸 신경쇠약증을 『베르테르의 슬픔』에 투사한다. 뒤카스는 스스로 로트레아몽이 됨으로써 자신을 강박처럼 따라다니는 "말도로르"를 자신과 대체시킨다.† 고야는 〈변덕〉과 〈재앙〉 속에서 병과 죽음과 역사라는 악을 씻어버린다. 실존적 고통이 기술적으로 제어된 미적 본질이 되는 것이다. 우리가 앞에서 언급했던 편집증 환자는 자신이 그린 그림들을 불행을 씻어내는 부적으로 삼았을 때 자연스레 아리스토텔레스의 카타르시스를 되찾은 셈이다. 환자는 이렇게 말한다. "나는 그림을 그렸다. 내 머릿속에 들어 있는 고환과 음경을 몰아내기 위해서다. 그것을 바라보기만 해도 자동적으

* '공포라는 운명'을 뜻한다.

† 『말도로르의 노래*Les Chants de Maldoror*』는 프랑스의 시인 로트레아몽(본명은 이지도르 뒤카스)의 6편의 노래로 된 장편 산문시이다. 1868년에 제1부가 자비 출판되었고 나머지 5부는 그 다음해에 쓴 것 같으나, 시인이 죽은 후 20년이 지난 1990년에야 출판되었다. 발표 당시에는 거의 무시되었으나, 1920년경부터 랭보의 시집과 함께 현대 시문학의 바이블처럼 여겨졌다. 절대적 반항자의 반역과 저주로 가득찬 그의 작품은 전통적인 미학의 완전한 파괴와 인간 상상력의 전적인 해방을 지향하고 있어서 초현실주의에서 현대의 누보로망에 이르는 미학의 가장 커다란 모체가 되었다.

로 성기 모양을 하고 있는 세균은 그림에 끌린다. 모양이 같기 때문이다. 종이가 그것을 끌어당긴다. 놈은 약해진다. 놈을 잡고 그림 위에 던진다. 그 위에 올렸다 내렸다 한다. 놈의 자리를 마구 바꾼다. 마침내 기진해진 놈은 사라진다. 내가 여러 다양한 방법들, 특히 그림이라는 방법을 사용하는 것은 놈을 몰아내기 위해서이다."[24] 이러한 결론은 표현의 "구도론적" 과정을 여실히 보여주고 상상적 투사에서 문체적 표현에 이르기까지의 과정도 보여준다. 표현된 형상, 특히 수사법적 형상은 저 깊은 상상적 열망을 단순한 구문으로 축소한 것이며 그 과정에서 의미는 차츰차츰 표현의 동기가 되었던 체험한 내용을 벗어버리고 순수 기호학적인, 궁극적으로는 단순히 형식적인 표현 방법으로 축소된다. "그림"이란 이미 그 자체 기호화의 도정에 놓여 있는 것이며 우리는 회화적 표현이 어떻게 하여 차츰차츰 형식화된 표현 방식으로 옮아가는지를 잘 알고 있다.

신비적 구조들이 보여주는 것은 '반어법의 문체'이며 본래 의미에서의 완곡화의 수사법이다. 우리는 여기서 이미지의 중복과 이중부정의 구문을 통해 반어법이 발생하는 과정을 다시 반복해 살펴보지는 않을 것이다.[25] 대조법의 문체가 상상력의 공간에 뒤집기의 구도를 펼치는 데—즉 하나의 축과의 관계에서 단순하게 대칭되는 것을 펼쳐 보인다—반해, 반어법의 문체와 이중부정의 구문은 상동성 내에서 대칭의 구도를 내세운다.[26] 우리로서는 형상들이 중복되어 나타나는 기하학적인 모습을 이미지 속의 이미지라는 이미지들의 끼워 넣기의 상상력을 통해 귀납적으로 살펴볼 수도 있을 것이다.[27] 그러나 반어법의 문체는 이중부정의 과정을 겪은 의미의 흔적을 지니고 있으며 그런 이유로 그 구문 속에서 양가성과 이중의 의미를 훌륭하게 구현하고 있다. 그러한 상상력 속에서 장미의 가시는 동시에 그 향기를 전하는 메신저의 구실을 하기도 한다. 블로일러가 병적인 문체의 전형으로 단순하게 인정해버린 이런 문체의 병리학적인 측면을 여기서 다시 한번 자세히 살펴볼 필요는 없을 것 같다.

우리는 이미 각종 예술에서 이런 신비적 구조가 여러 표현 양식들의 중요한 기본 범주의 하나를 이루고 있음을 살펴본 바 있다.[28] 카타르시스가 과장법을 준비하고 대조법을 유발한다면 윤색이나 장식의 예술은 일반적으로 반어법을 예고한다고 말할 수 있다. 완성을 향한 인간의 기본 욕구는 우리가 이미 살펴본 것처럼[29] 긍정적 리얼리즘을 통해 천명되기도 하는데 그러한 표현을 통해 예술가는 특정한 어느 한 순간의 "비상飛翔 정지"를 실현한다. 프루스트의 기억, 스탕달의 완벽한 순간에 대한 자기도취, 지드의 열정, 혹은 플로베르와 반 고흐의 작품에서 나타나는 세밀한 관찰 편애들은 모두 자신들이 포착한 순간들을 되찾은 영원성의 구체적 에센스로 만들려는 노력의 결과이다. 또한 그러한 욕구가 과장법의 색조를 띠면 후회나 절망을 "사랑의 축제들"로 완화시키는 관념화된 완곡법으로 나타나기도 한다. 고전 비극에서 죽음을 막 뒤로 감추는 기법이나 『파이돈』을 아름답게 꾸미는 관습적인 알레고리가 바로 거기에 해당한다. 그리고 언어학적인 위상에서부터 이미 반어법적인 문체가 바로 모습을 드러낸다. 브레알은 어떻게 하나의 단어가 원래 지니고 있던 의미와 반대되는 의미를 갖게 되는가를 보여준 바 있다.[30] 라틴어의 형용사 '마투루스maturus'는 원래 '아침의'와 '철이 이른'을 뜻하는 단어였다. 그 형용사에서 '서두르다'라는 뜻의 '마투라레maturare'라는 동사가 나왔고 그 동사가 지상의 과일에 적용되면서 "익다"라는 뜻을 갖는다. 무언가가 익으려면 시간이 필요하므로 능동적인 동사의 영향에 의해 그 형용사는 "현명한" "사려 깊은"의 뜻까지 갖게 된다. 그리하여 결국 그 원래 의미가 '익은' '성숙한'이라는 뜻, 즉 '충분히 나이가 든'이라는 전혀 반대되는 의미로 바뀌게 된다. '마투리 센투리오룸maturi centuriorum'이 "대장들 중에 가장 나이든 사람"을 뜻하는 것도 이 때문이다. 상상력에 의해서 만들어지고 단어들의 의미적 진화 과정을 보면 알 수 있는 것들이 수사법의 도식 내에 압축되어 있으며 단순한 문체의 형상으로 축소되어 형식적 기호까지 이르게 된다. 반어법이 하나의 담론으로 나타날 때는 정도에 따라 여러 등급으로 분류할 수 있다. 우선 대조법이 좀더 응축된 경우로서 '모순어법antilogie'이 있다. 그 경우 대립되는 것 간의 논쟁적 힘은 사라지고 모순되는 것을 동시에 함께 제시하는 것으로 만족하게 된다. 그리고 '난유법catachrèse'이 있다. 난유법도 일종의 반어법으로서 반어법의 본령이라 할 도치의 과정은 사라지고 대신 반대되는 의미를 가진 단어들을 사용하는 수사법이다. 그리고 그 둘의 중간쯤에 우리는 '곡언법曲言法'을 놓을 수 있을 것이다. 곡언법은 반어법과 과장법이 타협하여 만들어낸 아주 형식적인, 달리 말해 모든 의미를 비운 수사법이다. 그 형태는 반어적이지만 과장법으로서의 표현 효과를 노린다. 그리고 '환유법'이나 '제유법'에서처럼 전체와 원인과 종種 전체를 가리키기 위해 부분이나 효과나 표본을 사용해서 수사학적 "소형화"의 기법들 대부분도 이런 수사법의 범주에 든다고 볼 수 있다.

끝으로 종합적 구조의 수사법을 알아보자. 우리는 그러한 구조가 어떻게 '활사법의 문체'로 나타나는가를 이미 보여준 바 있다.[31] 이미지들을 반복하고 그에 의해 시간을 도치시킴으로써 시간의 개념은 사라진다.[32] 바로 그때 상상력의 공간에서 평등한 일단의 그룹이 유사성을 강화한다. 우리는 음악의 리듬 표현이 이 구조를 어떻게 미학적으로 구현한 것인가를 이미 살펴본 바 있다.[33] 음악은 온통 대조적인 것을 리듬 속에 통합해놓은 것이다. 우리는 또한 이러한 상상력의 구조는 숫자의 토대가 되는 반복과정을 통해 표현됨으로써 정수론까지는 아니더라도 최소한 계수학의 밑그림이 되는지도 보여준 바 있다.[34] 그러나 우리가 무엇보다 강조한 것은 상상력의 종합적 구조는 뮤즈의 코러스 안으로 클리오*를 복귀시킨다는 것이다. 왜냐하면 역사는 결국 하나의 활사법으로 정의내릴 수 있으며 그것이 역사철학으로 나타나더라도 그것을 미래에 대한 활사법으로 간주할 수 있기 때문이다.[35] 우리는 여기서 이런 수사법의 형상이 하나의 구문 속에서 기억의 상상적 힘을 보여주기도 한다는 것을 다시 길게 지적하지는 말자. 단지 반어법이 여러 등급으로 다양하게 나타나는 것과 마찬가지로 활사법도 다양하게 전개된다는 것만을 지적하기로 하자. 그중 대표적인 것이 '전용어법'과 '전치법'인데 과거나 미래의 일을 현재화하여 표현하는 전치법이 전형적이라고 할 수 있고, 전용어법은 그 파생어법으로 볼 수 있다. 전용어법에서는 시간의 변화를 강조하며 모든 종합적 표현에 들어 있는 사소한 대립적 뉘앙스들을 강조한다. 한편 전치법에서는 그 의미를 그대로 간직한 채 시간적 순서를 완전히 뒤바꾸어버린다. 그런 의미에서 전치법은 거의 완벽하게 형식화된 가역성의 방법이라고 볼 수 있다. 그러나 다시 한번 반복하지만 상상력이 이러한 여러 체제들과 구조적 범주들 그리고 그 문체들이 상호모순되는 관계를 이루고 있고, 우리가 이 책 내내 보여주었듯이 상상계와 신화의 동위적 성좌들을 각기 형성하고 있다 하더라도 그 구조들이 그 때문에 상호배타적인 것은 아니라는 것을 강조하고 싶다.

우리가 좀더 형식화될수록, 즉 우리가 커다란 상상력의 원형들이 지닌 본래의 의미에서 멀어질수록 구조의 동위성이나 문체의 통일성을 준수하기 어려워진다는 것을 알 수 있다. 실상 하나의 예술작품은 상상력의 모든 구조들에 젖줄을 대고 있다. 가장 암울하고 카타르시스적인 비극에서도 반어법적인 감미로움을 제

* 클리오는 그리스 신화에 나오는 뮤즈 가운데 하나로 그리스어로 '찬양하다'라는 뜻이다. 제우스와 기억의 여신 므네모시네가 피에리아라는 곳에서 아홉 밤을 함께 지낸 뒤에 낳은 아홉 뮤즈 가운데 하나로서 칼리오페·테르프시코레·에우테르페·탈리아·멜포메네·에라토·폴림니아·우라니아의 자매이다.

거할 수는 없고 스탕달의 섬세함에서 정치적 원한에 대한 정화와 과거의 감미로운 순간에 대한 애정을 통한 승화를 분리해낼 수는 없다. 위대한 예술작품이란 아마도 그 작품 속에 영웅적이고 대조법적인 악센트, 반어법의 부드러운 향수, 그리고 희망과 절망의 수축과 이완이 모두 녹아 있는 경우에만 우리에게 완벽한 만족을 줄 수 있을 것이다. 그런데 순전히 수사법적인 구도의 위상에서는 다른 체제들 사이의 대립이 더 흐릿해지고 구조들이 지닌 동위적 힘은 본래의 역동적 의미의 힘을 잃는 것과 동시에 붕괴된다. 그렇게 되면 수사적 형상의 구문은 더이상 상형적 의미를 지니지 않으며 그 결과 한 작품 속에 사용된 모든 문체는 담론의 표현을 위해서만 이용되었을 뿐이다.

이와 같이 우리는 수사법과 그 형상적 표현에서 본래의 상형적 의미가 차츰차츰 와해되어 사라진다는 것을 살펴보았다. 수사법은 중간적 위치를 차지하고 있으므로 온갖 모호성이 깃든 영역이다. 바로 그 이유 때문에 사람들은 배제성에 입각한 형태적 과정이나 논리 혹은 수학에 흥미가 있는 듯한 인식론을 선호하고 수사법에 대한 연구는 소홀히 해온 듯이 보인다. 서구 사상에서 상상력이 냉대를 받게 된 바로 그 순간부터 '수사학자'라는 용어는 경멸의 대상이 되었던 것이니…….[36]

결론

인간은 세상을 지배하려는 활동에 의해서 세상을 잃을 수 있다. 인간은 매 순간—바로 거기에 예술가의 기능이 있으니—게으름으로 빚은 작품, 혹은 게으름이란 작품에 의해 세상과 조화를 이루어야 한다.

—프랑시스 퐁주, 「속삭임」, 『원탁』, 43호

이제 이 책을 마무리할 때가 되었다. 우리는 서구의 공식적 사상 내에서 상상계가 문화적으로 얼마나 평가절하되었는가에 대한 고찰에서 시작해서 수사법이 평가절하된 사실을 언급하며 끝을 맺었다. 어떤 이들은 "오류와 거짓의 원흉"에 대해서 참으로 쓸데없는 두꺼운 책을 썼다고 평가할 수도 있을 것이다. 우리는 상상계를 복권시키려는 시도 도중에 끊임없이 신화, 마술, 연금술, 천체생물학, 계수학, 유추, 참여, 전 논리적 사고 등을 다루어야 했으며 끝으로 수사학에 대해 언급하기에 이르렀다. 그렇다면 더욱이 우리의 작업은 허황한 "먹구름" 혹은 뜬구름 잡는 방향으로 이루어진 게 아니었을까? 이렇게 대답하기로 하자. 그 먹구름으로부터 땅을 유린하는 뇌우처럼 풍요로운 비가 내리는 법이다, 라고. 태양을 가리는 능력 자체가 이미 대단한 힘인 듯이 보인다. 하지만 이런 식의 대답은 어딘가 은유로 얼룩져 있는 것 같다. 차라리 이렇게 직접적으로 말하는 것이 더 나을 것이다. 우리가 탐색을 계속하면서 인간의 사고 내에서 이러한 상상계의 "오류와 거짓"이 시간과 공간 속에 자리잡은 "진리들", 그 취약한 "진리들", 현재 서구 문명의 합리주의적이고 성상파괴주의적인 억압의 결과로 빚어진 "진리들"보다 훨씬 흔하며 보편적인 것으로 나타났다.[1] 그러니 우리는 이러한 일반적 원형학을 최소한 인간의 공상이 늘 범하는 짓들에 대한 편리한 목록으로, 혹은 이미지들, 달리 말해 인간의 꿈songe과 거짓mensonge의 박물관으로 간주할 수도 있을 것이다. 누구에게나 자신의 진리 스타일을 택할 자유가 있다. 우리로서는 인간이라는 종족의 유산 중에 어느 부분도 제쳐놓지 않는 길을 택했다.[2] 우리가 보기에 인식론들이 연구해서 밝혀낸, 상대적으로 새로운 진리들은 그 세력이 약해진 채 서로 싸우고 있다. 그렇다면 이른바 "오류들"이라는 것이 어느 것보다 공통분모를 이루고 있는 것으로 보일 때 그것들을 왜 무시해야 하는가? 더욱이 그 공통분모가 나름대로 진리를 드러내는 어떤 질서를 따라 이루어지고 있는 듯이 보일 때 그것을 무시할 수 있는가? 우리의 탐색 도중에 뚜렷하게 드러난 신념 중 하나는 진리에 대한 파당적인 정의들을 인류학적인 이해의 이름으로 수정해야 한다는 것이다. 우리는 그 어느 때보다도 우리 문명의 객관성을 향한 욕망을 인간 현상의 실재로 간주하면 안 된다. 우리에게는 "살아 있는 거짓"이 죽은 진리들보다 더 진실되고 유효한 것으로 보인다. 생각하는 주체에게는 적용할 수 없고 단지 엄격한 객관적 정신분석 용어들 내에서만 편협하게 유효한 방법이나 진리들을 억지로 일반화하려 하기보다는, 일단 그렇게 무리하게 확대 적용에 힘쓰다 보니 무용하고 불확실한 것에 불과한 것으로 드러난 방법이나 진리들을 고집하기보다는 '상상력의 완곡어법'이 드러내는 별난 사상事象들, 객관적으로는 부조리해 보이지만 인간 현상의 본질로 보이는 것들에 좀더 적확한 방법으로 접근하려 애쓰는 것이 더 나을 것이다. 이러한 인간 현상은 좁은 진리의 이름으로 특수화된 어떤 과학에 의해서도—인문과학의 이름으로도—제외되어서는 안 되며 반대로 인류학 전체에 수렴해서 밝혀져야만 한다. 그러한 인간 현상은 그것이 천명되는 매 순간 위엄 있고 권위 있는 대상 너머에서 체험되는 것이기 때문이다. 우리가 이 책에서 보여주려고 애쓴 것이 바로 그것이며, 비록 우리가 제시한 방법이 확고한 것은 아니더라도 우리로서는 좀더 정확한 이후의 연구들을 위한 길잡이 구실을 할 수 있었으면 하는 야심을 갖고 있었다.

여기서 우리는 무슨 수를 쓰더라도 인간을 "탈신비화"하려 애쓰는 이들의 주장을 정확히 이해해야 할 것 같다.[3] 우리로서는 이런 탈신비화의 의지가 신화의 어느 체제에 속하는 것인지를 질문할 수도 있다. 우리 시대가 드러내는 지표 중 하나는 기호학적이고 객관적인 추상화의 체제에 발을 맞추어 신화와 신비화를 과장되게 혼동하고 그에 대한 논쟁을 벌인다는 사실이다. 신화와 신비에 대한 격렬한 비판의 시대라고 할 수 있는 우리 시대는 대조법의 체제에 온통 몰두해 있고 그 결과 지나친 과장법을 즐겨 사용하는 경향을 보인다. 그러나 여러 가지 지표로 보아 이런 원형적 양태는 곧 수명을 다할 것으로 보인다. 실제로 우리의 합리적인 문명과 객관적인 탈신비화에 대한 신앙은 학대받던 주관성과 비합리성의 역파逆波에 침범당하고 있다. 풍요로운 상상력의 권리를 주장하는 물결이 정신병, 알코올 의존, 마약 애호, 재즈 취향, 기괴한 "취향" 등으로 나타나는 한편 비합리주의적 독트린이나 보다 강렬한 형식의 예술에 대한 열광으로 나타나기도 한다.[4] 합리주의적인 청교도주의와 "탈신비화"를 외치는 십자군들 한복판에서 상상력의 힘이 일종의 변증법적인 복수를 행하듯이 배타적 객관주의자들을 메다꽂은 것이다. 그런데 주목할 사실이 하나 있다. 객관성, "과학", 유물론, 결정론적인 설명, 실증주의 등은 부정할 수 없는 신화적 특징을 지니고 제자리를 잡게 되었다는 사실이다. 그것은 제국주의적 신화이고 사물들의 변화라는 가르침에 대하여 닫힌 태도를 보이는 신화이다.[5] 객관성은 역설적이게도 대상과 대면을 거부하는 열정적이고 광적인 신앙이 되어버린다. 그런데 배타적으로 하나의 동위적 체제만을 이용하는 체계가 다 그렇듯이 일반적인 인류학의 방식들을 무시하는 현대의 기호학적 객관주의는 선험적으로 그 자체 완결된 하나의 휴머니즘 속에 닫힌다. 탈신비적 확신이 쓰고 있는 가면은 대개의 경우 정신적 식민주의라는 가면이며 인간이라는 종족 전체의 유산과 희망을 특수한 문명의 이름하에 병합시키려는 의지를 숨기고 있다. 그래서 우리는 상상계의 현상학 내에서 어떤 인류학적 자원도 도외시하지 않으려고 애썼던 것이다. 우리가 탐구한 것은 구조였지 '전체주의적'인 하부구조가 아니었다. 그리고 인류학에 입각한 학문들이 수렴하는 곳에서 신화와 상상계는 인류의 진화 과정에서 지나쳐온 과거의 순간으로 나타나기는커녕 '호모사피엔스'에 특징을 부여하게 만드는 행동들의 구성 요소—우리가 충분히 보여주었듯이 그 행동들을 성립하게 만드는 요소—임이 밝혀졌다. 그러니 우리로서는 진리를 정직하게 추구하면서 그것을 신비화하는 일이 없도록 하려면 신비화와 신화를 구분해야 한다는 것, 단어의 어원에 집착하지 않는 것을 임무로 삼아야 한다고 생각한다. 인간의 의식을 '탈신화화'하는 것이야말로 인간 의식을 가장 신비화하는 것이며 근본적으로 이율배반적인 것으로 보인다. 인간 개개인을 완벽히 결정적인 사물, 단순한 사물, 달리 말해 상상할 수 없으며 희망으로부터 소외된 존재로 환원시키는 것은 대단한 상상력의 소산인 듯이 보이기 때문이다. '신화와 마찬가지로 시詩는 제거될 수 없다.' 가장 소박한 언어 표현 속에도, 아주 편협한 기호를 아주 편협하게 이해하는 경우에도 언제나 객관적인 본의를 둘러싸고 있는 표현의 아우라가 동반되기 마련이다. 시적인 '사치'[6]는 우리를 화나게 만드는 것이 아니다. 인간의 의식을 탈신화화할 수 없기에 나오는 그러한 사치는 인간 정신에게 일종의 행운이며 소크라테스가 말한 바 있는 "겪어볼 만한 위험"이다.[7] 소크라테스는 그것을 결정적인 순간에 죽음이라는 객관적인 무화와 대립하면서 신화의 권리를 긍정하게 만들고, 인간이라는 주체성이 인간이라는 존재와 그 존재를 천명하게 만드는 자유에 대하여 지닌 사명을 긍정하고 확인하게 만드는 것이라고 했다. 바로 그렇기에 인간에게 진정한 명예는 시인에게 속하는 것이다.

그러니 상상력에 대하여 그런 중요한 지위를 부여한 만큼 우리로서는 개미의 취약한 승리의 곁에서 매미의 몫을 찾아줄 수 있어야 한다고 겸손하게 요구한다. 개인의 존재론적 사명의 진정한 위엄과 자유는 상상계의 장場을 구성하는 정신적 자발성과 창조적 표현에만 토대를 두고 있기 때문이다. 이러한 사명은 인간 정신의 모든 체제에 대하여 관용적이다. 어떤 체제도 시간과 죽음의 무화에 대항해서 싸우는 것으로서의 의미를 지니며 바로 그것이 인간에게 시적이라는 명예를 부여할 수 있게 해주는 것이기 때문이다. 따라서 물리적이고 추론적인 문화의 곁에서 상상력의 교육학이 더욱 절실한 듯이 보인다. 우리의 문명은 자신도 모르는 채 상상계의 한 체제를 배타적으로 남용해왔다. 따라서 우리의 문명이 쇠락하거나 타락하지 않으려면 생물학적인 의미에서 인간종의 진화가 우리 문화에 가해져 일종의 개종이 이루어져야 하는 듯이 보인다. 낭만주의와 초현실주의는 어둠 속에서 배타적인 '낮의 체제'를 치료해줄 약을 조제해왔다. 아마 그들은 너무 빨리 왔는지 모른다. 오늘날에 이르러서는 인류학적인 업적들 덕분에 인류적인 치료법의 절실함이 명확히 밝혀졌으며 더이상 이국 취향적인 욕망이나 도피의 욕구로 간주되지 않았다.

우리의 테크노크라트 문명이 역설적이게도 '상상의 박물관' 건립을 가능하게 한 것처럼 우리의 문명은 상상계 자원들의 일반적인 목록, 말하자면 '일반적인 원형학'도 세울 수 있게 해주었다.

이제 우리에게는 인간의 모든 환상을 포함하는 상상력의 교육과 함께 인간의 총체성에 입각한 미학 교육이 절실히 필요하다. "상징적 실현"의 방법이 시도하고 있듯이[8] 개인적 트라우마의 차원에서 상상력을 재교육하는 방법, 즉 "깨어 있는 꿈"[9]을 이용하여 결핍된 상상력을—그것이 번민을 낳은 것인데—다시 일깨울 수 있을 뿐만 아니라, 이른바 "심리적 행동"의 기술들이나 사회 드라마 실험[10]들 역시 우리의 교육이 참고해야 할 상상력 교육의 밑그림을 보여주고 있다. 예전에는 커다란 종교 체계들이 상징체계들과 신화적 전통들의 보관소 역할을 맡아왔다. 오늘날에는 교양 있는 엘리트에게는 예술이, 일반 대중에게는 신문과 만화와 영화가 상상계의 모든 레퍼토리를 마련해준다. 그러니 구원까지는 아니더라도 이미지와 꿈을 향한 갈증을 밝혀낼 필요가 있다. 우리의 가장 절실한 의무는 게으름과 욕망 충족과 한가함을 교육하기 위한 작업이다. "계몽" 시대 사람들은 상상력이 지닌 밤의 화려함을 즐길 절대적인 권리를 빼앗기고 있다. "자네는 노래하게, 그래서 나는 편안함을 느낀다네!"의 모럴과 개미같이 일하는 것에 대한 우상화는 우리 시대 신비화의 극치이다.

우선 수사학 연구를 복원시키는 것이 필요하다. 수사학은 온전한 상상계 전체에 이르는 데 필요불가결한 중간항이다. 이어서 문학과 예술 연구를 역사적이고 고고학적 고정관념에서 벗어나게 해야 한다. 그래야 예술작품이 인류의 문화 박물관 내에서 합당한 인류학적 제자리를 찾을 수 있다. 예술작품은 인간의 희망 호르몬이며 지주이기 때문이다.[11] 이어서 원형학에 대한 교육은 범람하는 인식론들과 논리의 철학 곁에서 제자리를 찾을 수도 있을 것이다. 즉 대상과 객관성에 대한 성찰 곁에서 주관성의 소명에 대한 성찰, 인간 영혼의 표현과 소통에 대한 성찰로서 자리 잡을 수 있다. 끝으로 창조적 상상력을 천명하는 일에는 아주 구체적이고 실천적인 작업들이 광범위하게 이루어질 수 있다. 원형학, 신화학, 문체론, 수사학 등을 체계적으로 연구한 예술론들이 문학 연구를 복권할 수 있으며 미래의 인간 영혼이 균형을 취할 수도 있을 것이다. 온전한 휴머니즘은 배타적인 과학 탐구를 기초로 하여 설립될 수 없다. 온전한 휴머니즘은 인간 영혼에 대한 동의와 원형적 공동 토대를 기초로 하여야 한다.

이렇듯 인류학은 새로운 교육 철학의 설립을 가능하게 하며 상상력에 의하여 천명된 존재론적 소명과 상상력에 의한 작품들이 핵심을 이루는 새로운 휴머니즘으로 귀결된다. 실제로 방법론적으로 반사학적 여건들을 고려하는 데서 출발한 이 책은 수사학적 여건들을 교육학적으로 고려하는 것으로 끝을 맺었다. 우리가 연구 내내 상상력을 위치시킨 것은 바로 그 사이이다. 즉 동물성이 기계론적인 이성의 객관화 과정을 만나는 사이에 상상력이 자리잡고 있다. 수사학이란 이러한 인류학적 도정의 궁극적 종착지로서 그 품에서 상상계의 영역이 전개되어 나온다. 상상계는 반사의 순수 동화와 객관적 실재에 대해 의식이 전적으로 적응하는 사이에서 인간 정신의 정수, 즉 죽음이라는 객관적 세계에 대항하여 생생한 희망을 세우려는 인간 존재의 노력을 구성하는 것이다. 그러한 도정에 의해 각각의 체제에 따라 구도와 원형과 상징들이 쌓이고 그것들이 구조로 조율된다는 사실을 우리는 확인했다. 이러한 범주들은 이미지들의 동위성과 이미지들이 성좌와 신화적 이야기로 모양을 형성한다는 것을 입증해준다. 마지막으로 우리는 다양한 양태의 상상계와 이미지로 표현된 스타일들을 구체적으로 검토하면서 그것들이 시간을 인간 운명에 속하는 것—불가항력적이고 객관적인 것—에서 존재론적인 승리로 옮아가게 하려는—공간의 형태를 통하여—유일한 시도에 의해 이끌린다는 것을 보여주고 상상력의 이런 체제와 범주들이 문화적으로든 심리학적으로든 비정형적이라는 것을 이해하게 되었다. 우리의 연구 내내 상상계는 실용적인 결핍의 잔재이기는커녕 존재론적인 소명의 표지로 드러났던 것이다. 상상계는 수동적 부대 현상이나 무화이거나 지나간 과거에 대한 헛된 성찰이 아니다. 상상력은 스스로 세상을 변화시키는 창조적 활동임을 보여주며 이 세상을 완곡화해서 근본적으로 변화시킨다. 그리고 그렇게 변화한 세상은 '성스러운 지성intellectus sanctus'이 되고 가장 최선의 질서를 지니게 된다. 상상력의 기능이 우리에게 드러내 보여준 것이 바로 이와 같은 커다란 구상이다.

이 구상은 의식의 상태를 평가하고 영혼 기능의 등급을 나눌 수 있게 해준다. '코기토'가 존재를 확신하게 해주는 반면에 이러한 존재의식을 격하시키는 사고들도 있기 때문이다. 그 사고들은 존재를 대상으로 소외시키며 결국 죽음으로 소외시킨다. 그리고 현재의 우리에게 익숙해 있는 사고는 바로 이러한 성상파괴주의적 사고이다. 그 사고는 "res extensa(외연을 가진 실체, 물질적 실체)"라는 모델에 속아 그것이 주는 위안을 받아들이면서 우리를 객관성의 세계에 종속시킨다. 하지만 그에 의해 드러나는 정신과 존재가 갖는 몫은 무의미하며 죽음을 품고 있는 지속의 무néant일 뿐이다. 그때 존재에게 제시되는 것은 이 세계를 위한 존재를 절망적으로 받아들이느냐, 아니면 죽느냐의 양자택일일 뿐이다. 우리는 상상력에 대한 객관적인 연구가 역설적이게도 대상—주체의 반대—에 대한 옹호론을 뒤집고 잘못된 낙관적 철학을 부정하게 된다는 것을 확인한 바 있다. 공간은 물질적 이타성의 선험적 형태"이기는커녕" 정신적 창조성과 이 세계에 대한 정신의 지배의 선험적 형태이다. 객관성은 우리가 갈증을 느끼는 순간들에 이정표를 세우고 그것들을 잘게 잘라놓는다. 시간은 우리가 절망적으로 갈망하는 충족의 순간을 끊임없이 지연시킨다. 반면에 상상된 공간은 매 순간 자유롭게 그리고 즉각적으로 존재의 지평과 희망을 영원 속에서 재건립한다. 상상계는 우리의 의식이 궁극적으로 의지하는 존재이며, 영혼이 살아 있는 심장이다.

그 심장이 팽창하고 수축함에 따라 코기토의 진정성이 이루어진다. 부대 현상의 무의미함, 무 앞에서의 절망과 마주한 “코기토”에 위안을 주는 것은 바로 상상계의 연구에 의해 드러난 “완곡화하는 ‘대자對自’”이며 어떤 객관성—존재를 소외시키며 죽음을 내포하는—도 그에 우선할 수 없다.

번뇌에 빠진 우리 시대가 수많은 결정론의 폐허 위에서 무정부주의적으로 찾아 헤매고 있는 “영혼의 보완물”은 바로 이러한 상상력의 기능 안에 존재한다. 상상력의 기능은 죽어 있는 객관성에 유용성이라는 동화同化적 흥미를 부가하고 유용성에 기분 좋은 것에 대한 만족감을 부가한다. 그리고 기분 좋은 것에 미적 감흥이라는 사치를 부가한다. 결국 우리의 사고는 궁극적 동화 내에서 고요함, 철학적 혹은 종교적 반향[12]이라는 완전한 완곡화를 이룬다. 그리고 상상력은 특히 행동과 가치론적으로 대척점을 이룬다. 상상력은 가능성이라는 기능을 갖고 있으며 우연이라는 미래의 힘을 지니고 있다고 우리가 믿는 것은 상상력이 현상이라는 기호학적으로 텅 빈 곳을 채우기 때문이며 인간의 표현에 생기를 부여하고 바라는 것의 완수를 갈망하게 하기 때문이다. 우리는 각기 다른 표현을 빌려 자주 이렇게 말한다. 사람들이 살거나 삶을 교환하는 것, 그리하여 ‘죽음에 의미를 부여하는 것’은 객관적 확실성이나 사물이나 집이나 부 때문이 아니라 의견을 위해 의식 한가운데에서 세상과 사물을 맺어주고 다시 맺어주는 상상적이고 비밀스러운 끈 때문이라고. 사람은 관념 때문에 살기도 하고 죽기도 할 뿐만 아니라 사람들의 죽음이 이미지에 의해 사면되기도 한다. 그러니 상상력이란 헛된 정념이 아니라 완곡화의 행동이며 ‘욕망의 인간’을 따라 세상을 변모시키는 것이다.

시는 길잡이이니
오르페우스는 이아손을 데리고 간다

우리는 이 시대의 철학자가 옛 고대의 신탁처럼 다시 한번 상상력의 영감에 친근한 눈길을 주고 “뮤즈의 작품에 빠져드는 것”을 절대 헛된 일로 여겨서는 안 될 것이다.[13] 오르페우스의 리라가 없는 아르고 원정대는 어떻게 될까? 누가 사공에게 리듬을 줄 것인가? 황금 양털이 존재하기는 하는 것일까?

상상계의 동위적 분류도

체제 혹은 극성極性	낮의 체제	밤의 체제	
구조Structure	분열 형태적Schizomorphes (혹은 영웅적Héroïques) i) 이상화 혹은 자폐적 후퇴 ii) 분열주의(분열) iii) 기하주의, 대칭, 거인증 iv) 논쟁적 대구법	종합적Synthétiques (혹은 극적Dramatiques) i) 모순의 병존과 체계화 ii) 대립적인 것 간의 변증법, 극화 iii) 역사화 iv) 부분적(순환) 혹은 전체적 진보주의	신비적Mystiques (혹은 반어적Antiphrastique) i) 중복과 끈기 있음 ii) 점착성, 반어적 집착성 iii) 감각적 사실주의 iv) 축소 변형(걸리버화)
설명 및 정당화 원칙, 혹은 논리적 원칙	객관적으로 이질화 지향持向, 주관적으로는 동질화 지향(자폐증). 배척, 대립, 동일성의 원칙이 지배	시간의 요인에 의해 모순을 연결하는 통시적 재현. 갖가지 형태를 띤 인과성의 원칙이 지배	객관적으로는 동질화 지향(끈기 있는), 주관적으로는 이질화 지향(반어적 노력). 유추, 유사의 원칙이 지배
반사적 특성	자세적 지배와, 손으로 만든 도구와, 거리를 두는 감각적 고안물들(시각·청각 등)	계합적系合的 영역, 리드미컬한 고안물들, 그리고 그에 해당하는 감각적 고안물들(운동 감각적, 음악적, 리듬적 등)	소화 지배와 체내 감각, 체온의 고안물 및 촉각적, 후각적, 미각적 고안물

<table>
<tr><td rowspan="2">동사적 표상Schèmes
〈Verbaux〉</td><td colspan="2">구분하다</td><td colspan="2">연결하다</td><td colspan="2">뒤섞다</td></tr>
<tr><td>나누다≠섞다</td><td>오르다
≠추락하다 ←</td><td>익다,
→ 진보하다</td><td>되돌아오다
대조하다 ←</td><td colspan="2">내려가다, 소유하다.
→ 침투하다</td></tr>
<tr><td>형용사적 원형
Archétypes
〈Épithètes〉</td><td>순수한≠더럽혀진</td><td>높은≠낮은</td><td>앞으로, 미래의</td><td>뒤로, 과거의</td><td colspan="2">깊은, 고요한, 따뜻한, 내밀의,
감추어진</td></tr>
<tr><td rowspan="2">실사적 원형
Archétypes
〈Substantifs〉</td><td rowspan="2">빛≠어둠,
공기≠독기毒氣,
영웅의 무기
≠사슬,
세례≠더럽혀짐</td><td rowspan="2">정상頂上≠심연,
하늘≠지옥,
우두머리≠부하,
영웅≠괴물,
천사≠동물,
날개≠파충류</td><td>불-불꽃, 자손,
나무, 씨앗</td><td>바퀴, 십자가,
달, 남녀 양성,
복수신複數神</td><td rowspan="2">소우주, 어린아이,
엄지손가락, 동물
인형, 색, 밤,
어머니, 그릇</td><td rowspan="2">거주지, 중심, 꽃,
여성, 음식물,
실체</td></tr>
<tr><td colspan="2">달력, 계수학, 세 짝, 네 짝, 점성학</td></tr>
<tr><td>상징부터 종합소까지
Des Symboles aux
Synthèmes</td><td>태양, 황도,
아버지의 눈,
룬 문자, 만트라,
무기, 갑옷,
울타리, 할례割禮,
삭발례 등</td><td>사다리, 계단,
신석神石, 종루,
독수리, 종달새,
비둘기, 주피터 등</td><td>입문入門,
두 번 태어남,
주신제酒神祭,
메시아, 화금석,
음악 등</td><td>희생, 용, 나선,
달팽이, 곰,
어린 양, 산토끼,
바퀴, 부싯돌,
교유기 등</td><td>배, 삼키는 것과
삼켜지는 것,
코볼트, 장단
단격, 오시리스,
물감, 싹, 멜뤼진,
돛, 망토, 잔, 컵 등</td><td>무덤, 요람,
번데기, 섬, 동굴,
만다라, 배,
연돌구, 알, 우유,
꿀, 포도주, 금 등</td></tr>
</table>

주

서문

1 『상상계의 은하수, 질베르 뒤랑의 저술들을 중심으로 한 편류들』, 마페졸리 편, 파리, Berg international, 1980.

2 1983년에 열렸던 CNRS 학술대회에서의 우리의 대담 내용을 참조할 것. GRECO 130013, Sorbonne, 1983년 12월호.

3 뒤랑, 『신화의 형상들과 작품의 얼굴들*Figures mythiques et visages de l'oeuvre*』, 파리, Berg inter, 1979 참조.

4 셸드레이크, 『새로운 생명과학: 형태발생 원인에 대한 가설』, 런던, Blond & Briggs, 1981 참조.

5 통, 「상징체계의 생물학적 뿌리」, 『상상계의 은하수』 참조.

6 브로델, 『세계의 시간』, 파리, A. Colin, 1979 참조.

7 카즈나브M. Cazenave, 『과학과 세계의 영혼』, 파리, Imago, 1983 참조.

8 융과 파울리, 『자연, 계몽과 프시케』, Walter Verlag 참조.

9 데스파냐, 『현실을 찾아서』, 파리, Gauthier-Villars, 1980.

10 리브스, 「균형, 현대 물리학의 키 이미지」, in CNRS 학술대회, GRECO 130056, 『합리적 지식과 상상적 지식』, 파리, 소르본, 16~17, 1983년 12월호.

11 파인먼의 『물리학의 성격』, 파리, Seuil, 1980(번역판) 및 코스타 드 보르가르의 『현대 물리학과 정신의 힘』, 카즈나브와 노엘과의 대담, 파리, Le Hameau, 1981 참조.

12 뒤랑, 「장소의 정령과 유리한 시간」, 『에라노스 야르부흐』, 50호, 1982 참조.

13 뤼예, 『프린스턴의 그노시스』 참조.

14 카프라, 『현대 물리학과 동양사상*Le Tao de la physique*』, 파리, Tchou 참조.

15 뒤랑, 「바슐라르 이후의 큰 변화」, CNRS 학술대회, GRECO 130056, 같은 책 참조.

서론

1 귀스도르프G. Gusdorf, 『신화와 형이상학*Mythe et métaphysique*』, 174쪽.

2 브룅슈비크, 『말의 유산, 관념의 유산*Héritage de mots, héritage d'idées*』, 98쪽.

3 알랭, 『미술에 관한 20강론*Vingt leçons sur les beaux arts*』 중 제7강론 「신화지 서설 Préliminaires à la mythologie」, 89~90쪽 참조.("따라서 우리의 신화란 분명히 이와 같은 유아기의 생각들을 그대로 베껴놓은 것이다.") 고전 심리학자들의 입장에 관해서는 데카르트, 「제6명상」 앞부분과 파스칼, 『팡세*Pensées*』, 단장 82(브룅슈비크 판); 말브랑슈, 『형이상학에 관한 담화*Entretiens sur la métaphysique*』, 제5장, 12~13절; 베르니스, 『상상력*L'imagination*』, 제1장, 이미지의 문제에 관한 '역사 일람' 참조.

4 사르트르J. P. Sartre, 『상상력』, 115쪽 이하.

5 텐H. Taine, 『지성론*De l'Intelligence*』; 뱅A. Bain, 『정신과 육체의 관계에 관한 고찰*L'Esprit et le corps considérés au point de vue de leur relation*』; 회프딩 H. Höffding, 『경험에 근거한 심리학 초고*Esquisse d'une psychologie fondée sur l'expérience*』 참조.

6 사르트르, 같은 책, 41쪽 이하 및 58쪽 참조; 베르그송, 『물질과 기억*Matière et Mémoire*』, 제1장, 제2장 180쪽 이하 참조; 라크로즈Lacroze, 『상상력의 기능 *La fonction de l'imagination*』, 46쪽 이하 참조.

7 사르트르, 같은 책, 47, 62, 68, 85쪽 이하 참조.

8 같은 책, 69쪽 참조.

9 같은 책, 146쪽; 『상상계』, 14쪽 참조.

10 사르트르, 『상상계』, 16쪽 참조.

11 사르트르, 같은 책, 20쪽 참조. 이것이 바로 알랭이 소중하게 여기는 개념, 즉 지각된 "현실"을 이미지의 유치함이나 나태함과 구분해주는 "작업travail" 이라는 개념이다. 알랭, 『신화지 서설』, 47~49, 90~91쪽.

12 사르트르, 같은 책, 23쪽 참조.

13 같은 책, 27쪽 참조.

14 같은 책, 30쪽 이하 참조.

15 같은 책, 76쪽 이하 참조.

16 같은 책, 82, 85, 91, 137~138, 171, 174~175, 181, 185~187, 190, 209, 214, 231쪽.

17 같은 책, 87쪽.

18 같은 책, 209쪽.

19 같은 책, 161쪽. 알랭, 같은 책, 30, 40, 46, 49쪽 참조.

20 같은 책, 236쪽.

21 같은 책, 239쪽 이하. 사르트르, 『보들레르』와 『상황*Situation* I』 참조.

22 사르트르, 『상상력』, 138쪽.

23 로랑J. Laurent, 「폴과 장폴Paul et Jean-Paul」, 『원탁*Table ronde*』, 1950년 2월호 참조. 사르트르의 실용론적이고 기호학적인 미학에 대한 보네H. Bonnet의 비판(『소설과 시*Roman et poésie*』, 238쪽 이하)도 참조.

24 준미학準美學이라고 하는 까닭은 그의 미학이 예술작품을 예술과는 너무도 먼 거리에 있는 유용한 "참여"에 종속시키고 예술을 위한 예술이라는 미학관을 거부함은 물론, 예술의 인류학적 근원인 종교와 마술에서 예술이 발생했다는 사실까지도 부정하고 있기 때문이다.

25 바슐라르G. Bachelard, 『공간의 시학*Poétique de l'Espace*』, 198쪽.

26 같은 책, 8쪽.

27 같은 책, 7쪽.

28 사르트르, 『상상계』, 76, 30, 46쪽.

29 뷜러K. Bühler, 『사유심리학의 실제와 문제*Tatsachen und Probleme zu einer Psychologie des Denkvorgänge*』, I권, 321쪽(『심리학회지*Arch. f. Ges. Psycho.*』, 1907년, 321쪽); 뷔를루A. Burloud, 『와트, 메세르, 뷜러의 실험으로 본 사유 작용*La Pensée d'après les recherches expérimentales de Watt, Messer, Bühler*』, 65쪽 이하 참조; 비네A. Binet, 『실험적 지능 연구*Etude expérimentale de l'intelligence*』, 309쪽 참조; 비네, 「이미지 없는 사유La Pensée sans images」, 『철학 잡지 *Rev. phil.*』, 1903년, I권, 138쪽.

30 제임스, 『심리학 개론*Précis de Psychologie*』, 206, 210, 214쪽 참조; 베르그송, 『의식에 직접 주어진 것들에 관한 시론』, 6, 8, 68, 127쪽.

31 브래들리, 『논리학의 원칙*Principles of Logic*』, 제1부, 10쪽 이하 참조.

32 분트, 『실험의 문제*Über ausfrage Experiment*』, 81쪽.

33 브렌타노, 『심리학*Psychologie*』, 17, 27, 38쪽 참조; 후설, 『현상학을 위한 지침』, 53, 64, 75쪽 참조.

34 사르트르, 『상상력*L'Imagination*』, 74쪽 참조.

35 프라딘, 『일반 심리학 논의*Traité de psychologie générale*』, 제II부, 2장, 162쪽.

36 바슐라르, 『부정의 철학*La Philosophie du non*』, 75쪽.

37 소쉬르F. de Saussure, 『일반 언어학 강의*Cours de linguistique générale*』, 100쪽 참조.

38 사르트르, 『상상계』, 35쪽.

39 사르트르, 같은 책, 46쪽에서 재인용. 『논리학 탐구*Logische untersuchungen*』, II권 1장, III권 1장 참조.

40 바슐라르, 『공간의 시학』, 3쪽 참조.

41 사르트르(같은 책, 148~149쪽)는 이미지가 상징임을 잘 알고 있었으나, 그것은 평가절하된 상징으로서 관념으로 극복해야 할 "불충분한" 것이었다.

42 사르트르, 같은 책, 37~39쪽.

43 같은 책, 175쪽.

44 프라딘, 『일반 심리학 논의』, 제II부, 2장, 47쪽, 160쪽 이하.

45 융, 『심리적 유형들*Types psychologiques*』, 310쪽 이하 참조.

46 피아제, 『어린이의 상징의 형성*La Formation du symbole chez l'enfant*』, 172~179쪽, 227쪽 이하 참조.

47 곤세트F. Gonseth, 『수학과 현실*Mathématiques et Réalité*』, 10쪽 참조.

48 바슐라르, 『공기와 꿈』, 7~9쪽; 『부정의 철학』, 75~76쪽; 『공간의 시학』, 7쪽 참조.

49 비네, 『심리학 연도*Année psychologique*』, XVII권, 1911, 10쪽 참조.

50 바슐라르, 『공간의 시학』, 6쪽 참조.

51 다무레트J. Damourette, 『말에서 사유로*Des Mots à la pensée*』, 제1부, 69, 73쪽.

52 민코프스키, 『우주론을 향하여*Vers une cosmologie*』, 82쪽 참조.

53 헤르더J. G. von Herder, 『전집*S. W.*』, VIII권, 189쪽; 노발리스Novalis, 『전집*Schrif.*』, III권, 15, 143, 147쪽; 폰 슈베르트G. H. Von Schubert, 『꿈의 상징체계*Symbolik der Träume*』, 24쪽 참조.

54 알키에F. Alquié, 『초현실주의의 철학*Philosophie du Surréalisme*』, 173쪽; 브르통A. Breton, 『여명*Point du jour*』, 250쪽 참조.

55 피아제의 신조어, 같은 책, 158쪽.

56 소쉬르, 같은 책, 103쪽. 이미 언어 의미론에서 블랭밀르롱J. Belin-Milleron이 확립한 "교차점" 개념(『인식의 개혁*La réforme de la Connaissance*』, 10~15, 42, 49쪽 이하)에는 낱말들의 의미에 관한 선형적 연속이 아니라 의미 작용들의 망상적網狀的 수렴이 내포되어 있다.

57 같은 책, 103쪽. 우리는 "연쇄"라는 용어를 "상징의 성좌"라는 용어로 대체할 생각이다. 이 전문 용어는 르루아구랑A. Leroi-Gourhan이 성상학적 상징들의 축적을 특징짓기 위해 사용하는 "무더기"라는 용어로, 또한 수스텔J. Soustelle이 신화 이야기 자체에 만연되어 있는 의미론적 두께를 뜻하기 위하여 새롭게 쓰고 있는 이미지들의 "무리"라는 용어로 우리에게 암시된 것이다. "우리 앞에 드러나는 것은 합리적 이유들의 긴 연쇄가 아니라, 매 순간 모든 것이 모든 것 속에 상호적으로 뒤얽혀 있는 그런 상태이다." 수스텔, 『고대 멕시코인들의 우주론적 사유*La Pensée cosmologique des anciens Mexicains*』, 9쪽; 르루아구랑, 「구석기시대 성소에 나타난 기호의 기능」, 같은 책, 308쪽.

58 사르트르, 『상상력』, 104쪽.

59 르낭, 『언어의 기원에 관하여*De l'origine du langage*』, 제6장, 147~149쪽.

60 소쉬르, 같은 책, 103쪽. 그 "복잡한 상태들 8"은 정보 이론을 이용하여 수학적으로 표명한 것이다. 기로P. Guiraud, 「언어와 의사소통Langage et communication」(『파리 언어 사회학회지*Bull. soc. ling. de Paris*』, 1954) 참조.

61 폰 슈베르트, 『꿈의 상징체계』, 8~10쪽; 에플리E. Aeppli, 『꿈과 해석*Les rêves et leur interprétation*』 참조.

62 크라프, 『신화의 기원』, 차례 및 346쪽 이하 참조.

63 엘리아데, 『종교사론*Traité d'histoire des religions*』, 차례, 402쪽 이하 참조.

64 같은 책, 211쪽.

65 같은 책, 315~333쪽.

66 크라프, 같은 책, 253, 287, 328쪽.

67 바슐라르, 『공기와 꿈』 『불의 정신분석』 『물과 꿈』 『대지와 휴식의 몽상』 『대지와 의지의 몽상』 참조.

68 바슐라르, 『공기와 꿈』, 19쪽.

69 바슐라르, 『대지와 의지의 몽상』, 9쪽.

70 바슐라르, 『물과 꿈』, 126, 213쪽 참조.

71 바슐라르, 『대지와 의지의 몽상』, 10쪽, 126쪽 참조.

72 뒤랑G. Durand, 「눈의 정신분석」(*Mercure de France*, I, VIII, 1953), 615쪽 이하 참조.

73 뒤메질, 『로마의 인도 유럽 유산*L'Héritage indo-européen à Rome*』 참조.

74 피가니올, 『로마의 기원에 관한 시론*Essai sur les origines de Rome*』 참조.

75 뒤메질, 『게르만족의 신들*Les Dieux des Germains*』, 36~39쪽 참조.

76 수스텔은 고대 멕시코인들이 서쪽 지방에 부여하는 속성에 관하여 지리적이고 사회적인 요소와 순수하게 신화적인 발상 사이의 상호작용을 적절하게 입증했다. 수스텔, 『고대 멕시코인들의 우주론적 사유』, 63쪽 참조.

77 피가니올, 같은 책, 140쪽.

78 프르질루스키, 『위대한 여신』, 22쪽 이하 및 204쪽.

79 프로이트, 『꿈의 과학*La Science des rêves*』, 113쪽 이하; 『성욕에 관한 세 편의 시론*Trois essais sur la sexualité*』, 80쪽 이하 참조. 달비에R. Dalbiez, 『정신분석학의 방법과 프로이트의 학설*La méthode psychanalytique et la doctrine freudienne*』, I, 147쪽, I, 197쪽 이하 참조.

80 피아제, 『어린이의 상징의 형성』, 205쪽 참조.

81 아들러, 『인간의 인식*Connaissance de l'homme*』, 33쪽 참조; 오르글러H. Orgler, 『아들러와 그의 작품*A. Adler et son oeuvre*』, 88, 155쪽 이하 참조.

82 융, 『리비도의 변형과 상징*Métamorphoses et symboles de la libido*』, 25쪽 이하, 45쪽 참조.

83 피아제, 같은 책, 196, 213쪽 참조.

84 바슐라르, 『공간의 시학』, 7쪽, 12~13쪽 참조.

85 레비스트로스, 『구조 인류학』, 91, 319쪽 참조; 귀스도르프, 같은 책, 196, 202쪽 참조; "인간에 이르기 위해서는 심리학과 문화의 중재를 거쳐야 한다."

86 외즈G. A. Heuse, 『사회심리학 원론*Eléments de psychol. sociale*』, 3~5쪽에 사용된 신조어.

87 라가슈D. Lagache와 프리드먼G. Friedmann의 논문 참조.(『심리학회지』, I, X,

1956년 11월 10일, 12, 24쪽) 발생적 방법과 사회발생적 방법 사이의 긴밀한 협조를 천명한 피아제의—우리와 유사한—견해 참조.(『발생 인식론』, I, 15쪽)

88 피아제는 상호발생 개념을 "유동적 균형"과 "가역성"에 입각해 정의한다. (『발생 인식론*Epistémologie génétique*』, I, 36쪽)

89 피아제, 『어린이의 상징의 형성』, 219쪽 참조.

90 같은 책, 219쪽.

91 외즈의 같은 책에서 빌려온 용어. 그는 생체심리학적 요구와 사회적 요청을 구별한다.

92 르윈, 『위상학적 심리학의 원칙들*Principles of Topological Psychology*』, 5쪽 참조.

93 피아제, 『발생 인식론』, I, 37쪽; 뒤랑, 『상징체계 형성의 세 층위*Les Trois niveaux de formation du symbolisme*』 참조.

94 바슐라르, 같은 책, 300쪽.

95 바스티드, 『사회학과 정신분석학*Sociologie et psychanalyse*』, 207, 278쪽 참조.

96 바슐라르, 같은 책, 300쪽.

97 카디너, 『개인과 사회*The individual and his society*』, 34, 96, 485쪽.

98 바스티드, 같은 책, 278쪽.

99 바슐라르, 『물과 꿈』, 26쪽.

100 피아제, 『발생 인식론』, I, 25쪽 참조.

101 슈펭글러O. Spengler의 상동 개념과 동시대성contemporanéité 개념(『서구의 종말*Déclin de l'Occident*』, I, 119쪽) 및 레비스트로스(『구조 인류학』, 98쪽) 참조.

102 이 방법의 명칭 자체를 주창한 것도 베르그송이다. 그는 이렇게 쓰고 있다. "아주 상이한 물적 범주로부터 차용된 잡다한 이미지들은 수렴적 작용을 통해서, 그 어떤 하나의 직관만이 포착될 수 있는 정점으로 의식을 몰아갈 수도 있을 것이다."(『사유와 유동』, 210쪽) 슈펭글러가 추천하는 "유사 집단"의 연구 방법(『서구의 종말』, I, 59쪽) 또한 참조.

103 드조유, 『백일몽의 방법에 의한 무의식적 활동의 탐험*Exploration de l'affectivité*』, 74쪽 참조.

104 피가니올, 같은 책, 140쪽; 융, 『심리학과 종교』, 9쪽도 참조.

105 보두앵, 『빅토르 위고의 정신분석*Psychanalyse de V. Hugo*』, 202쪽. 우리가 한 서문에서 밝힌 바 있듯이 "동위성isotope"이라고 하는 편이 더 나을 것이다.

106 '거의' 통계학적이라고 말하는 것은, 레비스트로스가 밝혀놓았듯이, 인류학적 연구 특히 구조주의적 탐구와 정량적 수학 간의 관련은 부차적인 것뿐이기 때문이다. 특수한 혹은 단일한 문제에 관한 구조적 결합의 연구에 필요한 "역학적 모델"은 "통계적 모델"보다 더 가치가 있다. 레비스트로스, 『구조 인류학』, 315~317쪽 참조. 이 책 302쪽, 개 모양 얼굴을 한 성 크리스토프 성화상의 단일 표본에 관한 반어법 연구 참조.

107 기로, 『발레리 작품의 언어와 운율*Langage et versification d'après L'oeuvre de P. Valéry*』 및 『상징주의 어휘 색인*Index du vocabulaire du Symbolisme*』, 아폴리네르와 말라르메, 발레리에 대한 세 개의 별책 참조. 또한 르루아구랑은 「구석기시대의 동굴 벽화 예술에 나타나는 동물들의 분배와 배치」(『프랑스 선사학회지』, 55권, 9본, 515쪽)에서 엄격한 수렴적 통계학 방법을 사용하여 동굴 벽에 새겨지거나 그려진 상징과 형상들을 연구하고 있음을 참조. 그는 주요 "원형들"을 중심으로 한 초상학적 기호들의 이원적 분할에 이르고 있다.(『프랑스 선사학회지』, 55권, 5~6호에 실린 「구석기시대의 대성전에 나타나는 기호들의 기능」, 318쪽 참조)

108 통계학의 대단위 계산과 내성적 유아주의의 단독성을 똑같이 멀리하고, "보통 수효"의 사실만을 다루는 인류학적 탐색의 "잡종적" "중간적" 상태에 대해서는 레비스트로스, 같은 책, 350쪽 참조; 소로킨P. Sorokin, 『사회적·문화적 역학*Social and cultural Dynamics*』 참조.

109 뒤메질, 『로마의 인도 유럽 유산』, 31~32쪽 참조.

110 뒤메질, 같은 책, 36, 41쪽 참조. 레비스트로스(같은 책, 317쪽)와는 달리 우리는 비교 방법이 유형학이나 구조 원형학의 "기계적" 방식을 배제하지 않는다고 생각한다. 발견이란 물론 철저히 연구된 단 한 문제를 통하여 이루어진다. 하지만 입증은 비교적 수렴을 통해 이루어지며, 특정 문제가 표본 모델이 될 수 있다. 우리가 "미세 비교적"이라는 말로 의미하고자 한 것은 바로 그 두 가지 방법, 즉 구조적 방법과 비교적 방법의 결합이다.

111 바슐라르, 『과학정신의 형성*Formation de l'esprit scientifique*』, 239쪽.

112 피아제, 『발생 인식론』, I, 25쪽.

113 프리드먼, 「정신분석과 사회학」.(『디오게네스*Diogène*』, 14호)

114 레비스트로스, 『친족의 기본 구조*Structures élémentaires de la parenté*』, 120~122쪽.

115 바슐라르, 『공기와 꿈』, 18쪽.

116 바슐라르, 『물과 꿈』, 161쪽; 『대지와 휴식의 몽상』, 60쪽. 『'파르마의 수도원'에 나타나는 신화적 배경*Le décor mythique de la Chartreuse de Parme*』에 쓰인 우리의 "신화적 배경" 개념 참조.

117 보두앵, 『본능에서 정신으로*De l'instinct à l'esprit*』, 197쪽 및 60쪽, 63쪽 참조; 프라딘, 『일반 심리학 논의』, II, 2, 5쪽; 피아제, 『어린이의 상징의 형성』, 197쪽 참조.

118 드조유, 같은 책, 65쪽 참조.

119 민코프스키, 『정신분열증*La Schizophrénie*』, 248쪽.

120 민코프스키, 『반사 연구 현황*L'état actuel de l'étude des réflexes*』; 데주린J. Déjerine, 「신경 계통의 징후학Sémiologie du système nerveux」(부샤르Ch. Bouchard, 『일반 병리학 개론*Traité de Pathologie générale*』, V), 제9장, "반사의 징후학" 참조.

121 『새로운 반사학과 생리신경계*Novoïe Reflexologuii i Fisiologuii Nevrnoï Systemi*』(베흐테레프), I, 24쪽 이하 및 31~65쪽의 우크톰스키의 글 참조. 베흐테레프, 『인간의 반사작용의 일반 원리*General Principles of Human Reflexology*』; 코스틸레프N. Kostyleff, 『반사학*La Réflexologie*』, 39쪽 참조. 티크L. Tieck도 이미지들과 "본능적인 몸짓들" 사이에 관계가 있다고 생각했다.(『전집*Samtliche Werke*』, I, 354쪽) 신화 구조들이 "세계 속의 존재를 구성하는 생물학적 벡션vections과 밀접한 관계를 지니고 있다"고 생각한 귀스도르프의 글(같은 책, 15쪽)도 참조. 베흐테레프, 『객관 심리학*La psychologie objective*』과 "지배소" 개념과 흡사한 골드스타인Kurt Goldstein의 반사작용의 몰 개념(『유기체의 구조*La Structure de l'organisme*』, 130~138쪽) 역시 참조.
['Mol'(혹은 mole)은 물질량의 기본 단위 중 하나이다. 1971년 국제도량형 총회에서 채택된 몰 개념은 다음과 같은 의미이다. "0.012kg의 12C 속에 존재하는 원자의 수(아보가드로수)와 같은 수의 물질 입자를 함유하는 계의 물질량으로, 그 기호는 몰이다." 물질량은 물질을 구성하는 요소체要素體의 수량으로서, 화학 반응이 원자나 분자 수의 관계에 의해 결정된다고 보는 원자론에서 비롯된 개념이다.]

122 융, 『심리적 유형들』, 310쪽.

123 코스틸레프, 같은 책, 70쪽.

124 피아제, 『어린이의 상징의 형성』, 219쪽.

125 베흐테레프, 같은 책, 221쪽 이하.

126 모건, 『생리심리학*Psychologie physiologique*』, 제2권, 431~435쪽 참조.

127 피아제, 『어린아이에게서의 공간의 재현』, 447쪽.

128 사르트르, 『상상계』, 96, 97, 109쪽 참조.

129 코스틸레프, 같은 책, 72, 73, 79쪽 참조.

130 같은 책, 34쪽 참조.

131 우플란트, 『새로운 반사학과 생리신경계』(베흐테레프), 80쪽 이하; 코스틸레프, 같은 책, 35쪽 및 45쪽 이하 참조.

132 베흐테레프, 『일반 원리들』, 118, 119쪽.

133 모건, 같은 책, II, 553쪽과 560쪽; 웨스터마크E. Westermarck, 『인간의 결혼의 역사*History of Human Mariage*』, I, 제2장; 해블록 엘리스Havelock Ellis, 『성적 주기*Sexual Periodicity*』, 제1권 참조.

134 같은 책, 562쪽과 563쪽.

135 같은 책, 566~570쪽.

136 다원 결정surdétermination은 프로이트의 용어로서 넓게는 서로 구조적 관계에 있는 여러 인자들에 의한 복합적 결정 작용을 의미하고, 좁게는 서로 모순되기까지 하는 복합적 원인들을 지닌 무의식의 모든 형성과정을 의미한다.

137 그루스, 『동물의 놀이*Jeux des animaux*』, 305~313쪽 참조; 그리올M. Griaule, 『도곤 부족의 놀이*Jeux dogons*』, 123, 149, 212쪽 참조.

138 융, 『리비도의 변형과 상징』, 137쪽 참조.

139 1928년판 『프랑스 정신분석학회보』에 실려 있는 제르맹의 글 「음악과 정신분석 Musique et psychanalyse」도 참조.

140 델마스와 볼, 『인간의 인격*La personnalité humaine*』, 81쪽 참조.

141 뒤마, 『심리학 신론』, 제2권, 38쪽.

142 피아제, 『어린이의 상징의 형성』, 177쪽.

143 막스, 「의식의 모터 이론에 대한 실험 연구An Experimental Study of the Motor Theory of Consciousness」, 『비교심리학 저널』, 1935, 409~486쪽 참조. 코르지프스키A. Korzybski, 『과학과 온전한 정신*Science and Sanity*』, 19쪽, 54~58쪽의 "의미론적 반사"라는 개념도 참조.

144 빅조이코프스키, 『심리학회보』 제20호에 실린 논문, 448쪽.

145 야콥슨, 『미국 심리학 저널』 제20호에 실린 논문, 667쪽 참조.

146 레비스트로스, 같은 책, 8, 9, 10쪽 참조.

147 르루아구랑, 『인간과 물질*L'Homme et la matière*』 및 『환경과 기술*Milieu et technique*』 참조.

148 『인간과 물질』, 18쪽; 레비스트로스, 『구조 인류학』, 240, 273쪽 참조.

149 에스피나A. Espinas, 『기술의 기원*Les Origines de la technologie*』, 13, 14쪽 참조.

150 르루아구랑, 같은 책, 18쪽 참조. 레비스트로스는 "제조된 대상의 논리적 불안정성"에 대해 정확하게 말하고 있다. 『야생적 사고*La Pensée sauvage*』, 188쪽 참조.

151 『인간과 물질』, 165쪽 이하 참조.

152 같은 책, 310쪽.

153 같은 책, 340쪽 이하 참조.

154 레비스트로스는 "야생적sauvage" 사고의 주요한 분류 공리들의 "형용사적", 비실사적非實辭的 성격을 강조한다.(『야생적 사고』, 76~79쪽) 그러나 그가 "하나의 분류 원칙은 결코 저절로 정해지지 않는다"라고 할 때, 원형에 반대하는 그의 신중함은 너무 지나친 것으로 보인다. 우리는 형용어들을 선험적으로 분류할 수 있다.

155 르루아구랑, 같은 책, 331, 332쪽.

156 같은 책, 89, 93, 100쪽 참조; 피아제, 『어린이의 상징의 형성』, 222쪽 참조.

157 피아제, 같은 책, 223쪽.

158 뒤메질, 『로마의 인도 유럽 유산』, 40~47쪽.

159 같은 책, 319쪽 참조.

160 같은 책, 181쪽.

161 피가니올, 같은 책, 93쪽 참조. 알랭, 『신화지 서설』, 96쪽 이하, 100쪽 이하, 132쪽 이하에 있는 "자연의 종교"와 "도시의 종교"사이의 유사한 분리 참조.

162 피가니올, 같은 책, 319쪽.

163 같은 책, 322~324쪽 참조.

164 수스텔, 같은 책, 67쪽 이하 참조.

165 뒤마, 『개론*Traité*』, 4권, 268쪽 참조.

166 헤겔, 『미학*Esthétique*』, 제1강론, 165쪽 참조; 뒤랑, 「성상 파괴적인 서양 L'Occident iconoclaste」(*Cahiers intern. de symbolisme*, 제2호) 참조.

167 칸트, 『순수 이성 비판』, I, 102쪽; 르보 달론Revault d'Allonnes의 글(*Art. Rev. phil.*, sept.-oct. 1920, 165쪽); 뷔를로, 『개념적 사유*Pensée conceptuelle*』, 105쪽 이하 및 『성향의 심리학*Psycho. des tendances*』, 200쪽; 사르트르, 같은 책, 137쪽 참조.

168 피아제, 『어린이의 상징의 형성』, 178쪽.

169 바슐라르, 『대지와 휴식의 몽상』, 264쪽.

170 사르트르, 같은 책, 137쪽.

171 융, 『심리적 유형들』, 387쪽, 454쪽 이하 참조. 융의 견해와는 반대로, 우리는 주요 실사들이 "동사적" 구도들에 비해 부차적인 것일 뿐이라고 생각한다. 뒤랑, 『상징체계 형성의 세 층위』 참조. 주

172 융, 같은 책, 310쪽.

173 같은 책, 411쪽.

174 같은 책, 456쪽.

175 같은 책, 450쪽.

176 같은 책, 310~311쪽.

177 보두앵, 『본능에서 정신으로』, 191쪽 참조.

178 같은 책, 197, 200쪽 참조.

179 사르트르, 같은 책, 144쪽 참조.

180 뒤마, 『개론』, 4권, 265쪽; 알로R. Alleau, 『상징의 본성에 대하여*De la nature des symboles*』, 17, 38쪽에 나오는 "통합 기호소synthème"의 개념 참조.

181 보두앵, 같은 책, 200쪽 참조.

182 판 데르 레이우G. Van der Leeuw, 『원시인과 종교*Homme primitif et religion*』, 120쪽; 귀스도르프, 같은 책, 24쪽 참조.

183 브레이에의 글(*Rev. psychol. et morale*, 1914, 362쪽) 참조.

184 왜냐하면 구조라는 말은 독일어의 '직관 형태Gestalt'와 '조직 원칙Aufbau'을 동시에 나타내고 있기 때문이다. 골드스타인, 『유기체의 구조』, 18, 24쪽 참조.

185 레비스트로스, 『구조 인류학』, 306쪽 참조.

186 수리오E. Souriau, 『살아 있는 사유와 형태적 완성*Pensée vivante et perfection formelle*』, 273쪽 참조. "모든 사건과 돌발 사태에도 그 형태를 유지하는 것이 이제 그 삶의 근본적 행위가 된다. 그의 이름은 또한 '고착'이다." 구조와 기능의 차이에 대해서는 베르그송, 『종교와 도덕의 두 원천』, 111, 112쪽; 라크로즈 N. Lacroze, 『상상력의 기능』, 11, 12쪽 참조.

187 래드클리프브라운, 『사회 구조에 대하여*On Social Structure*』, 4, 6, 10쪽 참조; 레비스트로스, 같은 책, 335쪽 참조.

제1권
이미지의 낮의 체제

1 보두앵, 『빅토르 위고의 정신분석』, 202쪽 이하 참조.
2 루즈몽, 『사랑과 서양』, 34, 88, 157쪽; 베디에, 『트리스탄과 이졸데의 소설』 참조.
3 기로, 같은 책, 163쪽.
4 기로, 『폴 발레리의 작품에 나타난 언어와 작시법』, 86쪽; 라이차드, 야콥슨, 베르트, 「언어와 공감각Language and Synesthesia」(『단어』, 제2호, 1949, 226쪽 이하); 레비스트로스, 「언어와 유사성Langage et parenté」(『구조 인류학』, 106쪽 이하) 참조.

제1부 시간의 얼굴들

제1장 동물의 모습을 한 상징들

1 '코코리코' 출판사에서 발간된 아동 도서 『작은 황금책*Les petits livres d'or*』 시리즈 60권 중에서 26권이 동물 이름을 달고 있으며, 『장미 앨범*Album rose*』 시리즈 50권 중의 28권이 그렇다.
2 피아제, 『어린이의 상징의 형성』, 188쪽; 마리 보나파르트, 『정신분석과 인류학』, 174쪽 참조.
3 크라프, 같은 책, 37쪽 참조.
4 아담L. Adam, 『다양한 언어에 있어서의 실사의 남성형과 여성형 문제』 참조.
5 브레알, 「관사」(『언어 사회학회지』, t. VII, 345쪽) 참조.
6 이 책, 162쪽 이하, 402쪽 이하.
7 보크너와 할페른, 『로르샤흐 테스트의 의학적 적용』, 62쪽 이하.
8 크라프, 같은 책, 36쪽 참조.
9 융, 같은 책, 26쪽; 바스티드, 같은 책, 46쪽.
10 융, 같은 책, 173쪽; 「욥기」 40장 10절 참조.
11 융, 같은 책, 205쪽.
12 같은 책, 174쪽; 그리말, 『신화학 사전』 참조.
13 바스티드, 『사회학과 정신분석학』, VII쪽, 38쪽, 191쪽, 194쪽, 207쪽, 278쪽 참조.

14 보크너와 할페른, 같은 책, 60쪽 이하; 로르샤흐, 『정신분석 진단』, 36~38쪽; 봄Bohm, 『로르샤흐 테스트의 정신분석 진단론』, 1장 145쪽; 피아제, 『어린이의 상징의 형성』, 325쪽 이하 참조.

15 바슐라르, 『대지와 휴식의 몽상』, 56, 60쪽.

16 달리와 부뉴엘의 영화 〈안달루시아의 개〉; 그림 〈위대한 자위자〉 참조.

17 바슐라르, 같은 책, 77쪽.

18 슐레겔, 『삶의 철학』, I, 206쪽; 보두앵 『빅토르 위고의 정신분석』, 141쪽.

19 랑톤E. Langton, 『귀신학』, 216쪽; 「묵시록」(요한계시록), 9장 13절 참조.

20 바슐라르, 같은 책, 270쪽.

21 바슐라르, 같은 책, 270쪽; 폴 리쾨르Paul Ricoeur, 『유한성과 죄의식*Finitude et culpabilité*』, II장, "악의 상징", 167쪽 이하 참조.

22 베흐테레프, 같은 책, 221쪽 이하; 코스틸레프, 같은 책, 72쪽; 몬테소리 M. Montesori, 『어린이』, 17, 22, 30쪽 참조.

23 보두앵, 같은 책, 198~199쪽.

24 같은 책, 101쪽 참조.

25 같은 책, 113쪽; 융, 『리비도의 변형과 상징』, 183쪽 참조.

26 위고, 「투구 독수리」, 『세기의 전설』.

27 말텐L. Malten, 「Das Pferd im Totenglauben」(*Jahr. deutsch. Archeo. Inst.*, XXIX, 1914), 181쪽 이하 참조. 우리는 단지 상징에 관련된 문제라는 것을 강조한다.

28 같은 책, 201쪽 참조.

29 같은 책, 197쪽; 그리말의 『신화학 사전』중 '에리니에스' 항목 참조. 이 에리니에스는 또한 죽은 자들을 뒤쫓는 '암캐'들에 비유된다.

30 「묵시록」, 11장 8절.

31 말텐, 같은 책, 126쪽; 아이스킬로스, 『아가멤논』, V장 1660행 참조.

32 크라프, 『신화의 기원』, 228쪽 참조.

33 같은 책, 229쪽.

34 같은 책, 229쪽.

35 융, 『리비도의 변형과 상징』, 242쪽 이하.

36 같은 책, 224쪽 참조.

37 크라프, 같은 책, 251쪽.

38 슐P. M. Schul, 『플라톤의 허구』, 75쪽; 피카르, 「미데아의 세노타플레」, 『어원학지』, 1933, 341~354쪽 참조.

39 「묵시록」, 9장 17~19절.

40 『리그베다』, VII권, 77; 고대 멕시코인들의 전쟁의 태양신인 우이칠로포크틀리 Uitzilopochtli 참조; 수스텔, 같은 책, 24쪽, 64쪽 참조.

41 크라프, 같은 책, 85쪽 참조.

42 「열왕기 하」, 23장 2절.

43 『브리하드 아란야카 우파니샤드』, I, 1.

44 피가니올, 같은 책, 108쪽 주 6 참조.

45 같은 책, 150쪽 참조; 수스텔, 같은 책, 65~66쪽 참조.

46 유익한 태양은 북방의 아폴론을 뜻한다. 이것은 열대와 아열대 문화들에게 인도 유럽의 침략자들이 강요했던 것처럼 보인다.

47 세비요P. Sébillot, 『프랑스의 민속』, 2권, 10~12쪽 참조.

48 볼프C. Wolf, 『독일 동화*Deutsche Märchen*』, 351, 580쪽 참조.

49 크라프, 같은 책, 181쪽 참조.

50 엘리아데, 같은 책, 181쪽 참조.

51 같은 책, 182쪽 참조.

52 크라프, 같은 책, 205~206쪽; 그리말의 『신화학 사전』 중 '포세이돈' 항목 참조. 이에 따르면 포세이돈은 페가수스와 아레이온의 아버지이다.

53 융, 『리비도의 변형과 상징』, 269쪽. "셀레리타스celeritas"에 대해서는 뒤메질, 『미트라-바루나』, 19쪽 이하 참조.

54 레이나크, 『문화, 신화, 종교』, 5권, 124쪽 참조.

55 융, 『리비도의 변형과 상징』, 267쪽; 호라티우스Horace, 『오드*Ode*』, I, 34~37쪽, "tonantes equos" 참조.

56 동탕빌, 『프랑스 신화학』, 154쪽.

57 같은 책, 156~157쪽 참조.

58 같은 책, 158쪽, 168쪽 참조. 동물의 형상이 매우 부정적으로 나타나 있는 아메리칸 인디언, 아메리카, 아프리카 민속학의 문맥에서 콩에르 실뱅 S. Comhaire Sylvin(『아이티의 민담들』) 또한 말에 관한 색다른 긍정적 가치부여 현상을 추적하고 있다.(2권, 159~212쪽) 아이티 민담에 나오는 도망가즈라는 말은 때로는 현명한 조언자로서, 때로는 마술의 운송 수단으로서 행운을 가져다주는 말의 전형이다. 그는 아름다운 가마리셀과 그의 남동생 디아나쿠에가 모든 함정을 극복하도록 돕는다. 그러나 도망가즈를 이렇게 미화했어도, 이 말은 폭풍우의 악마라는 신화적 말의 전통적·기상학적 특질들을 가지고 있다. "여행의 끝에 디아나쿠에는 말의 뱃속을 비웠고, 말은 자신의 내장들을 대체하기 위해서 바람을 들이마셨다." 같은 책, 2권, 10쪽 참조.

59 동탕빌, 같은 책, II권, 156쪽 참조.

60 같은 책, 172쪽 참조.

61 카스테F. Castets 편, 『몽토방의 여우』, 1906. 동탕빌, 같은 책, 162~163쪽 참조.

62 같은 책, 54쪽 참조.

63 로위R. Lowie, 『문화 인류학 해설서』, 55~56쪽 참조. 그러나 구석기시대부터 말과 솟과 동물들은 (수소나 들소) 동굴의 벽화에서 상관있게 사용된 것처럼 보인다. 게다가 르루아구랑은 동굴의 벽면에 있는 동물들의 쌍에서 "말은 두드러지게도 동물 쌍들의 보충적인 요소이다. 왜냐하면 말은 12개 쌍의 주제들

중 7개의 주제에서 등장하기 때문이다"라며 이와 같은 사실을 통계적으로 보여주고 있다.(「구석기시대 동굴 벽화 속 동물들의 분류와 복원」, 『프랑스 선사시대 연구 학회지』, LV권 fasc. 9, 517쪽)

64 중국어로 곤坤은 땅을 의미한다.

65 크라프, 같은 책, 86쪽 참조.

66 지머H. Zimmer, 『인도 예술과 문화 속의 신화와 상징들』, 71쪽; 크라프, 같은 책, 82쪽 참조.

67 크라프, 같은 책, 87쪽 참조.

68 그리말, 같은 책 참조. "그는 자신의 마음에 드는 형태로 변신할 수 있었다. 때로는 황소로, 때로는 용으로."

69 크라프, 같은 책, 201쪽 참조.

70 동탕빌, 같은 책, 138쪽.

71 엘리아데, 『종교사론』, 85~88쪽; 『리그베다』, II, 34~42쪽; VII, 56~59쪽 참조.

72 엘리아데, 같은 책, 88쪽 참조.

73 크라프, 같은 책, 87쪽.

74 엘리아데, 『종교사론』, 84쪽 참조.

75 랑톤, 같은 책, 229쪽.

76 「이사야서」, 13장 21절, 34장 14절.

77 같은 책, 75쪽.

78 아자젤Azazel과 밀사로서의 숫양에 대해서는 랑톤, 같은 책, 53쪽 이하 참조. 아이마라Aymara와 키쿠아Kičua 인디언들의 전설에서도 동일한 악마에 관한 동물의 상징을 찾을 수 있다. 그것들 역시 말이면서 흡혈귀인 "키시리Kiciri", 고양이 악마, 뿔이 난 악마 "앙카쿠Ančaču", 물의 악마 등을 가지고 있다. 메트로Métraux, 「앙딘족의 민속 연구」, 『미국 사회과학 연구』, 26권, 1934, 72~75쪽 참조.

79 바슐라르, 『대지와 휴식의 몽상』, 62쪽.

80 아들러, 같은 책, 52, 150, 163, 176쪽 참조; 마들렌 간츠Madeleine Ganz, 『아들러의 심리학과 아동의 발달』 참조.

81 바슐라르, 같은 책, 62~63쪽.

82 샤르René Char, 「경련이 난 청명함에게」.

83 제르맹P. Germain과 뷔냐르댕P. Bugnardin, 『프랑스 정신분석학 연구지』, 1928년, 1934년 논문 참조.

84 융, 『리비도의 변형과 상징』, 90쪽 참조.

85 바슐라르, 『대지와 휴식의 몽상』, 194~195쪽.

86 드조유, 같은 책, 94쪽.

87 미셰, 1장 8절.

88 랑톤, 같은 책, 51쪽.

89 그리말, 같은 책, '모르모' '모르몰리케' 항목 참조. "암늑대 모르몰리케는 여자 악마 모르모와 같은 것인데, 사람들은 모르몰리케로 아이들을 위협한다. 사람들은 모르몰리케가 못된 아이들을 물어버리고…… 절름발이로 만들어버린다고 겁을 준다. 모르몰리케는 아케론Achéron의 유모가 된 것으로 알려져 있다."

90 크라프, 같은 책, 226쪽; 그루페O. Gruppe,『그리스 신화』, 769쪽 참조.

91 그리말, 같은 책, '디스파테르' 항목 참조. "부富의 아버지는…… 매우 일찍이 플라톤에 의해 알려진…… 지하세계의 한 신이다."

92 크라프, 같은 책, 173쪽 참조.

93 고르스M. Gorce와 모르티에R. Mortier,『일반 종교사』, I권, 218쪽 참조. 고대 멕시코인들의 "개" 신에 대한 내용: 영혼을 지옥으로 인도해가는 "졸로틀 Xolotl". 수스텔, 같은 책, 54쪽 참조.

94 하딩E. Harding,『여성의 신비』, 228쪽; 그리말, 같은 책, '헤카테' 항목 참조.

95 보나파르트,『정신분석과 인류학』. 96쪽.

96 크라프, 같은 책, 135~136쪽 참조.

97 보이사크E. Boisacq,『그리스어의 어원 사전』.

98 지머, 같은 책, 42쪽 참조.

99 세나르Senard,『황도 12궁』, 148쪽; 같은 책, 349쪽 참조.

100 크라프, 같은 책, 110쪽 참조. 고대 멕시코인들은 지구를 턱을 크게 벌리고 있는 괴물스러운 존재인 틀랄테쿠틀리Tlaltecutli, 즉 "지구의 제왕"의 형태로 묘사했다. 그가 제물의 피를 마시듯이 떨어지는 태양을 삼키는 것이다. 그는 원시의 물에서 헤엄치는 거대한 악어 시파틀리Cipatli를 타고 다닌다. 수스텔, 같은 책, 34쪽 참조.

101 엘리아데,『종교사론』, 136쪽;『리그베다』I, 1115-5, II, 38-1-6 참조.

102 그라네,『중국 사상』, 104쪽과『장자』, CXLIII, 383쪽.

103 『리그베다』, I, 248;『브리하드 아란야카 우파니샤드』, I, 3-1 참조.

104 융,『리비도의 변형과 상징』, 270쪽에서 재인용.

105 크라프, 같은 책, 132쪽.

106 동탕빌, 같은 책, 117쪽.

107 같은 책, 129쪽 참조.

108 같은 책, 119~120쪽.

109 같은 책, 126쪽.

110 지머, 같은 책, 202쪽; 177쪽, 그림 68번; 204쪽, "포식중인 칼리".

111 바슐라르,『로트레아몽』, 10, 20, 27쪽 이하.

112 보두앵,『빅토르 위고의 정신분석』, 71쪽.

113 보두앵, 같은 책, 94~95쪽; 위게E. Huguet,『빅토르 위고 작품 속의 은유와 비교들』, I, 216쪽 이하.

114 콩에르 실뱅, 『아이티 민담들』, I, 248쪽 이하.

115 말로A. Malraux, 『사투르누스』 참조.

제2장 밤의 형태를 한 상징들

1 베갱A. Béguin, 『낭만적 영혼과 꿈』, 2권, 140쪽에서 재인용.

2 봄, 『로르샤흐 테스트의 정신분석 진단론』, I, 168쪽; 보크너와 할페른, 같은 책, 81쪽 이하 참조.

3 보크너와 할페른, 같은 책, 94쪽.

4 로르샤흐, 같은 책, 20쪽.

5 봄, 같은 책, I, 169쪽에서 재인용.

6 같은 책, 170쪽.

7 모르Peter Mohr, 『정신의학과 로르샤흐의 실험*Psychiatrie und Rorschach' schen Formdeutversuch*』, 122~133쪽.

8 드조유, 같은 책, 72쪽, 158쪽.

9 같은 책, 159쪽.

10 바슐라르, 『대지와 휴식의 몽상』, 76쪽.

11 루크레티우스, 『본성론』, 5권, 973~974연; 스타스Stace, 『테브』, 4권, 282연, 마닐리우스Manilius, I, 66쪽; 『탈무드』, 아보다 사라Avodar Sara, 8a도 참조.

12 크라프, 같은 책, 161쪽 참조.

13 세비요, 같은 책, I, 143쪽; 2권, 132~134쪽 참조.

14 다르부아 드 쥐벤빌, 『아일랜드의 신화적 순환』, 104쪽 참조.

15 엘리아데, 『종교사론』, 143쪽, 323쪽 이하 참조; 성 요한 축제에 대해서는 바야르, 『불』, 제19장, 235쪽 이하 참조.

16 엘리아데, 같은 책, 163쪽.

17 그리말, 같은 책, '닉스' 항목 참조. "그녀는 카오스Chaos의 딸이다. ……그녀는 서쪽의 끝에서 산다."

18 바슐라르, 『대지와 휴식의 몽상』, 76쪽; 175쪽 참조.

19 다비M. Davy, 같은 책, 100쪽에서 재인용.

20 질베르 뒤랑, 「논문」, 『메르퀴르 드 프랑스』, 1953, 8월호 참조.

21 바슐라르, 같은 책, 194쪽.

22 같은 책, 27쪽 이하 참조.

23 같은 책, 27쪽.

24 1947년 프라하에서 한 강연; 마리 보나파르트, 『전쟁의 신화들』, 145쪽에서 재인용; 히틀러, 『나의 투쟁』 I, 2장 참조.

25 보두앵, 『영웅의 승리』, 230쪽 참조. "이슬람들의 기독교도에 대한 관계는 트로이인들의 그리스인들에 대한 관계와 같은 것이었다. 그것은 무의식의 끔찍한 심연과 명확한 의식과의 관계와 같은 것이다."

26 동탕빌, 같은 책, 206쪽.

27 같은 책, 209쪽.

28 『푸른 수염』 참조. 콩에르 실뱅이 분석한(같은 책, 2권, 122쪽, 125쪽) "동물 배우자나 변장한 악마"의 주제에서 해로운 인물은 알게 모르게 동물의 형상이나 푸른 수염이라는 특징을 가지고 있다. 이 푸른 수염이 남브르타뉴 지방에서는 터키 왕자이고, 포르투갈에서는 무어인이라는 사실은 매우 의미심장하다.

29 디테를렌, 『밤바라의 종교』, 39~40쪽.

30 로젠베르크, 『20세기의 신화』, 20, 43, 47쪽 참조.

31 위게, 『빅토르 위고 작품 속의 비유와 은유』, I, 5장, 216쪽 참조.

32 보두앵, 『인성의 발견』, 10, 16, 24쪽 참조.

33 레이아, 『동화 이야기』, 13~14쪽.

34 같은 책, 67쪽.

35 아델베르트 폰 샤미소Adelbert von Chamisso, 『페터 슐레밀』; 르네 샤르, 「경련이 난 청명함에게」; 앙리 미쇼Henry Michaux, 『나의 왕』 참조.

36 판 에이크J. Van Eyck, 〈아르놀피니와 그의 부인의 초상〉; 콕토, 『시인의 피』; 오스카 와일드, 『도리언 그레이의 초상』 참조.

37 수스텔, 같은 책, 29쪽 참조.

38 바슐라르, 『물과 꿈』, 137쪽 참조.

39 동탕빌, 같은 책, 133쪽.

40 바슐라르, 같은 책, 138쪽; 마리 보나파르트, 『에드거 포, 정신분석학적 연구』 참조.

41 바슐라르, 같은 책, 65, 75~76쪽. 스피틀러Spitteler에게 있어서의 늪지와 시궁창에 대해서는 보두앵, 『영웅의 승리』, 211쪽 참조.

42 바슐라르, 같은 책, 79쪽. 거기에 재인용된 헤라클레이토스, 『단편』, 68쪽.

43 같은 책, 66쪽 참조.

44 같은 책, 140~144쪽 참조.

45 달리, 〈물렁물렁한 시계추들〉(기억의 영속) 참조.

46 엘리아데, 『종교사론』, 183쪽; 크라프, 같은 책, 330쪽; 그라네, 『중국 사상』, 135, 356~357쪽 참조.

47 에드거 포, 『기괴한 이야기들』.

48 동탕빌, 같은 책, 134쪽 이하; 아이작, 『용의 도상』(『기독교 예술지』, 1864), 75~95쪽, 169~194쪽, 333~361쪽; 뒤몽, 같은 책, 190쪽 이하, 209쪽 이하 참조.

49 동탕빌, 같은 책, 143쪽; 뒤몽, 같은 책, 155쪽 이하, 164쪽 이하, 197쪽 참조.

50 동탕빌, 같은 책, 145~153쪽; 그라네, 『고대 중국의 춤과 전설들』, 2권, 554쪽 참조.

51 그리말, 같은 책, '에키드나' 항목 참조. "여자-뱀"에 대한 신화의 스키타이 지방의 교훈은 완곡어법의 좋은 예이다. 멜뤼진Mélusine이 뤼지냥Lusignan의

명조名祖의 조상인 것처럼, 에트나의 아들인 스키테스Scythès는 스키타이인의 조상이다.

52 「묵시록」, 7장 12~13절, 4장 1절; 「이사야서」, 51장 9절; 「시편」, 89편 10절; 「욥기」, 26장 12~13절, 4장 1절; 「에스겔서」, 29장 2절, 32장 7절 등. 스피틀러에게 있어서의 용과 여성성 간의 관계에 대해서는 보두앵, 『영웅의 승리』, 207쪽 이하 참조.

53 「이사야서」, 27장 1절; 「묵시록」, 23장 1절.

54 바슐라르, 『물과 꿈』, 89쪽에서 재인용.

55 같은 책, 124~125쪽.

56 보두앵, 『꿈의 분석 입문』, 89쪽 참조. 콩에르 실뱅이 발표한 바틀라핑Batlaping의 이야기 참조. 그 이야기 안에는 오그르 디모Dimo가 왕인 "물의 지옥"이 묘사되어 있다.

57 보두앵, 『빅토르 위고의 정신분석』, 147쪽; 『바다의 일꾼들』, I, 6장 참조.

58 바슐라르, 『물과 꿈』, 114쪽.

59 같은 책, 115~117쪽.

60 엘리아데, 『종교사론』, 169쪽 참조.

61 바슐라르, 같은 책, 116쪽 참조.

62 디테를렌, 같은 책, 66쪽 참조.

63 크라프, 같은 책, 114~116쪽 참조.

64 로위, 같은 책, 94쪽 참조.

65 같은 책, 103쪽 참조.

66 바슐라르, 『물과 꿈』, 120~121쪽 참조.

67 디테를렌, 같은 책, 59쪽.

68 엘리아데, 『종교사론』, 145쪽; 바슐라르, 『물과 꿈』, 111쪽 참조.

69 엘리아데, 같은 책, 148쪽. 멕시코인들에게 달은 물의 신인 틀라록Tlaloc의 아들이다. 수스텔, 같은 책, 26쪽 이하.

70 『리그베다』, I, 105-1.

71 같은 책, 326쪽 이하 참조.

72 엘리아데, 같은 책, 155쪽; 크라프, 같은 책, 116쪽; 하딩, 같은 책, 37쪽 참조.

73 단테, 『천국』, 3장, 56~57쪽 참조.

74 세비요, 『민담』, 1장, 38쪽 이하.

75 「마태복음」, 4장 25절, 17장 15절; 「시편」, 91편 6절 참조.

76 엘리아데, 같은 책, 147쪽 참조.

77 크라프, 같은 책, 105쪽; 이카르, 『월경 기간 동안의 여성』, 261쪽 이하 참조.

78 하딩, 같은 책, 63쪽; 크라프, 같은 책, 108쪽 참조.

79 생티브P. Saintyves, 『신들의 후계자 성인들』, 274쪽.

80 엘리아데, 같은 책, 150~151쪽에서 재인용.

81 같은 책, 151쪽 참조.

82 크라프, 같은 책, 107쪽 참조.

83 같은 책, 120쪽 이하 참조.

84 하잔Hazan 편, 『변덕들』, 1948.

85 셀리에L. Cellier, 『낭만주의 서사시』, 176쪽 참조.

86 보두앵, 『빅토르 위고의 정신분석』, 132~134쪽 참조.

87 같은 책, 136쪽.

88 다무레트, 『언어에서 사상으로』, I, 306, 308쪽, 365~367쪽 참조; 보두앵, 『영웅의 승리』, 208쪽 이하. 르루아구랑은 (「동굴벽화 속 동물들의 분포와 그룹」, 같은 책, 521쪽 이하에서) "89개 그림 중 63개의 여성에 관한 재현이, 전체의 3분의 2 이상이, 동물의 형상과 연관되어 있다"고 주목한다. 46개의 연관 그림들 중 32개는 말, 27개는 들소와 연관되어 있다. "일반적인 분류는 전체의 3분의 2의 경우에 나타난 것처럼 여자-말의 형상, 여자-들소의 형상, 여자-말과 들소의 형상이다."

89 피타고라스, 플라톤, 발렌티누스, 그노시스 학파, 엘카사이파 등 모든 이원론자들의 주장 안에 등장하는 여성의 열등성에 대한 완고한 개념 참조. 페트르망Simone Pétrement, 『플라톤, 그노시스, 마니교에 나타난 이원론』, 207쪽, 주 101 참조.

90 보두앵, 『영웅의 승리』, 36~50쪽 참조.

91 보두앵, 『빅토르 위고의 정신분석』, 137쪽; 에숄리에, 『예술가 빅토르 위고』, 64쪽 참조.

92 보두앵, 『빅토르 위고의 정신분석』, 138쪽에서 재인용.

93 같은 책, 137쪽에서 재인용.

94 같은 책, 137쪽.

95 랑크O. Rank, 『출생의 외상충격』, 30쪽 이하 참조. 고대 멕시코인들에게 거미는 북쪽 지옥의 신 미크틀란테쿠틀리Mictlantecutli의 상징 동물이었다. 미크틀란테쿠틀리는 "검은 태양"을 등에 지고 다녔고 "개"의 날의 주인이고, 밤의 다섯번째 서열이었다. 수스텔, 같은 책, 55쪽 이하 참조. 같은 책, 124쪽 참조. 호피Hopi 신화 속 전쟁의 쌍둥이의 할머니인 "여자-거미"가 수행하는 중요한 역할 참조. 탈라예스바C. Don Talayesva, 『호피의 태양』, 부록 A, 425쪽 이하 참조.

96 위고의 시 「박쥐」 「어둠의 입이 말하는 것」 「공주의 장미」; 보들레르, 『악의 꽃』 73번, 30번 등 참조.

97 보두앵, 같은 책, 142쪽 참조.

98 같은 책, 143쪽 참조.

99 아랫배가 여섯 개의 개의 턱으로 무장되어 있는 스킬라는 히드라와 마찬가지로 문어의 신화적 과장이다. 그리말, 같은 책, '스킬라', 레르나의 '히드라' 항목 참조. 이 모든 괴물들은 복수의 용龍들이다.

100 이 책, 408쪽 이하 참조.

101 『오디세이아』, 7장, 198쪽.

102 드조유, 같은 책, 161쪽 참조.

103 이 책, 242쪽; 엘리아데, 『이미지와 상징』, 133쪽.

104 엘리아데, 같은 책, 134, 138쪽.

105 같은 책, 138쪽 참조.

106 「사무엘 하」, 22장 6절; 「시편」, 18장 6절, 116장 3~4절; 「호세아」, 12장 12절; 「에스겔」, 12장 13절, 17장 26절, 23장 3절; 「룻기」, 13장 16절 참조.

107 하딩, 같은 책, 114쪽 참조.

108 머리칼과 줄, 사슬의 동형체에 대해서는 콩에르 실뱅, 같은 책, 231쪽에 나오는 칠레와 도미니카의 민담들 참조.

109 디테를렌, 같은 책, 65쪽.

110 같은 책, 64쪽; 이 책, 249쪽 참조.

111 하딩, 같은 책, 64~66쪽 참조.

112 포, 『아서 고든 핌의 모험』, 47쪽; 마리 보나파르트, 『에드거 포, 정신분석학적 연구』 418쪽 참조.

113 바슐라르, 『물과 꿈』, 89쪽.

114 이 책, 146쪽; 하딩, 같은 책, 63쪽 참조.

115 제임스, 『개요』, 500쪽; 민드Mind의 논문 『감정의 이론』(1884) 참조.

116 프르질루스키, 『위대한 여신들』, 195쪽; 폴 리쾨르, 같은 책, 39쪽, '얼룩의 상징' 참조.

117 프르질루스키, 같은 책, 196쪽; 지머, 같은 책, 202쪽 참조. 그 이름이 밤을 뜻하는 "라이라laï lah"에서 온 셈족의 여자 악마인 릴리트Lilith가 랍비 문학에서 긴 머리칼을 하고 있는 것으로 묘사되어 있다는 사실을 연구해볼 필요가 있다. 랑톤, 같은 책, 56, 82쪽.

118 마리 보나파르트, 『정신분석과 인류학』, 99쪽.

119 디테를렌, 같은 책, 16쪽, 39쪽 참조.

120 같은 책, 18쪽.

121 같은 책, 18쪽 각주 1.

122 부조화라는 상징적 상처에 대해서는 융, 『심리학적 유형들』, 79쪽; 『리비도의 변형과 상징』, 227, 278, 279, 283쪽 참조.

제3장 추락의 형태를 한 상징들

1 바슐라르, 『공기와 꿈』, 105, 110~111, 120쪽.

2 몬테소리, 같은 책, 21쪽.

3 바슐라르, 같은 책, 108쪽.

4 엘리아데, 『종교사론』, 218쪽. 고대 멕시코인들에게 태어난다는 것은

하늘로부터 떨어지는 것이다. 수스텔, 『고대 멕시코인들의 우주론적 사유』, 11쪽; 탈라에스바, 같은 책, 2쪽 참조.

5 드조유, 『탐구』, 152쪽.

6 바슐라르, 『대지와 의지의 몽상』, 350, 400쪽 참조.

7 같은 책, 353쪽.

8 같은 책, 344~346쪽; 드조유, 같은 책, 153쪽.

9 디엘P. Diel, 『그리스 신화 속의 상징』, 64쪽 이하; 마리 보나파르트, 『정신분석과 인류학』, 99쪽.

10 수스텔, 『고대 멕시코인들의 우주론적 사유』, 55~62쪽 참조.

11 「에녹서」, 6장 1절, 7장 2절, 9장 2절; 「묵시록」, 9장 1절 참조.

12 랑톤, 같은 책, 217쪽.

13 크라프, 같은 책, 287쪽 참조.

14 랑톤, 같은 책, 144, 147쪽 참조.

15 크라프, 같은 책, 288~290쪽에서 재인용.

16 반 게넵A. Van Genepp, 『신화』, 79쪽; 크라프, 같은 책, 294쪽.

17 「창세기」, 3장 16절.

18 크라프, 같은 책, 293쪽 참조.

19 같은 책, 297쪽; 페트르망, 같은 책, 177, 184쪽; 레이나크, C. M. R., 3권, 348~359쪽; 베르틀로R. Berthelot, 『아시아와 천체생물학에 대한 사유』, 328쪽 참조.

20 이 책, 242쪽 이하, 518쪽 이하 참조.

21 마리 보나파르트, 『정신분석과 인류학』, 86쪽; 크라프, 같은 책, 228쪽; 니로프Nyrop, 『프랑스어의 역사적 문법』, 4권, 279쪽 참조.

22 권테르트M. Güntert, 『칼립소』, 69, 148, 154~155쪽 참조.

23 루즈몽, 같은 책, 27쪽 참조.

24 페트르망, 같은 책, 205쪽 참조.

25 프로이트, 『쾌락 원칙을 넘어서』, 45쪽 이하 참조.

26 「레위기」, 17장 10~11절.

27 「창세기」, 4장 3절.

28 르노르망E. Lenormant, 『성서 이후 역사의 기원*Le Origin de l'histoire d'après la Bible*』, I권, 70쪽 이후. 신화는 마타코스 인디언에게서 더욱 명백하게 나타난다. 마타코스 인디언에 따르면 여자들에게는 입이 두 개이다. 즉 하나는 위에, 다른 하나 질膣은 아래에 있다. 이빨(혹은 톱니바퀴)이 있고 위험한 이 질의 입은 신화가 진전되면서 무장해제되었다.

29 바슐라르, 『대지와 의지의 몽상』, 352쪽.

30 같은 책, 353쪽에서 재인용.

31 바슐라르, 『대지와 휴식의 몽상』, 168쪽.

32 보두앵,『빅토르 위고의 정신분석』, 73쪽 참조.
33 바슐라르, 같은 책, 253쪽 참조, "문학적 하수도는 혐오감의 창조이다." 에콜리에,『예술가 빅토르 위고』, 76쪽에 나오는 위고가 그린 〈하수도〉 참조.
34 보두앵, 같은 책, 83쪽에서 재인용.
35 빅토르 위고,「독수리」,『신』.
36 바슐라르,『대지와 휴식의 몽상』, 68쪽;『물과 꿈』, 77쪽 참조.
37 랑톤, 같은 책, 176쪽. 지옥의 유대 이름이 제 히놈, 즉 "쓰레기의 계곡"이라는 것 참조. 뒤셴Duchesne과 기유맹J. Guillemin,『오르무즈드와 아리만』, 83쪽 참조.
38 바슐라르,『대지와 휴식의 몽상』, 239쪽; 융,『자신의 영혼을 발견하는 인간』, 344쪽; 이 책, 253쪽 이하 참조.
39 이 책, 제2권, 제1부 1장 참조.
40 바슐라르,『대지와 휴식의 몽상』, 240쪽 참조.
41 레리스M. Leiris,『오로라』, 9쪽; 바슐라르, 같은 책, 126쪽에서 재인용.
42 바슐라르, 같은 책, 128쪽 참조.
43 마리 보나파르트,『크로노스, 에로스, 타나토스』, 130쪽 참조.
44 이 책 276쪽 이하 참조.

제2부 홀忽과 검

1 이 책 535쪽 이하 참조.
2 코스틸레프, 같은 책, 230쪽 참조.
3 드조유, 같은 책, 55쪽 참조.
4 바슐라르,『공기와 꿈』, 24쪽.
5 민코프스카,『반 고흐와 쇠라로부터 어린아이의 그림까지』, 108, 43쪽; 볼마트,『정신병리학 예술』, 54쪽 참조.
6 타로 카드 점에 대해서는 맥스웰Maxwell,『타로』, 1923; 파푸스,『보헤미안의 타로』, 1885와『이시스의 베일』, 1928년, 7~8월호 참조.
7 마리 보나파르트,『정신분석과 인류학』, 67쪽 참조.

제1장 상승의 상징들

1 바슐라르,『공기와 꿈』, 18쪽.
2 바슐라르,『대지와 의지의 몽상』, 364쪽; 셸링F. W. Schelling,『신화 철학 입문』, II, 214쪽 참조.
3 드조유, 같은 책과『정신과 치료에서의 백일몽』, 297~300쪽; 장 파울(『전집』, XVII, 164~165쪽)은 수직적인 양극화의 공리적인 성격을 예감했다. "어떤 이미지들이 정신의 어두운 심연 밖으로 상승하는 것을 누구도 억지로 얻어내거나 가로막을 수 없다."

4 아르튀스 박사의 경험을 참조.(『마을 테스트』, 291쪽) 건축물 상단부의 수직성은 “영적 활동과 자기 초탈의 등가물”로 해석된다.

5 코프카, 『형태 심리학 원칙』, 219쪽.

6 깁슨과 모러, 「수평과 수직 지각의 결정요소들」.(『심리학회지』, 1938년 6월, 301~302쪽)

7 코스틸레프, 같은 책, 103쪽.

8 엘리아데, 『종교사론』, 96쪽 이하 참조.

9 엘리아데, 『샤머니즘』, 122~125쪽; 도너Kai Donner, 『시베리아』, 222쪽 이하 참조. “이에니세이에서 오스티아크족의 샤먼들은 이가 인간의 머리에서 살듯이 태양의 머리털(=광선) 안에서 산다는 믿음을 덧붙인다.” 샤먼은 또한 날다람쥐를 영통靈通 주술의 부적으로 사용한다.

10 「창세기」, 28장 12절.

11 바슐라르, 『공기와 꿈』, 53쪽; 「천국편」, XXI-XXII 참조.

12 다비, 같은 책, 175쪽; 여덟번째 도판은 미덕들의 사다리를 나타내는 ‘호르투스 델리키아룸’의 미세화를 전재轉載하는데, 거기에서는 상승과 추락의 주제들, ‘검은’ 단들에서 비틀거리는 죄인들이 변증법적인 상호관계를 맺는다.

13 「사도 바울」, III, 「고린도서」, 12장 2절 참조.

14 보두앵, 『빅토르 위고의 정신분석』, 192쪽 참조.

15 같은 책, 194쪽 참조.

16 엘리아데, 『이미지와 상징』, 63쪽.

17 바슐라르, 『공기와 꿈』, 33쪽; 이러한 상상력에 감추어져 있는 플라톤주의는 『파이돈』, 80c; 『파이드로스』, 247c; 『국가론』, VII, 529d, 참조.

18 바슐라르, 『대지와 의지의 몽상』, 384쪽.

19 엘리아데, 『이미지와 상징』, 53쪽; 뒤메질, 『게르만족의 신들』, 54쪽 참조.

20 피가니올, 『로마의 기원에 관한 시론』, 95쪽 참조.

21 다비, 같은 책, 13쪽에서 재인용.

22 엘리아데, 『종교사론』, 191쪽 참조. 돌의 위현 현상들을 종합하고자 할 때 피하기 어려운 혼동.

23 콘W. Cohn, 『중국 회화』, 15쪽; 그라네M. Granet, 『중국 문명』, 278쪽; 『중국 사상』, 118, 141쪽 참조.

24 동탕빌, 『프랑스 신화학』, 94쪽 이하 참조.

25 도자A. Dauzat, 『프랑스 지명학』, 80쪽 이하 참조.

26 동탕빌, 같은 책, 47, 203쪽 참조.

27 같은 책, 67~69쪽 참조.

28 같은 책, 78, 83쪽 참조.

29 같은 책, 246, 302쪽 참조.

30 같은 책, 91쪽 참조.

31 바슐라르, 『공기와 꿈』, 29~30, 32쪽 참조.
32 같은 책, 36쪽.
33 같은 책, 71, 78, 65쪽 참조.
34 보크너와 할페른, 같은 책, 62쪽; 드조유, 『백일몽의 방법에 의한 무의식적 활동의 탐험』, 174쪽 참조.
35 바슐라르, 같은 책, 99쪽에서 재인용.
36 같은 책, 103쪽.
37 같은 책, 83쪽.
38 조물주 까마귀에 관해서는 콕스웰G. F. Coxwell의 『시베리아와 기타 민담들』, 77쪽; 하딩, 같은 책, 60쪽; 그레밀리Arnould de Grémilly, 『닭』, 23, 48, 82쪽 참조.
39 피가니올, 『로마의 기원에 관한 시론』, 105~107쪽 참조.
40 보두앵, 『빅토르 위고의 정신분석』, 35~36쪽 참조.
41 피가니올, 같은 책, 108쪽 참조.
42 융, 『리비도의 변형과 상징』, 26쪽.
43 바슐라르, 『공기와 꿈』, 28~29쪽.
44 『파이드로스』, 251b 이하; 다비, 같은 책, 168쪽 참조.
45 바슐라르, 『공기와 꿈』, 82쪽에서 재인용.
46 르루아구랑, 『인간과 물질』, 80쪽 이하 참조.
47 지브리Grillot de Givry, 『마법사 미술관』, 393쪽에 재수록되어 있다.
48 바슐라르, 『공기와 꿈』, 83쪽.
49 바슐라르, 『공기와 꿈』, 191쪽에서 재인용.
50 「이사야서」, 6장 2절.
51 이 책의 233쪽 이하 참조.
52 바슐라르(『공기와 꿈』, 72, 92쪽)는 화살이 발자크의 『세라피타』를 유도하는 이미지라고 지적한다.
53 융, 『리비도의 변형과 상징』, 278쪽 참조.
54 『케나 우파니샤드』, I, 1; 『문다카 우파니샤드』, I, 3.
55 그라네, 『중국 사상』, 367쪽 이하 참조. 우두머리는 사수인데, 이는 최고권, 정상, 남성성, 승리, 활과 화살이 합류하는 양의 원리에서 동형성의 좋은 보기이다.
56 『문다카 우파니샤드』, II, 406.
57 세나르, 같은 책, 338쪽에서 재인용, 334쪽 참조.
58 크라프, 같은 책, 180~182쪽 참조; 그라네, 같은 책, 145쪽 참조; 「창세기」, 9장 13~17절과 『일리아스』, 17장 547행 이하.
59 엘리아데, 『종교사론』, 17쪽 이하.
60 동탕빌, 『프랑스 신화학』, 34~36쪽 참조.

61 세셰에, 『정신분열자의 일기』, 4~6쪽 참조.
62 엘리아데, 같은 책, 68쪽.
63 크라프, 같은 책, 68쪽; 피가니올, 같은 책, 140쪽; 모스, 『사회학 연보』, 9권, 188쪽과 12권, 111쪽 참조.
64 뒤메질, 『로마의 인도 유럽 유산』, 61쪽; 크라프, 같은 책, 69쪽 참조.
65 그라네, 『중국 사상』, 511, 522쪽 참조.
66 『문다카 우파니샤드』, I, 1-2; II, 2-5 참조.
67 피가니올, 같은 책, 93쪽.
68 바슐라르, 『대지와 의지의 몽상』, 385쪽.
69 같은 책, 380쪽.
70 엘리아데, 『종교사론』, 63쪽.
71 렌하르트, 『뉴칼레도니아 민족학 노트』, 도판 XIX, 4쪽 참조.
72 로위, 같은 책, 262~263쪽 참조.
73 엘리아데, 같은 책, 63쪽 이하.
74 크라프, 같은 책, 71쪽 이하; 그라네, 『중국 사상』, 354, 458~471쪽 참조.
75 이 책의 177, 179쪽 참조.
76 보두앵, 『빅토르 위고의 정신분석』, 14~15, 29~30, 33~34쪽 참조.
77 같은 책, 34쪽.
78 뒤메질, 『미트라-바루나』, 130쪽; 『로마의 인도 유럽 유산』, 206쪽 참조.
79 뒤메질, 『타르페이아』, 113쪽 이하 참조.
80 뒤메질, 『로마의 인도 유럽 유산』, 198쪽 참조. 이와 마찬가지로 고대 멕시코의 신들 중에서 태양은 희생되는 왕-사제 케찰코아틀임과 동시에 전쟁의 영웅 우이칠로포크틀리이다. 수스텔, 같은 책, 24쪽 참조.
81 뒤메질, 『미트라-바루나』, 60쪽 참조.
82 뒤메질, 『게르만족의 신들』, 27쪽 참조.
83 같은 책, 20쪽; 『로마의 인도 유럽 유산』, 21~22쪽 참조.
84 다비, 같은 책, 107~108쪽에서 인용된 힐데가르트 폰 빙겐 및 호노리우스 아우구스토두넨시스Honorius Augustodunensis.
85 엘리아데, 『요가』, 238쪽 참조.
86 바슐라르, 『대지와 의지의 몽상』, 363~364쪽.
87 브뢰, 「불과 저우커우덴의 돌과 뼈의 유적」, 『중국 지리사회학회지』, 1931, 9권, 147쪽; 베르네르트P. Wernert, 「구석기시대의 두개골 숭배」, 『일반 종교사』, I권, 53쪽 이하 참조.
88 베르네르트, 같은 책, 71쪽; 로트팔크E. Lot-Falck, 『시베리아인들의 사냥의식』, 209, 213, 218쪽 참조.
89 베르네르트, 같은 책, 68쪽; 마리 보나파르트, 『정신분석과 인류학』, 71쪽 참조.
90 베르네르트, 같은 책, 67쪽 참조.

91 디테를렌, 같은 책, 각주 3; 부두교에서 입문의식을 치를 때 머리에 부여되는 중요성, “항아리-머리”와 “주인-머리”의 개념들, “머리 씻기기”의 관행에 대해서는 메트로, 『아이티인의 부두교』, 179~188쪽 참조.

92 보두앵, 『빅토르 위고의 정신분석』, 14~15쪽.

93 이 책의 270쪽 이하 참조.

94 마리 보나파르트, 같은 책, 71쪽, 각주 1에서 재인용; 로트팔크, 『시베리아인들의 사냥 의식』, 173, 205쪽 이하와 209쪽 이하 참조.

95 마리 보나파르트, 같은 책, 62쪽 참조. 셀리그만이 재인용되어 있다. 즉 이탈리아 속어로 남근은 “코르노”라고 불린다. 같은 책, 51~54쪽; 「욥기」, 15장 15절; 「아모스서」, 6장 13절; 「시편」, 148장 2절 참조.

96 『리그베다』, VII, 86~6.

97 마리 보나파르트, 같은 책, 52쪽; 로트팔크, 같은 책, 도판 II, VII쪽 참조.

98 마리 보나파르트, 같은 책, 56쪽; 57~60쪽; 브륄, 같은 책, 427쪽; 베르네르트, 같은 책, 61~63쪽 참조.

99 마리 보나파르트, 같은 책, 76~79쪽 참조.

100 비알라르Vialar, 『거대한 폭동』; 『토리노의 계산』, 블랑쿠M. L. Blancou 옮김; 시실리아 데 아렌차나, 『투우의 기원과 역사적 발전 고찰』 참조.

101 마리 보나파르트, 같은 책, 80쪽.

102 이 책의 212쪽 이하 참조.

103 로트팔크, 같은 책, 97쪽과 특히 128쪽 “여성과 사냥” 참조.

104 이 책의 144쪽 참조.

105 마리 보나파르트, 같은 책, 63쪽 참조.

106 또한 가네S. de Ganay, 「창조자 손가락의 수단 그림」(『기메 미술관 연보』, 134권 1호, 1951) 참조. 저자는 오른손의 중요성을 지적하는데, 오른손으로는 예컨대 성기를 만지는 것이 금지된다. 왜냐하면 오른손은 성스럽고 이를테면 “신의 대리자”이기 때문이다.

제2장 빛나는 상징들

1 바슐라르, 『공기와 꿈』, 55쪽.

2 드조유, 『백일몽의 방법에 의한 무의식적 활동의 탐험』, 70~74, 29~30, 31쪽 참조. “회합이 거듭됨에 따라, 이미지들은 점점 더 반짝거리고 비물질적이게 되어, 급기야 매우 단순하고 조화로운 형태들이 눈부시게 밝은 배경 위로 선명히 부각되는 빛의 놀이인 것으로 보이는 빛의 인상일 뿐일 정도이다. ……이 이미지들은 주체가 평온과 천복이라는 말로 해석하는 놀랍고 흐뭇한 상태를 수반한다.”

3 세셰에, 『정신분열자의 일기』, 4, 5, 20, 21쪽.

4 같은 책, 6쪽.

5 같은 책, 38쪽.
6 같은 책, 21쪽.
7 다비, 같은 책, 100쪽; 바슐라르, 『과학정신의 형성』, 84쪽 참조.
8 엘리아데, 『종교사론』, 63, 68쪽.
9 『문다카 우파니샤드』, II, 2(7, 9, 10); III, 1(4); III, 1(7~8); III, 2(1).
10 디테를렌, 같은 책, 27쪽 참조.
11 같은 책, 29쪽. 흰색이 서쪽의 색깔인 고대 멕시코의 상징체계에서도 흰색은 "최초의 햇살" 색깔이고, 제물로 희생된 사람이나 틀라우이츠칼판테쿠틀리 같은 부활한 신은 하얀 장식품으로 형상화된다. 수스텔, 같은 책, 2, 73, 75쪽 참조.
12 그리올, 『물의 신*Dieu d'eau*』, 20쪽 이하 참조.
13 드조유, 같은 책, 70~74쪽; 바슐라르, 『대지와 의지의 몽상』, 399쪽 참조.
14 바슐라르, 같은 책, 197, 199, 201쪽에 재인용된 라마르틴, 횔덜린, 괴테, 클로델 참조. 고대 멕시코에서 태양의 불과 동일시된 터키옥의 상징성. 수스텔, 같은 책, 71쪽 참조.
15 바슐라르, 『공기와 꿈』, 194쪽 참조.
16 보크너, 같은 책, 47쪽 참조. 봄(같은 책, I, 176쪽)이 생각하는 바와 반대이다. 봄은 "얼굴이 새파랗게 질릴 정도의 충격"이 매우 희귀함을 인정하면서도 설명 없이 공언한다. "어떤 관점에서 그것은 불길한 충격에 대응하는 것으로 보인다." 그런데 포화를 고려할 필요가 있으며, 정확히 로르샤흐의 도판 X와 VIII은 쪽빛과 조명 때문에 창백한 색으로나 "진한 파랑"으로 보일 수 있는 보통의 파란색으로 물들어 있다. 독일어도 프랑스어처럼 "붉은색"과 "장밋빛"으로 통하는 것과는 반대로 이 미묘한 농담濃淡의 차이를 가리키는 말이 없다.
17 골트슈타인K. Goldstein과 로젠탈O. Rosenthal, 『생물체에 있어 색깔의 효과에 관한 문제에 관하여*Zum Problem der Wirkung der Farben auf der Organismus*』, 10, 23쪽; 메이슨D. I. Mason, 「공감각과 소리 스펙트럼」, 『단어』, vol. 8, 제1호, 1952, 41쪽 이하; 루소, 『색채』, 42쪽 이하 참조. "지혜"와 승화의 "색깔"인 파란색에 관해서는 말라르메의 시 「쪽빛」 참조.
18 루소, 같은 책, 128쪽 이하 참조. 색깔로서의 "금빛"은 노란색과 비교될 수 있다.
19 디엘, 『그리스 신화의 상징』, 176쪽 참조.
20 이 책의 335쪽 참조. 태양의 "노란색"이 갖는 상징성에 관해서는 수스텔, 같은 책, 70쪽 참조.
21 브륀, 『중세 미학 연구』, III, 13, 14쪽.
22 「묵시록」, 1장 12절, 14장 14절, 19장 12~13절, 22절; 「마가복음」, 9장 2, 3, 4절 참조.
23 엘리아데, 『종교사론』, 62쪽; 『문다카 우파니샤드』, II, 25 이하; 융, 『리비도의 변형과 상징』, 97쪽 참조.

24 디엘, 같은 책, 102, 209쪽; 루소, 같은 책, 131쪽의 '헤스페리데스의 정원 Le jardin des Hespérides'참조.

25 바슐라르, 『과학정신의 형성』, 135, 143쪽; 위탱Hutin, 『연금술』, 25~71쪽 참조.

26 바스토Lanza del Vasto, 『복음서 주해』, 137쪽.

27 피가니올, 같은 책, 101~104쪽 참조.

28 동탕빌, 같은 책, 90쪽 참조.

29 같은 책, 94쪽; 융, 『리비도의 변형과 상징』, 82쪽 참조. 융은 태양조인 백조를 의미하는 '슈반Schwan'을 태양의 의미인 "조네Sonne"와 기꺼이 비교한다.

30 다비, 같은 책, 40, 177쪽; 「여호수아」, 1장 13절; 융, 『리비도의 변형과 상징』, 99쪽 참조.

31 융, 『리비도의 변형과 상징』, 82쪽; 크라프, 같은 책, 83쪽 참조; 고대 멕시코에서의 태양과 독수리, 수스텔, 같은 책, 21쪽 참조.

32 다비, 같은 책, 도판XI, 143쪽; 융, 같은 책, 330쪽; 그레밀리, 『닭』, 48쪽 이하 참조.

33 이 책의 89쪽 참조.

34 「창세기」, 2장 8절; 「시편」, 68장 34절; 「마태복음」, 24장 27절.

35 다비, 같은 책, 142쪽.

36 수스텔, 같은 책, 58쪽 이하.

37 같은 책, 59쪽.

38 같은 책, 23~24쪽.

39 융, 『리비도의 변형과 상징』, 84, 97쪽 참조.

40 이 책의 315쪽 이하.

41 다비, 같은 책, 181쪽; 융, 같은 책, 84쪽 참조.

42 바슐라르, 『공기와 꿈』, 67~68쪽.

43 드조유, 『백일몽의 방법에 의한 무의식적 활동의 탐험』, 90쪽 참조.

44 같은 책, 91쪽.

45 알키에, 『초현실주의의 철학』, 185쪽; 뒤랑, 『'파르마의 수도원'에 나타나는 신화적 배경』 참조.

46 보두앵, 『빅토르 위고의 정신분석』, 47, 179쪽; 동일한 작가에 관해서는 『예술의 정신분석』, 제1부, 제5장 그리고 『영웅의 승리』, 42쪽 이하, 49, 101, 121, 150쪽 이하 참조; 이 책의 171쪽 참조.

47 보두앵, 『빅토르 위고의 정신분석』, 180쪽 참조.

48 이 책의 153쪽 이하 참조.

49 『리그베다』, VII, 34-10; 엘리아데, 『이미지와 상징』, 127쪽.

50 뒤메질, 『게르만족의 신들』, 21, 29쪽 참조.

51 「시편」, 139장 7~8절.

52 엘리아데, 『종교사론』, 119~120쪽 참조.

53 크라프, 같은 책, 89쪽.
54 같은 책, 90쪽 참조.
55 발레리, 『시집』, 147쪽.
56 이 책의 111쪽 이하 참조.
57 뒤메질, 『로마의 인도 유럽 유산』, 160쪽; 『유피테르, 마르스, 퀴리누스』, IV, 81쪽, 그리고 『미트라-바루나』, 149쪽 참조.
58 「마태복음」, 5장 29~30절.
59 이 책의 393쪽 참조.
60 프뤼티제Frutiger, 『플라톤의 신화들』, 11, 144, 268~269쪽 참조.
61 「요한복음」, 1장 1~18절.
62 「창세기」, 1장 3절; 『일반 종교사』, 1권, 데로슈 노블쿠르의 글, 253쪽; 『케나 우파니샤드』, I, 1, 7 참조.
63 융, 『리비도의 변형과 상징』, 155쪽 이하 참조.
64 『칼레발라』, 제8가; 레이아, 『콩트』, 95쪽 참조.
65 뒤메질, 『게르만족의 신들』, 24쪽, 각주 3 참조.
66 뒤메질, 『게르만족의 신들』, 25쪽; 그라네, 『중국 사상』, 32쪽 이하, "말의 중국적 이해에 관해—실제의 효력을 부여받은 표징" 참조.
67 뒤메질, 같은 책, 30쪽; 뒤메질, 『로마의 인도 유럽 유산』, 21쪽 참조.
68 슈아지M. Choisy, 『요가의 형이상학』, I, 219쪽; 『마이트라야나 우파니샤드』, VI, 28쪽 참조.
69 같은 책, I, 220쪽.
70 융, 『리비도의 변형과 상징』, 95~96, 304쪽; 바슐라르, 『공기와 꿈』, 19~20쪽 및 146쪽 참조.
71 슈아지, 같은 책, I, 89쪽은 파브르 돌리베가 제안한 '스포타'의 매우 기이한 어원, 그의 언어학적 환상에도 불구하고 원형학의 관점에서 아주 진지한 어원을 제시하며, 유대교 신비철학에 의하면 '스픈shpn'은 "궁형의 이미지" 's', "입, 말" 'ph', "숨결" 'phov'로 분석될 것이다.
72 엘리아데, 『요가』, 218, 252쪽; 『샤머니즘』, 99쪽 참조.
73 엘리아데, 『요가』, 219쪽.
74 엘리아데, 같은 책, 220쪽.
75 예컨대 이집트신화에서 라Râ의 눈물로부터 인간이 태어날 때, '레미틀'(눈물)과 '로메트'(인간) 사이의 말놀이만이 있을 뿐이다. 『일반 종교사』, I권, 253쪽 참조. '시바' '사바'의 말장난에 관해서는 지머, 『인도의 문명과 예술에 있어서 신화와 상징』, 196쪽; 「마태복음」, 16장 13~19절 참조.
76 엘리아데, 같은 책, 220쪽.
77 가네의 글, 「도곤족의 명구銘句」(Tr. et m. inst. Ethmog., XLI, 1942) 참조.
78 디테를렌, 같은 책, 77~79쪽 참조.

79 디테를렌, 같은 책, 211쪽 참조.

80 프라딘, 『일반 심리학 논의』, II, 1, 206~207쪽 참조.

81 레비스트로스, 『친족의 기본 구조』, 611쪽 이하 참조.

82 융, 『리비도의 변형과 상징』, 46쪽 참조. '프네우마'의 성적 기원에 관해서는 95~96쪽; 『일반 종교사』, I권, 253쪽 참조.

83 이 책의 172쪽 이하 참조.

84 여기에서 우리는 데카르트 철학도 플라톤 철학처럼 동형적인 일관성을 지닐 수 있다고 강조하고자 한다. '낮의 체제'는 데카르트와 플라톤에 의해 서양의 주도적인 심성이 되었다. 이 책의 227쪽 참조.

제3장 분리의 상징들

1 바슐라르, 『대지와 의지의 몽상』, 390쪽 참조.

2 드조유, 『백일몽의 방법에 의한 무의식적 활동의 탐험』, 70쪽.

3 피가니올, 『로마의 기원에 관한 시론』, 119쪽 참조.

4 이 책의 382쪽 참조.

5 드조유, 같은 책, 76쪽.

6 융, 『리비도의 변형과 상징』, 145쪽에서 재인용; '아루라aroura'=밭, 품, 젖가슴.

7 엘리아데, 『종교사론』, 227쪽에서 재인용.

8 같은 책, 227쪽.

9 뒤메질, 『게르만족의 신들』, 127, 131쪽; 『로마의 인도 유럽 유산』, 94, 100쪽 참조.

10 뒤메질, 『로마의 인도 유럽 유산』, 89쪽 및 『타르페이아』, 128쪽 참조.

11 디엘, 같은 책, 21, 176쪽.

12 보두앵, 『빅토르 위고의 정신분석』, 34쪽 참조.

13 디엘, 같은 책, 185쪽; 그리말, 같은 책, '크리사오르, 페르세우스, 메두사' 항목 참조.

14 뒤메질, 『로마의 인도 유럽 유산』, 69쪽; 『게르만족의 신들』, 97, 102쪽 참조.

15 뒤메질, 『게르만족의 신들』, 105쪽. 세 명의 호라티우스에 관해서는 뒤메질, 『로마의 인도 유럽 유산』, 154쪽 참조.

16 이 책의 369쪽 이하 참조.

17 뒤메질, 『게르만족의 신들』, 93, 165쪽; 『로마의 인도 유럽 유산』, 62, 69쪽; 『타르페이아』, 113쪽 참조.

18 동탕빌, 같은 책, 137~138쪽 참조.

19 같은 책, 138~140쪽 이하 참조.

20 레이아, 『콩트』, 79~81쪽; 보두앵, 『영웅의 승리』, 117쪽 이하, 130쪽 이하 참조.

21 디테를렌, 같은 책, 143, 146, 169쪽; 뒤메질, 『로마의 인도 유럽 유산』, 196쪽; 『유피테르, 마르스, 퀴리누스』, II, 91쪽 참조.

22 뒤메질, 『게르만족의 신들』, 79, 88, 90쪽.

23 귀스도르프, 같은 책, 243쪽 참조.

24 엘리아데, 『대장장이와 연금술사』, 27쪽 참조.

25 르루아구랑, 『인간과 물질』, 46쪽.

26 같은 책, 61~63쪽 참조.

27 피가니올, 같은 책, 188쪽.

28 뒤메질, 『게르만족의 신들』, 21~27쪽; 『유피테르, 마르스, 퀴리누스』, 79~81쪽; 『미트라-바루나』, 33, 79쪽 이하; 엘리아데, 『이미지와 상징』, 120쪽 이하 참조.

29 이 책의 126쪽 이하, 129쪽 참조.

30 『아타르바베다』, VI, 121-4; 『리그베다』, VIII, 87-2 참조.

31 엘리아데, 『요가』, 18~19쪽.

32 이 책의 142쪽 이하 참조.

33 베르게뉴, 『리그베다 찬송에 따른 베다교의 종교』, 1883, III, 115쪽 참조.

34 엘리아데, 『이미지와 상징』, 131쪽 참조. 영웅과 그의 적의 "유사요법적인 협력"에 관해서는 보두앵, 『영웅의 승리』, 224쪽 참조.

35 뒤메질, 『게르만족의 신들』, 154쪽.

36 같은 책, 155쪽 참조.

37 동탕빌, 『프랑스 신화학』, 141~142쪽; 뒤몽L. Dumont, 『타라스크』 92, 163쪽 참조.

38 동탕빌, 『프랑스 신화학』, 141~142쪽; 뒤몽, 『타라스크』, 92, 163쪽 참조.

39 반어법에 의한 변형의 좋은 보기는 성 마르트의 전설에서 타라스크의 의례로 넘어가는 과정에서 제시된다. 뒤몽, 같은 책, 224쪽 이하 참조; 이 책의 576쪽 참조.

40 랑톤, 같은 책, 225쪽; 「이사야서」, 24장 91절; 「묵시록」, 20장 1절 참조.

41 「묵시록」, 20장 7절 이하 참조.

42 「시편」, 18장; 「사무엘」, 22장 6절 참조.

43 엘리아데, 『이미지와 상징』, 155쪽 참조.

44 그리말, 같은 책, '아테나' 항목 참조.

45 마법의 원이 지닌 보호하는 역할에 관해 드조유, 『정신과 치료에서의 백일몽』, 149쪽 참조.

46 피가니올, 『로마의 기원에 관한 시론』, 188쪽 참조.

47 바슐라르, 『대지와 휴식의 몽상』, 112쪽.

48 바슐라르, 『공간의 시학』, 62쪽. 상상계의 원동력을 "형태"보다는 오히려 "구조"로 정립하는 것은 바로 이러한 뒤틀림과 변형의 가능성이다. 이 책의 68쪽 참조.

49 여기에서 "형태"는 구조의 부가형용사일 뿐인 듯하다. 바슐라르, 『대지와 휴식의 몽상』, 148쪽; 『공간의 시학』, 210쪽 참조.

50 게농, 『양量의 지배와 시간의 기호』, 138쪽; 이 책의 318쪽 참조; 라마르틴, 베르아렝, 세간티니, 루소, 톨스토이에게서 나타나는 "도시"와 자연의 대립에 관해서는 보두앵, 『영웅의 승리』, 484쪽 이하 참조. 뤼예르P. Ruyer (『유토피아와 유토피아들』)는 플라톤의 국가와 모든 이상국가의 "정신분열증적" 성격을 잘 보여주었다. 무치엘리, 같은 책, 101쪽의 "반대세계" 참조.

51 바슐라르, 『물과 꿈』, 181쪽.

52 같은 책, 189쪽.

53 로위, 같은 책, 96쪽.

54 지머, 같은 책, 159쪽 참조.

55 같은 책, 152쪽.

56 디테를렌, 같은 책, 179쪽 이하; 그리올, 「도곤족의 사람 개념에 대한 새로운 연구」(『정상 심리와 병리학회지』, 1947, 10~12월호, 428쪽) 참조.

57 디테를렌, 같은 책, 181~183쪽 참조.

58 같은 책, 187쪽 참조.

59 같은 책, 181쪽.

60 같은 책, 65쪽.

61 같은 책, 187쪽.

62 마리 보나파르트, 『정신분석과 인류학』, 183쪽 참조.

63 프로이트, 『토템과 금기』, 60, 68, 83쪽 이하 참조.

64 바슐라르, 『물과 꿈』, 182쪽.

65 같은 책, 191쪽.

66 같은 책, 192쪽.

67 같은 책, 195쪽.

68 뒤랑, 「눈의 정신분석」(『메르퀴르 드 프랑스』, 1953년 8월호) 참조.

69 바슐라르, 『물과 꿈』, 198쪽. 머리털의 정화적인 세척의 실천에 관해 카즈뇌브, 『신들은 시볼라에서 춤을 춘다』, 98쪽. 호피족이 혼례 직전에 행하는 세척의식은 돈 탈라예스바, 『태양 호피』, 228쪽 이하 참조.

70 엘리아데, 『종교사론』, 172쪽; 「묵시록」, 22장 1~2절; 「에스겔서」, 47장; 「즈가리야서」, 12장 1절; 세비요, 『프랑스 민속』, II, 256쪽 이하, 460쪽; 로트팔크, 『시베리아인들의 사냥의식』, 135쪽 이하 참조.

71 「누가복음」, 3장 16절.

72 르루아구랑, 『인간과 물질』, 66쪽 참조.

73 같은 책, 68쪽 참조.

74 바슐라르, 『불의 정신분석』; 이 책의 420쪽 이하; 바야르, 『불』, 특히 제6장의 "정화"(50쪽); 제7장의 "빛"(59쪽)과 제10장의 "불과 물"(115쪽) 참조.

75 피가니올, 같은 책, 87쪽.

76 같은 책, 96쪽 참조.

77 같은 책, 101쪽 참조.

78 바슐라르, 같은 책, 200쪽.

79 뷔르누프E. Burnouf,『신성의 꽃병』, 115쪽. 메트로(『세계의 역사와 인간의 역사. 아르헨티나 인디언의 텍스트』, 1936, 523쪽)가 보고한 것으로서, 성적이고 동시에 정화적인 불의 양면성을 명백히 밝혀주는 기이한 마타코 신화 참조. 즉 인간은 불을 발견하기 전에는 짝짓기를 할 때 여자에게서 몸을 뗄 수가 없었다. 요컨대 마타코족의 경우에 불은 도곤족과 밤바라족의 할례용 칼과 동일한 역할을 한다.

80 뒤메질,『타르페이아』, 107쪽 참조.

81 바슐라르, 같은 책, 205쪽에서 재인용.

82 같은 책, 209쪽.

83 디엘, 같은 책, 234쪽.

84 크라프, 같은 책, 203쪽.

85 뷔르누프, 같은 책, 119쪽; 뒤셴과 기유맹, 같은 책, 50쪽 이하와 57쪽 이하; 언더힐,『신비주의』, 421쪽 참조.

86 뷔르누프, 같은 책, 130~131쪽; 클라벨,『그노시스주의』, 112쪽 참조.

87 이 책의 420쪽 이하 참조. 바로 이러한 이유 때문에 불의 심화 연구는 언제나 다원적인데, "빛나는" "뜨거운" "부드러운" "식물적인" "중심적인" 등의 품질형용사는 다시 한번 실사보다 환상의 환기에 더 중요하다. 페르네티 A. -J. Pernety,『신화-연금술사전』, '불' 항목 참조.

88 다무레트, 같은 책, II, 84, 490쪽. 뒤랑,『상징체계 형성의 세 층위』참조.

89 크라프, 같은 책, 303~304쪽 참조.

90 『브리하드 아란야카 우파니샤드』, II, 15.

91 「이사야서」, 6장 6~7절;「출애굽기」, 3장 2절.

92 바슐라르,『공기와 꿈』, 15, 17, 27쪽 참조.

93 뒤메질,『로마의 인도 유럽 유산』, 66쪽;『타르페이아』, 67쪽 참조.

94 『리그베다』, VIII, 100.

95 뒤메질,『타르페이아』, 70~71, 98~99쪽.

96 『브리하드 아란야카 우파니샤드』. 뒤메질,『타르페이아』, 50쪽에서 재인용.

97 고르스,「일반 종교사」I권, 210쪽 참조.

98 엘리아데,『요가』, 68, 70쪽; 슈아지, 같은 책, II, 107, 118쪽 그리고 마스페로 G. Maspero,『아시아 잡지』, 1937, 4~9월호 177, 252, 353, 430쪽 참조.

99 엘리아데, 같은 책, 234쪽.

100 슈아지, 같은 책, II, 114쪽; 125쪽 참조.

101 「레위기」, 17장 2절, 돌리베Fabre d'Olivet,『복원된 히브리어』, II, 52, 53쪽과 I, 88, 132쪽 참조.

102 디테를렌, 같은 책, 66쪽.

103 엘리아데, 『요가』, 237쪽 이하와 243쪽 이하 참조.

104 디테를렌, 같은 책, 59~60쪽; 엘리아데, 같은 책, 244, 246쪽; 『일반 종교사』, I권, 303쪽 참조.

105 바르트, 『신화학』, 38~39쪽 참조.

제4장 상상계의 낮의 체제와 분열 형태적인 구조들

1 엘리아데, 『요가』, 21쪽 참조.

2 페트르망, 『플라톤, 그노시스, 마니교에 나타난 이원론』, 157, 210쪽 이하 참조.

3 엘리아데, 같은 책, 20, 24쪽.

4 같은 책, 27쪽.

5 같은 책, 29쪽.

6 브레이에, 『철학사』, I, 1, 63쪽; 뒤셴과 기유맹, 『오르무즈드와 아리만, 고대의 이원론적 모험』, 85쪽 이하.

7 브레이에, 같은 책, 63~65쪽 참조.

8 수리오의 다음과 같은 언급(『살아 있는 사유와 형태적 완성』, 270쪽, 각주 1)은 그가 잘못 생각하지 않았다는 것을 일러준다. “중세의 위대한 세기, 12세기, 아벨라르와 파리 노트르담의 세기는 플라톤적이었고, 라무스에서 시작되어 데카르트를 거쳐 몽테스키외로 이르는 계통 역시 플라톤적이다.”

9 페트르망, 『플라톤, 그노시스, 마니교에 나타난 이원론』, 138쪽 이하 참조.

10 같은 책, 208, 216쪽 참조.

11 같은 책, 39, 48, 160, 164, 170, 175쪽.

12 같은 책, 344쪽; 뒤셴과 기유맹, 같은 책, 104쪽 이하 참조.

13 귀스도르프, 『신화와 형이상학』, 179쪽, 258쪽 참조. 레비스트로스 같은 현대인의 경우에도 오래된 논쟁적 도식이 완전히 작용하고 있다.(『야생의 사고』 참조)

14 바슐라르, 『과학정신의 형성』 참조.

15 캉길렘, 『생명의 이해』, 56쪽 참조.

16 같은 책, 56쪽.

17 같은 책, 57쪽.

18 같은 책, 67, 69쪽.

19 이 책의 483쪽 이하 참조.

20 이 책의 183쪽 참조. 에티엔 수리오는 형식의 완벽성과 도안화에 대한 훌륭하고 열렬한 변호의 결론에서 플라톤주의에 경의를 표한 후에, 도안화된 성상학의 기준들을 확립한다. 이 기준들은 우리가 여기에서 전혀 다른 방식들로 식별하는 분열 형태적인 구조들을 놀라운 방식으로 드러낸다. 형상들의 “윤곽” “정면성正面性”의 활용, 선의 단순화, 대칭, 색이 빈틈없이 칠해진 부분과 공백의 대칭적인

변증법, 형식상의 모든 특성은 우리가 '낮의 체제'의 상징들에서 찾아볼 수 있는 동형성에서 유도할 다섯 가지 구조와 매우 유사하다. 수리오, 『살아 있는 사유와 형태적 완성』, 256~263쪽 참조.

21 야스퍼스K. Jaspers, 『스트린드베리와 반 고흐Strindberg et Van Gogh』, 218쪽; 민코프스카, 『반 고흐와 쇠라로부터 어린아이의 그림까지』, 22쪽 참조.

22 세셰에, 『정신분열자의 일기』, 4, 17, 22쪽; 민코프스키, 『정신분열증』, 203쪽 참조.

23 세셰에, 같은 책, 20, 17, 66, 80쪽.

24 이 책의 329쪽 참조.

25 민코프스키, 『정신분열증』, 203쪽.

26 같은 책, 203쪽; 세셰에, 같은 책, 28쪽 참조, 이 경우에 환자는 우주의 "응고된" 재현을 갖는다. 제임스, 『실용주의』, 27쪽 참조.

27 퓌르삭Rogues de Fursac과 민코프스키, 「자폐증 사고와 태도에 대한 연구」(『두뇌』, 1923); 『정신분열증』, 80쪽 참조.

28 알키에, 『초현실주의의 철학』, 182쪽 참조.

29 민코프스키, 『정신분열증』, 67, 69쪽; 또한 「자폐증과 정신분열 태도」(『심리학회지』, 1927, I, 237쪽) 참조.

30 민코프스키, 같은 책, 110쪽에서 재인용; 라크로즈, 같은 책, 121쪽 이하 참조.

31 세셰에, 같은 책, 54, 89쪽 참조.

32 민코프스키, 같은 책, 42쪽; 수리오, 같은 책, 257쪽에서는 매우 정당하게도 피사에 위치한 캄포 산토의 그리푸스나 루브르의 지품천사 같은 양식화된 작품의 '정면성'이 루도비시 소장품 가운데 "자살하는 갈리아 사람"의 불안정하고 바로크적인 형태들의 응축된 표현과 대립한다.

33 모니에M. Monnier, 「로르샤흐 심리 테스트」(『두뇌』, vol. 29, 1934, 265쪽); 봄Bohm, 같은 책, II, 436쪽 참조. 수리오(같은 책, 258쪽)는 양식화가 과장되고 자폐증으로 잠길 수 있다는 것을 적절하게 설명하고 있다. 말로(『침묵의 목소리』, 129쪽 이하 참조)에게서 순전히 형식적인 기호로 간주되는 양식樣式의 "퇴행" 관념.

34 봄, 같은 책, II, 439쪽 참조.

35 민코프스키, 같은 책, 212~213쪽 참조.

36 같은 책, 219쪽 참조.

37 같은 책, 206쪽.

38 세셰에, 같은 책, 14, 21, 24, 51, 77쪽 참조.

39 같은 책, 22쪽.

40 같은 책, 59, 77쪽.

41 같은 책, 21, 50쪽.

42 민코프스키, 같은 책, 89쪽; 봄, 같은 책, II, 438쪽 참조.

43 민코프스키, 같은 책, 90쪽.

44 세셰에, 같은 책, 97쪽.

45 민코프스키, 같은 책, 94쪽. 몇몇 원시 종족의 예술에서 찾아볼 수 있는 "X선 촬영의" 시각; 보아, 『원시 예술』 참조.

46 같은 책, 94, 245, 246쪽 참조.

47 같은 책, 245쪽.

48 민코프스키, 「정신분열증의 근본적 장애Troubles essentiels de la schizophrénie」, 28쪽; 이 책의 536쪽 이하 참조.

49 민코프스키, 같은 책, 83쪽 참조.

50 같은 책, 83쪽; 세셰에, 같은 책, 24쪽 참조.

51 「정신분열증의 근본적 장애」, 30쪽.

52 이 책의 45쪽 참조.

53 민코프스키, 같은 책, 90~92쪽.

54 세셰에, 같은 책, 22, 45, 52쪽.

55 리쾨르, 같은 책, 261쪽, 제4장, '유배당한 영혼의 신화와 인식에 의한 구원' 참조.

제2권
이미지의 밤의 체제

1 알랭, 『이데』, 104쪽. 그는 "아리스토텔레스가 뜻하는 것은 바로 그것이다"라고 덧붙인다.

2 드조유, 같은 책, 27, 68쪽 참조.

3 세셰에, 『정신분열자의 일기』, 66, 74, 84쪽.

4 이 책의 143쪽 참조.

5 마리 보나파르트, 『크로노스, 에로스, 타나토스』, 67쪽 참조.

6 루즈몽, 같은 책, 98쪽 참조.

7 문학이나 문학사에서 '소설적 순간'이라 정의내리고 있는 것이 의미하는 바가 아마도 같은 도정일 것이다. 뒤랑의 『'파르마의 수도원'에 나타나는 신화적 배경』 중 결론 부분의 '소설적 순간' 참조.

8 페트르망, 같은 책, 160, 205, 207쪽.

9 같은 책, 120쪽 참조.

10 브레알과 베일리, 『라틴어 어원 사전』; 그리말, 같은 책 참조. 이 책의 '리비투나'라는 항목은 그 단어가 어원적으로 다른 리비도와 혼용되어 쓰이면서 잘못 사용되었다고 밝히고 있다. 그러나 심리학에서 어원적으로 '틀린' 것은 존재하지 않는다.

11 플라톤, 『향연』, 203b.
12 아브라함K. Abraham, 「리비도 진화의 역사 연구」, 『국제 정신분석학지』, 1924; 보나파르트, 같은 책, 67~69쪽 참조.
13 프로이트, 『쾌락원칙을 넘어』와 『마조히즘의 경제적 문제』; 넬리R. Nelli, 『사랑과 마음의 신화들』, 107쪽 이하 참조.
14 마리 보나파르트, 같은 책, 119쪽; 융, 『리비도의 변형과 상징』, 406쪽 참조.
15 쇼펜하우어A. Schopenhauer, 『의지와 표상으로서의 세계』, 제1장, 54쪽.
16 융, 같은 책, 122쪽.
17 같은 책, 130~131쪽.
18 같은 책, 217쪽 참조.
19 같은 책, 404, 406쪽; 보두앵, 『영웅의 승리』, 228~229쪽 참조.
20 아우저P. Auger의 「두 시간, 세 움직임」, 『디오게네스Diogène』, 1957년 7월호, 3쪽 참조.

제1부 하강과 잔盞

제1장 도치의 상징들

1 보두앵은 '전환'이라는 단어를 사용했다. 같은 책, 124~130쪽 참조.
2 뒤메질, 『유피테르, 마르스, 퀴리누스』, 제I권, 144쪽; 『타르페이아』, 59, 61쪽; 수스텔, 같은 책, 35쪽 이하의 여신 틀라졸테오틀의 이중성에 관한 부분 참조.
3 이 책의 206쪽 이하 참조.
4 뒤메질, 『타르페이아』, 56쪽.
5 바슐라르, 『대지와 휴식의 몽상』, 5쪽; 드조유, 『정신과 치료에서의 백일몽』, 150쪽 참조.
6 바슐라르, 『대지와 의지의 몽상』, 398쪽.
7 드조유, 같은 책, 151, 211, 336 쪽 참조.
8 바슐라르, 『물과 꿈』, 146쪽 참조.
9 바슐라르, 『불의 정신분석』, 84쪽; 『대지와 휴식의 몽상』, 52쪽; 바야르, 『불』, 11장, 124쪽 "연금술사들의 불"과 14장, 168쪽의 "마술의 열기"도 참조.
10 라이크T. Reik, 「토착신과 외래신」, 『국제 정신분석학지』, 제2권, 빈, 1923, 234쪽 참조.
11 바슐라르, 『대지와 휴식의 몽상』, 129쪽 이하와 145쪽; 『불』, 85쪽 참조.
12 바슐라르, 『대지와 휴식의 몽상』, 142쪽; 베리에 엘윈Verrier Elwin, 『뮈리아의 젊은이들의 집』, 239쪽 이하 참조.
13 이 책의 145쪽 이하 참조.
14 세셰에, 『정신분열자의 일기』, 70, 84쪽.

15 베André Bay,『아이들이 지어낸 이야기』; 바슐라르,『대지와 휴식의 몽상』, 132, 178쪽; 보두앵의『영웅의 승리』, 18, 24, 49쪽 참조.

16 하딩, 같은 책, 165쪽; 드조유,『백일몽 방법에 의한 무의식적 활동의 탐험』, 74쪽의 '정신분석적 과정은 하강과 상응한다'는 대목; 카루주M. Carrouge,『앙드레 브르통과 초현실주의의 근본 여건들』, 24쪽 이하 참조.

17 마리 보나파르트,『정신분석과 생물학』, 124쪽 이하 참조.

18 같은 책, 130~135쪽 참조.

19 신화와 전설의 담론은 제의의 대상과는 반대로 모든 것을 통시적으로 구분하면서 동시에 공시적으로 종합한다. 성 크리스토프의 전설이나 성녀 마르트의 전설에서 두드러지는 것이 바로 그런 특성이다; 뒤몽,『타라스크』, 223~225쪽 참조.

20 마리 보나파르트, 같은 책, 138쪽.

21 같은 책, 139쪽 참조. 비슷한 완곡화 현상에 대해 인디언인 아이마라족은 그들의 오래된 벼락의 신을 성 자크의 전통적인 이미지와 동일시한다고 메트로도 밝힌 바 있다. 마찬가지로 아이티의 부두교인들에게 성인 자크는 '로아loa' 오구Ogou—고철—와 혼동된다. 메트로,「앙딘족의 민속 연구」,『미국 사회과학 연구』, 26권, 1934, 70쪽; 메트로,『아이티인의 부두교*Le Vaudou haïtien*』 288~289쪽, 도판 15; 바스티드,「하나의 신의 이주와 변모」,『국제 사회학회지』, 20권, 1956, 45~60쪽 참조. 슬라브의 천둥의 신이 예언자 엘리아와 동화되는 과정에 대해서는 콕스웰의『시베리아와 기타 민담들』, 989쪽 및 1002쪽 참조. 주

22 이폴리트J. Hyppolite,「프로이트의 'Verneinung'에 대한 주석적 발언」,『정신분석학지』, 1953~1955, I, 29쪽.

23 같은 책, 31쪽.

24 같은 책, 33쪽.

25 바슐라르,『대지와 휴식의 몽상』, 156쪽 참조.

26 같은 책, 157쪽.

27 같은 책, 157쪽.

28 동탕빌, 같은 책, 120쪽 참조.

29 같은 책, 51, 57, 59쪽.

30 같은 책, 61쪽 이하.

31 바슐라르,『대지와 휴식의 몽상』, 143쪽.

32 바슐라르가『대지와 휴식의 몽상』, 133쪽에서 재인용한 베, 같은 책, 45쪽 참조.

33 동탕빌, 같은 책, 120, 129쪽 참조.

34 같은 책, 130쪽; 수스텔의『고대 멕시코인들의 우주론적 사유』를 참조. 거기에는 케찰코아틀 신이라는 인격체 속에 어떻게 능동-수동의 의미가 중복되어 있고 혼융되어 있는지를 잘 보여주는 좋은 예가 들어 있다. 그는 나나우아친의 형태로 제물이 된 후에 추격을 당하고 콜로틀의 형태하에 죽임을 당한다.『타라스크』의

결론 부분(223~224쪽)에서 뒤몽은 더 명확하게 의미의 중복을 보여준다. 타라스크 축제의 길하면서 동시에 불길한 양가적 의미가 타라스크 전설의 불길한 면과 성 마르트의 길한 속성을 동시에 통합하고 있다. 주인공이 괴물과 싸우는 모습이 보여주는 것은 분열적 상상력에서 보이는 동일한 것의 분신 만들기와는 반대되는 것이다.(위베르와 모스의 『희생의 특성과 기능에 대하여』의 112, 113, 115쪽 참조) 여기서는 "성자가 자신이 길들인 괴물과 어느 정도 함께 나누는 점이 있게 된다." 따라서 괴물과 좋은 사람 사이에는 능동과 수동적 의미의 혼동이 있다. "상이한 두 대상 사이에는 순수하고 단순한 대립 이외의 것이 있고 제의의 희생물에게 기대하는 것이 수호 성자에게서 기대하는 것과 그 성격이 다르지 않게 된다."

35 바슐라르, 『물과 꿈』, 68쪽 이하 참조.

36 바슐라르, 『대지와 휴식의 몽상』, 245쪽.

37 윌리엄 포크너의 『소리와 분노』 『사토리스』 『패배하지 않는 자』 『압살롬, 압살롬』 등을 참조.

38 브레이에, 『철학사』, 2권, 3쪽 및 614쪽; 베갱, 『낭만적 영혼과 꿈』, I권, 270쪽; 뒤랑의 『'파르마의 수도원'에 나타나는 신화적 배경』, 1부 1장 3절의 '에피메테우스 혹은 적대적 형제' 참조.

39 스테펜스, 『카리카투렌』, 2권, 697쪽.

40 베갱, 같은 책, I권, 264쪽에 재인용된 카루스Carus 참조.

41 노발리스, 『전집』, 2권, 323쪽 및 3권, 162쪽 참조.

42 베갱, 같은 책, 2권, 151쪽에 재인용된 티크 참조.

43 위고, 『최고의 명상』 중 '내 생애의 후기後記', 236쪽.

44 위고, 『세기의 전설』 중 「신」.

45 브르통, 「초현실주의 제2선언문」, 2쪽.

46 슐, 『경이로운 것들』, 68쪽; 바슐라르, 『과학정신의 형성』, 99~100쪽과 『공간의 시학』, 7장 140쪽 이하 참조.

47 슐, 같은 책, 69쪽.

48 같은 책, 74쪽 참조.

49 같은 책, 73쪽; 바슐라르, 『대지와 휴식의 몽상』, 61쪽 참조.

50 바슐라르, 『공간의 시학』, 142쪽 참조.

51 레비스트로스, 『구조 인류학』, 271쪽 이하와 276쪽의 그림 19 및 279쪽의 그림 20 참조.

52 위탱, 『연금술』, 89쪽; 슐, 같은 책, 65쪽 참조. '호문쿨루스'와 맨드레이크의 "인형"에 대해서는 슈미트, 『맨드레이크』, 53쪽 이하와 71쪽 이하 참조.

53 바슐라르, 『대지와 휴식의 몽상』, 151쪽; 『공간의 시학』, 7장 "축소형", 140쪽; 파리, 『엄지 동자와 큰 곰』, 1875 참조.

54 달리, 『나의 내밀한 삶』, 34쪽 이하.

55 같은 책, 37쪽.

56 융, 『리비도의 변형과 상징』, 114쪽; 바슐라르, 『대지와 휴식의 몽상』, 13쪽 참조.

57 바슐라르, 같은 책, 14쪽; 슐, 같은 책, 62쪽 참조.

58 콩에르 실뱅, 같은 책, 2권, 45, 121, 141, 143, 147쪽.

59 같은 책, 158쪽.

60 융, 『리비도의 변형과 상징』, 118쪽 참조.

61 『일반 종교사』, I권, 237쪽 참조.

62 바슐라르, 『공간의 시학』, 154쪽.

63 융, 『리비도의 변형과 상징』, 114쪽에 재인용된 우파니샤드의 한 대목; "겨자씨앗"과 "버려진 씨앗"의 복음서 잠언을 참조, 「마태복음」, 13장 3절, 31장 33절 참조.

64 보두앵, 『빅토르 위고의 정신분석』, 156쪽; 넬리, 같은 책, 239쪽 참조.

65 위고, 『사탄의 종말』의 세번째 시 「교수대」와 열네번째 시 「신의 연민」; 보두앵, 같은 책, 159쪽 참조.

66 융, 『리비도의 변형과 상징』, 103쪽, 118쪽 참조.

67 슐, 같은 책, 71쪽에서 재인용.

68 이 책의 177쪽 이하 참조.

69 동탕빌, 같은 책, 179쪽 참조.

70 슐, 같은 책, 62쪽.

71 동탕빌, 같은 책, 179쪽 참조.

72 같은 책, 182쪽 참조; 이 책의 326쪽 이하 참조.

73 같은 책, 180쪽 참조.

74 바슐라르, 『대지와 휴식의 몽상』, 134쪽 참조.

75 몇몇 신화에서는 삼킴의 구도 내에서 파충류와 물고기가 긴밀하게 연결되어 있음이 확인되기도 한다. 레비스트로스는 토바의 전설에서 물고기를 배 안에 가득 채운 뱀인 릭의 이야기를 들려준다. 이 뱀은 경우에 따라서는 거대한 물고기인 '오르카 글라디아토르'로 대체되기도 한다. 레비스트로스는 마야의 벽화나 미국 남동부의 신화에서 주인공이 강물에 머리를 감음으로써 물고기의 수를 증가시키는 경우를 예로 들며 머리카락과 강과 풍요와 여성성과 물고기의 동위성을 강조한다. 레비스트로스, 『구조 인류학』, 295쪽 이하 '몸에 물고기가 그득한 뱀' 참조.

76 바슐라르, 『대지와 휴식의 몽상』, 136쪽 참조.

77 융, 『리비도의 변형과 상징』, 236쪽; 인도게르만 언어의 '벨루vélu'도 참조.

78 하딩, 같은 책, 62쪽 참조.

79 같은 책, 187쪽 참조.

80 하딩, 같은 책, 62쪽에서 재인용; 융, 『리비도의 변형과 상징』, 413쪽 참조. 융은 "이크투스Ichtus"라는 이름이 아티스에게 주어졌다는 점도 지적한다.

81 융은 그리스 어원인 '델피스delphis(즉 돌고래)'를 자궁이라는 뜻의 '델푸스 delphus'와 연결한다. 그리고 델포이의 삼각신인 '델피니스delphinis'는 돌고래 모양으로 세 개의 다리 위에 놓여 있음을 지적한다.

82 「마태복음」, 4장 19절; 『코란』, 수라트 18장과도 비교.

83 다비, 같은 책, 176쪽에 15번 도판으로 재수록됨.

84 콩트노G. Contenau, 『바빌로니아의 홍수』, 44~47쪽; 오아네스Oannès에 관해서는 융, 『리비도의 변형과 상징』, 189쪽 및 하딩, 같은 책, 175~177쪽 참조.

85 『일반 종교사』, I권, 21쪽 참조. 돌리베에 의하면 눈Noun이라는 글자는 어린 물고기와 어린아이를 뜻한다. 돌리베, 『히브리어』, 34쪽 참조.

86 융, 『파라셀시카』, 159~161쪽 참조.

87 하딩, 같은 책, 125쪽.

88 그리올, 『프랑스령 수단에서 출산에 관해 메기가 갖는 역할』(*Deutsch. Akad. des Wissens. zu Berlin Instit. fur Orientforschung*, n°26, 1955, 299쪽 이하 참조); 수스텔, 『고대 멕시코인들의 우주론적 사유』, 63쪽 참조.

89 같은 책, 302~306쪽.

90 같은 책, 308쪽.

91 앞의 주 75 참조.

92 같은 책, 302쪽.

93 크라프, 같은 책, 159쪽 참조.

94 『일반 종교사』, 1권, 211쪽.

95 레위츠키Lewitzky의 논문, 『일반 종교사』, 1권, 158쪽.

96 『일반 종교사』, 1권, 307쪽 이하의 데로슈 노블쿠르의 논문 참조.

97 언더힐, 『신비주의』, 25, 32쪽 참조.

98 밀네르M. Milner, 『시와 신비주의 삶』, 185쪽 참조.

99 시 「어두운 밤」의 2, 7, 8, 10연; 플로리손M. Florissone, 『아빌라의 성녀 테레사와 십자가의 성 요한에 의한 미학과 신비주의』 참조.

100 베갱, 같은 책, 2권, 33쪽 참조.

101 같은 책, 2권, 33쪽 참조.

102 위고, 『사탄의 종말』.

103 노발리스, 『밤의 찬가』, 베갱의 번역본 160~178쪽; 『전집』, 1권, 54~67쪽과 2권, 373쪽 이하 참조.

104 베갱, 『낭만적 영혼과 꿈』, 2권, 125쪽.

105 이 책의 184쪽 참조. 수스텔은 이 세계에 대한 종합적 표현 양식, 즉 하나의 중심 주변에 중요한 점들로 조직하는 표현 양식을 갖고 있는 민족들(중국, 푸에블로, 아즈텍, 마야 등)에게서 색이 차지하는 중요성을 강조한다. 『우주사상』, 68쪽 이하 참조.

106 세셰에, 같은 책, 110~111쪽.

107 녹색의 "구심적" 성격에 대해서는 루소, 같은 책, 30쪽 이하 참조.
108 베갱, 같은 책, 46~47쪽 참조.
109 티크, 「황금술잔」, 베갱의 같은 책, 2권 152쪽에서 재인용.
110 바슐라르, 『대지와 휴식의 몽상』, 34쪽.
111 '니그레도'와 '알베도'와 '루베도'에 대해서는 엘리아데, 『대장장이와 연금술사』, 167쪽 및 에볼라J. Evola의 『신비주의 전통』, 156쪽 이하; 특히 발렌티누스 Vasilius Valentin, 『일곱 가지 광물의 채색의 신비 계시』 참조.
112 바슐라르, 같은 책, 44쪽.
113 같은 책, 46~47쪽.
114 같은 책, 35쪽; 그레이Gray, 『괴테와 연금술사』; 베르누스A. Von Bernus, 『연금술과 의술』, 165쪽 이하 참조.
115 같은 책, 83쪽.
116 바슐라르, 『물과 꿈』, 82쪽.
117 같은 책, 183쪽
118 바슐라르, 『대지와 의지의 몽상』, 400쪽. 자주색에 대해서는 루소, 같은 책, 171쪽 참조.
119 보나파르트, 『정신분석과 인류학』, 90쪽.
120 수스텔, 같은 책, 69쪽 참조. "중심에 관해 말하자면 거기에는 특정한 색이 없다. 종합과 만남의 장소로서 푸에블로가 보여주듯 거기에는 온갖 색이 섞여 있다."
121 같은 책, 96쪽.
122 하딩, 같은 책, 193쪽과 『일반 종교사』, 1권, 186쪽; 수스텔, 같은 책, 50쪽의 찰치우틀리쿠에 참조. "녹색 돌로 된 치마를 입고 있는" 그녀는 숲과 물처럼 푸른 동시에 희생제의의 제물의 피처럼 녹색이다.
123 융, 『파라셀시카』, 136쪽 이하 참조.
124 농경 종교에서 주요 색이 맡는 역할에 대해서는 『일반 종교사』, 1권, 187쪽 참조.
125 프르질루스키, 『위대한 여신』, 53~54쪽; 수스텔, 같은 책, 50쪽 참조.
126 프르질루스키, 같은 책, 55쪽 참조.
127 같은 책, 57쪽. 『오디세이아』에서의 외투에 대한 정신분석적 주제에 대해서는 보두앵, 『영웅의 승리』, 42~43쪽 참조.
128 베갱, 같은 책, 2권 137쪽에서 재인용.
129 같은 책, 2권 137쪽에서 재인용.
130 베갱, 같은 책, 1권, 48쪽 및 2권 50, 264쪽 참조.
131 그라네, 같은 책, 126, 400쪽 참조.
132 이 책의 274~275쪽 참조.
133 『일반 종교사』, 1권, 201쪽과 레이아, 같은 책, 84쪽; 돈 탈라예스바, 같은 책, 425쪽의 "동방 대양의 여신"을 향한 기도 참조.
134 디테를렌, 같은 책, 41쪽.

135 프르질루스키, 『위대한 여신』, 26~27쪽 참조.

136 융, 『리비도의 변형과 상징』, 208쪽; 또한 「이사야서」, 48장 1절 참조.

137 프르질루스키, 같은 책, 36~37쪽 이하.

138 레이아, 『콩트』, 84쪽 참조.

139 같은 책, 148쪽.

140 프르질루스키, 같은 책, 39~41쪽.

141 융, 『리비도의 변형과 상징』, 206, 226쪽 참조.

142 엘리아데, 『대장장이와 연금술사』, 42쪽 참조.

143 동탕빌, 같은 책, 198쪽 참조.

144 융, 『파라셀시카』, 95쪽; 페르네티의 『신화-연금술사전』의 '물' 항목을 참조할 것.

145 융, 같은 책, 130쪽.

146 같은 책, 108쪽에서 재인용; 발렌티누스의 『철학의 12열쇠』, 22~26쪽; 파라셀수스, 『전집』, 127, 169, 314쪽 참조. 한편 파라셀수스에 대해서는 알렌디 R. Allendy의 『파라셀수스, 저주받은 의사』 참조.

147 융, 같은 책, 63쪽.

148 이 책의 111쪽 이하 참조.

149 이 책의 386쪽 이하 참조.

150 안드레아이J. V. Andreae, 『로젠크로이츠의 화학적 결혼』, 42~64, 89, 120쪽; 피기에L. Figuier, 『연금술과 연금술사들』 참조.

151 융, 같은 책, 167쪽.

152 동탕빌, 같은 책, 185쪽 참조.

153 브리포, 『어머니들』, 3권, 184쪽.

154 하딩, 같은 책, 107쪽에서 재인용.

155 뷔르누프, 『신성의 꽃병』, 105쪽 이하와 117쪽 참조.

156 동탕빌, 같은 책, 192쪽; 부를 담보해주는 물고기-여성의 상징에 대해서는 렌하르트의 『뉴칼레도니아 기록들』, 470쪽 참조.

157 디테를렌, 같은 책, 41쪽.

158 뒤메질, 『로마의 인도 유럽 유산』, 158쪽; 무리아의 에로티시즘에서 머리칼과 머리빗기가 맡는 중요한 역할에 대해서는 베리에 엘윈, 같은 책, 204~205, 320~321쪽 참조.

159 엘리아데, 『종교사론』, 226쪽에서 재인용.

160 피가니올, 같은 책, 110~111쪽 참조.

161 같은 책, 112쪽.

162 같은 책, 113쪽.

163 엘리아데, 『종교사론』, 222쪽 참조.

164 같은 책, 211쪽 참조.

165 엘리아데, 『대장장이와 연금술사』, 42쪽. 이집트에서 비bi는 자궁과 갱도를 동시에 의미한다.
166 엘리아데, 『종교사론』, 21쪽 참조.
167 디트리히의 중요한 저술인 『어머니 대지, 민간 신앙에 대하여』 참조.
168 엘리아데, 같은 책, 218쪽 참조.
169 같은 책, 213쪽 참조.
170 같은 책, 215쪽.
171 엘리아데, 『대장장이와 연금술사』, 46, 48, 49쪽; 바슐라르, 『과학정신의 형성』, 247쪽 참조.
172 엘리아데, 『종교사론』, 211, 216쪽 참조.
173 바슐라르, 『대지와 휴식의 몽상』, 207쪽에서 재인용.
174 엘리아데, 같은 책, 227쪽 참조.
175 엘리아데, 『대장장이와 연금술사』, 128쪽 참조. 탄트라의 요가와 일맥상통하는 중국의 연금술은 "신비스러운 암컷, 그로부터 세상이 나온 그 골짜기에서 본질을 길어 올리기"를 요구한다.
176 이 긴 서사시에서 우리는 여성의 머리털의 주제가 다시 나타나는 것을 확인할 수 있다. 셀리에, 같은 책, 178쪽; 보두앵, 『영웅의 승리』, 182쪽 참조. 미슐레와 키네와 발자크, 르낭의 물의 어머니의 이미지에 대해서는 바슐라르, 『물과 꿈』, 178쪽 참조.
177 베갱, 같은 책, 1권, 46쪽에서 재인용.
178 같은 책, 1권, 29~30쪽 참조.
179 같은 책, 1권, 46쪽에서 재인용.
180 같은 책, 2권, 232쪽에서 재인용.
181 노발리스, 『전집』, 1권, 101~103쪽 참조.
182 같은 책, 1권, 181~183쪽.
183 바슐라르, 『물과 꿈』, 172쪽 참조.
184 티크, 『뤼넨베르크』, 알베르 베갱 번역, 2권, 69~112쪽.
185 바슐라르, 『물과 꿈』, 64쪽.
186 이 책의 135쪽 이하 참조.
187 마리 보나파르트, 『에드거 포, 정신분석학적 연구』, 367쪽,
188 라마르틴, 『속내 이야기』, 51쪽; 바슐라르, 『물과 꿈』, 178쪽에서 재인용; 스탕달에게서의 호수와 작은 배의 이미지에 대해서는 뒤랑, 『'파르마의 수도원'에 나타나는 신화적 배경』, 2부 3장 참조.
189 알키에, 『초현실주의 철학』, 104쪽. 아라공은 "초현실주의, 열광과 그림자의 아들"(『파리의 농부』, 40쪽)이라고 썼다.
190 같은 책, 105쪽.
191 앙드레 브르통의 『녹는 물고기』, 77, 83쪽. 브르통은 이 페이지에서 도교의 기본 직관을 재발견한다. 노자, 『도덕경』, 8장, 78장; 콘, 같은 책, 16쪽 참조.

192 알키에, 같은 책, 117쪽.
193 달리, 「현대건축 스타일에서의 무서우면서도 먹을 수 있는 아름다움에 대하여」(『미노타우로스*Minotaure*』, n°3~4, 1933년) 참조.
194 세셰에, 『정신분열자의 일기』, 82쪽 이하 참조; 이 책의 307쪽 이하 참조.
195 그리말, 같은 책, '오르페우스' 항목; 셀리에, 「낭만주의와 오르페우스 신화」, 『프랑스학 연구 국제 연합지』, 제9회 발표문 참조.

제2장 내면의 상징들

1 엘리아데, 『종교사론』, 220쪽에서 재인용.
2 수스텔, 같은 책, 51쪽 참조.
3 엘리아데, 같은 책, 222쪽.
4 같은 책, 221쪽; 『아타르바베다』, XII, 1~14 및 XVIII, 4~48; 『리그베다』, X, 18 참조.
5 엘리아데, 같은 책, 220쪽 참조.
6 플라톤, 『정치가』, 270쪽, d~e.
7 슐, 『플라톤의 허구』, 98쪽; 『놀라운 것들』, 67쪽 참조.
8 엘리아데, 『종교사론』, 219쪽.
9 같은 곳; 보두앵, 『영웅의 승리』, 11, 43, 125쪽 참조.
10 바슐라르, 『대지와 휴식의 몽상』, 179쪽 이하 참조.
11 그라네, 같은 책, 375쪽 이하; 『일반 종교사』, 1권, 312~316쪽 참조.
12 융, 『리비도의 변형과 상징』, 208쪽 참조.
13 바슐라르, 같은 책, 181쪽.
14 피가니올, 같은 책과 『일반 종교사』, 1권, 142, 153쪽 참조.
15 같은 책, 91쪽.
16 랑크, 『출생의 외상충격』, 176~178쪽 참조. 이집트의 조상이 위고에게 같은 인상을 주었다는 것은 주목할 만하다. 시인에게 이집트 조상은 비밀, 마스크, 숨기는 곳의 상징으로서 되찾은 어떤 공포감을 온통 불러일으킨다. 보두앵, 『빅토르 위고의 정신분석』, 150쪽; 말로, 『신들의 변신』, 1권, 9쪽 참조.
17 피가니올, 같은 책, 90쪽 참조.
18 레이아, 같은 책, 70, 77, 83쪽 참조. 저자는 직관적으로 잠자는 미녀라는 주제를 물의 상징체계와 연결시킨다.
19 같은 책, 78쪽; 베갱, 같은 책, 1권, 244쪽 참조. 스탕달이 다룬 잠자는 미녀의 테마에 대해서는 『'파르마의 수도원'에 나타나는 신화적 배경』, 2부, 3장 참조.
20 이 책의 277쪽 이하 참조.
21 베갱, 같은 책, 1권, 79, 88쪽 및 2권, 307쪽 참조.
22 같은 책, 1권, 190쪽 참조.
23 같은 책, 1권, 194쪽; 슈베르트, 『영혼의 역사』, 7쪽 참조.

24 노발리스, 『전집』, 3권, 189쪽. 실러에게 보낸 편지에서 그는 죽음에 대한 갈증을 표명한다. 『전집』, 4권, 27쪽 참조.

25 베갱, 같은 책, 198쪽에 재인용.

26 셸리에, 같은 책, 88~89쪽; 스탕달 작품의 중심 테마인 '행복한 감옥'은 『'파르마의 수도원'에 나타나는 신화적 배경』, 2부, 2장 참조.

27 보두앵, 『빅토르 위고의 정신분석』, 128쪽 이하 참조.

28 같은 책, 129, 131쪽.

29 바스티드, 『정신분석학과 사회학』, 63쪽에서 재인용한 존스의 글; 융, 『리비도의 변형과 상징』, 207쪽 참조.

30 마리 보나파르트, 『정신분석과 인류학』, 113쪽.

31 같은 책, 114쪽. 보나파르트는 포가 실제로 사랑한 여인들은 대부분 병들었거나 죽어간다는 점을 보여주었다. 시인의 본처는 13세의 어린아이였고 정신지체아였으며 각혈로 고통을 받았다.

32 융, 『리비도의 변형과 상징』, 353쪽 이하.

33 보두앵은 루크레티우스에게서 병이나 용기의 이미지가 에피쿠로스적인 체계, 유물적인 지식을 구성하고 있는 이미지의 '낮의 체제'에 얼마나 대립하고 있는지를 잘 보여준다.(『영웅의 승리』, 57, 58, 61쪽) 술병이나 꽃병은 다나이스 신화에서는 멸시의 대상이며 입이 지닌 식성은 에피쿠로스적인 고행에 의해 비난을 받는다. 정신분석에 의하면 이러한 이유離乳 콤플렉스가 시인의 우울과 자살의 원인이 될 것이다. 같은 책, 66쪽 이하 참조.

34 융은 가르강튀아와 몽골의 부처같이 '귀에서 태어난 영웅'들을 연구한 바 있다. 융, 『리비도의 변형과 상징』, 145쪽.

35 바슐라르, 『대지와 휴식의 몽상』, 194~197, 197, 200, 208쪽 참조.

36 같은 책, 200쪽; 민더R. Minder, 『루트비히 티크』, 250쪽 참조.

37 바스티드, 『사회학과 심리학』, 35쪽 참조.

38 살바도르 달리, 『나의 내밀한 삶』, 36~37쪽.

39 생티브, 같은 책, 48쪽; 바슐라르, 『대지와 휴식의 몽상』, 203쪽; 융, 『리비도의 변형과 상징』, 366쪽 참조.

40 융, 같은 책, 352쪽 참조.

41 바슐라르, 같은 책, 205쪽.

42 여기서 다루고 있는 내용은 바슐라르의 『공간의 시학』 1장과 2장에 나오는 집의 이미지에 대한 매우 중요한 현상학에 빚지고 있다. 『공간의 시학』, 23~51쪽 참조.

43 바슐라르, 『대지와 휴식의 몽상』, 99, 105, 161쪽에서 재인용.

44 마송 우르셀Masson-Oursel, 『철학 사전』, 127쪽; 엘리아데, 『종교사론』, 324쪽 참조.

45 프로이트, 『정신분석학 입문』, 169, 172쪽 참조.

46 아르튀스H. Arthus, 『마을 테스트』; 민코프스카와 푸스베르크Fusswerk, 「집의 테스트」(『정신·신경과 의사 회의』, 1947년 7월호); 민코프스카, 『반 고흐와 쇠라로부터 어린아이의 그림까지』, 59, 78쪽 참조.

47 프로이트, 『정신분석학 입문』, 169, 176쪽; 바슐라르, 『대지와 휴식의 몽상』, 95쪽 이하; 그리올, 『물의 신』, 173쪽; 그리올, 『수단의 토템 사원의 상징체계』, 1957, 33쪽 이하 참조. 그 책은 여자들의 둥근 알 형태의 집과 곡식, 월경의 피가 의미적으로 동위성을 이루고 있다는 것을 밝히고 있다. 보두앵, 『본능에서 정신으로』, 190쪽 참조.

48 보두앵, 같은 책, 191쪽 참조.

49 바슐라르, 『대지와 휴식의 몽상』, 97쪽에서 재인용.

50 이 책의 147쪽 참조.

51 보두앵, 같은 책, 192쪽 참조.

52 바슐라르, 『대지와 휴식의 몽상』, 124쪽; 『공간의 시학』, 130~145쪽 참조.

53 『문다카 우파니샤드』, III, 1~6 및 III, 2~4 참조.

54 바슐라르, 『대지와 휴식의 몽상』, 112쪽 참조.

55 민코프스키, 『정신분열증』, 249쪽.

56 보두앵, 『본능에서 정신으로』, 192~193쪽 참조.

57 바슐라르, 『대지와 휴식의 몽상』, 108쪽.

58 바슐라르, 『공간의 시학』, 23쪽 이하 참조.

59 렌하르트, 『도 카모』, 65, 137~139쪽; 레비 브륄, 『원시적 심성』, 232~236쪽; 귀스도르프, 같은 책, 51, 56쪽; 판 데르 레이우, 『그 본질과 선언을 통해서 본 종교』, 384쪽 참조.

60 프르질루스키, 같은 책, 61쪽.

61 같은 책, 64쪽 및 이 책의 523쪽; 비에노O. Viennot, 『고대 인도의 나무 숭배』, 25쪽 이하 및 41쪽 이하 참조.

62 라틴어 템플룸과 그리스어 테메노스에 대해서는 귀스도르프, 같은 책, 58쪽 참조.

63 엘리아데, 『종교사론』, 324쪽과 『영원회귀의 신화』, 32쪽 참조. 인도와 인도네시아에서 마을의 중심지향적인 구조에 대해서는 레비스트로스, 『구조 인류학』, 150쪽; 풀레, 『원의 변형』 참조.

64 바스티드, 『사회학과 심리학』, 63쪽; 바슐라르, 『공간의 시학』, 170~172쪽 참조. "닫힌" 풍경으로서의 숲에 대해서는 『'파르마의 수도원'에 나타나는 신화적 배경』, 2부, 2장 참조.

65 엘리아데, 같은 책, 318~320쪽; 『요가』, 223, 225쪽 참조. 만다라에 대한 서지 정보는 엘리아데, 같은 책, 392쪽을 참조하고 신성한 풍경과 일본 만다라 간의 유사성에 대해서는 야시로Yukio Yashiro의 『일본 예술 2000년사』, 146, 150, 151쪽 참조.

66 엘리아데, 같은 책, 227쪽 참조.

67 융, 『심리학과 연금술』, 146쪽 이하; 야코비의 『융의 심리학』, 148쪽 참조.

68 베갱, 같은 책, 2권, 138쪽, 티크의 '심층'이라는 표현을 재인용.

69 야코비, 같은 책, 17, 18, 19, 22, 25, 28, 31, 42, 44, 97, 130, 142, 143, 149, 150, 151, 152, 153, 162, 163쪽의 그림들을 볼 것.

70 같은 책, 143쪽; 풀레G. Poulet, 같은 책 참조.

71 바슐라르, 『과학정신의 형성』, 98쪽 참조.

72 아르튀스, 『마을』, 268쪽; 게농, 『양의 지배와 시간의 기호』, 136쪽; 바슐라르, 『대지와 휴식의 몽상』, 148쪽; 융, 『심리학과 연금술』, 183쪽 참조.

73 그렇지만 사실 구석기시대의 도상들을 보면 장방형의 닫힌 선들(이른바 방패형)이나 난형, 심지어 삼각형의 구분 없이 여성성이 형상화되었다. 그러나 완전히 닫히지 않은 기호들의 경우에도 하나의 요소를 다른 두세 요소 내부에 품게 하려는 기호적인 경향은 언제나 존재했다. 르루아구랑, 『구석기시대 동굴벽화에서의 동물의 분류와 집합』, 520쪽, 그림 2 참조.

74 아르튀스, 같은 책, 265쪽; 이 책의 211쪽 참조.

75 같은 책, 266쪽 참조.

76 바슐라르, 『공간의 시학』, 208~218쪽.

77 귀스도르프, 『신화와 형이상학』, 58쪽.

78 르루아구랑, 『인간과 물질』, 151, 156쪽.

79 뒤메질, 『로마의 인도 유럽 유산』, 211쪽; 『유피테르, 마르스, 퀴리누스』, 4권, 164쪽, 각주 2 참조.

80 르루아구랑, 같은 책, 156쪽 참조.

81 바슐라르, 『물과 꿈』, 102쪽 참조. 켈트 세계에서 죽은 자의 여행에 대해서는 바르Bar, 『또다른 세계로의 길』, 10장, 2번 항 "여행", 38쪽 참조.

82 클로델P. Claudel, 『동방의 이해』, 35쪽 참조.

83 하딩, 같은 책, 115쪽 참조.

84 르루아구랑, 같은 책, 310, 313쪽 참조.

85 롤랑 바르트, 『신화학』, 92쪽.

86 같은 책, 95쪽.

87 바슐라르, 『물과 꿈』, 178쪽 참조.

88 같은 책, 178쪽에서 재인용. 스탕달의 낭만적인 작은 배에 대해서는 뒤랑의 『'파르마의 수도원'에 나타나는 신화적 배경』, 2부, 3장을 참조할 것.

89 마리 보나파르트, 『전쟁의 신화』, 43, 49, 52쪽 참조.

90 자코메티A. Giacometti의 논문, 「탈신비화된 자동차」, 『예술』, 639호, 1957 참조. "자동차란 이상한 물건이니 기계적인 기관을 가지고 있으며 눈을 갖고, 입을 갖고, 심장과 내장을 가지고 있으며 먹기도 하고 마시기도 하며…… 살아 있는 존재를 이상하게 복사해 옮겨놓은 듯하니."

91 동탕빌, 같은 책, 212~213쪽 참조.

92 같은 책, 214쪽.

93 『신곡』에서 보는 '위대한 장미'의 상징체계에 대해서는 보두앵, 『영웅의 승리』, 115쪽 이하 참조.

94 바슐라르, 『공간의 시학』, "서랍과 상자와 화장대" 및 "조개껍데기와 동물의 딱지"를 다룬 아주 중요한 장인, 3, 5, 6장의 79, 105, 130쪽; 릴 박물관의 보스의 그림 〈알 속의 콘서트〉도 참조.

95 바슐라르, 『대지와 휴식의 몽상』, 18쪽; 『공간의 시학』, 105쪽 참조.

96 프로이트, 『정신분석학 입문』, 173쪽; 베를렌, 『사랑 축제』 중 "조개껍데기들" 참조.

97 엘리아데, 『대장장이와 연금술사』, 124~126, 158쪽; 위탱, 『연금술』, 83쪽; 바야르J. -P. Bayard, 『불』, 135쪽 이하 참조.

98 아프리카, 인도, 오스트레일리아의 우주적 알은 엘리아데, 『종교사론』, 353쪽 참조.

99 위탱, 같은 책, 84쪽 참조.

100 홀, 같은 책, 71쪽에서 재인용; 지브리, 『마법사 미술관』, 306쪽에 있는 바르크하우젠Barkhausen의 『엘레멘타 키미에*Elementa Chymiae*』의 발췌한 그림 참조.

101 융, 『파라셀수스』, 168쪽.

102 엘리아데, 『종교사론』, 354쪽; 그리올과 디테를렌, 「수단에서의 시리우스 체계」, 『아프리카 사회학지』, 20권, 1950, 286쪽 이하 참조. 도곤족에게 '디기타리아 엑실리스Digitaria Exilis'라는 미세한 낟알은 별과 같은 것으로서 우주의 알로 간주된다. 거기에는 이 세계의 모든 존재들이 나선형으로 떼지어 있다. "디기타리아는 만물 중에 가장 작은 것이다. 그리고 그것은 가장 무거운 것이다."

103 오시리스 제의에서 내면성의 다원 결정 현상에 주목하자. 오시리스와 이시스는 "레아의 배 안에서 잠자리를 갖는다." 그리고 죽은 오시리스의 몸은 떠다니는 상자 안에 넣는다. 융, 『리비도의 변형과 상징』, 226쪽 참조.

104 엘리아데, 『대장장이와 연금술사』, 123쪽 참조.

105 베르쿠트르Vercoutre, 『성배 전설의 기원과 발생』, 17, 23쪽; 『종교 과학 백과』의 '성배' 항목; 위시에Huchier, 『성배』 참조.

106 베르쿠트르, 같은 책, 4~5쪽 참조.

107 맥칼로슈MacCalloch, 『고대 켈트족의 종교』, 383쪽 참조.

108 하딩, 같은 책, 156, 165쪽; 비에노, 『고대 인도의 나무 숭배』, 56, 57쪽; 뒤메질, 『게르만족의 신들』, 79쪽 참조.

109 이 책의 323쪽 참조.

110 엘리아데, 『대장장이와 연금술사』, 123쪽 참조.

111 하딩, 같은 책, 155쪽 참조. 성배와 연금술의 화로, 이집트의 가르달과 헤르메스와 솔로몬 잔의 유사성에 대해서는 바야르, 같은 책, 136쪽 참조.
112 르네 게농, 『세계의 왕』, 36~37쪽 참조.
113 마뉴, 『감추어진 것들의 열쇠』, 124쪽 참조.
114 바슐라르, 『과학정신의 형성』, 171~173쪽 참조.
115 바슐라르, 『물과 꿈』, 146쪽 참조.
116 르루아구랑, 같은 책, 315쪽 참조.
117 로트팔크, 『시베리아인들의 사냥의식』, 191쪽 이하 참조.
118 바슐라르, 『과학정신의 형성』, 169쪽.
119 같은 책, 177쪽. 시베리아 사냥꾼들이 피와 치아와 뼈와 심장과 혀를 어떻게 실체적으로 사용하는가에 대해서는 로트팔크, 같은 책, 78, 97, 173, 191쪽 참조.
120 바슐라르, 같은 책, 98쪽.
121 같은 책, 100쪽 참조.
122 바슐라르, 『물과 꿈』, 158쪽.
123 미슐레, 『바다』, 109, 142쪽 참조; 바슐라르, 같은 책, 160쪽에서 재인용.
124 프르질루스키, 같은 책, 43쪽 참조.
125 포와 미지근하고 불투명한 물에 대하여 바슐라르, 『물과 꿈』, 126, 165쪽 참조.
126 세셰에, 『정신분열자의 일기』, 67, 84쪽.
127 같은 책, 67, 74쪽.
128 성 프랑수아 드 살, 『신의 사랑에 대하여』, 8권, 1장.
129 아빌라의 성 테레사, 『완성에의 길』, 121쪽 참조.
130 프르질루스키, 『위대한 여신』, 48, 58쪽 참조.
131 같은 책, 81쪽; 비에노, 『고대 인도의 나무 숭배』, 9~14, 22, 23, 30~35, 56, 75~78, 84, 91, 156쪽 참조.
132 "프랑스의 민족적 가치로서의 스테이크와 감자튀김"에 대해서는 바르트, 같은 책, 87쪽 참조.
133 뒤메질, 『타르페이아』, 109쪽.
134 「아가」, 4장 2절.
135 피가니올, 같은 책, 209쪽; 프르질루스키, 같은 책, 30쪽 참조.
136 『브리하드 아란야카 우파니샤드』, 엘리아데, 『종교사론』, 246쪽에서 재인용.
137 뒤메질, 『게르만족의 신들』, 119쪽; 엘리아데, 같은 책, 246쪽 참조.
138 『리그베다』, 엘리아데, 같은 책, 245쪽에서 재인용; 뒤셴과 기유맹, 『오르무즈드와 아리만』, 38쪽 이하 참조. 신성한 음료는 꿀이나 물 혹은 식물의 즙이나 포도주, 혹은 희생된 소의 피나 정액으로 대체된다. 비에노, 같은 책, 61, 74, 80, 83, 134~136쪽 참조.
139 엘리아데, 같은 책, 247~248쪽; 보두앵, 『영웅의 승리』, 38쪽 참조.
140 바르트, 『신화학』, 83쪽. 고대 멕시코의 신화는 달의 신성성과 그 동물들(토끼,

조개)과 취기에 빠진 여러 신들 사이의 의미의 동위성을 잘 보여준다.(수스텔, 같은 책, 27쪽) "달은 그 다양한 변화를 통하여 취한 사람이 자다가 깨었다가 하는 모습을 보여줄 뿐만 아니라 풍요로운 별로서 풍년을 주재한다."

141 엘리아데, 같은 책, 248쪽. 포도주 성찬의 상징체계에 대해서는 바야르, 같은 책, 105~106쪽 참조.

142 「아가」, 1장 6~14절, 2장 4절; 십자가의 성 요한, 「영혼 칸타타」 17절; 오마르카얌, 「로바이」 참조.

143 뒤메질, 『게르만족의 신들』, 109쪽 참조.

144 펠리스, 『성스러운 독과 신성한 취기』; 카앵, 『제주祭酒, 옛 스칸디나비아의 종교 용어 연구』 참조.

145 뒤메질, 같은 책, 114, 120쪽.

146 같은 책, 117쪽.

147 바슐라르, 『물과 꿈』, 325~331쪽 참조.

148 바슐라르, 『과학정신의 형성』, 174쪽에서 재인용.

149 같은 책, 120쪽에서 재인용.

150 융, 『심리학과 연금술』, 334, 667쪽 참조.

151 바슐라르, 『과학정신의 형성』, 121쪽에서 재인용.

152 바스토, 『복음서의 해석』, 137쪽 참조.

153 엘리아데, 『대장장이와 연금술사』, 137쪽 참조.

154 요가와 연금술에 대해서는 엘리아데, 같은 책, 132~133쪽 참조.

155 바슐라르, 『대지와 휴식의 몽상』, 49쪽. "우리는 그것이 정신적인 면에서 불변이라고 말할 수 있을 것이다."

156 바슐라르, 『과학정신의 형성』, 169쪽 이하와 178쪽; 아브라함, 『자본과 성』, 47쪽 참조.

157 바슐라르, 『과학정신의 형성』, 131쪽; 융, 『리비도의 변형과 상징』, 179쪽.

158 동탕빌, 같은 책, 48쪽 참조.

159 바슐라르, 같은 책, 131쪽.

160 융, 같은 책, 180쪽 참조.

161 그리말, 같은 책, '닥틸로스'와 '데우칼리온과 피라' 항목 참조.

162 융, 『리비도의 변형과 상징』, 182쪽 참조.

163 레이아, 같은 책, 75쪽 참조.

164 융, 같은 책, 179쪽 참조.

165 같은 책, 140쪽 참조.

166 같은 책, 145쪽 이하 참조.

167 뒤메질, 『로마의 인도 유럽 유산』, 69쪽 참조.

168 같은 책, 128쪽 참조. 전사의 신과 붙박이 농사의 신의 종합에 대해서는 수스텔, 같은 책, 33, 47, 50쪽 참조.

169 같은 책, 131쪽; 수스텔, 같은 책, 49쪽 참조. 멕시코의 거대한 피라미드에는 성소가 두 군데인데, 아즈텍의 부족 신인 우이칠로포크틀리를 모시는 성소와 아즈텍 문화 성립 이전의 신인 농경신이며 복수複數 신인 틀라록을 모시는 성소이다.

170 뒤메질, 『유피테르, 마르스, 퀴리누스』, 1권과 2권 및 『로마의 인도 유럽 유산』, 226쪽 참조.

171 '카미니 칸차나Kâmini-Kânchana', 이 주제는 인도의 현대 사상가인 라마크리슈나가 가르치는 교훈의 라이트모티프이다. 『라마크리슈나의 교육』, 58쪽 이하 참조.

172 뒤메질, 『로마의 인도 유럽 유산』, 213쪽 참조. 마찬가지로 멕시코의 틀라록 신은 수많은 난쟁이-기형 신들로 변화한다.

173 뒤메질, 같은 책, 140쪽 및 『게르만족의 신들』, 40, 132쪽 참조.

174 뒤메질, 『로마의 인도 유럽 유산』, 135쪽.

175 피가니올, 같은 책, 109~111쪽 참조.

176 고대 이집트인들에게는 두 지옥이 공존하고 있었다. 그중 하나는 북쪽의 어둠의 지옥이고 다른 하나는 남쪽의 메마르고 밝은 지옥이다. 미크틀란테쿠틀리는 남쪽, '가시 지역'의 지옥인 우이츨람파의 지옥에 머문다. 수스텔, 같은 책, 64~66쪽 참조.

177 이런 지옥은 아마도 단테가 잘 본 지옥일 것이다. 그것은 얼음 지옥으로서 보두앵은 자네Janet가 밝힌 바 있는 '비어 있는 상태'와 그것을 비교했다. 또한 그 지옥은 그들 역시 찢기고 위에서 아래로 쪼개지는 교회 분열주의자의 고통에 묘사된 지옥일 것이다. 단테, 『신곡』, 「연옥편」, 28장 24절 참조. 보두앵, 『영웅의 승리』, 99쪽 참조.

제3장 상상계의 신비적 구조들

1 레비 브륄은 이 개념을 추방하기 위해 이런 의미로 사용하였고, 프르질루스키는 종속시키기 위해 이 개념을 사용하였다. 레비 브륄, 『하급사회에서 정신의 기능들』, 28~30, 100~112, 453쪽; 프르질루스키, 『참여』, IX, 2, 30~34쪽 참조.

2 스트룀그렌, *Om des ixothyme Psyke, Hopitals tidende*, 1936, 637~648쪽; 봄, 같은 책, II, 398쪽에서 재인용.

3 봄, 같은 책, I, 287쪽 참조.

4 같은 책, II, 400쪽. '엔트로피'의 물리적 개념과 비교해볼 것.

5 같은 책, I, 193쪽 참조.

6 같은 책, I, 192쪽 참조.

7 민코프스카, 『반 고흐와 쇠라로부터 어린아이의 그림까지』, 35쪽 이하 참조. 빈센트 반 고흐는 분명 뇌전증 질환을 갖고 있었지만 화가의 '멜랑콜리'와 비교해볼 때 그 병은 부차적인 것으로 보인다.

8 우리는 〈별이 빛나는 밤〉의 화가의 문학작품이나 회화작품에서 '밤의 체제'의 신비 구조를 보여주는 수많은 예들을 열거할 수 있다. 1888년 9월 8일자 『테오에게 보내는 편지』를 참조하고, 특히 1889년 1월 23일자 편지 참조. "나는 요람 그림을 갖고 있다. ……아이슬란드 어선의 선실에서 어린애 같으면서 순교자들인 어부들이 그런 그림을 본다면 자신들이 어렸을 때 들었을 자장가 소리를 기억하며 느끼는 요람을 그리고 싶은 생각이 들었다."

9 Ixothymie, ixoïdie, glischroïdie.

10 봄, 같은 책, I, 284쪽; 프르질루스키가 연구한 "참여"와 비교, 같은 책, 4, 30쪽; 레비 브륄, 같은 책, 100~104쪽.

11 프르질루스키, 같은 책, 5쪽 참조. "원시인들의 모든 정신적인 삶은 깊이 사회화되었다."

12 봄, 같은 책, I, 286쪽.

13 반 고흐, 『테오에게 보내는 편지』, 1888년3월10일.

14 민코프스키, 『정신분열증』, 209쪽.

15 민코프스카, 같은 책, 63, 99쪽.

16 같은 책, 208쪽. 1889년 3월 테오에게 보낸 편지를 재인용.

17 같은 책, 251쪽.

18 같은 책, 219쪽.

19 같은 책, 219쪽. '유사성'과 '근접성' 개념들을 통한 연상주의는 이미지들의 이러한 점착 구조를 직관적으로 알고 있었다. 회프딩, 『심리학』, 197, 206, 220~229쪽; 리보Ribot, 『창조적 상상력 시론』, 23~25쪽; 『감정의 논리』, 7~12쪽 참조.

20 민코프스카, 같은 책, 21쪽 참조.

21 민코프스카, 같은 책, 41쪽. 달리는 액체라는 주제에 사로잡힌 편집 공포증 환자이다.

22 질로티A. Ziloty, 『얀 반 에이크의 발견과 중세에서 현대에 이르는 유화 기술의 진화』, 239쪽 이하 참조.

23 융, 『심리적 유형들』, 294쪽.

24 제임스, 『실증주의』, 27, 30쪽; 보링거, 『추상과 감정이입』, 192쪽 참조.

25 융, 같은 책, 294, 308, 317쪽 참조.

26 봄, 같은 책, II, 451쪽 참조.

27 같은 책, II, 400쪽 참조.

28 민코프스키, 『정신분열증』, 200~203쪽.

29 같은 책, 204쪽; 레비브륄은 원시사회에서 '신비적' 지각을 묘사하고 있다. 『정신 기능』, 67쪽.

30 봄, 같은 책, I, 260쪽.

31 민코프스키, 같은 책, 204쪽.

32 민코프스키, 같은 책, 205쪽; 민코프스카, 같은 책, 25쪽; 봄, 같은 책, II, 449쪽 참조.

33 민코프스키, 같은 책, 205쪽.

34 반 고흐, 1888년 8월 15일자 편지. “회화는 현재 회화가 그렇듯 더욱 섬세하고 음악적이고 덜 조각적이 되어가고 있다. 결국 회화는 색채를 약속한다.” 〈밤의 카페〉의 색채의 상징성에 대해서는 1888년 9월 8일자 편지와 비교.

35 민코프스키, 같은 책, 199쪽.

36 봄, 같은 책, I, 286쪽; 스트룀그렌, 같은 책, 640, 642쪽 참조.

37 봄, 같은 책, II, 286, 451쪽 참조.

38 같은 책, II, 400쪽.

39 봄, 같은 책, II, 451쪽에서 재인용. 미셸 레리스는 가톨릭 채색 판화의 부두교적 해석에 대하여 그가 “사물들의 말장난”이라고 부르는 것에 흥미로운 지적을 하고 있다. 즉 대부분 어떤 가톨릭 성인과 부두교의 “로아”를 혼동하게 하는 요소는 조그만 디테일이다. 미셸 레리스, 〈타히티 부두교의 채색 판화집 사용에 관한 노트〉(『북아프리카 프랑스아카데미 보고서』, 27호, 1953, 207쪽). 봄, 같은 책, II, 449쪽 참조.

40 이 책의 273쪽 참조.

41 봄은 뇌전증에서 아주 낮은 F를 강조한다. 같은 책, II, 449쪽. 마찬가지로 회화에서 데생과 형태를 최소화한 “야수파”와 인상주의자들은 현대 회화의 “타시스트”와 “앵포르멜” 회화의 선조들이다.

42 “영감받은 화가의 순수한 유형인 반 고흐는 자신의 작품에 버려진 조각처럼 짧지만 소중한 메시지처럼 글자를 남긴다”라고 입체파 화가 앙드레 로트는 쓰고 있다. 앙드레 로트, 『풍경화론』, 62쪽.

43 힐리에, 『일본 판화의 대가들』, 25쪽과 비교.

44 그루세가 창팡예우의 회화에 대해 설명한 것과 비교해볼 것, 『극동의 예술』, 10쪽.

45 콘, 『중국화』, 15쪽; 스완P. C. Swann, 『중국화』, 9, 49, 63쪽과 비교.

46 로트, 같은 책, 10쪽. 레비스트로스, 『야생의 사고』, 34쪽과 비교. “대부분의 예술작품들은 ‘축소된 모델들’이다.”

47 민코프스카, 같은 책, 25쪽; 레비스트로스, 같은 책, 35쪽과 비교. 레비스트로스는 사다리의 축소가 ‘정신분열적’ 분석 방법의 도치라는 것을 정확하게 보았다. 왜냐하면 “축소된 모델 안에서 전체에 대한 인식은 부분들보다 선행하기” 때문이다. 우리는 항상 ‘복사된’ 축소 모델 안에는 실제 모델의 기능적 이질성과 관련하여 동질성이 존재한다는 사실을 덧붙이고자 한다.

제2부 은화에서 지팡이로

제1장 순환의 상징들

1 시간의 존재론 속에 나타난 구조들의 이원론은 장 기통J. Guitton의 논문에서 분명하게 드러나 있다. 『플로티누스와 성 아우구스티누스에게서의 시간과 영원』 참조.

2 이 책의 67쪽과 453쪽 이하 비교. 폴 리쾨르, 같은 책, 153쪽 참조.

3 판 데르 레이우, 『원시인과 종교』, 124쪽; 위베르와 모스, 『종교사 논문집』, 192쪽; 귀스도르프, 같은 책, 26쪽 참조.

4 엘리아데, 『영원회귀의 신화』, 45쪽 참조.

5 같은 책, 46쪽; 귀스도르프, 같은 책, 71쪽 참조.

6 엘리아데, 같은 책, 81쪽.

7 귀스도르프, 같은 책, 71쪽 이하; 쿠데르크, 『달력』, 15쪽 참조.

8 수스텔은 고대 멕시코인들의 달력에서 이렇게 공간적 지배의 특성을 지적하였다. 수스텔, 『고대 멕시코인들의 우주론적 사유』, 85쪽; 지라르René Girard, 『포폴 부. 마야 키체인들의 문화사』, 292쪽 이하와 305쪽 참조. 힌두의 달력에 대해서는 지머, 같은 책, 22~26쪽 참조.

9 같은 책, 86쪽.

10 같은 책, 93쪽 참조; 이 책의 397쪽 참조.

11 같은 책, 110쪽; 주니 인디언의 샬라코Shalako에 대해서는 카즈뇌브, 『신들은 시볼라에서 춤을 춘다』, 125쪽 이하와 144쪽 이하 참조.

12 수스텔, 『고대 멕시코인들의 우주론적 사유』, 83쪽 이하 참조.

13 같은 책, 84쪽.

14 같은 책, 85쪽.

15 같은 책, 15쪽.

16 쿠데르크, 『달력』; 이 책의 122쪽; 베르틀로, 『아시아와 천체생물학에 대한 사유』, 58쪽 이하와 360쪽 참조.

17 엘리아데, 『종교사론』, 160쪽 이하; 『브리하드 아란야카 우파니샤드』, I, 5~14; 『찬도기야 우파니샤드』, VI, 7-1; 『리그베다』, I, 164-45 참조.

18 쿠데르크, 같은 책, 13쪽; 위베르와 모스, 「종교와 마술에서 시간의 재현에 대한 개관 연구」, 『종교사 논문집』, 195쪽 이하 참조.

19 피가니올, 같은 책, 206~208쪽 참조. 숫자 13과 일련의 20이란 수의 결합으로 이루어진 '토나라마틀tonalamatl'에 대해서는 수스텔, 『고대 멕시코인들의 우주론적 사유』, 80쪽 이하 참조.

20 프르질루스키, 『위대한 여신』, 199쪽; 보얀세, 『그리스 철학에서의 뮤즈 숭배』, 225쪽; 동탕빌, 『프랑스 신화학』, 121쪽; 지라르, 『포폴 부. 마야 키체인들의 문화사』, 16, 25, 297쪽 이하; 보두앵, 『영웅의 승리』, 26쪽 이하와 36쪽 이하 참조.

21 동탕빌, 같은 책, 22쪽.

22 이 책의 339쪽 이하 참조. 달과 복수複數의 신, 그리고 취기와의 관계에 대해서는 수스텔, 같은 책, 27쪽 참조. 취기의 신들은—취기는 달의 여러 단계들을 상징하는데—무수히 많다고 여겨졌다. 센촌 토톡틴Centzon Totochtin은 "400마리의 토끼들"로 여겨진다.

23 뒤메질, 『로마의 인도 유럽 유산』, 215쪽.

24 같은 책, 224쪽.

25 뒤메질, 『타르페이아』, 113쪽; 프르질루스키, 『위대한 여신』, 173쪽; 수스텔, 『고대 멕시코인들의 우주론적 사유』, 11쪽 참조. 오메테쿠틀리와 오메치나틀은 "이원론의 신들"이며 옛 멕시코 달력의 알파와 오메가로서, 첫번째는 대지를 안고 있는 신화적 괴물인 첫 기호 "시팍틀리cipactli"에 대응되고, 다음은 꽃을 의미하는 마지막 기호 "소치틀xochitl"에 대응한다. 서쪽 노인이면서 동시에 동쪽의 젊은이인 케찰코아틀의 이원성에 대해서는 13쪽 참조.

26 수스텔, 같은 책, 27쪽; 뒤메질, 같은 책, 39, 45, 111쪽 참조.

27 프르질루스키, 같은 책, 91쪽 이하 참조. "이원론"과 "삼원론"의 관계에 대해서는 레비스트로스, 『구조 인류학』, 166쪽 이하 참조.

28 프르질루스키, 같은 책, 95쪽; 이 책의 125쪽 이하 참조.

29 프르질루스키에 의하면 서로 마주보고 있는 돌사자상의 균형의 중심은 여신의 식물 상징이다. 같은 책, 98쪽 참조. 예수의 십자가와 도둑들의 십자가에 대한 융의 삼원론적 해석에 대해서는 융, 『리비도의 변형과 상징』, 191쪽 참조.

30 프르질루스키, 같은 책, 100쪽; 비에노, 같은 책, 148, 152~154, 198쪽; 지머, 같은 책, 62쪽 이하 참조.

31 프르질루스키, 같은 책, 101~102쪽; 융, 『리비도의 변형과 상징』, 191, 203쪽 참조.

32 삼분법의 드라마에서 태양의 "나이âges"만을 보려는 융은 제외하여야 한다. 같은 책, 192쪽 참조.

33 하딩, 같은 책, 228쪽; 동탕빌, 같은 책, 186쪽 참조.

34 동탕빌, 같은 책, 123쪽.

35 같은 책, 125쪽 이하 참조.

36 동탕빌, 같은 책, 127~129쪽 참조.

37 같은 책, 129쪽 참조.

38 프르질루스키, 같은 책, 178쪽.

39 엘리아데, 『종교사론』, 356~357쪽.

40 같은 책, 357~359쪽; 프르질루스키, 『위대한 여신』, 194쪽; 지머, 같은 책, 201~202쪽 참조.

41 이러한 양가성은 고대 멕시코의 제신諸神에게서 분명하게 드러난다. 즉 천공의 태양신인 우이칠로포크틀리는 붉은 신이면서 동시에 청록색 신이다. 수스텔, 같은 책, 69~71쪽.

42 하딩이 재인용한 고대 시리아의 텍스트 참조. 같은 책, 117쪽. 수스텔은 고대 멕시코인들에게서 달과 연관된 서쪽의 달의 양면성을 아주 잘 밝혀냈다. 즉 월상이 번갈아가며 바뀌는 모습은 서쪽의 재현에서 긍정적인 면(풍요, 다산)과 부정적인 면(황혼의 장소, "공포의 장소" "질문의 장소")과 대응된다. "달의 상징들 중에는 여자의 모태를 나타내는 조개와 죽음을 상징하는 마른 두개골이 있다." 수스텔, 『고대 멕시코인들의 우주론적 사유』, 64쪽.

43 프르질루스키, 같은 책, 189쪽; 뤼박H. de Lubac의 『아미타불*Amida*』, 118~121쪽 참조.

44 미트라의 도상은 가끔 로마의 성 클레멘스 성당의 미트라 제단의 부조에서처럼 세 개의 머리를 갖고 있다. 프르질루스키, 같은 책, 191~194쪽; 뒤셴과 기유맹, 같은 책, 15쪽 이하 참조.

45 프르질루스키, 같은 책, 176쪽.

46 바슐라르, 『공간의 시학』, 200쪽, "문 안에는 둘이 존재하고 있다."

47 엘리아데, 『종교사론』, 359쪽; 게농, 『십자가의 상징』, 55쪽; 그리올, 「도곤족의 사람 개념에 대한 새로운 연구」, 『정상 심리와 병리학회지』, 1947, 10~12월호, 126쪽 이하 참조. 쌍둥이는 신의 이일성과 원초적 남녀 양성의 중간 용어인 것 같다. 도곤족이나 밤바라족에게 쌍둥이 출산은 원초적이다. 왜냐하면 인간의 영혼은 원초적 쌍둥이의 이미지를 가진 두 부분으로 이루어져 있기 때문이다. 그리올, 「수단의 신화」, 『파리 대학 연회지』 17번째, 제2호, 1947년, 94쪽 이하; 탈라예스바, 같은 책, 1쪽 이하; 1장 "하나로 합치된 쌍둥이" 참조.

48 프르질루스키, 『위대한 여신』, 176쪽.

49 엘리아데, 같은 책, 360쪽; 수스텔, 같은 책, 26쪽 참조.

50 프르질루스키, 같은 책, 160, 174, 185, 187쪽 참조.

51 하딩, 같은 책, 101쪽. 샤토루에 있는 프란체스코교회의 남녀 양성 예수에 대해서는 다비, 같은 책, 209쪽.

52 원초적 남녀 양성이란 주제는 낭만주의자 아베 콩스탕이 다시 다루는데, 그에게 "완벽한 인간"은 마리아에게 예수의 존재, 또는 반대로 예수에게 마리아의 존재로 이루어진다. 셀리에, 같은 책, 57, 73, 104쪽 참조.

53 그리올, 「도곤족의 사람 개념에 대한 새로운 연구」, 『정상 심리와 병리학회지』, 1947, 10~12월호, 428쪽.

54 프르질루스키, 『위대한 여신』, 186쪽.

55 같은 책, 188쪽 참조; 지머, 같은 책, 193쪽, 도판 32 참조.

56 엘리아데, 『대장장이와 연금술사』, 142쪽 참조. 수많은 남녀 양성의 연금술적인 인물 이미지는 지브리, 『마법사 미술관』, 393, 395, 396, 397, 399, 403, 404, 417쪽 참조.

57 융, 『리비도의 변형과 상징』, 192, 203, 203쪽 참조.

58 보두앵, 『영웅의 승리』, 143쪽 이하 참조.

59 셀리에, 『낭만주의 서사시』, 57쪽; 보두앵, 같은 책, 165쪽 이하와 174쪽 이하 참조.

60 셀리에, 같은 책, 202쪽.

61 같은 책, 233, 245쪽 참조. 셀리에는 『레 미제라블』이 『사탄의 종말』의 자연스러운 속편이라는 깊이 있는 지적을 하였다.

62 같은 책, 58쪽.

63 셀리에, 같은 책, 58쪽. 이것이 또한 조로아스터교의 경향이었다. 뒤셴과 기유맹, 같은 책, 135~153쪽 참조.

64 이러한 사탄의 복권復權은 오만과 관능을 진보의 “황금 날개”로 여기는 라프라드에게서 분명하게 드러난다. 셀리에, 같은 책, 206~207쪽.

65 엘리아데, 『종교사론』, 142쪽; 『영원회귀의 신화』, 129~131쪽 참조.

66 엘리아데, 『종교사론』, 142쪽.

67 크라프, 같은 책, 110쪽 참조.

68 엘리아데, 『종교사론』, 133쪽 참조.

69 하딩, 같은 책, 223쪽. 이러한 “온건한 이원론”의 밑그림은 악이 선에 종속되어 있는 추크치Tchouktchi와 리투아니아 신화에서 나타나는 것 같다. 콕스웰, 같은 책, 76쪽, 943쪽 이하 참조.

70 엘리아데, 같은 책, 142쪽.

71 엘리아데, 『영원회귀의 신화』, 148쪽과 하딩, 같은 책, 170쪽 참조.

72 바슐라르, 『공기와 꿈』, 254쪽.

73 하딩, 같은 책, 32쪽 참조.

74 바슐라르, 『대지와 휴식의 몽상』, 325쪽; 수스텔, 같은 책, 27쪽 참조.

75 바슐라르, 『과학정신의 형성』, 153, 155, 160쪽 참조.

76 엘리아데, 『종교사론』, 309쪽.

77 베갱이 재인용한 탁슬러Taxler, 같은 책, I권, 169쪽.

78 피가니올, 『로마의 기원에 관한 시론』, 130쪽; 엘리아데, 『종교사론』, 148쪽.

79 에렌라이히Ehrenreich, 『알게마이네 신화』, 40~41쪽; 수스텔, 같은 책, 26~27쪽.

80 크라프, 같은 책, 100쪽; 트릴H. Trille, 『적도 숲의 피그미족』, 112쪽.

81 엘리아데, 『종교사론』, 225쪽.

82 하딩, 같은 책, 33, 35쪽.

83 슈미트, 『맨드레이크』, 27쪽 이하; 엘리아데, 「맨드레이크와 신비스러운 탄생의 신화」, 『잘목시스*Zalmoxis*』, 1940~1942, III, 21쪽 이하 참조.

84 엘리아데, 『종교사론』, 266쪽.

85 같은 책, 259~260쪽 참조.

86 엘리아데, 『종교사론』, 263쪽 참조.

87 하딩, 같은 책, 185쪽.

88 엘리아데, 같은 책, 261쪽; 그리말, ‘아도니스’ ‘아티스’ 항목 참조.

89 바슐라르, 『공기와 꿈』, 238쪽.

90 르네 베르틀로, 『아시아와 천체생물학에 대한 사유』.

91 베르틀로, 같은 책, 236쪽 이하, 277쪽 이하, 297쪽 이하 참조. 천체생물학과 중국 문화에 대해서는 같은 책, 77쪽 이하, 106쪽 이하 참조.

92 렌하르트, 『도 카모』, 31, 85, 50, 124쪽 참조.

93 같은 책, 50, 198~199쪽; 귀스도르프, 같은 책, 114~115쪽; 베르틀로, 같은 책, 289쪽 참조.

94 귀스도르프, 같은 책, 117쪽 참조.

95 이 책의 369쪽 이하 참조.

96 하딩, 같은 책, 116쪽 참조. 여신의 슬픔이라는 주제는 멕시코 신화에서도 유사하다. 수스텔, 『고대 멕시코인들의 우주론적 사유』, 40쪽, 꽃과 사랑과 방직의 여신, 아즈텍의 프로세르피나, 소치케찰에게 바치는 찬가 참조.

97 프르질루스키, 『위대한 여신』, 28쪽. 아들과 식물의 관계에 대해서는 슈미트, 같은 책, 48쪽.

98 하딩, 같은 책, 103쪽; 수스텔, 『고대 멕시코인들의 우주론적 사유』, 26쪽.

99 베갱, 같은 책, I권, 136, 159쪽.

100 피가니올, 『로마의 기원에 관한 시론』, 119쪽 이하 참조.

101 같은 책, 120쪽; 그리말, 같은 책, '헤라클레스' 항목 참조.

102 같은 책, 123쪽.

103 프르질루스키, 『위대한 여신』, 83쪽; 돌리베, 『피타고라스의 황금 시구』, 56쪽; 바르, 『또다른 세계로의 길』, 4장, "이슈타르의 포로", 24쪽 이하 참조.

104 프르질루스키, 『위대한 여신』, 83쪽 참조. 농경의 구도가 인간의 부활을 보증해주면서, 이러한 농경의 예식은 종종 인간의 몸을 매장하는 것으로 대리되었다.

105 레비스트로스, 『구조 인류학』, 248쪽 이하 "신화들의 구조" 참조.

106 같은 책, 249쪽.

107 같은 책, 251쪽.

108 카즈뇌브J. Cazeneuve, 『신들은 시볼라에서 춤을 춘다』, 70쪽 이하 참조.

109 같은 책, 72, 74, 76쪽.

110 프르질루스키, 같은 책, 117쪽; 엘리아데, 『대장장이와 연금술사』중 107쪽의 "카베이리와 대장장이"; 그리말, 같은 책, '카베이리' 항목 참조. "로마 시대에는 카베이리를 로마의 세 신인 유피테르, 미네르바, 메르쿠리우스를 포함하는 삼분법으로 여겼다."

111 프르질루스키, 같은 책, 178쪽.

112 같은 책, 179쪽. "중개자" 미트라에 대해서는 뒤셴과 기유맹, 『오르무즈드와 아리만』, 129쪽 각주 1과 132쪽 참조.

113 융, 『파라셀시카』, 63쪽; 페스튀지에르A. J. Festugière, 『헤르메스 트리스메기스투스의 계시』, I, 47~53쪽, 146쪽 이하 참조.

114 융, 『심리학과 연금술』, 229쪽 참조.

115 막스 뮬러는 이 어원 “레게인”과 호메로스의 “로고스”를 연결시킨다. 『언어 과학』, 66쪽.

116 세나르, 『황도12궁』, 458쪽.

117 융, 같은 책, 103쪽, 리펠라이의 『무명의 책』 판화 참조.

118 안드레아이, 『로젠크로이츠의 화학적 결혼』, 125쪽에서 재인용.

119 융, 『파라셀시카』, 125쪽 이하, 132쪽 이하; 엘리아데, 『대장장이와 연금술사』, 51쪽 참조.

120 뷔르누프, 『신성의 꽃병』, 105~106쪽 참조.

121 이 책의 419쪽 참조.

122 베르쿠트르, 같은 책, 3, 5쪽 참조.

123 같은 책, 24쪽.

124 유사한 이분법과 종합주의의 현상이 타라스크의 인형에서 발견되었다. 뒤몽, 같은 책, 224쪽 이하 참조.

125 융, 『파라셀시카』, 68쪽.

126 엘리아데, 『대장장이와 연금술사』, 46쪽 참조.

127 같은 책, 53쪽.

128 같은 책, 118쪽.

129 같은 책, 55쪽.

130 금속의 “성장”은 연금술사에게는 식물의 성장이나 태아의 잉태와 다르지 않다. 역설적으로 금속은 식물이다. 피기에, 같은 책, 379쪽 이하; 슈미트, 같은 책, 54쪽 이하; 엘리아데, 같은 책, 45~55쪽 참조.

131 랑크, 『출생의 외상충격』, 4장 참조.

132 보두앵, 『빅토르 위고의 정신분석』, 167쪽.

133 융, 『리비도의 변형과 상징』, 306쪽 참조.

134 보두앵, 『예술의 정신분석』; 윌리엄 포크너, 『소리와 분노』; 보두앵, 『영웅의 승리』, 17, 26, 72쪽 이하; 뒤랑, 『‘파르마의 수도원’에 나타나는 신화적 배경』, I부, 1장 참조.

135 셀리에, 같은 책, 146쪽; 138쪽 참조.

136 같은 책, 152~157쪽.

137 피가니올, 같은 책, 194쪽; 베르제P. Verger, 『오리사와 부두 숭배의식에 관한 노트』, 71쪽 참조. 통과의례는 계시로 정의되지 않고 조건에 의해 제2의 개성의 ‘획득’으로 정의된다. 통과의례가 가져다주는 근본적인 “변화”에 대해서는 메트로, 『아이티인의 부두교』, 172, 177쪽 참조.

138 이 책의 214쪽 이하 참조.

139 하딩, 같은 책, 188쪽.

140 같은 책, 192쪽 참조.

141 같은 책, 94~98쪽 참조,

142 엘리아데, 『종교사론』, 158쪽. 우리는 엘리아데의 이 관점과 의견이 다르다. 이 책의 212쪽 이하 참조.

143 같은 책, 159쪽 참조.

144 피가니올, 같은 책, 255~260쪽 참조. 메트로는 그의 책에서 달이 물고기로 변하여 분배되고 먹히는 아름다운 동형성의 이야기를 해주고 있다. 메트로, 『세계의 역사와 인간의 역사. 아르헨티나 인디언의 텍스트』, 513쪽; 수스텔, 같은 책, 21쪽 이하 참조.

145 하딩, 같은 책, 187쪽 참조.

146 융, 『리비도의 변형과 상징』, 367쪽; 엘리아데, 『종교사론』, 143쪽 참조.

147 엘리아데, 『대장장이와 연금술사』, 108쪽; 수스텔, 같은 책, 18쪽 이하 참조. 태양의 신 나나우아친은 달의 신 텍시스테카틀처럼 희생하기 위해 불구덩이에 몸을 던진다.

148 엘리아데, 같은 책, 111쪽.

149 프르질루스키, 『위대한 여신』, 29쪽. 주니족의 채찍질에 의한 통과의례 의식에 대해서는 카즈뇌브, 같은 책, 117쪽 이하 참조; 호피족의 통과의례 채찍질에 대해서는 탈라예스바, 같은 책, 68~74쪽, 그림 20, 74쪽 참조.

150 이 책의 331쪽 참조.

151 엘리아데, 『종교사론』, 295쪽 이하 참조. 희생과 통과의례는 결국 섞인다. 즉 나나우아친과 텍시스테카틀의 희생은 결국 다시 태어나는 태양과 달의 통과의례이다. 수스텔, 같은 책, 19~20쪽 참조.

152 엘리아데, 『종교사론』, 196쪽. 시페토텍, "우리들의 벗겨진 존재", 멕시코의 식물 발아의 신에 대해서는 수스텔, 『고대 멕시코인들의 우주론적 사유』, 43쪽 참조. 또한 이 신은 "밤의 음주자"로 불린다. "그는 밤에 마시고 아침에 자연처럼 일어난다. 그는 자기 희생자의 피부로 새롭게 자기 피부를 바꾼다. 마치 대지가 봄에 새롭게 식물로 뒤덮이듯."

153 피가니올, 같은 책, 98쪽 참조.

154 같은 책, 99쪽 참조.

155 귀스도르프, 같은 책, 30쪽; 프르질루스키, 같은 책, 31쪽 참조. "피 흘리는 희생, 그것은 태양의 양식('틀라스칼틸리스틀리')이다." 수스텔, 같은 책, 21쪽; 현재 오토미족의 다산 숭배에 대해서는 수스텔, 『오토미-파메가족』, 542쪽 참조.

156 엘리아데, 『종교사론』, 273쪽.

157 같은 책, 275쪽 참조.

158 브레알, 같은 책, 158~159쪽 참조.

159 엘리아데, 『종교사론』, 276쪽; 메트로, 「앙딘족의 민속 연구」, 『미국 사회과학 연구』, 26권, 1934, 99쪽; 수스텔, 같은 책, 23쪽; 탈라예스바, 같은 책, 166, 228쪽 참조.

160 그리올, 「도곤족 희생의 메커니즘에 관한 연구」, 『아프리카 사회학지』, 1940, 129쪽. 마르셀 그리올은 결정적인 논문에서 희생은 희생된 사물의 파괴에 있는 것도 아니고, 마술적인 창조에 있는 것도 아니며 단지 힘의 '위치 변경'에 있다고 지적하고 있다. 희생은 "'니아마nyama(힘)'의 위치 변경을 결정하는 기술적인 행위이며, 희생자의 파괴는 힘의 교환을 유발하고 움직이게 하는 역할만 할 뿐이다." 그것이 또한 옛 멕시코인들의 희생 제도인 것 같다. 즉 인간의 피는 처음으로 희생을 제도화했던 최초의 신들의 피처럼 태양을 부활시키고 강화하는 역할을 한다. 그래야 태양이 좋은 선행을 베풀 수 있기 때문이다. 수스텔, 같은 책, 21쪽; 위베르와 모스, 『희생의 특성과 기능에 대하여』, 30~37쪽 참조.

161 보나파르트, 『전쟁의 신화들』, 11쪽 이하.

162 같은 책, 50쪽.

163 위베르와 모스(같은 책, 66쪽)는 특히 희생 행위에서 수동과 능동의 혼동을 분명하게 지적하고 있다.

164 보나파르트, 같은 책, 17쪽; 위베르와 모스, 같은 책, 44, 48쪽 참조.

165 보나파르트, 같은 책, 19, 21쪽. 우리는 마리 보나파르트의 협의의 오이디푸스적 해석을 받아들이지 않았다. "징병된 아들들은 함께 영광스러운 어머니인 국가를 평화롭게 즐기고……."

166 멜기세덱에 대해서는 「창세기」, 14장 19~20절; 「히브리서」, 7장 1~3절; 게농, 『세계의 왕』, 6장 "멜기세덱", 43쪽 참조.

167 위베르와 모스, 같은 책, 61쪽.

168 조제프 드 메스트르, 『희생론』, 24쪽, 32쪽 이하.

169 엘리아데, 『종교사론』, 305, 306쪽.

170 같은 책, 307쪽.

171 같은 책, 309쪽.

172 카유아R. Caillois, 『인간과 성聖』, 36, 107쪽; 뒤메질, 「시간과 신화」, 『철학연구지』, V, 1935~36, 243쪽 참조.

173 렌하르트, 『뉴칼레도니아 민족학 노트』, 143쪽 이하와 『위대한 대지의 사람들』, 159쪽 이하 참조. 또한 주니 인디언의 샬라코에 대해서는 카즈뇌브, 같은 책, 125쪽 이하 참조.

174 귀스도르프, 같은 책, 81쪽 참조.

175 지머, 같은 책, 68쪽 참조; 이 책의 416쪽 참조.

176 이 책의 116쪽 참조.

177 『일반 종교사』, 1권, 185쪽; 프르질루스키, 『위대한 여신』, 100~101쪽 참조.

178 슈베르트, 『꿈의 상징체계』, 30쪽 참조.

179 뒤몽은 '타라스크'의 민속학 연구에서 선량하면서도 동시에 무서운 의식儀式 인형, 즉 일종의 의식의 "총합"의 양가성을 깊이 있게 지적하고 있다.

180 이 책의 322쪽 이하 참조.

181 엘리아데, 『종교사론』, 144~145쪽 참조; 수스텔, 같은 책, 19, 26 참조. 텍시스테카틀(“조개 안에 있는 자”)은 텍시스틀리(“조개”)에서 나왔다.

182 『일반 종교사』, I권, 184, 193, 198쪽; 뷔오J. Buhot, 『중국의 예술』, 10, 16, 17, 20, 21쪽; I, 킴발Groth Kimball과 포이히트방거F. Feuchtwanger, 「멕시코의 고대 예술」 참조. 특히 빌라헤르모사 미술관의 조개 형태의 아름다운 잔과 카두베오족의 얼굴 그림과 아주 유사한 욱스말Uxmal의 조각상 왼쪽 뺨에 나타난 나선형 문신을 지적하기로 하자. 레비스트로스, 『슬픈 열대』, 130, 184, 186쪽; 『구조 인류학』, 269쪽 이하와 7, 8, 10번 도판과 그림 21번 참조.

183 기카M. Ghika, 『황금률』, 200, 178쪽 참조.

184 같은 책, 38~40쪽 참조.

185 엘리아데, 『종교사론』, 156쪽; 하딩, 같은 책, 171쪽; 로트팔크, 같은 책, 104, 170쪽 이하, 202쪽 참조.

186 엘리아데, 『종교사론』, 158쪽; 하딩, 같은 책, 38쪽; 수스텔, 같은 책, 19, 27쪽 참조.

187 뷔오, 『중국의 예술』, 37, 163쪽 참조.

188 바슐라르, 『대지와 휴식의 몽상』, 179쪽.

189 이 책의 303쪽 참조.

190 뉴칼레도니아 원주민들에게 죽음과 생성은 인간이 갑각류처럼 “피부를 바꾸기”를 거부했다는 사실로 설명된다. 호우아이루와 네메아 신화에 대해서는 렌하르트, 『뉴칼레도니아 기록들』, 447~449쪽의 “최초의 커플”과 “최초의 인간들” 참조.

191 세나르, 『황도 12궁』, 126쪽 참조.

192 융, 『리비도의 변형과 상징』, 261쪽.

193 엘리아데, 같은 책, 150, 158 참조.

194 피가니올, 같은 책, 106쪽; 엘리아데, 『종교사론』, 150쪽; 융, 『리비도의 변형과 상징』, 6, 96쪽 이하, 101, 106, 323쪽 이하; 슈아지, 『사탄』, 443쪽.

195 바슐라르, 『대지와 휴식의 몽상』, 282쪽.

196 엘리아데, 같은 책, 150쪽; 하딩, 같은 책, 60쪽 참조.

197 바슐라르, 『대지와 휴식의 몽상』, 280~281쪽.

198 그라네, 『중국 사상』, 135쪽; 엘리아데, 『종교사론』, 183쪽 참조. 밀루스Mylus의 『아나토미아 아우리』에 나오는 아름다운 연금술의 우로보로스 이미지가 카롱과 위탱의 『연금술사들』, 182쪽에 재수록됨. “자기 꼬리를 물고 있는 뱀은 위대한 작업의 끝이 시작을 증언하고 있다는 사실을 보여주고 있다.”

199 융, 『리비도의 변형과 상징』, 101쪽에 재인용; 라이제강, 『뱀의 신비』, 1939, 153쪽 참조.

200 바슐라르, 『대지와 휴식의 몽상』, 274쪽.

201 『일반 종교사』, I권, 185쪽; 수스텔, 같은 책, 23쪽 이하, 28, 87쪽 참조.

202 지라르, 같은 책, 189쪽; 수스텔, 같은 책, 79쪽 이하 참조.

203 엘리아데, 『종교사론』, 186쪽; 그라네, 『중국 사상』, 206쪽 참조.

204 동탕빌, 같은 책, 185, 188쪽 참조.

205 하딩, 같은 책, 61쪽 참조.

206 지머, 같은 책, 69~70쪽; 같은 책, 도판 2, 그림 3, 4, 도판 3, 그림 5, 7; 비에노, 같은 책, 182쪽 참조.

207 고대 멕시코인들의 괴물 시팍틀리는 자기의 등에 틀랄테쿠틀리, "대지의 지배자"를 태우고 있다. 수스텔, 같은 책, 34쪽.

208 이 책의 124쪽 이하 참조.

209 지머, 같은 책, 66쪽; 비에노, 같은 책, 82, 90, 102~104, 121, 171쪽 참조.

210 그라네, 『중국 사상』, 135쪽; 엘리아데, 『종교사론』, 152쪽 참조.

211 그라네, 같은 책, 206쪽; 엘리아데, 같은 책, 184쪽 참조.

212 엘리아데, 같은 책, 155쪽.

213 수스텔, 같은 책, 47쪽 참조.

214 그라네, 『중국 사상』, 135쪽; 하딩, 같은 책, 61쪽 참조.

215 엘리아데, 같은 책, 153쪽; 보두앵, 『영혼과 행동』, 57쪽 참조.

216 엘리아데, 『종교사론』, 83쪽; 하딩, 같은 책, 61~62쪽 참조.

217 융, 『리비도의 변형과 상징』, 323쪽에서 재인용.

218 엘리아데, 『요가』, 243, 247쪽; 융, 『자신의 영혼을 발견하는 인간』, 336쪽; 슈아지, 『사탄』, 446쪽 참조.

219 융, 『리비도의 변형과 상징』, 6, 106쪽. 바슐라르는 인간 육체의 자연적인 구멍들로 들어가는 뱀에 관한 민간의 전설들을 전해준다. 바슐라르, 『대지와 휴식의 몽상』, 154쪽 참조.

220 피가니올, 같은 책, 106쪽; 엘리아데, 『종교사론』, 153쪽; 하딩, 같은 책, 61쪽 참조.

221 바슐라르, 『대지와 휴식의 몽상』, 287쪽.

222 엘리아데, 『종교사론』, 253쪽; 슈아지, 『사탄』, 445쪽 참조.

223 엘리아데, 같은 책, 253쪽; 「욥기」, 2장 4~6절; 「묵시록」, 12장 10~12절 참조.

224 『브리하드 아란야카 우파니샤드』, III, 6 참조.

225 엘리아데, 같은 책, 163쪽 참조. 어느 누구도 발레리보다 파르카이의 이러한 구성적 애매함을 잘 드러내지는 못한다. 「젊은 파르카이」 참조.

226 프르질루스키, 『위대한 여신』, 172쪽. 직물의 신 틀라조틀레오틀은 이마에 물레가 달린 면 띠를 두르고 있고, 코에는 반달 모양의 장식이 있다. 게다가 이 신은 네 방향의 중요한 점이 만든 면의 아들들, "익스쿠이나메"로 나누어진다.

227 엘리아데, 같은 책, 162쪽 참조.

228 크라프, 같은 책, 122쪽에 재인용; 엘리아데, 같은 책, 163쪽 참조.

229 동탕빌, 같은 책, 186쪽 참조.

230 크라프, 같은 책, 103쪽 참조.

231 르루아구랑, 『인간과 물질』, 101, 103, 262쪽.

232 브레알, 『의미론』, 128쪽 참조.

233 민코프스키(같은 책, 249쪽)는 두 강변을 연결하는 '다리'에 정감적이고 긍정적인 가치를 부여한다. 렌하르트, 『뉴칼레도니아 민족학 노트』, 178쪽 참조.

234 캉길렘, 『생명의 이해』, 76쪽.

235 같은 책, 77쪽.

236 같은 책, 77쪽.

237 게농, 『십자가의 상징』, 107쪽 참조.

238 『도덕경』, XVI, 게농, 같은 책, 110쪽에서 재인용; 『열자列子』, I; 『장자莊子』, 18쪽 참조.

239 '차크Çak', 즉 행동할 수 있는 힘을 갖고 있다와 '크라Kra', 즉 움직이다를 합친 말.

240 하딩, 같은 책, 232~233쪽 참조.

241 지라르, 『포폴 부. 마야 키체인들의 문화사』, 77쪽. "천상의 공" 놀이에 대해서는 알로R. Alleau, 『상징의 본질』, 112쪽; 푸키에르L. Becq de Fouquières, 『고대인들의 놀이』, 177쪽 참조.

242 세나르, 『황도 12궁』, 159쪽; 베르틀로, 『아시아와 천체생물학에 대한 사유』, 30, 360쪽 참조.

243 하딩, 같은 책, 175, 200쪽 참조.

244 크라프, 같은 책, 85쪽; 동탕빌, 같은 책, 100쪽 참조.

245 하딩, 같은 책, 231쪽에서 재인용; 게농, 『십자가의 상징』, 89쪽 참조.

246 동탕빌, 같은 책, 121쪽 참조.

247 하딩, 같은 책, 231쪽; 동탕빌, 같은 책, 122쪽 참조.

248 그라네, 『중국 사상』, 161, 186, 200, 205쪽; 지라르, 『포폴 부. 마야 키체인들의 문화사』, 26쪽 참조; 이 책의 532쪽 이하 참조.

249 레비스트로스, 『슬픈 열대』, 225, 229쪽 이하; 레비스트로스, 『구조 인류학』, 133쪽 이하 "브라질 중앙과 동부에 있어서 사회적 구조들"과 147쪽 이하 "이원론적 구성은 존재하는가?" 참조.

250 레비스트로스, 『슬픈 열대』, 190쪽; 그림 184, 186, 189, 193, 195, 198, 200, 201 참조.

251 레비스트로스, 『구조 인류학』, 269쪽 이하 "아시아와 아메리카의 예술에 있어서 재현의 분할" 참조; 『일반 종교사』, I권, 84, 142쪽 참조.

252 레비스트로스, 『슬픈 열대』, 196쪽.

253 같은 책, 203쪽; 레비스트로스, 『구조 인류학』, 156쪽 이하 참조. 도곤족의 그림처럼 카두베오의 얼굴 화장은 깊은 의미를 잃어버린 사라진 우주론의 단순한 미학적 잔여물일 뿐이다. 그리올, 『도곤족 마스크』, 817쪽 참조.

254 『슬픈 열대』, 254쪽 참조.

255 같은 책, 246~247쪽 참조.

256 같은 책, 230쪽; 『구조 인류학』, 139쪽 이하 참조.

257 포이히트방거, 같은 책, 도판 8번에 있는 반은 죽은 얼굴이고 반은 살아 있는 얼굴인 틀라틀리코의 진흙 마스크는 유명한 중국의 타오티에Tao-Tie를 환기시키고 인도-자바인의 키르티무카나 폴리네시아인의 티키 같은 이중 의미를 가진 축으로 균형잡힌 얼굴을 환기시킨다. 레비스트로스, 『구조 인류학』, 286쪽, 도판 9 참조.

258 동탕빌, 같은 책, 98쪽 참조.

259 레이아, 같은 책, 44쪽 참조.

260 마차의 여정은 단순한 정적인 상징을 불러일으키는 것이 아니라, 하나의 "설명체계", 신화, 일반적으로 "통일성과 불멸성의 추구"와 "추적"이라는 통합적이고 여정을 나타내는 신화를 불러일으킨다. 라Râ의 신화에 대해서는 카모이스Satni Khâmoïs, 길가메시 신화 참조. 바르, 『또다른 세계로의 길』 참조; 플라톤, 『파이드로스』, 246, 247~257쪽 참조.

261 레이아, 같은 책, 46쪽 참조.

262 동탕빌, 같은 책, 162, 170쪽; 이 책의 93쪽 이하; 플라톤, 『파이드로스』, 246a 이하 참조.

제2장 리듬의 구도에서 진보의 신화로

1 엘리아데, 『종교사론』, 253~254쪽; 바야르, 『불』, 238쪽 이하 참조.

2 보나파르트, 『정신분석과 인류학』, 82쪽 참조.

3 게농, 『십자가의 상징』, 48쪽.

4 같은 책, 69쪽 이하, 54쪽 각주 1번 참조.

5 수스텔, 같은 책, 67쪽.

6 같은 책, 19, 42, 67쪽 참조.

7 뷔르누프, 『신성한 꽃병』, 119쪽 이하 참조; 비에노(『고대 인도의 나무 숭배』, 32쪽)는 '사미çami' 불을 피울 때, "남성 나무"는 부드러운 여성 나무 '아스바타 açvatta' 위에 위치한다고 강조한다. 프레이저J. -G. Frazer, 『불의 기원 신화』, 233, 244, 265, 270~272쪽; 바야르, 『불』, 152쪽 이하 참조.

8 같은 책, 13쪽 이하 참조.

9 같은 책, 15쪽. 『리그베다』, I, 95-2; III, 29; V, II, 6; 비에노, 같은 책, 54~55쪽과 174~175쪽 참조.

10 하딩, 같은 책, 143쪽.

11 바슐라르, 『공기와 꿈』, 234쪽; 바야르, 『불』, 28쪽 이하 참조.

12 뒤메질, 『타르페이아』, 106쪽 참조.

13 엘리아데, 『종교사론』, 268~269쪽; 바야르, 같은 책, 239쪽 이하 참조.

14 프레이저, 『황금가지』, III, 474쪽; 바슐라르, 『불의 정신분석』, 68쪽 참조.

15 하딩, 같은 책, 144~145쪽; 바야르, 같은 책, 34쪽 이하, 45쪽 이하 참조. 성 요한의 불에 대해서는 같은 책, 235쪽 이하, 252쪽 이하, 19장 "성 요한의 불"과 20장 "성 요한, 불의 상징" 참조. 노동P. Naudon, 『성 요한의 방』 참조.

16 르루아구랑, 『인간과 물질』, 71쪽; 87, 88번 그림 참조.

17 융(『리비도의 변형과 상징』, 140쪽)은 어근 '마트math' 혹은 '만트manth'(비벼서 만들다)에 대해 강조한다.

18 뒤메질, 『타르페이아』, 108쪽 참조.

19 르루아구랑, 같은 책, 170, 171, 174쪽 참조.

20 니콜라F. J. Nicolas, 「오트볼타의 렐라족의 신화들과 신화적 존재들」, 『북아프리카 프랑스 아카데미 보고서』, 1952, 10월, 14권, 제4호, 1355쪽 이하 참조.

21 같은 책, 1363쪽 이하 참조.

22 같은 책, 69쪽.

23 같은 책, 100쪽.

24 융, 『리비도의 변형과 상징』, 145쪽; 하딩, 같은 책, 146쪽 참조.

25 『브리하드 아란야카 우파니샤드』, VI, 4, 20; VI, 4, 3; 『리그베다』, III, 19, 1~3; 하딩, 같은 책, 143쪽; 엘리아데, 『요가』, 256쪽과 『대장장이와 연금술사』, 40쪽; 바야르, 『불』, 181쪽 이하 참조.

26 엘리아데, 『대장장이와 연금술사』, 62~63쪽; 엘리아데, 『영원회귀의 신화』, 107쪽 참조.

27 르루아구랑, 같은 책, 69쪽 참조. 카롱과 위탱, 같은 책, 152, 158쪽에는 밀루스의 『아나토미아 아우리』와 탄트라 경전에서 발췌한 "결혼"과 "결합"의 그림들이 있다.

28 바슐라르, 『불의 정신분석』, 54, 56쪽 참조.

29 같은 책, 54쪽. 우리도 졸업반 학생들에게 섬에 혼자 남겨진 로빈슨 크루소와 같은 상황에 빠진 것을 상상해보는 실험을 해보았다. 단 한 사람의 예외도 없이 불을 피워야 하는 상황을 예상하였고, 그들 중 85퍼센트는 비벼서 불을 피우는 것을 생각했으며, 그들 중 97퍼센트는 그렇게 불을 피우는 데 성공하지 못했다고 고백하였다.

30 바슐라르, 같은 책, 81쪽; 융, 『리비도의 변형과 상징』, 163쪽.

31 바슐라르, 같은 책, 84쪽. 연금술사의 불에 대해서는 바야르, 같은 책, 127쪽 참조.

32 바슐라르, 『불의 정신분석』, 48쪽.

33 엘리아데, 『종교사론』, 256~286쪽 참조.

34 엘리아데, 『대장장이와 연금술사』, 101~102쪽 참조.

35 블로크Jules Bloch, 『치간』, 28쪽 참조.

36 이 책의 284쪽 참조.

37 이 책의 276쪽 참조.

38 그리올, 「수단의 북의 상징」, 『음악 미학과 음악 역사』, 1955, 79쪽 이하 참조. 북과 연관된 성적인 금기에 대해서는 그리올, 『도곤족 마스크』, 705쪽 참조.

39 작스K. Sachs, 『악기의 본질과 생성』, 254쪽 이하; 셰프너A. Schaeffner, 『음악 악기의 기원』, 24, 238쪽 이하; 제르맹, 「음악과 정신분석*Musique et psychanalyse*」, 『프랑스 정신분석학회보』, 1928년 제4호, 751쪽 이하 참조. 또한 그라네, 『중국 사상』, 211쪽 참조. 중국 음악의 피리 12개 구멍을 6개의 "남성" 구멍과 6개의 "여성" 구멍으로 분할하는 이론 참조. 그라네는 "또한 12개의 구멍에 관련된 신화는 분명하게 성적인 춤을 암시한다"고 쓰고 있다. 그라네, 같은 책, 215쪽 참조. 조화의 지적인 성격과 대립되는 리듬의 생리적 성격에 대해서는 빌렘스Wilems, 『음악 리듬』, 35~36쪽 참조. 제바르F. Gevaert, 『고대 음악의 역사와 이론』, 1881, 5쪽에 의하면 빌렘스는 리듬을 '아르스(오름)'-'테시스(내림)', 확대-수축으로 정의하는 그리스의 공식에서 생리적인 가치를 지적한다. 리듬은 심장의 운동에 의해 암시될 수 있을 뿐만 아니라 호흡, 걷기, 그리고 "사랑(애무, 욕망 그리고 조그마한 소리 나는 악기를 사용하는 것보다 더 자극적인 허리의 운동)"에 의해서도 암시될 수 있다. 같은 책, 111쪽 참조.

40 슐뢰저, 『바흐 입문』, 31쪽; 브를레G. Brelet, 『음악의 시간』, 1권, 259~364쪽 참조.

41 그라네(같은 책, 214쪽)는 중국에서 기본적인 12개의 소리를 내는 대나무의 12구멍과 달력의 12달의 명확한 관계를 보여주고 있다.

42 지머, 같은 책, 149쪽; 멕시코의 음악과 춤과 사랑의 신인 마쿠일소치틀 Macuilxochitl의 역할에 대해서는 수스텔, 같은 책, 42쪽; 바야르, 같은 책, 72, 175, 205, 216, 218쪽 참조.

43 퀴지니에J. Cuisinier, 같은 책, 17~30쪽 참조.

44 그리올, 『도곤족 마스크』, 166, 198, 204쪽; 카즈뇌브, 『신들은 시볼라에서 춤을 춘다』, 184쪽 이하; 렌하르트, 『뉴칼레도니아 민족학 노트』, 160, 163, 171쪽 참조.

45 렌하르트, 같은 책, 118쪽에서 재인용.

46 그라네, 같은 책, 200쪽, 각주 2 참조.

47 우리가 강조한 것임.

48 그라네, 같은 책, 319쪽 참조.

49 같은 책, 124~209쪽 참조.

50 같은 책, 210, 220쪽.

51 이 기술적 목록에다 우리는 "마찰에 의한" 음악 악기, 즉 비올라, 바이올린 등을 첨가할 수 있다. 빌렘스, 같은 책, 115쪽 참조.

52 바슐라르, 『공기와 꿈』, 231쪽.

53 엘리아데, 『종교사론』, 245쪽; 「에스겔서」, 47장; 「묵시록」, 22장 1~2절 참조.
54 프르질루스키, 같은 책, 80, 90쪽; 비에노, 같은 책, 26, 27, 29, 84, 92쪽 참조.
55 『일반 종교사』, 1권, 109, 130, 146쪽 참조; 엘리아데, 『종교사론』, 236쪽; 프르질루스키, 『참여』, 41쪽; 「예레미야서」, 2장, 20절, 18장, 1~3절 참조.
56 하딩, 같은 책, 53쪽 이하 참조. '유파Yupa(희생 말뚝)'에 대해서는 비에노, 같은 책, 41~54쪽 참조.
57 피가니올, 같은 책, 96쪽 참조. 테르미누스의 "사빈" 기원에 대해서는 그리말, 같은 책, '테르미누스' 항목 참조.
58 프르질루스키, 『위대한 여신』, 89쪽; 「예레미야서」, 2장 27절; 융, 『리비도의 변형과 상징』, 210쪽; 게농, 『십자가의 상징』, 77쪽 참조.
59 하딩, 같은 책, 126, 130쪽 참조.
60 하딩, 같은 책, 142, 227쪽; 지머, 같은 책, 도판 3, 그림 8, 32쪽; 비에노, 같은 책, 26, 27, 84쪽 참조.
61 프르질루스키, 같은 책, 67, 69쪽 이하; 비에노, 같은 책, 35, 44, 45쪽 참조.
62 이 책의 161쪽 이하 참조.
63 융(『리비도의 변형과 상징』, 210쪽)은 케레스, 레토, 프리아포스의 상징인 나무로 만든 "말뚝"(팔로스pallos)을 "팔라게스"(들보), "팔로스phalos"(빛나는), 그리고 "팔레스"(남근)와 비교한다.
64 프르질루스키, 같은 책, 81, 82, 86쪽; 비에노, 같은 책, 52, 53쪽 참조. 카나카족에서 나무의 남녀 양성("타로" 혹은 여성적인 에리스리나에 대립하는 "디로" 혹은 남성적인 야자나무)에 대해서는 렌하르트, 『뉴칼레도니아 민족학 노트』, 21쪽 이하 참조. 특히 도판 5의 1; 도판 6의 1과 3 참조.
65 동탕빌, 같은 책, 48쪽 참조.
66 엘리아데, 『종교사론』, 238~239, 248쪽 참조; 연금술의 나무에 대해서는 지브리, 같은 책, 324, 388, 395(그림 2, 3, 6), 400, 404, 407, 414쪽; 위탱, 같은 책, 76쪽 참조.
67 프르질루스키, 같은 책, 80쪽; 비에노, 같은 책, 26, 84쪽 참조.
68 디테를렌, 『밤바라의 종교』, 36쪽 참조.
69 엘리아데, 『종교사론』, 241쪽. 메트로가 언급하는 마타코 신화에 나오는 하늘과 대지를 연결하는 우주목과 그것을 통해 불과의 동형성이 나타나는 좋은 예. 메트로, 『세계의 역사와 인간의 역사. 아르헨티나 인디언의 텍스트』, 509쪽 참조.
70 게농, 같은 책, 83쪽 참조.
71 바슐라르, 『공기와 꿈』, 237, 250쪽; 슈미트, 같은 책, 14쪽 이하 참조.
72 『바가바드 기타』, XV, 1~3 참조.
73 이 책의 381쪽 이하 참조; 엘리아데, 『종교사론』, 239쪽 참조.
74 엘리아데, 『종교사론』, 261쪽, 263쪽 참조.

75 바슐라르, 『대지와 휴식의 몽상』, 30쪽.
76 엘리아데, 『종교사론』, 254쪽 참조.
77 퀴에노Cuénot, 『생물학의 진화』, 17쪽, 그림 3, '동물계의 계통목' 참조.
78 「다니엘서」, 10장 13절; 「에스드라서」, 4장 26절, 6장 20절, 7장 12절, 8장 1절 참조.
79 랑톤, 『귀신학』, 227쪽 참조.
80 같은 책, 226쪽.
81 같은 책, 227쪽.
82 이 책의 404쪽 이하 참조. "거꾸로 된 나무"와 베다의 참고문헌에 대해서는 비에노, 같은 책, 32쪽 이하 참조.
83 『카타 우파니샤드』, VI, 1; 『마이트라야나 우파니샤드』, VI, 7 참조.
84 엘리아데, 『종교사론』, 239~240쪽 참조.
85 같은 책, 241쪽 참조.
86 사순절 때 부르는 가톨릭 예배의 노래 "크룩스 피델리스Crux fidelis" 찬송가.

제3장 상상계의 종합적 구조와 역사의 스타일

1 크레치머, 『신체구조와 성격』; 블로일러, 「분열증과 동조의 문제」, Zeitschrift für die gesam. Neur. und Psych., LXXVIII, 1922 참조.
2 봄, 같은 책, 2권, 397쪽.
3 같은 책, 2권, 446~448쪽 참조.
4 이 책의 346쪽 참조.
5 크레치머, 같은 책, 102쪽 참조.
6 민코프스키, 『정신분열증』, 31쪽과 33쪽.
7 이 책의 424쪽 이하 참조.
8 사르트르, 『상상계』, 244쪽.
9 슈펭글러, 『서양의 몰락』, 1권, 272, 279쪽 참조.
10 슐뢰저, 같은 책, 124쪽 참조. 뤼파스코의 용어를 빌린다면 우리는 이것을 조화로운 "대립antagonisme"이라고 불러도 될 것이다.
11 프로이트, 『일상생활의 정신분석』, 55쪽; 오디에Odier, 「음악의 문제와 기원의 관점」(*La sem. litt.*, 1924년 1~2월호) 참조.
12 미셸, 같은 책, 264쪽과 210쪽 참조.
13 피로A. Pirro, 『바흐의 미학』, 10~15, 32~47쪽 이하 바흐의 표현기호이론 참조.
14 이 책의 234쪽 이하 참조.
15 앙드레 미셸, 같은 책, 215쪽. 미셸의 이 견해가 우리로서는 좀 극단적으로 보이는데, 음악은 박자와 리듬에 의해서만이긴 하지만 언제나 공간적 형태를 지향하기 때문이다. 그 점에 대해서는 빌렘스, 같은 책, 2장, 89쪽 '음악과 공간' 참조.

16 베르틀로, 같은 책, 378쪽 참조.

17 같은 책, 155, 163쪽 참조.

18 같은 책, 163쪽.

19 수리오, 『20만의 극적인 상황들』, 48, 49, 55, 94쪽 참조. 그는 조화로운 듯이 보이는 연극에서 역동성을 부여하는 것은 바로 이러한 "인간 상호간의 긴장" "반아치형의 긴장"이라고 했다. 그의 견해대로 배타적인 대립과 적대자들 사이의 변증법적인 관계를 혼동하지 말아야 한다.

20 스팔딩W. R Spalding, 『음악적 분석 개론』, 179쪽 참조.

21 소설과 "소설적 순간"의 종합적인 양상에 대해서는 질베르 뒤랑의 『'파르마의 수도원'에 나타나는 신화적 배경』의 결론 참조.

22 수리오는 이러한 "극적인 배합"에 대해 탁월한 분석을 해낸 바 있다. 수리오, 같은 책, 94쪽 이하 참조. 그는 이렇게 썼다. "그러나 주된 경향이 장애를 만나지 않는다면 드라마란 존재하지 않을 것이다. 한 경향이 지닌 힘은 그것이 저항을 만나야만 극적이다."

23 이 책의 359쪽 참조.

24 슈펭글러, 같은 책, 1권, 63, 118쪽 참조.

25 뒤메질, 『로마의 인도 유럽 유산』, 143쪽 이하 참조.

26 같은 책, 127쪽 이하와 147쪽 이하 참조.

27 같은 책, 154, 157~158쪽 참조.

28 같은 책, 141~142쪽 참조.

29 뒤메질, 『로마의 인도 유럽 유산』, 170쪽; 뒤메질, 『세르비우스와 포르투나』, 65~68, 190쪽 참조.

30 레옹 셀리에, 같은 책, 47~55쪽 참조.

31 메를로퐁티M. Merleau-Ponty, 『변증법의 모험들』, 81쪽 이하와 280쪽 참조.

32 미슐레, 『프랑스혁명사』, 4권, 1쪽.

33 뒤메질, 『로마의 인도 유럽 유산』, 172쪽; 『세르비우스와 포르투나』, 65쪽; 『유피테르, 마르스, 퀴리누스』, 3권, 181쪽 참조.

34 지라르, 같은 책, 31쪽 참조.

35 뒤메질, 『로마의 인도 유럽 유산』, 240쪽 참조.

36 같은 책, 241쪽; 기통, 『플로티누스와 성 아우구스티누스에게서의 시간과 영원』 참조.

37 엘리아데, 『대장장이와 연금술사』, 179쪽 참조.

38 같은 책, 180쪽. 연금술은 화학적 드라마에서 결국 승리의 결말을 향하는 진보의 모델이며 천체생물학은 귀환만을 위한 약속이다.

제4장 신화와 의미화

1 이 책의 67쪽 이하 참조. 리쾨르, 같은 책, 153쪽의 "1차 상징"의 개념 참조.

2 엄밀한 의미의 신화가 실제로는 역사적으로 일어난 중요한 사건들을 어떻게 합병하는지 확인해보는 것도 흥미로운 일일 것이다. 렌하르트가 연구한 칼레도니아 신화를 랑베르가 연구해 그 신화가 역사적으로 준 교훈과 비교하는 일이 대표적인 경우일 것이다. 렌하르트, 『뉴칼레도니아 기록들』, 65쪽; 랑베르, 『뉴칼레도니아의 도덕들과 미신들』, 301쪽; 크라프, 같은 책, 328쪽 참조. 신화 실재론자들이 말하는 것과는 반대로 역사적 기록이 신화를 낳는 것이 아니라 신화적인 구조들이 고고학적인 기록들을 포착하고 거기에 정보를 준다.

3 바야르, 『전설의 역사』, 10쪽 참조.

4 레비스트로스, 『구조 인류학』, 257쪽 이하 '구조와 변증법' 참조; 이 책의 443쪽 참조.

5 레비스트로스, 같은 책, 32쪽 '신화들의 구조' 참조. 저자 스스로 동의하고 있듯이 "신화를 언어에 접근시키면 아무것도 풀 수 없다."

6 그러나 완전히 상대적인 정도이니 한 신화에 반복되어 나타나는 공시성이 통시적 선형성을 약화시키기 때문이다.

7 이 책의 30쪽 이하; 레비스트로스, 같은 책, 105쪽 이하 참조. 거기서 그는 기호의 자의성으로서의 언어적 법칙을 최소화하고 있다.

8 레비스트로스, 같은 책, 232쪽; 레비스트로스, 『야생적 사고』, 206쪽 참조. 그는 거기서 "기호의 자의성에는 등급이 있다"는 소쉬르의 의견에 동의를 표명한다.

9 『구조 인류학』, 233쪽; 오드리쿠르와 그라네와의 논쟁(같은 책, 95쪽) 참조.

10 레비스트로스, 같은 책, 233쪽.

11 우리가 뜻하는 바와 매우 흡사하게 다발이라는 단어를 사용한 사람이 르루아구랑이다. 르루아 그랑, 같은 책 중 '구석기시대 성소에서의 기호의 기능', 308쪽 참조.

12 수스텔, 『고대 멕시코인들의 우주론적 사유』, 9쪽 참조.

13 우리는 음악적 과정이 신화적 담론과 본질이 같다는 것을 확인한 바 있다. 그러나 그것은 그 둘이 상호의존적이라는 뜻이 아니라 종합적 구조들의 같은 그룹으로 분류될 수 있다는 뜻이다.

14 레비스트로스, 같은 책, 252쪽.

15 같은 책, 229쪽 참조.

16 같은 책, 255쪽. 『야생적 사고』에서 그가 전개하고 있는 것이 바로 이러한 명제이다.

17 레비스트로스, 『구조 인류학』, 354쪽에서 귀르비치와 벌인 논쟁 참조; 이 책의 58쪽 참조.

18 트루베츠코이, 『음성학의 원칙들』, 37, 48, 82쪽 참조.

19 『에스프리』 10호에 실린 레비스트로스, 「인간의 수학들」, 1956, 529~532쪽;

귀르비치,「사회구조의 개념」,『국제 사회학지』, 19권 1955, 14, 17, 19쪽; 레비스트로스,「수학과 사회과학」,『사회학 국제학회지』, 647쪽 참조.

20 피아제,『발생 인식론』, 1권, 77, 80쪽 참조.

21 이 책의 477쪽 참조.

22 레비스트로스,「수학과 사회과학」, 647쪽 참조.

23 언어학자들 자신도 음성학적 구조를 만드는 것보다 구문론적인 구조, 더 나아가 의미론적 구조를 만드는 것이 어렵다는 것을 알아냄으로써 이러한 사실을 은연중 인정한다. 사실을 말한다면 제대로 된 구조의 개념은 적어도 언어학에서는 어휘론적인 위상까지 가야 제대로 적용할 수 있다. 기로,『의미론』, 68쪽; 마토레,『어휘론 방법』, 15, 22, 61, 65쪽; 소쉬르, 같은 책, 183쪽 참조.

24 레비스트로스,『신화들의 구조』, 236쪽.

25 같은 책, 245쪽 이하 참조.

26 같은 책, 248쪽.

27 이 책의 361쪽 참조.

28 뒤랑,『뤼시앵 뢰뱅 혹은 역영웅주의』 참조.

29 레비스트로스, 같은 책, 254쪽.

30 엘리아데,『이미지와 상징들』, 73쪽 및『영원회귀의 신화』, 83쪽; 그리올,『도곤족 마스크』, 774쪽 참조.

31 레비스트로스, 같은 책, 254쪽.

32 지라르,『포폴 부. 마야 키체인들의 문화사』, 32, 38, 43쪽; 수스텔,『고대 멕시코인들의 우주론적 사유』, 14~18쪽 참조.

33 레비스트로스, 같은 책, 223쪽 참조.

34 이 책의 104쪽 이하 참조.

35 렌하르트,『뉴칼레도니아 기록들』, 421~428쪽까지 나타난 "메즈에노의 젊은이"와 "타우의 젊은이" 참조. 그리고 466쪽의 "일부다처 가장의 부인들" 참조.

36 콩에르 실뱅,『아이티의 민담들』, 제1권 참조.

37 니콜라,「오트볼타의 렐라족의 신화들과 신화적 존재들」, 1370쪽 이하 참조.

38 그리올,『도곤족 마스크』, 702쪽.

39 렌하르트, 같은 책, 426쪽의 "타우의 젊은이" 참조.

40 니콜라, 같은 책, 1376쪽 참조.

41 그리올, 같은 책, 703쪽, "이 사건에서 염소지기는 패한다. 왜냐하면 그는 선행을 하지 않았기 때문이다." 기아르J. Guiart,『위대한 땅의 옛날이야기들과 전설들』, 17쪽 참조.

42 콩에르 실뱅, 같은 책, 75쪽 참조.

43 같은 책, 17쪽.

44 이 책의 257쪽 이하 참조.

45 콩에르 실뱅, 같은 책, 15쪽 참조.

46 렌하르트, 같은 책, 421~426쪽 참조.

47 수스텔, 같은 책, 19쪽.

48 같은 책, 24, 71쪽.

49 렌하르트, 같은 책, 423쪽.

50 바르, 『또다른 세계로의 길』 참조. 콩에르 실뱅의 콩트 모음집에서 잠김이나 묻힘은 분명하게 지옥으로의 암시에 의해 대체된다. 즉 "어머니 없는" 마을(불루 판본, 45쪽)이나 "영혼의 나라들"(벤가 판본, 47쪽), "물의 지옥"(바트라핑, 51쪽), "죽은 자들의 나라"(드샤가, 51쪽) 그리고 드물게는 "신에게로 여행"(니아사랜드, 55쪽) 등이 그것이다.

51 이 책의 249쪽 이하 참조.

52 콩에르 실뱅, 같은 책, 7쪽.

53 이 책의 322쪽 이하 참조.

54 렌하르트, 같은 책, 427쪽.

55 콩에르 실뱅, 같은 책, 31쪽.

56 같은 책, 8, 34쪽.

57 이 책의 325쪽 이하 참조.

58 같은 책, 16, 22쪽 참조.

59 콩에르 실뱅, 같은 책, 2~3쪽; 그리올, 같은 책, 702쪽.

60 렌하르트, 같은 책, 428쪽.

61 콩에르 실뱅, 같은 책, 36쪽.

62 니콜라, 같은 책, 1376쪽.

63 콩에르 실뱅, 같은 책, 13, 20쪽.

64 같은 책, 43쪽, 베네 무쿠니Bene-Mukuni 판본.

65 니콜라, 같은 책, 1382쪽 참조.

66 이 책의 301쪽 이하 참조.

67 이 책의 320쪽 이하 참조.

68 이 책의 439쪽 이하 참조.

69 콩에르 실뱅, 같은 책, 51, 144쪽 참조.

70 같은 책, 209쪽 이하 참조.

71 같은 책, 217쪽 참조.

72 같은 책, 236, 239, 248쪽 참조.

73 이 책의 92쪽, 107쪽 이하, 256쪽 이하 참조.

74 우리는 콩에르 실뱅의 분류에서 제1형태에 속하는 것을 둘로 뒤집고 싶다. '양' 계열에 속하는 이야기에서는 배우자가 괴물에게 먹히며 이 이야기는 '도망가즈' 이야기보다는 완곡화가 별로 이루어지지 않았다고 볼 수 있다. 우리는 그의

이야기들을 완곡화의 정도에 따라 다음과 같이 순차적으로 재분류하고자 한다. "풀뱀"(삼켜진 여자가 죽는 극단의 경우) "도망가즈" "미로테" "양" "새로운 풀뱀" "세 마리의 개" "라즈쿠이스 마카크"와 "착한 소년".

75 같은 책, 85, 116, 129, 201, 239쪽 참조. 칠레와 아프리카의 모든 이야기들(람바)과 인도의 이야기들(아로와크, 초코, 팜네 혹은 테페카노), 그리고 프로방스 지방의 이야기들 속의 금기들은 지중해 지역의 옛 신화에 나오는 금기들과 비슷하다. 프시케, 에우리디케, 판도라의 금기와 비교; 렌하르트, 같은 책, 470쪽에 나오는 뉴칼레도니아 판본인 "물고기 여인"과도 비교.

76 콩에르 실뱅, 같은 책, 209쪽.

77 같은 책, 30, 67, 178쪽 참조.

78 이 책 268쪽 참조.

79 이 책의 104쪽 이하 참조; 콩에르 실뱅, 같은 책, 248쪽 참조.

80 같은 책, 171, 172, 175쪽.

81 같은 책, 226쪽, 「세 마리의 개」 같은 이야기에는 개가 사악한 배우자의 희생자가 된다. 그는 불에 타지만 작은 상자 속에 보관해두었던 뼈에 씨앗과 핀과 머리카락(걸리버화)을 합하자 소생한다.

82 같은 책, 64, 173, 177쪽.

83 같은 책, 9, 209, 217쪽.

84 같은 책, 51, 144, 217, 248쪽.

85 같은 책, 221쪽.

86 같은 책, 52쪽(도미니카공화국).

87 같은 책, 57쪽.

88 같은 책, 154쪽.

89 같은 책, 51, 124, 159쪽.

90 같은 책, 30, 178쪽.

91 프르질루스키, 『위대한 여신』, 65쪽 참조.

92 다르델E. Dardel, 「신화의 의미」, 『디오게네스』 7호, 1954 참조.

93 레비스트로스, 같은 책, 225쪽 참조.

94 뒤메질, 『게르만족의 신들』, 13쪽 참조.

95 레비스트로스, 같은 책, 225쪽.

96 레비스트로스, 같은 책, 257쪽 '구조와 변증법'.

97 뒤몽, 『타라스크』, 25~117쪽 참조. 또한 이브 뒤랑의 원형 테스트 시도(『국제 상징주의지』 4호, 1963)에서 병행해서 행해지고 있는 이야기의 역할 참조.

98 뒤몽, 같은 책, 139~170쪽.

99 같은 책, 223쪽.

100 같은 책, 225쪽.

101 우리는 보두앵이 사용한 동형성이라는 용어보다 동위성이라는 용어를

선호하는데 그 이유는 동형성이라는 단어가 우리에게 비어 있는 형태를 더 상기시킬 위험이 있기 때문이다. 보두앵, 『빅토르 위고의 정신분석』, 202쪽.

102 수스텔, 같은 책, 63~65쪽 참조.

103 우리로서는 무엇보다 역사적이고 지리적인 여건을 우선적으로 고려해야 한다고는 생각하지 않는다. 왜냐하면 환상의 기록들은 기술의 기록들보다도 더 역사에서 벗어나 있기 때문이다. 레비스트로스, 같은 책, 273쪽; 르루아구랑, 『인간과 물질』, 18쪽 참조.

104 레비스트로스, 같은 책, 225쪽; 레비스트로스, 『야생적 사고』, 제8장 '되찾은 시간'을 참조할 것.

제3권
초월적 환상을 위한 요소들

제1장 원형의 보편성

1 이 책의 15, 33~34, 36쪽 참조.

2 알랭이 바슐라르와 마찬가지로 꿈을 감추어진 의미로 향하는 부끄러운 기호로 간주하기를 거부하면서 느낀 것이 바로 그런 것이다. 『신화지 서설』, 211~213쪽 참조. "꿈을 마치 도둑이나 체계적인 거짓말쟁이로 간주하면서 문초하는 태도는 커다란 반향을 불러일으켰다. 꿈의 진정한 열쇠는 이런 신학적 사고의 밑에 숨겨져 있다. 그러나 진정한 해석이란 무엇일까? 그것은 꿈에서 떠나지 않는 것, 그것을 잡는 것, 그것이 무엇인가를 아는 것, 그것을 탐사하는 것이다."

3 라크로즈, 『상상력의 기능』, 1~3, 12, 35쪽 참조.

4 노발리스, 『전집』, 2권, 365쪽; 바슐라르, 『대지와 휴식의 몽상』, 5쪽; 폰 슈베르트, 『꿈의 상징체계』, 55쪽 참조.

5 제임스, 『실용주의』, 27쪽 참조.

6 융, 『심리적 유형들』; 「심리적 유형의 연구를 위하여」, 『심리적 원형』, 52권, 1923년 12월호 289쪽 참조.

7 이 책의 230쪽 참조.

8 제임스, 같은 책, 29쪽.

9 민코프스키, 『정신분열증』, 204쪽.

10 융, 같은 책, 8쪽; XX, 6, 291, 302쪽 참조.

11 민코프스키, 같은 책, 224쪽 참조.

12 같은 책, 19, 30쪽. 뒤메질이 주장한 이미지의 "전제적" 특성에 대해서는 『게르만족의 신들』, 18쪽 참조.

13 크라스누시키네와 민코프스키, 「뇌전증의 형성과 근본적인 뇌전증적 구조와 그것의 관계」(브루샨스키 교수에게 제출한 『연구 보고서』) 참조.

14 민코프스키, 같은 책, 241쪽. 이브 뒤랑은 그의 "원형 테스트"에서 "긴장"이라는 표현을 사용했다.

15 같은 책, 205~206쪽; 보크너와 할페른, 같은 책, 55, 91, 108쪽 참조.

16 이 책의 212쪽 참조.

17 그의 소설인 『말도로르의 노래』와 『시집』의 상상계도 일치하지 않는다. 각각의 작품은 전혀 다른 상상력의 세계를 보여주며 각각은 다른 것에 대하여 정신적 치료제 역할을 한다. 바슐라르, 『로트레아몽』 참조; 랄로, 『삶과는 거리가 먼 예술』 참조.

18 융, 『심리적 유형』, 436쪽; 보두앵, 『꿈의 분석 입문』, 19쪽; 폰 슈베르트, 『꿈의 상징체계』, 12, 67, 69쪽 참조.

19 제임스, 같은 책, 25쪽 참조.

20 융, 『심리학과 종교』, 150쪽 이하 참조; 바슐라르, 『몽상의 시학』, 64, 70, 72쪽 참조.

21 야코비, 『융의 심리학』, 126쪽 이하 참조.

22 융, 같은 책, 297쪽, 133쪽 참조.

23 야코비, 같은 책, 127쪽.

24 융, 『심리학적 유형들』, 667쪽; 융, 같은 책, 128~129쪽 참조.

25 융, 같은 책, 154, 329쪽 참조.

26 이 책의 41쪽 이하 참조.

27 오스트발트, 『위인들』, 27, 262쪽; 융, 『심리학적 유형들』, 333쪽 참조.

28 바슐라르, 『과학정신의 형성』, 246쪽 참조.

29 페트르망, 같은 책, 57쪽 이하 참조.

30 귀스도르프, 같은 책, 276쪽 참조.

31 미쇼, 『문학과학 입문』, 255쪽 이하 참조. "언어적인 세대"의 구분에 대해서는 마토레G. Matoré, 『어휘론에서의 방법』 및 소로킨, 『사회적·문화적 역동성』 참조.

32 보링거, 『추상과 감정이입』, 30쪽 이하; 말로, 『신들의 변형』, 44쪽 이하, 126, 128쪽 참조.

33 야스퍼스, 『스트린드베리와 반 고흐』, 272쪽; 『일반 정신병리학』과 비교; 푸코, 『광기의 역사』 참조.

34 융, 『심리학적 유형들』, 299쪽; 보링거, 같은 책, 18쪽; 브뤼Ch. Bru, 『추상미학』, 146쪽 참조. 한편 수리오는 원시 예술에서의 "양식"들을 플라톤주의에서 발견할 수 있는 형식주의적 기능에 접근시켜 설명한 바 있으며 그의 견해는 매우 정당한 것이다. 수리오, 『살아 있는 사유와 형태적 완성』, 249쪽 이하; 통그H. Tongue, 『부시맨의 그림들』; 포이크J. W. Fewkes, 『호피카치나스』 참조.

35 브뤼, 같은 책, 158쪽 참조.

36 보링거, 같은 책, 18~20쪽.

37 융, 같은 책, 300쪽.

38 레비스트로스, 『슬픈 열대』, 440쪽 참조. 한편 카즈뇌브는 루스 베네딕트의 의견에 동의하면서 주니 인디언의 문화에 대해 이렇게 쓴 바 있다. “그 문화는 완전히 디오니소스적인 문화는 아니다. 차라리 아폴론적인 문화이다.” 그는 주니의 모든 예술들, 특히 그 가면들이 대단히 높은 수준의 추상화에 도달했음에 주목했다. 카즈뇌브, 같은 책, 240쪽; 베네딕트R. Benedict, 『문명의 표본들』, 27, 35, 43쪽 이하; 포이크, 『호피 카치나스』 참조.

39 레비스트로스, 같은 책, 443쪽; 뒤랑, 『상징적 상상력』 참조.

40 수리오는(『살아 있는 사유와 형태적 완성』, 248쪽) 플라톤의 정신적 경향을 아주 적절하게 “상형문자적”이라고 쓴 바 있다.

41 세셰에, 같은 책, 125쪽 이하; 드라쿨리데N. N. Dracoulidès, 같은 책, 16쪽; 위트만J. Frois Wittmann, 「현대 예술에 관한 정신분석적 고찰」, 『프랑스 정신분석학지』, 제2권, 1929 참조.

42 미쇼, 같은 책, 255쪽 참조.

43 레옹 셀리에, 같은 책, 269쪽 참조.

44 같은 책, 53쪽.

45 같은 책, 41, 44~45쪽 참조.

46 같은 책, 48~51쪽 참조.

47 카즈뇌브는 “아폴론적”인 주니 문명 내에 “밤의 체제적”인 제의의 요소들이 공존하고 있음을 명백히 밝혔다: “주니족은 그들이 아폴론적인 민족이라는 바로 그 이유로 인해 이런 안전판이 필요했다.” 카즈뇌브, 같은 책, 244~245쪽; 카유아, 『신화와 인간』, 29, 30, 33쪽 참조. ‘로마의 기원’에 관한 피가니올의 글의 논지에는 로마라는 도시국가 내에 사비나적인 정신과 로마적인 정신이 공존해 있다는 생각이 전체적으로 지배하고 있다.

48 이 책의 37, 447쪽 참조.

49 귀스도르프, 같은 책, 180쪽.

50 같은 책, 218, 222, 230쪽.

51 같은 책, 111쪽.

52 모레A. Moret와 다비, 『씨족으로부터 제국으로』, 15, 27, 88쪽 참조.

53 귀스도르프, 같은 책, 114쪽.

54 나폴레옹 제국과 낭만주의의 우주적 보편주의는 상관성이 있다.

55 귀스도르프, 같은 책, 118쪽.

56 같은 책, 42쪽. 만일 우리 자신도 이런 진보주의적 신조를 지니고 있었다면 우리의 책을 반사 지배가 나타나는 개체발생적 국면을 따라 그 뼈대를 세워 썼을 것이다. 즉 빨기 반사, 자세 반사, 조절과 성적 지배의 순으로 진행되었을 것이다. 하지만 인류는 심리학적인 존재이므로 그 발생을 통제할 수 있는 존재가 아니다.

57 레비 브륄, 『수첩들』, 131쪽, 136쪽; 뒤르켐E. Durkheim, 『종교적인 삶의 기본 형태들』, 340~342, 625쪽 참조.

58 귀스도르프, 같은 책, 247쪽 참조. 민속학과 역사에 대해서는 레비스트로스, 『구조 인류학』, 3쪽 이하 참조.

59 바스티드, 『사회학과 정신분석학』, 278쪽 이하 참조. 파레토의 "파생 현상"이라는 개념과 비교할 것. 파레토V. Pareto, 『사회학에 대하여』 참조.

60 다무레트, 같은 책, 1권, 105, 375, 389, 390쪽 참조.

61 이 책의 41쪽 이하 참조. 레비스트로스, 같은 책, 27, 28쪽 참조. 그는 이렇게 썼다. "의식으로부터 무의식으로의 이행은 특수한 것이 일반적인 것으로의 진보과정을 따른다."

62 라크로즈, 『상상력의 기능』, 1938.

63 이 책의 15~16, 32쪽 참조.

64 라크로즈, 같은 책, 130쪽 이하 참조.

65 같은 책, 132쪽.

66 같은 책, 98, 139쪽 참조.

67 같은 책, 98쪽 참조.

68 같은 책, 58쪽 참조.

69 같은 책, 117쪽 참조.

70 같은 책, 109쪽 참조.

71 같은 책, 111, 119, 120쪽 참조.

72 라크로즈, 같은 책, 84쪽; 달비에R. Dalbiez, 같은 책, 1권, 175쪽 참조.

73 라크로즈, 같은 책, 91쪽.

74 알랭, 같은 책, 213쪽, "나는 꿈의 본질은 그것이 제아무리 무서운 것이라 할지라도 즐거운 것이며 행복한 것이라고 믿는 편이다"; 210쪽, "잠은 일종의 안도의 웃음 같은 것이다. 그러나 그것은 완전한 일탈 속에서 이루어지며 이성과는 완전히 다른 것이다."

75 바르트, 『신화학』, 224, 251쪽 참조.

76 같은 책, 221쪽.

77 같은 책, 222, 233쪽 참조. 언어와 신화에 대한 이분법에서 바르트는 자신이 『기술記述의 영도零度*Le Degré zéro de l'écriture*』에서 주장했던 것을 오히려 부정하고 있는 듯하다. 그는 그 책에서 문체에서 나타나는 "개인의 신화", 곧 "파롤의 하위 물리hypophysique, 즉 개인적 담화"가 언제나 기술에 우선한다고 썼다. 우리로서는 신화가 언어와 기호학의 "영도零度"인 것처럼 보인다. 바르트, 『기술의 영도』, 19, 22, 35~40쪽 참조.

78 바르트, 『신화학』, 222쪽.

79 귀스도르프, 같은 책, 265쪽 참조.

80 바슐라르, 『과학정신의 형성』, 38쪽 참조.

81 바르트, 같은 책, 232쪽.

82 귀스도르프, 같은 책, 249쪽.

83 "생명력을 지닌 거짓"의 개념에 대해서는 라크로즈, 같은 책, 115쪽; 피아제, 『어린아이의 상징의 형성』, 117쪽 참조. 우리로서는 "인식론적인" 진실과 대립되는 개념으로 "찬송가적 진실"이라는 표현을 선호한다.

84 바슐라르, 같은 책, 78쪽.

85 같은 책, 78쪽. 『상상력과 과학』에 대해서는 베르니, 같은 책, 9장, 69쪽 참조. 이런 "무채색화"의 노력은 "밝음"과 "구분"을 지향한다는 점에서 우리는 과학적 노력의 과정을 단번에 상상계의 '낮의 체제'에 배치시킬 수 있다.

86 라크로즈, 같은 책, 58쪽. 한편 그 결론에서 도시의 보편적인 신화란 결국 이상적인 모델을 촉진시키고자 하는 윤리적 의지라는 것을 보여준 무치엘리의 아름다운 책, 『이상적 도시의 신화』, 300쪽 참조.

87 귀스도르프, 같은 책, 278쪽; 베르니, 같은 책, 3장, 43쪽의 "신화와 놀이"와 77쪽, 81~82쪽 그리고 10장의 "상상력과 삶"도 참조.

88 우리가 이 책을 쓸 때는 앙리 코르뱅이 쓴 『이븐 아라비의 수피즘에 나타난 창조적 상상력』이라는 대작을 아직 접하지 못했었다. 여러 가지 점에서 우리 책의 결론과 흡사한 점을 지닌 그 책에서 코르뱅은 '충만한 지성intellectus adeptus'에 대한 아베로에스 추종자들의 해석으로 인해 그 지위가 격하된 상상력에 원초적 지위를 회복시켜주었다.

제2장 공간, 상상력의 선험적 형태

1 사르트르, 『상상계』, 22, 121, 171쪽; 마리 보나파르트, 『크로노스, 에로스, 타나토스』, 25, 27, 29쪽; 알랭, 『신화지 서설』, 80쪽 참조. 알랭은 이렇게 썼다. "실제 사물의 변화는 기본적으로 이동이라는 단어로 환원시킬 수 있는 어떤 작업을 전제로 이루어진다. 그러나 상상계의 변화는 우리가 옛날이야기에서 보듯 아무런 수고도 없이 이루어진다. 지팡이 하나의 힘으로 궁전이 나타나기도 하고 사라지기도 하는 것이다."

2 퀸시T. de Quincey, 『영국 아편쟁이의 고백』, 32, 45쪽 이하; 보들레르, 『인공 낙원』, 23쪽 이하; 프루스트, 『되찾은 시간』, 2권, 72쪽 참조.

3 피아제, 『어린아이의 상징의 형성』, 212, 215쪽 참조.

4 알랭, 같은 책, 212쪽.

5 보나파르트, 『크로노스, 에로스, 타나토스』, 33쪽; 알랭, 같은 책, 212쪽 참조. 그는 이렇게 썼다. "꿈의 정신이란…… 위인들의 표현에 나타나 있다고 할 수 있다. ……일은 내일 해도 돼!"

6 베르그송, 『의식에 직접 주어진 것들에 관한 시론』, 175쪽 참조.

7 칸트, 『순수이성비판』, 74쪽.

8 알키에, 『영원을 향한 욕망』, 91쪽 참조.

9 뷔를루, 『경향들의 심리학』, 32쪽 참조.
10 알키에, 같은 책, 91쪽.
11 마리 보나파르트, 『크로노스, 에로스, 타나토스』, 17쪽.
12 베르그송, 『창조적 진화』, 367쪽; 『사유와 유동』, 117~118쪽 참조.
13 베르그송, 『창조적 진화』, 265, 267, 278쪽.
14 같은 책, 286쪽 참조.
15 귀스도르프, 같은 책, 102쪽.
16 같은 책, 103쪽.
17 프라딘, 『일반 심리학 논의』, II, 2, 14쪽 이하 참조.
18 베르그송, 『종교와 도덕의 두 원천』, 127쪽 참조.
19 프루스트, 『스완네집 쪽으로』, 54, 58쪽 및 『되찾은 시간』, 2권, 3장, 11, 14, 53쪽 이하 참조. 베르그송의 "실존주의"에 대해서는 보네H. Bonnet, 『소설과 시』, 236쪽 이하 참조. 우리의 주장은 기억을 "연관concaténation", 즉 가역적인 고리이지 실존적이고 숙명적인 미래가 아니라고 말한 수리오의 견해와 비슷하다.
20 코스틸레프, 『반사학』, 232쪽 참조.
21 말로, 『침묵의 소리』, 3권, 119, 145, 146, 150쪽 참조.
22 알렌디, 『무시된 유년 시절』, 60쪽; 보두앵, 『꿈의 분석 입문』, 37쪽 참조.
23 뒤프렌M. Dufrenne, 『기본 인격』, 155쪽 이하; 뒤랑, 『상징체계 형성의 세 층위』 참조.
24 코스틸레프, 같은 책, 32, 232쪽 참조; 골트슈타인, 같은 책, 135쪽, "반사는 전체 조직의 반응이다."
25 보두앵, 같은 책, 33쪽 참조.
26 골트슈타인, 같은 책, 135쪽 참조. "반사란 생체가 그것을 구성하고 있는 어떤 부분과도 분리되는 것에 대해 반응하는 것이다."
27 레비스트로스, 같은 책, 225쪽. "우리는 신화 전체란 잃어버린 시간을 찾는 것임을 잘 안다"; 바스티드, 「레비스트로스 혹은 잃어버린 시간을 찾아 나선 민속학자」(『아프리카에 대하여』, 1956, 4~5월호) 참조.
28 베르그송, 『종교와 도덕의 두 원천』, 127쪽 참조.
29 같은 책, 137쪽.
30 같은 책, 159쪽; 같은 책, 160쪽 참조.
31 같은 책, 159쪽.
32 사르트르, 『상상계』, 217쪽.
33 같은 책, 232쪽.
34 그리올, 『도곤족 마스크』, 818쪽. "도곤의 예술은 본래 부패와의 싸움이다."
35 말로, 『침묵의 소리』와 『신들의 변신』 참조.
36 바스티드, 『흑인들의 내면의 성城』, 256쪽. "가면은 황홀경의 대리물이다.

가면을 쓰고 사람들은 신들린 상태가 될 뿐 아니라 선조들의 역할도 연기한다.” 그리올, 같은 책, 773쪽 이하 참조.

37 같은 책, 802쪽.

38 같은 책, 775쪽.

39 같은 책, 776쪽 이하.

40 같은 책, 789쪽.

41 같은 책, 792쪽 주 4 참조; 위베르와 모스, 「주술에 관한 일반 이론 개요」, 『사회학 연보』, 7권 99쪽 참조; 앙드레 브르통, 『주술적 예술』, 11쪽 이하와 특히 48쪽 이하 참조.

42 브르통, 같은 책, 56쪽의 ‘레비스트로스의 대답’ 참조.

43 그리올, 같은 책, 806쪽.

44 같은 책, 802쪽.

45 ‘아와’는 가면의 사회이다.

46 같은 책, 819쪽.

47 베르그송, 『창조적 진화』, 173, 270쪽 참조.

48 프라딘, 『일반 심리학 논의』, I, 531, 538, 540, 559쪽 참조.

49 그것은 심지어 “실제의 사물들은 이동에 저항한다”고 말한 알랭 같은 이의 입장이기도 하다. 알랭, 같은 책, 80쪽.

50 사르트르, 『상상계』, 165쪽.

51 같은 책, 166쪽.

52 피아제, 『어린아이에게 있어서의 공간의 표현』, 532, 535쪽 참조.

53 세셰에, 같은 책, 97쪽 참조.

54 같은 책, 121쪽 참조.

55 바슐라르, 『공간의 시학』, 184쪽. 이러한 공실존이라는 반사성 반응의 기능에 의해, 달리 말하면 중첩의 기능에 의해 인간 존재는 실존의 영역에서 본질의 영역으로 옮아갈 수 있게 된다.

56 같은 책, 27쪽.

57 보나파르트, 『크로노스, 에로스, 타나토스』, 15, 34쪽.

58 피아제, 같은 책, 555쪽; 565쪽도 참조.

59 빈스반거, 『인간 현존재의 기본 형태와 인식』, 31쪽 참조.

60 루이에A. Rouhier, 「경탄의 눈을 갖게 하는 약」; 로쿨A. Raucoule, 「메스칼린에 의한 환각」(『두뇌』, 1938, 6월호) 참조; 라이샤르G. A. Reichard, 야콥슨과 베르트, 「언어와 공감각」(『단어』, 5권2호, 1949, 226쪽 이하) 참조. 청각의 아틀라스는 시각보다 실리주의에서 벗어나기 힘들다. 듣기는 아주 긴 기간 동안 단순한 위험의 의미나 단순한 기호의 수신자로 남아 있다. 시력은 청력보다 더 멀리 간다.

61 스트라빈스키I. Stravinsky, 『음악의 시학』, 28쪽.

62 사르트르, 『상상력』, 149쪽. 문학에서의 산문성의 한계에 대해서는 뒤랑, 『'파르마의 수도원'에 나타나는 신화적 배경』, 2부, 2장 참조.

63 시각은 기본적으로 거리의 기관이며 "시각성"은 본능적으로 지평선을 "무한 공간"으로 멀리 밀어내기 때문이다.

64 이 책의 261쪽 이하와 318쪽 이하 참조.

65 엘리아데, 『종교사론』, 324~325쪽 참조.

66 이 책의 459쪽 이하 참조.

67 바슐라르, 『부정의 철학』, 108쪽; 『응용합리주의』, 84쪽; 코르지프스키A. Korzybski, 『과학과 건강』, 52~58쪽 참조. 그에게는 모든 연결 논리가 공간적 '동시성' '내포' 그리고 '잠식'으로 해결된다.

68 바슐라르, 『부정의 철학』, 116쪽 이하 참조.

69 코르지프스키, 같은 책, 56~58쪽 참조. 잠식蠶食이라는 용어는 기하학적으로 매우 모호하다. 잠식의 변주들은 무한하기 때문이다.

70 레비 브륄, 『열등한 사회에서의 정신적 기능』, 453쪽 이하; 프르질루스키, 『참여』, 156쪽 이하, 167쪽; 바스티드, 「참여에 대한 연구를 위하여」, 『국제 사회학지』, 14권, 1953, 130~140쪽 참조.

71 블로일러, 『정신과 의사의 수첩』, 4권, 1장, 38, 75쪽 이하 참조.

제3장 완곡화의 초월적 구도론

1 수스텔, 『고대 멕시코인들의 우주론적 사유』 참조. 특히 7장 '죽은 자들의 거소', 8장 '주요 지점들', 9장 '시간과 공간'을 주로 참조. 이 책의 2권 2부와 할브바크, 『성소에서의 복음 전설에 대한 위상학』도 참조.

2 이 책의 55쪽 이하 참조.

3 그라네, 『중국 사상』, 184쪽 이하; 카즈뇌브, 『신들은 시볼라에서 춤을 춘다』, 68쪽 이하; 레비스트로스, 『구조 인류학』, 148~180쪽 "이원론적인 조직은 존재하는가?" 참조.

4 수스텔, 같은 책, 68쪽 이하, 73~75쪽 참조.

5 같은 책, 67쪽.

6 뒤르켐과 모스, 「몇 가지 원시적인 분류 형태에 대하여」, 『사회학 연보』, 2권, 480쪽 이하 참조.

7 이 책의 209쪽 이하 참조.

8 이 책의 343쪽 이하와 439쪽 이하 참조.

9 이 책의 347쪽 이하 참조; 레비스트로스, 『구조 인류학』, 104쪽 이하; 기로, 『의미론』, 116쪽 참조. 그는 문체적인 "후광"보다 의미적인 "핵"에 더 큰 중요성을 두었다.

10 칸트, 『순수 이성 비판』, I, 172쪽. "하나의 개념이 이미지를 받아들이는 이러한 상상력의 전반적 방식의 표현을 나는 그런 개념의 구도schème라고 부른다."

11 같은 책, 176쪽 참조.

12 기로, 『문체론』, 3장 "표현의 문체" 참조.

13 이 책의 230쪽 이하 참조.

14 기로, 『의미론』, 116쪽 참조.

15 마토레, 같은 책, 20, 27, 60, 62쪽 참조.

16 바르트의 용어를 빌려와 사용한다면 '글쓰기'는 '문체'를 참조해야만 그 값을 갖는다고 말할 수도 있다.

17 이 책의 235쪽 이하 참조.

18 이 책의 227쪽 이하 참조.

19 이 책의 233쪽 이하 참조.

20 이 책의 230쪽 이하 참조.

21 볼마트, 같은 책, 202쪽 이하 참조.

22 같은 책, 308쪽.

23 같은 책, 211쪽.

24 같은 책, 204쪽.

25 이 책의 256쪽 이하 참조.

26 이 책의 343쪽 이하 참조.

27 이 책의 262쪽 이하 참조.

28 이 책의 352쪽 이하 참조.

29 이 책의 349쪽 이하 참조.

30 브레알, 『의미론』, 149~150쪽 참조.

31 이 책의 447쪽 이하 참조.

32 이 책의 359쪽 이하 참조.

33 이 책의 440쪽 이하 참조.

34 이 책의 363~367쪽 참조.

35 이 책의 450쪽 참조.

36 역설적으로 문체와 수사학적 "글쓰기"를 신중하게 분리하고, "문체가 사람이다"라고 주장하며, 철학이 수사학과 문체, 그래서 결과적으로 인간으로부터 고개를 돌린 시기가 바로 이 시기이다. 기로, 『문체론』, 31쪽 "수사학의 데카당스" 참조.

결론

1 레비스트로스, 『구조 인류학』, 205쪽 '상징적 유효성'이라는 훌륭한 글 참조. 거기서 저자는 아무런 망설임 없이 정신분석학자의 치료법을 샤머니즘의 쿠나cuna와 병치시킨다. 뒤랑, 「성상파괴주의적인 서구」, 『국제 상징주의지』, 2권, 1963 참조.

2 프르질루스키, 『참여』, 11쪽 참조. "우리가 지금 겪고 있는 정신적 위기는 부분적으로는 시간과 공간 속에서 인간의 통일성을 그려보는 능력이 없음에 기인한다"고 그는 썼다.

3 바르트, 같은 책, 232, 235, 237쪽 참조. 리쾨르는 「상징은 사유할 것을 준다」에서 "탈신비화"와 "탈신화화"의 미묘한 차이를 훌륭하게 밝혀냈다. (『에스프리』지, 1959년 7월호 참조)

4 프리드먼, 『인간 노동, 어디로 갈 것인가?』, 150~151, 235쪽 이하, 343쪽; 스턴, 『제3의 혁명』, 124쪽 이하 참조. 그리고 이른바 '추상' 예술에 대한 반격으로 구상 예술의 귀환 현상이 나타난 것이 아니라 앵포르멜(비정형) 예술이 나타난 사실을 특히 주목하라. 프란츠 클라인Franz Kline, 마크 토비Mark Tobey, 자오우키, 도모토의 작품 참조.(『동-서양』의 전시회 카탈로그, 체르누시 미술관, 1958년)

5 "비행접시"에 대한 "정신병적 질환"에 대하여 융이 행한 분석 참조. 융, 『현대의 신화, 하늘에 나타난 물체들에 관하여*Ein moderner Mythus. Von Dingen, die am Himmel gesehen werden*』, 1959 참조.

6 바르트, 같은 책, 233쪽. 아라공은 바르트와 반대로 보들레르의 조망 속에서 이러한 사치는 희망과 예술과 불가분의 관계에 있다는 사실을 잘 알아보았다. 아라공L. Aragon, 「사치를 위한 변명」(『마티스』 서문, 스키라, 제네바, 1946) 참조.

7 플라톤, 『파이돈』, 114d.

8 세셰에, 『상징적 실현』 참조.

9 드조유, 같은 책 참조.

10 모렌토, 『사회측정법의 기초』 참조.

11 뒤랑, 『'파르마의 수도원'에 나타나는 신화적 배경』 참조.

12 반항이 신화적으로 어떻게 투사되는가에 대해서는 무치엘리, 『이상 도시의 신화』 참조.

13 플라톤, 『파이돈』, 60e 참조.

참고문헌

ABRAHAM (K.). *Essai d'une histoire de l'évolution de la libido. Internat. psychan.* Verlag, 1924, Wien.

ADAM (L.). *Le Genre dans les diverses langues.* Paris, 1883.

ADLER (A.). *Connaissance de l'homme.* Payot, Paris, 1949.

AEPPLI (E.). *Les Rêves et leur interprétation.* Payot, Paris, 1954.

ALAIN. *Préliminaires à la mythologie.* Hartmann, Paris, 1943.

—. *Idées.* Hartmann, Paris, 1951.

ALLEAU (R.). *De la nature des symboles.* Flammarion, Paris, 1958.

ALLENDY (R.). *L'Enfance méconnue.* Ed. Mt-Blanc, Genève, 1943.

ALQUIÉ (F.). *Le Désir d'éternité.* P.U.F., Paris, 1943.

—. *Philosophie du Surréalisme.* Flammarion, Paris, 1955.

ANDRÉAE (J. V.). *Les Noces chymiques de Christian Rosenkreuz.* Chacornac, Paris, 1928.

ARAGON (L.). *Le Paysan de Paris,* N.R.F., 1926.

—. "Apologie du luxe", in 《Matisse》. Skira, Genève, 1946.

ARBOIS DE JUBAINVILLE (H. d'). *Le Cycle mythique irlandais et la mythologie celtique* (tome II du 《Cours de littérature celtique》). Thosin, Paris, 1884.

ARNOULD DE GRÉMILLY (L.). *Le Coq.* Flammarion, Paris, 1958.

ARTHUS (H.). *Le Village. Test d'activité créatrice.* Hartmann, Paris, 1949.

AUGER (P.). "Deux temps trois mouvements", in 《Diogène》, Paris, juillet 1957.

AYZAC (F. d'). "Iconographie du Dragon", in 《Revue de l'art chrétien》, 1864.

BACHELARD (G.). *La Formation de l'esprit scientifique.* Vrin, Paris, 1947.

—. *La Philosophie du non.* P.U.F., Paris, 1940.

—. *Le Rationalisme appliqué.* P.U.F., Paris, 1949.

—. *L'Air et les songes.* Corti, Paris, 1943.

—. *L'Eau et les rêves.* Corti, Paris, 1942.

—. *La Terre et les rêveries de la volonté.* Corti, Paris, 1948.

—. *Psychanalyse du feu.* Gallimard, Paris, 1938.

—. *La Poétique de l'Espace.* P.U.F., Paris, 1957.

—. *Lautréamont.* Corti, Paris, 1939.

—. *La Poétique de la rêverie.* P.U.F., 1960.

BAR (F.). *Les Routes de l'autre monde.* P.U.F., Paris, 1946.

BARTHES (R.). *Le Degré zéro de l'écriture.* Le Seuil, Paris, 1953.

—. *Mythologies.* Le Seuil, Paris, 1957.

BASTIDE (R.). *Sociologie et Psychanalyse.* P.U.F., Paris, 1949-1950.

—. "Le《Château intérieur》de l'homme noir", in《Eventail de l'Histoire vivante, Hommage à Lucien Fèbvre》. A. Colin, 1953.

—. "Contribution à l'étude de la participation", in《Cahiers intern. de Sociol., XIV》. Paris, 1953.

—. "Immigration et Métamorphose d'un dieu", in《Cahiers de Sociol., XX》. Paris, 1956.

—. "Lévi-Strauss ou l'ethnographie à la recherche du temps perdu", in《Présence africaine》, mai 1959.

BAUDELAIRE (C.). *Les Fleurs du mal.* Garnier, Paris, 1954.

BAUDOUIN (C.). *La Découverte de la personne.* P.U.F., Paris, 1940.

—. *Psychanalyse de V. Hugo.* Ed. Mt-Blanc, Genève, 1943.

—. *L'Ame et l'Action.* Ed. Mt-Blanc, Genève, 1944.

—. *Introduction à l'analyse des rêves.* Ed. Mt-Blanc, Genève, 1945.

—. *De l'instinct à l'esprit. Desclée de Brouwer*, Bruges, 1950.

—. *Le Triomphe du héros.* Plon, Paris, 1952.

BAY (A.). *Histoires racontées par des enfants.* Stock, Paris, 1951.

BAYARD (J.-P.). *Histoire des légendes.* P.U.F., Paris, 1955.

—. *Le Feu.* Falmmarion, Paris, 1900.

BÉDIER (J.). *Le Roman de Tristan et Iseut.* Traduit et restauré par J. Bédier. Piazza, Paris, 1900.

BÉGUIN (A.). *Le Rêve chez les romantiques allemands et dans la pensée française moderne.* Cahiers du Sud, Marseille, 1937.

BENEDICT (R.). *Echantillons de civilisations.* Gallimard, Paris, 1950.

BERGAIGNE (A.). *La Religion védique d'après les hymnes du Rig-Véda* (3 vol.). Vieweg, Paris, 1883.

BERGER DE XIVREY (J.). *Traditions tératologiques, ou récits de l'antiquité et du moyen âge en Occident sur quelques points de la fable, du merveilleux et de l'Histoire naturelle.* Impr. Royale, 1836.

BERGSON (H.). *Essai sur les données immédiates de la conscience.* P.U.F., Paris, 1939.
—. *Matière et Mémoire.* P.U.F., Paris, 1945.
—. *L'Evolution créatrice.* P.U.F., Paris, 1945.
—. *Les Deux Sources de la morale et de la religion.* P.U.F., Paris, 1945.
BERNIS (J.). *L'Imagination.* P.U.F., Paris, 1958.
BERNUS (A. von). *Alchimie und Heilkunst.* H. Karl, Nürnberg, 1948.
BERTHELOT (R.). *La Pensée de l'Asie et l'astrobiologie.* Payot, Paris, 1949.
BETCHEREV (W.). *La Psychologie objective.* Alcan, Paris, 1913.
—. *General principles of human reflexology.* London, 1933.
BETCHEREV(W.) et BERITOFF (I. S.), OUFLAND (J. M.), OUKHTOMSKY (A.), VINOGRADOV (M.). *Novoïé Reflexologuii i Fisiologuii Nervnoï Systemi* (2 vol.). Léningrad - Moscou, 1925~1926.
BHAGAVAD-GITA (LA). Trad. C. Rao et J. Herbert. Maisonneuve, Paris, 1943.
BIBLE (La Sainte). Traduction L. Segond. Maison de la Bible, Genève, 1943.
BINET (A.). "La Pensée sans images", in 《Rev. philo.》, Paris, 1903.
—. *Etude expérimentale de l'intelligence.* A. Costes, Paris, 1922.
BINSWANGER (L.). *Grundformen und Erkentnis menschlichen Dasein.* Leipzig, 1922.
BLANCOU (M.-L.). *Règlement taurin.* Traduit par M.-L. Blancou. Nimes, 1949.
BLEULER (M.). *Handbuch der Psychiatrie.* Deutike, Leipzig, 1911.
BLEULER (M.). "Die Probleme der Schizoïdie und Syntonie", in 《Zeitschrifft für D. ges. Neurolog. und Psychiatrie》, 1922.
BLOCH (J.). *Les Tziganes.* P.U.F., Paris, 1953.
BOCHNER (R.) et HALPERN (F.). *L'Application clinique du test de Rorschach* (2 vol.). P.U.F., Paris, 1948.
BOHM (E.). *Traité du psychodiagnostic de Rorschach* (2 vol.). P.U.F., Paris, 1955.
BOISACQ (E.). *Dictionnaire étymologique de la langue grecque.* Klincksieck, Paris, 1938.
BONAPARTE (M.). *Chronos, Eros, Thanatos.* P.U.F., Paris, 1952.
—. *Mythes de guerre.* Image Publishing, London, 1946.
—. *Edgar Poë, sa vie, son oeuvre, étude analytique* (3 vol.). Denoël, Paris, 1933.
—. *Psychanalyse et Anthropologie.* P.U.F., Paris, 1952.
—. *Psychanalyse et Biologie.* P.U.F., Paris, 1952.
BONNET (H.). *Roman et Poésie. Essai sur l'esthétique des genres.* Nizet, Paris, 1951.
BOYANCÉ (P.). *Le Culte des muses chez les philosophes grecs.* De Boccard, Paris, 1937.
BRADLEY (O.). *Principles of Logic.* London, 1883.
BRÉAL (M.-J.). *Essai de Sémantique. Science des significations.* Hachette, Paris, 1904.
BRÉAL (M.-J.) et BAILLY (A.). *Dictionnaire étymologique de la langue latine.* Hachette, Paris, 1898.

BRÉHIER (E.). "Philosophie et Mythe", in 《Rev. méta. et morale》, Paris, 1914.

—. *Histoire de la philosophie* (3 vol.). P.U.F., Paris, 1946.

BRELET (G.). *Le Temps musical.* P.U.F., Paris, 1949.

BRENTANO (F.). *Psychologie du point de vue empirique.* Aubier, Paris, 1944.

BREUIL (H.). "Le Feu et l'industrie lithique et osseuse a Chou Kou Tien", in 《Bull. Soc. Géol. chin., XI》, Paris, 1931.

BRETON (A.). *Le Poisson soluble.* Kra, Paris, 1924.

—. *Second manifeste du surréalisme.* Ed. du Sagittaire, Paris, 1947.

BRETON (A.) et LEGRAND (G.). *L'Art magique.* Club Français du Livre, Paris, 1957.

BRIFFAUT (R.). *The Mothers. A Study of the Origin of Sentiments and Institutions* (3 vol.). London, 1927.

BRU (Ch.-P.). *Esthétique de l'abstraction. Essai sur le problème actuel de la peinture.* P.U.F., 1955.

BRUNSCHVICG (L.). *Héritage de mots, héritage d'idées.* P.U.F., Paris, 1945.

BRUYNE (E. de). *Etudes d'esthétique médiévale* (3 vol.). De Tempel, Bruges, 1946.

BUHLER (K.). "Tatsachen und Probleme zu einer Psychologie der Denkvorgänge", in 《Arch. für Gesel. Psych.》, Berlin, 1907.

BUHOT (J.). *Arts de la Chine.* Editions du Chêne, Paris, 1951.

BURLOUD (A.). *La Pensée, d'après les recherches expérimentales de H. J. Watt, Messer et Buhler.* Alcan, Paris, 1927.

—. *La Pensée conceptuelle.* Alcan, Paris, 1928.

—. *La Psychologie des tendances.* Alcan, Paris, 1928.

CAHEN (M.). *La Libation, Etude sur le vocabulaire religieux du vieux scandinave.* Paris, 1921.

CANGUILHEM (G.). *Connaissance de la vie.* Hachette, Paris, 1952.

CARON (M.) et HUTIN (S.). *Les Alchimistes.* Seuil, Paris, 1959.

CARROUGE (M.). *A. Breton et les données fondamentales du surréalisme.* Gallimard, Paris, 1950.

CASTETS (F.). "Edition de Renaud de Montauban", in 《Rev. des langues romanes》, XLIX, 1906.

CATALOGUE de l'Exposition 《Orient-Occident, rencontres et influences》. Musée Cernuschi, Paris, 1958.

CAZENEUVE (J.). *Les Dieux dansent à Cibola. Le Shalako des Indiens Zunis.* Gallimard, Paris, 1957.

CELLIER (L.). *L'Epopée romantique.* P.U.F., Paris, 1954.

CHAMISSO (A. von). *Peter Schlemihl.* Didier, Paris, 1949.

CHAR (R.). *A une sérénité crispée.* Gallimard, Paris, 1951.

CHOISY (M.). *La Métaphysique des Yogas.* Edit. Mt-Blanc, Genève, 1948.

—. *Satan* (volume collectif). Etudes Carmélitaines. Desclée, Paris. 1948.

CLAUDEL (P.). *Cannaissance de l'Est.* Mercure de France, Paris, 1907,

COCTEAU (J.). *Le Sang d'un poète.* Edit. du Rocher, Monaco, 1953.

COHEN (G.). *La Grande clarté du Moyen Age.* Gallimard, Paris, 1945.

COHN (W.). et DAVID (M.). *La Peinture chinoise.* Phaidon, London, 1948.

COMHAIRE-SYLVAIN (S.). *Les Contes haïtiens* (2 vol.). Impr. Meester-Wettern, Belgique, 1937.

CORBIN (H.). *L'Imagination créatrice dans le soufisme d'Ibn' Arabi.* Flammarion, 1959.

COUDERC (P.). *Le Calendrier.* P.U.F., Paris, 1946.

COXWELL (G. F.). *Siberian and Other Folk-Tales.* The C. W. Danill Company, London, 1925.

CUÉNOT. *L'Evolution biologique. Les faits, les certitudes.* Masson, Paris, 1951.

CUISINIER (J.). *La Danse sacrée en Indochine et en Indonésie.* P.U.F., Paris, 1951.

DALBIEZ (R.). *La Méthode psychanalytique et la doctrine freudienne* (2 vol.). Desclée de Brouwer, Paris, 1936.

DALI (S.). *De la beauté terrifiante et comestible de l'architecture Modern' Style.* Minotaure, III, IV, Paris, 1933.

—. *Ma vie secrète.* Club Français du Livre, Paris, 1954.

DAMOURETTE et PICHON (E.). *Des mots à la pensée. Essai de grammaire psychologique de la langue française* (7 vol.). Bibl. du Français moderne, Paris, 1911~1936.

DANTE. *La Divine Comédie.* A. Michel, Paris, 1947.

DARDEL (E.). "La Signification du mythique", in 《Diogène》, n°7, 1954.

DAUZAT (A.). *La Toponymie française.* Payot, Paris, 1946.

DAVY (M. M.). *Essai sur la symbolique romane.* Flammarion, Paris, 1955.

DEJERINE (J.). "Sémiologie du système nerveux", ch. IX, tome V du 《Traité de Path. générale》 de Ch. Bouchard. Masson, Paris, 1901.

DELMAS (A.). et BOLL (M.). *La Personnalité humaine.* Flammarion, Paris, 1922.

DE LUBAC (H.). *Amida.* Seuil, 1955.

DESOILLE (R.). *L'Exploration de l'activité subconsciente par la méthode du rêve éveillé.* D'Artrey, Paris, 1938.

—. *Le Rêve éveillé en psychothérapie.* P.U.F., Paris, 1945.

DIEL (P.). *Le Symbolisme dans la mythologie grecque.* Payot, Paris, 1952.

DIETERICH (A.). *Mutter Erde, ein Versuch über Volksreligion.* Leipzig-Berlin, 1925.

DIETERLEN (G.). *Essai sur la religion Bambara.* P.U.F., Paris, 1951.

DONNER (K.). *La Sibérie* (La vie en Sibérie. Les temps anciens). Gallimard, Paris, 1946.

DONTENVILLE (H.). *La Mythologie français.* Payot, Paris, 1948.

DRACOULIDÈS (N. N.). *L'Analyse de l'artiste et de son oeuvre.* Ed. Mont-Blanc, Genève, 1952.

DUCHESNE-GUILLEMAIN (J.). *Ormadz et Ahriman. L'aventure dualiste dans l'anti-quité.* P.U.F., Paris, 1953.

DUFRENNE (M.). *La Personnalité de base.* P.U.F., Paris, 1953.

DUMAS (G.). *Nouveau traité de Psychologie.* P.U.F., Paris, 1930.

DUMÉZIL (G.). *Tarpeia. Essai de phiologie comparative indo-européenne* (Les Mythes romains, III). Gallimard, Paris, 1947.

—. "L'Héritage indo-européen à Rome", introduction aux séries 《Jupiter, Mars, Quirinus》 et 《Les Mythes romains》. Gallimard, Paris (7e édition), 1949.

—. *Jupiter, Mars, Quirinus* (abrév. J. M. Q.), I. Essai sur la conception indoeuropéenne de la société et sur les origines de Rome. Gallimard, Paris, 1941.

—. *Jupiter, Mars, Quirinus*, II. Naissance de Rome. Gallimard, Paris, 1944.

—. *Jupiter, Mars, Quirinus*, IV. P.U.F., Paris, 1948.

—. *Mythes et Dieux des Germains. Essai d'interprètation comparative.* P.U.F., Paris, 1953.

—. *Mitra-Varuna. Essai sur deux représentations indo-européennes de la Souveraineté.* P.U.F., Paris, 1940.

—. *Servius et la Fortune. Essai sur la fonction sociale de louange et de blâme etsur les éléments indo-européens du cens romain* (Les Mythes romains, II). Gallimard, Paris, 1943.

DUMONT (L.). *La Tarasque. Essai de description d'un fait local d'un point de vue ethnographique.* Gallimard, Paris, 1951.

DURAND (G.). "Psychanalyse de la neige", in 《Mercure de France》, Paris, août 1953.

—. "Lucien Leuwen, ou l'héroïsme à l'envers", in 《Stendhal Club》, avril 1959.

—. *Le Décor mythique de la Chartreuse de Parme. Contribution à l'esthétique du romanesque.* Corti, 1961.

—. "Les Trois Niveaux de formation du symbolism", in 《Cahiers internationaux de symbolisme》, Bruxelles, 1962.

—. "L'Occident iconoclaste. Contribution à l'histoire du symbolism", 《Cahiers intern. de symbolisme》, Bruxelles, 1963.

DURAND (Y.). "Le Test archétypal à 9 éléments (A. T. 9). Essai d'exploration expérimentale du comportement par les structures de l'Imaginaire". Cahiers intern. de symbolisme, n°4, Bruxelles, 1963.

DURKHEIM (E.). *Les Formes élémentaires de la vie religieuse. Le système totémique en Australie.* Alcan, Paris, 1912.

DURKHEIM (E.) et MAUSS (M.). "De quelques formes primitives de classification", in 《Année sociol., VI》, Paris, 1901~1902.

ELIADE (M.). "La Mandragore et les Mythes de la naissance miraculeuse", in 《Zalmoxis》, t. III, 1940~1941.

—. *Traité d'Histoire des religions*. Payot, Paris, 1949.

—. *Le Chamanisme et les techniques archaïques de l'extase*. Payot, Paris, 1951. ELIADE (M.).

—. *Le Yoga (Immortalité et Liberté)*. Payot, Paris, 1954.

—. *Images et Symboles. Essai sur le symbolisme magico-religieux*. Gallimard, Paris, 1952.

—. *Le Mythe de l'éternel retour, archétypes et répétition*. Les Essais, Paris, 1949.

—. *Forgerons et Alchimistes*. Flammarion, Paris, 1956.

ELWIN (Verrier). *Maisons des jeunes chez les Muria*. Gallimard, Paris, 1959.

ESCHOLIER (R.). *Victor Hugo artiste*. Crès, Paris, 1926.

ESPINAS (A.). *Les Origines de la technologie*. P.U.F., Paris, 1897.

FABRE D'OLIVET. *La Langue hébraïque restituée* (2 vol.). Darbon aîné, Paris, 1931.

FAULKNER (W.). *Le Bruit et la Fureur. Sartoris. L'Invaincu* (3 vol.). Gallimard, Paris, 1937-1950.

FÉLICE (P. de). *Poisons sacrés, ivresses divines. Essai sur quelques formes inférieures de la mystique*. A. Michel, Paris, 1936.

FESTUGIÉRE (A.-J.). *La Révélation d'Hermès Trixmégiste* (4 vol.). Etudes Bibliques, Paris, 1944.

FEWKES (J. W.). *Hopi Katcinas. 21st Annual Report, Bur. of American Ethnol.* Smithsonian Instit., Washington, 1903.

FIGUIER (L.). *L'Alchimie et les alchimistes*. Hachette, Paris, 1856.

FLORISSONE (M.). *Esthétique et Mystique d'après sainte Thérèse d'Avila et saint Jean de la Croix*. Seuil, Paris, 1956.

FOURNIER (A.). *Le Grand Meaulnes*. Emile-Paul, Paris, 1930.

FRAZER (J.-G.). *Le Rameau d'Or. Etude de magie et d'histoire religieuse*. Schleicher, Paris, 1903~1911.

—. *Mythes sur l'origine du Feu*. Payot, Paris, 1931.

FREUD (S.). *Introduction à la psychanalyse*. Payot, Paris, 1947.

—. *Psychopathologie de la vie quotidienne*. Payot, Paris, 1948.

—. *La Science des rêves*. Payot, Paris, 1950

—. *Trois essais sur la théorie de la Sexualité*. Gallimard, Paris, 1923.

—. *Totem et Tabou*. Payot, Paris, 1947.

—. *Jenseits des Lustprinzips*. Leipzig, 1920.

—. *Das Ich und das Es*. Leipzig, 1923.

FRIEDMANN (G.). *Où va le travail humain?*. Gallimard, Paris, 1950.

—. "Psychanalyse et Sociologie". Diogène, n°14, 1956.

FRUTIGER. *Les Mythes de Platon*. Alcan, Paris, 1930.

GANAY (S. de). "Les Devises des Dogons", in 《Trav. et mém. instit. ethnog.》, XLI, Paris, 1942.

—. "Une Graphie soudanaise du doigt du créateur", in 《Revue d'hist. des religions》, XXXIX, n°I, T. C., janv.-mars 1951.

GANZ (M.). *La Psychologie d'A. Adler et le développement de l'enfant. Delachaux et Nieslé*, Neuchâtel, 1935.

GERMAIN (P.). et BUGNARDIN (P.). "Musique et Psychanalyse", in 《Rev. fr. de Psychan.》, Paris, 1934.

GHIKA (M.). *Le Nombre d'or* (2 vol.). Gallimard, Paris, 1931.

GIACOMETTI. "La Voiture démystifiée", in 《Art》, n°339, Paris, 1957.

GIBSON (J.). et MAURER (O. H.). "Determinants of the perceived vertical and horizontal", in 《Psychol. Review》, July, 1938.

GIRARD (R.). *Le Popol-Vuh. Histoire culturelle des Maya-Quichés. Payot*, Paris, 1954.

GOLDSTEIN (K.). *La Structure de l'organisme*. Gallimard, Paris, 1951.

GOLDSTEIN (K.). et ROSENTHAL (O.). *Zum Problem der Wirkung der Farben auf den Organismus. Schwitz arch. für Neurol. u. Psychiat.* XXVI, Zurich, 1934.

GONSETH (F.). *Les Mathématiques et la réalité*. Alcan, Paris, 1936.

GORCE (M.). et MORTIER (R.). *Histoire générale des religions* (4 vol.). Quillet, Paris, 1948.

GRANET (M.). *La Civilisation chinoise*. Renaissance du Livre, Paris, 1929.

—. *La Pensée chinoise*. Id., Paris, 1934.

—. *Danses et Légendes de la Chine ancienne* (2 vol.). Alcan, Paris, 1926.

GRAY (R. D.). *Goethe the Alchemist, a Study of alchemical Symbolism in Goethe's Literary and Scientific Works*. University Press, Cambridge, 1952.

GRIAULE (M.). *Dieu d'eau. Entretiens avec Ogotommêli*. Editions du Chêne, Paris, 1948.

—. *Masques dogons*. Instit. ethnol., Paris, 1932.

—. *Jeux dogons*. Instit. ethnol., Paris, 1938.

—. "Rôle du Silure Clarias Senegalensis dans la procréation au Soudan français", in 《Deutsche Akademie der Wissenschaften zu Berlin》, n°26, 1955.

—. "Symbolisme d'un temple totémique soudanais", in 《Is. M.E.O.》, Roma, 1957.

—. "Symbolisme des tambours soudanais", in 《Mélanges d'histoire et d'esthétique musicale》. Massé, Paris, 1955.

—. "Nouvelles recherches sur la notion de personne chez les Dogons", in 《Journ. de Psych. normale et pathologique》, oct.-déc. 1947.

—. "Remarques sur le mécanisme du sacrifice dogon", in 《Journ. Société des africanistes》, X, 1940.

GRIAULE (M.) et DIETERLEN (G.). "Un système soudanais de Sirius", in 《Journ. Soc. des africanistes》, XX, 1950.

GRILLOT DE GIVRY. *Le Musée des sorciers, mages et alchimistes*. Libr. de France, Paris, 1929.

GRIMAL (P.). *Dictionnaire de la mythologie grecque et romaine*. P.U.F., Paris, 1951.

GROOS (K.). *Les Jeux des animaux*. Alcan, Paris, 1902.

GROTH-KIMBALL (I.) et FEUCHTWANGER (F.). *L'Art ancien du Mexique*. Braun, Paris, 1954.

GROUSSET (R.). *Arts de l'Extrême-Orient*. Plon, Paris, 1950.

GRUPPE (O.). *Griechische Mythologie*. Beck, München, 1906.

GUÉNON (R.). *Le Règne de la quantitè et le signe des temps*. Gallimard, Paris, 1945.

—. *Le Roi du monde*. Edit. tradition., Paris, 1950.

—. *Le Symbolisme de la Croix*. Edit. Vega, Paris, 1950.

GUIART (J.). *Contes et Légendes de la Grande Terre*. Edit. des Etudes mélanésiennes, 1957.

GUIRAUD (P.). *Langage et versification d'après l'oeuvre de P. Valéry*. Klincksieck, Paris, 1953.

—. *Index du vocabulaire du symbolisme* (3 vol.). Klincksieck, Paris, 1953.

—. *La Stylistique*. P.U.F., 1954.

—. *La Sémantique*. P.U.F., 1959.

GUITTON (J.). *Le Temps et l'Éternité chez Plotin et saint Augustin*, Boivin, Paris, 1933.

GÜNTERT (M). *Kalypso*. Halle, 1923.

GUSDORF (G.). *Mythe et Métaphysique*. Flammarion, Paris, 1953.

HALBWACHS (M.). *La Topographie légendaire des évangiles en Terre sainte*. P.U.F., Paris, 1941.

HARDING (E.). *Les Mystères de la femme*. Payot, Paris, 1953.

HEGEL (G. W. F.). *Esthétique*. Trad. Ch. Benard, Paris, 1875.

HERDER (J. G. von). 《Vom Erkennen》(in *Gesammelte Werke*). Rulten und Loening, Potsdam, 1892.

HEUSE (G.). *Eléments de Psychologie sociale générale*. Vrin, Paris, 1954.

HILLIER (J.). *Les Maîtres de l'estampe japonaise*. Phaidon, London, 1954.

HITLER (A.). *Mein Kampf* (2 vol.). Zentralverlag der N.S.D.A.P., München, 1934.

HÖFFDING (H.). *Esquisse d'une psychologie fondée sur l'expérience*. Alcan, Paris, 1900.

HUBERT (H.). et MAUSS (M.). *Mélanges d'histoire des religions*. Alcan, Paris, 1929.

—. "Essai sur la nature et la fonction du sacrifice". *Année sociologique*, II, Alcan, Paris, 1897~1898.

—. "Esquisse d'une théorie générale de la magie". *Année sociol.*, VII, Alcan, Paris, 1903.
HUBERT (R.). *La Croissance mentale. Etude de psychologie.* P.U.F., Paris, 1949.
HUGO (V.). *OEuvres complètes* (42 vol.). Ollendorff, Paris, 1904-1938.
HUGUET (E.). *Métaphores et comparaisons dans l'oeuvre de V. Hugo.* Hachette, Paris, 1904.
HUSSERL (E.). *Idées directrices pour une phénoménologie.* Gallimard, Paris, 1950.
HUTIN (S.). *L'Alchimie*, P.U.F., Paris, 1951.
HYPPOLITE (J.). "Commentaire parlé sur la Verneinung de Freud", in《La Psychanalyse》, P.U.F., Paris, 1956.
ICARD (S.). *La Femme pendant la période menstruelle, étude de psychologie morbide et de médecine légale.* Alcan, Paris, 1890.
JACOBI (J.). *Psychologie de C. G. Jung.* Delachaux et Nieslé, Paris, 1946.
JACOBSON (E.). "The Electrophysiology of Mental Activites", in《Americ. journ. psych.》, n°44, 1933.
JAMES (W.). *Précis de Psychologie.* Pivière, Paris, 1910
—. *Le Pragmatisme.* Flammarion, Paris, 1911.
JASPERS (K.). *Strindberg et Van Gogh.* Edit. de Minuit, Paris, 1953.
JEAN PAUL (Richter). *Sämtliche Werke* (4 vol.). Reimer, Berlin, 1860~1862.
JUNG (C. G.). *Métamorphoses et symboles de la libido.* Montaigne, Paris, 1932.
—. *Paracelsica.* Rascher, Zurich, 1934.
—. *Ein moderner Mythus. Von Dingen, die am Himmel gesehen werden.* Rascher, Zurich, 1959.
—. *Les Types psychologiques.* Georg, Genève. 1950.
—. *Psychologie und Religion.* Yale univ. Press, New Haven, 1955.
—. *L'Homme à la découverte de son âme.* Ed. Mt-Blanc, Genève, 1950.
KALEVALA (Le). *Traduction Léouzon-Leduc.* Flammarion, Paris, 1879.
KANT (E.). *La Critique de la Raison pure* (2 vol.). Flammarion, Paris, 1937.
KARDINER (A.). *The Individual and his Society. The Psychodynamies of primitive social organization.* Columbia University Press, New York, 1939.
KOFFKA (K.). *Principles of Gestalt Psychology.* Harcourt, New York, 1935.
KORZYBSKI (A.). *Science and Sanity. An introduction to Non-Aristotelian Systems and general Semantics.* Lakeville, U.S.A., 1933.
KOSTYLEFF (N.). *La Réflexologie. Essai d'une psychologie structurale. Delachaux*, Paris, 1947.
KRAPPE (A. H.). *La Genèse des Mythes.* Payot, Paris, 1952.
KRETSCHMER. *La Structure du corps et le caractère.* Payot, Paris, 1930.
LACROZE (N.). *La Fonction de l'imagination.* Boivin et Cie, Paris, 1938.

LAGACHE (D.). "Réponse á G. Friedmann", in《Bulletin psychologie》. Paris, 1956.

LALO (Ch.). *L'Art loin de la vie.*

LANGTON (E.). *La Démonologie.* Payot, Paris, 1951.

LANZA DEL VASTO. *Commentaire des évangiles.* Denoël, Paris, 1951.

LAO-TZEU. "Tao-Tei-King", in《Les Pères du système taoïste》. Léon Wieger, Cathasia, 1950.

LAURENT (J.). "Paul et Jean-Paul", in《Table ronde》. Paris, févr. 1950.

LEENHARDT (M.). *Notes d'ethnologie néo-calédonienne.* Institut. d'ethnologie, Paris, 1930.

—. *Documents néo-calédoniens.* Institut d'ethnologie, Paris, 1932.

—. *Gens de la Grande Terre.* Gallimard, Paris, 1937.

—. *Do Kamo, le mythe et la personne dans le monde mélanésien.* Gallimard, Paris, 1947.

LEIA. *Le Symbolisme des contes de fées.* Edit. Mt-Blanc, Genève, 1943.

LEIRIS (M.). *Aurora.* Mercure de France, Paris, 1957.

—. "Note sur l'usage de chromolithographies par les vodouïsants d'Haïti", in《Inst. français d'Afr. noire》, n°27, Dakar, 1953.

LENORMANT (F.). *Les Origines de l'histoire d'après la Bible et les traditions des peuples orientaux* (2 vol.). Maisonneuve, Paris, 1880~1884.

LEROI-GOURHAN (A.). *Evolution et Technique. I : L'Homme et la Matière.* A. Michel, Paris, 1943.

—. *Evolution et Technique. II : Milieu et Technique.* A. Michel, Paris, 1945.

—. *Archéologie du Pacifique Nord. Matériaux pour l'étude des relations entre les peuples riverains d'Asie et d'Amérique.* Institut ethnolog., Paris, 1946.

—. "La Fonction des signes dans les sanctuaires paléolithiques", in《Bull. de la Soc. préhist. franç.》. Tome IV, fasc. 5~6, sept. 1958.

—. "Le Symbolisme des grands signes dans l'art pariétal paléolithique", in《Bull. de la Soc. préhist. franç.》. Tome IV, fasc. 9, nov. 1958.

—. "Répartition et groupement des animaux dans l'art pariétal paléolithique", in《Bull. de la Soc. préhist. franç.》. Tome IV, fasc. 9, nov. 1958.

LÉVI-STRAUSS (C.). *Structures élémentaires de la parenté*, P.U.F., Paris, 1949.

—. "Les Mathématiques de l'homme", in《Bulletin internat. des Sciences sociales》, VI, n°4, U.N.E.S.C.O., 1954.

—. *Tristes Tropiques.* Plon, Paris, 1955.

—. *Anthropologie structurale.* Plon, Paris, 1958.

—. *La Pensée sauvage.* Plon, Paris, 1962.

LÉVY-BRUHL (L.). *La Mentalité primitive.* Alcan, Paris, 1925.

—. *Les Fonctions mentales dans les sociétés inférieures.* Alcan, Paris, 1910.

—. *La Mythologie primitive. Le monde mythique des Australiens et des Papous.* Alcan, 1935.

LEWIN (K.). *Principles of Topological Psychology.* New-York, 1936.

LIE-TZEU. "Tchoung-Hu-Tchenn-King" in 《Les Pères du système taoïste》. Léon Wieger, Cathasia, 1950.

LOT-FALCK (E.). *Les Rites de chasse chez les peuples sibériens.* Gallimard, Paris, 1953.

LOTHE (A.). *Traité du paysage.* Floury, Paris, 1941.

LOWIE (R. H.). *Manuel d'anthropologie culturelle.* Payot, Paris, 1936.

LUPASCO (S.). *Logique et Contradiction.* P.U.F., Paris, 1947.

—. *Le Principe de l'antagonisme et la logique de l'énergie.* Hermann, Paris, 1951.

—. *L'Energie et la Matière vivante, antagonisme constructeur et logique de l'hétérogène.* Julliard, 1962.

MAISTRE (J. de). *Traité des Sacrifices.* Librairie cathol. Vitte, Lyon-Paris, 1924.

MALRAUX (A.). *Les Voix du silence.* Gallimard, Paris, 1951.

—. *La Métamorphose des dieux.* Guilde du Livre, Lausanne, 1957.

—. *Saturne.* Gallimard, Paris, 1950.

MALTEN (L.). "Das Pferd in Totenglauben", in 《Jah. Deuts. Archeol. Instit.》, XXIX, 1914.

MASON (D. I.). "Synesthesia and Sound Spectra", in 《Word》, vol. 8, n°1, 1952.

MASSON-OURSEL (P.). *La Philosophie de l'Orient.* P.U.F., Paris, 1946.

MATORÉ (G.). *La Méthode en lexicologie.* Domaine français. Didier, Paris, 1950.

MAX (L. W.). "An Experimental Study of the Motor Theory of Conciousness", in 《Journ. com. psych.》, 1935.

MAXWELL. *Le Tarot.* Alcan, Paris, 1923.

MERLEAU-PONTY (M.). *Les Aventures de la dialectique.* Gallimard, Paris, 1955.

MÉTRAUX (A.). "Histoire du monde et de l'homme (Textes indiens de l'Argentine)", in 《N.R.F.》, Paris, 1936.

—. "Contribution au folklore andin", in 《Journ. Soc. des amèricanistes》, t. XXVI, 1934.

—. *Le Vaudou haïtien.* Gallimard, Paris, 1958.

MICHAUD (G.). *Introduction à une science de la littérature.* Pulhan, Istamboul, 1950.

MICHEL (A.). *Psychanalyse de la musique.* P.U.F., Paris, 1956.

MICHELET (J.). *Histoire de la Révolution française.* Imprimerie Nationale, Paris, 1889.

MILNER (M.). *Poésie et vie mystique chez saint Jean de la Croix.* Seuil, Paris, 1951.

MINDER (R.). *Un poète romantique allemand: Ludwig Tieck.* Belles Lettres, Paris, 1936.

MINKOWSKA (F.). *De Van Gogh et Seurat aux dessins d'enfants.* Catalogue expos. Musée pédagogique, Paris, 1949.

MINKOWSKA (F.) et FUSSWERK. "Le Test de la maison", in 《Publ. Congrès des aliénistes》, Paris, 1947.

MINKOWSKA (F.) et KRASNUSCHKINE. *La Constitution épileptoïde et ses rapports avec la structure de l'épilepsie essentielle.* Recueil de travaux offert au Prof. Bruchanski, 1946.

MINKOWSKI (E.). *La Schizophrénie.* Desclée de Brouwer, Paris, 1953.

—. *Vers une cosmologie.* Aubier, Paris, 1936.

—. "Autisme et attitude schizophrénique", in 《Journ. Psych.》, I, Paris, 1927.

—. "Troubles essentiels de la schizophrénie", in 《Evol. psychiat.》, Payot, Paris, 1925.

MINKOWSKI (E.) et ROGUES DE FURSAC. "Contribution à l'étude de la pensée et attitude autistes", in 《Encéphale》, XVIII, Paris, 1923.

MINKOWSKI (M.). *L'Etat actuel de l'étude des réflexes.* Masson, Paris, 1927.

MOHR (P.). *Psychiatrie und Rorschach' schen-Formdeutversuchen.* Orell Füssli, Zurich, 1944.

MONNIER (M.). "Le Test psychologique de Rorschach", in 《Encéphale》, XXIX, 1934.

MONTESSORI (M.). *L'Enfant.* Desclée de Brouwer, Paris, 1936.

MORENO (J. L.). *Fondements de la Sociométrie.* P.U.F., Paris, 1954.

MORET (A.) et DAVY (G.). *Des Clans aux Empires.* Renaiss. du Livre, Paris, 1922.

MORGAN (Clifford T.). *Psychologie physiologique* (2 vol.). P.U.F., Paris, 1949.

MUCHIELLI (R.). *Le Mythe de la cité idéale.* P.U.F., 1960.

MÜLLER (M.). *Nouvelles leçons sur la Science du langage.* Durand, Paris, 1867~1868.

NAUDON (P.). *Les Loges de Saint-Jean.* Dervy, Paris, 1957.

—. *Les Origines religieuses et corporatives de la Franc-Maçonnerie.* Dervy, Paris, 1953.

NICOLAS (F.-J.). "Mythes et êtres mythiques des L'éla de la Hte-Volta", in 《Bull. Soc. franç. d'Afr. Noire》, XIV, n°4, oct. 1952.

NIEBELUNGEN (La chanson des). *Traduct. Colleville et Tonnelat.* Aubier, Paris, 1944.

NOVALIS. *Schrifften heraus gegeben von Ludwig Tieck und Fr. Schlegel* (4 vol.). Baudry, 1840.

NYROP (Kr.). *Grammaire historique de la langue française* (4 vol.). Picard, Paris, 1913~1930.

ODIER (Ch.). "Le Problème musical et le point de vue de l'orgine", in 《Sem. litt.》, Paris, janv.-févr. 1924.

ORGLER (H.). *Adler et son oeuvre.* Stock, Paris, 1947.

OUKHTOMSKY (A.). "Le Principe de la dominante", in 《Novoie Reflex. Fisiol. Nervn. Syst.》, I, p. 40 sq., 1925.

PAPUS. *Le Tarot des bohémiens.* Carré, Paris, 1885.

PARACELSE. *Schrifften.* Hans Kayser, Leipzig, 1924.

PARIS (G.). "Le Graal", in 《Encyclop. des Sciences relig.》, t. V, Sandoz et Fischbacher, Paris, 1878.

PAUPHILET (A.). *La Queste du Graal. Thèse lettres*, Paris, 1921~1922.

PAVLOV (J. P.), CETCHENOV (I. M.), VEDENSKY (N E.). *Fisologuiia Nervnoi Systemi*. Moscou, 1952.

PERNÉTY (A. J.). *Dictionnaire Mytho-Hermétique, dans lequel on trouve les allégories fabuleuses des poètes, les métaphores, les énigmes et les termes barbares des philosophes hermétiques, à Paris, chez Bauche*, 1758.

PÉTREMENT (S.). *Le Dualisme chez Platon, les gnostiques et les manichéens*. P.U.F., Paris, 1949.

PIAGET (J.). *La Formation du symbole chez l'enfant. Delachaux et Nieslé*, Neuchâtel-Paris, 1945.

—. *La Construction du réel chez l'enfant*. Delachaux et Nieslé, Neuchâtel-Paris, 1945.

—. *Introduction à l'épistémologie génétique* (3 vol.). P.U.F., Paris, 1950.

PIAGET (J.) et INHELDER (B.). *La Représentation de l'espace chez l'enfant*. P.U.F., Paris, 1948.

PICARD (Ch.). "Le Cénotaphe de Midea", in 《Revue philolog.》, Paris, 1933.

PIGANIOL (A.). *Essai sur les origines de Rome*. Boccard, Paris, 1917.

PIRRO (A.). *Esthétique de J. S. Bach*. Plon, Paris, 1949.

POE (E.). *Histoires extraordinaires*. Calmann-Lévy, Paris, 1903.

POULET (G.). *Les Métamorphoses du cercle*, Plon, Paris, 1961.

PRADINES (M.). *Traité de psychologie* (3 vol.). P.U.F., Paris, 1946.

PROUST (M.). *Du côté de chez Swann*. Gallimard, Paris, 1919.

—. *Le Temps retrouvé*. Gallimard, Paris, 1927.

PRZYLUSKI (J.). *La Participation*. P.U.F., Paris, 1940.

—. *La Grande Déesse*. Payot, Paris, 1950.

QUINCEY (Th. de). *The Confession of an English Opium Eater*. Scott, London, 1886.

RAMAKRISHNA. *L'Enseignement de Râmakrishna*. Traduction J. Herbert Maisonneuve, Paris, 1942.

RANK (O.). *Le Traumatisme de la naissance*. Payot, Paris, 1928.

RAUCOULE (A.). "Hallucinations mescaliniques", in 《Encéphale》, XXXIII, Paris, juin 1938.

REICHARD (G. A.), JAKOBSON (R.), WERTH (E.). "Language and Synesthesia", in 《Word》, vol. V, n°2, 1949.

REIK (T.). "Der eigene und der fremde Gott", in 《Intern. psychoan. Verlag》, Wien, 1923.

REINACH (S.). *Cultes, mythes et religions* (5 vol.). Leroux, Paris, 1905~1912.

RENAN (E.). *De l'origine du langage. Calman-Lévy*, Paris, 1889.

REVAULT D'ALLONNES. "Le Mécanisme de la pensée, les schèmes mentaux", in 《Rev. philos.》, Paris, 1920.

—. "Les Schémes prèsentés par les sens", in 《Rev. philos.》, Paris, 1921.
RIBOT (Th.). *Essai sur l'imagination créatrice.* Alcan, Paris, 1900.
—. *La Logique des sentiments.* Alcan, Paris, 1907.
RICOEUR (P.). *Finitude et Culpabilité, II, La Symbolique du mal.* Aubier, Paris, 1960.
RORSCHACH (H.). *Psychodiagnostic.* P.U.F., Paris, 1947.
ROSENBERG (A.). *Der Mythus des XX. Jahrhunderts.* Hoheneichen Verlag, München, 1935.
ROUGEMONT (D. de). *L'Amour et l'Occident.* Plon, Paris, 1956.
ROUHIER (A.). *La Plante qui fait les yeux émerveillés: le peyotl.* Doin, Paris, 1927.
ROUSSEAU (R.-L.). *Les Couleurs, contribution à une philosophie naturelle fondée sur l'analogie.* Flammarion, Paris, 1950.
SACHS (K.). *Geist und Werden der Musikinstrumente.* Dietrich Reimer, Berlin, 1929.
SAINT FRANÇOIS DE SALES. *Traité de l'amour de Dieu.* OEuvres complètes, t. II. Visitation, Annecy, 1894.
SAINT JEAN DE LA CROIX (Les poèmes de). Traduction de M. Milner. Seuil, Paris, 1951.
SAINTE THÉRÈSE D'AVILA. *Chemin de la perfection.* Beauchesne, Paris, 1925.
SAINTYVES (P.). *Les Saints successeurs des dieux. Essai de mythologie chrétienne.* Nourry, Paris, 1907.
SARTRE (J.-P.). *L'Imagination.* P.U.F., Paris, 1950.
—. *L'Imaginaire.* Gallimard, Paris, 1940.
—. *Baudelaire.* Gallimard, Paris, 1947.
—. *Situation I.* Gallimard, Paris, 1947.
SAUSSURE (F. de). *Cours de linguistique générale.* Payot, Paris, 1931.
SCHAEFFNER (A.). *Origine des instruments de musique. Introduction ethnologique à l'histoire de la musique instrumentale.* Payot, Paris, 1936.
SCHELLING (F. W.). *Introduction à la philosophie de la mythologie* (2 vol.). Aubier, Paris, 1945.
SCHLEGEL (F.). *Philosophie de la vie.* Cherballier, Paris, 1838.
SCHLOEZER (D. de). *Introduction à J. S. Bach. Essai d'esthétique musicale.* Gallimard, Paris, 1947.
SCHMIDT (A. M.). *La Mandragore.* Flammarion, Paris, 1958.
SCHOPENHAUER (A.). *Le Monde comme volonté et comme représentation* (3 vol.). 7e édition, Alcan, Paris.
SCHUBERT (G. H. von). *Symbolik der Träume.* Berlin, 1912.
SCHUHL (P. M.). *La Fabulation platonicienne.* P.U.F., Paris, 1957.
—. *Le Merveilleux.* Flammarion, Paris, 1952.

SCHURÉ (E.). *Les Légendes de France.* Perrin, Paris, 1908.

SEBILLOT (P.). *Le Folklore de France.* Paris, 1904~1907.

SÉCHEHAYE (M.-A.). *Journal d'une schizophrène.* P.U.F., Paris, 1950.

—. *La Réalisation symbolique.* H. Huber, Berne, 1947.

SENART (M.). *Le Zodiaque.* Roth, Lausanne, 1948.

SICILIA DE ARENZANA (F.). *Las Corridas de toros, su origen, sus progresos, sus vicisitudes.* Madrid, 1873.

SOROKIN (P. A.). *Social and cultural Dynamics* (4 vol.), 1937~1941.

SOURIAU (E.). *Pensée vivante et perfection formelle.* P.U.F., Paris, 1952.

—. *Les Deux cent mille situations dramatiques.* Flammarion, 1950.

SOUSTELLE (J.). *La Pensée cosmologique des anciens Mexicains. Représentation du Temps et de l'Espace.* Hermann, Paris, 1940.

SPALDING (W.). *Manuel d'analyse musicale.* Payot, Paris, 1950.

SPENGLER (O.). *Le Déclin de l'Occident* (2 vol.). Gallimard, Paris, 1948.

STRAVINSKY (I.). *Poètique musicale.* Plon, Paris, 1952.

STRÖMGREN (E.). *Om dem ixothyme Psyke.* Hopit. tidente, Kopenhagen, 1936.

SWANN (P. C.). *La Peinture chinoise.* Tisné, Paris, 1958.

TAINE (H.). *De l'intelligence* (2 vol.). Paris, 1888.

TALAYESVA (Don C.). *Soleil Hopi.* Plon, Paris, 1959.

TALMUD. *Sentences et proverbes du Talmud et du Midrasch.* Impr. Nat., Paris, 1878.

TCHOANG-TZEU. "Nam-Hoa-Tchenn-King", in 《Les Pères du systèmetaoïste》. Léon Wieger, Cathasia, 1950.

TIECK (S.). *Sämtliche Werke* (2 vol.). Paris, 1837.

TONGUE (H.). *Bushman Paintings.* Oxford, 1909.

TRILLES (H.). *Les Pygmées de la forêt équatoriale.* Blond et Gay, Paris, 1933.

TROUBETZKOY (N.). *Principes de phonologie.* Paris, 1949.

UNDERHILL (L.). *Mysticism. Methuen and Cie,* London, 1912.

UPANISHAD (Brhad-Aranyaka). Traduction E. Senart. Coll. E. Senart, Paris, 1934.

UPANISHAD (Chândogya). Traduction E. Senart. Coll. E. Senart, Paris, 1930.

UPANISHAD (Isha, Kéna, Mundaka). Traduction Herbert. A. Michel, Paris, 1949.

VALENTIN (Basile). *Révélation des mystères des Teintures des sept Métaux.* Edit. E. Savoret. 《Psyché》, Paris, 1954.

VALÉRY (P.). *Poésies.* Gallimard, Paris, 1942.

VAN DER LEEUW (G.). *L'Homme primitif et la religion.* Alcan, Paris, 1940.

VAN DER LEEUW (G.). *La Religion dans son essence et ses manifestations.* Payot, Paris, 1955.

VAN GENEPP (A.). *La Formation des légendes.* Flammarion, Paris, 1912. - *Mannuel du Folklore français contemporain* (4 vol.). Picard, Paris, 1937-1949.

VAN GOGH (V.). *Lettres à Théo.* Gallimard, Paris, 1953.
VÉDA (Rig.). Traduction Wilson (6 vol.), London, 1854.
VERCOUTRE. *Origine et genèse de la légende du Saint-Graal.* E. Lerouy, Paris, 1901.
VERGER (P.). *Notes sur le culte des Orisa et Vodun, à Bahia, la Baie de tous les Saints, au Brésil, et à l'ancienne Côte des Esclaves en Afrique.* Mémoire de l'Institut franç. d'Afr. noire (I.F.A.N.), Dakar, 1957.
VERLAINE (P.). *Fêtes Galantes.* Vanier, Paris, 1911.
VIENNOT (O.). *Le Culte de l'arbre dans l'Inde ancienne.* P.U.F., Paris, 1954.
VOLMAT (R.). *L'Art psychopathologique.* P.U.F., Paris, 1956.
WERNERT (P.). "Le Culte des crânes à l'époque paléolithique", in 《Hist. gén. des religions》, I, p. 53 sq.
WAGHER (F.). *Les Poèmes mythologiques de l'Edda.* Trad. française. Droz, Paris, 1936.
WIEGER (L.). "Les Pères du système taoïste. Texte et traduction de Lao-Tzeu, Lie-Tzeu, Tchoang-Tzeu". 《Belles Lettres》, Paris, 1950.
WILLEMS (E.). *Le Rythme musical. Etude psychologique.* P.U.F., Paris, 1954.
WITTMANN (J. F.). "Considérations psychanalytiques sur l'art modern", in 《Revue franç. de psychanalyse》, n°2, Paris, 1929.
WYCZOIKOWSKI (A.). "Theretical and Experimental Studies on the Mecanism of Speech", in 《Psychol. Review》, n°20, 1913.
WORRINGER (K.). *Abstraktion und Einfühlung. Ein Betrag zur Stylpsychologie.* Piper, München, 1948.
WUNDT (W.). *über ausfrage Experiment. Psych. stud.*, Leipzig, 1813.
YASHIRO (Yukio). *Deux mille ans d'art japonais.* Pont-Royal, Paris, 1959.
YGÉ (C. d'). *Anthologie de la poésie hermétique.* J.-S. Chemit, Paris, 1954.
—. *Nouvelle assemblée des philosophes chymiques.* Dervy-Livre, Paris, 1954.
ZILOTY (A.). *La Découverte de Jean Van Eyck et l'évolution du procédé de la peinture à l'huile du Moyen-Age à nos jours.* Floury, Paris, 1941.
ZIMMER (H. R.). *Mythes et symboles dans l'art et la civilisation de l'Inde.* Payot, Paris, 1951.

옮긴이의 말

유평근 선생님의 권유로 『상상계의 인류학적 구조들』을 읽기 시작한 것이 벌써 30년 가까이 되었다. 프랑스에서 질베르 뒤랑의 지도하에 보들레르를 연구하고 귀국하신 유 선생님이 뒤랑의 역작을 내게 권하면서 하신 말씀은 두 가지였다.

그중 하나는, 당신도 이 책을 여섯 번 정도 읽고서야 무슨 말인지 이해할 수 있었다는 것, 따라서 공부하는 데 시간이 오래 걸릴 것이며 당장 활용하기도 어려우리라는 것이었다. 나는 속으로 유 선생님이 여섯 번 정도 읽고서야 이해할 수 있는 내용이라면 나 같은 둔재는 열 번을 읽어도 무슨 말인지 잘 모를 것이라고 생각했다. 그리고 선생님은 당장 활용하기 어렵고 공부하는 데 오랜 기간이 걸리더라도 그 핵심을 이해하게 되면 활용할 길은 거의 무궁무진하리라는 말씀도 덧붙이셨다. 그리고 이 책을 읽으면서 하는 공부가 '상징학'의 분류에 속할 수 있다는 말씀도 하셨다. 상징주의에 대해서는 알고 있었지만 상징학이라는 것이 별도로 존재할 수 있다는 것을 그때 처음 알았다. 유 선생님은 뒤랑의 책을 읽으라면서 상징학에 입문하기를 권하신 것이다.

다음으로 유 선생님이 하신 이야기는 이 책을 읽으면서 무엇보다 저자의 기본 정신, 혹은 이 책을 지배하고 있는 근본 원리를 이해하려 노력하라는 것이었다. 이 책을 통하여 지식을 습득하거나 논리적인 추론 훈련을 할 것이 아니라 저자의 마음을 읽으려 하는 것이 중요하다는 말씀으로 받아들였다.

나는 유 선생님의 그 두 가지 충고가 어떤 의미를 담고 있는지도 모르는 채, 책과의 씨름에 들어갔다. 말 그대로 씨름이었고 미로를 헤매는 기분이었다. 내가 언제, 그리고 이 책의 무엇에 매료되어 뒤랑의 상징학을 계속 그대로 공부하게 되었고 뒤랑에 관한 논문으로 학위를 받기에까지 이르렀는지는 지금도 명료하지 않다. 단지 미로를 헤매는 과정에서도 '아하, 세상을 이렇게 볼 수도 있겠구나, 내가 그동안 지니고 있었던 이른바 내 생각이나 세계관이라는 것은 참으로 좁은 소견이었구나, 심지어 편견에 불과한 것이었구나' 하는 생각을 자주 했을 뿐이었다.

뒤랑을 공부하면서 나는 다원주의의 진정한 의미를 배웠고 주관성의 의미를 배웠으며 상상력이 무엇인가를 배웠다. 그리고 서구 인식론의 흐름을 보다 거시적인 안목에서 바라볼 수 있는 능력을 어느 정도 획득했으며, 무엇보다 종합적인 정신을 배웠다. 그리고 유 선생님이 이 책 읽기를 권하면서 하신 말씀들의 참뜻을 이해했다. 이 책의 마음, 혹은 원리를 이해한다는 것은 내 좁은 생각의 틀을 깬다는 것을 의미하는 것이었고 그것은 나라는 존재의 근본적인 변화를 의미하는 것이었다. 그것은 당연히 아주 어려운 일이었고 오랜 수련을 필요로 하는 공부일 수밖에 없었다. 게다가 이 책의 원리를 깨치는 것은 곧 마음으로 세상을 보는 훈련이기도 했다. 마음으로 세상을 보는 훈련이라는 것은 그 얼마나 어려운 훈련인가? 게다가 어느 정도 훈련이 되었다고 믿는 순간 우리는 다시 제자리로 돌아가버린 자신을 보고, 느끼고 얼마나 자주 놀라게 되는가?

뒤랑의 『상상계의 인류학적 구조들』이 나온 것은 1960년이다. 지금 생각해보아도 거의 50년 전에 이런 생각을 하고 이런 책을 쓸 수 있었던 뒤랑의 혜안이 놀라울 뿐이다. 얼마 전 한국을 방문해서 강연을 한 프랑스의 철학자 뷔넨뷔르제가 이런 말을 한 적이 있다. 바슐라르를 갈릴레이에 비교할 수 있다면 뒤랑은 코페르니쿠스에 해당한다는 것이었다. 갈릴레이도 코페르니쿠스와 마찬가지로 지동설을 주장하였다. 하지만 지동설을 하나의 큰 체계로 설립한 사람은 코페르니쿠스이다.

바슐라르가 상상력의 코페르니쿠스적 혁명을 이룩한 것, 상상력의 놀라운 기능을 발견한 것은 사실이지만 상상력을 바탕으로 하여 거대한 인식의 체계를 이루는 데 성공한 사람은 바로 뒤랑이라는 것을 뷔넨뷔르제는 말하고 있었던 것이다. 뒤랑의 『상상계의 인류학적 구조들』은 그만큼 새로운 인류학적 틀이면서 거대한 종합적 틀이고 거대한 만큼 섬세한 틀이다. 그 구조들의 내용과 의미를 조금 들여다보기로 하자.

우선 '상상계의 인류학적 구조들'이라는 제목 자체가 우리를 당혹스럽게 만들기에 충분하다. 우리는 구조라는 개념을 일정한 틀이 존재한다는 것을 전제로 하여 사용한다. 그리고 상상력은 일반적으로 자유로운 것을 그 특성으로 하고 있다. 상상력은 굳어 있는 틀이라는 개념과는 상충한다. 그런데 뒤랑은 상상계와 구조를 결합시키고 있다.

그러한 결합이 가능한 것은 상상력이 자유롭기는 하지만 그 분류가 불가능한 것은 아니라는 생각 때문이다. 바슐라르의 상상력에 관한 업적들 중에서 상상력의 놀라운 창조성과 현실성을 발견한 것도 중요하지만, 얼핏 보기에 분류가 불가능해 보이는 인류의 상상력이 일정한 몇 개의 그룹 주위로 운집한다는 것을 발견한 것도 아주 중요한 업적이다. 뒤랑은 바슐라르의 업적을 바탕으로 인간의 상상력은 무한히 자유로운 것이 아니라 몇 개의 커다란 축을 중심으로 분류할 수 있다고 말한다.

뒤랑은 '상상계의 구조들'이라는 개념을 통하여 구조에 역동성을 부여한다. 뒤랑이 상상계와 구조라는 단어를 결합시킨 것은 인간을 총체적으로 연구할 수 있는 틀을 세우되(불변하는 원형적 요소들의 구조들) 그것들이 어떻게 역동적으로 변화하는가 하는 점(변화의 요인과 양상들)도 동시에 고려하겠다는 생각에서이다. 특히 그가 말한 구조는 단수의 구조가 아니라 복수의 '구조들'이다. 바로 그 구조들의 관계에서 뒤랑이 제시한 상상계의 틀에 역동성이 부여되는 것이다. 그래서 그의 방법론은 변화를 염두에 둔 원형학 같은 것이 된다. 원형은 인간에게 보편적으로 존재하는 커다란 틀이다. 그것은 피아노의 건반이나 팔레트의 색들과 같은 것이다. 음악 작품이나 미술 작품은 그 음들과 색들의 결합으로 이루어진다. 원형은 동일하지만 그 배합에 따라 개별적 작품들은 언제고 새로운 것이다.

그렇다면 거기에 어떻게 인류학이라는 명칭을 붙일 수 있는 것일까?

대개의 경우 인류학은 인간이라는 종족의 특성을 연구하는 학문의 의미를 지닌다. 그런데 우리는 인간이라는 종족은 끊임없이 진보해왔다는 생각을 일반적으로 가지고 있다. 그 경우 인류학은 인류가 어떻게 진화하고 진보해왔는가를 연구하는 학문이 될 가능성이 높다. 즉 인간이 동물과 가까운 상태에서 어떻게 현 인류까지 진화해왔고 지금의 문명과 문화를 구축하게 되었는가를 연구하는 것이다. 그런 연구를 바탕으로 인간은 도구를 사용할 줄 알았고, 두 발로 걷는 유일한 동물이며, 불을 사용할 줄 아는 유일한 동물이기에 진화와 진보가 이루어졌다고 우리는 배운다. 한마디로 말한다면 인간은 이성을 가지고 자연을 이용하고 정복할 줄 알았기에 진화와 진보를 이룩했다는 것이다.

하지만 이성을 전제로 한 인류학은 배제와 차별을 전제로 한 인류학이 될 가능성이 높다. 그런 인류학은 진보를 이룩했느냐 아니냐, 합리적인 사유에 근거해 있느냐 아니냐에 따라 인간의 문화들을 야만과 문명으로 차별화하는 일이 가능해진다. 하지만 뒤랑은 인류학이 참다운 인류학이 되기 위해서는 인간에 관한 것이면 그 어느 것도 낯설지 않다는 관점을 택해야만 보편적이 될 수 있다고 말한다. 그가 관심을 갖는 것은 문화들에서 드러내는 차이만이 아니라 그 차이를 낳게 한 공통 토대이다. 그는 서구식의 합리주의와 과학 문명이 존재하지 않는 사회는 있을 수 있지만 시와 제의와 종교가 존재하지 않는 사회는 없다고 말한다. 인간에 대한 종합적인 관점은 특정한 문화를 모델로 하여 성립될 수는 없다. 인간 누구에게나 공통으로 들어 있는 인간으로서의 특질을 중심으로 세운 인류학이라야 보편성을 획득할 수 있는 것이다. 그 특질은 고대인들에게도, 현대인들에게도, 서구인들에게도, 동양인들에게도, 신대륙의 원주민들에게도 공통적으로 들어 있다. 뒤랑은 그 공통 토대에 상상력이라는 이름을 붙이는 것이다.

이제 우리는 뒤랑이 보편적인 인류학을 정립하겠다는 의도에서 왜 '상상계의 인류학적 구조들'이라는 이름을 붙였는지 이해할 수 있을 것이다. 그가 내세우는 인류학은 인간이 이룩한 문명의 이름으로 포유동물로서 인간이 지닌 생물학적 특징을 지워버리는 인류학이 아니다. 그는 그 양극을 유기적으로 연결시키는 인류학을 설립한다. 또한 그의 인류학은 객관과 주관, 역동성과 정태성, 불변적인 것과 가변적인 것을 두루 포함하고 종합하는 인류학이다. 그리고 그 중심에 상상력과 신화를 위치시킨다.

따라서 그의 인류학적 구조는 방대한 구조이다. 그러나 다른 한편으로는 방대하면서도 섬세한 구조이다. 그렇기에 그의 인류학적 구조는 구체적인 개인의 삶과 먼 곳에 있지 않다. 우리의 구체적인 삶을 생각해보자. 우리의 일상적인 사고, 우리의 행동, 우리의 판단 하나하나는 그 얼마나 주관적이며 비합리적인가? 그런 의미에서 합리적이고 과학적인 것을 인간이 지향해야 하는 모델로 삼아 인간학을 세우는 것이 오히려 우리에게 낯선 인류학일 가능성이 크다고 볼 수 있다. 그의 구조들은 우리의 일상, 하찮아 보이는 우리의 행동과 사고, 더 나아가 우리의 광기까지도 그 안에 품는다. 그 구조들은 유한하고 하찮은 존재인 인간의 하찮음과 위대함을 동시에 포섭하는 구조이다. 말을 바꾸면 그의 그 방대하면서 섬세한 구조들은 인간이라는 존재의 방대함과 섬세함을 있는 그대로 반영하는 구조들이다. 그것은 인간에 관한 모든 학문을 종합하는 구조들이다.

그러한 종합 정신에 의해 인간은 합리적인 동물이 아니라 상징적 동물이 된다. 인간을 합리적인 동물로 본다면, 인간의 문화는 인간이 지닌 이성 혹은 의지의 힘에 의해 인간이 지닌 동물적 천성을 극복하고 정복해서 이룩한 것이 된다. 하지만 인간을 상징적 동물로 본다면, 인간이 지닌 동물적 천성 혹은 본능은 극복되거나 정복되지 않는다. 단지 변형되어 표현될 뿐이다. 인간을 동물과 구별짓게 해주는 것은, 인간에게서 동물적 본능이 사라졌기 때문이 아니라 그 본능이 동물과는 달리 간접적으로 표현된다는 데 있다. 즉 어떤 식으로든 변형되어 표현된다는 데 있는 것이다.

인간의 기본적 천성이 간접적으로 표현될 수밖에 없는 것은 인간이 지구상에 존재하는 그 어떤 동물보다 미성숙한 채 태어나기 때문이다. 인간은 생존의 기본이 되는 식욕조차 스스로 충족시키지 못한다. 그렇기에 식욕이라는 근원적 욕망의 표현도 그 욕망이 어떤 환경을 만나느냐에 따라 사람마다 다양해질 수밖에 없다. 역으로 생각한다면 하등 동물일수록 한 개체는 거의 완벽하게 성숙한 채 세상에 태어난다.

게다가 인간의 두뇌에 관한 최근의 연구 결과들에 따르면 인간의 뇌가 완전히 성장하는 데는 25년이 걸린다고 한다. 인간과 가장 가깝다고 하는 침팬지도 6개월이면 뇌의 성장이 완성된다는 사실에 비하면 인간은 미성숙해도 한참 미성숙한 채 세상에 태어나는 셈이다.

인간이 미성숙한 상태로 세상에 태어난다는 것은 달리 말하면 인간은 온갖 잠재적 가능태로 세상에 태어난다는 것을 의미하기도 한다. 늑대인간의 일화에서 보듯 인간만이 늑대와 자라면 늑대처럼 될 수 있다. 고양이나 여우는 늑대와 성장을 해도 늑대가 되기보다는 고양이나 여우로 머물게 된다. 인간은 동물의 그 어떤 단계에도 머물러 있을 수 있으며 성자가 될 수도 있다. 그게 인간의 한계이며 가능성이기도 하다.

분명히 인간의 천성이란 것은 있다. 그러나 그 천성은 그 천성을 둘러싸고 있는 문화에 의해 독특하게 활성화될 하나의 잠재성으로 존재한다. 그리고 그 잠재성이 활성화되는 순간 타고난 본능과는 거리가 생긴다. 그러나 그 표현은 본능의 간접적 표현일 뿐 본능과 단절된 것은 아니다. 따라서 인간의 원초적 표현은 하나의 상징이 되고 인간은 상징적 동물이 된다.

뒤랑의 상상계의 구조에서 우리가 또하나 주목할 것은 인간의 그러한 천성이 단일한 것으로 이루어져 있는 것이 아니라 서로 환원 불가능한 이질적인 천성들로 다원화되어 있다는 사실이다. 뒤랑이 쓴 책 『알록달록한 영혼 *L'Âme tigrée*』의 제목에서도 알 수 있듯, 그는 단일한 욕망, 단일한 구조, 단일한 원리로 모든 것을 환원해서 설명하는 환원주의를 거부한다. 이 책에 '상상계의 인류학적 구조들'이라는 복수형 제목을 붙인 것은 그 때문이다. 그리고 뒤랑은 자신이 설립한 이 인류학을 뒷받침하고 있는 정신을 바슐라르의 '신과학정신'에 빗대어 '신인류학정신'이라 명명한다.

뒤랑의 '신인류학정신'이란 한마디로 서구 중심, 이성과 합리성 중심으로 인간을 바라보는 태도에서 한 발짝 비켜나서 인간의 삶 전체를 총체적으로 간주하는 정신이다. 그것에 '신인류학정신'이라는 이름을 붙일 수 있는 것은, 마치 '신과학정신'이 '과학정신'과는 다른 관점으로 세상을 보았을 때 우주 전체가 새로운 모습을 드러냈듯이 인간이 새로운 존재로 다시 그 모습을 드러낼 수 있으며 기존의 인류학을 부분으로 감싸기 때문이다. 그 내용을 간략히 요약해보자.

우선 뒤랑의 신인류학정신에 의해 과학적인 것과 시적인 것의 관계가 새롭게 정립된다. 뒤랑의 상상계의 구조에 의하면 상상계는 합리성과 대립되지 않는다. 뒤랑이 이 책에서 보여주고 있는 각각의 상상계들은 각각 나름대로 논리화가 가능하다. 달리 말해 개념화 작업, 추상적 이론화, 합리화도 상상력의 일정 영역에 속하게 된다. 즉 각기 다른 상상계가 각기 다른 논리를 낳고 다른 제도를 낳고 다른 문화를 낳는 것이기에 상상계/논리의 이원적 구분은 무의미해진다.

그래서 우리는 이렇게까지 말할 수 있다. 인간 정신의 원형, 즉 상상력과 유기적으로 맺어져 있는 이른바 합리성이라는 것은 그 상상력과 마찬가지로 다원적이라는 것이다. 예를 들어 양의학은 과학적이고 한의학은 비과학적인 것이 아니다. 그 둘은 각자 나름대로 합리적이고 논리적이고 과학적인 의술이 된다.

그렇게 되면 소위 인간의 이성이라는 것에 대해서도 일반적인 상식과는 다른 규정을 내리는 것이 가능해진다. 합리성이 유일한 것이 아니라 다원화될 수 있다는 것은 이성도 다원화될 수 있다는 것과 같다. 이성적 표현은 그 자체 고유의 법칙을 갖는 자율적 기능으로 간주될 수 없으며, 정서적·상징적으로도 표현할 수 있는 것을 추상적으로 표현한 하나의 표현 양식에 불과하다는 생각으로 이어질 수 있다. 게다가 이성만이 진실에 접근할 수 있다는 생각은 파기되어야만 한다. 더욱이 최근의 첨단 과학 이론들은 과학 이론의 근간에 상상력이 활동하고 있음을 우리에게 증명해주고 있다. 이성은 보다 폭넓고 전반적인 상상계의 한 부분으로 제한되고 감싸이는 것이다. 인간 인식의 중심에 이성이 존재하는 것이 아니라 상상력이 존재한다.

뒤랑의 『상상계의 인류학적 구조들』이 혁명적일 수 있는 것은 '나는 생각한다, 고로 나는 존재한다'라는 데카르트의 명제를 '나는 상상한다, 고로 나는 존재한다'라는 명제로 바꿀 수 있게 해주기 때문이다. 우리가 상상력의 시대를 단순히 인간이 지닌 기능 중 하나로서 상상력이 중시되는 시대가 온 것으로 이해할 것이 아니라, 인간이 인간과 인간의 사회와 자연과 우주를 바라보는 인식에 거대한 변화가 온 것을 의미하는 것으로 받아들여야 하는 이유가 거기에 있다. 우리는 이 책을 번역·출간하면서 이미지 상상력의 시대를 맞이하고 있는 현대인 모두에게 길잡이가 될 수 있는 책을 우리가 하나 가질 수 있게 되었다는 기쁨에 젖는다.

물론 뒤랑은 이 책을 쓴 후에 수많은 저술들을 통해 자신의 연구를 발전시켜나갔으며 섬세하게 가다듬었고 일부는 수정을 하기도 했다. 그래서 1992년에 발간된 제11판 서문에서는 지금 다시 이 책을 쓴다면 밤의 체제와 낮의 체제라는 이분법은 폐기하고 세 개의 구조적 분류로 된 책을 쓰고 싶다고 말하기도 한다. 그리고 분열 형태적(영웅적) 구조로부터 책을 시작하기보다는 신비적 구조로부터 시작하고 싶다고 말한다. 그 구조가 가장 오래된 동물에게서도 나타나는 가장 보편적인 감각에 속하기 때문이다.

하지만 그는 그렇다고 해서 이 책의 기본 원칙이 조금이라도 변한 것은 아니라고 덧붙인다. 또한 책에서 소개하고 있는 인간이 만든 위대한 이미지들은 모두 '언제나 그리고 어디서나' 존재하는 인간의 상상력을 밝혀줄 수 있는 하나의 일람표가 될 수 있으며 30년 이상 진척시켜온 연구들의 기본 정신은 바로 이 책의 기본 정신과 동일하다고 말한다. 이 책이 상상력의 시대를 맞이한 우리에게 여전히 길잡이가 될 수 있는 것은 그 때문이다.

뒤랑이 중심이 되어 프랑스 그르노블 대학에 '상상계 연구센터CRI'가 설립된 이후 프랑스 내에서는 물론이고 세계 각지에 그 지부들이 형성되어 유기적인 활동을 하고 있다. 한국에도 유평근 선생님 주도하에 '서울 상상계 연구센터CRIS'가 1980년대 말에 설립되었고 2000년대에 와서는 '한국상상학회'가 설립되었다. 그리고 CRIS와 '한국상상학회'의 숙원 사업 중 하나가 바로 이 책을 번역하는 일이었다. 이제 여러 사람의 협조에 의해 이 책이 번역되어 출간되기에 이르렀다. 비록 한 명의 번역자의 이름으로 이 책이 출간되지만 이 작업은 결코 개인의 작업이 아니었음을 밝혀둔다. 회원 모두의 열의와 도움과 구체적 협의 과정들이 없었으면 이 책은 나오기 어려웠을 것이다. 고마움을 표하지 않을 수 없다. 그리고 이 모든 것을 가능하게 만든 근본 바탕에는 유평근 선생님이 계셨음을 다시 덧붙일 필요가 있을까?

2007년
진형준

상상계의 인류학적 구조들

1판 1쇄 ¦ 2007년 8월 31일
1판 5쇄 ¦ 2016년 10월 13일
2판 1쇄 ¦ 2022년 7월 22일

지은이 ¦ 질베르 뒤랑
옮긴이 ¦ 진형준

책임편집 ¦ 김봉곤
편집 ¦ 김영옥 박민주
디자인 ¦ 슬기와 민 인진성
저작권 ¦ 박지영 형소진 이영은 김하림
마케팅 ¦ 정민호 이숙재 박치우 한민아 이민경 박지영 안남영 김수현 정경주
브랜딩 ¦ 함유지 함근아 김희숙 박민재 박진희 정승민
제작 ¦ 강신은 김동욱 임현식
제작처 ¦ 한영문화사(인쇄) 경일제책(제본)

펴낸곳 ¦ (주)문학동네
펴낸이 ¦ 김소영
출판등록 ¦ 1993년 10월 22일 제2003-000045호
주소 ¦ 10881 경기도 파주시 회동길 210
전자우편 ¦ editor@munhak.com
대표전화 ¦ 031-955-8888
팩스 ¦ 031-955-8855
문의전화 ¦ 031-955-3578(마케팅) 031-955-2660(편집)
문학동네카페 ¦ http://cafe.naver.com/mhdn
인스타그램 ¦ @munhakdongne
트위터 ¦ @munhakdongne
북클럽문학동네 ¦ http://bookclubmunhak.com

ISBN 978-89-546-8739-3 93100

www.munhak.com

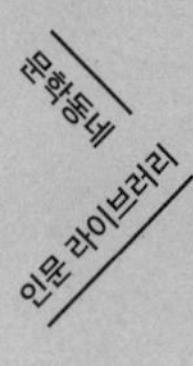

세상은 언제나 인문의 시대였다.
삶이 고된 시대에 인문 정신이 수면 위로 떠올랐을 뿐.
'문학동네 인문 라이브러리'는 인문 정신이 켜켜이 쌓인 사유의 서고書庫다.
오늘의 삶과 어제의 사유를 잇는 상상의 고리이자
동시대를 이끄는 지성의 집합소다.
살아 움직이는 유기체적 지식을 지향하고, 앎과 실천이 일치하는
건강한 지성 윤리를 추구한다.

1¦ **증여의 수수께끼** | 모리스 고들리에 ¦ 지음 | 오창현 ¦ 옮김
2¦ **진리와 방법 1** | 한스게오르크 가다머 ¦ 지음 | 이길우 외 ¦ 옮김
3¦ **진리와 방법 2** | 한스게오르크 가다머 ¦ 지음 | 임홍배 ¦ 옮김
4¦ **역사—끝에서 두번째 세계** | 지그프리트 크라카우어 ¦ 지음 | 김정아 ¦ 옮김
5¦ **죽어가는 자의 고독** | 노르베르트 엘리아스 ¦ 지음 | 김수정 ¦ 옮김
6¦ **루됭의 마귀들림** | 미셸 드 세르토 ¦ 지음 | 이충민 ¦ 옮김
7¦ **저자로서의 인류학자** | 클리퍼드 기어츠 ¦ 지음 | 김병화 ¦ 옮김
8¦ **검은 피부, 하얀 가면** | 프란츠 파농 ¦ 지음 | 노서경 ¦ 옮김
9¦ **전사자 숭배—국가라는 종교의 희생제물** | 조지 L. 모스 ¦ 지음 | 오윤성 ¦ 옮김
10¦ **어리석음** | 아비탈 로넬 ¦ 지음 | 강우성 ¦ 옮김
11¦ **기록시스템 1800·1900** | 프리드리히 키틀러 ¦ 지음 | 윤원화 ¦ 옮김
12¦ **비판철학의 비판** | 리쩌허우 ¦ 지음 | 피경훈 ¦ 옮김
13¦ **부족의 시대** | 미셸 마페졸리 ¦ 지음 | 박정호·신지은 ¦ 옮김
14¦ **인간성 수업** | 마사 C. 누스바움 ¦ 지음 | 정영목 ¦ 옮김
15¦ **자유의 발명 1700~1789 / 1789 이성의 상징** | 장 스타로뱅스키 ¦ 지음 | 이충훈 ¦ 옮김
16¦ **그래프, 지도, 나무—문학사를 위한 추상적 모델** | 프랑코 모레티 ¦ 지음 | 이재연 ¦ 옮김
17¦ **햄릿이냐 헤쿠바냐** | 카를 슈미트 ¦ 지음 | 김민혜 ¦ 옮김
18¦ **뮤즈, 글쓰기를 배우다** | 에릭 A. 해블록 ¦ 지음 | 권루시안 ¦ 옮김
19¦ **기나긴 혁명** | 레이먼드 윌리엄스 ¦ 지음 | 성은애 ¦ 옮김
20¦ **죽음과 오른손** | 로베르 에르츠 ¦ 지음 | 박정호 ¦ 옮김
21¦ **근대의 관찰들** | 니클라스 루만 ¦ 지음 | 김건우 ¦ 옮김
22¦ **상상계의 인류학적 구조들** | 질베르 뒤랑 ¦ 지음 | 진형준 ¦ 옮김